復旦大學出土文獻與古文字研究中心
高等學校創新能力提升計劃（二〇一一計劃）
出土文獻與中國古代文明研究協同創新中心

戰國秦漢文字與文獻論稿

鄔可晶 著

上海古籍出版社

圖書在版編目(CIP)數據

戰國秦漢文字與文獻論稿 / 鄔可晶著. —上海：上海古籍出版社，2020.6
（出土文獻與古文字研究叢書）
ISBN 978-7-5325-9642-3

Ⅰ.①戰… Ⅱ.①鄔… Ⅲ.①漢字-古文字-研究-中國-戰國時代-秦漢時代 Ⅳ.①H121

中國版本圖書館 CIP 數據核字(2020)第 093027 號

出土文獻與古文字研究叢書
戰國秦漢文字與文獻論稿
鄔可晶 著
上海古籍出版社出版發行
（上海瑞金二路 272 號 郵政編碼 200020）
（1）網址：www.guji.com.cn
（2）E-mail：guji1@guji.com.cn
（3）易文網網址：www.ewen.co
上海展强印刷有限公司印刷
開本 700×970 1/16 印張 29.75 插頁 5 字數 428,000
2020 年 6 月第 1 版 2020 年 6 月第 1 次印刷
印數：1—2,500
ISBN 978-7-5325-9642-3
K·2848 定價：128.00 元
如有質量問題，請與承印公司聯繫
電話：021-66366565

目　録

戰國時代寫法特殊的"曷"的字形分析,並説"敓"及其相關問題　001

從楚文字"原"的異體談到三晉的原地與原姓(與郭永秉合著)　035

上古漢語中本來是否存在語氣詞"只"的問題的再檢討——以出土文獻所見辭例和字形爲中心　053

郭店《老子》甲組 21 號簡有關異文的解釋　083

釋上博楚簡中的所謂"逐"字　103

説上博簡《容成氏》"民乃宜怨"的"宜"及古書中的相關字詞　123

《上博(七)·凡物流形》補釋二則　134

釋《凡物流形》甲本 27 號簡的"朵"字　141

《上博(九)·舉治王天下》"文王訪之於尚父舉治"篇編連小議　145

《尹至》"惟肅虐德暴𤺺亡典"句試解　161

"咸有一德"探微　170

談談清華簡《程寤》的"望承"　191

讀清華簡《芮良夫毖》札記三則　201

清華簡《説命下》的"覵"與賈誼《新書·禮》的"眭"　211

石經古文"殺"字來源續探　220

以《五行》爲例談談馬王堆帛書《老子》甲本卷後古佚書重新
　　整理的情況　　　　　　　　　　　　　　　　　　　223
馬王堆帛書《德聖》篇研究——兼談郭店簡《太一生水》的
　　分篇、分章及其與《老子》的關係　　　　　　　　243
略論帛書《明君》的文本來源和學派歸屬　　　　　　　265
馬王堆漢墓帛書《十大經》補釋二則　　　　　　　　　276
讀馬王堆帛書《刑德》、《陰陽五行》、《天文氣象雜占》瑣記　286
孔家坡漢簡《日書》短札四則　　　　　　　　　　　　307
銀雀山漢簡"陰陽時令、占候之類"叢札　　　　　　　319
讀阜陽漢簡《周易》釋文小記　　　　　　　　　　　　333
讀簡帛古書札記二則　　　　　　　　　　　　　　　　346
關於《北京大學藏西漢竹書》叁、肆、伍册釋文注釋的一些
　　意見　　　　　　　　　　　　　　　　　　　　　354

説古文獻中以"坐"爲"跪(詭)"的現象　　　　　　　361
出土與傳世古書對讀札記(四則)　　　　　　　　　　370
銀雀山漢簡《王兵》與《管子》互校(二則)　　　　　378
《墨子》"畢劫"、"畢强"解　　　　　　　　　　　　　380
出土戰國秦漢文獻與《孔子家語》成書研究　　　　　　389
《孔子家語》卷一《相魯》等四篇校理　　　　　　　　429

後記　　　　　　　　　　　　　　　　　　　　　　　469

戰國時代寫法特殊的"曷"的字形分析，並說"㪅"及其相關問題

一

約1930年，羅振玉在爲其子羅福頤《璽印文字徵》所寫的《序》中，根據《汗簡》"葛"作▨、"謁"作▨、"渴"作▨、"蝎"作▨等，釋六國璽印的▨爲"歇"（引者按：此字見《古璽彙編》——以下簡稱此書爲"《璽彙》"——1884）、▨爲"竭"（《璽彙》3003）、▨爲"渴"（《璽彙》1303）、▨爲"閼"（《璽彙》1206）。① 按"歇"、"竭"、"渴"皆爲常用字。"閼"字見於《說文·十二上·門部》，義爲"門聲"，秦印亦有此字。羅振玉在上舉序文中，還釋後著録於《璽彙》1536的▨爲"嫣"。② 後來，施謝捷、何琳儀等先生指出，所謂"嫣"，其左下角有合文號，實爲"女"、"曷"二字（校按：吳振武《〈古璽文編〉校訂》52頁[○八五]條已指出"有可能是合文"。吳書出處詳下）。③ 這些由羅氏釋出的从"曷"之字（包括最末一例獨體的"曷"），皆

---

① 羅振玉《遼居乙稿》，羅繼祖主編《羅振玉學術論著》第十集上，356頁，上海古籍出版社，2010年。
② 同上注。
③ 施謝捷《古璽印文字考釋五篇》，《南京師範大學學報（社會科學版）》1996年第4期，125~126頁。何琳儀《戰國古文字典——戰國文字聲系》，900、901頁，中華書局，1998年。

見於三晋古印。

　　羅振玉没提到或未及見的晋璽中作☐形的"渴"(《璽彙》0816)、作☐形的"楬"(《璽彙》1046),以及三晋兵器銘文中的從"曷"之字(例見下文)、戰國中山王墓所出壺銘中用爲"竭"的作☐之"渴"(《殷周金文集成》——以下簡稱此書爲"《集成》"——09735。按:據《説文》,"渴"即竭盡之"竭"的本字;口渴之"渴"本作"㵣")、守丘刻石作☐之"謁"(《譽墓——戰國中山國國王之墓》下册圖版二)等字,學者們也都據羅氏的意見正確釋出。中山國的銘刻資料,一般也歸於晋系。

　　上述戰國文字中寫法特殊的"曷"(主要見於晋系)的出現,引發了大家對"曷"字形體源流的探討。

　　《説文・五上・曰部》:"曷,何也。从曰、匃聲。""匃"字,同書《十二下・亡部》引逯安説分析爲"亡人爲匃"。從古文字的一般寫法看,"匃"是由"亡"和"刀"兩個構件組成的,①《説文》小篆所從"人"係"刀"之訛。其造字本義待考。② 但是,上引戰國時代"曷"字中的構件,看起來都與"匃"形不類。朱德熙先生舉出秦漢古隸"渴"、"謁"、"歇"等字作☐、☐、

---

① 參看吴振武《〈古璽文編〉校訂》,180 頁[四二五]條,人民美術出版社,2011 年。
② 林潔明認爲"亡"乃鋒芒之"芒"的本字(周法高主編《金文詁林》,7059 頁,香港中文大學出版社,1975 年)。若此,"匃"字似象以一刀刊割另一刀的鋒芒處,疑爲"刊"之表意初文。"刊"、"匃"聲爲同系(前者屬溪母,後者屬見母),"刊"的聲旁"干"就是見母字),韻部陽入對轉(中古皆開口一等字)。《説文・六上・木部》有"栞"字,引《夏書》"隨山栞木","讀若刊"。今本《尚書・益稷》、《禹貢》皆作"隨山刊木"。故前人多謂"栞"即"刊"的異體。"栞"應該分析爲從"木"、"开"聲。不但西周中期廙篹銘文中從"衣"、"开"聲之字用爲"介",而且單獨的"开"字在西周晚期的仲太師鼎、壺銘裹就用爲祈求義的"匃"(傅修才《釋金文中兩個與"开"相關的字》,《中國文字》新三十九期,125~129 頁,藝文印書館,2013 年)。可見"匃"、"栞/刊"古音甚近。《集成》04262 等號著録的西周中期格伯簋,銘文記格伯從朋生那裏得田而率相關人員履田,其中有"汲甸殷厥劀(割)雪谷杜木、逢谷旅桑"之語。裘錫圭先生懷疑"劀"指在作爲地界標識的封樹(即雪谷杜木、逢谷旅桑)上刻標記。郭永秉先生和我在《説"索"、"劀"》一文裹,曾推測此字似可讀爲契刻之"栔/契",但"也不排除這個'劀'字就用其本義'割'的可能性"(此文已收入郭永秉《古文字與古文獻論集續編》,81~82 頁,上海古籍出版社,2015 年)。現在看來,"劀(割)雪谷杜木、逢谷旅桑"之"劀(割)"似也有可能讀爲"隨山刊木"之"栞/刊"。徐鍇《説文解字繫傳》釋"栞,槎識也"云:"斫其枝爲道表識也。""割"、"匃"古亦常通。

者（皆出自馬王堆帛書。第一例見《繆和》30行，第二例見《戰國縱横家書》10行，第三例見《周易》29行），謂其所從之"曷"與上舉戰國文字"曷"的寫法一脈相承，"只是下邊不從口"。① 據此，他認爲《説文》分析"曷"從"匃聲"，"匃顯然是凶形的訛變"。②

朱説爲不少學者所信從。林清源先生進而認爲秦漢文字"曷"下部的"山"形（如《十鐘山房印舉》3.51所收秦印"楬"作 ，許雄志《秦印文字彙編》164頁所收秦印"褐"作 ）或"凶"形至《説文》小篆變爲"匃"，乃是"變形音化的結果"。③ 趙平安先生更從殷墟甲骨文裏找了一個 字（或作 、 等），作爲戰國秦漢文字"曷"的源頭，並説朱先生"曷"所從"匃"是"凶形的訛變"的看法，"是完全可以成立的"。④

西周早期的叔偈父觶中的人名 （《集成》06458）、西周中期的五祀衛鼎中的人名 （《集成》02832），前人大多釋爲"偈"、"卿"。⑤ 趙平安、林清源二位先生的文章都未提及叔偈父觶的"偈"字。五祀衛鼎的"卿"，趙先生同意當如此釋。⑥ 林先生雖承認此字右旁乍看之下確與秦文字"曷"作 者"頗爲相似"，但"詳細觀察此字右下角底部，完全看不出筆畫殘泐或銅鏽遮掩等迹象，且底部左右兩道曲畫的走勢不同，不太可能接合成爲一筆，據此推測其底部原本即作開口狀"，而他認爲"曷"的"底部一律作封口狀"，所以此字不能釋作"卿"。⑦

---

① 朱德熙《長沙帛書考釋（五篇）》，《朱德熙古文字論集》，208頁，中華書局，1995年。
② 同上注。
③ 林清源《"敨"、"散"考辨——釋"" 及其相關諸字》，《漢學研究》第28卷第1期，22～23頁，2010年。
④ 趙平安《甲骨文" "即"曷"字説——兼談羯的族源》，同作者《新出簡帛與古文字古文獻研究》，65～69頁，商務印書館，2009年。
⑤ 參看董蓮池《新金文編》中册，1117、1317頁，作家出版社，2011年。
⑥ 趙平安《甲骨文" "即"曷"字説——兼談羯的族源》，同作者《新出簡帛與古文字古文獻研究》，68頁。
⑦ 林清源《"敨"、"散"考辨——釋"" 及其相關諸字》，《漢學研究》第28卷第1期，26頁。

林先生的觀察是符合實際的。如果把它跟叔偈父觶"偈"的右旁比較一下,更可以斷定"其底部原本即作開口狀"。不過,這一點不足以推翻五祀衛鼎此字从"曷"的結論。叔偈父觶的"偈"明顯从"匂",五祀衛鼎此字右下部分無非是"刀"與"亡"的筆畫有些相連而已,亦應爲"匂"。有一件私人收藏的西周銅器作册吴盉,《新出金文與西周歷史》一書所收朱鳳瀚《簡論與西周年代學有關的幾件銅器》、夏含夷《從作册吴盉再看周穆王在位年數及年代問題》二文,皆釋盉銘第三行第六字爲"郻",用作人名。① 見於此書圖版一三的銘文照片,其上"郻"字恰爲鏽蝕所掩。《商周青銅器銘文暨圖像集成》14797號所收盉銘照片較爲清晰,此字作▨(摹本作▨),②與五祀衛鼎那個人名顯然是同一個字,而且其右下部分沒有問題是"匂"。朱文定作册吴盉爲西周晚期器,夏文定爲西周中期穆王器。③ 夏説似較可信。盉銘的時代與五祀衛鼎也很接近。《集成》03995著錄的一件西周晚期簋上,亦有人名"郻"字,右下部分雖然拓得不很清楚,但應該也是"匂"。這些"偈"、"郻"的右上部分均爲"日"。睡虎地秦簡屢見的"謁"字以及"褐"字,④秦封泥"謁者"之"謁"⑤和秦印人名"楬"⑥、"閼"⑦、"竭"(《璽彙》0182)等字,它們的"曷"旁下部都寫作"匂"(個別"匂"的筆畫稍有簡省),上部都寫作"日",與西周金文"偈"、"郻"所从完全相合,可爲明證。

　　所以我們認爲,《説文》分析"曷"字的問題,並不在"匂聲"上,而在於據已訛變的字形謂其"从曰";⑧釋"曷"的本義爲疑問詞"何也",大概也是靠不住的。《説文·七上·日部》有"暍"字,義爲"傷暑也","从日、曷聲"。

---

① 朱鳳瀚主編《新出金文與西周歷史》,46、53頁,上海古籍出版社,2011年。
② 吴鎮烽《商周青銅器銘文暨圖像集成》第26卷,225、226頁,上海古籍出版社,2012年。
③ 朱鳳瀚主編《新出金文與西周歷史》,45~46、53頁。
④ 張守中《睡虎地秦簡文字編》,31、134頁,文物出版社,1994年。
⑤ 傅嘉儀《秦封泥彙考》,151~153頁,上海書店出版社,2007年。
⑥ 湯餘惠主編《戰國文字編》,375頁"楬"字下第一例,福建人民出版社,2001年。
⑦ 同上注,781頁"閼"字下第一例。
⑧ 馮勝君先生指出"《説文》'曷'字篆形'日'旁已經訛爲'曰'旁"(《郭店簡與上博簡對比研究》,174頁,綫裝書局,2007年),這是正確的;但他對秦文字"曷"上部"日"的來源,另有與我們不同的看法,詳下文。

此字先秦古書屢見（如《荀子·富國》"使民夏不宛暍,冬不凍寒",《莊子·則陽》"暍者反冬乎冷風",《大戴禮記·保傅》"暑而暍"等）。"曷"本從"日",頗疑就是當中暑講的"暍"的本字。① 後來由於"曷"字很少用爲"暍"而常用來表示"何"等假借義,"曷"所從的"日"又訛作"曰",所以另造"暍"字承擔"曷"的本義。② "曷"與"暍"的關係,跟"益"與"溢"、"然"與"燃"、"勿"與"刎"③等同例。既知西周早中期金文中的"曷"應分析爲從"日"、"匄"聲,甲骨文 、 、 等字就不可能是它的前身。

朱德熙先生所舉馬王堆帛書中的"曷",上部仍保持爲"日"④（戰國文字"日"常訛作"田",⑤上舉《戰國縱橫家書》那個"謁"字似即其孑遺）;下部的"凶",⑥朱德熙先生早已把它與文首所舉戰國古璽"曷"中間的"凶"形聯繫了起來,無疑是十分正確的。這樣看來,秦漢時代的"昷(曷)",結構既比戰國文字中寫法特殊的"曷"簡單,字形又與後者緊密相關,有必要先把它的構形研究清楚。

---

① 《銀雀山漢墓竹簡[貳]·陰陽時令、占候之類》所收《三十時》簡 1839 "曷(暍)暑復",馬王堆漢墓帛書《易》傳《衷》37 下"亓(其)暑不曷(暍)",皆用"曷"爲"暍"。不過,這很可能只是普通的音近假借（或曰"省借"）,並不表示這樣用的人還知道"曷"是"暍"的本字。

② 《上海博物館藏戰國楚竹書（四）》所收《柬大王泊旱》,簡 16 云"逗者有獘人"。"獘"字舊皆誤釋,陳劍先生指出此字從"害"省聲,以"日"、"火"爲意符,在簡文中當從孟蓬生等先生讀爲"暍","'獘'也可能就是爲'暍'所造的另一本字"（陳劍《釋"疌"及相關諸字》,《出土文獻與古文字研究》第 5 輯,272～273 頁,上海古籍出版社,2013 年）。楚文字中的"曷"及從"曷"聲的"葛"、"楬"等,多用"害"或從"害"聲之字表示（參看白於藍《戰國秦漢簡帛古書通假字彙纂》,528、529 頁,福建人民出版社,2012 年;復旦大學出土文獻與古文字研究中心研究生讀書會《清華簡〈尹至〉、〈尹誥〉、〈程寤〉研讀札記》,彭林主編《中國經學》第 8 輯,25 頁,廣西師範大學出版社,2011 年。包山簡簡 140 有從"米"從"害"之字,蕭毅《楚簡文字研究》釋爲"楬",說見其書 238 頁,武漢大學出版社,2010 年）,而《廣韻》入聲月韻於歇切謁小韻"暍"字下,收從"火"的"焥"爲其異體。從這兩方面來看,陳先生以"獘"爲"暍"的"另一本字",是很有道理的。

③ 參看裘錫圭《釋"勿""發"》,《裘錫圭學術文集·甲骨文卷》,144 頁,復旦大學出版社,2012 年。

④ 馬王堆帛書"日"的寫法參看陳松長等《馬王堆簡帛文字編》,272～277 頁,文物出版社,2001 年。"曰"的寫法見此書 193 頁,可以對比。

⑤ 參看劉釗《古文字構形學（修訂本）》,337 頁,福建人民出版社,2011 年。

⑥ 馬王堆帛書《老子》乙本 177 行"渴"作 ,"凶"又變爲"出"。同墓所出帛書《陰陽五行》乙篇《上朔》36 行的"凶"字寫作 ,變化與此相似。

上文説秦簡、秦封泥和秦印中有不少从"匃"的"曷",這並不意味着"曷"就不見於秦文字。放馬灘秦簡《日書》"建除":"閉日,可以波渴,入人奴妾。"①其中"渴"字寫作 ▨(甲種簡 20 貳)、▨(乙種簡 24 壹),與上引馬王堆帛書《繆和》之"渴"全同。同墓所出所謂《志怪故事》簡 1 的"謁"字作▨。此三例"渴"、"謁"即从"曷"。原歸入《日書》乙種的簡 350 有▨字,整理者誤釋爲"過",程少軒先生認爲"據輪廓似是'遏'或'退'"。② 從字形看當以其前一説爲是,此"遏"也是从"曷"的。在同一批放馬灘秦簡《日書》裏,"禹須臾所以見人日"甲種簡 58 貳、乙種簡 40 壹有"請謁"之"謁"字。乙種圖版全不可見,甲種圖版十分模糊,仔細辨認大概是从"曷"的。上文説過,睡虎地秦簡中有很多从"曷"之字,可是在《日書》甲種簡

---

① "波"、"渴"二字從宋華强《放馬灘秦簡〈日書〉識小録》(武漢大學簡帛研究中心主辦《簡帛》第 6 輯,69~70 頁,上海古籍出版社,2011 年)、周波《秦漢簡〈日書〉校讀札記》(《出土文獻與傳世典籍的詮釋——紀念譚樸森先生逝世兩周年國際學術研討會論文集》,396 頁,上海古籍出版社,2010 年)釋。簡文的"波渴",上引周波先生文 397~398 頁讀爲"陂堨","堨"指堤堰、堰塘。其説可從。周文所舉文獻中較早的"堨"字的用例,爲《三國志·魏志·劉馥傳》、同書《鄭渾傳》。我們可以爲他提供一個時代稍早(大約東漢順帝、桓帝時)的例子。《水經注》卷七"濟水"條引邊韶《河激頌》:"惟陽嘉三年二月丁丑,使河堤謁者王誨疏達河川,通荒庶土。往大河沖塞侵齧金堤,以竹籠石,葺土而爲堨,壞隤無已,功消億萬。""葺土而爲堨"的"堨"顯然就指堤堰。
《璽彙》3454 著録如下一方古璽:

左邊一字各家多釋爲"堨"。《天津市藝術博物館藏古璽印選》著録此印,釋文作"蘆堨鈢"(30 頁,文物出版社,1997 年)。此璽底部靠右的是側書的"金"(田煒《古璽探研》,17 頁,華東師範大學出版社,2010 年),靠左的有點像側書的"尒",但寫得十分潦草,確有可能如《天津市藝術博物館藏古璽印選》所釋,乃"鈢"字"析書"。《印典》著録一方白文爲"左司徒信鈢(璽)"的齊璽[參看施謝捷《古璽彙考》,40 頁,安徽大學博士學位論文(指導教師:黄德寬教授),2006 年],"鈢"字的"尒"、"金"二旁上下析書;同書又著録一方印文爲"簠鈢(璽)"的楚璽(參看施謝捷《古璽彙考》,165 頁),"鈢"字的"金"、"尒"二旁亦上下析書,均與此相類。不知此印之"堨"字是否與堤堰有關。

② 程少軒《放馬灘簡式古佚書研究》,171 頁,復旦大學博士學位論文(指導教師:裘錫圭教授),2011 年。

138 正、《日書》乙種簡 39、91 裏，"謁"字却都从"㫃"。① 周家臺秦墓所出《日書》簡中，"請謁"之"謁"凡六見，見於簡 203、217、231、250、255 者，皆从"曷"（其中簡 203、250、255 三例所从"匂"的最右一筆不往左下方拖曳），簡 211"楬"字也是从"曷"的；但簡 189 的"謁"字作 ，所从爲"㫃"。嶽麓書院藏秦簡《占夢書》簡 20 正的"謁"从"曷"，《爲吏治官及黔首》簡 23 正第三欄"進遏不穀"的"遏"字則从"㫃"： 。② 從《里耶秦簡（壹）》所發表的資料來看，"謁"字既有明顯从"曷"作的（如 8-55、8-422、8-60（右半）+655 正（左半）、8-69、8-143、8-157 等），也有不少从"㫃"作的（如 8-656 正、8-63、8-71、8-100、8-135 四見等）；8-145 的"遏"字也从"㫃"。由此可見，秦簡文字中"曷"、"㫃"兩種寫法是並存的。

上面說馬王堆漢墓簡帛文字中的"曷"作"㫃"，其實帛書也有从"匂"的"曷"，如 （《戰國縱橫家書》237 行"謁"）、 （《養生方》217 行"渴"）等。《戰國縱橫家書》一篇之中甚至"曷"、"㫃"並見（看此篇圖版 10 行、237 行的"謁"字）。

約呂后時期下葬的張家山 247 號漢墓所出竹簡，"曷"旁絕大多數寫作"曷"。③ 但《二年律令·津關令》兩見"中大夫謁者"，"謁"字皆从"㫃"作 （簡 504）、 （簡 521）；《奏讞書》簡 220"猲"也作 。

銀雀山漢簡也存在既用"曷"又用"㫃"的現象。在《銀雀山漢墓竹簡〔壹〕》所收竹書中，"遏"、"謁"所从皆作"曷"（"遏"字見簡 413，"謁"字見簡 48、81、150 等）；"渴"多數从"曷"（如簡 639、856 等），《守法守令十三篇》之二"水渴（竭）者，其漁涸"的"渴"作 （簡 821），則从"㫃"。《銀雀

---

① 有關字形上引宋華强先生文已列出，請參看。
② 整理者迻釋"遏"爲"退"（朱漢民、陳松長主編《嶽麓書院藏秦簡（壹）》，117 頁，上海辭書出版社，2010 年），於字形不符。參看復旦大學出土文獻與古文字研究中心研究生讀書會《讀〈嶽麓書院藏秦簡（壹）〉》，復旦大學出土文獻與古文字研究中心網，2011 年 2 月 28 日。由於這句話的意思還不清楚，以"遏"爲"退"之形訛，亦殊未可必。
③ 參看張守中《張家山漢簡文字編》，297 頁"渴"字、160 頁"楬"字、268 頁"猲"字第 1 例、60 頁"謁"字前 9 例，文物出版社，2012 年。

山漢墓竹簡〔貳〕》所收竹書中，"渴"字凡四見，見於"論政論兵之類"的《善者》《十問》和"陰陽時令、占候之類"的《爲政不善之應》的三個"渴"均從"曷"（分見簡1161、1577、1926），見於"論政論兵之類"的《爲國之過》的"渴"則從"㱃"（簡1064）。此外，"遏"字兩見（見於"陰陽時令、占候之類"的《三十時》簡1744、1751），"竭"字、"曷"字各一見（前者見於"論政論兵之類"的《起師》簡1173，後者見於"陰陽時令、占候之類"的《三十時》簡1839），兩個"遏"和"竭"均從"㱃"，獨體的"曷"就寫作"曷"。

就是到了西漢中期比較成熟的隸書階段，如北京大學所藏西漢竹簡中，"㱃"形仍未絕迹，《蒼頡篇》簡14的"遏"作 ▨ ，便是一例。

由以上所舉之例可以知道，秦漢文字"曷"的"曷"、"㱃"二形，彼此通用無別。這種單純的對應關係提示我們，"㱃"很可能只是"曷"的一種變體。"曷"、"㱃"字形結構既同，後者的"凶"應與前者的"匃"相當。

陝西咸陽宮殿遺址出土的秦陶文上，有作 ▨、▨、▨ 等形的單字"匃"（《陶文圖錄》6.83.1～6，原書皆未釋；①《秦陶文新編》2036～2038、2170～2176、2179、2424～2430、2432、2434、2501、2510、2572、3268等②）。這些"匃"字個別有寫作 ▨ 的（《秦陶文新編》2037、2432），乃是由於"亡"、"刀"的部分筆畫穿插粘連而省併爲"乂"形，除底部不封口外，總體上已與"凶"十分接近了。這就使"曷"變作"㱃"成爲可能。

我們知道，秦漢文字"匃"的最末一筆，有時喜歡寫得長而往左下曳（參看上引馬王堆帛書"曷"旁的寫法）；真正的"凶"決不會這樣寫。具有這一典型"匃"特徵的"謁"、"曷"、"渴"，在上文提過的嶽麓書院藏秦簡和《銀雀山漢墓竹簡〔貳〕》中或作如下之形：

▨ （嶽麓秦簡《占夢書》簡20正）

---

① 王恩田編著《陶文圖錄》，第五冊1929頁，齊魯書社，2006年。
② 袁仲一、劉珏編著《秦陶文新編》，下編圖版377、394、395、424、425、432、433、440、582等頁，文物出版社，2009年。

（銀雀山漢簡《三十時》簡1839）

（銀雀山漢簡《善者》簡1161）

（銀雀山漢簡《爲政不善之應》簡1926）

（銀雀山漢簡《十問》簡1577）

它們的中間部分或與"凶"形接近（《善者》例），或變爲"凶"形（其餘四例），與上舉秦陶文"匂"的變化平行。《占夢書》和《十問》那二例"渴"所從的"匂"，簡直可以認爲就是把"凶"的最末一筆往左下拖曳而已。《盛世璽印錄》385著錄一方漢人名兩面印"司馬渴江—臣長卿"，①其中"渴"字作，"匂"的作風與《占夢書》、《十問》同。《爲政不善之應》那一例的"匂"，其實是寫完"凶"形後，再於其下加一往左下曳之筆而成的。在所從爲"㫃"的"遏"字中，銀雀山漢簡《三十時》有一例寫作：

（簡1751）

"凶"的最末一筆頗有想往左下曳之趨勢，上舉周家臺秦簡《日書》簡189"謁"字所從"㫃"的最末一筆似亦作此筆勢。

另一方面，底部與"凶"一樣已作封口狀的"匂"，中間却還有保留"亡"、"刀"不曾完全省併爲"乂"的。我們在《嶽麓書院藏秦簡（叁）》的範圍内舉一些例子：

（簡149正）　（簡219正）　（簡191正）

---

① 吴硯君編著《盛世璽印錄》，214頁，藝文書院，2013年。

（簡169正） （簡183正）

這些"曷"旁所從"勹"中,"亾"還相當明顯。後三例雖已接近於"凶",但仍能看出是由"亾"與"刀"的有關筆畫簡省而來的。這批秦簡中又有一個作如下之形的"謁"字:

（簡95正）

"日"下部分顯然也是"勹"的某種訛變,可與"勹"變作"凶"相印證。龍崗秦墓所出殘簡中有一"謁"字:

（簡220） （摹本）①

如所摹忠實於原形,則此"曷"旁下部的"凶",尚存"亾"的左上一斜筆,也可看作"勹"省變爲"凶"形的過渡環節。

上述那些字形介乎"昌"、"曷"之間的"曷"的例子,可以很好地說明二者本係一形之變。不過,獨體的"勹"字雖也有中間作"乂"的,但目前尚未發現完全寫作"凶"形之例(《里耶秦簡(壹)》有不少"曷"旁就作"昌",上文已經舉出。但這批簡中獨體的"勹"字,如見於 8-157 者,正面的兩例作一般的"勹";背面一例底部爲封口狀,但中間"亾"、"刀"的有關構件仍可辨)。這應該是書寫者爲了避免與真正的"凶"字發生混淆而有意爲之。"凶"沒有跟"日"組合成字(或偏旁)的,所以"曷"寫作"昌",不會引起誤認。

"勹"簡化爲"凶"的現象,可以進一步追溯到六國文字之中。戰國早期的齊器陳逆簠(《集成》04096)銘云:

冰月丁亥,陳氏裔孫逆作爲皇祖大宗簠,以 永命、眉壽,子孫

---

① 此例蒙程少軒先生指示。

是保。

"以"下一字,各家多釋讀爲"匃"。何琳儀先生把此字隸定爲"貦",謂係"貺"之省文,又據《字彙補》"貦,古文貺字",讀爲訓"賜"之"貺"。① 《集成(修訂增補本)》的釋文亦隸定爲"貦",括注"貺、貦"。②

從古文字資料看,古訓"賜"之"貺",實際上是"轉交賜物"的意思,跟一般的"賞賜"義有别。③ 如果説陳逆鑄作"皇祖大宗"簠,是用來轉交"永命、眉壽"的,自然於情理難通。釋讀爲"以匃永命、眉壽",則文從字順。類似説法金文習見,略舉二例:④

  竈乎簠:竈乎作寶簠,……用匃眉壽、永命。

              (《集成》04157、04158)

  小克鼎:克作朕皇祖釐季寶尊彝,……用匃康龢、純祐、眉壽、永命、靈終。

              (《集成》02796～02802)

所以從辭例上看,此字釋讀爲"匃"是正確的。

陝西省博物館收藏一件叔子毃匜(《商周青銅器銘文暨圖像集成》19237。⑤ 或稱此器爲盉、簠),銘中也出現了寫作[圖]之字,辭例爲"以～永命是保",無疑也應該釋讀爲"匃"。⑥ 從文字風格看,叔子毃匜大概也是戰國早期的齊器。

就字形而言,這兩個釋讀爲"匃"之字的上部,顯然與"匃(曷)"中的"凶"是有聯繫的。但它們跟真正的"凶"形還有所區別,應該就是"亡"和

---

① 何琳儀《戰國古文字典——戰國文字聲系》,406 頁。
② 中國社會科學院考古研究所編《殷周金文集成(修訂增補本)》,第三册 2264 頁,中華書局,2007 年。
③ 彭裕商《保卣新解》,《考古與文物》1998 年第 4 期,70 頁。參看沈培《説古文字裏的"祝"及相關之字》,武漢大學簡帛研究中心主辦《簡帛》第 2 輯,10～11 頁,上海古籍出版社,2007 年。
④ 參看張亞初《殷周金文集成引得》"匃(丐)"條,1193～1195 頁,中華書局,2001 年。
⑤ 吳鎮烽《商周青銅器銘文暨圖像集成》第 35 卷,19～20 頁。
⑥ 參看董珊《釋楚文字中的"汁邡"與"胸忍"》,《出土文獻》第 1 輯,169～170 頁,中西書局,2010 年。

"刀"兩個構件穿插粘連在一起的"匃"的變體。"亡"在戰國齊系文字中寫作 ⟨亡⟩、⟨亡⟩ 等形,①从"亡"之字或作 ⟨⟩②、⟨⟩③、⟨⟩④。如果把陳逆簠所謂"凶"形中間"乂"的由右向左的那一筆的下半看成是"刀"的斜筆的延長部分,那麼,其左半剩餘部分就與上舉"亡"的寫法大抵一致了。"刀"的彎筆與"亡"相連,作底部封口狀,這在早期的"匃"字中已見其例,如 ⟨⟩(追簋蓋,西周中期,《集成》04222)、⟨⟩(南姞甗,西周中期,《近出殷周金文集錄二編》1.123)等。叔子毁匜此字上部,右邊的"刀"受到左邊"亡"的類化,所以有此似"凶"非"凶"之形。

據此,陳逆簠和叔子毁匜這兩個讀爲"匃"之字,當分析爲从"貝"从"匃"、"匃"亦聲。錢財是匃乞的重要內容,故在"匃"上增加了義符"貝"爲其專字。這種"匃"形如果寫得再草率一些,當然很容易變成"凶"的樣子。

《盛世璽印錄》135 著錄一方私人收藏的三晉私璽:⑤

左邊的人名之字,上爲"艸",下爲"日"(與右邊的姓氏"䜌"字"口"中加短橫而成的"曰",區別甚明),是很清楚的;中間的構件如視爲"凶",全字就不可識。

既然"匃"可以簡化爲"凶",从"日"从"凶(匃)"即"曷",此字便可直接釋"葛"。【編按:徐在國、程燕、張振謙編著《戰國文字字形表》"葛"字條下"晉"系欄已收入《盛世璽印錄》135 此例,見其書上册 62 頁,上海古籍出版社,2017 年。】張富海先生曾據三體石經"葛"的寫法,釋《璽彙》2263、

---

① 張振謙《齊魯文字編》,第四册 1539 頁,學苑出版社,2014 年。
② 同上注,第二册 933 頁。
③ 同上注,第二册 922 頁。
④ 同上注,第三册 1332 頁。
⑤ 吳硯君《盛世璽印錄》,78 頁。

2264 所收三晉私璽的姓氏"㯱"爲"葛"。① 用於姓氏的"㯱（葛）"與用於人名的"葛"，當爲一字異體或彼此有通用關係。楚簡中既有作"㯱"之"葛"（見於上博簡《周易》、《采風曲目》、《季庚子問於孔子》等篇；②《清華大學藏戰國竹簡（陸）》所收《鄭文公問太伯》，甲本簡 8、乙本簡 7 有從"索"、從"邑"之字，用爲地名"葛"。③ 這些"索"都是"㓹（割）"的省體④），又有作"蒿"之"葛"（見於上博簡《孔子詩論》簡 16、17 等⑤），情況與晉系文字相似。秦漢文字"㯱（曷）"繼承西周金文"曷"的傳統，"日"一律寫在"凶（匃）"上；六國古文則把"日"移到了"凶（匃）"的下面。對於從"日"、"匃"聲的形聲字來說，這種偏旁位置的變化是無關緊要的。

戰國文字![]、![]（此二例文首已舉）、![]（《璽彙》1883"歇"）、![]（《璽彙》2352"餲"）等字中的"曷"，下部亦爲"日"（尤其像守丘刻石的"謁"字，右下爲"日"，左下爲"曰"，對比可知）。上舉《璽彙》0816、1303 的"渴"以及![]（《璽彙》1900"歇"）等字，所從"曷"的下部爲"曰"，當是"日"的形訛（可能因爲"日"處於全字底部，故而易與"曰"相混），與《說文》"曷"訛變爲從"曰"同例。在![]、![]等字中，下部的"日"作"▽"、"▱"，大概是受最上的"▽"、"▱"的類化所致。不過，"日"的這種類化，倒恰好跟三晉文字中"日"的"▱"、"▽"或"○"一類簡體相合。⑥ "日"上部分，除有"凶"

---

① 張富海《漢人所謂古文之研究》，31 頁，綫裝書局，2007 年。
② 參看陳劍《上博竹書"葛"字小考》，同作者《戰國竹書論集》，184～187 頁，上海古籍出版社，2013 年。
③ 李學勤主編《清華大學藏戰國竹簡（陸）》，下册 123 頁、《字形表》186 頁，中西書局，2016 年。
④ 郭永秉《古文字與古文獻論集續編》，83 頁。
⑤ 參看李守奎等《上海博物館藏戰國楚竹書（一～五）文字編》，29 頁，作家出版社，2007 年。
⑥ 參看湯志彪《三晉文字編》，1007 頁"昃"字條下"貨 373"、1008 頁"昌"字條下"貨系 515"、"中國錢幣 1996.2"、1014 頁"昔"字條下"古研 27·二年梁令戟束"、1022 頁"叡"字條下"珍秦金/吳越三晉 151 簡·四年成陰吝夫戟"、1411～1418 頁"易"字條下有關之例、204 頁"是"字條下"貨系 1584"、"三晉 97"、205 頁"是"字條下"三晉 97"、207 頁"是"字條下"貨系 411"以下各例等，作家出版社，2013 年。

外，還比我們所釋的那個晉璽人名"葛"和秦漢文字"㝬（曷）"多出"▼"、"▽"之形。此外，像▩、▩等例，中間部分較"凶"形繁複。這些"▩"、"▩"、"▩"等形，其地位與"凶（勹）"相當，如果也是"勹"的變體，就應該對其形體作出合理的分析。

我們從戰國秦漢時代"勹"的另一種簡體講起。前引林清源先生的文章，已提到秦印有下作"山"形的"曷"。秦陶文中有"右▩"（《秦陶文新編》1282）①，"右"下一字還見於單字陶文▩（《秦陶文新編》2262、2263）②、▩（《秦陶文新編》2594）③等，徐在國先生釋爲"歇"。④ 這些"歇"字的左下也似"山"形。我們認爲，位於"日"下的"山"跟上文討論的"凶"一樣，也是"勹"所從的"亡"、"刀"筆畫粘連、省併的結果，並且這種簡體在西周金文裏已露端倪：

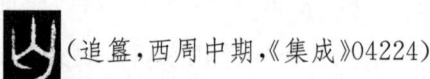（追簋，西周中期，《集成》04224）

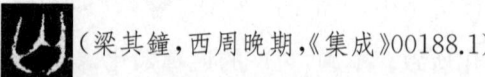（梁其鐘，西周晚期，《集成》00188.1）

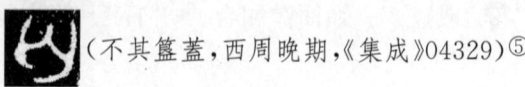（不其簋蓋，西周晚期，《集成》04329）⑤

上文引過的西周中期五祀衛鼎的"鄔"字，所從之"勹"大體上也這樣寫。此種"勹"的底部如連爲一筆，即成"山"形。

有一件私人收藏的五年春平相邦鼎，器主名"鄔得"之"鄔"作

---

① 袁仲一、劉珏編著《秦陶文新編》，下編圖版242頁。
② 同上注，404頁。
③ 同上注，443頁。
④ 徐在國《〈陶文字典〉中的釋字問題》，《安徽大學漢語言文字研究叢書·徐在國卷》，225頁，安徽大學出版社，2013年。
⑤ 董蓮池《新金文編》，中冊1754、1755、1756頁。

(《商周青銅器銘文暨圖像集成》02387）。① 其"曷"旁的上部（即除去"日"的部分），如不計"▽"，也作"山"形，與上舉秦陶文"歇"等"匃"旁寫法一致。鄔得所作還有一件四年春平相邦鈹（見《集成》11694），鼎、鈹皆戰國晚期趙國之器，②文字亦屬晉系。作"山"形的"匃"的簡體上增"▽"，與上面所說作"凶"形的"匃"的簡體上增"▽"，情況正同。

春秋中期齊國的國差譫有一獨字▨（《集成》10361），趙平安先生釋爲"邀"，③似不爲人所接受。其實此字成問題的偏旁（即除去"辵"、"攴"的部分），應該就是上引五年春平相邦鼎"鄔"所從"曷"中相當於"匃"的部分。細審拓本，其右下尚存"刀"的一斜筆，還沒有完全變爲"山"形。④ 由此也可看出此種形體與"匃"的聯繫。"曷"既從"匃"聲，趙平安先生釋此字爲"邀"就大體不錯（不知有沒有可能是"遏"的異體）。譫上此字與整篇銘文不在一處，字體也彼此有異，估計是後來加鑄上去的。其用意不明。

施謝捷先生認爲▨類"渴"字，"實際上是作从水从害之形的異體字"。⑤ 按，晉璽數見一从"疒"、"害"聲的人名，爲李家浩先生所釋。⑥ 此字有▨、▨、▨等形⑦（據《説文·十下·心部》，"憲"從"害省聲"。《華夏考古》1991年第3期發表的六年陽城令戈"憲"作▨，"害"旁亦如此作），其中"害"旁的寫法與此不合。所以我們不贊同釋戰國文字中寫法特

---

① 吳鎮烽《商周青銅器銘文暨圖像集成》，第5卷179頁。
② 參看董珊《論春平侯及其相關問題》，北京大學考古文博學院編《考古學研究（六）：慶祝高明先生八十壽辰暨從事考古研究五十年論文集》，446～460頁，科學出版社，2006年。
③ 趙平安《甲骨文"▨"即"曷"字說——兼談羯的族源》，氏著《新出簡帛與古文字古文獻研究》，68頁。
④ 容庚《金文編》附錄下089號摹作▨（1182頁，中華書局，1985年），沒有摹出"刀"的那一筆，不夠準確。
⑤ 施謝捷《談〈古璽彙編〉存在的幾個問題》，《出土文獻與古文字研究》第1輯，192頁，復旦大學出版社，2006年。
⑥ 李家浩《燕國"洍谷山金鼎瑞"補釋——爲紀念朱德熙先生逝世四周年而作》，《著名中年語言學家自選集·李家浩卷》，150、151、153頁，安徽教育出版社，2002年。
⑦ 湯志彪《三晉文字編》，1185～1186頁。

殊的"曷"爲"害"。不過,施先生點出此形與"害"存在相似之處,這是很具啟發性。戰國楚文字中有作▧(郭店《老子》丙組簡 4)、▧(包山簡簡 75)等形的"害"或"害"旁,最上部分亦爲"▽",與我們討論的六國古文"曷"的上部確實如出一轍。

劉洪濤先生曾專門論述過古文字"在'◊'形筆畫上加一橫畫或斜畫羨筆"以及"▽"類"弧形筆畫"的現象。① 結合上舉"害"上有"▽"的情況看,不如把"◊"形改爲"人"形,更爲妥當。在劉先生所舉的同類例子中,最可注意的是"覃"、"栗"二字:▧(《程訓義古璽印集存》1—23)、▧(《璽彙》3101)。② 這兩個上端增加"▽"形贅畫之例,都屬於三晋文字。此外,我們還可以再補充一個晋系"叔"及"叔"旁的例子。《璽彙》3775 所收人名▧、同書 2106 所收姓氏▧,③"盧"訛混作"庴","鹵"的頂端亦增"▽"。

不但"人"形上有加"▽"形贅畫者,在有些豎畫或稍帶弧形的豎畫的一側,也可以增加弧筆,如侯馬盟書屢見作▧之"嘉"。④ "用"、"甬"本爲一字。從"甬"作▧、▧、▧等看,⑤"甬"很可能是從在"用"的豎畫上加弧筆或"▽"形的異體分化出來的。

比照上述字形變化之例,簡化爲▧形的"勾",其中豎上端增"▽"而成▧,是相當自然的。作"山"形的"勾"畢竟與"亡"有些相像,在其上添加"▽"形,也許兼有與"亡"區別開來的用意。

---

① 劉洪濤《清華簡補釋四則》,《考古與文物》2013 年第 1 期,103～105 頁。按"囚(盇)"有作▧者(吳鎮烽編著《商周青銅器銘文暨圖像集成續編》0135 號,第一册 138 頁,上海古籍出版社,2016 年),其變化亦屬此類。
② 同上劉洪濤文,104 頁。
③ 湯志彪《三晋文字編》,393,987 頁。
④ 參看上注所引書,692～694,697,699,703～705 頁。
⑤ 參看董蓮池《新金文編》,910～912 頁;湯志彪《三晋文字編》,1052 頁。

《清華大學藏戰國竹簡（伍）》所收《厚父》，5號簡有▨字，整理者釋爲"渴"，在簡文中讀爲"竭"。① 時代約在春秋晚期的溫縣盟書有人名"竭"，寫作▨。②《厚父》所謂"渴"的聲旁、盟書"竭"的右上部分，應即上引中山王壺"渴"所從的▨、▨、▨、▨既不能簡單視爲"▨"，亦非純粹的"凶"。此三體以中山王壺的▨最爲工整，細究其形，實是由▨、▨兩種"匄"的簡體糅合而成的，"凵"形筆畫爲彼此公用。古文字（包括秦漢文字）中，不同異體糅合爲一字書寫的現象，學者們多有列舉。③ 例如"萬"、"夒"二體糅合成"蔓/韋"④，"祟/奈"、"奈"二體糅合成隨州孔家坡漢簡《日書》所見的"祟"字，⑤與此所論之▨尤爲切近。四年春平相邦鈹的▨（鄔）和《珍秦齋藏印（戰國篇）》56的▨（餽），所從"匄"旁也可以看作▨、▨二體的糅合。由此可知，□九年閏令所鑄戈銘上的人名▨（《商周青銅器銘文暨圖像集成》17223），沒有必要釋爲"賜"，⑥其實就是已見於陳逆簠、叔子毀匜的從"貝"從"匄"的匄求之"匄"的專字【編按：《清華大學藏戰國竹簡（玖）》所收《廼命一》簡9、《廼命二》簡5"乞匄"之"匄"作▨、▨，亦即此字。竹書"乞匄"之"乞"亦从"貝"】。本文開頭引到的《汗簡》"葛"寫作▨，其聲旁較"曷"多出▨，頗疑也是糅合了"葛"的異體"𦶎"（如《璽彙》2263之▨）的部分筆畫。所以嚴格講起來，清華簡《厚父》這個讀"竭"之字，當釋爲"洶"；"洶"、"渴"確有可能是一字異體。

---

① 李學勤主編《清華大學藏戰國竹簡（伍）》，下册110頁，中西書局，2015年。爲便省覽，所引字形采自此書下册《字形表》213頁。
② 湯志彪《三晋文字編》，1510頁。
③ 參看葉玉英《二十世紀以來古文字構形研究概述》，《出土文獻與古文字研究》第2輯，72～73頁，復旦大學出版社，2008年。
④ 裘錫圭《釋"蛊"》，《裘錫圭學術文集·甲骨文卷》，209頁。
⑤ 陳劍《孔家坡漢簡的"祟"字》，復旦大學出土文獻與古文字研究中心網，2011年11月8日。
⑥ 吳鎮烽《商周青銅器銘文暨圖像集成》第32卷289頁誤釋爲"賈"。

在過去發表的楚簡及其他楚文字資料中,似未見有"匃"字或"匃"旁。楚簡中的有些"桀",李守奎等先生認爲實从"匃"聲。① 其説若確,楚文字"匃"的字形與上舉《厚父》的"洵"也有較大出入。清華簡《厚父》中出現了與晋系文字寫法相同的"匃",説明此類"匃"形爲晋、楚二系文字所共有(國差罎那個"遏"字,如確係齊人所加鑄,則齊文字中亦有與晋系相同作風的"匃"),抑或反映了《厚父》的底本可能爲晋系文字寫本?② 有待於進一步研究。【編按:後來發表的《清華大學藏戰國竹簡(捌)》所收《攝命》簡7"偈"作 ⿰、簡14"匃"作 ⿰,與《厚父》"匃"的寫法基本一致,唯頂端不从"▽"形贅飾。前"編按"引《清華(玖)》之《廼命一、二》从"貝"之"匃"字,所从"匃"亦與《厚父》同。但《清華(捌)》所收《八氣五味五祀五行之屬》簡1～2數見之"渴"字(有學者指出楚帛書乙篇第二行也有此字)、《治邦之道》簡12用爲"渴"的"㵣"字,却明顯是从"亡+刀"的"匃"的,個別"刀"還繁化爲"刃"。看來,與晋系文字寫法相同的"匃"大概是楚文字中通行的"匃"的異體。】

⿰一類的"匃"旁,可能是把"凶"上端的缺口連接起來,並增"▽"形;也可能先有 ⿰ 的寫法,⿰ 不過是把"凶"與"▽"連起來而已。⿰ 大概是 ⿰ 中間的"乂"形加繁的結果,但也不排斥是連接 ⿰ 的上端缺口、並有所變化的可能。至於 ⿰ 類寫法,究竟是受" ⿰ "的"類化"也在"凶(匃)"上增添了"▽",還是爲了填補"凶"形上端的倒三角形空隙而增添"▽",現在已難以確知了。雖然如此,這些形體可以逕釋爲"匃",大概是沒有問題的。

《盛世璽印録》135那個人名"葛",可能由於"匃"上另有"艸"頭,刻印者不想因構件過多而把全字拉得太長(現在的形體已經比右邊的"絲"字

---

① 李守奎、張峰《説楚文字中的"桀"與"傑"》,武漢大學簡帛研究中心主辦《簡帛》第7輯,79～86頁,上海古籍出版社,2012年。
② 後一種可能性的論述,參看宋亞雯《清華簡中的非典型楚文字因素問題研究》,111～122、137～138頁,復旦大學碩士學位論文(指導教師:周波副教授),2016年6月。

稍長），所以沒有在"凶（勻）"上再加"▽"類贅飾。①

上文說過，戰國文字中的"日"旁有簡化爲"⌒"、"⬡"或"○"的。所以，即使最初 [字形]、[字形]、[字形] 等"勻"上的"▽"確爲贅畫，當時人把它看作"日"的可能性似乎不會不存在；尤其是那些位於底部的"日"已訛作"曰"的"曷"，上端的"▽"更有可能被重新分析爲"日"旁。若此，釋國差𦉜和清華簡《厚父》的那兩個字爲"遏"和"渴"，還是有些道理的。

總之，按照我們的看法，戰國文字中的 [字形]、[字形]、[字形]、[字形]、[字形] 等形，就來自"[字形]"、"凶"這兩種"勻"的簡體；戰國時代寫法特殊的"曷"，應該直接分析爲從"日"、"勻"聲，它跟西周金文、秦漢古隸乃至於小篆"曷"的構形，從本質上說並無二致。只不過形體變化得較爲厲害（既有簡化，又增繁飾，還有不同異體的糅合），才造成六國古文"曷"看似奇詭的面貌。弄清了戰國文字"曷"的字形真相，對於我們如何看待戰國時代"文字異形"現象，也許不無助益（各系文字之間的差異，總的來說恐怕還是同源異流要多於異源）。

二

有些研究"曷"字源流的學者，認爲"曷"與戰國楚竹書中讀爲"轍"、"徹"等的那些字所從的聲旁有關。我們當然不同意這種看法，下面就來討論"敵"及其相關問題。

過去，朱德熙先生根據戰國時代寫法特殊的"曷"、秦漢文字"叚"，把楚帛書丙篇的 [字形]、馬王堆帛書《陰陽五行甲篇》的 [字形]（一三《室》7下）以及古璽人名 [字形]（《璽彙》0630、0631）釋爲"敵"，並認爲西周金文中的 [字形]、[字形]、

---

① 《古文四聲韻》5·10 所收《古老子》"竭"作 [字形]（實爲"碣"字），其"勻"的頂部雖封口，但無"▽"形。如非摹脫，便是"▽"類贅飾可以不加的又一例證（"勻"下增左右兩撇，又見於同書同頁所收出自《王庶子碑》的"歇"——實爲"曷"字——出自《石經》的"羯"字等）。

[⿰]、[⿰]"也都从㲋",各種"㲋"形皆由此古體變出。① 後來陸續發表的戰國楚簡中,又多次出現了從"[圖](以下隸定爲'㲋')"之字。例如:

[圖](郭店簡《緇衣》簡40)、[圖](《語叢四》簡10)、[圖](《上博(七)·凡物流形》甲本簡18)、[圖](《清華(壹)·耆夜》簡9)、[圖](《清華(貳)·繫年》簡3)、[圖]、[圖](《清華(叁)·赤鳩之集湯之屋》簡13、14)、[圖](《清華(陸)·鄭文公問太伯》甲本簡8、10,乙本簡7、9);[圖](《上博(一)·緇衣》簡20);[圖](《上博(三)·周易》簡32);[圖](包山簡簡88)

除文義不明者外,現已論定,這些字當讀爲"轍"、"徹"、"燬"、"撤",②或與"曳"、"渫"、"讘"有異文關係。③ 馬王堆帛書《陰陽五行甲篇》讀爲"徹茅屋而序(?)之",④也是很通順的。所以,不少學者主張所謂"敓"當改釋爲"㪔",即"徹"、"撤"等字的聲旁;从"車"者即"轍"字。⑤

────────

① 朱德熙《長沙帛書考釋(五篇)》,《朱德熙古文字論集》,207~209頁。
② 參看林清源《"敓"、"㪔"考辨——釋"[圖]"及其相關諸字》,《漢學研究》第28卷第1期,3~8頁。郭永秉《清華簡〈耆夜〉詩試解二則》,同作者《古文字與古文獻論集續編》,257~259頁。李學勤主編《清華大學藏戰國竹簡(貳)》,下冊136、137頁,中西書局,2011年。李學勤主編《清華大學藏戰國竹簡(叁)》,下冊167頁,中西書局,2012年。李學勤主編《清華大學藏戰國竹簡(陸)》,下冊119、125頁。
③ 《上博(三)·周易》那個从"辵"之字,今本《周易》作"曳"、阜陽漢簡本作"渫"。馬王堆帛書本與此相當之字作"慹"(75行),但學者已指出,"慹"與下句之"讘"抄倒,實當爲"讘"(參看裘錫圭主編《長沙馬王堆漢墓簡帛集成》,第叁冊34頁注[三],中華書局,2014年)。此說可從。"讘"與阜陽漢簡本之"渫"並从"世"聲,拽即"拽/曳"之異體,彼此字音很近。
④ 徐在國《釋楚簡"㪔"兼及相關字》,《古文字研究》第25輯,349頁,中華書局,2004年。范常喜《馬王堆簡帛古文遺迹述議及相關字詞補釋》,同作者《簡帛探微——簡帛字詞考釋與文獻新證》,185~186頁,中西書局,2016年。裘錫圭主編《長沙馬王堆漢墓簡帛集成》,第伍冊87頁。
⑤ 張富海《郭店楚簡〈緇衣〉篇研究》,29頁,北京大學碩士學位論文(指導教師:沈培副教授),2002年。徐在國《釋楚簡"㪔"兼及相關字》,《古文字研究》第25輯,347~351頁。蘇建洲《〈上博楚竹書〉文字及相關問題研究》,184頁引陳劍說,萬卷樓圖書股份有限公司,2008年。後出的《清華大學藏戰國竹簡》諸冊釋文皆逕釋爲"㪔"。

但是，朱德熙先生釋"歇"的影響很大。如林清源先生雖接受上舉諸字在簡文中"轍"、"徹"等讀法，却仍從朱說釋"曷"爲"曷"。① 馮勝君先生的說法比較複雜。他把朱先生所釋的"曷"分爲兩套：一套爲我們上文討論過的三晉系；另一套由金文 ![]、![] 至 ![]、![]、![]，再演變爲秦漢文字和小篆的"曷"，是爲楚、秦系。馮先生認爲後一套字形上部的"臼"粘連而爲"曰"，又訛變成小篆的"曰"，下部"丏"變形音化爲'匃'"，這兩步演變的關鍵環節是 ![] 一形。郭店、上博簡中所謂楚、秦系的"曷"，馮先生也同意當讀爲"轍"。②

馮勝君先生所以把朱先生釋"曷"之字一分爲二，主要是看到了戰國三晉文字中"曷"的形體與"曷""有不小的差距"。③ 這事實上已觸及事情的真相。但由 ![]、![] 變爲"曷"，只能算作一種設想，字形演變的過程尚有缺環。從上文分析的戰國時代寫法特殊的"曷"與西周金文、秦漢古隸、小篆"曷"的承續關係來看，其間也是斷斷排不進 ![]、![] 這樣的形體的。![] 所從出的《璽彙》0630、0631，大家公認是齊璽。④ 上面說過齊器國差譫有一個從"匃"的 ![] 字。釋前者爲"歇"，齊系文字中就會出現不同來源的兩套"曷"字，這也有些可怪。何況，![] 到底是不是從 ![] 變來的，還存疑問。張振謙《齊魯文字編》釋 ![] 爲"歇"，⑤當然不一定對，我們姑且不管；但張先生在"歇"字條下又收入《陶文圖錄》2.154.1 的 ![] 和 2.154.2 的 ![]

---

① 林清源《"歇"、"敵"考辨——釋"![]"及其相關諸字》，《漢學研究》第 28 卷第 1 期，9～29 頁。
② 馮勝君《郭店簡與上博簡對比研究》，172～175 頁。
③ 同上注，173 頁。
④ 何琳儀《戰國古文字典——戰國文字聲系》，901 頁。孫剛《齊文字編》，75 頁，福建人民出版社，2010 年。張振謙《齊魯文字編》，第一册 433 頁。
⑤ 張振謙《齊魯文字編》，第一册 433 頁。

（陶文此字吳大澂即釋"啟"。① "敵"、"啟"僅隸定不同），此二形與▆頗似，確有可能爲一字異體。《新編全本季木藏陶》0914 所收陶文的右邊一字▆，顯然就是▆的左半。《陶文圖錄》3.24.6 著錄的齊陶文▆字，"亻"旁之外的部分也很像是▆、▆的簡省。但▆、▆、▆與"曷"或"曷"，彼此字形之間的差距未免嫌大了些，恐非一字。若果真如此，溝通"曷"與"曷"的所謂關鍵環節便遭到了動搖。"曷"與"轍"、"徹"等古音雖近，畢竟聲母有匣母與定母、透母之隔【編按："轍"、"徹"上古聲母屬 L-系】。② 只有承認"曷"即"啟"字所從，與"曷"無關，它們的字形演變序列就可以各成一系（"曷"字已詳上一節。關於"啟"的字形，詳下文論述），也不存在需要特別解釋的字音問題了。

朱德熙先生指出▆由西周金文的▆、▆、▆變來，甚是。裘錫圭先生在朱先生釋"曷"爲"曷"的基礎上，疑金文"'剮'本是切割之'割'的表意初文，字形象用刀切割某種果實，左下部的扁圓形象徵從果實上切割下來的東西，'曷'字最初可能是作爲這個字的省文而產生的"。③ 現在知道▆、▆、▆應讀"徹"音，所以不可能再是"割"的表意初文。不過，裘先生解釋其字"象用刀切割某種果實"，仍是可取的；"曷"雖非"曷"，也確如裘先生

---

① 參看徐在國《〈讀古陶文記〉箋證》，《安徽大學漢語言文字研究叢書·徐在國卷》，199 頁。
② 林清源先生爲了論證"曷"可以讀爲"轍"、"徹"，舉過一些匣母與定、透、余母之間"往來通用的例證"（《"敵"、"啟"考辨——釋"▆"及其相關諸字》，《漢學研究》第 28 卷第 1 期，9～10 頁）。有些匣母字確可與定、透母字相通。但落實到具體的字，我們還沒有發現"轍"、"徹"與匣母字或"曷"與舌音定、透母字"往來通用"的確例。"匜"是余母字。金文中"匜"及從"匜"聲之字或用爲青銅水器匜的自名"匜"（何琳儀、高玉平《唐子仲瀕兒匜銘文補釋》，《考古》2007 年第 1 期，66～68 頁；南陽市文物考古研究所《河南南陽春秋楚彭射墓發掘簡報》，《文物》2011 年第 3 期，13 頁；曹錦炎《彭射銅器銘文補釋》，《文物》2011 年第 6 期，95 頁），"匜"又常以"它"聲之字爲之。"它"及從"它"得聲諸字的聲母，大多屬透母或定母。由此可見，"匜"的余母也是近於舌音而不近於喉牙音的【編按："匜"、"它"等字上古聲母皆屬 L-系，與"轍"、"徹"同類】。
③ 裘錫圭《也談子犯編鐘》，《裘錫圭學術文集·金文及其他古文字卷》，89 頁。

所説，當係金文此字的"省文"。這個"象用刀切割某種果實"之字在充當其他字的聲旁時，省"刀"旁而作"曷"，跟"割"的表意初文"剌"在充當"絭（葛）"的聲旁時常省爲"絭"、"删"在充當"珊""姍"等字的聲旁時省爲"册"的現象，①正可類比。

《説文·十三·力部》所收"劈"字小篆，"从力、从徹，徹亦聲"。從秦漢文字字形看，大多數的"劈"實从"刀"，"力"乃"刀"之形訛。②《説文》據从"力"而定"劈"的本義爲發射之"發"，恐不足信。既釋爲"敽"，其聲旁"曷"的完整形體、、本从"刀"，那麼金文這個古字就很可能是同樣从"刀"的"劈"的表意初文。甲骨金文中的从"鬲"从"又"之字，乃徹除、撤去之"徹/撤"的本字（"徹"从"彳"，大概是爲訓"通"或訓"列"——《方言》卷三："班、徹，列也。"——的"徹"所造，但古書中多借用爲徹除、徹毀等義的"徹"。"撤"是徹除、撤去之"徹"的後起本字）；《説文》"古文徹""徹"所从即此字，但已易"又"爲"攴"。③ 所以，戰國楚簡中那些从"攴"的"敽"字，大概是"敽（徹/撤）"的異體（古文字中"刀"、"攴"二旁偶爾也可通用。④ 如《上博（五）·姑成家父》用爲厲公之"厲"的"剌"字，皆从"攴"。"敽"就是"劈"的異體的可能性，也還無法排除）。如立足於字形本原，"敽"可分析爲从"攴"、"劈"省聲。

《説文·三上·谷部》"丙"字下列了好幾個讀音："讀若三年導服之導。一曰：……讀若沾。一曰：讀若誓。"釋出戰國竹簡"敽"的徐在國先

---

① 郭永秉《古文字與古文獻論集續編》，79、83 頁。
② 劉釗《古文字構形學（修訂本）》，143 頁，福建人民出版社，2011 年。關於漢隸"刀"、"力"形訛，還可參看裘錫圭主編《長沙馬王堆漢墓簡帛集成》，第叁冊 34 頁注[三]；劉玉環《秦漢簡帛訛字研究》，116 頁，中國書籍出版社，2013 年。銀雀山漢簡、虎溪山漢簡中有個別从"力"的"劈"字[參看于淼《漢代隸書異體字表與相關問題研究》，上編《漢隸異體字表》620 頁，吉林大學博士學位論文（指導教師：吳振武教授），2015 年 5 月]，但不占據主流。
③ 參看羅振玉《增訂殷虛書契考釋》中·71 下，《殷虛書契考釋三種》，526 頁，中華書局，2006 年；唐蘭《冏尊銘文解釋》，《唐蘭先生金文論集》，192 頁注[一三]，紫禁城出版社，1995 年。
④ 參看高明《中國古文字學通論》，141、142 頁，北京大學出版社，1996 年。

生，認爲"讀若誓"的"丙"是"散"的一個聲旁。① 葛陵楚簡"延"、"脡"或寫作"䢭"(乙三 63)，徐在國先生認爲這裏的"丙"是加注的音符。② 早在西周金文裏，已有用爲"世"的"酏"字，並且一直保留到了戰國晉璽之中。田煒先生認爲此字的"丙"也"讀若誓"，是加注在"世"上的音符。③ "誓"是禪母月部字，"延"是余母元部字，"世"是書母月部字，它們的讀音跟"徹、劈"的確很近【編按：此説不確。從上古音看，"延"、"世"的聲母爲 *l-、*l̥-，與"徹、劈"同屬 L-系；但"誓"的聲母爲 *d-，屬 T-系，跟"徹、劈"等字不近】。但"劈"的古體 、 無疑是圖畫式的表意字，把用刀切割的某種果實當成純粹的聲旁，顯然不合適。

戰國文字"散"所從雖已變作"丙"形(可以認爲具有"變形音化"的作用)，但西周金文"劈"字中的 、 二體與象簟席之形的"丙"差別甚大，它們本來應該跟"丙"沒有關係。裘錫圭先生在説解金文"劈"的字形時，認爲象某種果實之物的 、、，"也許與《説文》的'卤'字有關"。④ "卤"，《説文·七下·卤部》解釋爲"艸木實垂卤卤然"，"上象蒂形，下象實形"(王筠《説文句讀》)。從形體上看，、、 這種果實，似乎既有些像栗(《説文》所收從"卤"之字就有"栗"。《璽彙》0276 著錄的楚璽"栗"字作 ，《上海博物館藏戰國楚竹書(八)》所收《鷁鵜》簡 1"栗"字作 ，栗子形都與此頗肖)，也有些像棗。而且古人確實把栗、棗視爲最重要的"艸木實"，如《楚辭·七諫·自悲》："居不樂以時思兮，食草木之秋實。"王逸注："秋實，謂棗栗之屬也。"《戰國策·燕策一》記蘇秦説燕文侯，言燕"北有棗栗之利，民雖不由田作，棗栗之實，足食於民矣"。或許此種"劈"字本以果實爲切割對象，故而選取栗、棗之類的形象代表果實，其字義並不局限於

---

① 徐在國《釋楚簡"散"兼及相關字》，《古文字研究》第 25 輯，348 頁。
② 徐在國《從新蔡葛陵楚簡中的"延"字談起》，武漢大學簡帛研究中心主辦《簡帛》第 1 輯，200 頁，上海古籍出版社，2006 年。
③ 田煒《釋古文字中的"酏"與"䚷"——兼釋古璽中的"𩛞"字》，《考古與文物》2012 年第 2 期，103～105 頁；田煒《古璽探研》，211～216 頁。
④ 裘錫圭《也談子犯編鐘》，《裘錫圭學術文集·金文及其他古文字卷》，88 頁。

"簪栗"或"簪棗"。

　　至於"醚"、"酬"以及田煒先生所釋戰國齊璽裏的"䣱",張新俊先生早已指出,既然金文"䙴"、"弼"等字都以"丙"爲形旁,它們也完全有可能是以"丙"爲形旁的形聲字。① "丙""讀若誓"與"延"、"世"音近【編按:此説不確】,大概只是偶然的巧合("䣱"所從的"反",其音與"誓"就没那麽接近了)。葛陵簡從"丙"、"延"聲的"醚",張新俊先生認爲應即筵席之"筵"的古字。② 其説可信。《方言》卷五:"簟……自關而西或謂之簟,或謂之筕。"《廣雅·釋器》:"筕,席也。""世"、"誓"音近,"誓"從"折"聲,從"丙"、"世"聲的"酬"不知有没有可能是"筕"的古字【編按:"筕"的聲母與"世"不同系,此説可疑】。

　　《説文》"丙"有"誓"的讀音,其來歷似可作如下兩種推測。一、"丙"是簟席之"簟"的初文,③"讀若沾"當爲"簟"音之稍變("讀若三年導服之導",也是"簟"音之變。《説文·六上·木部》"梣"亦"讀若三年導服之導")。"沾"是談部字,"誓"是月部字,古代談、月二部的字音有較密切的關係,④頗疑"丙""讀若誓"又是"沾"的音轉("誓"屬禪母,"沾"屬端母或透母。禪母古讀如定母,與端、透母頗近。"誓"、"哲"同從"折"聲,"哲"就是端母字)。《説文·一下·艸部》有"茵"字,"從艸、丙聲"。此字音"直例切",上古正屬月部。⑤《説文》謂"茵""讀若陸"。但"陸"音與"直例切"相差太遠,必有問題。前人指出"讀若"下一字,別本有作"埶"者,與"直例切"合。⑥ 疑"讀若陸"的"陸",所從"坴"實即"埶"之省體。⑦ 十五年守相

---

① 張新俊《新蔡楚簡零釋》,簡帛網,2010 年 4 月 16 日。此文蒙蘇建洲先生指示。
② 同上注。
③ 唐蘭《古文字學導論(增訂本)》,247 頁,齊魯書社,1981 年。
④ 李家浩《南越王墓車馹虎節銘文考釋——戰國符節銘文研究之四》,《安徽大學漢語言文字學研究叢書·李家浩卷》,72～74 頁,安徽大學出版社,2013 年。陳劍《釋上博竹書〈昭王毀室〉的"幸"字》,同作者《戰國竹書論集》,141～142 頁。陳劍《試説甲骨文的"殺"字》,《古文字研究》第 29 輯,14 頁,中華書局,2012 年。
⑤ 參看徐在國《釋楚簡"敳"兼及相關字》,《古文字研究》第 25 輯,348 頁。
⑥ 丁福保編纂《説文解字詁林》,1836～1837 頁,中華書局,1988 年。
⑦ 單獨的"坴(埶)"也有"抧(埶)"音,參看李家浩《南越王墓車馹虎節銘文考釋——戰國符節銘文研究之四》、《説"坴"字》,《安徽大學漢語言文字學研究叢書·李家浩卷》,72～76、395～401 頁。

鈹中的"杢（杢）"，黄盛璋、李家浩先生已考定用爲廉頗之"廉"。① 月部的"埶"讀爲談部的"廉"，如同"丙"由"讀若沾"變爲"讀若誓"。二、傳抄古文"筵"作▨、"延"或作逛，②徐在國《從新蔡葛陵楚簡中的"延"字談起》所引匿名審稿人的意見，謂此字所從"丙""可能有表意作用"。③ 可從。④葛陵簡中有從"辵"、"脡"聲之字（見甲三 136、乙一 29、30），與上舉"延"、"脡"、"醒"通用。劉洪濤先生認爲"可能是'延'的繁體"，⑤大概是對的。《説文》訓"行也"的"延"，前人已指出與"延"、"征"爲一字；⑥傳抄古文"延"亦從"辵"作。⑦ "延"在戰國時代很可能已有從"辵"的異體。上引傳抄古文"筵"、"延"，也許可以分析爲從"丙"、"延"省聲，即醒（筵）"字。古文"延"實借"醒"爲之。但是，此種"迺（筵、延）"字，確實頗易被人按照一般的從"辵"之字的情況，⑧誤析作從"辵"、"丙"聲（如果再考慮一下讀"直例切"的"茜"從"丙"聲，對"迺"作這種字形分析的成立的可能性，無疑會進一步加强）。古書裏"延"、"誓"二字恰有音近相通的異文。⑨ 所以"丙"的"讀若誓"之音，也可能是因此而來的。

更有可能的是，把"迺"字所從的"丙"視爲聲旁而讀與"延"、"筵"相近的"誓"一類音，由於正巧跟"丙"從"沾"音轉爲"誓"音的語音演變合拍，故而得到了大家的認可，被載入《説文》之中。也就是説，上述兩種推測是可以相互支持，共同作用，促成"丙""讀若誓"的。【編按：以上兩段對"丙""讀若誓"的推測，古音方面存在不少問題，難以一一更正。"丙"的"誓"音

---

① 黄盛璋《試論三晋兵器的國别和年代及其相關問題》，《考古學報》1974 年第 1 期，24、25 頁。李家浩《南越王墓車馹虎節銘文考釋——戰國符節銘文研究之四》，《安徽大學漢語言文字學研究叢書·李家浩卷》，73～75 頁。
② 徐在國編《傳抄古文字編》，448、183～184 頁，綫裝書局，2006 年。
③ 武漢大學簡帛研究中心主辦《簡帛》第 1 輯，201 頁。
④ 參看張新俊《新蔡楚簡零釋》注[29]。
⑤ 小蟲（劉洪濤網名）《説〈上博五·弟子問〉"延陵季子"的"延"字》，簡帛網，2006 年 5 月 22 日。
⑥ 參看段玉裁《説文解字注》，77 頁，上海古籍出版社，1981 年。
⑦ 徐在國編《傳抄古文字編》，183 頁。
⑧ 參看張振林《〈説文〉從辵之字皆爲形聲字説》，《漢字研究》第 1 輯，273～278 頁，學苑出版社，2005 年。
⑨ 高亨、董治安《古字通假會典》，177 頁，齊魯書社，1989 年。

究竟從何而來，尚待研究。】

 ![字形]、![字形]象用刀切割繩索，是"割"的表意初文。① 相比之下，"劀"的表意初文![字形]、![字形]、![字形]，不但象用刀切割果實，而且特別畫出"象徵從果實上切割下來的東西"的扁圓，似強調切割東西而取用之，其造字本義當以說"割取"爲妥。《詩·豳風·鴟鴞》云：

> 迨天之未陰雨，徹彼桑土，綢繆牖戶。

毛傳訓"徹"爲"剝"。朱熹《詩集傳》："……徹，取也。桑土，桑根皮也。……我及天未陰雨之時，而往取桑根以纏綿巢之隙穴，使之堅固，以備陰雨之患……"②其實這個"徹"正當讀爲"劀"，"劀彼桑土"意謂割取作"綢繆牖戶"之用的桑根皮。毛、朱所說，可謂各得其義之一偏。

上面提過的《說文》所收"茵"，"或以爲綴"，前人視同"讀如綴"。③"蟪蛣"之"蟪"，古書或作"蠿"，④其語音關係與以"茵"爲"綴"平行（從"帶"聲的"滯"，中古亦讀"直例切"，與"茵"同音）。"茵"、"轍"、"徹"古音同或音近，⑤可知"劀"與"叕"聲字亦音近。從"叕"聲的"剟"，古有刊削、割取等義。《說文·四下·刀部》："剟，刊也。"《吳越春秋·勾踐入臣外傳》："夫截骨之劍，無削剟之利。""削剟"猶"割削"。《漢書·賈誼傳》"盜者剟寢戶之簾，搴兩廟之器"，顏師古注："剟，謂割取之也。"朱駿聲《說文通訓定聲》認爲訓"取"之"撤"假借爲"掇"，⑥其實應該說"撤"、"掇"同源才對。估計"劀"、"剟"也是音義皆近的親屬詞。【編按："徹"、"叕"二聲字

---

① 郭永秉、鄔可晶《說"索"、"刿"》，郭永秉《古文字與古文獻論集續編》，73～84頁。
② 朱熹《詩集傳》，94頁，中華書局，1958年。
③ 段玉裁《說文解字注》，43頁。按：《說文》訓"茵"爲"以艸補缺"，"茵"與補綴之"綴"至少是同源詞。
④ 高亨、董治安《古字通假會典》，644頁。
⑤ 《尚書·費誓》"善敹乃甲冑"，孔穎達疏引鄭玄注："敹謂穿徹之。"江聲《尚書集注音疏》："鄭云'穿徹'，即謂縫綴之也。"王先謙《尚書孔傳參正》亦云："'穿徹'謂縫綴也。"（顧頡剛、劉起釪《尚書校釋譯論》，第四冊2145頁，中華書局，2005年）但"徹"並無縫綴義。疑穿徹之"徹"即假借爲"以艸補缺"之"茵"。
⑥ 朱駿聲《說文通訓定聲》，621頁，武漢古籍書店，1983年。

聲韻皆異,説"撤"與"掇"、"劈"與"剟"是同源詞,缺乏根據。】從完整的東西上割取一塊,等於是把切割下來的小塊從原物上"抽取"、"除去"。所以,儘管"▨"("劈")、"敵(徹/撤)"在文字層面已分爲二字;但從語言層面看,割取之"劈"與徹除、撤去之"敵(徹/撤)"顯然具有極爲親密的聯繫,它們的關係跟"剟"與"掇"相類。

馬王堆帛書《五十二病方》記驅"魅"的祝由方,有"徹胆,魅□魅婦【□】□□所"之語(455/445 行)。① 劉釗先生説:

"胆"字,日本學者赤堀昭和山田慶兒認爲應讀爲"肢",指"脅"。(原注:赤堀昭、山田慶兒:《中國新發現科學史資料的研究·譯注篇》,京都大學人文科學研究所,1985 年,第 284 頁。)該字到底應該讀爲何字暫不能定,但是不論讀爲何字,顯然都是指"魅"的某個肢體。"徹"古訓爲"達",即"徹骨"之"徹"。此句大意是説用某種方法對"魅"的某一肢體進行摧折。②

劉先生對"徹胆"大意的理解,是準確的;但訓"徹"爲"達",與"摧折"義恐怕還有一定的距離。

古書"徹"有毀壞之訓(後寫作"撤"),如《楚辭·天問》"何令徹彼岐社",王逸注:"徹,壞也。"《莊子·庚桑楚》"徹志之勃",成玄英疏:"徹,毀也。"③《詩·小雅·十月之交》:"徹我牆屋,田卒汙萊。""徹"也是拆毀、毀壞的意思,④即《清華大學藏戰國竹簡(叁)》所收《赤鳩之集湯之屋》的"敵(徹/撤)屋"(簡 13、14)。病方的"徹胆"蓋指折毀、毀壞"魅"的某一肢體。當毀壞講的"徹",應該就是假借爲"劈"的。對於完整的東西來説,從中割取一部分,即在某種程度上毀壞了原物;"劈"的"割取"義自然也可引申出"毀壞"義。

---

① 裘錫圭主編《長沙馬王堆漢墓簡帛集成》,第伍册 296 頁。
② 劉釗《説"魅"》,同作者《書馨集——出土文獻與古文字論叢》,347 頁,上海古籍出版社,2013 年。
③ 宗福邦等主編《故訓匯纂》,767 頁,商務印書館,2003 年。
④ 參看范常喜《馬王堆簡帛古文遺迹述議及相關字詞補釋》,同作者《簡帛探微——簡帛字詞考釋與文獻新證》,185 頁。

郭店《老子》甲組簡 27 中,與今本"挫其銳"的"挫/剉"相當之字作 [字]。① 馮勝君先生指出,此字左旁與傳抄古文 [字]、[字]、[字](《古文四聲韻》引《古老子》"轍"、同書引《義雲章》"轍"、《汗簡》"撤")的右半相近;馮先生和陳劍先生都主張此字應讀"徹"、"轍"一類音,故與"挫/剉"音近通用。② 我認爲郭店《老子》的這個與"挫"相當之字,當是金文 [字] 的異體,亦可釋爲"劇"。由於左下增加的義符"田"擠占了"咼"的部分位置,[字] 只得省去代表切割下來的東西的"呂",[字] 則省去了果實"卥"。傳抄古文"轍"、"撤"的右半,是否確與郭店《老子》"劇"的左旁同作,或"田"形僅是"丙"的傳抄之訛,尚須研究。"挫其銳"的"挫/剉"一般訓爲"摧折"、"缺傷",其義與"劇"的"割取"、"毀壞"等義相因。簡文以"劇"爲"挫",也許並不是單純的音近通假。

確定了"劇"字本來的形義,就可以對秦漢文字"徹、劇"的字形來源試作解釋。古"劇"字中代表割取的東西的"呂"粘連而近於"幺",已見於上舉郭店《老子》簡的那個"劇"和馬王堆帛書《陰陽五行甲篇》的"散"(包山楚簡从"夷"从"咼"之字中的"呂",也粘連得很緊),在頂端冒出來的豎筆上再加短橫贅飾,即成似"玄"之形。這一點徐在國先生已加論證,並舉出傳抄古文"轍"字右上有"幺"、"玄"兩種寫法。③ 出土秦漢文字中,頂端不加短橫的"劇"字也不是絕對沒有,如 [字](《秦印文字彙編》264 頁)。④ 問題是戰國文字"散"所從的"丙",到秦漢文字裏竟變成了"月(肉)",這在古文字中是找不出同類變化之例的。所以馮勝君先生認爲"[字]"變爲"[字]"

---

① 荆門市博物館《郭店楚墓竹簡》,圖版 5 頁、釋文注釋 112 頁,文物出版社,1998 年。
② 馮勝君《郭店簡與上博簡對比研究》,173 頁。陳說見蘇建洲《〈上博楚竹書〉文字及相關問題研究》184 頁引。
③ 徐在國《釋楚簡"散"兼及相關字》,《古文字研究》第 25 輯,348 頁。
④ 《馬王堆簡帛文字編》129 頁"徹"字條所收第一形 [字],似乎也屬於頂端不加短橫而存古意的。此例出自《戰國縱橫家書》51 行,原帛上作 [字](裘錫圭主編《長沙馬王堆漢墓簡帛集成》,第壹册 82 頁),上部略有殘缺之筆正是短橫。《文字編》所摹失實。

"缺乏過渡形態", ▦ "能否釋爲'散'還存在疑問"。①

我們認爲秦漢文字"散"下部的"月（肉）",不是從"囟"形變來的。上面講過的金文▦,見於旗鼎銘文中與賜田有關的場合（語見下文）,徐在國先生懷疑"此字即'徹田'之'徹'的專字"。② 其說可從。郭店《老子》簡的▦字也是爲徹田之"徹"造的。參考此例,似可推測早期曾有過一個從"肉"作的劈肉之"劈"的專字,後來演變成秦漢文字中的"徹"、"劈"（從秦漢文字"劈"字的"刀"旁一般位於"攴"的下方來看,大概也是先有徹除、撤去之"敳"的異體"散"以及從"散"聲的"徹",然後才在"徹"上加"刀"而成"割取"義的"劈"的形聲結構的後起本字）。也有可能當割取講的"劈",本有以"肉"爲切割對象的異體（"呂"形代表割取的肉片）,即秦漢文字"徹"、"劈"的源頭,只不過這種寫法在早期古文字資料裏還没被發現罷了。古文字中有一個象用刀在俎上割肉的"俎"字,陳劍先生釋爲解肆之"肆"的初文,並指出"俎（肆）"的各種簡省之體在三體石經古文"逸"、秦兵器銘文"逸"等字中作爲聲旁被曲折地保留了下來。③ "劈"、"肆"音近可通。上博簡《周易》的從"辵"、"昌"聲之字,今本作"曳"。《儀禮·士相見禮》"曳踵"之"曳",武威漢簡《士相見禮》即作"肆"。④《老子·德經》第七十九章"無德司徹"之"徹",馬王堆帛書甲、乙本均作"劈"（92行、217行上）,北京大學藏西漢竹簡本則作"肆"（簡116）。⑤ 與"肆"音義並近的"劈",在造字時也選擇"肉"作爲割取的對象,是很有可能的。如果後一種推測合乎事

---

① 馮勝君《郭店簡與上博簡對比研究》,174頁。
② 徐在國《釋楚簡"散"兼及相關字》,《古文字研究》第25輯,350頁。
③ 陳劍《甲骨金文舊釋"蕭"之字及相關諸字新釋》,《出土文獻與古文字研究》第2輯,13~47頁,復旦大學出版社,2008年。
④ 參看張富海《漢人所謂古文之研究》,135頁。
⑤ 參看北京大學出土文獻研究所編《北京大學藏西漢竹書[貳]》,143頁,上海古籍出版社,2012年。按:《長沙馬王堆漢墓簡帛集成》認爲北大簡"徹"作"肆",可能是避漢武帝諱改字（裘錫圭主編《長沙馬王堆漢墓簡帛集成[肆]》,13頁注[四三]）。即使如此,改"徹"爲"肆"也是由於"徹"、"肆"音近,跟有可能因避漢惠帝諱而改"盈"爲"傾"、"項"的情況相似（參看上引書同頁）。

實,就可以說,楚系文字(附及傳抄古文)和秦系文字分別承襲了"𩰬"的不同異體。

最後討論一下周代"徹制"與"徹田"之"徹"義。

《孟子·滕文公上》述三代稅制:"夏后氏五十而貢,殷人七十而助,周人百畝而徹,其實皆什一也。"又說:"徹者,徹也;助者,藉也。"單憑這些簡略含混的話,後人很難了解徹制之"徹"的真意。現代研究先秦史的學者大多認爲,所謂周代的"徹"制,就是通過"徹田"的方式來進行剝削。①

"徹田"之說見於《詩經》。《大雅·公劉》云:

　　度其隰原,徹田爲糧。

《大雅·崧高》云:

　　王命召伯,徹申伯土田。王命傅御,遷其私人。
　　王命召伯,徹申伯土疆。以峙其粻,式遄其行。

毛傳訓"徹"爲"治"。鄭箋在《公劉》"徹田爲糧"下云:"度其隰與原田之多少,徹之使處稅以爲國用。什一而稅謂之徹。"②在《崧高》"徹申伯土田"下則云:"治者,正其井牧,定其賦稅。"③《詩·大雅·江漢》云:

　　江漢之滸,王命召虎。式辟四方,徹我疆土。

鄭箋也以"治我疆界於天下"釋"徹我疆土"。④

但是,"徹我疆土"、"徹申伯土田"、"徹申伯土疆"之"徹",應該跟"徹田爲糧"的"徹"統一作解。孔穎達《正義》評議鄭說的分歧道:"《公劉》之

---

① 徐中舒《試論周代田制及其社會性質》,《徐中舒歷史論文選輯》,下冊848、857頁,中華書局,1998年。徐中舒《井田制度探原》"八　徹與貢",《徐中舒歷史論文選輯》,下冊743~749頁。徐喜辰《井田制度研究》,153~154頁,吉林人民出版社,1984年。李朝遠《西周土地關係論》,243~247頁,上海人民出版社,1997年。裘錫圭《西周糧田考》,《裘錫圭學術文集·古代歷史、思想、民俗卷》,195頁。
② 《毛詩正義》,《十三經注疏整理本》第6冊,1314頁,北京大學出版社,2000年。
③ 同上注,1424~1425頁。
④ 同上注,1461頁。

箋以徹爲税名,此從傳爲治者,以召伯先往治之,未即徵税,故爲治也。《地官·小司徒職》曰:'乃經土地,而井牧其田野,而令貢賦。'凡税斂之事,是爲國之法,當先正井牧,定賦税,故知治其土田,指謂此也。"①朱熹《詩集傳》注"徹申伯土田":"徹,定其經界,正其賦税也。"②即襲用此説。③

顧頡剛先生認爲《詩經》諸"徹"字,"皆爲丈量分封之事,非田賦制也。猶《左傳》所云'疆戚田'。然既已定其面積,則田賦即由是出,故《孟子》有'周曰徹'之言"。④他似認爲"徹田"、"徹土疆"等"徹"當統一訓"治",指"丈量分封之事",抽取田賦則是由此帶出來的。此説與孔疏大同小異。

東漢趙岐爲上引《孟子》"徹,徹也"加注云:"徹,猶人徹取物也。"他在《孟子·公孫丑上》引《詩》"徹彼桑土"句下亦注:"徹,取也。"晚近講西周田制者,多從"徹取"之説。⑤

上舉二説互有短長。⑥"徹申伯土疆"、"徹我疆土"的"徹",當然不宜講成與徵收賦税有關的"徹取"或"抽取"。《公劉》"徹田爲糧"的"糧",可能與西周晚期大克鼎"易(錫)女(汝)井人奔于量(糧)"的"量(糧)"(《集成》02836)用法一致,後者裘錫圭先生指出是"糧田"的簡稱;⑦也可能"爲糧"指"生産'糧'"(供統治階級使用的軍糧或其他行道所用之糧)。⑧"糧田"就是"糧"所從出的公田,所以這兩種理解的含義並無實質區别。"徹

---

① 《毛詩正義》,《十三經注疏整理本》第6册,1425頁。
② 朱熹《詩集傳》,213頁。
③ 李朝遠《西周土地關係論》所説大致相同,見其書245~246頁。
④ 顧頡剛《顧頡剛讀書筆記》卷5,389頁"徹"條,中華書局,2011年。又,張經《西周土地關係研究》引了毛傳"徹,治也"之後説:"這裏的徹,是劃分疆界,修理疆界的意思,表面上看來,與税制没有什麼關係,但是,整治疆界其最終的目的也是爲了收取租税,所以,從這個角度而言,徹又與租税制度有了密切關係。"(239頁,中國大百科全書出版社,2006年)與顧説同意。
⑤ 參看徐中舒《試論周代田制及其社會性質》,《徐中舒歷史論文選輯》,下册848~849頁。裘錫圭《西周糧田考》,《裘錫圭學術文集·古代歷史、思想、民俗卷》,199頁。
⑥ 前人有關"徹"的解釋,還可參看陳登原《國史舊聞》"貢助徹今解"條,第一册221~222頁,中華書局,2000年。
⑦ 裘錫圭《古文字釋讀三則》,《裘錫圭學術文集·金文及其他古文字卷》,433頁;裘錫圭《西周糧田考》,《裘錫圭學術文集·古代歷史、思想、民俗卷》,199頁。
⑧ 參看裘錫圭《西周糧田考》,《裘錫圭學術文集·古代歷史、思想、民俗卷》,195頁。

田爲糧"的"徹",講成"徹取"似比講成"治"要好。

西周早期的旟鼎銘文中有如下一句:

王姜易(錫)旟田三田于待[字]。　　　　　　(《集成》02704)

從字形上看,[字]當從徐在國先生説定爲徹田之"徹"的專字。① 我們上文已指出,[字]、[字]、[字]、[字]相當於後來从"刀"的"劙"字。所以"徹田"、"徹土疆"的"徹"也都應讀爲"劙"。

指"定其經界"、"丈量分封"等事的"治"與"徹取"這兩方面,正好可以在"劙"的"割取"義上得到兼顧。所謂"徹田爲糧",就是從"隰與原田"中割取百畝爲一塊的公田作爲"糧田"。"徹申伯土田"、"徹申伯土疆"猶言"爲申伯徹土田"、"爲申伯徹土疆"【編按:從語法上講,"申伯"是"徹"的"與事","土田"、"土疆"是"徹"的"受事"】,王命召伯前去爲申伯割取土田、割取疆土,也就是劃割具體的土田、疆土取歸申伯所有。開闢、拓展四方領域,總是與劃定經界、割取疆土相伴隨的;所以王命召伯虎之辭,會以"式辟(闢)四方"與"徹我疆土"並提。"徹我疆土"即爲我(指周天子)割取疆土之意【編按:"我"是"徹"的"與事","疆土"是"徹"的"受事"】。西周中期的史牆盤講到"憲聖成王"時,有"左右""用肇啟(徹)周邦"之語(《集成》10175)。裘錫圭先生指出"肇""當與《詩・商頌・玄鳥》'肇域彼四海'的'肇'同義。鄭箋:'肇當作兆。''兆'古訓'域',當動詞用應是劃定區域的意思",並引《江漢》"式辟四方,徹我疆土"及鄭箋,謂"'肇徹周邦'大概是開拓確定周王國疆界的意思"。② "肇(兆)"、"徹"連用,可證上述"徹"讀爲"割取"義的"劙"是合適的。劃割疆土取與周邦,等於説確定了周王國的領土疆界。

由此看來,單説"徹田",就跟説"徹土疆"一樣,只指割取土田而言,並沒有徵抽賦税的意味。周代盛行的徹制或徹法,準確地説,應該源自"徹(劙)

---

① 徐在國《釋楚簡"敵"兼及相關字》,《古文字研究》第 25 輯,350 頁。
② 裘錫圭《史牆盤銘解釋》,《裘錫圭學術文集・金文及其他古文字卷》,11 頁。

田爲糧"，即割取公田（糧田）"由居住在鄙邑内的八家或九家農民共同耕種"。① 這才是經濟上的剥削方式。"什一而税謂之徹"，此種"税"的形式與在井田中割取百畝爲公田的"徹"法相似。② 所以古人稱此税制爲"徹"。

旟鼎的"待[図]"，前人多以爲地名；徐在國先生讀爲"待徹"，謂"兼有等待治理、等待取租之意"。③ 從金文"易（錫）田于某"的"于"後一字皆爲田所屬地之名來看，徐先生的解釋恐有問題。而且如按徐説，"待徹"前的介詞"于"顯得完全多餘。但"待徹"看起來也不像是地名。鼎銘的"徹"既與"徹田爲糧"有關，"待徹（䎽）"之句似指王姜在有待"徹田爲糧"之地中賜三田給旟，並由師楷"貺（轉交）"。"待徹（䎽）"之田具體指哪些地方，銘文雖未直説，王姜、旟、師楷等幾個當事人應該是清楚的。又疑"待徹（䎽）"指王姜或其宗族所有的那些尚未被割取割歸出去（即尚未被賞賜、轉讓或賣）的田地，在這範圍内選三田賜旟。此種"待徹"之田即古書所謂"閒田"（《禮記·王制》："名山大澤不以封，其餘以爲附庸閒田。"孔疏："若封人附於大國，謂之附庸；若未封人，謂之閒田。"）。

2011 年 10 月初稿
2016 年 12 月改訂

附記：此稿以及 5 年多以前完成的初稿，蒙蘇建洲、程少軒等先生審閲指正；寫作修改過程中曾與郭永秉先生討論有關問題，作者十分感謝。

原載復旦大學出土文獻與古文字研究中心編《出土文獻與古文字研究》第 7 輯，上海古籍出版社，2018 年。

---

① 裘錫圭《西周糧田考》，《裘錫圭學術文集·古代歷史、思想、民俗卷》，201 頁。
② 《論語·顏淵》："哀公問於有若曰：'年饑，用不足，如之何？'有若對曰：'盍徹乎？'曰：'二，吾猶不足，如之何其徹也？'對曰：'百姓足，君孰與不足？百姓不足，君孰與足？'"是"徹"指"什一而税"之例。
③ 徐在國《釋楚簡"㪿"兼及相關字》，《古文字研究》第 25 輯，349～350 頁。

從楚文字"原"的異體談到三晋的原地與原姓

(與郭永秉合著)

新近發表的《清華大學藏戰國竹簡(柒)》所收《晋文公入於晋》,7號簡記晋文公重耳返晋建制之後:

元年克菉(原),五年啟東道,克曹、五鹿……(下略)①

整理者釋"菉"之字,原作如下之形:

整理者在注釋中指出,"菉"又見於郭店簡《性自命出》47號簡。② 其形如下:

當初郭店簡的整理者即將此字隸定爲"菉"。③ "菉"作爲偏旁,還見於郭

---

① 李學勤主編《清華大學藏戰國竹簡(柒)》,上册40頁,下册102頁,中西書局,2017年。
② 同上注,下册103頁。
③ 荆門市博物館《郭店楚墓竹簡》,64、181頁,文物出版社,1998年。

店簡《成之聞之》11號簡：

整理者隸定此字爲"潹"。①

《成之聞之》原文説：

是君子之於言也，非從末流者之貴，窮潹反本者之貴。

整理者據文義讀"潹"爲"源"，②無疑是正確的。《性自命出》"菒"字所在簡文云：

有其爲人之快如也，弗救(？)不可。有其爲人之菒如也，弗補不足。

各家對"菒如"有不少解釋。③廖名春先生讀爲"原如"，謂即"愿如"，"謹慎、拘謹的樣子"，④較爲可取。

清華簡整理者爲《晉文公人於晉》的"菒"括注"原"，並加注説："《左傳》魯僖公二十四年，重耳入晉，是年叔帶與狄人作亂，周襄王出居於鄭。明年爲晉文公二年，晉師納王，殺叔帶，襄王與晉陽樊、温、原、欑茅之田。"⑤前人多謂周襄王以原賜晉，原不服，故晉文公伐之。在後面的注裏，整理者又引《韓非子・外儲説右上》："文公見民之可戰也，於是遂興兵伐原，克之。伐衛，東其畝，取五鹿。攻陽。勝虢。伐曹。……"言其所敘"與簡文相似"。⑥根據從"菒"聲之字在《成之聞之》中讀爲"源"的確例以

---

① 荆門市博物館《郭店楚墓竹簡》，49、167頁。
② 同上注，167、169頁。
③ 參看武漢大學簡帛研究中心、荆門市博物館《楚地出土戰國簡册合集（一）・郭店楚墓竹書》，117頁，文物出版社，2011年。
④ 廖名春《新出楚簡試論》，162頁，臺灣古籍出版有限公司，2001年。按原書誤"愿"爲"願"。
⑤ 李學勤主編《清華大學藏戰國竹簡（柒）》，下册103頁。
⑥ 同上注。

及《韓非子·外儲說右上》的記載,把"五年啟東道,克曹、五鹿"之前所克之"蒝"讀爲"原",應可信從。①

戰國楚簡中的"蒝"、"瀁"當讀爲"原"、"源"雖然可以肯定,但釋其字爲"蒝",實際上是有問題的。

熟悉楚文字的人都知道,楚簡"艸"頭一般寫作 ⿰, ⿰ 或 ⿰ 斷無釋"艸"之理。清華簡《晉文公入於晉》、郭店簡《性自命出》、《成之聞之》同篇有好幾個从"艸"的字,②可與所謂"蒝"字的上部比較。《上海博物館藏戰國楚竹書(二)》所收《民之父母》,2號簡"必達於禮樂之原"的"原"字作如下之形:

跟上舉"蒝"、"瀁"對照一下,可知這個讀爲"原"之字與所謂"蒝"當係一字異體,其所从之 ⿰,無疑是由 ⿰ 進一步訛變來的。一般釋此字爲"箟"或"蒢"。③ 其實,楚簡"竹"頭從無作此形者;⿰ 與"艸"頭雖稍近一些,但

---

① 晉文公伐原,命三日之糧不下,示信而退,原人聞之而降。此事見載於多種古書,但細節方面彼此有些出入(如命三日之糧,戰國古書多説與大夫或士約五日爲期,約期或爲七日等)。《國語·晉語四》亦繫"文公伐原"事於"二年春"(即魯僖公二十五年)之後,與《左傳》一致,而與清華簡《晉文公入於晉》"元年克原"不合。但據《吕氏春秋·離俗覽·爲欲》,文公守信而去,"明年復伐之(指'原')","原人聞之乃下"。如下原之年仍從《左》、《國》爲文公二年,則初次伐原當在元年(即魯僖公二十四年)。所説與各書皆異。疑晉文公克原的確切時間,在春秋戰國間曾有歧説:《晉文公入於晉》定於文公元年,《左傳》、《國語》等史書定於文公二年,前説後世漸湮没無聞,後説則占居主流地位[《韓非子·外儲說右上》所據何説,已難確考。又,清華簡《晉文公入於晉》接下去説文公"敗楚師於城濮,建衛,成宋,圍許,反鄭之陣"(8號簡),其先後順序也與有些古書的記載不同,整理者已經指出。見李學勤主編《清華大學藏戰國竹簡(柒)》,下册103頁]。《吕氏春秋》或其所從出的史料,所以把文公克原拉長到前後兩年才完成,可能就是爲了調和元年、二年的矛盾。

② 李學勤主編清華大學藏戰國竹簡(柒)》,下册《字形表》158～159頁;李守奎《楚文字編》,43、44、48頁,華東師範大學出版社,2003年。

③ 參看劉洪濤《上博竹書〈民之父母〉研究》,7頁,北京大學碩士學位論文(指導教師:李家浩教授),2008年;滕壬生《楚系簡帛文字編(增訂本)》,64頁引李家浩説,湖北教育出版社,2008年。

從筆勢上講也有明顯差別。這一類與"原"、"源"相關的字形在戰國楚文字中反復出現,無一例寫作從標準"竹"或"艸"頭形,是足以引起反思的現象。

按照漢字結構通例,"菉"當是從"泉"聲之字。① 古音"泉"屬從母元部,"原"屬疑母元部,二者韻雖相同(中古都是合口三等平聲),聲母却相隔甚遠。傳世與出土文獻中,與"泉"聲字相通的"錢"、"綫"、"前"、"全"、"旋"等,②也都是齒音精系字【編按:"旋"的上古聲母與"泉"、"綫"等字非一類,當剔除。檢"旋"聲與"泉"聲相通者,僅《古文四聲韻》2·5所收"泉"作"㫰"一例。李春桃《古文異體關係整理與研究》指出"㫰"見於後世字書"(326頁)。此當在"旋"的聲母發生*sG->z-音變之後,才被人置於"泉"字之下,其時代較晚】;與"原"聲字相通的"元"聲字以及"謹"、"桓"等,③也都是疑母或曉、匣母字。以"泉"聲表"原"音,從嚴格的音理來講是不合適的(所謂"泉"、"原"直接通用之例都無法坐實,詳下文)。【編按:《説文·十三上·糸部》有訓"帛赤黄色,一染謂之縓"的"縓"字,"从糸、原聲"。此字《廣韻》平聲仙韻讀"此緣切","又采選切";同書去聲線韻讀"七絹切","又七全切",其中古聲母爲清母。這當是由於從"原"聲的"縓",其上古聲母有一個s-前綴,到中古演變爲清母的緣故。不能援此證明"原"聲字上古能讀入精系。】上引《民之父母》讀"原"之字,其下"泉"上加一長横,不少學者釋作與"泉"共用筆畫的"原"。我們也許可以認爲此字有意把"泉"改造成形近的"原",表示全字的讀音。④ 果真如此,恰好證明"泉"難以充任讀"原"音之字的聲旁。⑤ 從這一點看,把這個字釋爲"菉",也是

---

① 《玉篇·艸部》有"菉"字:"菳,菉菉,藥名。"
② 高亨、董治安《古字通假會典》,116、195、197、198頁,齊魯書社,1989年;白於藍《戰國秦漢簡帛古書通假字彙纂》,788頁,福建人民出版社,2012年;李春桃《古文異體關係整理與研究》,323、326頁,中華書局,2016年。
③ 高亨、董治安《古字通假會典》,157、159~160頁;白於藍《戰國秦漢簡帛古書通假字彙纂》,811頁。
④ 此字"泉"上的横畫也有可能是抄手誤加。
⑤ 廖名春先生讀《性自命出》的"菉如"爲"原(愿)如",即據"菉"從"泉"聲。現在看來這是没有必要的。既知"菉"可用爲"原",就是不以"泉"爲聲旁,也能把"菉如"讀爲"原(愿)如"。

從楚文字"原"的異體談到三晋的原地與原姓　039

不妥當的。

楚文字中的這種讀"原"之字,在戰國時代的晋系文字裏也能找到其身影。

《古璽彙編》(以下簡稱"《璽彙》")0332 著録如下一方三晋市印:

傳世陶文中也有同文的印戳(見《古陶文彙編》9.4):①

《鑒印山房新獲古璽印選》018 著録一方此市所屬之地的古璽:

---

①　裘錫圭《戰國文字中的"市"》,《裘錫圭學術文集·金文及其他古文字卷》,340 頁,復旦大學出版社,2012 年;施謝捷《古璽彙考》,134 頁,安徽大學博士學位論文(指導教師:黃德寬教授),2006 年。

"陽"上一字作爲地名,還見於如下一印(見《棗華書屋藏印擴存》等):①

此字有"苺"、"莓"或"菜"、"箂"等多種隸定。細審字形,上部的✦✦與三晉文字習見的"艸"頭、"竹"頭不類;②璽印三例中間雖爲"母"形,陶文那一例却不像是"母"。所以上述隸定似皆不可信。

裘錫圭先生在1980年發表的《戰國文字中的"市"》一文中,懷疑此字从"水"、"笅"聲,"笅"从"女"聲,"洓"爲"汝"之異體,"洓陽"即汝陽,戰國時曾歸韓所有。但此文收入《古文字論集》時,裘先生曾加一按語,指出"此印文考釋缺乏根據,待後考",③已否定"汝陽"之釋。這是十分審慎的。

我們認爲晉璽中的這個怪字,就是前面討論的楚文字裏讀爲"原"之字。✦✦即楚簡之✦✦,這有"慎"字所從"✦"或作"✦"爲證,是極易得到認同的。下部的所謂"枀"形,如果全面排比更多的有關字形,不難發現實即"泉"之訛體。

討論此字的學者,多已注意到這個字在晉璽中還常常用爲姓氏,並且或加"邑"旁。④ 如《中國古印——程訓義古璽印集存》1-149 著録的一方私印,原書誤釋爲"郎"⑤的姓氏字,便是一例:

---

① 裘錫圭《戰國文字中的"市"》,《裘錫圭學術文集·金文及其他古文字卷》,340頁;施謝捷《古璽彙考》,107頁。

② 三晉"艸"頭、"竹"頭的寫法,參看湯志彪《三晉文字編》,66~75、77~80、84~94、639~645等頁,作家出版社,2013年。

③ 裘錫圭《戰國文字中的"市"》,《裘錫圭學術文集·金文及其他古文字卷》,340~341頁。

④ 參看湯志彪《三晉文字編》,2218頁;方勇《釋璽印及陶文中的"昆陽坰(市)"》,《考古與文物》2010年第3期,106~107頁。

⑤ 程訓義《中國古印——程訓義古璽印集存》,50頁,河北美術出版社,2007年。

從楚文字"原"的異體談到三晋的原地與原姓　041

此字"⿰"下的🔲，與殷墟甲骨文、秦商鞅方升、小篆作🔲、🔲、🔲、🔲的"泉"十分相似；①中間有一横亘的筆畫把上下隔開，其作風也與戰國晚期的韓器盛季壺"泉"作🔲一致（燕國"泉"亦有此筆法）。② 🔲沒有問題就是"泉"。觀三晉這類寫法的"泉"，自能明白古隸中寫成上"白"下"小"形的"泉"字的裂變源頭。【編按：蒙郭永秉先生檢示，吳硯君《倚石山房藏戰國古璽（叁）》著錄一方三晉私璽：

其姓氏字"䣚（原）"左下亦明顯爲"泉"，與《程訓義古璽印集存》1—151之例相合。】

《璽彙》1935著錄如下一方私印：

姓氏字"⿰"下部分顯係🔲的訛變。《璽彙》1939所收之印爲：

---

① 參看季旭昇《説文新證》，807頁，藝文印書館，2014年。
② 參看吳振武《燕國銘刻中的"泉"字》，《華學》第2輯，48、50頁，中山大學出版社，1996年。按，甲骨文"泉"或作🔲（《甲骨文合集》33358，取自偏旁），由此可知"泉"字中的"T"形，應是把象泉流的小點整齊化而成的；前引清華簡《晉文公入於晉》讀"原"之字所從的"泉"，中間位於上部的一横，似即介於"T"的横畫與小點之間。"泉"中作"T"形抑或小點形，其實是一回事。

其姓氏字的下半部分，就是省去了短橫的🀆。這種省去短橫的寫法在此字中居於優勢，其下或進一步變爲似"水"非"水"形，例如：

（《璽彙》1938）　　（《璽彙》1937）

似"水"非"水"形的中間一筆向上穿透，即成上舉陶文🀆之形。陶文此形上端的"🀆"已稍稍向下衝出，如兩豎筆完全穿透，或不穿透而在空隙中加短豎填充，就變成《璽彙》0332 的🀆。所謂"母"形，應該就是這樣產生的。此種字形的下部或繁化作標準的"水"形，如上舉🀆、🀆，又如下面一印：

（《璽彙》3288）

似是在原字形基礎上起變形意化的功用（"泉"、"原（源）"皆與"水"有關）。還有把"水"的兩筆與所謂"母"形的兩點連起來寫的：

（《璽彙》1936）

凡此種種，皆應視爲上"🀆"下"泉"之形的訛變。

爲便省覽，現將以上所說字形變化擇要圖示於下：

🀆→🀆→🀆→🀆→🀆→🀆→🀆

過去大多誤以處於字形演變序列後段的"𣲖"形作爲考釋起點，所以很難找着正確的出路。

三晉璽印、陶文中的从"🀆"从"泉"之字，參照楚文字的用法也讀爲"原"，有關資料全都可以順利講通。

此字用作姓氏多加"邑"旁，可知顯然是以地爲氏，這個姓氏應即

"原"。"原"本爲姬姓古國名(《左傳》僖公二十四年富辰諫周襄王,所謂"封建親戚,以藩屏周"諸國中就有"原");作爲地名,就是上文講過的《左傳》、清華簡《晋文公入於晋》等文獻所載的襄王賜與晋文公、文公以信克之的"原",其地蓋在今河南省濟源縣境内。《棗華書屋藏印撫存》等書著録的那方府印,① 大概是戰國時代"原邑"的官署所掌("原邑"也可能實爲"𨛭(原)"字的析書)。據《通志·氏族略三》説,晋滅原之前,原莊公"世爲周卿士,故以邑爲氏"("原莊公"見《左傳》莊公十八年)。② 晋文公得原後,把原伯遷走,封趙衰爲原大夫。趙衰之子原同,亦以原邑爲氏。孔子弟子原憲,是原姓之著者。釋"𨛭五鹿"、"𨛭翠(釋)之"、"𨛭巡"、"𨛭疢"、"原瓔"、"原興"、"原嫠"等印的姓氏字爲"原",此姓氏所從來之由與這些印文表現出來的地域性特徵,完全合拍。"原五鹿"的"五鹿"跟"原"一樣,也是文公返晋後所克之地。此人氏"原",又以"五鹿"爲名,當是有意爲之。

《璽彙》0332 和陶文所見的市名以及《鑒印山房新獲古璽印選》018 所收之印,當釋讀爲"原陽"。《戰國策·趙策二》"王破原陽"章,記趙武靈王"破原陽,以爲騎邑"。張家山漢簡《二年律令·秩律》也提到過"原陽"(448 號簡)。③《漢書·地理志》以原陽屬雲中郡,其地在今内蒙古呼和浩特一帶,戰國時主要控制在趙國的手中。"原陽市"印當爲原陽市官所用。

《璽彙》2677 著録如下一方印:

"急"左一字舊皆不識。此字"心"上部分也應是从"♙♙"从"泉"之字,只因下增从"心"旁,不得已把"泉"横寫騰出位置(此"泉"的寫法與前揭《璽彙》1939 一例頗近),遂致字形奇詭。從上文討論結果可知這個字就是"愿"

---

① 關於"府"字的釋讀,參看施謝捷《古璽彙考》,107 頁;孟麗娟《三晋官璽集釋》,50~51、56 頁,安徽大學碩士學位論文(指導教師:程燕副教授),2014 年。
② 楊伯峻《春秋左傳注(修訂本)》,第 1 册 208 頁,中華書局,1990 年。
③ 張家山二四七號漢墓竹簡整理小組《張家山漢墓竹簡[二四七號墓]》,195 頁,文物出版社,2001 年。

字異體。"愿"與"愿"字形結構相同,當从"角"聲,此印似當讀爲"慤愿"或"愿慤"。《管子·八觀》:"故形勢不得爲非,則姦邪之人慤愿。"《商君書·定分》:"名分定,則大詐貞信,民皆愿慤而各自治也。"《荀子·正論》:"上端誠,則下愿慤矣……愿慤則易使……""慤愿"、"愿慤"乃古之習語。此印《璽彙》歸在"姓名私璽"類,如確是人名印,則是以嘉德吉言入名之例,當然也不排除本來就是一方吉語印的可能性。

現在我們來討論,這個在楚、三晋可以當作"原"來用的从"𠁁"从"泉"之字,究竟應該如何分析。

方勇先生認爲三晋璽印、陶文中的這個字,上部的"𠁁"即"卯","卯"讀"關"音,乃全字的聲旁;下部爲"女"或"母","可能和代表姓氏有關",兩側的小點可能是羨筆。據此,他把這個地名和姓氏字釋讀爲"昆",市名讀爲"昆陽"。① 方先生對此字下部的分析和全字的釋讀,我們並不同意。但他認爲"𠁁"即"卯",在全字中起表音作用;其說正好可以跟此字讀"原"音相印證,恐怕不是偶然的巧合。

方文已經指出,戰國時代的齊系文字中,"卯"常用作"關"字的聲旁;② 此外,秦文字"關"的聲旁"䣛",也是以"卯"爲聲的。③ 下面略舉數例:④

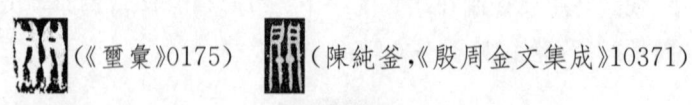

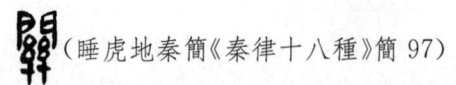

(《璽彙》0175)　(陳純釜,《殷周金文集成》10371)

(《陶文圖錄》2.349.2)　(《中國璽印集粹》)

(睡虎地秦簡《秦律十八種》簡97)

---

① 方勇《釋璽印及陶文中的"昆陽圻(市)"》,《考古與文物》2010年第3期,106～107頁。
② 同上注,106頁。
③ 此從《說文》說。事實上很可能"卯"乃改造"絲"('聯'的初文的省形)"的下部而成,以表"關"音。
④ 參看張振謙《齊魯文字編》,1431～1436頁,學苑出版社,2014年;湯餘惠主編《戰國文字編》,781頁,福建人民出版社,2001年;季旭昇《說文新證》,838頁。

從這些"丱"的寫法看,把我們討論的讀"原"之字所從的"▮▮"、"▮▮"分析爲"丱",顯然是合理的。

《上海博物館藏戰國楚竹書(四)·逸詩》兩見"間關"一詞,"關"寫作▮、▮(3、4號簡),整理者釋爲"丱"。① 有些學者則據"卵"、"丱"一字說,釋此字爲"卵"。撇開"卵"、"丱"關係不論,單就楚簡"卵"作▮(望山 M2 簡 46)、▮(《上博(二)·子羔》簡 11)等形而言,②釋《逸詩》此字爲"卵"也比釋爲"丱"合適。秦文字"卵"寫作▮、▮,③與上引"丱"的寫法有別。所以,即便承認"卵"、"丱"本爲一字,大概在戰國時代,"丱"也早已與"卵"分化、各自獨立參與構字了。何況,"卵"、"丱"是否必爲一字分化,恐怕還是可以繼續研究的問題。

晋璽"關"字作▮(《璽彙》0340),"門"內構件近於"卵"而不近於"▮▮"(丱)",似宜看作从"卵"聲。三晋的方足小布面文"干關"之"關"作▮。三孔布背文上有獨體的▮字,④李家浩先生釋爲"丱",讀爲趙國地名"關"。⑤ 其實,前者也可能从"卵"聲,後者借"卵"爲"關"。這兩個"卵"左右各一短橫的寫法,與上博簡《逸詩》"卵"字相似;三孔布省"關"爲"卵",也與《逸詩》用字一致。

秦系"關"从"䜌"聲,楚系"關"从"串"聲,齊系"關"从"丱"聲,這是大家耳熟能詳的;經過上面的討論現在知道,晋系的"關"似有从"卵"聲的寫法。"關"字在各系文字中使用不同的聲符,正是戰國時代"文字異形"的表現。

總之,楚、晋文字中讀爲"關"或作爲"關"字聲旁的"卵"的存在,不會對釋"▮▮"、"▮▮"爲"丱"的結論造成太大的影響。

---

① 馬承源主編《上海博物館藏戰國楚竹書(四)》,釋文注釋 176、177 頁,上海古籍出版社,2004 年。
② 滕壬生《楚系簡帛文字編(增訂本)》,1117 頁。
③ 方勇《秦簡牘文字編》,375 頁,福建人民出版社,2012 年。
④ 吳良寶《先秦貨幣文字編》,181 頁,福建人民出版社,2006 年。
⑤ 李家浩《戰國於疋布考》,《中國錢幣》1986 年第 4 期,57 頁。

"卝"、"原"似無直接相通的例子,我們只能通過與它們分別發生關係的字來輾轉觀察。"卝"讀如"關"、"管"。① "關"與"患"(楚文字"關"從"串"聲,《説文》古文"患"從以"卝"爲聲旁的"關"得聲)、"患"與"完"聲字,有相通之例;②"管"作"筦"更是多見。③ 而"原"、"元"古同音通用。馬王堆帛書《繫辭》謂聖人"吉凶與民同顧(願)"(22 上),今本"願"作"患"。張政烺先生認爲訓"思"之"願"與憂患之"患","音義俱近"。④ 與"願"通用的"顜",其聲旁即《説文·四上·䀠部》訓"目圍也"的"䀠"的繁體,"讀若書卷之卷";"卷"從"𢍏"聲,"𢍏"聲字與"管"、"患"相通,⑤例多不煩贅舉。所以從音韻關係説,把"卝"當作讀"原"之字的聲旁,也是合理的。

由此看來,這個讀如"原"的"𥥆"字,實當分析爲從"泉"、"卝"聲(三晋文字中,"𥥆"所從"泉"旁有些已變得面目全非,但聲旁"卝"則一概保持原貌,這在相當程度上限制了這個字的音讀)。【編按:有學者不接受"𥥆(原)"從"卝"聲的分析。這涉及上古"原"、"泉"等字主元音當如何構擬的問題,容另文討論。】"泉"、"原"字義密切相關。《説文·十一下·泉部》:"泉,水原也。"玄應《一切經音義》卷十二"穴泉"注:"水自出爲泉。"桂馥《義證》引此以證"水原"之意。⑥《玉篇·泉部》:"泉,山水之原也。"《説文》同部:"厵(篆文作'原'),水泉本也。""原"字本即從"泉"。"𥥆"既與"原"通用無别,很可能就是"原"的一種形聲結構的異體。現所見此種"原"的形聲字,其聲旁"卝"無一例外均寫在"泉"之上,不知是否有提示字

---

① 參看(清)段玉裁注、許惟賢整理《説文解字注》,下册 1183 頁,鳳凰出版傳媒集團、鳳凰出版社,2007 年。
② 高亨、董治安《古字通假會典》,188、158、159 頁;白於藍《戰國秦漢簡帛古書通假字彙纂》,802 頁。
③ 高亨、董治安《古字通假會典》,158 頁;白於藍《戰國秦漢簡帛古書通假字彙纂》,806 頁。
④ 裘錫圭主編《長沙馬王堆漢墓簡帛集成》,第叁册 71 頁,中華書局,2014 年。按,高亨《周易大傳今注》指出"凶"可言患,"吉"不當言患;所以高氏讀"患"爲"貫",訓"事"。(536、552~553 頁,齊魯書社,1979 年。)但訓爲"事"的"貫",似含"侍奉"、"服事"一類意思,即《詩·魏風·碩鼠》"三歲貫女"之"貫",或作"宦"。此義放到《繫辭》原文裏也不妥帖。竊疑今本之"患"可能就是"願(顧)"的音近誤字,意謂對於吉凶,聖人與民有相同的期願。
⑤ 白於藍《戰國秦漢簡帛古書通假字彙纂》,802~804 頁。
⑥ (清)桂馥《説文解字義證》,995 頁,上海古籍出版社,1987 年。

義爲泉所出之"原(源)"的意圖。

《璽彙》2316著録一方印文爲"陽⿰亻厵府"的晉璽，吴振武先生釋第二字爲"源"，並指出：其"原"旁所从"厂"、"泉"兩部分有借筆（引者按：借筆情況跟前引上博簡《民之父母》"厵(原)"下部的"原"相反：此是借"厂"的筆畫爲"泉"用，《民之父母》"厵"則借"泉"的筆畫爲"厂"用）。① 其説可從。三晉文字"原"、"厵"並存，跟楚文字既用"厵"也用"原"一樣[楚簡"原"字見《上海博物館藏戰國楚竹書（六）》所收《用曰》6號簡、《清華大學藏戰國竹書（陸）》所收《鄭文公問太伯》甲本8號簡、乙本6號簡。可以注意的是，《鄭文公問太伯》篇提到的"北城温、原"的"原"，②正是後來《晉文公入於晉》元年所克的"厵(原)"]，不足爲奇。

從各方面情況推測，"原(源)"的本字應當是"原"，"厵(原)"則是一個後起的形聲異體。上博簡《民之父母》的"原"有可能是兩種寫法的糅合形體。至於"原"地之名本來的寫法到底是"原"還是"厵"，現在還難下斷語，但似乎也以本作"原"的可能性爲大。

最後，對學者們舉出來的"泉"、"原"相通的資料作些考辨。

郭店簡《成之聞之》14號簡有與上文相同的"窮源反本者之貴"等語，其中"源"寫作⿰氵泉，即"㵁"形。不過，這個"㵁"恐非加"水"旁的"泉"的繁體[楚簡真正的"㵁"字見於《上海博物館藏戰國楚竹書（三）》所收《周易》45號簡，就用爲寒泉之"泉"]，應視爲上文11號簡已出現過的"灅"的省形或寫訛。如確是"灅"字的特殊省形，省去聲旁中表音的"卯"而成"㵁"的情況，與"秌"省去聲旁"䵼"中表音的"黽(實爲'鼀'之訛形)"而成"秋"同例。③ 無論是省形還是寫訛，《成之聞之》的這個"㵁(灅—源)"都屬於偶見的簡省，不具有普遍性，這一點與"秋"字有目的地省去複雜的聲旁的

---

① 吴振武《燕國銘刻中的"泉"字》，《華學》第2輯，49頁。
② 李學勤主編《清華大學藏戰國竹簡（陸）》，下册119、125頁，參看122頁注[二二]，中西書局，2016年。
③ 關於"秋"字字形演變，參看裘錫圭《文字學概要（修訂本）》，157頁，商務印書館，2013年。

情況不同。

《左傳》昭公三年經文"滕子原卒",滕子名《穀梁傳》亦作"原",但《公羊傳》作"泉"。檢《春秋公羊傳注疏》卷二十二,此句下《校勘記》有云:"唐石經初刻作'原',後磨改爲'泉'。"①似乎唐代尚有作"原"之本。"原"或寫作"厵",訛脱或誤認爲"泉"的可能性是存在的。《東觀漢記·傳七·竇融》:"其以六安安豐、陽泉、蓼、安風凡四縣封融爲安豐侯。""陽泉",《太平御覽》卷二〇〇誤作"陽原",姚之駰輯本、四庫館臣輯本、《藝文類聚》卷五十一所引皆不誤。② 可見,就是後代傳抄、刊刻古書,也還有"泉"、"原"相誤的情况。

《汗簡》5·62,《古文四聲韻》2·5"泉"字下引石經古文作"厵",鄭珍《汗簡箋正》謂係"原"之"正字","云'泉'非"。李春桃先生根據《汗簡》所注出處又有《説文》,而《説文》以"厵"爲"原"之古文或籀文,以及黄道周爲其父所撰墓誌亦用"厵"爲"原"等材料,推斷"當以釋'原'爲可信"。③ 所言甚是。但他拘牽於所謂"泉"、"原"相通之例,認爲《汗簡》可能是因'泉、原'二形音義皆近而誤釋古文爲'泉'",④則求之過深。傳抄古文以"厵"爲"泉",大概只是編者或刊刻者的誤置而已,並不能用以證明"泉"、"原"的音義關係。

銀雀山漢簡《孫子兵法》中的《黄帝伐赤帝》篇,言黄帝南伐赤帝,"戰於反山之原"(簡 172 正)。整理者認爲"反山之原當即阪泉"。⑤ 按,"原"從"泉"、《説文》所釋"原"的本義、滕子名有"原""泉"異文等資料,整理者已悉數舉出;⑥雖然如此,仍不見整理者"反山之原"的"原"通"泉"之類的表述(但明謂"'反'、'阪'字通"⑦),可知在他們的心目中,由於"原"、"泉"

---

① 《春秋公羊傳注疏》,《十三經注疏整理本》第 21 册,550 頁,北京大學出版社,2000 年。
② 吴樹平《東觀漢記校注》,420 頁,中華書局,2008 年。
③ 李春桃《古文異體關係整理與研究》,334 頁。
④ 同上注,335 頁。
⑤ 銀雀山漢墓竹簡整理小組編《銀雀山漢墓竹簡[壹]》,釋文注釋 32~33 頁,文物出版社,1985 年。
⑥ 同上注。
⑦ 同上注,32 頁。

義近,"反(阪)山之原"完全有可能是"阪泉"的別名,"原"不必逕讀爲"泉"。而且,從整理者所引《大戴禮記·五帝德》"黃帝……與赤帝戰於版泉之野"來看,頗疑簡文的"反(阪)山之原"實與"版(阪)泉之野"相當,"反(阪)山"即"阪泉","原"乃原野之"原"。若此,這條材料就與"泉"、"原"通用毫不相干了。

包山楚簡中有一人名[字](85號簡),一般隸定爲"諒"。① 吴振武先生推測似即見於《説文·三上·言部》的"諒"字異體。② 後來公布的《清華大學藏戰國竹簡(壹)》所收《耆夜》,也有[字]字(2號簡),用於辛公之名"諒甲"(古書作"辛甲"或"辛公甲")。③ 既然上舉所謂"泉"、"原"相通的資料都不甚可靠,這個人名用字"諒"就更缺乏釋作"諒"的必然性了。"諒"可能是"詮"或其他音近之字的異體,也可能是一個今已失傳的古字,待考。

吴振武先生在釋出燕國"泉"字的文章裏,曾舉清末劉仲山輯《擷華齋印譜》所收燕國私璽中的人名[字],據"'原'、'泉'二字古有通假迹象",懷疑此從"頁"從"泉"之字"似即'願'字異體"。④ 若干年後,他在另一篇補説燕國"泉"字的文章裏,又舉出一件新發現的梁十九年鼎;與上博藏梁十九年鼎"穆=(穆穆)魯辟"的"穆"相當之字,新見鼎銘作"[字]",吴先生認爲此字所從之"泉"也"可視同'原'",有關文句當讀爲"爰爰魯辟"。⑤ 吴先生此文還引到文雅堂所藏一方三晉私璽中的姓氏"[字]",認爲"璽文中的趯氏,也許就是古代的爰氏"。⑥ 前面檢討的"泉"、"原"通假的材料,似皆難成立,所以我們也不同意這幾例"泉"可視同"原"。但如按從"泉"聲的

---

① 參看李守奎、賈連翔、馬楠《包山楚墓文字全編》,100頁,上海古籍出版社,2012年。
② 吴振武《燕國銘刻中的"泉"字》,《華學》第2輯,49頁。
③ 復旦大學出土文獻與古文字研究中心研究生讀書會《清華簡〈耆夜〉研讀札記》,復旦大學出土文獻與古文字研究中心網,2011年1月5日。下引讀書會意見皆出此文,不另注。
④ 吴振武《燕國銘刻中的"泉"字》,《華學》第2輯,47、49頁。
⑤ 吴振武《〈燕國銘刻中的"泉"字〉補説》,張光裕、黃德寬主編《古文字學論稿》,231~232頁,安徽大學出版社,2008年。
⑥ 同上注,232頁。

角度去分析,這些字就都無法釋讀,恐怕其中還有值得討論的地方。

下面試對這些从"月"字提出一種新的解釋。爲了把問題説清楚,需要稍費些筆墨,從戰國文字中的"𠦪"講起。

在戰國時代的璽印、竹簡和兵器銘文上,數見以"𠦪"爲聲旁的字,這些字的形旁有"水"、"辵"、"走"、"魚"等多種。①《上海博物館藏戰國楚竹書(五)》所收《三德》篇有一個从"水"、"𠦪"聲之字(16號簡),相當於《吕氏春秋·上農》中的"𥷚",由此可以確定"𠦪"的音讀。陳劍先生在寫給魏宜輝先生的一封信裏指出,從"朝"字所從的"川"(此類"朝"字實爲"潮"所造)或變爲"𠦪"來看,"𠦪"應該是由"朝/潮"字省略而來的;"'𠦪'之字形雖然本是由'川'變來的,但實際上所代表的單字或偏旁是'朝/潮'","朝/潮"、"𥷚"音近可通。② 後來《清華大學藏戰國竹簡(壹)》發表,所收《耆夜》篇10號簡講蟋蟀"㊣降于堂",復旦大學出土文獻與古文字研究中心研究生讀書會即引陳劍先生説,釋"降"上之字爲"趡"或"躍"。

吴振武先生在釋"泉"字時,曾引到過三晋私璽"朝"作㊣之例(見《璽彙》4065)。③ 春秋晚期的溫縣盟書似也有以作㊣的"朝"字爲名者。④ 既知"朝/潮"可省作"𠦪"而仍表"朝"音,㊣在充當形聲字的聲旁時也有可能省爲"月";那麼此種"月"當與"𠦪"等價,與燕國文字"泉"雖然同形,彼此實非一字。

按照這種設想,三晋私璽的姓氏㊣、新見梁十九年鼎的㊣,就是見於璽印、竹簡的从"走"、"𠦪"聲之字(如上舉清華簡《耆夜》讀爲"趡、躍"者)。

---

① 參看魏宜輝《試析古文字中的"潊"字》,簡帛網,2006年3月29日。
② 陳信的内容,爲好幾位學者所引用。見魏宜輝《説"盗"》,《語言研究》2014年第1期,38頁;謝明文《競之𩱧鼎考釋》,《出土文獻》第9輯,66頁,中西書局,2016年。
③ 吴振武《燕國銘刻中的"泉"字》,《華學》第2輯,47頁。
④ 參看湯志彪《三晋文字編》,1026頁。按,此書在這種字形下又收《集成》2693·合陽鼎一例。核《殷周金文集成(修訂增補本)》第2册1375頁所收拓本(中華書局,2007年),鼎銘"朝"原作㊣,右邊是普通的"𠦪"形。此例恐不可靠。

後者在《璽彙》3313、《中國古印——程訓義古璽印集存》1-93 所著錄的晉璽中，也用爲姓氏。《殷周金文集成》09537 所收壺銘，還以从"走"、"𦥑"聲之字冠於"君"之上，當是封君的氏名或地名。此壺從字體看也是屬於三晉的。①

戎生編鐘銘文形容先人儀態，有"𢕿𢕿穆穆"之語，裘錫圭先生讀前兩字爲"爰爰"，"寬舒閑雅之貌"。② 吳振武先生讀新見梁十九年鼎爲"爰爰魯辟"，所據即此。③ 我們認爲此字从"朝/潮"聲，在鼎銘中似可讀爲"綽綽"。《詩·小雅·角弓》："此令兄弟，綽綽有裕。"毛傳："綽綽，寬也。""綽綽"也是寬裕舒緩之貌，與"爰爰"義近。

至於燕璽从"頁"的人名，考慮到《三德》从"水"、"𦥑"聲的"潮"用爲"籥"，此字似有可能即"頵"的異體。《說文·九上·頁部》："頵，呼也。从頁，籥聲。讀與籥同。《商書》曰：率頵衆戚。"所引《商書》見於今本《尚書·盤庚上》，僞孔傳："頵，和也。"當然，這只是一個根據不夠充足的推測，有待於進一步研究。

總之，燕、三晉少數看似从"泉"聲之字，所謂"泉"可能實是"朝/潮"的省變之形；這些例子同樣不能作爲"泉"、"原"通用的確證。④ 從本文的討論來看，戰國文字中"泉"、"原"二字的界限還是比較清晰的。

2017 年 6 月 5 日寫畢

---

① 參看湯志彪《三晉文字編》，2194 頁。按，此从"朝/潮"省體得聲的姓氏字，不知有沒有可能是古書中的"朝"。《左傳》昭公十五年："夏，蔡人逐朝吳，朝吳出奔鄭。"朝吳即以"朝"爲氏者。

② 裘錫圭《戎生編鐘銘文考釋》，《裘錫圭學術文集·金文及其他古文字卷》，110～111 頁。

③ 吳振武《〈燕國銘刻中的"泉"字〉補說》，張光裕、黃德寬主編《古文字學論稿》，232 頁。

④ 傳世三孔布面文有地名"陽湍"（三晉官璽又有"陽湍右旟"，參看吳振武《燕國銘刻中的"泉"字》，《華學》第 2 輯,51 頁注[28]），李家浩先生疑讀爲"陽原"（《戰國於疋布考》，《中國錢幣》1986 年第 4 期,57 頁）。按，"前"、"原"聲母遠隔，恐不可通。而且吳振武先生已釋出了《璽彙》2316 的"陽源（原）"，"陽湍"不大可能也是"陽原"。前些年新見面文亦作"陽湍"的大型三孔布，黃錫全先生主張讀爲"陽晉"（《新見三孔布簡釋》，《中國錢幣》2005 年第 2 期,3～7 頁）。說亦可疑（參看施謝捷《古璽彙考》，123～124 頁）。"陽湍"當如何讀，尚須研究。

追記：

葛陵楚墓所出竹簡甲三30有✱字，一般釋爲"鄭"（參看宋華强《新蔡葛陵楚簡初探》399頁注⑤，武漢大學出版社，2010年）。可見楚文字自有从"艸"的"菓"，我們討論的"原"的異體"䝂"，與它區別甚明。這個"鄭"字把"邑"旁寫在"艸"下，說明"艸"與"泉"是可以分離的；"䝂"所從的"泉"、"屮"則結合得十分緊密。從這一點也可看出二者決非一字。

又，剛剛出版的《戎壹軒藏三晋古璽》，090號著錄一方三晋私印，亦以"䝂（原）"爲氏（188～189頁，西泠印社出版社，2017年）。此書卷首所載董珊先生的序，提到《左傳》昭公三年叔向說晋國的近官氏族"欒、郤、胥、原、狐、續、慶、伯"，春秋早中期"降在皂隸"，"迨至戰國時代，這些舊氏族中的多數人已淪爲士庶了"，在作爲"士庶身份的標誌物"的晋私璽中即可見"欒"、"㘴（郤）"、"續"、"柏（伯）"諸氏（4頁）。本文考出晋璽"䝂（原）"氏，可爲此再添一實例。

本文曾在東北師範大學召開的"新出土文獻與古文字考釋青年學者學術研討會"（2017年9月23～24日）上宣讀，蒙西南大學李發先生指出文中的一處嚴重失誤，謹致謝忱。

2017年10月2日

原載清華大學出土文獻研究與保護中心編、李學勤主編《出土文獻》第11輯，中西書局，2017年。

上古漢語中本來是否存在語氣詞"只"的問題的再檢討
——以出土文獻所見辭例和字形爲中心

一

由傳世先秦典籍所反映的上古漢語中,存在一個意義和用法都跟"也"相似的語氣詞"只",如《詩·邶風·柏舟》"母也天只,不諒人只",《邶風·燕燕》"仲氏任只",《邶風·北風》"既亟只且",《王風·君子陽陽》"其樂只且"(《詩》中亦有"也"、"且"連用之例,如《鄭風·褰裳》"狂童之狂也且"),《小雅·南山有臺》、《小雅·采菽》、《周南·樛木》"樂只君子"("也"也可以出現在句中),以及《楚辭·大招》用於句末的 107 個"只"等等,其例不算罕見。① 自來學者對此大都深信不疑。直到 20 世紀 90 年代末,大量使用語氣詞的郭店楚墓竹書公布以後,情況才起了變化。

2001 年,趙平安先生在一次學術會議上宣讀《對上古漢語語氣詞"只"的新認識》一文(此文經修改後,於 2008 年正式發表。以下簡稱"趙文");② 2002 年,楊澤生先生發表《説"既曰'天也',猶有怨言"評的是〈邶

---

① 參看俞敏監修、謝紀鋒編纂《虛詞詁林》,135~136 頁,黑龍江人民出版社,1993 年。
② 武漢大學簡帛研究中心主辦《簡帛》第 3 輯,1~6 頁,上海古籍出版社,2008 年;收入趙平安《新出簡帛與古文字古文獻研究》,267~275 頁,商務印書館,2009 年。按:此文初宣讀時題目中無"對"字。下引此文不再出注。

風・柏舟〉》一文(以下簡稱"楊文")。① 二文不約而同地根據出土文獻和傳世古書中語氣詞"只"有"也"的異文,以及郭店簡等出土戰國楚竹書中"也"、"只"二字字形大量相混的現象,推斷《詩經》、《楚辭》等古書中的語氣詞"只"是"也"的訛寫或誤讀,本來並不存在。此後,高智、曹錦炎等先生陸續撰文重申這一觀點。② 看來,上古漢語中的語氣詞"只"是對"也"的訛寫或誤讀,在一些古文字學者的心目中,已有成爲定論的趨勢。

從整個漢語史的發展來看,由於人們對文字的誤識而將錯就錯地以爲語言中本有以此誤識之字記録之詞,並廣泛加以使用的現象(即所謂"文字影響語言現象"),確有其例;不過也要看到,這樣的確例畢竟是極少數的。③ 除非有十分堅强的證據,要説語言裏經常使用的一個詞是文字訛寫、誤讀的産物,恐怕不是輕而易舉之事。就"只"、"也"關係而言,已有學者指出,《柏舟》"母也"二句中,"'也'、'只'同見,爲什麼只有'只'字訛誤,'也'字却不誤呢?用誤字來解釋,顯然是説不過去的。同樣,'也'、'只'的用法有别,'只'那種强烈的感嘆效果也是'也'所不具備的,如果都用'也'就抹殺了二者的差别。這也是誤字説所不能解釋的"。④ 這一批

---

① 首發於"簡帛研究"網站,2002 年 2 月 3 日;後發表於謝維揚、朱淵清主編《新出土文獻與古代文明研究》,47～50 頁,上海大學出版社,2004 年;收入楊澤生《戰國竹書研究》,138～144 頁,中山大學出版社,2009 年。按:此文初發表時題目中無"說"字。下引此文不再出注。

② 高智《古文字"也"、"只"形義關係解析》,中國古文字研究會、中華書局編輯部編《古文字研究》第 28 輯,524～529 頁,中華書局,2010 年。曹錦炎《楚辭新知・二、只》,武漢大學簡帛研究中心主辦《簡帛》第 6 輯,309～310 頁,上海古籍出版社,2011 年。按:二文在論述這一問題時,未提此前發表的諸文。

③ 趙文曾引朱慶之《關於疑問語氣助詞"那"來源的考察》(《古漢語研究》1991 年第 2 期,24～28 頁),此文認爲近代漢語中出現的疑問語氣詞"那"本是"耶(邪)"的誤字。最近,郭永秉先生撰文認爲早期古文獻中表示"寒"的三例"滄",實是對戰國文字中類"倉"形的"寒"字的轉寫誤釋,語言中原本可能並無"寒"義之"滄"這個詞(其文已收入《出土文獻與古文字研究》第 6 輯【編按: 即《從戰國文字所見的類"倉"形"寒"字論古文獻中表"寒"義的"滄/凔"是轉寫誤釋的産物》】。如朱、郭所説可以成立,據我所知,這方面的例子再加上朱慶之先生文末提到的"延鄉縣"因"延"與"從"形近而被稱爲"從城"、"丹山"因"丹"與"凡"形近而被稱爲"凡山"(以上二例均見《水經注》)、"棘手"之"棘"被誤認作"辣"而有"辣手"之説,一共也只有 5 個(暫不計"只"例)。【編按: 即使實際上不止這裏所説的 5 例,其數量也一定是很少的。】況且,"從城"、"凡山"二例都是地名,跟常用詞的情況還不完全一樣。

④ 王志平《〈詩論〉發微》語,文章的出處詳下。

評是中肯的。

下面我們準備對持語氣詞"只"是"也"的訛誤說的學者所提出來的辭例和字形方面的證據，逐一加以檢討。通過檢討，如果發現這些立論依據多有可商之處，那麼對於語氣詞"只"的來歷的新說，應以慎重對待爲妥；反之，如立論依據的確過硬，我們就應該抛棄成見，欣然接受新說。

二

古書中的語氣詞"只"有"也"的異文，並不能證明"只"本應作"也"。楊文指出《上博（一）·孔子詩論》簡19"既曰'天也'，猶有怨言"的"天也"，就是《詩·鄘風·柏舟》"母也天只"的"天只"。① 這裏的"只"與"也"完全有可能是義近换用。我們知道，在同一種古書（包括單篇）的出土本與傳世本中，語氣詞换用的例子不勝枚舉。如《詩·曹風·鳲鳩》"其儀一兮"的"兮"，郭店簡《五行》簡16引作"也"，②馬王堆帛書《五行》"說"文52/221行亦引作"也"；③同詩"心如結兮"的"兮"，《上博（一）·孔子詩論》簡22引作"也"；④同詩"其子七兮"的"兮"，馬王堆帛書《五行》"說"文221行引作"也"；⑤《召南·摽有梅》"其實七兮"、"其實三兮"，阜陽漢簡《詩經》作"□實七也"（S015）、"其實三也"（S016）；⑥《鄭風·遵大路》"不寁好也"的"也"，漢石經、敦煌本P.2529皆作"兮"。⑦ "兮"與"也"的古音也很

---

① 此説似爲李鋭先生首倡，見其《〈孔子詩論〉簡序調整芻議》，第21次清華簡牘研究班，2002年1月5日；發表於《上博館藏戰國楚竹書研究》，192～198頁，上海書店出版社，2002年。參看單育辰《楚地戰國簡帛與傳世文獻對讀之研究》，203頁，中華書局，2014年。不過李鋭先生後來的看法已有改變。

② 荆門市博物館《郭店楚墓竹簡》，圖版32頁、釋文注釋149頁，文物出版社，1998年。

③ 國家文物局古文獻研究室《馬王堆漢墓帛書[壹]》19頁釋文未釋出（文物出版社，1980年）。此處的新釋參看《長沙馬王堆漢墓簡帛集成（肆）》，71、72頁，中華書局，2014年。

④ 馬承源主編《上海博物館藏戰國楚竹書（一）》，圖版34頁、釋文考釋151頁，上海古籍出版社，2001年。

⑤ 國家文物局古文獻研究室《馬王堆漢墓帛書[壹]》，釋文19頁。

⑥ 胡平生、韓自强《阜陽漢簡詩經研究》，3頁，上海古籍出版社，1988年。

⑦ 程燕《詩經異文輯考》，129頁，安徽大學出版社，2010年。

近,前人亦有以"也"訓"兮"者,①但是從來没有人據"兮"、"也"異文,懷疑過傳世古書中的語氣詞"兮"本應作"也"。②

趙文提出語氣詞"只""極有可能是'也'的寫訛",有一個比較重要的理由:"古文字資料中'只'没有發現作語氣詞的用例。"這確是事實。不過,正如趙文所舉傳世古書中的語氣詞"只"有時用音近的"咫"、"軹"、"旨"表示,出土文獻中如果也用其他音近之字表示"只"這個語氣詞,雖然"只"字無此用,仍可證明語氣詞"只"是客觀存在的。事實上這樣的例子早已有人揭示出來了。

《上博(一)·孔子詩論》簡22:

《尼(鳲)鸤(鳩)》曰:"丌(其)義(儀)一氏,心女(如)結也。"虐(吾)信之。③

簡文所引《鳲鳩》的兩處句末語氣詞,一作"氏"、一作"也";今本皆作"兮"("兮"、"也"之異前已舉)。何琳儀先生發表於2002年3月出版的《上博館藏戰國楚竹書研究》中的《滬簡〈詩論〉選釋》,明確指出"'氏'應讀'只'。《説文》'扺,讀若抵掌之抵',是其佐證。'只'與'兮'均爲語尾嘆詞,在《詩經》、《楚辭》中習見"。④

馬王堆漢墓帛書《五行》"經"文15/184行引《鳲鳩》詩作:

尸(鳲)㠯(鳩)在桑,其子七氏。叔(淑)人君子,其宜(儀)一氏。⑤

原整理者據今本爲二"氏"字括注"兮"。⑥ 龐樸、池田知久等先生由於"氏"、"兮"古音不近而不從此讀。⑦ 有學者反而據此主張"兮"很早就歸

---

① 參看《虛詞詁林》99~100頁引裴學海《古書虛字集釋》"兮,猶'也'也"條。
② 有人認爲《詩》中的語氣詞"也"皆"兮"字之假借。似無據。
③ 馬承源主編《上海博物館藏戰國楚竹書(一)》,圖版34頁、釋文考釋151頁。
④ 收入黃德寬、何琳儀、徐在國《新出楚簡文字考》,140頁,安徽大學出版社,2007年。
⑤ 國家文物局古文獻研究室《馬王堆漢墓帛書[壹]》,釋文17頁。
⑥ 同上注。
⑦ 參看[日]池田知久《馬王堆漢墓帛書五行研究》(王啟發譯),196、186頁,綫裝書局、中國社會科學出版社,2005年。

於支部；從戰國秦漢出土古書中"兮"多用"可"或从"可"聲的"呵"、"猗"、"猗"等字表示來看，此說似不確。① 王志平先生初發表於 2002 年 3 月的《新出楚簡與儒家思想國際學術研討會論文集》中的《〈詩論〉發微》（以下簡稱"王文"），不但也讀《孔子詩論》簡 22 的"氏"爲"只"，而且指出上引帛書《五行》中的兩個"氏"，也應讀爲語氣詞"只"。② 何、王二文似未爲討論語氣詞"只"的學者所重視。【編按：《詩·鄘風·柏舟》"母也天只，不諒人只"的語氣詞"只"，安徽大學藏戰國楚簡本《詩經》皆作"氏"（參看黃德寬《新出戰國楚簡〈詩經〉異文二題》，《中原文物研究》2017 年第 5 期），可證上博簡《孔子詩論》、馬王堆帛書《五行》引《詩》之"氏"確當讀"只"。】

"氏"讀爲"只"，語音上沒有任何問題，對此王文已有翔實論證。樹枝之"枝"，出土文字資料多作"杖"（也可以認爲"杖"就是古"枝"字）；③《說文·四上·羽部》以"翄"爲"翅（翅）"之或體。此亦"氏"、"只"音近可通之證。《孔子詩論》引《鳲鳩》二句，句末語氣詞一用"氏（只）"、一用"也"，與今本《柏舟》"母也天只"、《左傳·襄公二十七年》"諸侯歸晉之德只，非歸其尸盟也"等"只"、"也"錯出的情況相類。今本《鳲鳩》的句末語氣詞"兮"，在出土本中既有換用"也"之例，當然也可以換用與"也"相似的"只"。

上舉《孔子詩論》所引，相當於今本《鳲鳩》第一章的五、六句。"其儀一"出現在第四句時，其所用語氣詞當與第六句相同（今本皆用"兮"，推測《詩論》所從出之本皆用"也"）；但出現在第五句時，語氣詞可以與四、六句不同。《齊風·甫田》第三章，今本作"婉兮孌兮，總角丱兮。未幾見兮，突而弁兮。"敦煌寫卷《毛詩故訓傳》，P.2529、P.2669 錄此章，一、二、四句語氣詞皆用"兮"，第三句作"未幾見之"。④（《釋文》："見兮，一本作'見之'。"）《邶風·綠衣》第三章，今本一、二、四句語氣詞皆用"兮"。P.2538

---

① 參看魏慈德《試論楚簡中"兮"字的讀音》，中國古文字研究會、復旦大學出土文獻與古文字研究中心編《古文字研究》第 29 輯，713～714 頁，中華書局，2012 年。
② 饒宗頤主編《華學》第 6 輯，相關部分見此書 60～65 頁，紫禁城出版社，2003 年。下引此文不再出注。
③ 參看白於藍《戰國秦漢簡帛古書通假字彙纂》，281 頁，福建人民出版社，2012 年。
④ 上海古籍出版社、法國國家圖書館編《法藏敦煌西域文獻》，第 15 册 161 頁、第 17 册 170 頁，上海古籍出版社，2001 年。

《毛詩故訓傳》一、二句亦用"兮",第四句作"俾無訛焉",①不用"兮"。②《邶風·旄丘》第二章"叔兮伯兮",S.789 作"叔也伯兮"(第一章"叔兮伯兮",此卷作"叔也伯也")。③ 可見在《詩》的不同本子中,語氣詞的使用並不刻板一律。

王文説過,語助詞"些(些)"、"斯"等都由指示代詞虚化而來。黄傑《〈忠信之道〉"此"與〈招魂〉"些"》指出,郭店簡《忠信之道》簡 3~5"夫此之謂此"、"忠信之謂此"中的"此"即《楚辭·招魂》所見語氣詞"些"。④ 由此可證"些(些)"的語氣詞用法確實得義於"此"。⑤ 唐以前人在解釋《詩》中的語氣詞"只"時,往往以"是"訓之。而《孔子詩論》、帛書《五行》所引《鳲鳩》的"只"寫作"氏","氏"在出土文字資料中正屢用爲"是"(參看王文的相關論述)。"只"與"些(此)"、"斯"音近,其所以有語氣詞的用法,應即得義於"是"。在傳世古書中,"之"本有一種相當於"兮"、"也"的句末語助詞用法,⑥這顯然也是由指示代詞虚化而來的。敦煌本《甫田》"未幾見之"的"之",不能排斥其爲指示代詞的可能性,但跟今本用"兮"對照起來

---

① 《尚書·秦誓》"斷斷猗",《禮記·大學》引作"斷斷兮",《公羊傳·文公十二年》引作"斷斷焉"(參看顧頡剛、劉起釪《尚書校釋譯論》,第四冊 2180 頁,中華書局,2005 年),語氣詞"猗(兮)"或换作"焉",與此同例。

② 上海古籍出版社、法國國家圖書館編《法藏敦煌西域文獻》,第 15 冊 224 頁。

③ 中國社會科學院歷史研究所等合編《英藏敦煌文獻(漢文佛經以外部份)》,第 2 冊 167 頁,四川人民出版社,1990 年。

④ 文載《光明日報》2014 年 5 月 27 日第 16 版。

⑤ 附帶提一下,句末語氣詞"斯"在戰國竹書中也已出現:《上海博物館藏戰國楚竹書(四)》所收《逸詩·多薪》簡 1:"兄及弟斯,鮮我二人。"參看董珊《讀〈上博藏戰國楚竹書(四)〉雜記》,同作者《簡帛文獻考釋論叢》,65 頁,上海古籍出版社,2014 年。

⑥ 《虛詞詁林》36 頁引王引之《經傳釋詞》"之,猶'兮'也"條、43 頁引裴學海《古書虚字集釋》"之,猶'也'也"條、49 頁引楊樹達《詞詮》"(十二)語末助詞,無義"條。謝明文先生告訴我,西周晚期琱生尊有"余老之"之語(《文物》2007 年 8 期),不少學者據朱鳳瀚先生解釋五年琱生簋(《集成》04292)"余老止"的"止"爲語氣詞的意見,指出尊銘的"之"也是句末語氣詞[參看金東雪《琱生三器銘文集釋》,29~36 頁,吉林大學碩士學位論文(指導教師:吴良寶教授),2009 年]。其實簋銘此字從拓本看,也應釋爲"之"而非"止"。昔年于省吾先生有《詩經》"語末助詞""止"爲"之"之誤釋的意見(説見《〈詩經〉中"止"字的辨釋》,《澤螺居詩經新證》,127~128 頁,中華書局,2003 年),琱生器"余老之"的"之"可爲于説提供新的支持。按謝説甚是。此是早期出土文獻中"之"用作語氣詞的確證。

看,似還是視爲語氣詞妥當。① 若此,《甫田》第三章第三句句末的"之"、"兮"異文,跟《鳲鳩》第一章第五句句末的"氏(只)"、"兮"異文,彼此可以相互印證。

上博簡《孔子詩論》的抄寫時代與郭店1號楚墓所出竹簡相近,當在戰國中期,②其寫作時代無疑更早。馬王堆帛書《五行》"經"文,雖抄寫於漢初高祖之世,但其底本顯然是一個淵源有自的戰國古本("經"與"説"本單篇別行)。可以注意的是,《孔子詩論》和帛書《五行》"經"中的"氏(只)",都是作爲引文出現的。這種使用語氣詞"只"的《鳲鳩》異本,按理在《孔子詩論》和帛書《五行》"經"所從出之本寫定之前,已有流傳。可見,語氣詞"只"的出現時間,大概不會晚到戰國中期的楚簡文字所反映的"'只''也'形體大面積的混同"之後("'只'、'也'形體大面積混同"的提法是有問題的,詳下文)。

趙文所舉古書用音近之字表示語氣詞"只"的例子中,用"咫"者見於《國語·晉語四》"文公學讀書於臼季,三日,曰:'吾不能行也咫!聞則多矣。'"、同書《楚語上》靈王曰"是知天咫!安知民則"。前者是晉文公與胥臣的對話,後者是楚靈王對大夫子皙的復命而發的感慨,時右尹子革隨侍。古代史官有"記言"之責,像這種國君對臣下所説的比較重要的話,估計就來自當時史官的實錄(《左傳·襄公二十七年》記春秋後期晉國的"叔向謂趙孟曰",以語氣詞"只"、"也"對舉,其文已見上引。這樣的對話可能也是有根據的,不見得都出自《左傳》寫定者的杜撰)。如果這一推測屬實,似可説明至晚在春秋前期的口語裏,已有人使用"只"這個語氣詞了。

這裏附帶談一個不成熟的想法。清華簡《耆夜》記周武王醻畢公,作《樂樂旨酒》歌詩,前四句云:

樂樂旨酒,宴以二公。紝尼兄弟,庶民和同。(簡3~4)③

---

① 參看程燕《詩經異文輯考》,147頁。
② 參看裘錫圭《新出土先秦文獻與古史傳説》,《裘錫圭學術文集·古代歷史、思想、民俗卷》,255頁,復旦大學出版社,2012年。
③ 清華大學出土文獻研究與保護中心編、李學勤主編《清華大學藏戰國竹簡(壹)》,上册64頁、下册150頁,中西書局,2010年。

整理者讀"紝"爲"恁",引《廣韻·侵韻》:"恁,信也。""㠯疑即《説文》古文'仁'"。① 對於"㠯"的講法,學者多不相信;但以"信"義釋"紝",意謂"'兄弟誠信仁愛',基本方向是對的"。② 伏俊璉、冷江山引《詩·邶風·燕燕》"仲氏任只,其心塞淵"鄭箋:"任者,以恩相親信也。"主張"紝"讀爲"任"。③

《燕燕》鄭箋已引《周禮·地官·大司徒》"六行:孝、友、睦、姻、任、恤"。鄭玄於《周禮》此句加注説:"任,信於友道也。"可知"任"是與孝、友等並列的君子德行。但是,自毛傳以下,皆謂《燕燕》"仲氏"即戴嬀;取鄭氏釋"任"之説者,也只能以"莊姜亦嘗被其輔助不少"云云勉强作解。④因此,毛傳訓"任"爲"大",或以"任"爲仲氏之姓等説,仍爲不少注《詩》者所信從。

張劍先生因今本《燕燕》第四章(即以"仲氏任只"開頭之章,此章自稱"寡人")的藝術風格、作者身份、思想内容、句式特徵等方面與前三章不類,懷疑"前三章與後一章原本是各自獨立的兩首詩",由於第四章所從出之詩已有亡佚,故與前三章之詩誤合爲一。⑤《上博(一)·孔子詩論》中既有"《燕燕》之情"的評論(簡 10),又有"《中(仲)氏》君子"的評論(簡 27)。李學勤先生認爲《燕燕》第四章"所敘正合'君子'的評論。猜想當時此章獨立,與今傳《毛詩》本連於《燕燕》不同"。⑥ 楊澤生先生亦有此説。他認爲"仲氏任只"的"任""如果采用其中'誠篤'、'信任'説,那麽'任'也是君子基本的品德";⑦在引了張劍先生關於《燕燕》第四章來自另一首殘詩的看法後,説:"上博竹書出現'中(仲)氏'的篇名,而且其詩意表現'君

---

① 清華大學出土文獻研究與保護中心編、李學勤主編《清華大學藏戰國竹簡(壹)》,下册 153 頁。
② 季旭昇主編《〈清華大學藏戰國竹簡(壹)〉讀本》,121 頁,藝文印書館,2013 年。
③ 伏俊璉、冷江山《清華簡〈耆夜〉與西周時期的"飲至"禮》,《西北師大學報(社會科學版)》2011 年第 1 期,62 頁。又可參看伏俊璉《西周早期的"飲至"典禮與獻酬賦詩》,《中國社會科學報》2011 年 3 月 1 日第 8 版。
④ [日]竹添光鴻《毛詩會箋(壹)》,272 頁,鳳凰出版社,2012 年。
⑤ 張劍《關於〈邶風·燕燕〉的錯簡》,《孔子研究》2001 年第 2 期,112~114 頁。
⑥ 李學勤《〈詩論〉與〈詩〉》,同作者《中國古代文明研究》,337 頁,華東師範大學出版社,2009 年。
⑦ 楊澤生《關於"中氏君子"的釋讀》,同作者《戰國竹書研究》,146 頁。

子'之德,這爲他的今本《燕燕》錯簡說增加了新的證據。而《燕燕》錯簡說,反過來支持了將'中氏'讀作'仲氏'的意見。"①他們的意見都是有道理的。【編按:王先謙《詩三家義集疏》認爲毛詩《小雅·都人士》的首章與後四章本非一首詩,三家詩《都人士》無首章可證(參看吴榮曾《〈緇衣〉簡本、今本引〈詩〉考辨》,《讀史叢考》,18~19頁,中華書局,2014年)。看來今本《毛詩》中確有誤合爲一詩之例。】既知《燕燕》第四章原名《仲氏》,是一首獨立的詩,這位有君子之德的"仲氏"就不必再與戴媯相牽合;鄭玄關於"任"的訓釋,也可以肯定下來了。

上引《樂樂旨酒》第三、四句,歌頌周公、畢公兄弟能相親信,故庶民亦能和睦同心。詩意明白曉暢。所以,伏俊璉等先生把"紝㠯兄弟"之"紝"與《燕燕》"仲氏任只"之"任"聯繫起來(整理者所引訓"信"之"恁"可視爲這種意思的"任"的後起分化字),是很有啓發性的。我懷疑"紝㠯兄弟"也許就可以讀爲"任只兄弟"。

"㠯"在古文字資料中雖多用爲"夷",但也可以用如"屖"。② "遅(遲/遲)"有異體"遟"(看《集韵·脂韵》);清華簡《耆夜》之"耆"原作"䣝",即"西伯戡黎"之"黎"。③《詩》屢言"豈弟君子","豈弟"一詞在出土文獻中頗有音近的異文,如《上博(四)·曹沫之陣》簡21~22作"幾屖",④尹灣漢簡《神烏賦》簡127~128作"幾旨"。⑤《周易·萃卦》"上六"爻"涕洟"之"洟",馬王堆帛書本作"洎"。⑥ 由此可知"㠯"、"旨"二聲關係十分密切。《詩》"樂只君子",《左傳》襄公十一、二十四年以及昭公十三年均引作"樂旨君子"(參看趙

---

① 楊澤生《關於"中氏君子"的釋讀》,同作者《戰國竹書研究》,148頁。
② 例如《清華(壹)·金縢》簡1、同書《祭公之顧命》簡2"有遅"之"遅"皆作"㠯";《説文·二下·辵部》"遲"之或體从"㠯",新蔡葛陵卜筮簡"遲"或亦作此(零330)。從古文字看,"遲"本从"屖"聲。《清華(叁)·芮良夫毖》簡24"穉"寫作"秜"。
③ 參看李學勤《從清華簡談到周代黎國》,同作者《初識清華簡》,61~65頁,中西書局,2013年。
④ 陳劍《上博竹書〈曹沫之陣〉新編釋文》,同作者《戰國竹書論集》,117頁,上海古籍出版社,2013年。
⑤ "旨"舊多釋"自",此從劉洪濤先生釋。劉說見其《釋尹灣漢簡〈神烏賦〉讀爲"豈弟"之"弟"的"旨"字》,簡帛網,2007年11月17日。
⑥ 帛書"洎"字亦從劉洪濤先生釋,出處同上注。

文），漢石經《南山有臺》、《采菽》亦作"樂旨君□"。① 馬王堆漢墓帛書《陰陽十一脈灸經》乙本"臂巨（鉅）陰脈"有"四胏甬（痛）"之語，"四胏"當讀爲"四胑（肢）"。② 雖然"㠯"尚未見與"只"直接相通的例子，但既然"旨"可通"只"，與"旨"音近的"㠯"似亦有通"只"的可能。"紝㠯兄弟"的"㠯"，或讀爲"語助詞""夷"，從通假關係看當然很直截。但已有人指出，《耆夜》此例"㠯"位於體詞"兄弟"之前，與語助詞"夷"一般都放在謂詞之前的通例不合。③ 把"紝（任）㠯兄弟"的"㠯"讀爲"只"，就不會存在這個問題。

《樂樂旨酒》如確是戡耆（黎）之後武王所作，"只"這個語氣詞的出現時間就有可能提早到西周初年。不過，我們對"紝（任）㠯兄弟"的釋讀很没有把握，姑志此以備後考。④【編按："㠯"與"只"、"旨"古音不密合，以上所説根據不足。如"㠯"確爲語氣詞，似仍以讀"夷"爲妥。】

總之，從學者們舉出來的戰國竹書《孔子詩論》和馬王堆帛書《五行》"經"中比較可靠的"氏（只）"例來看，最保守估計，語氣詞"只"開始使用的時代，再遲也遲不過戰國中期（可能春秋前期就已使用，甚至更早）。而且在當時人筆下，這種"只"很可能不常寫作"只"而寫作"氏"或其他音近之字，這就大大降低了由"也"訛寫或誤讀而來的可能性（"氏"、"也"字形毫無共同之處）。

三

古文字學者所以認爲語氣詞"只"是"也"的訛寫或誤讀，郭店簡等戰

---

① 程燕《詩經異文輯考》，242、296頁。
② 施謝捷《簡帛文字考釋札記（三續）》，張德芳主編《甘肅省第二屆簡牘學國際學術研討會論文集》，629～630頁，上海古籍出版社，2012年。
③ 張崇禮《清華簡〈耆夜〉字詞考釋》，復旦大學出土文獻與古文字研究中心網，2014年6月9日。
④ "㠯"與"只"古音畢竟不同部。《清華（叁）·周公之琴舞》屢見句末語氣詞"帀"。此詩"敬之敬之"一節又見於《詩·周頌·敬之》，《敬之》所用語氣詞爲"思"。整理者據此逕讀"帀"爲"思"。但"思"、"帀"音不近。按戰國文字"帀"多用作"師"，"師"與"㠯"音近（《詩·衞風·碩人》"齒如瓠犀"之"犀"，漢碩人鏡銘作"師"），疑《周公之琴舞》的"帀"與《耆夜》"紝（任）㠯兄弟"的"㠯"、"樂旨君子"的"旨"代表的是同一語氣詞，這個詞跟語氣詞"只"也許只是音義皆近的親屬詞。

國楚竹書中"也"的某些寫法與"只"混而無別,是一個相當重要的原因。他們舉出郭店簡中的"也"大量寫作 ，而"只"正有作 者。關於這一點,趙文曾作過如下簡要描述:

>……從比較可以看出,郭店簡中"也"字的某些寫法,和"只"字的某些寫法,幾乎沒有區別了。據張守中等先生的統計(原注:張守中等:《郭店楚簡文字編》,文物出版社,2000年,第169—170頁。),郭店簡中"也"寫作"只"的例子達234個。上博簡中也有一些"也"寫作"只"的例子。可見"也""只"相混絕不是偶然的現象。

楊文據張光裕主編《郭店楚簡研究》第一卷《文字編》進行統計,郭店簡中的語氣詞"也"共有596例,作"只"形者計238例。二文統計的結果稍有出入。若以楊文所說爲準,在郭店簡中,與"只"相混的"也"字在全部語氣詞"也"中所占的比例將近40%。這跟有的楚簡文字因形近而偶爾相混的現象,當然不可同日而語。

"只"、"也"二字所以會發生混同,各家的解釋並不一致。趙文認爲二者"本是兩個完全不同的字。由於後來在'也'字豎筆或曲筆上附加羨畫,而'只'爲了與'兄'區別,在字下加羨畫或有意屈曲下邊的筆畫,於是導致兩字形體混同"。趙先生還同意其他學者所提出的"也"字以口中出氣之形代表語氣詞"也"的意見,並認爲"只""本像人的軀幹之形","很可能是'肢(肢)'的本字"。楊文沒有就此發表過正式看法。李家浩先生釋老簋" "字所從的" "爲"也"之古體,認爲"也"與"只"字形關係密切(按照李先生的說法,古文字"只"只比老簋此字所從的所謂"也"少左臂的筆畫而已),字音相近,作爲語氣詞又可同訓,因而"懷疑'只'是由'也'分化出來的一個字。也就是說,'只'是省去早期'也'字寫法的左臂筆畫而成"。郭店簡中"也"、"只"二形混同,"恐怕跟它們本是一字的分化有關"。[①] 何琳儀、房振三先生認爲"'只'字是在'也'字

---

① 李家浩《釋老簋銘文中的"濾"字——兼談"只"字的來源》,《安徽大學漢語言文字研究叢書・李家浩卷》,23~24頁,安徽大學出版社,2013年。

基礎上加筆分化的另一個新字";①高智先生也認爲"只"字是由"也"字"增加點狀筆飾而訛變產生的一個新形體","是'也'字的同字異形"。②雖然對於具體的分化途徑尚存不同見解,但在"只"字由"也"字分化而成的這一點上,他們的看法與李家浩先生並無分歧。

下面就對上述說法加以考察。爲了討論的方便,我們先簡單談一下"只"、"也"字形源流的問題,再看"只"、"也"二字在戰國楚簡中的實際書寫情況。

在"只"字形體來源的問題上,我們贊同裘錫圭先生的意見。2009年7月2日,裘先生在武漢大學舉行的"2009中國簡帛學國際論壇"上,作了題爲"介紹李家浩先生的《釋滤》,兼談與此文有關的兩個問題"的報告。裘先生在這場報告中指出,"只"是從樹枝之"枳(枝)"的初文 ☒、☒、☒ (在樹枝上加"口"形——指事符號——表示"枝"。【編按:《夕惕藏陶續編》02.13所收齊國陶文上亦有此類寫法的"枳"。山東、天津等地所出戰國陶文裏的此種"枳"字,參看高明、涂白奎《古陶字錄》159頁,上海古籍出版社,2014年。】第三形"口"下長筆本爲連在樹上的樹枝)一類形體中割裂出來的;③"只"與"也"來源各異,本非一字。"枳"之初文的古體,在齊系文字中保持得最久;秦文字"只"作似"兄"之形,楚文字"只"作☒、☒等形,皆戰國時代"文字異形"的表現(對於"只"字來說,各系異形出現得相當早,遠在戰國之前)。【編按:裘先生關於"枳"、"只"等字的看法,已正式寫入其《齊量制補說》一文,見《中國史研究》2019年第1期8頁注②。】

關於"也"字,趙文的意見似較可取,即"口下加一曲筆或豎筆"的寫法可能是"也"較古的形體。二體之中,我們認爲又以"口下加一豎筆"者爲

---

① 何琳儀、房振三《"也""只"考辨》,北京師範大學民俗典籍文字研究中心編《民俗典籍文字研究》第3輯,176頁,商務印書館,2006年。
② 高智《古文字"也"、"只"形義關係解析》《古文字研究》第28輯,527頁。
③ 這些字釋爲"枳",在銅器自名中均讀爲"卮",是李學勤先生的意見。說見其《釋東周器名卮及有關文字》,同作者《文物中的古文明》,330~334頁,商務印書館,2008年。

更古。郭店簡《唐虞之道》"也"作■(簡 1、2、4～10、12、13、14、17、19～25、27、29),與一般楚簡"也"字"口下加一曲筆"的寫法有別(楚系銅器銘文中的"也",下部亦不作直豎,如書也缶■)。經周鳳五、馮勝君等先生研究,《唐虞之道》是受齊系文字影響的抄本。① 此篇"也"的存古寫法當反映齊系文字的特點,②這與齊文字保留"杞(枳)"之初文的情況也是吻合的。西周金文中有一作■、■等形之字(又有從此字得聲之字■),此字去掉"戈"或"祕"旁的形體,後來演變、分化出"呈"字。③ 不知"也"有没有可能也是從這個形體分化而來的(此意似已有人講過,匆促未檢得【編按:此説恐不足信】)。④

楚文字中的"也"字,"口"下幾乎都作彎曲之筆,如■、■。這跟楚文字有些"只"的下部作彎曲狀,似出同一機杼。或在曲筆旁再加一撇畫(即趙文所謂"羨畫"),即成■、■之形。加此羨畫,可能僅是一種特殊的書寫習慣。與此平行的變化可舉"虫"、"它"等爲例。楚文字"虫"多作■,但有時也喜歡在下部的曲筆旁加一撇畫,與"它"形相混。如《上博(七)·凡物流形》的"流"字,甲本篇題作■(3 號簡簡背),正文則作■,"虫"因加撇畫而訛作"它"。《上博(九)·舉治王天下》簡 23"流"作■,"蚰"旁下爲"虫",上則作"它"。《清華(壹)·程寤》中用爲"化爲"合文的■(簡 1、4),一般從整理者隸定爲"鬯"。其實這個字就是數見於楚簡的

---

① 參看馮勝君《郭店簡與上博簡對比研究·叁、國别篇》,250～320 頁,中華書局,2007 年。
② 庚壺■字,或釋"也"(參看孫剛《齊文字編》,317 頁,福建人民出版社,2010 年)。如可信,似乎齊文字是"口下加豎筆"和"口下加曲筆"兩種形體的"也"並用的。【編按:齊陶文中的"也"字也有"口下加曲筆"者,看《夕惕藏陶續編》04.12 所收諸品。】
③ 參看何琳儀、房振三《"也""只"考辨》,北京師範大學民俗典籍文字研究中心編《民俗典籍文字研究》第 3 輯,172 頁。
④ 按照這一想法,恐不宜再把老簋■字所從的■釋爲"也"了。這個問題請參看《出土文獻與古文字研究》第 6 輯所收陳劍先生文【編按:即《〈容成氏〉補釋三則》】。

"蝸"(作 ◇、◇ 等形,見郭店簡《唐虞之道》簡 21、《忠信之道》簡 2、《上博(六)·孔子見季桓子》簡 11、12、19 等,簡文中用爲"化"或"僞"①);郭店簡《老子》甲組簡 32 有用爲"化"的从"蚰"、"爲"聲之字,應即"蝸"之繁體。②《程寤》的"蝸"也是由於在"虫"的下部曲筆旁加了撇畫並誤寫作"它",而不爲人所識(作爲表意偏旁,"它"與"虫"有可能是義近通用。但"流"字中的"蚩"是音符,似不好用"它"、"虫"義近來解釋,且"竜"亦不成字)。"它"本作 ◇,郭店簡中或有在其曲筆旁加撇畫作 ◇ 者③("只"的撇畫亦有作兩重者,詳下),與此同例。《上博(八)·顏淵問於孔子》簡 5 "既"作 ◇,所從"皀"顯然也是在 ◇ 類寫法(見同篇簡 10)的基礎上於右下加撇畫而成。曾侯乙墓竹簡文字中,"環"、"睟"或作 ◇(簡 58)、◇(簡 69),④"衣"旁下部斜筆右側亦加一撇畫。

秦文字"也"作 ◇、◇,⑤"只"作似"兄"形(如 ◇、◇、◇ 等字所從之"只"⑥),二者差別較大,當無相混之理。秦文字又用"殹"爲語氣詞"也",這就更不可能被誤認爲"只"。齊文字多用"枳(枝)"之初文(見講"只"字來源一段所引前二形),應該也不會與"也"相混。晉系文字雖尚未見"只"(看校時按:此說不準確,參看文末"追記"),但中山王鼎、壺銘上的語氣詞"也",是用可能爲彤沙之"沙"的象形初文之字表示的⑦(《清華(肆)·筮法》簡 11、14 亦用此字爲"也"⑧),這種"也"當然不會跟"只"發

---

① 參看陳劍《〈上博(六)·孔子見季桓子〉重編新釋》,同作者《戰國竹書論集》,300~301 頁。
② 彭裕商、吳毅强《郭店楚簡老子集釋》,322 頁錄劉釗(2005)説,巴蜀書社,2011 年。
③ 李守奎《楚文字編》,756 頁,華東師範大學出版社,2003 年。
④ 同上注,26、168 頁。
⑤ 方勇《秦簡牘文字編》,354 頁,福建人民出版社,2012 年;容庚《金文續編》,276 頁,上海書店出版社,2000 年。
⑥ 方勇《秦簡牘文字編》,163、398、230 頁。
⑦ 吳振武《試説平山戰國中山王墓銅器銘文中的"祔"字》,《中國文字學報》第 1 輯,73~76 頁,商務印書館,2006 年。
⑧ 劉剛《讀〈清華簡四〉札記》,復旦大學出土文獻與古文字研究中心網,2014 年 1 月 8 日。

生訛誤。即使有用"也"字爲語氣詞"也"的，由於其形作▨、▨［平安君鼎，《集成》02793。三晋人名印中从"也"的"訑"作▨（《璽彙》4041）、▨（《璽彙》3978），①後一例字形稍有省變，前一例"也"旁與平安君鼎"也"一致］，與秦文字"也"大體相同（唯"口"的橫畫右端下曳，漢初簡帛文字"也"有此種寫法），所以也不大可能訛誤爲"只"。燕國銅器銘文、璽印中有"枳"字，左爲"木"，右爲"口"下加二短橫。②董珊、施謝捷二位先生釋爲"枳（枝）"。③《上博（七）·武王踐阼》甲本簡 9"枳銘"之"枳"作▨，此字究竟應該讀爲酒器名"卮"或是杖名"殳"，④還可以研究，但釋爲"枳"則是大家都接受的。此"枳"字右旁"口"下加一短橫的寫法，與燕文字"枳"頗似，這對董、施之説有利（"枳"也應該是由▨、▨一類形體變來的）。楚簡"只"一般不如此作，《武王踐阼》的這個"枳"字似有可能受到他系文字的影響。如"枳"釋"枳"可信，其所从"只"與燕文字寫作▨、▨⑤的"也"，顯然到不了形近混同的地步（如"枳"非"枳"字，從已知燕文字"也"的寫法看，似與"只"也不易相混）。

總之，"只"、"也"二字關係，大體上當如趙文所述，彼此源流各異，只是字形演變，才造成楚文字中某類寫法的"也"與"只"形近同（楚文字"只"、"也"形近的情況，另詳下文講信陽簡的部分）。就目前掌握的資料看，這種現象似爲楚系文字所獨有，在戰國時代其他各系文字中未必

---

① 參看湯志彪《三晋文字編》，136 頁，吉林大學博士學位論文（指導教師：馮勝君教授），2009 年。

② 關於此字的資料，參看何琳儀《戰國古文字典》，1547 頁，中華書局，1998 年；蘇建洲《論戰國燕系文字中的"枳"》，《中國學術年刊》第 22 期，95～115 頁，2001 年。

③ 説見孟蓬生《越王差徐戈銘文補釋》一文下第 5、6 樓的評論，復旦大學出土文獻與古文字研究中心網，2008 年 11 月 7 日。

④ 前説見劉洪濤《談上博竹書〈武王踐阼〉的器名"枳"》，簡帛網，2009 年 1 月 1 日；後説見李家浩《槓枳、竹枳、枳銘》，中國文化遺產研究院編《出土文獻研究》第 12 輯，11～12 頁，中西書局，2013 年。

⑤ 王愛民《燕文字編》，182 頁，吉林大學碩士學位論文（指導教師：馮勝君教授），2010 年。

存在。撇開出自楚人之手的《大招》不論,《詩經》用語氣詞"只"之篇,涉及《小雅》、《周南》、《邶風》、《鄘風》、《王風》等,時代、地域跨越較廣。若説這些"只"都是"也"的訛寫或誤讀,則此事只能發生在用楚文字傳抄的本子之中。由於某類"也"作"只"形並非戰國文字的普遍現象,就算楚文字抄本中存在誤"也"爲"只",這種誤讀能否爲他系文字的人所認可,進而影響語言裏產生出一個新的語氣詞"只",恐怕是很可懷疑的。

更爲重要的是,仔細考察"只"、"也"二字在楚簡中的實際書寫情況,可以知道所謂二字大量相混的局面,很大程度上只是研究者的印象之談,並不完全符合實際。

包山簡裏的三個"也"作 、、。① "只"據其"口"下長筆的曲折方向和程度,可分爲三類(均見於合體字):

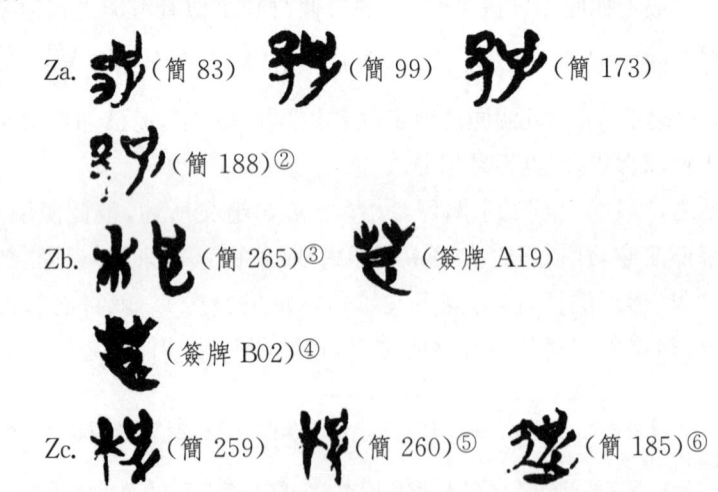

 Za.

②

Zb. ③

④

Zc. ⑤ ⑥

---

① 李守奎、賈連翔、馬楠《包山楚墓文字全編》,440 頁"也"字條,上海古籍出版社,2012 年。
② 同上注,269 頁"邨"字條。
③ 同上注,213 頁"枳"字條。
④ 同上注,24 頁"茋"字條。
⑤ 同上注,213 頁"枳"字條。
⑥ 同上注,73 頁"迟"字條。

上古漢語中本來是否存在語氣詞"只"的問題的再檢討　069

[圖]（簡258）① [圖]（簡219） [圖]（簡220）②

Zc 類第 3 例，"口"下長折筆的上半部分上移並穿透了"口"；第 4 例長折筆的右方加了兩重撇畫，與上舉"它"同例；第 5 例在長折筆的左方也加了撇畫；第 6 例則兼有 4、5 二例的兩種繁化方法。

Zb 類寫法的"只"雖與郭店簡等楚竹書裏下部加撇畫的"也"同形，但同一批簡中的"也"無一例作此形；所以就包山楚墓文字資料來說，"也"和"只"是界限分明的。

郭店簡裏的"也"，據其"口"下部分加不加撇畫，可大體分爲兩類（由於郭店簡用"也"的場合實在太多，例字後恕不括注具體篇名、簡號）：

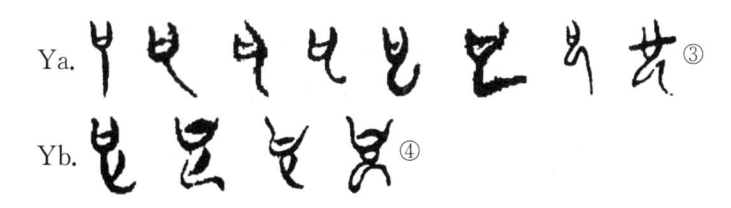

Ya. [圖]③

Yb. [圖]④

所謂"也"、"只"大量相混，主要就指 Yb 與 Zb 兩種形體而言。

"只"在郭店簡中出現的次數不多，而且同篇都有"也"字，正好可以比較（"只"的字形皆取自《郭店楚墓竹簡》一書）：

篇　　名	只	也
《尊德義》	Zc. [圖] [簡14"教以只（技）"]	Ya. [圖]　Yb. [圖]

---

① 李守奎、賈連翔、馬楠《包山楚墓文字全編》，25 頁"苁"字條。
② 同上注，269 頁"䢵"字條。
③ 張光裕主編《郭店楚簡研究》第一卷《文字編》，"也"字條 28～36 頁，藝文印書館，1999 年。
④ 同上注，"也"字條 36～41 頁。

續表

篇　　名	只	也
《唐虞之道》	Zc. ▣ ［簡26"四枳(肢)倦墮"］	Ya. ▣
《語叢四》	Zc. ▣ ［簡17"不折其枳(枝)"］	Ya. ▣

《尊德義》"只"的長折筆斷成兩截，並稍顯錯位，跟上舉包山簡 Zc 第 1 例"只"類似。《語叢四》"只"的下部撇畫加在長折筆的左方（跟上舉包山簡 Zc 的 5、6 例有相類之處），乍一看與 Yb 型"也"（尤其是上舉 Yb 最末一例）相似。但是，"也"字"口"下的彎曲筆畫都是一筆寫成的，從不作兩截的曲折狀；《語叢四》的"只"不但下部的長折筆明顯分爲兩截，而且在靠下一截上又加一飾筆。總之，郭店簡"只"都屬於 Zc 一類寫法，跟見於同篇的"也"的分別也是十分清楚的。

　　上博簡目前發表了 9 册，"也"字的使用亦難以計數，我們仍按其"口"下部分加不加撇畫，分兩類示例（《上博（一～七）》的字例取自《上博藏戰國楚竹書字匯》，①爲避繁瑣，不詳注篇名和簡號；《上博（八、九）》取自原書，字例後注出篇名、簡號）：

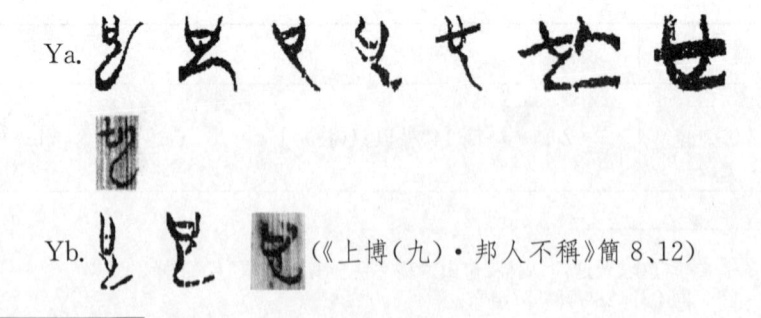

Ya. ▣ ▣ ▣ ▣ ▣ ▣ ▣

Yb. ▣ ▣ ▣ 　（《上博（九）·邦人不稱》簡 8、12）

---

　　① 饒宗頤主編、徐在國副主編《上博藏戰國楚竹書字匯》，92～101 頁"也"字條，安徽大學出版社，2012 年。

上古漢語中本來是否存在語氣詞"只"的問題的再檢討   071

（《上博（八）·志書乃言》簡7）

《上博（九）·舉治王天下》簡10"也"作 ，"口"下部分似乎是先寫靠左的撇畫，再自右向左一撇與之相接（看起來像寫了兩重"口"），然後由此撇畫收筆處另起一筆寫成下曳的彎曲之畫的。這種寫法的"也"似僅此一見（同篇簡13"也"模糊難辨），也許可以附入Yb型。

"只"在已發表的上博簡裏共9見。《上博（七）·武王踐阼》甲本簡9"枳"的字形，前面已經講過了。此篇未見"也"字，但與此篇爲同一書手所抄的《上博（二）·民之父母》、《上博（八）·顏淵問於孔子》（據李松儒先生研究，《武王踐阼》由3位書手抄成，簡9從字體看，與《民之父母》、《顏淵問於孔子》當出一人之筆①）中，"也"均作Yb型： （《民之父母》簡6～9）、 （《顏淵問於孔子》簡2B、5、6、9～11、12B。簡13"也"中部適殘），這跟《武王踐阼》所見"只"的字形差異甚大。其餘8例"只"於下表列出，並舉同篇"也"（如果有的話）加以比較：

篇　　名	只	也
《上博（三）·彭祖》	Zb. ［簡4"既只（跂）於天"②］	Ya. （簡7）
《上博（四）·采風曲目》	Zb. ［簡5"《邱蒦戈（豹?）虎》"］	Ya. （簡3、4）
《上博（四）·相邦之道》	Zb. ［簡3"庶人勸於四枳（肢）之藝"］	Ya. （簡4）

---

① 李松儒《戰國簡帛字迹研究——以上博簡爲中心》，151～154頁，吉林大學博士學位論文（指導教師：吳振武教授），2012年。
② "只"的讀法（《方言》卷一："跂，登也。"），據白於藍《戰國秦漢簡帛古書通假字彙纂》，281頁。

續表

篇　名	只	也
《上博（五）·弟子問》	Zc. ▨［簡23"不折其枳（枝）"］	Ya. ▨（簡1、4、5、8、9、10、12、19） Yb. ▨（簡2）▨（簡22）
《上博（五）·鬼神之明》	Zb. ▨［簡2背"紂暬於只（歧）社"］ ▨［簡4"此兩者枳（歧）"］	Ya. ▨（簡1、3、4）
《上博（六）·用曰》	Zc. ▨［簡15"罪之枳（枝）葉"］	
《上博（八）·李頌》	Zb. ▨［簡1背"亂本曾（層）枳（枝）"］	

　　《上博（三）·彭祖》簡4，當從程鵬萬先生説歸入《上博（六）·競公瘧》，排在《競公瘧》簡4、5之間。① 從字體看，《彭祖》和《競公瘧》、《上博（一）·緇衣》、《上博（七）·吳命》顯係一人所抄。② 《競公瘧》"也"作▨（簡3）、▨（簡2、5、9）、▨（簡12），《緇衣》"也"作▨（簡6。此例"口"下彎筆似"乙"形，與上引《彭祖》"也"同一作風）、▨（簡12等）、▨（簡9等），《吳命》"也"作▨（簡3）、▨（簡9）、▨（簡5）、▨（簡8），亦皆屬於Ya型，無一例外。所以這位書手敢於寫獨體的Zb型的"只"而不怕被誤認作"也"（而且"也"除了用作語氣詞，別無實義動詞的用法）。

---

　　① 程鵬萬《上博三〈彭祖〉第4簡的歸屬與拼合》，復旦大學出土文獻與古文字研究中心網，2010年1月17日。

　　② 馮勝君《從出土文獻看抄手在先秦文獻傳布過程中所產生的影響》，武漢大學簡帛研究中心主辦《簡帛》第4輯，419頁，上海古籍出版社，2009年。復旦大學出土文獻與古文字研究中心研究生讀書會《〈上博七·吳命〉校讀》，《出土文獻與古文字研究》第3輯，264頁，復旦大學出版社，2010年。《吳命》初稿漏舉，承蘇建洲先生指示。

《采風曲目》、《相邦之道》、《鬼神之明》、《李頌》的"只"雖屬 Zb(《采風曲目》那一例似乎介於 Zb 與 Za 之間),但其"口"下彎筆的弧度方向與一般 Zb 型的"只"相反,如果精確一點,似可爲此種"只"標"Zb 反"。Yb 型的"也",其"口"下彎筆的弧度方向沒有似"Zb 反"者(也就是説,在現有資料裏,"Yb 反"是看不到的)。何況,如上表所示,上博簡中但凡"只"作 Zb 者,同篇的"也"絕無作 Yb 之例;《李頌》雖未用到"也",但同一書手所抄的《蘭賦》"也"字三見(此二篇與《鬼神之明》也出自同人之手①),均作 Ya：[圖](簡 4)、[圖](簡 5)、[圖](簡 5),二者也是不會混淆的。

《上博(六)·用曰》中雖不見"也"字,但由於此篇"只"屬於 Zc 型,而"也"是没有寫作 Yc 的,所以此書手筆下應該不會發生"也"、"只"相混之事。同屬"只"作 Zc 型的《上博(五)·弟子問》,"只"、"也"不會混淆也是很明白的。

從現已發表的《清華(壹〜肆)》看,清華簡中的"也"目前只有 Ya 一種寫法：[圖]。②《清華(叁)·芮良夫毖》簡 19 兩見"枳"字,作[圖]、[圖]("天之所壞,莫之能枳(支);天之所枳(支),亦不可壞");《清華(叁)·説命下》簡 7"訳"作[圖]("余既訳(諟)劼毖汝"),均屬典型的 Zb,與同批簡 Ya 型的"也"異趣。

《清華(壹)·楚居》簡 5 楚王名"酓(熊)[圖]",整理者釋"酓"下一字爲"只",並謂《史記·楚世家》作"熊艾""疑有訛誤"。③ 按此字寫法與上舉 Za 型的"只"的確相近,整理者釋"只"當即據此。但釋爲"只",對於此

---

① 李松儒《戰國簡帛字迹研究——以上博簡爲中心》,222~223 頁。
② 清華大學出土文獻研究與保護中心編、李學勤主編《清華大學藏戰國竹簡(壹)》,下册《字形表》251 頁;《清華大學藏戰國竹簡(貳)》,下册《字形表》257 頁,中西書局,2011 年;《清華大學藏戰國竹簡(叁)》,下册《字形表》223 頁,中西書局,2012 年;《清華大學藏戰國竹簡(肆)》,下册《字形表》172~173 頁,中西書局,2013 年。
③ 清華大學出土文獻研究與保護中心編、李學勤主編《清華大學藏戰國竹簡(壹)》,下册 185 頁。

字與"艾"的關係則不好解釋（整理者以隸書"艾"寫法與此近作解，恐難取信於人）。李家浩先生同意釋 ✦ 爲"只"，但"疑'只'是孑𠂤之'𠂤'的訛體。簡文把'𠂤'字頭寫作'口'字形，跟者㛳疊'子'字頭寫作'口'字形同類"，"𠂤"、"艾"音近可通。① 按包山簡中一般釋爲"孑"者作 ✦ 、✦ ，② 如依《說文》，似亦當釋"𠂤"。這種"𠂤"偶有作 ✦ 者，上部即近於"口"形。這樣看來，此爲"𠂤"之訛字的可能性似無法排除。無論 ✦ 是不是真正的"只"，它跟作 Ya 的"也"顯然難以相混。

葛陵楚墓竹簡只有作 ✦ 的"也"，③屬於 Ya 型，未見"只"；曾侯乙墓所出竹簡中有 Zb 型的"只"：✦（簡 212），但沒有"也"字，因而難知這兩批簡的書手是否有意區別二字（葛陵簡的書手就算把"只"寫作"口"下加一長筆之形，如上舉 ✦ 所從，跟這批簡"也"的寫法亦不完全重合。曾侯乙墓鐘磬銘文一般釋"也"之字作 ✦ 、✦ 。④ 銘文之字與簡文雖不盡相同，但可供參考）。

信陽簡"只"、"也"的問題比較複雜，需要討論。

信陽長臺關 1 號楚墓所出竹簡，整理者將其分爲 1 組竹簡和 2 組竹簡。⑤ 1 組竹簡即有周公與申徒狄對話的古書，其中"也"字約 4 見，⑥均屬 Ya 型作 ✦（簡 7、10、18、39），但無"只"。

2 組竹簡爲遣册，簡 23 兩見"枳"字，作如下之形（後附摹本供參考）：

---

① 李家浩《談清華戰國竹簡〈楚居〉的"夷屯"及其他——兼談包山楚簡的"坨人"等》，《安徽大學漢語言文字研究叢書·李家浩卷》，242 頁。
② 李守奎、賈連翔、馬楠《包山楚墓文字全編》，530~531、178 頁。
③ 張新俊、張勝波《新蔡葛陵楚簡文字編》，192 頁，巴蜀書社，2008 年。
④ 李守奎《楚文字編》，299 頁。
⑤ 河南省文物研究所《信陽楚墓》附錄《信陽楚簡釋文與考釋》，125~136 頁，文物出版社，1986 年。
⑥ 參看滕壬生《楚系簡帛文字編（增訂本）》，1032 頁，湖北教育出版社，2008 年。下引信陽簡摹本即取自此書。

上古漢語中本來是否存在語氣詞"只"的問題的再檢討　075

Za. 〓（朼）　〓（枳）

此字最早爲李家浩先生所釋出，①已獲公認。此外，簡 24 又有如下二字：

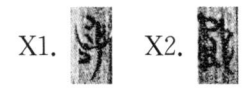

X1. 〓　X2. 〓

其所在簡文爲"四合 X1，一鳥（錯）X2，屯（純）又（有）盍（蓋）"。1975 年湖北隨縣劉家崖出土的春秋時器卲方豆，其自名之字從"皿"從"X3"：

X3. 〓（《集成》04660）　〓（《集成》04661）

X1、X2 和 X3，顯係一字。下文如無必要區分其字形，統一以"X"稱之。

李家浩先生在釋出"枳"的文章中，將 X 釋爲"釴"，並讀爲當器名講的"䰡"（見《集韻・支韻》）。② 但趙彤先生據楚簡"也"或作 Yb，釋 X 爲"鉈"（X1、X2，郭若愚《戰國楚簡文字編》已隸作"鉈"）；又因"也"、"奇"音近，讀信陽簡所記器名和卲方豆自名爲"琦/盍"。③ X 所從的聲旁應取"只"、"也"哪一種釋法，我們有些舉棋不定。經過慎重考慮，現在覺得釋爲"只"比釋爲"也"要好。

單就 X2 的字形來說，既可以根據"只"的 Zb 寫法釋爲"釴"，也可以根據"也"的 Yb 寫法釋爲"鉈"（跟"鉈"的訛體非一字）。而且，X1 去掉"金"旁的形體，趙彤先生謂即上舉 Ya 型的"也"。看起來 X1、X2 釋爲"鉈"較有道理。不過這裏有一個問題。

徐寶貴先生曾窮盡性地搜集過以"也"、"它"爲偏旁之字的資料。他指出，古文字中的"也"極少用作合體字的偏旁，"一直到西漢早期還未將

---

① 李家浩《信陽楚簡中的"柿枳"》，《簡帛研究》第 2 輯，1~2 頁，法律出版社，1996 年。
② 同上注，1~2、8~9 頁。
③ 趙彤《方豆考》，復旦大學出土文獻與古文字研究中心網，2008 年 1 月 2 日。下引趙彤先生說皆見此文，不再出注。

其作爲構字部件（偏旁）大量投入造字，直到西漢中晚期才開始出現大量以'也'爲偏旁的文字"。① 在先秦古文字裏，从"也"之字似只有三晉人名印中的"訑"（例見上引）。馬王堆帛書《老子》甲本有一個語氣詞"吔"，見於 133 行"望（恍）呵忽呵，中有物呵。幽呵鳴（冥）呵，中有請（精）吔"。徐寶貴先生説："從此字在文中的用法看，它跟前幾句的感嘆詞'呵'的用法是一樣的，馬王堆帛書《老子乙》236 上此句作'其中有請（精）呵'可證。"② 一般以此"吔"爲"呵"之誤字。③ 從前引《詩》有不少"兮"、"也"異文看，這個與"兮"相當之"吔"似有可能就是語氣詞"也"的繁體（猶語氣詞"可（兮）"或作"呵"之比）。【編按：劉玉環《秦漢簡帛訛字研究》（中國書籍出版社，2013 年）80 頁已有此説，又見於劉玉環《古方言語氣詞考四則》（收入《秦漢簡帛字詞札記》，61～63 頁，知識出版社，2016 年）。本文失於徵引，很不應該。】三晉人名印"訑"也有可能是語氣詞"也"加注義符"言"而成的繁體，跟訓"自得貌"的"訑訑"之"訑"不見得是一個字。④ 如果是這樣的話，先秦至西漢早期的出土文字資料中，就幾乎没有純粹以"也"爲偏旁的字了（"訑"、"吔"只是語氣詞"也"的分化字）。從這一點看，把 X 釋爲从"也"聲的"鉇"，似乎不如釋爲"釱"合適。

釋 X 的聲旁爲"只"，字形上也並不缺乏根據。X2 没有問題可以釋"釱"。X3 所從出的郘方豆的字體，美術化傾向較爲嚴重，故其"尾部作裝飾性的屈曲"（趙彤先生文章語）；如果抛開這一因素，其聲旁顯然也可歸爲 Yb 型的"只"。X1 的聲旁應如何看待，則比較棘手。

X1 所从的 ，作"口"下加一長筆之形，這種字形在上舉楚簡文字資料中，跟 Ya 型的"也"最爲接近。但是，春秋晚期的蔡太史卮的自名之字作 （《集成》10356），春秋中期的伯遊父卮的自名之字作 （《上海博

---

① 徐寶貴《以"它""也"爲偏旁文字的分化》，《文史》2007 年第 3 輯（總第 80 輯），245 頁。
② 同上注。
③ 國家文物局古文獻研究室《馬王堆漢墓帛書[壹]》，11 頁。
④ 此承郭永秉先生指教。

物館館刊》第10期124頁圖15),前者从"金"、"枳"聲,後者从"角"、"只"聲,均應從李學勤先生說讀爲"卮"。① 此二字中的"只",都作"口"下加一長筆之形,而且長筆都略傾向於左,與X1的聲旁全同。蔡太史卮是蔡國器,伯遊父卮是黃國器,二器時代雖較早,但其文字皆屬楚系範圍。按照裘錫圭先生的看法,這種作"口"下加一長筆之形的"只",還保留着從"枳(枝)"之初文割裂出來的痕迹,寫法較古(Za型的"只",即在此型上加一撇畫而成)。所以在時代較楚簡文字爲早的蔡太史卮和伯遊父卮裹,能看到此類寫法的"只"。信陽長臺關1號楚墓的年代,《信陽楚墓》傾向於戰國早期,李學勤先生推測爲戰國中期前半。② 李說較合理。其所出遣册的抄寫時代,似乎比戰國中期偏晚的包山簡、郭店簡、上博簡等早一些。此外還應看到,信陽簡與包山、郭店、上博等批簡雖都屬於楚地出土簡册,但信陽簡出自河南,餘者大都出自湖北,地有南北之差。綜合上述時代、地域差異等因素考慮,信陽簡中偶爾保存了一個"只"的較古形體,是很自然的事情。

講到這裏,有必要提一下馬王堆帛書《陰陽五行甲篇》的所謂"杝"字。《陰陽五行甲篇》"杝子"之"杝",過去根據《陰陽五行乙篇》"枳(支)子"而逕釋爲"枳",李家浩先生認爲當釋"杝"。③《乙篇》"枳"所从"只"作"兄"形,是典型的秦漢文字作風。④《甲篇》所謂"杝"作 、 等形⑤;在尚未公布的圖版中(看校時按:有關資料已發表於《長沙馬王堆漢墓簡帛集成》第壹、伍册),此字右旁有作典型秦漢文字寫法的"也"者()。不過,支子之"支"從無與"也"聲相通的例證,作"枳"則是屢見的(戰國早期

---

① 李學勤《釋東周器名卮及有關文字》,同作者《文物中的古文明》,330~334頁。
② 李學勤《長臺關竹簡中的〈墨子〉佚篇》,同作者《簡帛佚籍與學術史》,333頁,江西教育出版社,2001年。
③ 李家浩《釋老簋銘文中的"濾"字——兼談"只"字的來源》,《安徽大學漢語言文字研究叢書·李家浩卷》,24頁。
④ 參看陳松長等《馬王堆簡帛文字編》,230頁,文物出版社,2001年。
⑤ 湖南省博物館編《湖湘帛書書法選集》,3頁圖1,湖南美術出版社,2010年。

陳肪簠蓋"支子"亦作"枳子"①）。《甲篇》以"杝"爲"支"是很可怪的。

學者們已經指出,《陰陽五行甲篇》字體在篆隸之間,並含有大量戰國楚文字的成分,其抄寫時代當早於《乙篇》。② 不但如此,《甲篇》中還有誤讀楚文字之例。如劉樂賢先生指出此篇中"坐陽"、"坐陰"之"坐"（多數寫作秦漢文字的"坐"形,但一例保留了楚文字"坐"的寫法）,是對楚文字中既可用爲"坐"、又可用爲"跪"的"卫"字的誤讀,實是"跪（危）陽"、"跪（危）陰"。③ 由此可知抄寫《甲篇》者對楚文字已不甚熟悉。如果跟早期楚文字作"口"下加一長筆之形的"只"對比一下,不難發現上舉所謂"杝"的第二形,其右旁與其視爲"也",不如視爲此種寫法的"只"（"口"形與"木"旁相接,跟蔡太史卮以及前舉作 形的"枳",如出一轍）。舊釋此字爲"枳"並不算錯。④ 第一形的右旁似在"只"、"也"之間而更近於"也"。頗疑用爲支子之"支"的所謂"杝",在其所從出的楚文字底本中,可能是寫作"口"下加一長筆之形的"枳"的。由於有 Ya 型的"也"的存在（亦作"口"下加一長筆）,而且這種寫法的"也"的出現頻率比"只"高得多,《陰陽五行甲篇》的抄寫者遂誤識"只"爲"也",在此篇中留下了一個不合於楚文字用字習慣的表示"支"的"杝"字（上舉第二形似較忠實於原貌）。如果我們的設想離事實不遠,似表明秦漢時代人把某類寫法的"只"誤認作"也"的可能性,反而比把"也"誤讀爲"只"要大。

由帛書《陰陽五行甲篇》的這個保留楚文字遺迹的"枳"字,可以推知戰國時代的楚系簡帛文字中,應該確有"口"下加一長筆寫法的"只",只不過這種寫法較古的"只"用得很少,可能已瀕臨絕迹。信陽簡 X1 是目前可以直接看到的唯一一例。

---

① 李學勤《釋東周器名卮及有關文字》,同作者《文物中的古文明》,333 頁。
② 參看陳松長《帛書〈陰陽五行〉甲篇的文字識讀與相關問題》,同作者《簡帛研究文稿》,261～273 頁,綫裝書局,2008 年。
③ 劉樂賢《楚秦選擇術的異同及影響——以出土文獻爲中心》,同作者《戰國秦漢簡帛叢考》,228～230 頁,文物出版社,2010 年。
④ 此承郭永秉先生指教。即將出版的《長沙馬王堆漢墓簡帛集成》,《甲篇》釋文即逕釋此字爲"枳（支）"。

趙彤先生指出，卲方豆鈕已殘斷，僅剩下二器蓋，從其殘形看，與楚系墓葬中所出豆盤作方形的所謂"方豆"顯然是同一種東西；1978年河南固始侯古堆1號墓出土的兩件銅制的卲方豆，器形與此爲一類，其自名之字作"盍"（《集成》04662）。信陽楚墓所出"2組竹簡"中，屬於"集廚之器"者，有"其木器，八方琦，二十豆"（簡12），"方琦"之"琦"與"盍"顯然表示同一個詞。他還認爲信陽1號墓出土的12件木質的由蓋、身組合而成的"高足方盒"，應該就是遣冊所記木器"方琦"，亦即方豆。這些意見大都正確可從。可以補充的是，瑞士《玫茵堂藏中國銅器》114號著錄的一件楚系豆形器，陳劍先生釋其自名之字爲"錡"，並指出即上舉"盍"、"琦"。① 劉國勝先生認爲江蘇無錫出土的郰陵君銅豆的形制與方豆近似，其自名爲"鈇（簠）盇"（《集成》04695）②，"'可'、'盇'音近。疑'琦'、'盍'、'盇'是同一器名"。③ 這也不是不可以考慮。但是，趙彤先生釋 X 爲"鉇"，因"也"、"奇"音近，認爲信陽簡裏的"鉇""也應當是指'方豆'（盍），'鉇'與'鎰'只是形符多寡的不同，是'盍'的另一個異體"。此說則有待商榷。

現在看來，所謂"鉇"、"鎰"仍應從李家浩先生的意見釋爲"釳"、"鎰"。"只"聲與"可"聲雖不甚遠，畢竟聲韻皆異，把"釳"、"鎰"與"盍"、"錡"、"琦"加以溝通，不是說絕對沒有可能，但總覺牽強。信陽遣冊中指同一種方豆之詞，簡12作"琦"、簡24作"釳"，彼此用字差別頗大（雖然簡12的"方琦"是木器，簡24所記之字從"金"，應是銅器；但二者如係同一語的異寫，似乎沒有理由用古音並不密合的兩個聲旁來記音），這也有些不大合理。爲了謹慎起見，我們傾向於認爲指豆形器的從"只"聲之字與從"奇"聲之字，分別代表語言裏不同的詞。至於這兩個詞能否在古文獻中找到

---

① 見 yihai（網名）在葛亮《〈玫茵堂藏中國銅器〉有銘部份校讀》一文後第1樓的評論，復旦大學出土文獻與古文字研究中心網，2009年12月11日。本文初稿漏引，承蘇建洲先生賜示。
② "鈇"讀爲"簠"，從李家浩先生說，見其《關於郰陵君銅器銘文的幾點意見》，《江漢考古》1986年第4期。
③ 劉國勝《楚喪葬簡牘集釋》，15頁，文物出版社，2011年。

相應之字,尚須進一步研究。①

綜上所論,信陽 2 組竹簡中"只"有三種寫法:一種見於簡 23,作 Za 型;一種見於簡 24,作 Zb 型;另一種也見於簡 24,但保留的是"口"下加一長筆的較古寫法,Za 型即由此變來。前二種"只"習見於其他楚簡,後一種在戰國中晚期的楚簡文字中似已基本消逝(馬王堆帛書《陰陽五行甲篇》只能算間接的反映)。信陽遣册中沒有用到"也"字。如果拿 1 組竹簡 Ya 型的"也"字作爲參考,即使是"口"下加一長筆寫法的"只",由於長筆的彎曲程度、方向彼此有別,再加上"也"幾乎不用作合體字偏旁的事實,時人應該是能正確辨識這批簡中的"只"、"也"二形的。

仰天湖 25 號楚墓所出遣册中有一個舊釋"綎"之字,在簡文中一共出現 4 次,均作"衣"或"布"的修飾語。其形除簡 4 無法辨識之外,作 ▨(簡 2)、▨(簡 3)、▨(簡 8)。近年田河先生據"只"的 Zc 類字形釋其字爲"織",疑讀爲"緹"。② 不過,此字"口"下長折筆所處位置似與 Zc 型"只"不合,能否釋"織"尚須研究。

劉國勝先生把望山 2 號楚墓所出遣册 45 號簡中,整理者釋作"号(號)二十"的"号"改釋爲"只"。③ 按其字作 ▨,與《清華(壹)·金縢》簡 9"鴞"所從"号"作 ▨ 者,④如不計字形朝向,僅有下部豎彎筆是否貫通之別

---

① 方豆所以被稱作"盝",趙彤先生推測其語源"或與'奇''畸'有關。謂其器形似豆而奇,不規則也"。是否如此有待研究。傳世豆形器上官登和上世紀 60 年代出土的哀成叔豆的自名之字,林澐先生指出皆從"关"聲,當釋爲《說文·五上·豆部》訓"豆屬"的"登"(林澐《新版〈金文編〉正文部分釋字商榷》,73、201 條,江蘇太倉古文字年會會議論文,1990年)。其説可信(參看裘錫圭《〈說文〉與出土古文字》,《裘錫圭學術文集·金文及其他古文字卷》,435 頁)。"登"、"可"古音相差不遠(《莊子·達生》"吾將三月豢汝",《釋文》:"豢,本亦作犠。""羲"從"兮"聲,語氣詞"兮"在出土文獻中即用"可"聲字表示)。上官登和哀成叔豆的器形,與所謂方豆相似而略有出入(它們的盤口、蓋口作圓形而不作方形)。疑指方豆或豆形器的"盝"、"錡"、"琦",代表的是一個與"登"音義相關的同源詞。
② 田河《談談楚簡中兩個從"只"的字》,《古文字研究》第 28 輯,530~531 頁。
③ 劉國勝《楚喪葬簡牘集釋》,92、107 頁。
④ 清華大學出土文獻研究與保護中心編、李學勤主編《清華大學藏戰國竹簡(壹)》,下册 217 頁。

（望山簡此字"口"下第一橫畫，右半看似與前半不連，實乃因墨迹磨損而變淡，將圖版放大依稀可見）。西漢早期的馬王堆帛書中，字體較古的《老子》甲本及其卷後佚書，"號"字所从的"号"，即有下部豎彎筆貫不貫通兩種寫法：󰀀、󰀀，①可資佐證。整理者原釋望山簡此字爲"号"不誤。此字不能作爲討論"只"的寫法的例子。

四

從上文對出土文獻中與"只"、"也"有關資料的考察，可以看出，語氣詞"只"在未經後人改動的戰國西漢出土古書中也有使用，並且其字不寫作"只"而寫作"氏"，透露出語氣詞"只"由指示代詞"是"虛化而來的消息。出土與傳世古書的語氣詞"只"、"也"異文，應該解釋爲義近換用。"只"、"也"本爲無關的兩個字，後來演變的總趨勢也是異而非同；可能僅在楚系文字中，某類寫法的"只"與某類寫法的"也"形體近同，但這種現象似不普遍見於戰國時代的其他各系文字。楚文字中某類寫法的"只"與"也"雖易相混，但書手在抄寫時，如果同一篇或同一批簡文裏必須同時出現"只"、"也"二形，他們一定會利用各種異體想方設法地把"只"與"也"區分開來。也就是説，在同人筆下，"只"、"也"二字是判然有别，决不相混的。我們不敢保證説在將來公布的材料裏，絶對不會有"只"、"也"相混之例，但至少就現有的爲數不少的楚文字資料而言，由於"只"、"也"的不同寫法較多，二者混而不别的幾率無疑是很低的。

還需指出的是，"也"大量作爲獨體字出現，但極少充當合體字的偏旁；"只"是從樹枝之"枳（枝）"的初文割裂出來的，所以比較多地充當合體字的偏旁，單獨的"只"字則相對少見[楚簡中的"只"字目前只找到上舉四例，如《清華（壹）·楚居》那一例存疑，則只有三例]，如果跟"也"字龐大的使用數量比較一下，獨體的"只"字簡直少得可憐。再考慮到出土文獻中

---

① 陳松長等《馬王堆簡帛文字編》，195頁。

的語氣詞"只"用其他音近之字表示，即使語氣詞"也"大量寫作 Yb 型（即與 Zb 型的"只"同形），當時人在讀到這樣的"也"字時，也應該會很自然地念成"也"而不念成"只"的。同樣，作"口"下加一長筆之形的"只"，跟 Ya 型的"也"，由於有作爲合體字偏旁和獨體的差別，恐怕也沒有太多因字形相混而導致誤識的機會。

有了以上認識，現在可以斷定：語氣詞"只"是戰國時代人對形近的"也"的訛寫或誤讀的説法，無論在辭例上還是在字形上，都很難經得起認真推敲。我們還是應該承認，在上古漢語中，意義和用法跟"也"相似的語氣詞"只"（其實跟語氣詞"些"、"斯"等更近）是本來就有的，並非文字訛誤的産物。

語言研究有"説有易，説無難"之訓，通過對語氣詞"只"的問題的檢討，我們再次深深體會到了這一點。

2014 年 6 月 26 日寫完
7 月 17 日又改

附識：蒙郭永秉、蘇建洲、謝明文先生對初稿提出具體修改意見，作者十分感謝。此文曾在 2014 年 8 月 29 日的"【出土文獻的語境】國際學術研討會暨第三屆出土文獻青年學者論壇"上宣讀，蒙討論人邴尚白先生和與會的李鋭等先生指正，謹致謝忱。

追記：

湯志彪《三晉文字編》2 册 835～836 頁（作家出版社，2013 年）"朼"字條所收晉系銅器、璽印資料中，既有與齊系"枳（枝）"字寫法相近的"朼"，又有亦見於燕系的"杔"，可知晉系也是沿用"枳（枝）"之初文的（但指事符號"口"與"木"相分離，或於"口"下加二短横，字形已有變化）。這種"枳/只"顯然不會跟"也"字相混。

2014 年 12 月 15 日

原載復旦大學出土文獻與古文字研究中心編《出土文獻與古文字研究》第 6 輯，上海古籍出版社，2015 年。

郭店《老子》甲組 21 號簡有關異文的解釋

　　20 世紀 90 年代，湖北荆門郭店 1 號楚墓出土三組《老子》簡（以下簡稱"郭簡"或"郭簡本"），甲組 21 號簡有一句見於今本《老子·道經》第二十五章的話：

　　　　又（有）朏蟲城（成），先天坓（地）生，敓繆，蜀（獨）立不亥（改），可以爲天下母。……（下略）①

湖南長沙馬王堆 3 號西漢早期墓所出帛書《老子》甲、乙本（甲本約抄寫於漢高祖之世，爲西漢初年的抄本；乙本抄寫於漢文帝時期，爲西漢早期的抄本。以下簡稱"帛書本"或"帛甲本"、"帛乙本"）②和北京大學近年購藏的西漢中期（約漢武帝或昭帝時）竹簡《老子》（以下簡稱"北大本"）③中，也有相應之文。但此語在出土和傳世各本裏有不少異文，有些異文涉及對《老子》文意的正確理解，十分重要，學者們已提出了許多不同的看法。我們打算對各家説法擇善而從，並參以己見，爲郭簡本與各本的異文作一疏釋。

　　需要解釋的異文，以郭簡本文句稱説，有"有朏蟲成"的"朏"與"蟲"、

---

① 荆門市博物館《郭店楚墓竹簡》，4、112 頁，文物出版社，1998 年。
② 裘錫圭主編《長沙馬王堆漢墓簡帛集成》，第壹册 101、149 頁，第肆册 41～42、206 頁，中華書局，2014 年。關於帛書《老子》甲、乙本的時代，參看同書，第肆册 1 頁。
③ 北京大學出土文獻研究所編《北京大學藏西漢竹書[貳]》，95、156 頁，上海古籍出版社，2012 年。

"周行而不殆"一句的有無及其含義、"可以爲天下母"的"天下"。下面分三節依次加以討論。

一

郭簡的"瑆"字又見於同墓所出《五行》36號簡（後者原隸定爲从"首"。按"百"、"首"本一字）。整理者在《五行》的注釋裏指出，此字馬王堆帛書本《五行》"經"作"襃"、"説"作"莊"，"瑆"當从"爿"聲，故可與"莊"等字相通。① 但在《老子》的注釋裏，整理者却分析"瑆"从"百"聲，"疑讀作'道'"。② 自帛書以下各本此字皆作"物"，郭簡整理者認爲"物""即指'道'"。③ 這是他們所以如此釋讀的文義方面的依據。

裘錫圭先生指出，此字下文才説"吾不知其名，字之曰道"（引文據今本），"首句如説'有道混成'，文章就不通了"。④ 裘先生認爲《老子》的"瑆"字亦應從《五行》注之説，分析爲从"百（首）"、"爿（牀）"聲，"依文義當讀爲'狀'"。'狀'也是从'爿'聲的。《老子》第十四章形容'道'的時候，有'是謂無狀之狀，無物之象，是謂惚恍'之語。'有狀混成'的'狀'就是'無狀之狀'的'狀'。"⑤趙建偉、廖名春先生據"瑆"从"首"，"表狀貌之義"，認爲此字大概就是狀貌之"狀"的本字。⑥ 這些説法都正確可從。

但是，晚近仍有學者或從郭簡整理者之説讀"瑆"爲"道"；⑦或在整理者分析字形的基礎上，引古音"幽物通轉"説逕讀爲"物"。⑧ 後來公布的

---

① 荆門市博物館《郭店楚墓竹簡》，153頁。
② 同上注，116頁。
③ 同上注。
④ 裘錫圭《郭店〈老子〉簡初探》，《裘錫圭學術文集·簡牘帛書卷》，297頁，復旦大學出版社，2012年。
⑤ 同上注，297~298頁。
⑥ 彭裕商、吴毅强《郭店楚簡老子集釋》，209頁引趙建偉《郭店楚簡〈老子〉校釋》，巴蜀書社，2011年。廖名春《郭店楚簡老子校釋》，207頁，清華大學出版社，2003年。
⑦ 彭裕商、吴毅强《郭店楚簡老子集釋》，209頁引魏啟鵬《楚簡〈老子〉柬釋》。
⑧ 史傑鵬《由郭店〈老子〉的幾條簡文談幽、物相通現象及相關問題》，載武漢大學簡帛研究中心主辦：《簡帛》第5輯，128~129頁，上海古籍出版社，2010年。

戰國竹簡中屢次出現"牀"字,在《上博(二)·容成氏》17、39、49號簡皆用爲"如是狀"之"狀",《上博(五)·鬼神之明、融師有成氏》5號簡用爲"氏〈氒(厥)〉狀若生"之"狀",《上博(六)·天子建州》甲本7號簡、乙本6號簡用爲"諸侯食同狀"之"狀",《清華(壹)·楚居》3號簡用爲"厥狀聶耳"之"狀",《清華(叁)·說命上》2號簡用爲"厥說之狀"的"狀",《清華(叁)·芮良夫毖》11號簡用爲"以暴(貌)其狀"之"狀",①《清華(肆)·筮法》41號簡用爲"上下同狀"之"狀";在《清華(叁)·周公之琴舞》3號簡中則用爲"日就月將"之"將","將"亦從"爿(牀)"聲。"牀"如從"百(首)"聲,無論讀爲"道"還是讀爲"物",上述用例就都講不通。又有不少學者雖同意"牀"從"爿"聲,但主張在郭簡《老子》中當讀爲"象","象"、"物"義近。②從"牀"在已發表的楚簡中絕大多數用作"狀"而從不用作"象"的情況來看,"有牀"之"牀"讀爲"象",顯然不如讀爲"狀"合適。③

　　裘先生指出"有狀混成"之"狀"即"無狀之狀"之"狀",這當然是對的。陳錫勇先生說:"'道'之動而無形、無名,視之而不見,聽之而不聞,撫之而不得,恍忽忽恍而無狀無象……忽恍而無狀,故曰'有狀混成',是無以名狀者也。"④指"道"而言的"狀",其狀實爲"無狀"。前面說過,郭簡的"狀"在其他出土和傳世各本中皆作"物"。有學者認爲,在形容"道"的狀態的"有狀/物混成"句中,不當稱"道"爲"物","道乃生物而非物"。⑤ 此說有一定的道理。不過,王弼本《老子·道經》第二十一章:"道之爲物,惟恍惟惚。惚兮恍兮,其中有象。恍兮惚兮,其中有物。"帛書本、北大本首句皆作"道之物"。傳世各本首句除有極個別作"道之於物"者外,均同王本。

---

　　①　"暴(貌)"的釋讀,從陳劍先生說(《〈清華簡(伍)〉與舊說互證兩則》,復旦大學出土文獻與古文字研究中心網,2015年4月14日)。
　　②　彭裕商、吳毅强《郭店楚簡老子集釋》,209～211頁引趙建偉、黃錫全、廖名春說,213頁"今案"。
　　③　已有學者指出,郭簡《老子》乙組12號簡、丙組4號簡各有一個"象"字,甲組"牀"大概不會也用爲"象"。參看丁四新《郭店楚竹書〈老子〉校注》,176頁,武漢大學出版社,2010年。
　　④　彭裕商、吳毅强《郭店楚簡老子集釋》,212～213頁引陳錫勇《郭店楚簡老子論證》。
　　⑤　同上注,211頁引聶中慶《郭店楚簡〈老子〉研究》。

學者或訓"道之物"的"之"爲"是",意謂"道這個東西",與今本"道之爲物"義近。① 此處"生物而非物"之"道"用"物"來指稱,與"無狀"之"道"用"狀"指稱同例。所以,"有物混成"的説法也不是絶不可通。

"道之爲物"或"道之物"的"物",乃是泛稱,跟宇宙生成模式中由"道"所生的"物"是不同層次的概念。但二者都用"物"字,畢竟容易引起混亂。王弼注"有物混成"云:"混然不可得而知,而萬物由之以成,故曰'混成'也。"②他把"混"和"成"分開作解,所"成"者爲萬物,似少有人相信。王氏"萬物由之以成"的説法,不免讓人誤解爲"有物混成"的"物"指"由之以成"的"萬物"。《漢書·班彪列傳》所附《班固傳》引固之《典引篇》:"太極之原,兩儀始分……沈浮交錯,庶類混成。"顏師古注:"庶類,萬物也。混猶同也。《老子》曰:'有物混成,先天地生。'"顏氏似已把"有物混成"之"物"誤當作"庶類"(即萬物)了(《典引篇》説"庶類混成",如確係化用《老子》之文,似班固已有此誤)。如作"有狀混成",就不可能産生此種歧解。從這一點看,郭簡的"狀"確有優於帛書以下各本的"物"的地方。

郭簡"蟲"字,學者多以爲係"蚰"之訛體或繁體(《説文·十三下·蚰部》"蚰""讀若昆"),從今本讀爲"混"③(帛書本作"昆",北大本作"緄"。"緄"、"昆"與"混"音近可通。"緄"在《廣韻》等韻書裏有"古頑切"一讀,屬見母;"昆"也是見母字)。但也有學者據"蟲"音而讀爲"融"("融"从"蟲"聲)。④

《説文》分"虫"、"蚰"、"蟲"爲三字,分别讀"虺"、"昆"、"蟲"音。過去的《説文》學家已指出,"虫"、"蚰"、"蟲"皆可用爲"蟲",乃一字繁簡體。從出土文字資料看,"虫"、"蚰"、"蟲"也都有"虺"或"昆"音。"虫"本象小蛇之形,即"虺"之初文。殷墟甲骨文中,"有蚩(害)"、"亡蚩(害)"之"蚩"或

---

① 參看高明《帛書老子校注》,329 頁,中華書局,1996 年。按:高書認爲傳本的"爲"字"似爲後人增入","之"訓"生"較好(330 頁)。其説不可信。
② 樓宇烈《老子道德經注校釋》,62 頁,中華書局,2008 年。
③ 彭裕商、吳毅强《郭店楚簡老子集釋》,213~214 頁引整理者、丁原植、魏啓鵬、廖名春、劉釗、"今案"。
④ 楊澤生《戰國竹書研究》,65 頁,中山大學出版社,2009 年。

作"虫"(見《甲骨文合集》23110、《小屯南地甲骨》644。《合集》21825"戊寅,子卜:亡害"之"害"亦作"虫",但與之對貞的"戊寅,子卜:又(有)害"之"害",則"虫"上有橫"止"形)。裘錫圭先生指出"虫"有"虺"音,故可讀爲"害",上古虫害甚烈,"'害'(害)也許是由'虫'孳生的一個詞"。① 【編按:甲骨卜辭用爲"害"的"虫"宜看作"蚩"的形省,或以"害"的施事"虫"表示"蚩(害)"的行爲。"虺"、"害"韻不近,不能通讀。】《上博(八)·蘭賦》3號簡的"螻蛾虫蛇",當讀爲"螻蟻虺蛇"。② 郭簡《老子》甲組33號簡"蚰(蠚/螫)蠆=(蠆虫)它(蛇)弗蠚",帛甲本作"逄(蜂)䘑(蠆)蝡(虺)地(蛇)弗䘌(螫)"(36行),帛乙本作"螽(蜂)瘞(蠆)虫蛇弗赫(螫)"(190下~191上),北大本作"䗬(蜂)蠆虺(虺)蛇弗赫(螫)"(48號簡),王弼本作"蜂蠆虺蛇不螫"。郭簡本、帛乙本的"虫"應即他本的"虺"。③ 馬王堆帛書《療射工毒方》(原爲《雜療方》的一部分)"令蛾及虫蛇蛇弗敢射"(11/66行)、"即不幸爲蛾虫蛇蠡(蜂)射者"(12/67行),《馬王堆漢墓帛書[肆]》注:"虫,此處讀爲虺,一種蝮蛇。下一蛇字係衍文。"④皆"虫(虺)蛇"連文之例。帛書《五十二病方·人病蛇不癰》"取蛇兒(蜕)【□】鄉(嚮)者"(152/殘片1),同篇《㿗》則云"【取】全虫蜕一"(236/223行),《馬王堆漢墓帛書[肆]》注云"全虫蜕,即蛇蜕,見《神農本草經》"。⑤ "全虫蜕"既與"蛇蜕"相當,疑"虫"亦讀"虺"。銀雀山漢簡"陰陽時令、占候之類"所收《占書》有"日倍僪"(2092號簡)、"倍侐"(2094號簡),整理者指出即"倍僪",古書又作"背僪"、"背穴"等,"僪"、"侐"當从"虫"聲。⑥ 這裏的"虫"顯然也讀"虺"音,所以可與"僪"、"穴"通用。

《説文·十三下·蚰部》:"蚰,蟲之總名也。从二虫。讀若昆。"《清華

---

① 裘錫圭《釋"蚩"》,《裘錫圭學術文集·甲骨文卷》,210頁。
② 馬承源主編《上海博物館藏戰國楚竹書(八)》,圖版99頁、釋文考釋260頁,上海古籍出版社,2011年。
③ 參看陳劍《嶽麓簡〈占夢書〉校讀札記三則》,復旦大學出土文獻與古文字研究中心網,2011年10月5日。
④ 裘錫圭主編《長沙馬王堆漢墓簡帛集成》,第陸册89頁。
⑤ 同上注,第伍册257頁。
⑥ 銀雀山漢墓竹簡整理小組《銀雀山漢墓竹簡[貳]》,244頁,文物出版社,2010年。

(壹)·祭公之顧命》3號簡的"魂"寫作"䰟",陳劍先生分析爲兩聲字,所從"員"、"蚰"皆聲,此"蚰(䖵)"即"讀若昆"。① 段玉裁在"䖵"字下注云:"蟲之總名偁䖵。凡經傳言昆蟲,即䖵蟲也。"②但"昆蟲"之"昆",古人一般訓爲"衆",如《大戴禮記·夏小正》:"昆小蟲,抵蚳。昆者,衆也。"《漢書·成帝紀》:"君道得,則草木昆蟲咸得其所。"顔師古注:"昆,衆也。昆蟲,言衆蟲也。""昆蟲"之"昆"實與"蟲"無關。《玉篇·日部》:"昆,同也。并也,咸也。"《太玄·攡》:"理生昆羣,兼愛之謂仁也。"范望注:"昆,同也。"《漢書·揚雄傳上》引《羽獵賦》"噍噍昆鳴",顔師古注:"昆,同也。""同"、"衆"二義相因,"昆羣"、"昆鳴"之"昆"跟"蟲"更是毫無關係。

"昆"是見母文部字(中古爲合口一等平聲),"䖵"是曉母微部字(中古爲合口三等上聲,但也有合口一等平聲的讀音),二者韻部陰陽對轉,聲母相近(從見母的"軍"得聲的"輝"、"揮"、"暉"、"翬"等就屬曉母)。"䖵"應是在其初文"虫"上加注"兀(元)"聲而成的。③ 跟"䖵"同從"兀/元"聲的"髡/髠",與"昆"都是文部合口一等平聲字,彼此僅聲母有溪母與見母之別。周祖謨先生在早年發表的一篇文章中說:

> 甲骨文的"𢍓"字在形體上就是《說文》讀若昆的"䖵"字,在聲音上應當是讀作仲䖵的"䖵"字,"䖵"古讀如"傀"若"塊","昆"與"䖵"爲一語之轉。④

把卜辭"䖵"釋讀爲仲䖵之"䖵"固不可信,但周先生指出"'昆'與'䖵'爲一

---

① 陳劍《清華簡"𢡺災皐蠱"與〈詩經〉"烈假"、"罪罟"合證》,載《饒宗頤國學院院刊》第 2 期,63 頁,中華書局(香港)有限公司,2015 年。
② (清)段玉裁《說文解字注》,674 頁,上海古籍出版社,1981 年。
③ 前面引過的北大本《老子》"蜂䘌蚖(䖵)蛇弗赫(螫)",裘錫圭先生在爲帛甲本《老子》所作的注裏,指出此"蚖"非字書"蚖"之異體,"蚖"與"䖵"應該是由一字分化(裘錫圭主編《長沙馬王堆漢墓簡帛集成》,第肆冊 25 頁)。清華簡《繫年》"元"字皆作"兀"(參看李學勤主編《清華大學藏戰國竹簡(壹—叁)文字編》,1 頁,中西書局,2014 年);《清華(陸)》所見三個"悉(愿)"字,《子產》21 號簡那一例從"兀"(參看李學勤主編《清華大學藏戰國竹簡(陸)》,下冊《字形表》202 頁,中西書局,2016 年),並可爲證。
④ 周祖謨《甲骨卜辭中的"䖵"字》,《申報》"文史"第 15 期,民國 37 年(1948 年)3 月20 日。參看蔡哲茂《釋殷卜辭中的"䖵"字》,載陳昭容主編《古文字與古代史》第 1 輯,73~92 頁,中研院歷史語言研究所,2007 年。

語之轉"，却很有啓發性。古文字形體往往單複無別，如同"虫"、"蚰"、"蟲"皆可表"蟲"一樣，"蚰"的"昆"音很可能就是由"虫（虺）"音演變、分化而來的；"蚰"讀"昆"跟"虫"讀"虺"其實是一回事。

既然如此，作爲"虫"、"蚰"繁體的"蟲"讀"昆"或"虺"音，就沒有什麼可奇怪的了。《上博（五）·三德》14號簡"天災繨＝"，范常喜先生讀爲"天災混混"；①《上博（八）·志書乃言》4號簡"蟲材"，陳劍先生讀爲"掄材"，②都是"蟲"有"昆"或"虺"音的例證。總之，郭簡的這個"蟲"字讀爲"融"抑或讀爲"混"，在文字學上都有根據；要決定"蟲成"的釋讀，應該充分考慮文義。

主張讀爲"融成"的楊澤生先生，承認"古書未見'融成'的説法"；③但又認爲"簡文'融'可能指熱氣蒸騰的狀態"，並引《莊子·田子方》仲尼曰"薰然其成形"，前人有"薰然者，如氣之熏蒸而成也"之説，謂此文可與"融成""相互印證"。④《田子方》的"薰然其成形"，承萬物"有待也而死，有待也而生"、"吾一受其成形，而不化以待盡，效物而動，日夜無隙，而不知其所終"言，下接"丘以是日徂"（郭象注："不係於前，與變俱往，故日徂。"），成玄英疏訓"薰然"爲"自動之貌"，"無物使之然也"。⑤ 其説似無不妥。又疑"薰然"也許可以讀爲"渾然"或"混然"，⑥"薰（渾、混）然其成形"即郭簡《老子》之"有狀混成"。退一步説，就算《莊子·田子方》的"薰然"確爲"如氣之熏蒸而成"之意，把郭簡的"蟲（融）成"解釋爲"如熱氣蒸騰而成"這樣一種動態，用以形容"道"本身的狀貌，似乎也不夠恰切。

---

① 范常喜《〈上博五·三德〉札記三則》，簡帛網，2006年2月24日。
② 陳劍《〈上博（八）·王居〉復原》，同作者《戰國竹書論集》，441～442頁，上海古籍出版社，2013年。
③ 楊澤生《戰國竹書研究》，65頁。
④ 同上注。
⑤ 參看王叔岷《莊子校詮》，中册777頁，中研院歷史語言研究所，1988年。
⑥ "熏"、"軍"二聲字相通，參看高亨、董治安《古字通假會典》，114頁【蕫與薰】、【蕫與獯】，115頁【煇與燻】、【煇與熏】，齊魯書社，1989年。"渾"、"混"古通，不煩舉例。"動"有通"淪"之例（高亨、董治安《古字通假會典》，116頁），此猶《老子》"混成"之"混"北大本作"繡"、陳劍先生讀《志書乃言》之"蟲"爲"掄"。

"有狀混成"則很好講。馬叙倫認爲"混成"之"混""借爲楊"。① 按《説文·六上·木部》:"楊,梡木未析也。"(同部:"梡,楊木薪也。")段注云"凡全物渾大皆曰楊",②王筠、朱駿聲等人指出"楊"與"混沌"、"囫圇"語近。③ "混沌"指元氣未分、渾然一體不可分剖之貌。"楊"也就是後來中古漢語中當"整個兒"講的"渾"。④《淮南子·精神》:"古未有天地之時……有二神混生,經天營地……""混生"即"同生"、"俱生",不分彼此、整個兒地生出來[前人以爲"二神"就是《原道》"泰古二皇,得道之柄,立於中央……"的"二皇"。"二皇"、"二神",高誘注(或爲許慎注)謂指陰陽,或"陰陽之神"。《精神》下文説:"於是乃別爲陰陽,離爲八極,剛柔相成,萬物乃形。"可知"二神"在"別爲陰陽"之前確是不加分別地"混生"的]。"混生"與"混成",造語相類。《莊子·應帝王》裏有一個膾炙人口的故事:

  南海之帝爲儵,北海之帝爲忽,中央之帝爲渾沌。儵與忽時相與遇於渾沌之地,渾沌待之甚善。儵與忽謀報渾沌之德,曰:"人皆有七竅以視聽食息,此獨無有,嘗試鑿之。"日鑿一竅,七日而渾沌死。

此是言"道"之爲混沌、渾然未分狀貌(無七竅,實即無狀貌)的最生動的例子。由此可見,"道"之"混成"本指其狀貌而言,郭簡的"有狀混成"從文義上説無疑比各本的"有物混成"要好。

二

郭簡"獨立不改(帛書本及多數傳本"不改"前多一"而"字)"之下,傳

---

① 馬叙倫《老子校詁》,270頁,中華書局,1974年。
② (清)段玉裁《説文解字注》,269頁。
③ (清)王筠《説文句讀》,780頁,上海古籍書店,1983年。(清)朱駿聲《説文通訓定聲》,804頁,武漢市古籍書店,1983年。按:朱德熙先生指出,古漢語中"屯、純"有類似於"全"的意思(朱德熙《説"屯(純)、鎮、衡"》,173~184頁,《朱德熙古文字論集》,中華書局,1995年)。"混沌"之"沌"不知有没有可能得義於此種"屯、純"。
④ 參看張永言《語源探索三例·一"渾脱"考》,同作者《語文學論集(增補本)》,266~268頁,語文出版社,1999年。

世各本皆有"周行而不殆"句,但不見於帛書本。高明先生據帛書本認爲"周行"一句爲盛行"駢體偶文"的六朝人所增入。① 郭簡本發表後,高説得到了多數學者的支持(但大家未必都贊同他"六朝人增入"的觀點)。② 不過,也有學者對《老子》古本是否有"周行"句的問題,持謹慎態度。如鄭良樹先生據《韓非子·解老》"聖人觀其玄虚,用其周行,强字之曰道",説:

> 本書"周行"只此一見,韓非此文蓋即化用老子本章"……周行不殆……吾不知其名,字之曰道"而來,疑先秦古本自有"周行不殆"一句;降至西漢,一本無此句,蓋即帛書本所出也。③

鄭氏未及提到的郭簡本,也無此句。郭簡大概是戰國中期的抄本(郭店1號楚墓的時代約爲戰國中期偏晚,墓中隨葬的古書的抄寫時代要更早些),所以鄭氏"降至西漢,一本無此句,蓋即帛書本所出"的推測已不能成立。但《韓非子·解老》所據《老子》顯然有"周行"句,這是不能隨便否定的。

後來公布的北大本"獨立而不改"後有"偏(遍)行而不殆"(187號簡),整理者認爲"漢簡本證明此句至少在西漢中期已經出現"④。李若暉先生據北大本以及《韓非子·解老》,力主"此語的出現當早於漢代,即仍應在戰國"。⑤ 這是有道理的。

北大本雖抄寫於西漢中期,但從有些異文看,當有戰國古本爲其依據。例如:北大本216號簡的"埶(設)大象",與郭簡本合,但帛書本以及傳本"埶"皆訛作"執"。⑥ 北大本220號簡"道恒無爲",與郭簡本作"道恒無爲也"合;傳本作"道常無爲而無不爲",帛書本作"道恒無名",皆不如郭簡、北大本近古。⑦ 又如裘錫圭先生在討論《老子》的"寵辱若驚"爲"寵辱

---

① 高明《帛書老子校注》,349頁。
② 彭裕商、吳毅强《郭店楚簡老子集釋》,218~220頁。
③ 鄭良樹《老子新論》,114頁,上海古籍出版社,2011年。
④ 北京大學出土文獻研究所編《北京大學藏西漢竹書[貳]》,156頁。
⑤ 李若暉《中國哲學之真實建立——以《老子》第25章"周行而不殆"爲核心論老子之道物》,《清華大學學報(哲學社會科學版)》,2013年第5期,83頁。
⑥ 參看北京大學出土文獻研究所編《北京大學藏西漢竹書[貳]》,161頁。
⑦ 參看裘錫圭主編《長沙馬王堆漢墓簡帛集成》,第肆册55頁。

若榮"的誤讀時指出：北大本152～153號簡"何謂寵辱？寵爲下"後有"是謂寵辱"句；"得之若驚，失之若驚"後有"是謂寵辱若驚"句。此本的"榮"雖已誤爲"驚"，但多出的"是謂寵辱"一句，"對解釋這種本子的文義並無幫助，決不會是在'榮'已經誤讀爲'驚'之後才出現的。所以，北大本的'何謂寵辱？寵爲下，是謂寵辱'這三句，也應該源自'榮'尚未被誤讀爲'驚'的古本，很可能是一種與郭店簡所據本屬於不同系統的戰國古本"。① 北大本"偏（遍）行而不殆"也源自戰國古本的可能性確實很大。這對前引鄭良樹先生"疑先秦古本自有'周行不殆'一句"的説法有利。不過鄭説尚需稍加修正。應該説，戰國時代所流傳的《老子》中，有"周（或'遍'）行而不殆"一句的本子和没有此句的本子，很可能是並存的。

　　在郭簡的抄寫時代（戰國中期）已有多種《老子》本子在社會上流傳，這一點從郭簡本身就能得到證明。郭店楚墓所出甲、乙、丙三組《老子》簡，是整理者根據簡的形制和契口位置的不同分出來的。三組《老子》簡的總字數，相當於今本的三分之一左右，三組内容全都見於今本《老子》。對於此種郭簡本的性質，學者間的看法尚存分歧。我們認爲，郭簡本是《老子》五千言的"摘抄"的看法比郭簡本是《老子》尚未定型的一些原始本子的看法，具有更強的説服力。持"摘抄"説的學者們已經指出，甲、丙二組都抄了今本第六十四章的後半段，但彼此的文字頗有出入，"這説明當時流傳的《老子》已有不少異文，不同的本子大概不會少，甲、乙、丙三組所根據的本子至少有兩種"。② 此外，王博、金白鉉等先生還注意到了甲、乙、丙三組中否定詞"無"用字的差别。③ 甲組、乙組基本上都以"亡"爲"無"，只有甲組31號簡"是以聖人之言曰：我無事而民自富"用了一個

---

① 裘錫圭《"寵辱若驚"是"寵辱若榮"的誤讀》，《中華文史論叢》2013年第3期，10頁。

② 裘錫圭《郭店〈老子〉簡初探》，《裘錫圭學術文集・簡牘帛書卷》，286頁。又參看裘錫圭主編《長沙馬王堆漢墓簡帛集成》，第肆册16頁注［五〇］。其他學者也有相似的論述，參看王博《關於郭店楚墓竹簡〈老子〉的結構與性質——兼論其與通行本〈老子〉的關係》，同作者《簡帛思想文獻論集》，235頁，臺灣古籍出版有限公司，2001年。

③ 王博《關於郭店楚墓竹簡〈老子〉的結構與性質——兼論其與通行本〈老子〉的關係》，同作者《簡帛思想文獻論集》，236頁。

"無"字,但下一句"我亡爲而民自化",馬上又用回"亡"字;丙組全部用"無"字。有的學者認爲以"亡"爲"無"是較古的用字習慣,甲、乙組用"亡"而丙組用"無",表明甲、乙組所據的簡本時代較早。這未必正確,因爲戰國楚竹書中否定詞"無"寫作"亡"之例極爲多見,① 較晚時代的人也可以繼承較古的用字習慣(直到《漢書》裏還有把否定詞"無"寫作"亡"的現象)。可能甲組所從出的底本原來都是用"亡"的,摘錄者或抄手偶爾按照較晚的或他本人的書寫習慣,把一處"亡"改成了"無",其餘則照錄未改。我們還可以看一下句末語氣詞"矣"的情況。甲組只用了一個"矣"(11號簡),乙組用了三個"矣"(8號簡二見,10號簡一見),丙組也只用了一個"矣"(12號簡)。甲組、乙組"矣"就寫作"矣",丙組寫作"壴",也是甲組、乙組用字一致,丙組跟它們有別。這些都是三組《老子》簡不出於一本的證據,並且看起來甲、乙組所據之本的關係較其與丙組所據之本密切。

我們知道,時代相近的《老子》諸本往往有不少異文,如同出一源的帛甲本與帛乙本,即爲顯例。② 郭簡甲、丙二組重見的相當於今本第六十四章後半段的內容中的異文,反映的也應是它們所從摘抄的《老子》"五千言"的不同傳本之間的差異。可以注意的是,甲組所抄此章,在"慎終如始"前有"臨事之紀"一句(11號簡),爲丙組及其他各本所無;丙組"則無敗事壴(矣)"之後,有"人之敗也,恒於其且成也敗之"(12號簡),帛書本、北大本和傳本都有類似的話,却爲甲組所無。所以,雖然今天偶然看到的郭簡甲組所摘抄的《老子》中不見"周(或'遍')行而不殆"一句,但跟郭簡同時代的有些《老子》傳本中已有此語,是完全可能的。

與郭簡《老子》丙組形制、字體相同的《太一生水》(整理者推測它們可能原來合編爲一册),6~7號簡説:

---

① 參看白於藍《戰國秦漢簡帛古書通假字彙纂》,662~664頁,福建人民出版社,2012年。
② 從種種迹象觀察,帛甲本與帛乙本的底本應是同源的本子。參看劉殿爵《馬王堆漢墓帛書〈老子〉初探(上)》,《明報月刊》1982年8月號,11~12頁。裘錫圭主編《長沙馬王堆漢墓簡帛集成》,第肆册2頁。

是古（故）大（太）一贊（藏）於水，行於時，迬（周）而或［始，以己爲］萬勿（物）母。①

《老子》"周行而不殆"的"殆"，馬叙倫謂"或借爲已"，②"已"即"終止"。③裘錫圭先生指出《老子》此語與上引《太一生水》簡文"的意思幾乎完全相同"：

《太一生水》的寫作時代不會晚於戰國中期。可見雖然今本《老子》的"周行而不殆"很可能爲後來所加，道的運行循環不止的思想則確實出現得相當早，從後面要講到的老子所説的"反（返）者道之動"的話來看，他應該已經有這種思想了。④

陳偉先生也早已指明《太一生水》此文與《老子》第二十五章所説"道"的特徵的聯繫。⑤ 我們雖不敢斷言"周行而不殆"必爲《老子》原文所有，但至少可以認爲，《太一生水》的作者所根據的《老子》，很可能是有"周行而不殆"一句的本子（形容"太一"的"周而或始，以己爲萬物母"，顯然是從《老子》形容"道"的"周行而不殆，可以爲天地母"化出的）；現與《太一生水》同墓出土的《老子》甲組所摘抄的，則是没有這句話的本子。古書流傳的複雜情況，於此可見一斑。"獨立而不改"的"改"、"周行而不殆"的"殆（已）"、"可以爲天地母"的"母"皆之部上聲字，符合《老子》一書押韻"四聲分用"的通例，⑥似也可説明"周（或'遍'）行而不殆"一句即使是後學根據

---

① 荆門市博物館《郭店楚墓竹簡》，13、125～126 頁。
② 馬叙倫《老子校詁》，274 頁。按：《孫子・地形篇》："知彼知己，勝乃不殆；知天知地，勝乃可全（或作'不窮'）。""勝乃不殆"的"不殆"疑亦當讀爲"不已"。
③ 羅運賢《老子詮詁》讀"殆"爲"佁儗"之"佁"，這是錯誤的，但他説"'不殆'猶不止，與周行義相成"，對文義的理解近是。參看李若暉《中國哲學之真實建立——以〈老子〉第 25 章"周行而不殆"爲核心論老子之道物》，87 頁。
④ 裘錫圭《老子與尼采》，《裘錫圭學術文集・古代歷史、思想、民俗卷》，347 頁。
⑤ 陳偉《〈太一生水〉校讀並論與〈老子〉的關係》，同作者《燕説集》，264～265 頁，商務印書館，2011 年。
⑥ 關於《老子》押韻"四聲分用"的問題，參看裘錫圭《關於〈老子〉的"絶仁棄義"和"絶聖"》，《裘錫圭學術文集・簡牘帛書卷》，519～520 頁；裘錫圭主編《長沙馬王堆漢墓簡帛集成》，第肆册 51 頁注［八二］。

老子已有的思想所增入的,其出現時代也不會晚。①

關於"周行而不殆"的解釋,李若暉先生已作了相當全面的搜集。從他提供的資料看,歷來主要有兩派意見:一派認爲"周"當"周遍"講,如河上公注:"道通行天地(舊題顧歡《道德真經注疏》引作'道遍行天地',疑是),無所不入,在陽不焦,托陰不腐,無不貫穿,而不危殆也。"王弼注:"周行無所不至而不危殆。"古人從之者甚衆。訓"周"爲"周遍"者,多訓"殆"爲"危殆"。另一派認爲"周"當"循環"講,此説大概由元代全真教道士玉賓子鄧錡《道德真經三解》"雖周圓啟行而不危其化"發其端,在當代幾成定論。後來的訓"周"爲"循環"者,於"殆"多取終止、停止義。② 北大本作"偏(遍)行而不殆",似爲前一派意見提供了有力的支持。如李若暉先生就認爲"周行而不殆"指"道""無所不至,却没有危險"。③

從《太一生水》說"太一藏於水,行於時"來看,老子當然很可能已有"道遍行天地,無所不入"的思想了。但是,說"道""無所不至"、"遍行天地",那是要到"道"生天地萬物之後才有的事。這裏所描述的"有狀混成"的"道",強調其"先天地生"、"可以爲天地母",所謂"獨立而不改,周行而不殆"當側重於指天地生成之前的"道"本身固有的狀態。在這種情形下,說"道"遍行於天地之間,迹近無的放矢。而且,結合《太一生水》的"周而或始"考慮,如果把"周行"解作天地間"無所不至","或(訓'又')始"的"始"甚至根本講不通。

我認爲"周行"、"遍行"之"行",不是指"道"在宇宙間的行歷,恐怕仍應如近代以來許多學者所說,理解爲"道"自身的運動、運行。④ 但"周行"

---

① 類似的可以參考的例子如:在《老子》的絕大多數傳本中,《道經》第二章"爲而不恃"之上有"生而不有"句,但不見於出土簡帛各本。《長沙馬王堆漢墓簡帛集成》的注釋認爲此句"恐爲後人增入,但其增入時間大概也不會晚於漢代",因爲增入的"有"字與其他韻脚"恃"、"始"皆之部上聲字,合乎《老子》押韻之例(裘錫圭主編《長沙馬王堆漢墓簡帛集成》,第肆册 45 頁)。

② 李若暉《中國哲學之真實建立——以〈老子〉第 25 章"周行而不殆"爲核心論老子之道物》,85~88 頁。

③ 同上注,88 頁。

④ 參看李若暉《中國哲學之真實建立——以〈老子〉第 25 章"周行而不殆"爲核心論老子之道物》,85 頁引王光前、馮友蘭、劉笑敢、任繼愈、嚴靈峰等說。

之"周"只能從前一派的意見訓爲"周徧"而不能訓爲"循環",這有北大本的"遍行"爲證("遍"無"循環"義,只有"周徧"義)。所謂"周行"或"徧行",是説"道"循其周期自始至終運行一周遍;所以古人又稱巡回一遍爲"一周"(《管子·弟子職》:"受業之紀,必由長始,一周則然,其餘則否。"),從頭到尾經歷一次爲"一遍"。《太一生水》"迿(周)而或始"之"周"即"周行"或"徧行一周"之意。"迿"字从"辵",大概就是"周行"的專字。《漢書·食貨志上》"可以周海内而亡飢寒之患",顔師古注:"周,謂周徧而游行。"可證"周"確有動詞用法。"道"的"周行"或"徧行",跟古書中"周行天下"(或"周海内")、"徧行天下"的"周行"、"徧行"的字義,可以説没有本質的不同;只不過後者指把天下從南到北、從東到西徧行一回,前者指"道"把自身的運動軌迹(即"一周"或"一遍")自始至終徧行一回,彼此所"行"對象有異罷了。

按照我們的解釋,"周行"或"徧行"並無"循環運行"之意,"周/徧行而不殆(已)"、"周而或始"才是説"道"循環往復、運行不止。好多學者指出,《德經》第四十一章的"反(返)者,道之動",與"道""周行而不殆"同意。"返"也就是"周而或始"。老子認爲,"道"所化生的天地萬物,最終要毁滅,復歸於"道","而道化生萬物的功能是不會止息的,舊的天地毁滅後,又會産生新的天地"。① 萬物所以能不斷生出,乃是由於化生它們的"道"自始至終完成其自身運行的一個周期(即"周行"、"徧行")之後,又由終返始,反復"周行",循環不已。從某種角度説,"道"的"周行而不已",是通過萬物不斷地由生到死、再由死復生的過程表現出來的。就"道"的存在而言,它是"獨立而不改"的,即永恒不滅;"周行而不殆(已)"正是"道""不改"、不滅的原因。

我們還可以從其他章裏找到旁證。郭簡甲組24號簡抄有相當於今本《道經》第十六章的如下一章:

至虛亙(亟—極)也,獸(守)中箒(篤)也。萬勿(物)方(並)乍(作),居以寡(顧)返(復)也(傳本多作"吾以觀其復");天道員=(員

---

① 裘錫圭《老子與尼采》,《裘錫圭學術文集·古代歷史、思想、民俗卷》,348頁。

員），各遉（復）亓（其）董（根）。①

出土與傳世各本異文頗多，此不詳列。

"天道員員"一句，帛甲本作"天物雲雲"，帛乙本作"天物祘祘（整理者疑即'魂'之異體）"，北大本作"天物云云"。傳世本中，首二字多作"夫物"（也有改爲"凡物"的），多數學者認爲乃"天物"之訛；後二字，王弼本作"芸芸"，傅奕本作"貶貶"，音近可通。"員員"、"芸芸"、"魂魂"等皆"運動之貌"。②研究郭簡的學者一般認爲《老子》原作"天道"，後被改爲"天物"，"天道員員"即天道不斷運轉之意。③ 北大本整理者則認爲"天物"、"天道"分屬不同系統的本子，義各有當。④ 其實，上句既言"萬物並作，居以顧復也"，這裏無論是説"夫/凡物"還是"天物"，行文都嫌重複（"萬物"顯然可以包括"天物"⑤）。主"天道"爲是的各家多已指出，"各復其根"當指"並作"之萬物而言，意思是説天道循環運動不已，使得萬物各自不斷地回歸其本始。⑥ 可能道家後學誤解"各復（他本下有'歸'字或'歸於'二字）其根"的主語爲上一句的"天道"，但以"各"説"天道"顯不可通，故改"天道"爲"天物"的。

道家所説的"天道"，有時差不多就是"道"的同義語，如《老子·德經》第七十九章"天道無親，常（當據簡帛本作'恒'）與善人"，第七十七章"天之道損有餘而補（帛書本作'益'）不足"等等。"天道員員，各復其根"與"道"通過萬物不斷生生死死而展現其"周行而不殆（已）"，亦可相互印證。

三

郭簡"可以爲天下母"，與王弼本等多數傳本相同。帛書本、北大本以

---

① 荆門市博物館《郭店楚墓竹簡》，5、112頁。釋文吸收學者們的研究成果有所改動，參看武漢大學簡帛研究中心、荆門市博物館《楚地出土戰國簡册合集（一）·郭店楚墓竹書》，3、10頁，文物出版社，2011年。
② 裘錫圭主編《長沙馬王堆漢墓簡帛集成》，第肆册49頁注[六六]。
③ 彭裕商、吴毅强《郭店楚簡老子集釋》，257～260、263頁。同上注。
④ 北京大學出土文獻研究所編《北京大學藏西漢竹書[貳]》，151頁。
⑤ 參看彭裕商、吴毅强《郭店楚簡老子集釋》，263頁"今案"。
⑥ 同上注，260～261頁。

及傳世范應元、司馬光本,"天下"却作"天地"。而且今傳王弼本雖作"天下",但《道藏》所收《道德真經集注》本引王注云"故可以爲天地母也",①蔣錫昌甚至認爲王弼本經、注本來就作"天地","天下""蓋經後人所改也"。②

"天下"與"天地"兩種異文各有不少采信者。③ 在主張"天地"爲是的諸説中,我認爲有兩個理由很有力量:

一、聶中慶《郭店楚簡〈老子〉研究》説:

"天下"在今本《老子》中共出現 61 次,泛指國家,也指國家政權。"天地"在今本《老子》中共出現 9 次,指天空和大地,統指自然與社會,其含義有別。此文是對道的闡釋和描寫,道生天生地故當爲天地母,"天地"這裏指的是自然界,而"天地(引者按:當爲'天下'的筆誤)"一般指人類社會。此句當作"可以爲天地母",簡本"下"當爲"地"之誤。④

聶氏對"天地"、"天下"的解釋雖不甚精確,但他指出"天地"與"天下"在《老子》一書中含義、用法有別,確是事實。如果像有的學者所説的那樣,要表達"道""可以作爲天下萬物的根源"的意思,原文就應該作"可以爲萬物母"(《道經》第一章就有"有名,萬物之母"的話,上引郭簡《太一生水》也説"太一""以己爲萬物母"),而不當説"可以爲天下母"。因爲在《老子》書裏,單獨的"天下"並不表示"天下萬物"之義[如郭簡甲組 37 號簡的"天下之勿(物)生於又(有)","天下之物"決不能省成"天下"]。

二、馬叙倫《老子校詁》同意范應元此句原作"天地"的意見,並説:

上謂"先天地生",則此自當作"爲天地母"。成疏(引者按:即成玄英《道德經義疏》,已佚,見於《道藏》所收《道德真經玄經纂疏》,蒙

---

① 樓宇烈《老子道德經注校釋》,65 頁。
② 蔣錫昌《老子校詁》,《民國叢書》第五編,第 5005 册 168 頁,上海書店影印商務印書館 1937 年版,1996 年。
③ 參看彭裕商、吳毅强《郭店楚簡老子集釋》,220~222 頁。
④ 同上注,222 頁引。

文通《道書輯校十種》有輯錄)曰"間化陰陽,安立天地",則成亦作"天地"。①

馬氏指出作"爲天地母"正與上文"先天地生"相應。可以補充的是,此章在論述"道"時,屢次提到"天"、"地"與"道"的關係,如"天大,地大,道大,王亦大"、"人法地,地法天,天法道,道法自然"等。這裏講"道""可以爲天地母",也比講"可以爲天下母"合適。

不過,廖名春先生認爲:

> 從義理上看,上文既說"先天地生",這裏就不存在可不可以"爲天地母"的問題。既然說"可以",就是將問題推進了一層。就是說"道",不但"爲天地母",還"可以"爲"天地"之外、天下所有一切之母。正因爲是從"天地"擴展到"天下",所以才說"可以"。②

廖氏揭出"可以"爲此句的關鍵,這是很敏銳的;但他似乎没有弄清"道""可以爲天地母"的真意所在。

《老子·道經》第一章說:"無名,萬物之始;有名,萬物之母。""無名"顯然指"道"。作爲"萬物之母"的"有名",根據嚴遵《老子指歸》以及徐復觀③、陳鼓應④等先生的講法,當指"道"所生的"一"。"道"是"無",先生出來的"一"就是"有"。裘錫圭先生認爲作爲"萬物之母"的"一"是跟"萬物"相對的;"道"在未生"一"之前,没有對立的東西,所以是"無",是"無名"。⑤【編按:裘錫圭先生在後來發表的《說〈老子〉中的"無爲"和"爲"——兼論老子的社會、政治思想》中認爲"道生一"的"一""即化生天地萬物的那部分'道'"(《中華文史論叢》2019年第4期,22頁注②)。】大

---

① 馬叙倫《老子校詁》,274頁。
② 廖名春《郭店楚簡老子校釋》,214頁。
③ 徐復觀《中國人性論史(先秦篇)》,202~203頁,華東師範大學出版社,2005年。
④ 陳鼓應《老子哲學系統的形成》,同作者《老莊新論(修訂版)》,142~143頁,商務印書館,2008年;陳鼓應《老子今注今譯》,75頁,商務印書館,2003年。
⑤ 裘錫圭《〈老子〉第一章解釋》,復旦大學古籍整理研究所、章培恒先生學術基金編《中國經典新詮論》,33~36頁,上海文藝出版社,2014年。本段對"有名"、"無名"二句的解說,多參考裘先生此文。

體而言,萬物是"道"所生的;但細究起來,生萬物的是"道"最先生出來的那個"一",即"有",這就是第四十二章所謂的"道生一,一生二,二生三,三生萬物"。"一生二"的"二",有人認爲指"天地",有人認爲指"陰陽"。郭簡《太一生水》的宇宙生成模式當本於《老子》,簡文開頭說:"太一生水,水反輔太一,是以成天。天反輔太一,是以成地。天地〔復相輔也〕,是以成神明。"(1~2號簡)①正以"天地"爲"太一"所生("太一"和"水"是二位一體的),不少學者認爲此即《老子》"道生一,一生二"的具體化。可從。即使認爲"二"指"陰陽",按照古人的陰陽觀,"陰"、"陽"跟"天"、"地"也是相配的。

既然"道"所生的"一",是"萬物之母",是"二(天地或陰陽)"之母;那麼說"道""可以爲天地母",意即"道"是可以通過生"一"進而生出"天地"的。嚴格地講,"道"不是直接生出"天地",是通過"一"來生的,所以《老子》說"可以爲天地母"而不是簡單說"道""爲天地母"。此章先說"道""先天地生",②再說"可以爲天地母"("道"不但先於"天地"存在,而且可以認爲"天地"就是由"道"所生的),分兩個層次把"道"作爲宇宙本原化生天地萬物的觀點簡明地闡述了出來。

廖名春先生論證此句當作"可以爲天下母",曾引《德經》第五十二章"天下有始,以爲天下母(北大本及少數傳本'以爲'前有'可')。既得其母,以知其子。既知其子,復守其母,没身不殆"爲其比。③ 朱謙之《老子校釋》早已以此章與"可以爲天下母"作過對照(朱氏謂"子母相承不絶,即不殆之義。不殆猶不止")。④ 王弼注:"善始之,則善養畜之矣。故天下

---

① 荆門市博物館《郭店楚墓竹簡》,13、125頁。
② 《老子》"道""先天地生"的思想史意義,郭沫若《先秦天道觀之進展》已有較好說明:"老子的最大的發明便是取消了殷周以來的人格神的天之至上權威,而建立了一個超絶時空的形而上學的本體。""'道'是宇宙萬物的本體,是爲感官所不能接觸的實在,一切由人的感官所生出的範疇不僅不能範圍它,且都是由它所引申而出;一切物質的與觀念的存在,連人所有的至高的觀念'上帝'都是由它所幻演出來的。……連'上帝'都是由'道'所生出來的,老子對於殷周的傳統思想的確是起了一個天大的革命。"《郭沫若全集·歷史編》第一卷《青銅時代》,351、352頁,人民出版社,1982年。在老子看來,"天地"仍屬於"物"的範疇,並非宇宙的本原,"道"才是生"物"之母。他提出"道""先天地生",似有超越當時流行的"天地化生萬物"的宇宙生成模式的意味。
③ 廖名春《郭店楚簡老子校釋》,214頁。
④ 朱謙之《老子校釋》,206頁,中華書局,1984年。

有始,則可以爲天下母矣。"①據此注並參考上舉"無名,萬物之始",可知"天下有始"、"天下之母"當指"天下"之"道"。這裏所以講"天下"而不講"萬物"或"天地",當就把握天下大事的"道"(規律)而言,不是從宇宙生成的角度來說的。下云"既得其母,以知其子。既知其子,復守其母,没身不殆",也可看出說的是立身處世之道。這跟第二十五章從宇宙本原角度論"道""可以爲天地母"大異其趣。我們不能僅據二章字面上有相似之處,就隨意加以比附。

當時一般人認爲萬物由天地所生,老子在這裏提出"道""可以爲天地母",那麼天下萬物不消說更是"道"的產物了。所以,從宇宙生成論的發展看,說"可以爲天下母",也不如說"可以爲天地母"有意義。

古書"天下"、"天地"二詞多有互訛之例。如:《文子·道德》第七章:"天下大器也,不可執也,不可爲也。"語本《老子》第二十九章:"天下神器,不可爲也,不可執也。"八角廊漢簡《文子》0870號簡作"[天]地大器也,不可執,不可爲","天地"顯係"天下"的誤抄。②又如:王弼本《老子·道經》第三十七章:"不欲以静,天下將自定。""天下將自定",帛甲、帛乙本、北大本皆作"天地將自正"(郭簡本作"萬物將自定")。③ "天下"、"天地"必有一誤。彭浩先生也主張郭簡"可以爲天下母"的"天下"爲"天地"之誤寫,並舉出郭簡本甲組18號簡"天地弗敢臣"的"天地",帛乙本和傳世王弼本、河上公本均誤作"天下"(引者按:北大本亦作"天下",見209號簡)。④ 其說甚確。總之,我們認爲《老子》原文很可能是作"天地"而不是作"天下"的。郭簡本的時代雖早,但不能保證一定無誤。⑤

2016年12月寫於香港浸會大學

---

① 此注原佚,參看樓宇烈《老子道德經注校釋》,139、140頁。
② 參看李學勤《〈老子〉與八角廊簡〈文子〉》,同作者《古文獻叢論》,158頁,上海遠東出版社,1996年。
③ 參看北京大學出土文獻研究所編《北京大學藏西漢竹書[貳]》,162頁。
④ 彭浩《郭店楚簡〈老子〉校讀》,44頁,湖北人民出版社,2000年。此蒙審稿人賜示。
⑤ 時代最早的郭簡本有脱誤的例子,可參看裘錫圭主編《長沙馬王堆漢墓簡帛集成》,第肆冊44頁注[一〇]。

附識:

蒙兩位匿名審稿人提出寶貴修改意見,使拙文避免了一些失誤,本人十分感謝。

一位審稿先生還提示我,"道""可以爲天地母"的"天地"變爲"天下",是否受到儒家思想的影響,似可考慮;並告知孫以楷《老子通論》對此已有討論[孫書(安徽大學出版社,2003年)143頁已謂"儒家學者不能同意道爲天地之母說,只能說道是天下萬物之母"]。今按,郭簡本的"天下",究竟是不是出自儒家學者的有意改動,尚難推斷,也許只是"天地"的傳抄之誤;至少不會如孫以楷先生所說,乃"崇信儒學"的"東宫之師"所改(所謂"東宫之師"實是"東宫之不(杯)"的誤釋)。但是,後來的多數《老子》傳本所以采用"天下"這一誤文(包括"天地弗敢臣"的"天地",帛甲以下各本多變爲"天下"),則確有可能跟"不能同意道爲天地之母說"的儒家學者或受此種思想影響的人有關。這一問題值得繼續研究。

2017年3月27日

編按:

此文原分四節,第二節解釋郭簡本"敩繆"二字,認爲就是《楚辭·九辯》"泬寥兮天高而氣清"的"泬寥"。後來作者感到"敩"、"泬"古音相差較遠,難以溝通,故已放棄此說。現將第二節悉數刪去。

原載《人文中國學報》第25期,上海古籍出版社,2017年。

釋上博楚簡中的所謂"逐"字

追逐之"逐"寫作从"豕"从"止"("止"或變爲"辵"),最早見於殷墟甲骨文,①爲西周春秋金文、秦漢文字、《説文》小篆所繼承。② 但是,近年陸續公布的上海博物館藏戰國楚竹書中,出現了幾例據形當隸定爲"逐"的字;從它們在簡文中的用法和其他情況來看,上博楚簡中的"逐"究竟是不是追逐之"逐"字,是一個需要研究的問題。

《上海博物館藏戰國楚竹書(二)》收有《容成氏》篇,其中19號簡説(已有確釋的古字,逕以學者們所括注的通行字寫出):

（禹）乃因迡以知遠,去苛而行簡,因民之欲,會天地之利,夫是以△者悦怡,而遠者自至。③

用△代表的字原作如下之形:

因字形有些漫漶不清,學者們對△的釋讀意見不一,但均有可疑。如整理

---

① 劉釗等《新甲骨文編》,95～97頁,福建人民出版社,2009年。
② 容庚等《金文編》,103頁,中華書局,1989年;漢語大字典字形組《秦漢魏晉篆隸字形表》,116頁,四川辭書出版社,1985年。
③ 馬承源主編《上海博物館藏戰國楚竹書(二)》,圖版111頁,釋文考釋264頁,上海古籍出版社,2002年。釋文已吸收了學者們的合理見解,爲避免繁瑣,不一一出注。下同。

者李零先生釋爲"遾(近)",①單育辰先生從之。② 李承律先生隸定爲"遞",讀爲"暱"。③

孫飛燕先生指出,《容成氏》49 號簡已有"聿"字作▨,與△所從有所差別;④它們不可能是同一個字。退一步講,即使△可釋爲"遾",也只能讀爲"進"而不能讀爲"近";因爲"遾"、"近"韻雖近,聲母則一屬精母,一屬群母,相隔較遠。"遞"字雖見於包山簡 240、243 等號,⑤但△所從聲旁與上博楚簡屢見的"弟"字不似。⑥ 釋"遾(近)"、釋"遞"之説恐皆不可信。

《上海博物館藏戰國楚竹書(五)》所收《季庚子問於孔子》篇 19 號簡有如下一字(爲便省覽,我們把《容成氏》的△列在其後,外加括號):⑦

▨（▨）

只要把此字跟△對比一下,便可看出二者應爲一字。前者舊釋爲"移",自季旭昇、陳劍先生改釋爲"逐"後,⑧已獲公認。《容成氏》28 號簡"豢"字作▨,所從"豕"旁(尤其上半部分)與△除去"辵"旁的形體很接近。所以△

---

① 馬承源主編《上海博物館藏戰國楚竹書(二)》,釋文考釋 264~265 頁,上海古籍出版社,2002 年。

② 單育辰《〈容成氏〉文本集釋及相關問題研究》,新出楚簡《容成氏》與中國早期國家形成的研究項目,吉林大學"985 工程"研究生創新基金資助項目(項目號:20081203),121 頁,2008 年。

③ [韓]李承律《上海博物館藏戰國楚竹書〈容成氏〉譯注(上)》,曹峰、李承律《上海博物館藏戰國楚竹書〈昔者君老〉〈容成氏〉譯注(上)》,東京大學文學部東洋史學研究室,2005 年。其文未見,轉引自單育辰《〈容成氏〉文本集釋及相關問題研究》,120 頁。

④ 孫飛燕《〈容成氏〉文本整理及研究》,清華大學博士學位論文(指導教師:廖名春教授),62 頁,2010 年。

⑤ 李守奎《楚文字編》,112 頁,華東師範大學出版社,2003 年。按,該書注引《玉篇》謂包山簡"遞"同"遞",從簡文用"遞"爲病遲瘥之"遲"來看,此説恐不確。此承陳劍先生指出。

⑥ 參看李守奎等《上海博物館藏戰國楚竹書(一~五)文字編》,184、289、375 頁,作家出版社,2007 年。

⑦ 馬承源主編《上海博物館藏戰國楚竹書(五)》,圖版 61 頁,上海古籍出版社,2005 年。

⑧ 季旭昇《上博簡芻議(上)》,簡帛網,2006 年 2 月 18 日;陳劍《談談〈上博(五)〉的竹簡分篇、拼合與編聯問題》,簡帛網,2006 年 2 月 19 日。

也應該隸定爲"逐"。《季庚子問於孔子》"逐"字所在辭例如下：

　　慎小以合大，疏言而密守之。毋欽遠，毋[圖]逐。

其文皆兩兩對言。"逐"、"遠"處於對文位置，跟《容成氏》"△者"、"遠者"處於對文位置同例，也可證明釋△爲"逐"是合理的。

　　我們雖然不贊同各家對《容成氏》△字的具體釋讀意見，但他們都把△讀爲與"遠"義相反的詞，思路是完全正確的。可是"逐"並沒有"近"、"邇"一類的意思；根據"逐"的讀音，也找不到一個跟"遠"反義的詞。施謝捷、周波先生認爲△係"邇（邇）"之稍訛，①從字形上看似頗有距離。但是，如果把《容成氏》和《季庚子問於孔子》這兩例"逐"都換成"邇"，文義的確很順。② 學者們多已指出，《容成氏》"逐者悦怡，而遠者自至"與《韓非子·難三》"政在悦近而來遠"（《孔子家語·辨政》同）、《説苑·政理》"政在附近來遠"近似。此句在《史記·孔子世家》中作"政在來遠附邇"，正以"邇"與"遠"相對，可證《容成氏》的"逐"讀爲"邇"是合適的。

　　不過，"逐"、"邇"古音相差甚遠，無由相通；它們的字形也不相近，不

---

① 周波《讀〈容成氏〉、〈君子爲禮〉劄記（二則）》，復旦大學出土文獻與古文字研究中心編《出土文獻與古文字研究》第 1 輯，331 頁注②，復旦大學出版社，2006 年。施謝捷先生《上海博物館藏楚簡釋文》（未刊稿）見周文引。

② 《季庚子問於孔子》的這兩句話很不好懂，這裏姑且提出一種解釋，以備參考。"逐"上一字原作[圖]，整理者濮茅左先生釋爲"詣"（馬承源主編《上海博物館藏戰國楚竹書（五）》釋文考釋 228、230 頁）。許慜慧先生曾引包山簡"詣"字作[圖]（156 號簡）以證成其説〔《〈上海博物館藏戰國楚竹書（五）·季庚子問於孔子〉研究》，臺灣師範大學碩士學位論文（指導教師：季旭昇教授），123 頁，2008 年〕。按，包山簡"詣"所從"旨"、"匕"的下部尚有飾筆，《上博（一）·緇衣》17 號簡"旨"所从"匕"未加飾筆，似與《季庚子問於孔子》的"詣"更合。如此字確是"詣"，則楊澤生先生讀爲指斥之"指"的説法較爲可取（《〈上博五〉零釋十二則》，簡帛網，2006 年 3 月 20 日。參看上引許慜慧文，123～124 頁）。季旭昇先生讀"欽"爲"歆"，解釋爲羨慕〔《上博簡芻議（上）》，簡帛網，2006 年 2 月 18 日〕，大體可從。《上博（六）·天子建州》甲本 8 號簡"天子歆氣"之"歆"即寫作"欽"。唯此"歆"與其講成羨慕，不如講成貪求更爲貼切（《國語·楚語上》"楚必欽之"韋昭注："欽，貪也。"）。這兩句話大概是説，"不要貪求遠的，不要指斥近的"。下文將會提到《國語·晉語四》有"壓邇逐遠"之語（"逐"訓"求"），"壓邇"似與"指邇"反義，"逐遠"則與"歆遠"義近。《管子·侈靡》説"不謹於附近而欲求遠者，兵不信"，《大戴禮記·曾子疾病》説"近者不親，不敢求遠"（《孔子家語·六本》作"比近不安，無務求遠"），似可與"毋欽遠，毋指邇"相參看。

可能發生訛混。要溝通"逐"、"邇"之間的關係,必須另想辦法。

楊澤生先生對《季庚子問於孔子》的"逐"字有一個很有意思的分析,值得重視:

> ……根據上文"疏"與"密"、下文"惡人"與"好人"(引者按:指"惡人勿䕺(陷),好人勿貴")等相對爲文,此處之"逐"當用作"邇"。大徐本《説文·犬部》:"獮,秋田也。從犬,爾聲。𤢾,獮或從豕,宗廟之田也,故從豕、示。"此爲從"爾"與從"豕"相通之例。①

楊先生顯然是把這個"逐"看作从"辵"、"豕"聲的,所以才可"用作'邇'"。我認爲,《容成氏》"逐者悦恰,而遠者自至"的"逐"也可以據此讀爲"邇"。

過去有學者曾釋上引《容成氏》"因迡以知遠"的"迡"爲"迩(邇)",蘇建洲、李承律、周波等先生指出其聲旁與"尔"形不近,李、周二先生進而改釋爲"迡",後者並有詳細考釋。② 説皆可信。除了上引"逐"之外,《季庚子問於孔子》一篇也沒有使用過"邇"這個詞。所以,把此二例"逐"釋讀爲"邇",跟這兩篇竹書本身的用字習慣沒有衝突。

楊澤生先生所舉"豕"聲與"爾"聲相通的音韻方面的證據,有必要加以補充。張富海先生近年撰文指出,根據中古音韻地位和古文字的諧聲通用關係,"豕"的上古韻部應歸入歌部。③ 其説可信。不過這裏有一個問題需要稍加説明。張先生所以主張把"豕"歸爲歌部,一個很重要的證據是"戰國文字中,'地'或以'豕'爲聲旁,見於行氣玉銘、侯馬盟書、中山王圓壺等(何琳儀1998:1223),④郭店簡《忠信之道》4、5 號簡中兩個'地'字也是从'豕'聲。戰國三晋璽印文字中有从阜从豕从它的字,'豕'、'它'皆聲,是兩聲字,可能就是'地'字的異體(參何琳儀1998:1224)",⑤而上

---

① 楊澤生《〈上博五〉零釋十二則》,簡帛網,2006 年 3 月 20 日。
② 蘇建洲《上博楚竹書〈容成氏〉、〈昔者君老〉考釋四則》,簡帛研究網,2003 年 1 月 15 日;李承律説轉引自單育辰《〈容成氏〉文本集釋及相關問題研究》,120 頁;周波《讀〈容成氏〉、〈君子爲禮〉劄記(二則)》,《出土文獻與古文字研究》第 1 輯,331~337 頁。
③ 張富海《試論"豕"字的上古韻部歸屬》,《漢字文化》2007 年第 2 期,49~50 頁。
④ 引者按:指何琳儀《戰國古文字典》,1223 頁,中華書局,1998 年。下同。
⑤ 張富海《試論"豕"字的上古韻部歸屬》,50 頁。

古音"地"歸於歌部,這是現在大家公認的。《説文・十三下・土部》"地"字籀文作"墬","墬"字實已見於西周晚期的銅器銘文上。[①] 根據不少學者所舉"豕"、"彖"混用的現象(詳下文),六國文字從"豕"的"地"字異體,"豕"會不會就是"彖"之省呢?

從中古音韻地位看,"彖"是合口一等字,"地"是開口三等字,上古韻部雖爲陰陽對轉,但開合口、等呼却頗有出入。上古漢字諧聲偏旁中"開合兩呼的界限頗嚴",戰國楚地出土文獻中歌月元三部的"開合兩呼至少在非唇音部分有嚴格的界限"。[②] 可能到了戰國時代,"彖"、"地"由於開合口、等呼的差異,在當時人看來,前者作爲後者的聲旁已與實際語音不太密合,於是換用了一個與"彖"形近的、同屬開口三等字的"豕",作爲"地"字異體的聲旁(楚文字多用從"阜"從"土"、"它"聲之字爲"地",包山簡簡 149、清華簡《繫年》簡 16 有寫作"坨"的"地","它"是開口一等字——但從"它"聲的"施"、"池"等都是開口三等字——也比"彖"更接近於"地"的實際語音)。本從"彖"聲的"蠡",有異體作"蟸",張富海先生指出"豕"也是聲旁。[③] "蠡"跟"地"一樣都是開口三等字,它們都曾用"豕"替代"彖"標注讀音,恐怕不是偶然的。總之,戰國文字"墬(地)"或從"豕"聲,可以從音韻學上得到合理的解釋,不必看作"彖"之省訛。

古文字中遠邇之"邇"常用"埶"或從"埶"聲之字表示,"埶"屬於歌部的入聲韻,所以趙彤先生有"邇"當歸歌部入聲月部之説。[④] "豕"是書母字,"邇"是日母字,發音部位相同。從"豕"聲的"狋"("蕤"的聲旁)是日母字;從"爾"聲的從"鳥"和從"黽"之字都是書母字。[⑤] 假借爲

[①] 張政烺《周厲王胡簋釋文》,《張政烺文集》第一卷《甲骨金文與商周史研究》,248頁,中華書局,2012年。
[②] 程少軒《試説戰國楚地出土文獻中歌月元部的一些音韻現象》,武漢大學簡帛研究中心主辦《簡帛》第 5 輯,141~160 頁,上海古籍出版社,2010 年。
[③] 張富海《試論"豕"字的上古韻部歸屬》,50 頁。
[④] 趙彤《釋"氞"》,簡帛研究網,2004 年 2 月 6 日。
[⑤] 參看裘錫圭《夔公盨銘文考釋》,同作者《中國出土古文獻十講》,61 頁,復旦大學出版社,2004 年。

"邇"的"埶"或從"埶"聲之字,還可以讀爲"勢"和"設",①"勢"、"設"也都是書母字。所以從音理上說,"豕"、"邇"聲母相近,韻部陰入對轉,可以相通。【編按:本文對楚文字用爲"邇"的"逐"字字形分析有誤,參看文末所加"編按"。】

後有從"豕"聲的異體的"墜"字,已見於西周晚期的默簋;②在西周早期的保員簋和晚期的縣改簋中又有"隊"字。③ 銘文"墜"、"隊"當從張政烺先生說讀爲"施"。④《詩‧邶風‧新臺》"得此戚施",《說文‧十三下‧黽部》"鼀"字條下引作"得此醜鼀","施"、"鼀"通用,"鼀"即從"爾"聲。上引楊澤生先生文中所舉"貍"、"祣"二字,見於《說文‧十上‧犬部》。訓"秋田也"的"貍"字異體"祣",《說文》分析爲從"豕"從"示"會意。朱駿聲早就指出,從《說文》訓爲"宗廟之田也"來看,"祣"當是從"示"、"豕"聲之字。⑤ "貍"的聲符"壐"即從"爾"得聲。齊壐"豙關"(《古壐彙編》0172)的"豙"爲"猌"之異體,李家浩先生指出當讀爲《詩‧邶風‧泉水》"飲餞于禰"之"禰"。⑥ 易"犬"爲"豕",也許就有使之兼起表音的作用。這些都是"豕"聲與"爾"聲相通的證據。

---

① 裘錫圭《釋殷墟甲骨文裏的"遠""𤞵"(邇)及有關諸字》,同作者《古文字論集》,7頁及9頁注14、15,中華書局,1992年;裘錫圭《古文獻中讀爲"設"的"埶"及其與"埶"互訛之例》,香港大學亞洲研究中心《東方文化》1998年(實際出版年份爲2002年)36卷1、2號合刊,39~45頁;裘錫圭《再談古文獻以"埶"表"設"》,香港中文大學中國語言及文學系、香港中文大學中國文化研究所中國古籍研究中心主編,何志華、沈培等編《先秦兩漢古籍國際學術研討會論文集》,1~13頁,社會科學文獻出版社,2011年。
② 中國社會科學院考古研究所《殷周金文集成(修訂增補本)》,第四冊2688~2689頁04317號,中華書局,2007年。
③ 劉雨、盧岩《近出殷周金文集錄》,第二冊368頁484號,中華書局,2002年;中國社會科學院考古研究所《殷周金文集成(修訂增補本)》,第四冊2600頁04269號。
④ 張政烺《周厲王胡簋釋文》,《張政烺文集》第一卷《甲骨金文與商周史研究》,248頁。保員簋是上世紀90年代公布的,張先生的文章自然無法論及。保員簋此字讀爲"施"係從馬承源先生說,見《新獲西周青銅器研究二則》,《中國青銅器研究》,299頁,上海古籍出版社,2002年。但馬先生不認爲西周金文這些字是"墜",而釋爲"墜"、"隊",則不確。參看陳劍《金文"豕"字考釋》,收入所著《甲骨金文考釋論集》,250~251頁,綫裝書局,2007年。
⑤ (清)朱駿聲《說文通訓定聲》,615頁,武漢古籍書店,1983年。
⑥ 李家浩《南越王墓車馹虎節銘文考釋——戰國符節銘文研究之四》,《容庚先生百年誕辰紀念文集》,670頁,廣東人民出版社,1998年。

"逐"是追逐之"逐"的本字,要確定"逐"能否用爲"遹",還應該考察一下"逐"這個詞在楚文字中的用字情況。

楚文字中目前可以肯定的表示追逐及其引申義的"逐",絕大多數都不寫作"逐"。今本《周易》的"良馬逐"、"亡馬勿逐"等語,《上海博物館藏戰國楚竹書(三)》所收《周易》作"良馬由"(22號簡)、"亡馬勿由"(32號簡),"由"、"逐"音近可通。此外,25號簡"其欲攸攸"的"攸攸",今本作"逐逐"。①《上海博物館藏戰國楚竹書(三)》所收《彭祖》8號簡"毋㞷富"的㞷字,②陳斯鵬先生認爲从"由"得聲,當讀爲"逐"。③ 其説若確,則此"逐"亦不以"逐"字爲之。

《上海博物館藏戰國楚竹書(五)》所收《競建内之》10號簡"驅逐畋弋,無期度"的"逐"寫作"达"。④ "达"又見於齊器陳曼瑚,⑤在上博竹書尚未公布之前,吳振武先生已經根據《汗簡》"逐"作"达",論定陳曼瑚"达"字當從高田忠周説釋爲"逐"。⑥ 楚璽也有"达"字,用作人名"追(此字原作从'朕'聲)逐"之"逐",見於《古璽彙編》0263,亦爲吳先生所釋出。⑦《上博(三)·周易》43號簡"曰达悔有悔"的"达",⑧今本《周易》作"動","動"、"逐"雙聲,韻爲陽入對轉【編按:此説"動""逐"音近不確。上博簡本可能就用"逐",與今本用詞有異】,此"达"無疑也是"逐"。後來公布的

---

① 馬承源主編《上海博物館藏戰國楚竹書(三)》,圖版34、44、37頁,釋文考釋167~168、180、171頁,上海古籍出版社,2003年。按"其欲逐逐"的"逐逐"之義,説頗紛紜,但大概不會用爲追逐之"逐"。
② 馬承源主編《上海博物館藏戰國楚竹書(三)》,圖版128頁。
③ 陳斯鵬《簡帛文獻與文學考論》,90頁,中山大學出版社,2007年。
④ 馬承源主編《上海博物館藏戰國楚竹書(五)》,圖版27頁,釋文考釋176頁。整理者釋讀此句多誤,釋文從學者們的正確意見改。"达",整理者已作此隸定,但誤以爲是从"犬"聲之字。
⑤ 中國社會科學院考古研究所《殷周金文集成(修訂增補本)》第四册,2963、2964頁04595、04596號。
⑥ 吳振武《陳曼瑚"逐"字新證》,《吉林大學古籍整理研究所建所十五周年紀念文集》,46~47頁,吉林大學出版社,1998年。
⑦ 同上注,47頁。
⑧ 馬承源主編《上海博物館藏戰國楚竹書(三)》,圖版55頁,釋文考釋195頁。

《清華大學藏戰國竹簡（貳）》所收《繫年》中，6、122號簡各有一個"达"字，從文義看皆用爲"逐"，整理者已正確釋出。① 由此可見，在楚文字和齊文字（傳抄古文大概屬於齊魯文字）中，追逐之"逐"以"达"爲其本字。

在這裏還想對"达"字的來源作些推測。吳振武先生認爲"在戰國文字資料中，屢見'豕'、'犬'二旁互替之例"，所以"达"可視爲"逐"之異體。② 這似乎有點把問題簡單化了。黄錫全先生在爲《汗簡》"达"字作注時，引甲骨金文"逐"字或从"犬"，大概認爲戰國文字"达"的字形即來源於此。③ 黄先生所引早期古文字中从"犬"的"逐"有《甲》3339和逐簋兩例。《甲》3339即《甲骨文合集》10299正，從《合集》拓片看，"逐"字所從獸形的尾巴的確向右衝出，但這衝出的一畫與其下垂的尾巴的筆畫似非一筆寫成，也有可能並非筆畫而是泐痕。此例宜存疑。逐簋爲西周早期器，④其銘文上的"逐"字，所從獸形的尾巴明顯上翹，確當釋"达"。可見至遲在西周早期已有从"辵"从"犬"的"达"字了（殷墟甲骨文之例另詳下）。从"止"（或變爲"辵"）从"豕"的"逐"，字形所表示的是追逐野豬（豕）之意；但"犬"顯然不是田獵追逐的對象，"达"的字形如何表"逐"意呢？

《合集》20715卜骨上有一从"兔"从"犬"之字，裘錫圭先生釋爲"逐"，並說此字"原來也應該可以用來表示'犬逐兔'或'以犬逐兔'一類意思的"。⑤ 何組田獵卜辭裏屢見"卒犬亡災"之語。裘錫圭先生指出，跟黃組卜辭常見的"卒逐亡災"之語對照起來看，此"犬"字當從李學勤先生說釋讀爲"逐"（但李先生釋此字爲"豕"，視爲"逐"之省），"犬能逐獸，何組卜辭會不會竟是用'犬'字來表'逐'的呢？"⑥結合裘先生所釋《合集》20715"以

---

① 清華大學出土文獻研究與保護中心編、李學勤主編《清華大學藏戰國竹簡（貳）》下册，釋文注釋138、192頁，中西書局，2011年。
② 吳振武《陳曼瑚"逐"字新證》，47頁。
③ 黄錫全《汗簡注釋》，341頁，臺灣古籍出版有限公司，2005年。
④ 中國社會科學院考古研究所《殷周金文集成（修訂增補本）》，第三册1700頁02972號。
⑤ 裘錫圭《從文字學角度看殷墟甲骨文的複雜性》，韓國淑明女子大學校中國學研究所《中國學研究》第10輯，1996年；又發表於復旦大學出土文獻與古文字研究中心網，2008年1月28日。
⑥ 裘錫圭《釋殷墟卜辭中的"卒"和"袢"》，《中原文物》1990年第3期，15、17頁。

犬逐兔"的"逐"字來看，何組卜辭以"犬"爲"逐"的可能性是很大的。①"獸"字本作从"單"从"犬"之形，"單"、"犬"都是狩獵的工具（或獵人的助手），以此會"狩獵"之意；"禽"本象捕鳥獸用的網，以此表擒獲之意（"禽"爲"擒"之本字）。② 何組卜辭以狩獵工具或獵人助手"犬"表逐獸之"逐"，構思正與此同。"达"這種字形説不定就是由"犬（逐）"增从"辵"旁而成的，其表意方式與象人追逐野豬的"逐"有別。

不過，何組卜辭並非没有"逐"字（但都不出現在"卒逐亡災"辭例之中），而且所从獸形有的更近於"犬"（歷組卜辭中也有這樣寫法的"逐"）。③ 我們知道，在有些類組的卜辭裏，"犬"、"豕"二字往往不易區分。所以，那種所从獸形近於"犬"的"逐"，究竟應該看作"达"字，還是應該看作"豕"、"犬"形近而混的"逐"字，尚有待研究。如前説可信，則"卒犬（逐）亡災"的"犬（逐）"似也有可能是"达"之形省。

《上海博物館藏戰國楚竹書（七）》所收《凡物流形》甲本 7 號簡有 字（乙本 6 號簡作 ），8 號簡有 字（乙本 7 號簡作 ），整理者曹錦炎先生皆釋爲"迅（升）"。④（以下用"～"代替）有學者認爲"～"除去"辵"的部分，與天星觀簡"豕"、"猪"、"豢"等字所从"豕"的寫法一致（《楚文字編》546、564 頁），故當改釋爲"逐"。⑤ 此説似可商。

---

① 《合集》27146 中以"甲申卜"開頭的那條卜辭，姚孝遂主編《殷墟甲骨刻辭類纂》328 頁釋作"甲申卜，貞：王田逐麋"，釋"逐"之字摹作"豕"（中華書局，1989 年）。按，《合集》所收拓片此辭模糊不清，但確無"止"形，而所謂"豕"的尾巴不可見，故也可能當釋"犬"。卜辭屢見"逐麋"之語（參看《殷墟甲骨刻辭類纂》328 頁"逐麋"條），此字若真是"犬"，則可作爲何組卜辭以"犬"爲"逐"的一個例證。

② 參看裘錫圭《談談〈同源字典〉》，同作者《古代文史研究新探》，194～195 頁，江蘇古籍出版社，1992 年。

③ 劉釗等《新甲骨文編》，96～97 頁。按，此書所收从尾巴上翹的似"犬"形的"逐"字，有個別恐不可靠。如《屯南》663 一例，從拓片看應从"豕"，被誤當作上翹的尾巴的一筆當是泐痕。

④ 馬承源主編《上海博物館藏戰國楚竹書（七）》，圖版 84、116、85、117 頁，釋文考釋 236～237、238、239 頁，上海古籍出版社，2008 年。

⑤ 郭永秉先生在《〈上博（七）·凡物流形〉重編釋文》一文下的評論，復旦大學出土文獻與古文字研究中心網，2009 年 1 月 2 日；蘇建洲《〈上博七·凡物流形〉"一"、"逐"二字小考》，復旦大學出土文獻與古文字研究中心網，2009 年 1 月 2 日。

甲本7號簡的辭例爲"窆祭員奚～",文義不明。甲本8～9號簡的辭例爲"～高從卑,至遠從迩(邇)"。主張釋"～"爲"逐"的學者,認爲"逐高從卑"的"逐"當訓"求",引《國語·晋語四》"麕邐逐邐"爲例。蔣文先生指出,"麕邐逐邐"的"逐""是對於横向平面的'邐'、'遠'而言,與縱向的'高'、'卑'略有不同",①已點出了"逐高"説的不當之處。《吴越春秋·吴太伯傳第一》:"堯遭洪水,人民氾濫,遂高而居。"徐天祐注:"遂疑當作逐。"此"逐高而居"的"逐"是"依隨"的意思,跟古書中常見的"逐水草遷徙"、"逐草隨畜"的"逐"同例,也不能證明"逐高從卑"的講法可通。若從整理者釋"～"爲"迪(升)","升"、"登"音義皆近,在自古至今的漢語中,"登高"的説法則相當普遍;李鋭先生最先舉出的《禮記·中庸》"辟如行遠必自邇,辟如登高必自卑"之語,正可與簡文"登高從卑,至遠從邇"相印證。②

從字形上說,釋"～"所從聲旁(即除去"辵"旁的形體)爲"升",也並非没有道理。"～"聲旁的上部作"乂"形,確與天星觀簡"冢"、"猪"、"豕"等字所從"豕"的上部一致,但其下部與天星觀簡諸字所從的"豕"有別,而與"升"完全同形。"陞"字在《容成氏》中寫作 ▨、▨、▨(31、39號簡。或釋楚簡"陞"的聲旁爲"登"),所從"升"的上部爲"∨","～"聲旁上部的"乂"或即由此類筆畫分解、穿插而成。楚簡"此"字或作 ▨[《上博(四)·曹沫之陣》10號簡]、▨[《上博(五)·季庚子問於孔子》13號簡]等形,在《上博(六)·孔子見季桓子》中,"此"則被寫成 ▨(27號簡)、▨(13號簡);"烖"字在《上博(五)·三德》中寫作 ▨(3號簡),在包山簡中或寫作 ▨(12號簡)。這些都是"∨"形、"乂"形互作的例子。上博簡《周易》33號簡"陞"作 ▨、48號簡作 ▨【編按:此"陞"的聲旁,可視爲"登"與"升"的結合體("登"、"升"音近)】,"升"的下部與"～"所從幾乎全同,上部

---

① 蔣文《上海博物館藏戰國楚竹書〈凡物流形〉集釋》,復旦大學本科學位論文(指導教師:陳劍教授),50頁,2009年。
② 李鋭《〈凡物流形〉釋文新編(稿)》,簡帛研究網,2008年12月31日。

的"ᴠ"却被分解爲兩斜筆書寫,可與"～"的情況類比。

總之,從文義和字形兩方面來看,《凡物流形》此字以釋"迚(升)"爲妥,其中一例可以肯定應讀爲"登"[《上博(五)·三德》11～12號簡"登丘毋歌"的"登"作"陞";包山簡屢見"陞門有敗"之語,一般認爲"陞門"當讀"登聞",是其比];它們既不是"逐"這個字,也不表示"逐"這個詞。【編按:此説不確,參看文末所加"編按"。】

《上海博物館藏戰國楚竹書(二)》所收《從政(甲)》篇的3號簡,有一個應隸定爲"逐"之字,但在簡文中肯定不用爲追逐之"逐";上面提到的清華簡《繫年》裏,也有一個被整理者釋爲"逐"的字,見於93號簡。關於這兩例"逐",下文將加以討論。

從上面的介紹可以看出,在數量不算太少的楚文字資料中,表示追逐及其引申義的"逐"這個詞時,通常不用"逐"字,而"逐"這個字也少見用來表示追逐之"逐"的;這對於把《容成氏》、《季庚子問於孔子》中的"逐"分析爲從"辵"、"豕"聲,而不認爲是追逐之"逐"字的想法是有利的。古文字中的"蚤",在殷墟甲骨文和秦漢文字中是從"虫"、從"又"的會意字,即"搔"之初文;①在戰國楚文字中則是從"虫"、"又"聲的形聲字,讀爲"郵"、"尤"等,②情況跟這裏所説的"逐"字極爲相似。

楚文字中既有從甲骨金文傳承下來的以"犾(埶)"表"邇",也有就以"迩"、"邇"表"邇"的,這些字在表示"邇"這個詞時占了很大的比例。結合楚文字中"逐"字較爲少見(目前所見僅上舉四例)的現象,頗疑這個從"辵"、"豕"聲的"逐"其實就是遠邇之"邇"的異體。

戰國時代的楚人,似乎很喜歡把本是表意字的字認作或改造成形聲字。所以楚文字中的"逐"、"蚤",有可能是楚人把已有的會意結構的"逐"、"蚤"誤分析爲形聲結構,從而變成了"邇"字異體和從"虫"、"又"聲

---

① 裘錫圭《殷墟甲骨文字考釋(七篇)·3.釋"蚤"》,《湖北大學學報(哲學社會科學版)》1990年第1期,52頁。

② 讀爲"郵"見郭店簡《尊德義》28號簡,荆門市博物館《郭店楚墓竹簡》,圖版57頁、釋文注釋175頁"裘按",文物出版社,1998年。讀爲"尤"見上博簡《景公瘧》10號簡,馬承源主編《上海博物館藏戰國楚竹書(六)》,圖版27頁、釋文考釋185頁,上海古籍出版社,2007年。

之字,並非新造之字而與已有的表意字偶然同形。

總之,按照楊澤生先生和我們對楚簡"逐"字結構的分析,它就沒有問題可以在《容成氏》19號簡和《季庚子問於孔子》19號簡中用爲"遍"。這一解釋到底在多大程度上合乎事實,需要將來發現更多的材料加以檢驗。

下面討論戰國楚竹書中另二例"逐"字。《上海博物館藏戰國楚竹書(二)》所收《從政(甲)》篇的3號簡有如下一句話("禮"前數字已缺,此據文義補):

[教之以]禮則顧而爲仁,教之以刑則逐。①

整理者原誤釋"逐"爲"述",②此從陳偉、徐在國、李守奎等先生改釋。③李守奎先生認爲"逐"、"遯"音近可通;④李家浩、范常喜等先生認爲,此"逐"當係"遂"之形省,"遂"即"古遯字"(《漢書·敘傳》顔師古注)。⑤

《從政》的"逐"當釋讀爲"遯",在文義方面,已有各家所舉《論語·爲政》"道之以政,齊之以刑,民免而無恥"、《禮記·緇衣》"教之以政,齊之以刑,則民有遯心"以及《從政》同篇8號簡"罰則民逃"等語可與簡文相對照(《緇衣》"民有遯心"之"遯",舊注解釋爲"苟逃刑罰而已"。⑥《從政》的"遯"亦應從此解),應該是有道理的。但在解釋"逐"何以能用爲"遯"的問題上,却頗費斟酌。

各家論證《從政》的"逐"爲"遂"之形省,主要根據的是"彖"、"豕"存在混用的現象。但在大家所舉出來的"彖"("彖"有時也寫作"彖",爲圖簡便,本

---

① 馬承源主編《上海博物館藏戰國楚竹書(二)》,圖版61頁,上海古籍出版社,2002年。
② 同上注,釋文考釋217頁。
③ 陳偉《上海博物館藏楚竹書〈從政〉校讀》,簡帛研究網,2003年1月10日;徐在國《上博竹書(二)文字雜考》,簡帛研究網,2003年1月14日;李守奎《〈上海博物館藏戰國楚竹書(二)〉釋讀一則》,《吉林大學古籍研究所建所二十周年紀念文集》,91～95頁,吉林文史出版社,2003年。
④ 李守奎《〈上海博物館藏戰國楚竹書(二)〉釋讀一則》,《吉林大學古籍研究所建所二十周年紀念文集》,91～95頁。
⑤ 李家浩説見李守奎文引;范常喜《上博(二)〈從政(甲)〉簡三補説》,《康樂集:曾憲通教授七十壽慶論文集》,227～230頁,中山大學出版社,2006年。
⑥ (清)孫希旦著,沈嘯寰、王星賢點校《禮記集解》,下册1323頁,中華書局,1989年。

文以"彖"形代替)、"豕"相混之例中,從出土文字資料看,真正靠得住的似乎只有"豕"寫作"彖"的例子[如孔龢碑、馬王堆三號墓竹簡和木牌、孔家坡漢簡《日書》以"彖"爲"豕",馬王堆帛書"剢(剥)"寫作"剝",孔宙碑、居延漢簡"家"所從"豕"作"彖"等,此外尚有字典韻書中"豚"或作"腞"、"遯"或作"遰"①];"彖"寫作"豕"之例恐怕都很可疑,如六國文字"墬"或從"豕"聲的問題,上文已加説明(至於古書中"逐"或用爲"豚",其原因詳下文)。秦陶文(《古陶文彙編》9.7)和漢印(《漢印文字徵》2.15)中各有一個"逯"字,表面上看似即各家認爲的《從政》"逐"之所從出者,仔細考察却未必可靠。施謝捷先生指出,"秦漢文字中作爲偏旁的'彔'往往混同作'彖'",而古有"逯"氏,故漢印中用作姓氏的"逯",很可能是"'逯'字異構"。② 據此,見於秦陶文的人名之字"逯",大概也應是"逯"字。我們不敢保證戰國文字中一定没有"逯"字、一定不存在"彖"省作"豕"的可能性,但如果把上面所説的兩點情况結合起來考慮,這種可能性當然就非常小了。

　　由於"豕"常繁化爲"彖",在漢印(《漢印文字徵》2.14)和漢碑(《隸辨》上聲混韻"遯"字條引《巴郡太守都亭侯張納功德敘》)中,有的"遯"字就寫作"遰";陳劍先生指出,"遂"即由"遯"省"肉"而成。③ 此説可信。所以,古書中所謂"古遯字""遂"其來源不古,似不宜作爲考釋《從政》"逐(遯)"字的依據。

　　但是,由"遯"變來的"遂"也可視作从"辵"、"彖"聲之字,"彖"作爲"遯"的聲符却可以在出土文字資料中得到支持。《周易》"遯卦"之"遯",馬王堆帛書本寫作"掾",④阜陽漢簡本寫作"椽"(見 164 號簡。160 號簡僅存"彖"旁的部分筆畫)。⑤ "彖"、"豚"音近,古書中"循"與"緣"通,"脂"與"脟"

---

① 有關例子詳參陳劍《金文"彖"字考釋》,同作者《甲骨金文考釋論集》,268～270 頁。
② 施謝捷《〈漢印文字徵〉及其〈補遺〉校讀記(一)》,復旦大學出土文獻與古文字研究中心編《出土文獻與古文字研究》第 2 輯,311 頁,復旦大學出版社,2008 年。
③ 陳劍《金文"彖"字考釋》,同作者《甲骨金文考釋論集》,268 頁。
④ 陳松長等《馬王堆簡帛文字編》,489 頁,文物出版社,2001 年。此字在馬王堆 1、3 號墓所出遣策中又用作"緣"。
⑤ 韓自强《阜陽漢簡〈周易〉研究》,14 頁,上海古籍出版社,2004 年。

通，①"遯"、"遁"爲一字異體或彼此有通用關係。《上海博物館藏戰國楚竹書（三）》所收《周易》的 30、31 號簡上，遯卦之"遯"皆寫作"豚"（原作上下結構）。②【編按：馬王堆漢墓所出遣冊中的"豚"字，亦有从"豕"作者（如 1 號墓簡 5、3 號墓簡 69 等）。不知是不是受到楚文字的影響。】"豕"、"豚"聲母相近（从"豕"聲的"隊"與"遯"聲母相同），韻部陽入對轉，中古皆爲合口字。楚簡"豚"變爲"豚"，大概屬於把表意字的一部分改成形近之字以起表音的作用。字典韻書中"豚"或作"豚"、"遯"或作"遯"，可能也兼有使"象"表音的意圖，與"豚（豚）"字同例。與"遯"所通的"掾"、"椽"，與其分析爲从"豚"省聲、"豕"又變爲"象"，似不如就看作"象"聲字與"遯"相通直接。

上文説過，从"象"聲的"墜"在六國文字中換用"豕"爲聲符，"豕"、"象"的古音當不遠。既知从"象"聲之字或用爲"遯"，《從政（甲）》3 號簡的這個"逐"，就可以采用上文對楚文字用作"遁"的"逐"字的分析，視爲从"辵"、"豕"聲，而讀爲"遯"【編按：此種分析於音理不合，不可取】。

如果楚文字中確有"遯"字，比照上文所舉"遁"省作"逡"之例，《從政》的"逐"似乎也可能是"遯"之形省。

陳劍先生告訴我，就文義來説，《從政》"教之以刑則逐"的"逐"有可能表示的是另一個與"豕"、"遁"音近之詞，其義或近於"偷"，而未必讀爲"遯"。真相究竟如何，有待於進一步研究。

清華簡《繫年》93 號簡有一個整理者釋爲"逐"之字，其文如下：

  齊莊公光率師以逐欒盈，欒盈襲（原作从"宀"、"囂"聲）絳而不果，奔入於曲沃。

整理者注"逐"爲"跟從"，並引《史記·晉世家》相關之文作"齊莊公微遣欒逞於曲沃，以兵隨之"。③

---

① 高亨、董治安《古字通假會典》，132 頁，齊魯書社，1989 年。
② 馬承源主編《上海博物館藏戰國楚竹書（三）》，圖版 42～43 頁。
③ 清華大學出土文獻研究與保護中心編、李學勤主編《清華大學藏戰國竹簡（貳）》下冊，釋文注釋 178 頁。

此"逐"字作如下之形：

魏宜輝先生認爲所從聲旁當是"彖"而非"豕",此字既从"彖"聲,便可讀爲"隨"(引陳劍先生說金文"彖"多讀"惰"爲證),與《史記·晉世家》"以兵隨之"之"隨"相合。①

蘇建洲先生在魏文下面的評論裏,已舉出楚文字"豕"旁與《繫年》此字聲旁相合之例;②而六國文字中還没發現明確的"彖"字,③所以從字形來看,此字只能從整理者釋爲"逐"。上文已指出,《從政》的"逐"視爲"遂"形之省在文字學上恐有困難,《繫年》的這個"逐"大概也不可能是"遂"之省訛。而且,楚文字中的"隨"以"墮"之初文"隓"或其省體爲之,從"隋"之字亦多以此爲聲旁。④ 説"遂"假借爲"隨",還會碰到用字習慣方面的障礙。

訓爲"從"、"隨"的"逐",一般具有"跟隨進而趕上"的意味,但古書中也有僅僅講跟隨、跟從而用"逐"的。蘇建洲、孟蓬生等先生曾引《史記·田敬仲完世家》"秦逐張儀,交臂而事齊、楚"司馬貞《索隱》"逐,謂隨逐也"、《楚辭·九歌·河伯》"乘白黿兮逐文魚"王逸注"逐,從也"等例爲證,孟先生還認爲"逐"、"從"是一對音義皆近的同源詞,"從"也既有追逐義,又有追隨、跟從義。⑤ 按《九歌·河伯》言河伯出行"乘白黿兮逐文魚",與《九歌·山鬼》言山鬼"乘赤豹兮從文貍"文例相同,一用"逐"、一用"從",

---

① 魏宜輝《釋清華簡〈繫年〉簡 93 之"遂"字》,復旦大學出土文獻與古文字研究中心網,2011 年 12 月 22 日。
② "海天"(蘇建洲網名)在上舉魏宜輝文下的評論,復旦大學出土文獻與古文字研究中心網,2012 年 12 月 22 日。
③ 參看陳劍《金文"彖"字考釋》,同作者《甲骨金文考釋論集》,263～264 頁。
④ 參看李守奎《楚文字編》,415、824 頁;李守奎等《上海博物館藏戰國楚竹書(一～五)文字編》,626～627 頁;清華大學出土文獻研究與保護中心編、李學勤主編《清華大學藏戰國竹簡(貳)》下册《字形表》,264 頁。
⑤ 孟説見魏文下的評論,復旦大學出土文獻與古文字研究中心網,2012 年 12 月 22 日。

可爲"逐"、"從"義近的明證。《史記·晉世家》記齊莊公率兵逐從欒盈事用"隨"字,當係義近換用。所以,整理者釋此字爲"跟從"義的"逐",字形既合,放在《繫年》原文裏也文從字順,似不必另求他解。

《繫年》中有追逐之"逐"字,可作如下三種可能的解釋:1. "逐"爲追逐之"逐"字,是自殷商以來固有的用字傳統,在戰國楚竹書中偶存這一用法,並不奇怪。2. 清華簡《繫年》所從出的底本也許有較古的來源,抄手在轉寫爲楚文字時改之未盡,偶爾保留了一個"逐"字(同篇6、122號簡的兩個"逐"已改爲楚文字習用的"达")。3.《程訓義古璽印集存》1-138收有一方三晉人名璽"鄧逐","逐"字从"豕"。① 燕璽有人名印"長逐"(《古璽彙編》0850)、漢有人名印"臣逐"(《漢印文字徵》2.14),《古璽彙編》5592所收三晉人名璽"長生逐",②"逐"實寫作"达",③可知古人喜以"逐"取名。看來,晉系的"逐"當是追逐之"逐"而非从"辵"、"豕"聲之字,且三晉文字有可能"逐"、"达"並用。《繫年》此章説的是晉國的事,其底本來自三晉的可能性當然無法排除。93號簡用"逐"字,或許與三晉文字的底本用字有關。

如果上述第一種解釋符合事實,即楚文字以"逐"爲"遃"之異體的同時,也沿用爲追逐之"逐",那麽,李守奎先生所説《從政(甲)》3號簡之字就是追逐之"逐",以音近讀爲"遯"的可能性,似亦難以完全否定。"逐"、"遯"皆屬定母,聲母相同;韻部一屬覺部,一屬文部。上古漢語存在"幽微通轉"的現象,這件事經過音韻學家和古文字學家的反復論證,已爲大家所熟知。④ 覺部爲幽部的入聲,文部爲微部的陽聲,所以它們大概也可以相通。馬王堆漢墓帛書《戰國縱橫家書》66~67行有"言者以臣□賤而遯於王矣"之語。郭永秉先生在重新整理此篇時發現,"遯"實爲"遯"之誤

---

① 湯志彪《三晉文字編》,吉林大學博士學位論文(指導教師:馮勝君教授),93頁,2009年。
② 參看何琳儀《戰國古文字典》,216頁。
③ 此承郭永秉先生指出。
④ 有關情況可參看李家浩《楚簡所記楚人祖先"娩(鬻)熊"與"穴熊"爲一人説——兼説上古音幽部與微、文二部音轉》,《文史》2010年3輯,5~44頁;劉釗《古璽格言璽考釋一則》,李學勤主編《出土文獻》第2輯,177頁,中西書局,2011年。

釋；從文義看，"'遯'字似當是'逐'的誤字，意思是爲王所棄逐"。① 帛書"遯"也未嘗不可以看作"逐"的音近誤字。

最後談一下古書"逐"用爲"遯"之事。各家在論證《從政》的"逐"釋讀爲"遯"時，皆提到了《山海經·中山東經》"又東二十里曰苦山。有獸焉，名曰山膏，其狀如逐"的"逐"用爲"豚"，當視爲"遂"字之省。前面說過"象"省作"豕"缺乏確鑿的例證，此用爲"豚"之"逐"的來歷，可以另有解釋，無須牽扯上"遂"。清人畢沅說此"豚""借'遯'字爲之，'逐'又'遯'省文"，郝懿行也有類似看法。② 這顯然是很合理的。

我們在《莊子》一書中也發現了一個以"逐"爲"遯"的例子，附述於此。《莊子·天運》：

......吾又奏之以无怠之聲，調之以自然之命，故若混逐叢生，林樂而無形，布揮而不曳，幽昏而無聲。

這是黃帝描述所張"咸池之樂"的一段話，實以"樂"喻"道"。

"故若混逐叢生"一句，郭象注："混然無繫，隨叢而生。"成玄英疏："混，同也。生，出也。同風物之動吹，隨叢林之出聲也。"按照郭、成訓"逐"爲"隨"的說法，此句似當讀作"故若混，逐叢生"，而不當"混逐"連讀，但"故若混"殊嫌不辭。吳汝綸提出"故若混"爲句、"逐叢生林"爲句之說，得到了一些學者的贊同。③ 王叔岷先生指出此句仍以讀作"故若混逐叢生"爲長，並說"'混逐'與'叢生'義近，即象五音繁會也。"④

《天運》此段有韻，"聲"、"命"、"形"、"生"、"聲"爲耕部字，皆在韻腳。且"林樂而無形"與"布揮而不曳"、"幽昏而無聲"對文。若按吳汝綸等人以"故若混"爲句、"逐叢生林"爲句則失韻，此說絕不可信。上引各家關於"混"或"混逐"的解釋有一個不可避免的問題，即無論"混然無繫"，還是

---

① 郭永秉《馬王堆帛書〈戰國縱橫家書〉整理瑣記（三題）》，《文史》2012年第2輯，25頁。
② 袁珂《山海經校注（增補修訂本）》，172～173頁，巴蜀書社，1992年。
③ 王叔岷《莊子校詮》，上册517頁，中華書局，2007年。
④ 同上注。

"象五音繁會",都是直接描寫"咸池之樂"本身的狀態的,其前的"若"字似嫌多餘。

從文義看,"叢生"應是描寫"咸池之樂"亦即"道"的形態的,"若"字管"混逐",用來比喻樂之叢聚而生。馬叙倫曾懷疑"逐"爲"遯"之形省,"混遯"即"混沌"。① 這本是十分精闢的見解,可惜馬氏没有對此展開論證,其說並未得到大家的重視。現在我們參照上引《山海經》的例子,對於"混逐"之"逐"係"遯"之省訛這一點,已完全可以接受。《天運》下文云:"樂也者,始於懼,懼故祟;吾又次之以怠,怠故遁;卒之於惑,惑故愚;愚故道。道可載而與之俱也。"蘇輿說:"以混沌爲道,故由怠而幾於愚,則道可得而接焉矣。此章注重在此。"已經指明此段係圍繞"混沌而愚"的"道"的形態加以鋪陳的用意。《莊子·應帝王》"中央之帝爲渾沌"句下簡文帝注云:"渾沌以合和爲貌。"《莊子》屢以"渾沌"喻"道"、以"渾沌"爲至道;古書又多以"渾沌(混沌)"爲"太一"的特性(看《淮南子·詮言》、同書《要略》、《鶡冠子·泰鴻》等,道家所說的"太一"大體相當於"道"),而音樂實"本於太一"(《吕氏春秋·大樂》:"音樂之所由來者遠矣,生於度量,本於太一。"),故此處以合和之渾沌比喻咸池之樂(即"道")自然聚生,文義上也是合適的。

附識:本文蒙陳劍先生審閱指正,修改過程中又與郭永秉先生反復討論,審稿專家也給本文提出了修改意見,作者對他們十分感謝。

2009 年 10 月 24 日初稿
2012 年 7 月 6 日改定

追記:蒙郭永秉先生相告,西周金文中用爲"遹"的"狘",所從"犬"旁已有變作"豕"之例(如大克鼎、番生簋蓋等,見《集成》02836、04326),當是聲化的結果。本文没有提到,是不應有的疏失。楚文字"遹"或作"埶"增從"辵"旁之形(參看李守奎《楚文字編》104 頁),本文所論用爲"遹"的

---

① 馬叙倫《莊子義證》卷十四,《民國叢書》第五輯第 6 册,商務印書館,1930 年。

"逐",不知有沒有可能是由從"辵"從"豕"之形省變而成的。

2012 年 7 月 9 日

編按：

1. 2012 年 12 月出版（實際發售時間為 2013 年 1 月初）的《清華大學藏戰國竹簡（叁）》所收《説命下》，"柔遠能邇"之"邇"寫作"逐"（簡 3）；2016 年 4 月出版的《清華大學藏戰國竹簡（陸）》所收《管仲》簡 7、2017 年 4 月出版的《清華大學藏戰國竹簡（柒）》所收《子犯子餘》簡 12、2018 年 11 月出版的《清華大學藏戰國竹簡（捌）》所收《治邦之道》簡 12、2019 年 11 月出版的《清華大學藏戰國竹簡（玖）》所收《治政之道》簡 19 等，"遠邇"之"邇"皆寫作"逐"，《清華（玖）》所收《廼命二》簡 6、7、8、10"密邇"之"邇"亦寫作"逐"。楚文字"逐"可用為"邇"，至此已完全論定。

2. 本文把楚文字用為"邇"的"逐"分析為從"辵"、"豕"聲，實則"豕"的上古聲母與"邇"差別頗大（"邇"本讀 *ŋ，後發生顎化變讀日母；"豕"與"勢"、"設"中古雖都是書母，但彼此上古來源各異："豕"應為 *l̥-，"勢"、"設"應為 *ŋ̊，參看白一平《"執"、"勢"、"設"等字的構擬和中古 sy-（書母＝審三）的來源》，《簡帛》第 5 輯，161～177 頁，上海古籍出版社，2010 年），"豕"大概不可能充當"邇"的聲符。用為"邇"的"逐"宜取本文"追記"所說，實乃從"辵"從"豕"之"邇"字的省體。

3. 清華簡《説命下》用為"邇"的"逐"，其"豕"旁寫法與《上海博物館藏戰國楚竹書（七）·凡物流形》中整理者釋為"进"之字所從"升"一致。所以，《凡物流形》此字宜從郭永秉、蘇建洲先生說釋為"逐"；本文關於此字釋讀的討論是錯誤的，應作廢。

《凡物流形》甲本 8 號簡"逐高從卑，至遠從邇"，已有學者讀"至"為"致"。"逐"、"致"對舉，"致"當訓"得"（《莊子·逍遙遊》："彼於致福者，未數數然也。"成玄英疏："致，得也。"）；"逐"大概仍訓"求"，猶《國語·晉語四》"厭邇逐遠"、齊器陳曼瑚"逐康"之"逐"。這裏的"逐高"、"致遠"的意思較虛，並非實指登上高處、到達遠方，而是說想要追求高的、遠的東西

（如"道"、學問、境界等），必須從低的、切近的層次開始。甲本7號簡文義雖不明，但將"奚"下之字釋爲"逐"，下一句的末字"飽"似可與"逐"視爲幽、覺合韻，其後二句末字"道"、"首"亦有韻。

其實，從字形上說，楚簡只有作"陞"的"升"，並沒有一個從"辵"從"升"的"升"字，改釋爲"逐"就毫無問題了。從用字上說，雖然楚簡裏追逐之"逐"確以用"述"爲常，但用"逐"可能也不罕見，清華簡《繫年》93號簡裏就有一個明白無疑的"逐"字，表示追逐之"逐"。現在還應加上上博簡《凡物流形》的這兩例"逐"；將來發表的楚簡中，也許還會再出現以"逐"爲"逐"之例。我們只得承認，楚文字裏"逐"這個字形，既繼承了殷周古文字的習慣用爲追逐之"逐"，也存在用爲"遹"的新現象（从"辵"从"豕"之"遹"字的省變），二者是同形字的關係。用字習慣的複雜性，有時會超出我們的想象。

原載卜憲群、楊振紅主編《簡帛研究2012》，廣西師範大學出版社，2013年。

説上博簡《容成氏》"民乃宜怨"的"宜"及古書中的相關字詞

《上海博物館藏戰國楚竹書(二)》收有《容成氏》篇,其中36號簡說:

……湯乃尃(溥)爲正(征)复(藉),㠯(以)正(征)闗(關)坅(市)。民乃宜肙(怨),虐(虐)疾旨(始)生。①

此簡"民乃宜怨"的"宜"字頗費解。蘇建洲先生認爲"宜"有"難怪"、"怪不得"之義,②似乏訓詁學上的確據。趙建偉先生根據《説文》古文"宜"之字形與"多"相近,懷疑此"宜"係"多"字之訛。③ 按戰國楚文字中"宜"、"多"二字字形差別很大,從無混訛之例。④ 趙説非是。單育辰先生也不同意"宜"乃"多"之訛字的説法,但他認爲可以按照趙建偉先生的理解,把"宜"讀爲"多"。⑤

---

① 馬承源主編《上海博物館藏戰國楚竹書(二)》,圖版128頁、釋文考釋278頁,上海古籍出版社,2002年。"尃"讀爲"溥",從陳劍先生《上博楚簡〈容成氏〉與古史傳説》(中研院歷史語言研究所主辦"中國南方文明研討會"會議論文,2003年)之説。
② 蘇建洲《〈容成氏〉譯釋》,季旭昇主編《〈上海博物館藏戰國楚竹書(二)〉讀本》,164頁,萬卷樓出版社,2003年。
③ 趙建偉《讀上博竹簡(二)札記七則》,簡帛研究網,2003年11月9日;同作者《楚簡校記》,《楚地簡帛思想研究(三)——"新出楚簡國際學術研究會"論文集》,188頁,湖北教育出版社,2007年。
④ 參看李守奎《楚文字編》,456、434頁,華東師範大學出版社,2003年;李守奎、曲冰、孫衛龍《上海博物館藏戰國楚竹書(一~五)文字編》,370~371、354~355頁,作家出版社,2007年。
⑤ 單育辰《佔畢隨錄之十》,簡帛網,2009年6月19日。

沈培先生在批評有的學者把郭店楚墓竹簡《六德》"以義使人多"、"以忠事人多"、"以智率人多"的"多"讀爲"宜"時，曾經指出：

> "多"讀爲"宜"在語音上有問題，二者一爲端母，一爲疑母，相差較大。《說文》以"宜"從多省聲，與古文字也不相合。今人大多數認爲"宜"是表意字。①

一般認爲《說文》古文"宜"所從的"多"，實是二"肉"形之訛變。由於沈先生所指出的語音上的原因，古文字資料和古書中幾乎找不出一個"宜"假借爲"多"的例子；而就在《容成氏》這一篇裏，48號簡上却有一個明白無疑的"多"字（辭例爲"虐（吾）所智（知）多鷹（薦）"），並不寫作"宜"。所以"宜"讀爲"多"之說大概也不能成立。

古書中有不少講因橫徵暴斂而導致民怨沸騰的話，可與上引簡文比較，幫助我們進一步體會"宜"的涵義。《管子·輕重乙》："故租籍君之所宜得也，正籍者君之所強求也，亡君廢其所宜得，而斂其所強求，故下怨上而令不行。"同書《權修》："賦斂厚，則下怨上矣。"《吕氏春秋·似順》："夫陳，小國也，而蓄積多，賦斂重也，則民怨上矣。"《管子·形勢解》講到紂"勞民力，奪民財，危民死"，致使"小民疾怨，天下叛之"。此外，《尚書·無逸》有"民否（丕）則厥心違怨，否（丕）則厥口詛祝"之語，王引之《經義述聞》引王念孫之說，指出"違與怨同義"，②"違"即《廣雅·釋詁四》"怨、懟……，恨也"之"懟"。③《容成氏》的"民乃宜怨"猶上引古書的"下怨上"、"民怨上"、"小民疾怨"、"民否（丕）則厥心違怨"。尤其是"小民疾怨"、"民否（丕）則厥心違怨"，與"民乃宜怨"文例極似。"疾"與"怨"、"違"

---

① 沈培《讀郭店楚簡札記四則》，張顯成主編《簡帛語言文字研究》第1輯，12頁，巴蜀書社，2002年。
② （清）王引之《經義述聞》，99頁，江蘇古籍出版社，2000年。
③ （清）王念孫《廣雅疏證》，119頁，江蘇古籍出版社，2000年。按：嶽麓書院藏秦簡《爲吏治官及黔首》簡48正第三欄："一曰不祭（察）所親則韋（違）數至。"[朱漢民、陳松長主編《嶽麓書院藏秦簡（壹）》，130頁，上海辭書出版社，2010年]"韋（違）數至"，睡虎地秦簡《爲吏之道》簡25第二欄作"怨數至"，亦"違/懟"、"怨"義近之例。參看復旦大學出土文獻與古文字研究中心讀書會（石繼承執筆）《讀〈嶽麓書院藏秦簡（壹）〉》，復旦大學出土文獻與古文字研究中心網，2011年2月28日。

與"怨"皆義近連文(《管子·君臣上》"故民不疾其威"尹知章注:"疾,怨也。""違"義詳上文)。"民乃宜怨"以"宜"、"怨"連文,似可說明此句的"宜"亦當與"怨"義近。

《墨子·備城門》有如下一段話:

> 凡守圍城之法:城厚以高,壕池深以廣,樓撕脩,守備繕利,薪食足以支三月以上,人衆以選,吏民和,大臣有功勞於上者多,主信以義,萬民樂之無窮。不然,父母墳墓在焉。不然,山林草澤之饒足利。不然,地形之難攻而易守也。不然,則有深怨於適(敵)而有大功於上。不然,則賞明可信而罰嚴足畏也。此十四者具,則民亦不宜上矣,然後城可守。十四者無一,則雖善者不能守矣。

"厚以高"上"城"字,據孫詒讓《墨子閒詁》補。"樓撕脩"的"脩"原作"揗",亦據孫詒讓說改。①

"則民亦不宜上矣"一句,俞樾認爲當作"則民亦宜其上矣":

> 凡守圍城之法以下,所說凡十四事,其文自明。大臣有功勞至萬民樂之無窮,共爲一事。蓋大臣素有功勞,則主信而義之,萬民樂之,然後可以有爲也。"此十四者具,則民亦不宜上矣",總上十四事而言,當作"則民亦宜其上矣"。墨子書"其"字多作"丌",因誤作"不",寫者遂移至"宜"字之上耳。②

《墨子》書中的"其"字確有作"丌"之例,但往往訛作"亦"而不訛作"不"。如《公孟》"是猶命人葆而去丌冠也"的"丌",畢沅本作"丌","舊作'亦',知是此字之訛"。③《備穴》"每亦熏四十什"的"亦",畢沅本作"丌"(孫詒讓認爲是"下"之形訛)。④ 俞樾說"不"係"其"之訛字、又誤移至"宜"字之上,是毫無根據的臆測。

孫詒讓也不相信俞樾的說法。他說:

---

① (清)孫詒讓《墨子閒詁》,下册 494~495 頁,中華書局,2001 年。
② 同上注,495~496 頁。
③ 同上注,455 頁。按:此篇"丌"、"亦"互訛之例甚多。
④ 同上注,555 頁。

此文固有訛，然俞改"不宜上"爲"宜其上"，則義仍未協。且此云"不宜上"，即《管子》云"此民所以守戰至死，而不德其上者也"，則"不"字必非誤。竊疑當作"則民死不惠上矣"，"死"、"亦"形近而訛；"惠"、"德"字通。"惠"字壞缺，僅存"直"，形與"宜"字尤相似，故訛。蓋此語意全同《管子》，但文略省耳。①

孫說"死"、"亦"形近而訛，同樣缺乏根據。據《管子·九變》之文改"宜"爲"惪（德）"，作"此十四者具，則民亦不德上矣"，其實"義仍未協"（詳下文的解釋）。但是，他把"宜"和"惠"之壞字"直"聯繫起來，對於校正《管子·九變》來說是很有啟發性的，詳下文。

于省吾先生指出"孫說非是"，並說"宜、且古同字……且應讀作詛，謂怨詛也"。② 所謂"宜、且古同字"，根據于先生在《非命上》"上之所賞命固且賞非賢故也……"條下的解說來看，是基於"宜""俎"同字、"俎""且"音近可通的認識的。③ 20 世紀 80 年代初，于豪亮先生釋出金文中的"俎"字，主張應將"宜"、"俎"二字徹底分開。④ 其說現已爲大多數古文字學者所接受。近年，陳劍先生又詳細討論了"且"、"俎"、"剮/刵"及其異體"劀"、"㓰"等字的關係，指出"且"象長方形俎面加上界欄之形，"俎"象俎案側視與俯視之形的結合，"剮/刵"象操刀於俎案上割肉，與釋讀爲"肆"的"劅"可能是一字異體。⑤ 由此看來，"宜、且古同字"之說已無存在的餘地，于先生據此讀爲"怨詛"之"詛"當然不可成立。

王闓運《墨子注》曾改"宜"爲"疑"，爲不少人所信從。⑥ 岑仲勉亦持此說："余按'宜''疑'今音相同，古音亦甚相近，下不疑上即上下相得，故能守。"⑦眾所周知，上古音"宜"屬歌部，"疑"屬之部，韻部遠隔，恐無相通

---

① （清）孫詒讓《墨子閒詁》，496 頁。
② 于省吾《雙劍誃群經新證、雙劍誃諸子新證》，304 頁，上海書店，1999 年。
③ 同上注，286 頁。
④ 于豪亮《說俎字》，《于豪亮學術文存》，77～80 頁，中華書局，1985 年。
⑤ 陳劍《甲骨金文舊釋"䵼"之字及相關諸字新釋》，復旦大學出土文獻與古文字研究中心編《出土文獻與古文字研究》第 2 輯，38～44 頁，復旦大學出版社，2008 年。
⑥ 參看張純一《墨子集解》，623 頁，文史哲出版社，1982 年。
⑦ 岑仲勉《墨子城守各篇簡注》，5 頁，中華書局，2004 年。

之理。此說顯不可信。不過，岑氏在串講《備城門》此段大意時，却說"故民守戰至死而不怨其上"。可見他雖然主張讀"宜"爲"疑"，其實跟于省吾先生一樣，也是往"怨"那一類意思考慮的。①

儘管把"宜"讀爲"詛"、"疑"，從文字學和音韻學上看都靠不住，但從文義來說，還是比較合適的。尤其是于省吾先生說"宜"有"怨詛"之義，岑仲勉先生以"怨"對譯"宜"，堪稱卓識。《大戴禮記·盛德》："賢能失官爵，功勞失賞禄，爵禄失則士卒疾怨，兵弱不用，曰'不平'也。"《管子·八觀》："便辟左右，不論功能，而有爵禄，則百姓疾怨，非上賤爵輕禄。"實與《墨子·備城門》"賞明可信而罰嚴足畏"則"民亦不宜上"說的是同一道理，只不過《大戴禮記》、《管子》皆從反面立論，《墨子》從正面立論而已。《管子·五輔》："是故上必寬裕，而有解舍。下必聽從，而不疾怨。上下和同，而有禮義，故處安而動威，戰勝而守固，是以一戰而正諸侯。"下"不疾怨"上，則"戰勝而守固"，這跟《備城門》所說"民亦不宜上矣，然後城可守"無疑是一回事。結合上文對《容成氏》"民乃宜怨"的分析來看，此二例"宜"應該都是"怨"、"恨"一類的意思，彼此可以互證。

上引孫詒讓說提到《管子·九變》中有一段與《墨子·備城門》相關的文字。其文如下：

> 凡民之所以守戰至死而不德其上者，有數以至焉。曰：大者，親戚墳墓之所在也，田宅富厚足居也。不然，則州縣鄉黨與宗族足懷樂也。不然，則上之教訓習俗慈愛之於民也厚，無所往而得之。不然，則山林澤谷之利足生也。不然，則地形險阻，易守而難攻也。不然，

---

① 吴毓江把"宜"讀爲"誃"，謂"民不宜上，猶言民不離上也"（吴毓江《墨子校注》，下册 817 頁，中華書局，1993 年）。當"離"講的"誃"除了見於字書外，先秦典籍中似乎一例也找不出來。【編按：《荀子·王霸》："四方之國，有侈離之德則必滅。"梁啟雄《荀子簡釋》讀"侈"爲"誃"，"誃離，猶言'叛離'"（149 頁，中華書局，1983 年）。其説可從。我們誤以爲當"離"講的"誃"先秦典籍未見，乃讀書不多之過。】如果《備城門》的作者要表達"民不離上"的意思，爲何不直接用"離"而要用十分罕見的"誃"（古書"臣離上"、"民離上"之語屢見）？這是很不好解釋的。而且，"誃"從"多"聲，前引沈培先生說批評"多"讀爲"宜"在語音上的不合理之處，於此仍然適用。故吴說亦不可信。此外還有一些說法，限於篇幅，不能一一介紹。

則罰嚴而可畏也。不然,則賞明而足勸也。不然,則有深怨於敵人也。不然,則有厚功於上也。此民之所以守戰至死而不德其上者也。

尹知章注"凡民之所以守戰至死而不德其上者,有數以至焉"句説:"或守或戰,雖復至死,不敢恃之以德於上,則有數存焉於其間,故能至此也。"其後解釋《管子》此段者幾無異辭。此文講能使民"守戰至死"的九種情況,但其中如"上之教訓習俗慈愛之於民也厚"、"罰嚴而可畏"、"賞明而足勸"等顯然跟民是否"德其上"無關。在這九種使民"守戰至死"的情況中,似乎只有"有厚功於上"一條可與民"不德其上"掛上鉤:"功厚則祿多,故亦自爲戰,而不德於君。"(尹知章注)不過這種聯繫顯然也是很勉強的。《九變》下文説:"今恃不信之人,而求以智;用不守之民,而欲以固;將不戰之卒,而幸以勝。此兵之三闇也。"猪飼彦博已指出"而求以智"的"智"當讀爲"知"。① 這幾句話是緊扣上文民"守戰至死而不德其上"而言的,"不守之民"、"不戰之卒"與"民守戰至死"相應,但所謂"不德其上"則與"不信之人"義不能配。

《管子・小問》中也有一段與此類似的文字:

> 公曰:"守戰遠見有患。夫民不必死,則不可與出乎守戰之難;不必信,則不可恃而外知。夫恃不死之民,而求以守戰;恃不信之人,而求以外知,此兵之三闇也。使民必死必信,若何?"管子對曰:"明三本。"公曰:"何謂三本?"管子對曰:"三本者:一曰固,二曰尊,三曰質。"公曰:"何謂也?"管子對曰:"故國父母墳墓之所在,固也;田宅爵祿,尊也;妻子,質也。三者備,然後大其威,厲其意,則民必死而不我欺也。"

此文與上引《九變》至少是同出一源的關係。"民必死而不我欺"應與"民守戰至死而不德其上"相當,但所謂"不德其上"與"不我欺"亦義不能配。

前人或以爲上引《墨子・備城門》"人衆以選"以下本於《管子・九

――――――
① 黎翔鳳《管子校注》,中册900頁,中華書局,2004年。

變》。① 根據此説及上引孫詒讓的看法，《墨子·備城門》的"此十四者具，則民亦不宜上矣，然後城可守"當與《管子·九變》"此民之所以守戰至死而不德其上者也"同意。如果像孫詒讓那樣把《備城門》的"民亦不宜上矣"改作"民亦不德上矣"，那就只能認爲民因"守圍城"十四法具而不"恃之以德於上"，所以"城可守"。可是"守圍城"十四法對於民而言有何"德"可恃呢？城尚未"可守"，民"德"不"德"其上，根本無從談起。如果《管子·九變》的"不德其上"是民不宜上、亦即指民不違怨其上，則大致與下文"不信之人"反義，與《小問》"民不我欺"義近。所以，我認爲《墨子·備城門》的"宜"非但不能據《管子·九變》改作"惪（德）"，相反還應該把《管子·九變》的"惪（德）"看作"宜"之訛字。

上引孫詒讓説"'惪'、'德'字通。'惪'字壞缺，僅存'直'，形與'宜'字尤相似，故訛"，這是有道理的。俗書"宜"、"直"上部皆寫作"宀"，字形幾乎無别，極易相混。②《淮南子·精神》"直宜迫性閉欲"，高誘注："宜，猶但也。"王念孫云："'直'下不當有'宜'字，'宜'即'直'之誤而衍者也。高注'宜'字亦當爲'直'，直之言特也。"③其説甚確。此即"宜"、"直"混訛之例。大概《管子·九變》此句本作"民之所以守戰至死而不宜其上"，"宜"訛作"直"後，又被人誤讀爲"德"（"不德其上"之語古書習見），遂成今本所見之文。

《管子·九變》以"守戰至死"和"不德〈宜〉其上"並列。在《墨子·備城門》裏，"凡守圍城之法"十四條是作爲"民亦不宜上矣"的原因的，而"城可守"是"民亦不宜上"的結果。也就是説，"民亦不宜上"與"凡守圍城之法"十四條皆可看作"城可守"的必要條件。《備城門》的作者在"不宜上"前加了一個"亦"字，在"城可守"前加了"然後"一詞，就充分説明了這一點。這是二者行文上的細微差别。《墨子·備城門》的作者顯然是要突出"民亦不宜上"這件事在"守圍城"中的重要性，所以才對《管子·九變》或

---

① 黎翔鳳《管子校注》引何如璋説，中册 897～898 頁。
② 參看梁春勝《楷書部件源流演變研究》，復旦大學博士學位論文（指導教師：張涌泉、施謝捷教授），101 頁，2009 年。
③ （清）王念孫《讀書雜志》，827 頁，江蘇古籍出版社，2000 年。

同類文獻稍加改動的。

《大戴禮記·哀公問五義》記孔子答魯哀公問"何如則可謂君子"時説：

　　　　所謂君子者，躬行忠信其心不置，仁義在己而不害不知，聞志廣博而色不伐，思慮明達而辭不爭，君子猶然如將可及也，而不可及也。

《荀子·哀公》有類似的話作：

　　　　所謂君子者，言忠信而心不德，仁義在身而色不伐，思慮明通而辭不爭，故猶然如將可及者，君子也。

《大戴禮記》的"置"，一本作"買"。① 過去校《大戴》者皆以"買"爲"置"之形訛；唯近來蕭旭先生力主字當作"買"，讀爲"瞋"，"瞋"訓小視、竊視，"不瞋，猶言不輕視、不輕忽"。②

《説文·四上·目部》收有"瞋"字，訓爲"小視也"。《説文》學家皆引揚雄《太玄·衆·次七》"師孕啍之，哭且瞋"范望注"竊視稱瞋"以證其義，③蕭文亦引此條。除了字書以外，其他傳世古書中似未再見使用"瞋"字者。司馬光注上引《太玄》之句云："夫死婦孕，民之愁苦尤劇者也。衆孕相啍，既哭且瞋，竊視其上，怨恨之也。"④雖用"怨恨"、"愁苦"之語，但這是申講此條大意，亦即《次七》接下去總結説"旌旗絓羅，大恨民也"的"恨"，並不代表"瞋"有"怨恨"、"愁苦"之義（司馬光云"竊視其上"，正以"竊視"訓"瞋"）。總之，從文獻中僅見的"瞋"字用例看，其義十分單純，只能當"小視"、"竊視"講，顯然不能用以形容君子之"心"。⑤ 蕭文認爲此字

---

　　①　參看方向東《大戴禮記彙校集解》，上册55～56頁，中華書局，2008年。

　　②　蕭旭《〈大戴禮記〉拾詁》，原載《澳門文獻信息學刊》2011年第2期，又載復旦大學出土文獻與古文字研究中心網站，2011年11月2日。今據後者引。以下所引蕭説均見此文，不再出注。

　　③　丁福保編纂《説文解字詁林》，第二册962頁，雲南人民出版社，2006年。

　　④　（宋）司馬光《太玄集注》，67～68頁，中華書局，1998年。

　　⑤　清人錢坫《説文解字斠詮》在"瞋"字下説："此與迷字同用。"（丁福保編纂《説文解字詁林》，第二册962頁）按："瞋"、"迷"音雖近，但古書中"迷"字似無與"瞋"同類的用法，錢説不知何據。（也許錢氏竟是指"眯"字而言？）

當作"買"、讀爲"瞋",似頗難信。

在主張以"置"爲是的各家之中,對此字的解釋又分爲好幾派意見,上引蕭旭先生的文章已作過較爲全面的介紹。戴震、汪喜孫、戴禮、黄懷信等謂"置"如字讀,取"措置"之義。王引之《經義述聞》據《荀子》文,指出《大戴禮記》"其心不置"之"其"係"而"之誤,又引王念孫説認爲"置"當讀爲"德","猶《繫辭》言'勞而不伐,有功而不德'也。《文王官人》篇'有知而不伐,有施而不置',《逸周書》'置'作'德'。《荀子·雲賦》'功被天下而不私置',亦謂雲之功及天下而無私德也。"① 王樹柟、孫星衍、孫詒讓、汪照等人亦有"置"爲"悳"之誤字的説法。

上引《大戴禮記·哀公問五義》、《荀子·哀公》之文又見於《孔子家語·五儀解》,其文云:

> 所謂君子者,言必忠信而心不怨,仁義在身而色無伐,思慮通明而辭不專;篤行通道,自強不息,油然若將可越而終不可及者。

蕭旭先生指出,《長短經·文上》:"所謂君子者,言必忠信而心不忌,仁義在身而色不伐。"趙蕤原注:"忌,怨害也。"《皇王大紀》卷69:"心不忌,色無伐,辭不專……者,君子也。"語並與此近似。有的研究者認爲《長短經·文上》此條注,乃引自《孔子家語》王肅注。② 按今本《家語》王肅注作"怨,咎"。《長短經》此句作"忌",用字異而義實同("忌"訓"怨"乃古書常訓)。睡虎地秦簡《爲吏之道》簡12、13第一欄,嶽麓書院藏秦簡《爲吏治官及黔首》簡54、55正第二欄皆有"寬裕忠信,和平毋怨"之語,③與《孔子家語》"言必忠信而心不怨"亦相類。

從古書異文通例看,《大戴禮記》"躬行忠信其〈而〉心不置"、《荀子》"言忠信而心不德",相當於《孔子家語》"言必忠信而心不怨"。《大戴禮記》"置"無論如字讀,還是讀爲"德",於義固然可通,但都跟《孔子家語》的

---

① (清)王引之《經義述聞》,267頁。
② 周斌《〈長短經〉校證與研究》,18頁,巴蜀書社,2003年。
③ 睡虎地秦墓竹簡整理小組《睡虎地秦墓竹簡》,圖版81~82頁、釋文注釋167頁,文物出版社,1990年;朱漢民、陳松長主編《嶽麓書院藏秦簡(壹)》,133頁。

"怨"、《長短經》等書的"忌"無法統一解釋。這是很可怪的。竊疑《大戴禮記》的"置"、《荀子》的"德（悳）"實皆"宜"字之訛。這個"宜"跟上舉《容成氏》"民乃宜怨"、《墨子·備城門》"民亦不宜上"、《管子·九變》"民……不德〈宜〉其上"的"宜"一樣，也是"怨"、"恨"一類的意思。【編按：《大戴禮記·哀公問五義》"仁義在己而不害不知"，前人指出"不害不知"猶言不患人之不己知（參看《大戴禮記彙校集解》上册 56～57 頁）。據此，"躬行忠信而心不宜"也當指行忠信雖不爲人所理解，然心不怨違。】由於這種用法的"宜"十分生僻，故《孔子家語》的編寫者據文義將之改成了"怨"，《長短經》等後出古書又改用當"怨"講的"忌"字。

古書中這種用法的"宜"也許還有（可能多已訛作"直"、"德"或其他字），出土文獻中將來也可能再出現這種"宜"字，有待於我們繼續留意辨識。【編按：參看本書所收《孔家坡漢簡〈日書〉短札四則》。】

古注和字典辭書中的"宜"，從來沒有"怨"、"恨"一類的義項；由"宜"的常用義，似乎也引申不出這種意思。當"怨"、"恨"講的"宜"顯然是一個假借字，它到底對應於古漢語書面文獻中的哪一個詞，需要進一步研究。"宜"是疑母歌部字，"怨"是影母元部字，二者聲母相近，韻部陰陽對轉（但中古開合口、聲調彼此不同）。"宜"所代表的、義爲"怨"、"恨"之詞，大概跟"怨"屬於同一詞族。

2011 年 12 月寫完

　　附識：本文蒙陳劍、郭永秉先生審閱並提出修改意見，寫作過程中曾與劉嬌、石繼承兄討論，謹致謝忱。

　　追記：

本文曾提交 2013 年 10 月 19～20 日在復旦大學舉行的"簡帛文獻與古代史"學術研討會暨第二屆出土文獻青年學者論壇。提交時於正文後加一"補記"，根據《論語·陽貨》"今之矜也忿戾"的"忿戾"，定州漢墓所出竹簡本《論語》530 號簡作"忿誼"，懷疑本文所論的"宜"至少應該與"戾"音義皆近，或可讀爲"戾"。

論文宣讀後,張富海先生告訴我,"宜"讀爲"戾"從語音上看不合適,定縣簡《論語》"忿誼"之"誼"可能即本文所說的這種意思的"宜",而與"戾"未必表示的是同一個詞。裘錫圭先生看了收入會議論文集的拙文之後,向我指出:古漢語中似無"戾上"或"戾其上"一類的説法,這與本文所舉"宜上"、"宜其上"之例不合,所以"宜"讀爲"戾"大概不能成立。此外,裘先生還指出了拙文的一些其他毛病。

仔細考慮裘、張二位先生的意見,現在我已放棄"宜"讀爲"戾"的想法。故將原所加"補記"刪去,改用"追記"的形式加以交代。對於裘先生、張先生的指教,本人十分感激。

又,何有祖《里耶秦簡牘綴合(二)》綴合的里耶秦簡 8－1363＋8－1042,有"不能視而善瞗"之語,何先生指出這裏的"瞗"是"小視"之類的意思,與"視"相關(簡帛網 2012 年 5 月 14 日)。這條材料也對蕭旭先生取《大戴禮記》"躬行忠信其心不買"之文、並讀"買"爲"瞗"之説不利。

2013 年 12 月 3 日

原載中國文化遺産研究院編《出土文獻研究》第 12 輯,中西書局,2013 年。

《上博（七）·凡物流形》補釋二則

一

《上博（七）·凡物流形》甲本簡 2、乙本簡 1～2 有如下之語（與討論無關的簡文以通用字寫出，不嚴格隸定。下同）：①

　　　陰陽之㞯〈凥〉，奚得而固？

整理者曹錦炎先生已指出"㞯"係"凥"之誤字，與簡 16"凥"訛作"㞯"同例。② 由於與"㞯"押韻的"固"是魚部字，"㞯"爲"凥"之形訛這一點可以肯定下來。整理者曹錦炎先生根據楚簡一般用字習慣，讀"凥"爲"處"，謂義同"居"。③ 我們在寫《〈上博（七）·凡物流形〉重編釋文》時，曾懷疑"凥"當讀爲"序"。④ 後來對這一設想又有所論述：⑤

　　　《春秋繁露·精華》："故變天地之位，正陰陽之序，直行其道，而不忘其難，義之至也。""固"有"定"義（《故訓匯纂》398 頁），與"正陰

---

　① 馬承源主編《上海博物館藏戰國楚竹書（七）》，圖版 78、111～112 頁，釋文考釋 226～227 頁，上海古籍出版社，2008 年。
　② 同上注，226 頁。
　③ 同上注，226～227 頁。
　④ 復旦大學出土文獻與古文字研究中心研究生讀書會《〈上博（七）·凡物流形〉重編釋文》（鄔可晶執筆），復旦大學出土文獻與古文字研究中心網，2007 年 12 月 31 日。
　⑤ 鄔可晶《談〈上博（七）·凡物流形〉甲乙本編聯及相關問題》，復旦大學出土文獻與古文字研究中心網，2009 年 1 月 7 日。

陽之序"之"正"相近。不過，"尻"用爲"序"在楚文字中未見其例，故加問號以示不敢肯定。

我們所以有此懷疑，是感到"陰陽之處"或"陰陽之居"的説法頗爲陌生，文義不易講通。那些主張"尿"不必視爲"尻"字之誤的學者，不知是否也有此顧慮。

正如上引文所指出的，"尻"在古文字中從來不表示"序"，這一點成爲"尻"讀作"序"的最大障礙。經過反復考慮，現在我們認爲，整理者曹錦炎先生的讀法是正確的，我們原來讀爲"序"的設想應該抛棄。

銀雀山漢墓竹簡中有一種屬於"陰陽時令占候之類"的數術文獻，其篇題爲"天地八風五行客主五音之居"。① 李家浩先生在給胡文輝先生的信中解釋篇名説："'居'似應釋作居處之'居'，《天地》全篇内容都是根據天地、八風、五行、客主、五音所在的方位或日辰來占候吉凶的，故名。"② 這種用法的"居"在古書中也是有的。《晏子春秋·内篇問上》"景公問忠臣之行何如晏子對以不與君行邪"章："不權居以爲行，不稱位以爲忠。"俞樾根據"權居"與"稱位"相對，指出"'居'，猶'位'也"。③ 其説甚是。簡文"陰陽之尻"與"天地八風五行客主五音之居"語例相同，"尻"和"居"的意思應該相近或相同。

楚簡中的"尻"多用爲"處"，這是大家所熟悉的。在《上博（三）·周易》中，與簡本"尻"對應之字，在今本中多作"居"，與《説文》和傳世古書以"尻"爲"居"同，如：簡16："隨求有得，利尻（居）貞。"④簡25："拂經，尻（居）貞吉，不可涉大川。"⑤簡26："尻（居）吉。"⑥如果《凡物流形》"陰陽之尻"的"尻"的用法同於《周易》，那麽，"陰陽之居"的説法就跟"天地八風五

---

① 吴九龍《銀雀山漢簡釋文》，61頁，文物出版社，1985年。
② 胡文輝《銀雀山漢簡〈天地八風五行客主五音之居〉釋證》，同作者《中國早期方術與文獻叢考》，302頁，中山大學出版社，2000年。
③ 吴則虞《晏子春秋集釋》，上册227頁，中華書局，1982年。
④ 馬承源主編《上海博物館藏戰國楚竹書（三）》，圖版28頁、釋文考釋159頁，上海古籍出版社，2003年。
⑤ 同上注，圖版37頁、釋文考釋171頁。
⑥ 同上注，圖版38頁、釋文考釋172頁。

行客主五音之居"完全一致了。不過,由於上博簡《周易》的文字風格和用字習慣比較複雜,既有楚系文字的特徵,又有秦系文字和楚、秦之外的文字系統的特徵,①以"凥"爲"居"很可能屬於非楚系文字的用字習慣【編按:上博簡《周易》的"凥"仍應讀爲"處"};"陰陽之凥"的"凥"還是應從絶大多數楚文字的用字習慣讀爲"處"。即便如此,"居"、"處"音義皆近,"陰陽之處"與"天地八風五行客主五音之居"也是十分接近的,後者仍能證明前者的説法可以成立。郭店簡《性自命出》簡 54"獨凥(處)而樂"、簡 60～61"獨凥(處)則習",《上博(一)·性情論》簡 23 作"獨居而樂"、簡 30 作"獨居則習",就是"凥(處)"、"居"換用的一個例子。

馬王堆漢墓所出《老子》乙本卷前古佚書有一篇《經法》,其中《六分》有"其主失立(位)則國無本,臣不失處則下有根"、"主失立(位)則國芒(荒),臣失處則令不行"、"主失立(位),臣不失處"、"主不失其立(位)則國[有本,臣]失其處則下無根"之語,《四度》有"日月星辰之期,四時之度,[動静]之立(位),外内之處"、"君臣不失其立(位),士不失其處"之語,《論》有"天定二以建八正,則四時有度,動静有立(位),而外内有處"之語,《論約》有"刑(形)名已定,逆順有立(位),死生有分,存亡興壞有處"之語,皆"處"、"位"對文,可證"處"確有"所處之位"義。【編按:《清華大學藏戰國竹簡(柒)》所收《越公其事》55 號簡云"唯立(位)之次凥(處)、服飾、羣物品采之愆于故常",以"次""處"言"位"。"次"可引申指"位次",與"處"引申出"所處之位"義相類。】

總之,"陰陽之凥(處)"的"凥(處)"和"天地八風五行客主五音之居"的"居",都是指所居處的方位而言。《漢書·王吉列傳》:"使男事女,夫詘於婦,逆陰陽之位,故多女亂。"《太平經·闕題》:"本天地元氣,合陰陽之位。""陰陽之位"與"陰陽之凥(處)"的意思並無多少出入,其義與"序"亦相類,所以上面關於"陰陽之序"的解釋對"陰陽之凥(處)"同樣適用。

---

① 參看秦俤《利用出土資料校讀〈周易〉經文》,復旦大學碩士學位論文(指導教師:陳劍教授),12～13 頁,2008 年。

二

《凡物流形》甲本簡 17 有一個整理者釋爲"此"之字,①作如下之形(以下用△代替。乙本此句適殘):

其所在辭例爲(釋文已吸收了各位學者合理的意見,限於篇幅,不能一一注明):

      聞之曰:能察一,則百物不失;如不能察一,則【22】百物具失。如欲察一,仰而視之,俯而癸(揆)之,毋遠求度,於身稽之。得一[而]【23】圖之,如並天下而担之;得一而思之,若並天下而治之。△一以爲天地旨(稽)。【17】

"△一以爲天地旨"的"旨"當讀爲"稽",訓爲"法式",是廣瀨薰雄先生很早就告訴我的意見。今從之。《〈上博(七)·凡物流形〉重編釋文》對△闕釋。高佑仁先生在陳志向《〈凡物流形〉韻讀》文後的評論中指出,整理者釋△爲"此",但△與楚簡多見的"此"的寫法不合;"我認爲這個字當釋作'又',△字左旁殘泐處或疑有飾符,這種型態的'又'字亦見戰國文字,可參《說文新證》(上)頁 184,楚簡中'又'字偏旁加此飾筆的亦不乏其例,'又'此處讀作'有'。本處'又(有)一以爲天地旨',與簡文 21 討論'是故又(有)一,天下亡不有;亡一,天下亦亡無一有。'都是對於'一'的內涵進行討論,可以證明△字當是'又'字。"②在此之前,程少軒先生曾和我討論過此字。他疑是"勹"字,讀爲"抱";我疑是"肘"之初文,讀爲"守"。③ 後

---

① 馬承源主編《上海博物館藏戰國楚竹書(七)》,圖版 94 頁,釋文考釋 255、256 頁。
② 復旦大學出土文獻與古文字研究中心網站,2009 年 1 月 18 日 16:21:16 評論。
③ 同上注,2009 年 1 月 18 日 17:35:31 評論。

來,張崇禮先生和我討論簡文時也懷疑△當釋讀爲"守",並在他所做的釋文中直接將此字釋寫作"守"。①

高佑仁先生對△的形體的觀察是很準確的,此字確由"又"及其左下的一筆所組成。不過,高先生所說的有"殘泐"或"飾符"的獨立的"又"字,見於《說文新證》上冊184頁的三例都屬於三晉和燕系文字,在楚文字中一例也看不到。②〔"反"字所从的"又",在《上博(六)·天子建州》甲本簡3、新蔡葛陵楚簡乙四100、零532、678等簡中確作"又"下加一"飾符"之形,但單獨的"又"尚未見此寫法。〕而就在《凡物流形》甲本簡3正、9、10、19、20、21和乙本簡2、8、13、14中,共有15個"又"字,無一寫作"又"下加"飾符"之形。所以,從字形上看,△釋爲"又"是不合理的。我們認爲,"又"左下一筆是指事符號,指示"肘"所在部位,字當釋爲"肘"之表意初文。

關於"肘"字,李天虹先生有詳細的考釋,③請讀者參看,兹不贅述。這種寫法的"肘"多作爲"鑄"和"守"之聲符出現,下面略舉幾例:

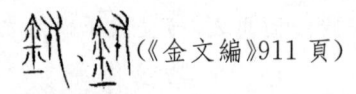

（《金文編》911頁）

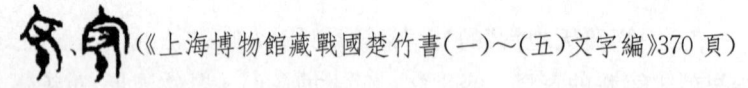

（《上海博物館藏戰國楚竹書(一)～(五)文字編》370頁）

郭店簡《成之聞之》簡3有獨立的"肘"字:④

---

① 張崇禮《〈凡物流形〉新編釋文》,復旦大學出土文獻與古文字研究中心網,2009年3月20日。

② 李守奎《楚文字編》,175～178頁,華東師範大學出版社,2003年;李守奎、曲冰、孫偉龍《上海博物館藏戰國楚竹書(一)～(五)文字編》,142～149頁,作家出版社,2007年;蔣文《〈上海博物館藏戰國楚竹書(六)〉文字編》,復旦大學本科學年論文(指導教師:陳劍教授),52頁,2008年。按:《楚文字編》177頁所收郭店《語叢二》簡48"又"作,核對原圖版,其形爲(《郭店楚墓竹簡》,圖版92頁,文物出版社,1998年),《楚文字編》所收字形有誤。

③ 李天虹《釋郭店楚簡〈成之聞之〉篇中的"肘"》,同作者《郭店竹簡〈性自命出〉研究》,236～245頁,湖北教育出版社,2003年。

④ 荊門市博物館《郭店楚墓竹簡》,圖版49頁。

△左下一筆上部的飾點正處於編痕位置,不甚明顯。但在放大圖版上仔細觀察,還是依稀可辨的。退一步說,就算不承認△左下一筆上部有飾點,其字仍可釋爲"肘"。李天虹先生在上面提到的那篇文章中指出,侯馬盟書中"守"所從的聲符"肘",既有寫作"肘"的,又有寫作"寸"的,二者的區別不是絕對的,後一種寫法依然可以表示"肘"。① 郭店簡《唐虞之道》簡12"守"作![字形],其所從"肘"左下一筆上的飾點並不明顯,甚至就可看作是"寸"形。從用字習慣來看,秦文字中用"寸"所表示的"寸"這個詞,在楚文字中用"夲"字表示。這一點經劉國勝先生發其覆,②已爲大多數學者所接受。《凡物流形》甲本簡9"足將至千里,必從寸始"的"寸"即作"夲",可以進一步證實劉氏的說法。所以即使△就寫作"寸"之形,也可以用如"肘"而不致跟"寸"相混。總之,就字形而言,△釋爲"肘"應該可以成立。

"守"字本從"肘"聲,△既釋爲"肘",就沒有問題可讀爲"守"。"守一"的說法見於古書,如:《管子·内業》:"大心而敢,寬氣而廣,其形安而不移,能守一而棄萬苛。"《黄帝内經·靈樞·病傳》:"此乃所謂守一勿失,萬物畢者也。"《漢書·嚴安傳》:"臣聞《鄒子》曰:'政教文質者,所以云救也,當時則用,過則舍之,有易則易之,故守一而不變者,未睹治之至也。'"嚴可均《全後漢文》卷五十八載堂溪協《嵩高山開母廟石闕銘》:"守一不歇,比性乾坤。"從上引《凡物流形》的論說思路來看,簡文先講"察一"的重要性("能察一,則百物不失"),然後講"察一"的方法("仰而視之,俯而癸(揆)之,毋遠求度,於身稽之");"察一"之後是"得一",進而爲"守一","守一以爲天地旨(稽)";"察—得—守"的邏輯層次是很清楚的。

在馬王堆漢墓帛書《老子》乙本卷前古佚書《十大經》中,有一篇《成法》專講"一",可與《凡物流形》對讀。其文云:"夫唯一不失,一以趨化,少

---

① 李天虹《釋郭店楚簡〈成之聞之〉篇中的"肘"》,同作者《郭店竹簡〈性自命出〉研究》,244~245頁。
② 劉國勝《信陽長臺關楚簡〈遣策〉編聯二題》,《江漢考古》2001年第3期,67頁。

以知多。""夫百言有本,千言有要,萬【言】有總。萬物之多,皆閲一空。""握一以知多"等,①大概就是上引《凡物流形》簡 22+23 所説"能察一,則百物不失。如不能察一,則百物具失"的意思。《成法》也談到"守一"的問題:"□□所失,莫能守一。""總凡守一,與天地同極,乃可以知天地之禍福。"②意謂"守一",與天地共準則,即可知天地禍福。這與《凡物流形》簡 17"守一以爲天地旨(稽)"的涵義相符。洪适《隸釋》卷三引《老子銘》:"守一不失,爲天下正。"這裏的"正"是"主宰"的意思,與馬王堆帛書《戰國縱横家書》"麛皮對邯鄲君"章"楚人然後舉兵,兼爲正乎兩國"、馬王堆漢墓所出《太一避兵圖》"狂謂不誠,北斗爲正"以及《楚辭·九章·惜誦》"指蒼天以爲正"等古書中的"正"用法相同。③"守一不失"則爲天下主宰,與"守一以爲天地旨(稽)"的説法也很相似。於此可見,我們把"△一"釋讀爲"守一"是合適的。

原載《東南文化》2010 年第 5 期。

---

① 國家文物局古文獻研究室編《馬王堆漢墓帛書[壹]》,圖版 122~123 行、124 行上,釋文注釋 72 頁,文物出版社,1980 年。
② 同上注,圖版 122 行、124 行上,釋文注釋 72 頁。
③ 陳劍《楚辭〈惜誦〉解題》,《中文自學指導》2008 年第 5 期,6~8 頁。

釋《凡物流形》甲本 27 號簡的 "朵" 字

　　陶安、陳劍二位先生合寫的《〈奏讞書〉校讀札記》（以下簡稱"《札記》"）第 j 則，①集中考釋了秦漢文字中作 ❏、❏、❏ 等形的"朵"字以及从"朵"的"染"字[引者按：後來發表的《嶽麓書院藏秦簡（叁）》簡 63、65、66、72、74、77、78、79、82、83 正等屢見人名"朵"，亦作 ❏]。其説甚爲精闢。

　　《説文·六上·木部》："朵，樹木垂朵朵也。从木，象形。"王輝、程學華先生指出，從出土秦漢文字看，"朵字下部似是禾而非木，'朵'於禾上加一短豎，爲指示字"。② 十分正確。《札記》提到，"朵"、"耑"二聲關係密切，如《周易·頤卦》"初九"爻辭"朵頤"之"朵"，阜陽漢簡本作"端"，上博竹書本作"敨"。③ 按《周易》"朵頤"，孔穎達《正義》謂"朵是動義"。④ 前人已指出這個"朵"是《廣雅·釋詁一》訓"動也"之"揣"的假借字；上博簡

---

① 《出土文獻與古文字研究》第 4 輯，393～397 頁，上海古籍出版社，2011 年。
② 王輝、程學華《秦文字集證》，270 頁，藝文印書館，1999 年。
③ 《出土文獻與古文字研究》第 4 輯，396 頁。
④ 馬王堆帛書《老子》乙本卷前古佚書《十六經·正亂》："我將觀亓（其）往事之卒而朵焉，寺（待）亓（其）來【事】之遂刑（形）而സ（和）焉。壹朵壹禾（和），此天地之奇也。"（26 上/103 上～27 上/104 上）原整理者訓"朵"爲"動"、訓"和"爲"相應"，"朵與和有主動、被動之別，義則相對"（裘錫圭主編《長沙馬王堆漢墓簡帛集成》，第肆册 160 頁注[二三]，中華書局，2014 年）。

《周易》"毄"應即此"揣"之異體，跟字書中訓"度"、"試"之"毄"大概只是偶然同形。①《説文·七上·禾部》有訓"禾垂皃"的"秞"字，《札記》認爲"秞"與"朵""應視爲一語之分化"。其實，從"朵"字本从"禾"來看，很可能"朵"就是"秞"的表意初文，其字於下垂的禾穗上加一指事符號，點明字形表示"禾垂"之意。【編按：《説文·十二上·耳部》："耳，耳垂也。从耳下垂，象形。"此字古文字作 ▨（侯馬盟書1：52）、▨（包山簡77）之形，像在耳朵上加一筆，指示"耳下垂"意，其造字方法與"朵"相類，可資比較。】《説文》乃據已斷裂、訛變的字形立説，未必符合實際。

《札記》説"'朵'字先秦古文字尚未見"。最近，我們在已發表的戰國楚簡裏發現了一個可能是"朵"的字；如所釋不誤，或可補先秦古文字"朵"席之缺。

《上海博物館藏戰國楚竹書（七）》所收《凡物流形》甲本27號簡，②根據目前研究成果，可釋寫其文如下（釋文不加嚴格隸定，逕以通行字或通用字寫出）：③

      尋牆而履，屏氣而言，不失其所然，故曰堅。▨尻和氣，令聲好色（下殘）

"尻"上一字，研究者多從整理者釋"和"，或釋爲"禾"而讀爲"和"。其實只要看一下同簡真正的"和"字（▨），便可知道釋"和"顯然是不對的。此字比一般的"禾"多出一"丿"，所以大概也不能釋"禾"。

今按當釋爲"朵"。此字實是在禾穗下垂處另加一撇，與上舉秦漢文

---

① 參看侯乃峰《〈周易〉文字彙校集釋》，233～236頁引各家説法，臺灣古籍出版有限公司，2009年。"朵"、"揣"關係，又可看（清）王念孫《廣雅疏證》，38頁下欄之左，中華書局，2004年。

② 馬承源主編《上海博物館藏戰國楚竹書（七）》，圖版104頁、釋文考釋268～269頁，上海古籍出版社，2008年。

③ 參看《〈上博（七）·凡物流形〉重編釋文》，《出土文獻與古文字研究》第3輯，277頁所引各家説法，上海古籍出版社，2010年。"令（訓'善'）"的釋讀從范常喜《〈上博七·凡物流形〉"令"字小議》，簡帛網，2009年1月5日。

字"朵"字構思一致,只不過簡文的"朵"寫得比較草率,指示"禾垂"的符號與"禾"形分離開了而已。也可能禾穗下方的"丿",是爲了突出"禾垂兒"而故意寫作下垂狀的。上引秦漢文字"朵"的最末一形(馬王堆帛書《養生方》69行"染"所從),指事符號並未穿透表示禾穗的那一筆,似可視爲由簡文此字演變爲一般"朵"形的中間環節:朵→朵→朵。

"朵尻"讀爲"端處",語音上最爲直截("朵"、"端"二聲極近,見上文)。《吕氏春秋·盡數》言"和精端容",與簡文"端處"、"和氣"並舉同例。訓"正"之"端",① 古有動詞用法,如《楚辭·七諫·沈江》"正臣端其操行兮"。"端處"可能指端正其居處容止或端正其處世,語法結構與上引"端容"、《荀子·法行》"端身"、《韓詩外傳》卷七與"務學""修身"並提之"端行"等類同。若此,處於相同語法地位的"和氣"、"令聲"、"好色",亦應理解爲"平和其氣"、"令善其聲"、"美好其色"。《大戴禮記·保傅》屬於"太保之任"者,有"天子處位不端"一條(其文又見於賈誼《新書·傅職》)。黄懷信《大戴禮記彙校集注》謂"處位,居坐其位。不端,身不正也"。② "端處"如取前一種解釋,似乎就是要端正"處位不端"的。

單育辰先生曾明確指出,《凡物流形》甲本27號簡當歸入《上海博物館藏戰國楚竹書(六)》所收《慎子曰恭儉》篇。他排此簡於《慎子曰恭儉》5號簡之前,認爲二簡可連讀,並將連讀之處的簡文補釋爲"【爵】(此字補於《凡物流形》甲簡27之末)禄不累其志"。③ 按單先生的補法頗文從字順。《慎子》有一條佚文講"善爲國者,……移求爵禄之意而求義"。④ 如撇開具體語境不管,"移求爵禄之意而求義"不就是"爵禄不累其志"麼?("不累其志"之語又見於《孔叢子·居衛》:"知以身取節者則知足矣,苟知足則不累其志矣。")不過,從整理者指出的《慎子曰恭儉》完簡1號簡存28字的情況看,《凡物流形》甲本27號簡下端當殘去3~4字,僅補一

---

① 參看宗福邦等主編《故訓匯纂》,1661頁"端"字條⑤~⑫,商務印書館,2003年。
② 上册379頁,三秦出版社,2004年。
③ 單育辰《上博七〈凡物流形〉、〈吴命〉札記》,《簡帛》第5輯,277~280頁,上海古籍出版社,2010年。
④ 許富宏《慎子集校集注·慎子佚文存疑》,108~109頁,中華書局,2013年。

"爵"字恐嫌不够。《淮南子·精神》:"勢位爵禄何足以概志!"其意與"爵禄不累其志"極近;疑在單先生所補"爵"字之上,還可以再補出"勢位"或類似之字。

《慎子曰恭儉》3號簡"故曰賽(清?静?)"一段,有"中尻(處)而不皮(頗)"之語,"中處"當指處世中正,似與《凡物流形》甲本27號簡的"朵(端)尻(處)"相應。這也對《凡物流形》甲本27號簡與《慎子曰恭儉》同屬一篇的看法有利。然則"端處"取上述後一種解釋,指端正其處世而言,也許更好一些?

2014年5月27日初稿
2015年5月4日改定

附識:本文初稿曾發表於復旦大學出土文獻與古文字研究中心網站(2014年5月27日),今略加修訂。

原載《古文字研究》第31輯,中華書局,2016年。

《上博(九)·舉治王天下》"文王訪之於尚父舉治"篇編連小議

《上海博物館藏戰國楚竹書(九)》所收《舉治王天下》,按照整理者的意見,一共包含了"古公見太公望"、"文王訪之於尚父舉治"、"堯王天下"、"舜王天下"、"禹王天下"五小篇。① 在這裏我們着重談"文王訪之於尚父舉治"篇(以下簡稱《文王》)的竹簡編連問題(整理者所編此篇竹簡爲簡4～21)。由於原簡殘缺嚴重,文義難明,我們所作的編連工作一定頗多臆測之處,對情節的復原亦多屬懸想,僅供大家參考。

到目前爲止,對《文王》有關竹簡歸篇和簡序調整的研究,貢獻最大的是李松儒、侯乃峰和王凱博先生。2011年7月,《上海博物館藏戰國楚竹書(八)》出版後,李松儒先生率先指出此書所收《成王既邦》簡9、12、13、16與其他簡的字迹有別,當歸爲一組,可能屬於整理者原來介紹的"《尚父周公之二》篇"。② 2013年1月,《上博(九)》出版後,李先生以"松鼠"的網名在"簡帛網"的論壇裏發表《有關上博九的字迹情況》一帖,指出《舉治王天下》"簡1—12、15、16、18、20、22、25、27、28字迹與《成王既邦》B組字迹(簡9、12、13、16)特徵一致,應爲同一抄手所寫"。③ 此前,侯乃峰先生

---

① 馬承源主編《上海博物館藏戰國楚竹書(九)》,圖版61～95頁、釋文考釋191～235頁,上海古籍出版社,2012年。下文引《上博(九)》的内容不再出注。
② 復旦吉大聯合讀書會《上博八〈成王既邦〉校讀》文後評論,復旦大學出土文獻與古文字研究中心網,2011年7月24日、9月2日。
③ "松鼠"(李松儒網名)《有關上博九的字迹情況》,簡帛網"簡帛論壇",2013年1月7日15:10。

以"汗天山"的網名在論壇上發言,"懷疑上博八《成王既邦》簡9'栝市明之悳(德)亓(其)殜(世)也'當屬於此篇"。① 但未明確其具體編連位置。他們的意見都極富啟發性。

簡27整理者歸入《舜王天下》篇,不知有何確據。李松儒先生在簡帛網的論壇上提出簡20+27的拼合,②雖未加説明,但從有關情況看無疑是正確的,詳下文的論證。

簡21首字整理者誤釋爲"胃",網友wqpch改釋爲"睧"讀爲"問"。③王凱博先生在此基礎上拼合了簡13與簡21,相關文句連讀爲"文王曰:'請睧(問)日行。'"。④ 所説皆正確可從。

下面先寫出按照我們的編連意見(吸收了李松儒先生和王凱博先生的兩處正確編連)所排定的《文王》篇的釋文("☑"表示簡文上下殘缺),不能肯定當連讀的簡或編連組之間用换行表示,暫時無法編入本篇和不屬於本篇的零簡附於其後;然後依次説明這樣編連的理由。

　　子訪之,上(尚)父墨(與)詞(辭)。文王曰:"日尚(短)而殜(世)
悃(? 困?)☑【4】

　　乃往,既見,牆(將)反,文王乃卑(俾⑤)☑【11】☑之,至于周之
東,⑥乃命之曰:"昔者又(有)神【上博(八)·成王既邦16】顧監于下,乃語周之
先祖,曰:'天之所向,若或與之;天之所怀(背),若佢(拒)之。⑦'勿

――――――――――

① 簡帛網"簡帛論壇"《〈舉治王天下〉初讀》帖子下"汗天山"2013年1月6日09:58發言。
② "松鼠"在簡帛網"簡帛論壇"《〈舉治王天下〉初讀》帖子下發言,2013年1月7日。
③ 簡帛網"簡帛論壇"《〈舉治王天下〉初讀》帖子下2013年1月7日發言。
④ 簡帛網"簡帛論壇"《〈舉治王天下〉初讀》帖子下"鳴鳩"(王凱博網名)2013年1月11日發言。
⑤ 釋"卑"從蘇建洲《初讀〈上博九〉劄記(一)》,簡帛網,2013年1月6日。按此文係蘇先生整理此前在"簡帛論壇"中的帖子而成,有關帖子的發表時間參其文注。以下碰到類似情況,一般引後出整理文章,以便於讀者覆核。下文不再説明。
⑥ "于",整理者釋爲"才(在)",此句斷作"之至,才(在)周之東"(馬承源主編《上海博物館藏戰國楚竹書(八)》,釋文考釋188頁,上海古籍出版社,2011年)。蒙蘇建洲先生指示,馬嘉賢先生已改釋"才"爲"于"(馬説見其《上博八〈成王既邦〉考釋一則》,《中國文字》新37期,201~208頁,藝文印書館,2011年)。今據馬釋改斷句如上。
⑦ 此句斷句從高佑仁《〈上博九〉初讀》,簡帛網,2013年1月8日。

《上博(九)·舉治王天下》"文王訪之於尚父舉治"篇編連小議 147

(物)又(有)所總,①【9】道又(有)所攸(修)②,非天之所向,莫之能得。尚(甞)退而思之,亓(其)唯臤(賢)民虖(乎)?子爲我【7】得上(尚)父,載我天下;子遴(失)上(尚)父,坏我周貼(?)。"既言而上(尚)父乃皆(階?)至。隹(唯)七年,文【5】王訪於上(尚)父,曰:"我左串(患)右難,虐(吾)欲達中梼(持)道。昔我得中,殜=(世世)毋(無)又(有)後悡(悔)。隹(唯)【6】梼(持){市}明之惪(德),亓(其)殜(世)也□【《上博(八)·成王既邦》簡9】

遴(失)也;苑(怨?)并之衆人也,非能舎(合)惪(德)於殜(世)者也;□【28】也,非天子之差(佐)也。請厶(私)之於夫子。昔者舜台(以)大舎(合?)③□【10】□矣。"上(尚)父乃言曰:"夫先四帝、二王之【道】□【16】□啟行五尾(宅),湯行三起。"文王曰:"道又(有)獸(守)虐(乎)?"上(尚)父曰:"黄帝▨光,堯□【舜】□【啟▨□】【17】視儇,湯▨善視訶④。"文王曰:"道又(有)要虐(乎)?"⑤上(尚)父曰:"敬人而新(親)道,毋⑥自□而□⑦【人】⑧□【14】

不智(知)亓(其)所𢀓(極)。"文王曰:"又(有)後(?)盍虐(乎)?"上(尚)父曰:"黄帝攸(修)三員(損?)⑨,備(服)日行,習女智,⑩【19】於

———

① "總"字從何有祖《讀〈上海博物館藏戰國楚竹書〉札記》釋,簡帛網,2013年1月6日。
② "攸(修)"的釋讀從蘇建洲《初讀〈上博九〉剳記(一)》釋,簡帛網,2013年1月6日。
③ "台(以)"字從蘇建洲《初讀〈上博九〉剳記(一)》釋,簡帛網,2013年1月6日。
④ 此字作▨,當與《上博(六)·孔子見季桓子》簡5▨爲一字,其右半不識。整理者誤釋爲"設"。
⑤ "儇"、"要"二字的隸釋,從蘇建洲《初讀〈上博九〉剳記(一)》,簡帛網,2013年1月6日。
⑥ "毋"字之釋從簡帛網"簡帛論壇"《〈舉治王天下〉初讀》帖子下"鳴鳩"2013年1月6日的發言。
⑦ "而"前後二字當爲同一字,或釋讀爲"信",待考。
⑧ "道"屬上讀,補"人"字,並從陳劍先生説。
⑨ "員"疑讀爲"損",蒙蘇建洲先生、陳劍先生分別見告。
⑩ "女智"之"女",我懷疑可能與"刑(型)於女節"(見馬王堆漢墓帛書《十六經·順道》)之"女"同意。陳劍先生則懷疑"女"當作"母(毋)",即"習無智"。

是用牆（將）安。"文王曰："請問亓（其）[15]荅（略①）。"上（尚）父曰："黃帝攸（修）三員（損？）▢【▢】[18]埶（設）皆紀；四正受續（任），五事②皆[20]李（理）；正將（？ 狀？）才（在）旹（美？ 微？），請▢[27]▢□五□一□二□。五穀（？ 穀）不舉，③亓（其）民能相分舍（餘）；三年不生粟，④五年亡（無）涷餒（？）者，此盉民之道也。"文王曰："請[13]餌（問）日行。"上（尚）父曰："日行䎽（乎）？ 甬（勇？）以果，而潛（憯？）以成；高（？ 各？）而均庶，遠而方達；⑤此日行也。"■堯王天下……[21]

暫無法編入本篇：
　　▢安共以▢[12]

不屬於本篇：
　　之道，寡人不能弌（一）安，而介緓（接？）弋（代）之。夫立（涖）民，⑥天下之難事也。或以興，或以亡。公亓（其）聿（盡）之。夫[8]

我們從李松儒、侯乃峰先生已經提到的《上博（八）·成王既邦》幾支可能與《文王》有關的簡的編連問題談起。

侯乃峰先生提到的《成王既邦》簡9，我們認為當接在《文王》簡6之

---

① 從陳劍先生讀。
② "汗天山"（侯乃峰網名）2013年1月6日在簡帛網"簡帛論壇"《〈舉治王天下〉初讀》帖子下所寫本篇釋文裏，已釋此字為"事"，但打了個問號。網名為"jdskxb"的先生亦釋為"事"。
③ "穀（？ 穀）"字左半多殘，整理者釋"殺"，此從陳劍先生釋。楚簡多以"穀"為"穀"[如《上博（六）·孔子見季桓子》簡14"不飤（食）五穀（穀）"]。
④ 此字原作▢，整理者釋"魚"，於字形、文義皆難通。我們認為應是"粟"字。古書屢言"生粟"，《管子·治國》："不生粟之國亡，……粟也者，民之所歸也。"《商君書·去彊》："國好生粟於境內，則金、粟兩生，倉、府兩實，國強。""三年不生粟，五年無涷餒者"與上句"五穀不舉，其民能相分餘"對舉。
⑤ "達"字從單育辰《佔畢隨錄之十六》釋，簡帛網，2013年1月9日。"日行乎"以下詞句的釋讀、斷句，從陳劍先生說。
⑥ "立"讀為"涖"，從"鳲鳩"說，簡帛網"簡帛論壇"《〈舉治王天下〉初讀》2013年1月6日15:16發言。

後，相關簡文可連讀爲：

佳（唯）七年，文₍₅₎王訪於上（尚）父，曰："我左串（患）右難，虗（吾）欲達中㫘（持）道。昔我得中，殜=（世世）毋（無）又（有）後悬（悔）。佳（唯）₍₆₎㫘（持）{市}明之惠（德），亓（其）殜（世）也……"【《上博（八）·成王既邦》簡9】

《成王既邦》簡9的"㫘"，過去不能確釋，現在看來應即《文王》簡6"吾欲達中㫘（持）道"之"㫘（持）"；"亓（其）殜（世）也"的説法也與"殜=（世世）毋（無）又（有）後悬（悔）"相應。"㫘（持）明之德"即"持明德"，大概就是上文的"持道"，其義已足，"㫘"下"市"字實嫌多餘。"㫘"從"寺"聲，"寺"從"之"聲；"市"亦从"之"聲，二者古音極近。陳劍先生指出，《上博（六）·景公瘧》簡10"是皆貧脜（苦）約疠病①"、《上博（六）·孔子見季桓子》簡3"而桨（敷、布）專聞丌（其）訇（詞/辭）於猱（遊—逸）人虖（乎）"中的"疠"、"專"，因分别與其前的"約"、"桨"音近而誤衍。② 馬王堆帛書《十六經·前道》"柔身以寺（待）之時"，陳劍先生指出"寺"从"之"聲，與"之"又常作部分合文或重文用，因而"寺"後誤衍"之"字。③ "㫘"與"市"的情況，跟上舉諸例，尤其是《十六經》"寺"與"之"的情況十分相似，由此推測"市"字可能也是因與"㫘"音近而產生的衍文。

在李松儒先生所指出的字迹與本篇一致的《成王既邦》B組簡裏，簡16上半段已殘，其文並未提到"成王"或"周公"，無從證明必屬《成王既邦》篇；我認爲也當歸入《文王》篇，置於簡9之前，相關簡文可連讀爲：

☐之，至于周之東，乃命之曰："昔者又（有）神【《上博（八）·成王既邦》簡16】

---

① "病"字從郭永秉先生釋，説見其《楚竹書字詞考釋三篇·一、釋〈競公瘧〉篇"病"字》，收入同作者《古文字與古文獻論集》，74～79頁，上海古籍出版社，2011年。

② 陳劍《〈上博（六）·孔子見季桓子〉重編新釋》，《出土文獻與古文字研究》第2輯，172～174頁，復旦大學出版社，2008年。

③ 拙文《馬王堆漢墓帛書〈十大經〉補釋二則（外一篇：説古文獻中以"坐"爲"跪"的現象）》，武漢大學簡帛研究中心主辦《簡帛》第5輯，434頁，上海古籍出版社，2010年。【編按：已收入本書。】

顧監于下，乃語周之先祖，曰："天之所向，若或與之；天之所怀（背），若佢（拒）之。"……

整理者簡9前接簡8。簡8説"之道，寡人不能弌（一）安，而介綫（接？）弋（代）之。夫立（蒞）民，天下之難事也。或以興，或以亡。公亓（其）聿（盡）之。夫"，其文自稱"寡人"，稱對方爲"公"，與《文王》的稱謂不合，應該不屬於本篇，當剔除。按照整理者的編連，簡8的"公"當指尚父，"夫顧監于下，乃語周之先祖"的主語應該也是尚父。但是從古書看，"顧監于下"者多爲具有神性的"天"或"上帝"〔如《詩·大雅·大明》"天監在下"、《烝民》"天監有周"、《皇矣》"皇矣上帝，臨下有赫，監觀四方，求民之莫（瘼）"、《尚書·高宗肜日》"惟天監下民"等〕，尚父只是一介"賢民"（即賢人，見簡7），不可能有這樣的職能，更不會具備"語周之先祖"的能力。將《成王既邦》簡16置於《文王》簡9之前，"顧監于下，乃語周之先祖"的主語就成了"有神"（可能就是指上帝），這無疑是合適的。【編按：《左傳·莊公三十二年》："秋七月，有神降于莘。惠王問諸内史過曰：'是何故也？'對曰：'國之將興，明神降之，監其德也；將亡，神又降之，觀其惡也。故有得神以興，亦有以亡。虞、夏、商、周，皆有之。'"其所言"有神"似可與簡文合觀，當是上帝或天的旨意的代言者。我原疑"可能就是指上帝"是不對的，郭永秉《近年出土戰國文獻給古史傳説研究帶來的若干新知與反思》已指出（《出土文獻與古文字研究》第7輯，232頁，上海古籍出版社，2018年）。】

簡9"勿又（有）所總"的"勿"，從文義看當讀爲品物、人物之"物"。陳劍先生向我指出，"物有所總"與簡7首句"道又（有）所攸（修）"句式一致，簡7當接於簡9之後。今從之。簡9"道有所修"後接説"非天之所向，莫之能得"，也與簡7"有神"對"周之先祖"説"天之所向，若或與之；天之所背，若拒之"扣得很緊密。

簡7最末三字爲"子爲我"，這個"子"應該就是簡5"子失尚父"之"子"，二簡當連讀爲：

……子爲我【7】得上（尚）父，載我天下；子遴（失）上（尚）父，坄我

周詛(?)。……[5]

"子爲我得尚父"與"子失尚父"對文。需要説明的是,據整理者介紹,簡 7 下端殘;但從圖版看,簡 7 最末一字"我"下有第三道契口,本篇完簡(如簡 5、6 等)均以第三道契口上一字爲末字,且簡 7 長度爲 44.5 釐米,與本篇完簡的長度相當接近(如簡 5 長 45.5 釐米,簡 6 長 45.8 釐米),"我"下應無殘字,此簡與上、下平頭的簡 5 連讀是沒有問題的。

上舉釋文中的"詛"字左旁隸定爲"貝",是權宜的辦法(可與楚簡"則"字"貝"旁省體的寫法比較)。此字所從"且"原加"宀"旁,已有學者指出與本篇"祖"字所從"且"的寫法相同。① 此句有韻,"詛"當從"且"聲,與"載我天下"之"下"皆魚部字,本文初稿疑讀爲"阻",並從學者們的説法讀"圵"爲"遂"或"遺"。②《詩·邶風·雄雉》:"我之懷矣,自詒伊阻。"毛傳:"阻,難也。"《廣韻·語韻》:"阻,憂也。"此句意謂得不到尚父,將給我周帶來患難。陳劍先生認爲"圵"當從"苦行僧"(劉雲先生網名)説讀爲"墜",③"詛"如確從"且"聲,似可讀爲"祚"("且"、"乍"二聲屢通),意謂得不到尚父,則周祚將墜失。此句如何釋讀還有待於進一步研究。

整理者把簡 4 首句釋讀爲"子訪之上(尚)父暨(舉)詞(治)",認爲"子"指文王;簡 5 文王所説的話中有"子遊(失)上(尚)父"之語,整理者認爲"子"係"文王謙稱"。衆所周知,古漢語人稱代詞"子"從無第一人稱的謙稱的用法,整理者的理解顯然不確。整理者解釋"舉治"爲"舉民意,治天下,居安思危,居治慮亂,舉政成治,舉治民事",也缺乏根據。從已經編定的《成王既邦》簡 16+《文王》簡 9+7+5+6+《成王既邦》簡 9 來看,"乃命之曰"以下的話是文王對另一個人説的(此人顯非尚父);簡 5 的"子"應是文王對説話者的稱呼。簡 4 首句爲敘述語氣,"子"前當有名姓

---

① 簡帛網"簡帛論壇"《〈舉治王天下〉初讀》帖子下"溜達溜達"2013 年 1 月 5 日發言。

② 讀爲"遺"乃"海天遊踪"(蘇建洲網名)之説,見簡帛網"簡帛論壇"《〈舉治王天下〉初讀》2013 年 1 月 5 日發言。

③ 簡帛網"簡帛論壇"《〈舉治王天下〉初讀》帖子下"苦行僧"2013 年 1 月 5 日發言。

在另簡，可惜目前尚未發現，以下權且用"□子"指稱之。從文義看，簡4"訪尚父"（"訪之"的"之"指代尚父）的"□子"和簡5"失尚父"的"子"應指同一人，大概此人奉文王之命去訪尚父，請尚父出山，尚父不見他，所以文王有"子失尚父"之說。簡4首句似當讀爲"子訪之，尚父與辭"，"辭"指推辭、辭謝。如此說可信，則整理者定本小篇名爲"文王訪之於尚父舉治"、定本篇名爲"舉治王天下"，都是不妥當的。

《文王》篇的主體應爲"唯七年，文王訪於尚父"的問答，其間似不容插入文王再次見尚父的內容。所以，有"乃往，既見，將反"等語的簡11的位置很不好擺。我們初步推測簡11與《成王既邦》簡16係一簡之折，但簡11之下、《成王既邦》簡16之上尚缺一段殘簡，現不知去向。簡11長16釐米，第一道契口距上端1.5釐米。《成王既邦》簡16長21.6釐米，第二道契口與第三道契口間距20.3釐米（此數值與《文王》篇簡5第二、三道契口距離完全相合，可爲此簡當歸入本篇之證），第三道契口距尾端1.3釐米。參考本篇他簡第一、二道契口之間距離一般爲22.3釐米，可知簡11之下、《成王既邦》簡16之上所殘之簡約長7.8釐米，缺字當不多。

從文義考慮，簡11"乃往……"的主語可能不是文王，而是□子。簡4載□子訪尚父而遭辭，文王發了一通感慨，但應該不會很長；可能不久文王又因事召見了□子，所以□子"乃往，既見，將反"。以上內容大概就在簡4殘去的下半段以及其間所缺之簡（可能只缺一支）裏。

以上諸簡可以看作第一個編連組。

第二個編連組中，整理者歸於《舜王天下》篇的簡28當歸入本篇，置於簡10之前；簡10當置於簡16之前，都是陳劍先生指出來的。

簡28上下皆殘，所存之文爲"遊（失）也；苑（怨？）并之衆人也，非能含（合）惪（德）於殜（世）者也"；其"……也，非……也"的句式與簡10開頭的"也，非天子之差（佐）也"相合，這是簡28當位於簡10之前的理由。從簡10稱對方爲"夫子"看，這段話應該是文王講的，所以其後接以"上（尚）父乃言曰"引出的簡16作爲對文王的話的回應，是合理的。簡10下殘，簡16上殘，其間尚有缺簡的可能性也無法完全排除。不過，簡10文王的話裏既提到了舜,簡16尚父所言"夫先四帝、二王"也包含了舜(詳下文),彼此當有照應;從這一點看,簡10、16大概不會相隔太遠,而很可能是前後相接續的。

整理者所排簡14的位置是有問題的,這從簡13、14文句的連讀就可以看出來。

據整理者介紹,簡13"上殘,下平頭",簡14"上平頭,下殘",二簡連讀之處的話爲:

文王曰:"請[13]視儦。湯※善視訊。"文王曰:"道又(有)要虖(乎)?"[14]

不但"請視儦"不辭,而且接連出現"文王曰",也不合行文常理。

簡14開頭的"視儦",與接下來"湯※善視訊"的"視訊"文例相同,大概也是説與湯同類的人物的。從簡16的"先四帝、二王",簡17的"啟行五厇(宅),湯行三起"來看,"視儦"很可能指啟而言,與湯正合"二王"之稱。簡17末尾説"黄帝※光,堯……",與簡14的"【啟】……(所缺之字可能爲"※□")視儦,湯※善視訊"同例,顯然當連讀。頗疑簡17下部殘去之字中,還有説舜和禹的兩句話;這樣一來,黄帝、堯、舜、禹、啟、湯,剛好湊成"夫先四帝二王"之數。【編按:《荀子·議兵》:"是以堯伐驩兜,舜伐有苗,禹伐共工,湯伐有夏,文王伐崇,武王伐紂,此四帝兩王,皆以仁義之兵行於天下也。"亦以堯舜禹爲"帝"。或本作"兩(或'二')帝四王",由楊倞注可知不確。】文王問完"道有守乎"(見簡17)後,緊跟着問"道有要乎"(見簡14),也是很合適的。

第三個編連組簡序的排定,除了簡20+27、簡13+21之外,基本上都是采納陳劍先生的意見。

整理者把簡18排在簡19之前,孤立地看似無不妥之處。但是,簡19尚父説"黄帝攸(修)三員(損?),備(服)日行,習女智",下文簡21又有關於"日行"的詳細問答,可見簡19尚父的話應爲總起,簡18的"上(尚)父曰:'黃帝攸(修)三員(損?),☐"則跟簡 21 相似,是對"修三員"的專門論述。所以,簡 18、19 的位置當互換。

　　簡 15"上平頭,下殘",簡 18"上、下殘",簡 15 下殘處的碴口跟簡 18 上殘處的碴口似可咬合(見下圖示):

二簡連讀爲"文王曰:'請睧(問)亓(其)䈞(略)。'",進而引出尚父對"黃帝修三員(損?)"的解釋,文義十分通順。據整理者介紹,簡 15 長 16.5 釐米,第一道契口距上端 1.4 釐米,簡 18 長 13 釐米,第二道契口距上殘端 7.8 釐米;也就是説,將簡 15、18 拼合,第一、二道契口之間的距離爲 22.9 釐米。本篇完簡第一、二道契口之間的距離,如簡 5 爲 22.3 釐米,簡 6 爲 22.5 釐米,與 22.9 釐米的數值相近。這對於簡 15、18 的拼合是有利的支

《上博（九）·舉治王天下》"文王訪之於尚父舉治"篇編連小議　155

持。既然簡 19 當提到簡 18 之前，簡 19 與簡 15 的相關文句便可連讀爲"黃帝攸（修）三員（損？），備（服）日行，習女智，於是用牆（將）安"。

簡 20+《舜王天下》簡 27 的拼合，由李松儒先生首發其覆。下面爲此説作些論證。整理者正確釋出的本篇簡 20"五事皆"的"皆"字，其"曰"旁殘去大半，而簡 27 被整理者釋爲"曰"的首字，其實正是這個"皆"字所殘的形體，二者可以拼成一個完整的"皆"：①

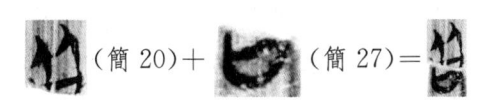

（簡 20）+ （簡 27）=

細審圖版，簡 27"李"字右下有一句讀符號，可知整理者"李（齊）正（政）估（固）才（在）……"的讀法非是。這段文字實當讀爲"【□】執（設）皆紀；四正受績（任），五事皆李（理）……"，"李（理）"與"紀"皆之部上聲字，正好押韻。總之，簡 27 没有問題當移入《文王》篇並與簡 20 相拼合。

簡 13+21 的拼合是由王凱博先生提出來的。除了二簡連讀之處"請問日行"的證據，從簡 13 本身的内容也可看出此簡當歸於本編連組。簡 13 保存狀況較差，殘泐變形，有些字難以釋讀。整理者釋爲"此曷□止□也"的一句，陳劍先生改釋"曷"爲"盍"，認出其下殘字爲"民"，"也"上一字爲"道"（有關字形對比如下）：

（簡 13）	（簡 19"盍"）
（簡 13）	（簡 13"民"）
（簡 13）	（簡 17"道"）

簡 19+15 尚父所説"黃帝攸（修）三員（損？），備（服）日行，習女智，於是

---

①　此蒙陳劍先生指教。

用酒(將)安",是對文王"又(有)後(?)盉虖(乎)"的回答,這個"盉"無疑就是簡13"此盉民之道也"的"盉"。所謂"修三員(損?)"等,當與"後(?)盉"或"盉"有關。如果像整理者那樣把簡13放在別處,反而是不合理的。

簡20+27有"四正"、"五事"之語,《管子·君臣》説:"四正五官,國之體也。""四正不正,五官不官,亂也。"前面的"□設皆紀"可能也是就任官授爵之事而言的(疑"執(設)"前一字可補"列");①這些事與簡13所説民生之事廣義地可算作一類。但簡20+27所説應爲正面之事,係"修三員(損?)"的有關內容,亦即所謂"後(?)盉";簡13所説應爲反面之事,"五穀不舉"、"三年不生粟"而"其民能相分餘"、"五年無凍餒者",顯然是辦不到的,此即"盉民之道"。所以從行文邏輯看,簡20+27當排在簡13+21之前、簡19+15+18之後。

第三個編連組的第一支簡(即簡19)開頭一句"不知其所巠"的"巠",整理者隸定其下部爲不成字的構件,高佑仁先生指出當是"止",②侯乃峰先生讀此字爲"極",③均可從。"不知其所極"很像是講"道"的(如《管子·心術上》説:"道在天地之間也,其大無外,其小無內,故曰不遠而難極也。"又説:"道也者,動不見其形,施不見其德,萬物皆以得,然莫知其極。"),而第二個編連組的最末幾支簡,就是論述"道有要"的。所以,我們還不能排斥簡19可接於簡14之後(即第二、三個編連組可連讀)的可能性。但由於簡14下端已殘,二簡連讀畢竟缺乏文義上的確證,爲了謹慎起見,這裏仍將其分作兩個編連組。

剩下的簡12僅殘存"安共以"三字,文義不明,不知當歸於本篇何處,待考。

通過學者們和我們的重新整理,《文王》的內容大致是清楚的。此篇講□子訪尚父而遭辭(□子訪尚父當是奉了文王之命,這在前面的缺簡中

---

① 參看裘錫圭《古文獻中讀爲"設"的"埶"及其與"執"互訛之例》,《裘錫圭學術文集·語言文字與古文獻卷》,453～454頁,復旦大學出版社,2012年。
② 高佑仁《〈上博九〉初讀》,簡帛網,2013年1月8日。
③ 簡帛網"簡帛論壇"《〈舉治王天下〉初讀》帖子下"汗天山"2013年1月6日發言。

應有交代），文王對□子下命，告訴他"有神"的話，讓周之先祖以天之向背來決定對周的"與"、"拒"，強調"天之所向"的重要性；要得到"天之所向"的關鍵則在於任用"賢民（指尚父）"。大概文王是受命於天的，所以尚父不請自來。到了七年，文王訪尚父，以"得中"、"持道"、"後（？）盡"、"修三員（損？）"、"日行"等事垂詢於尚父。這是《文王》篇最爲核心的内容。我們建議此篇篇題似可改擬爲"文王訪於尚父"。

最後附帶談談《舉治王天下》篇的問題。由於我們一時還想不到比較合適的題目來指稱，只能姑且沿用整理者所擬。經過幾位學者的研究，現在大家已經逐漸清楚，《上博（八）·成王既邦》篇（不包括已經歸入《文王》篇以及肯定不屬於彼篇的簡）的字迹、體裁、題材、用語、分篇章方式以及簡的形制等方面跟《舉治王天下》裏的五篇，特別是跟《古公見太公望》和《文王訪於尚父》極似。所以王凱博先生已有"《舉治王天下》與《成王既邦》很明顯屬一整體"之説。① 不但如此，其實《成王既邦》在《舉治王天下》中所處的位置也是可以推知的。

《文王訪於尚父》前一篇爲《古公見太公望》，"古公"之"古"原寫作"耇"，整理者認爲此人就是古公亶父。但據《史記·周本紀》，古公亶父是文王的祖父，跟太公望並非同一世代的人，他怎麽可能去"見太公望於吕隧"②呢？"耇"即胡考、胡壽之"胡"的本字，陳劍先生指出這個"耇公"應該讀爲"胡公"，即陳國的始封之君胡公滿。胡公滿與武王同時代而比武王年幼，他去見太公望是合情合理的。由此可知《古公見太公望》故事的時代要晚於《文王訪於尚父》。而《文王訪於尚父》之後的三篇——《堯王天下》、《舜王天下》、《禹王天下》——的故事時代則早於《文王訪於尚父》。看來，《舉治王天下》内部的小篇大致是按從晚到早的時代順序排列的，《成王既邦》無疑當列於《古公見太公望》之前，後者首簡墨節之上所存"坪"字，也許就屬於《成王既邦》。

《成王既邦》簡 1 墨節之前還抄有屬於上一篇的一句話："四時，長事

---

① 簡帛網"簡帛論壇"《〈舉治王天下〉初讀》帖子下"鳲鳩"2013 年 1 月 11 日發言。
② 此句釋讀從袁金平先生説，見簡帛網"簡帛論壇"《〈舉治王天下〉初讀》帖子下"袁金平"2013 年 1 月 5 日發言。

必至,西行弗來。"據"西行弗來"一語推測,此篇可能是講周穆王的。穆王時代晚於成王,抄在《成王既邦》之前也符合《舉治王天下》内部小篇的排列順序。至於講穆王的小篇之前是否還有其他篇章,只有隨着上博簡的進一步發表才能知道。

2013 年 1 月 9 日草成
2013 年 1 月 11 日改定

附記:

　　本文 2013 年 1 月 11 日曾在武漢大學簡帛研究中心的"簡帛網"發表,此次重新發表基本保持原貌。當時作者還不知道"鸤鸠"是吉林大學的王凱博先生,所以在文中没有點出其真名,十分抱歉。這裏已作了相應的修改。此外只對個别行文不妥之處有所改正,不一一説明。本文寫作過程中,承蒙陳劍先生細心指教,又得到了石繼承兄的幫助,謹致謝忱。

　　本文在"簡帛網"發表後不久,石繼承兄告訴我,今本《老子·德經》第六十七章"我有三寶,持而寶之"的"持",馬王堆帛書乙本作"市"(國家文物局古文獻研究室編《馬王堆漢墓帛書[壹]》,圖版 206 行下,釋文注釋 92 頁,文物出版社,1980 年。按甲本"寶"、"之"之間抄脱三字);帛書以"市"爲"持",似可印證本文關於"唯㫖(持)市明之德"之"市"係"㫖(持)"的音近誤衍的推測。其説甚是。【編按:《戰國策·趙策一》"趙收天下且以伐齊"章"恃韓未窮而禍及於趙",《史記·趙世家》作"市朝未變而禍已及矣",馬王堆帛書《戰國縱橫家書》二十一"蘇秦獻書趙王章"亦作"市朝"(227 行),可知策文"恃韓"爲"市朝"之誤("恃"爲"市"之音誤,"韓"爲"朝"之形誤)。參看裘錫圭《讀〈戰國縱橫家書釋文注釋〉札記》,《裘錫圭學術文集·簡牘帛書卷》204 頁。"恃"與簡文"㫖"皆从"寺"聲。此例承蘇建洲先生見告。】

　　因音近而產生的衍文的現象,在出土與傳世古書中還有不少,值得我們仔細加以總結。這裏再附帶提出一個例子討論一下。

　　《管子·五行》"睹庚子,金行御"一段,有"天子出令,命左右司馬衍組甲屬兵,合計爲伍,以修於四境之内"之語。銀雀山漢墓所出竹簡《四時令》有與此相近之文,作"令曰:擅甲屬兵,合計爲伍,脩封四彊(疆)……"(簡1898)。整理者因"'亶'、'善'音極近"而讀"擅甲"爲"繕甲",並說:"'衍'(引者按:指《管子·五行》'命左右司馬衍組甲屬兵'之'衍')應是'擅'、'繕'之音近誤字('饘'字異體作'飱',可證'亶'、'衍'音亦相近)。'衍'下'組'字似不應有,疑後人因不明'衍甲'之義而臆加此字。"(銀雀山漢墓竹簡整理小組編《銀雀山漢墓竹簡[貳]》,釋文注釋225頁,文物出版社,2010年。)

整理者以《五行》"衍"爲"繕甲"之"繕"的音近誤字,正確可從。舊注多解"組甲"爲"以組貫甲"(參看黎翔鳳《管子校注》中册876頁,中華書局,2004年),此義放在"命左右司馬衍(繕)組甲屬兵"句中,顯然無法講通;而且"繕組甲"與"屬兵"文不相對。在"衍"後臆加"組"字,實在有些莫名其妙。

我們知道,古書裏"旦"、"且"二形時常相混【編按:參看裘錫圭《〈論衡〉札記》,《裘錫圭學術文集·語言文字與古文獻卷》,321頁】。如王念孫校《詩·小雅·大東》"東有啟明,西有長庚"毛傳"日旦出"之"旦"爲"且"之訛,又校《淮南子·說林》"使但吹竽"之"但"爲"伹"之訛,都是例子(王引之《經義述聞》,153頁,江蘇古籍出版社,2000年;王念孫《讀書雜志》,915頁,江蘇古籍出版社,2000年)。頗疑"組"實係"紐"之形訛。【編按:《呂氏春秋·分職》"衣敝不補,履决不紐",蔣禮鴻指出"組"爲"紐"字形近之誤,"紐"訓"補縫"(說見《蔣禮鴻集》第四卷《懷任齋文集》,121～122頁,浙江教育出版社,2001年)。其誤與此同例。】"紐"、"繕"音近可通。可能《五行》原文作"命左右司馬紐(繕)甲屬兵"或"命左右司馬衍(繕)甲屬兵",在傳抄過程中由於音近誤衍了"衍"或"紐"字(也可能是抄手誤合二本文字爲一),而"紐"又因形近而訛作"組",才使這句話變得如此費解。【編按:"紐"也有可能如字讀,當"補縫"講,"衍"則是"紐"的音近誤字。"紐甲"與"繕甲"音義並近。銀雀山漢簡《四時令》的"擅甲"讀爲"紐甲"似亦無不可。】

《北堂書鈔》卷五十一引《五行》此語作"合組甲,屬士衆",《藝文類聚》

卷四十七、《太平御覽》卷二百九十、二百九十七引作"全〈合〉組甲，屬士衆"（參看郭沫若等《管子集校》，734頁，科學出版社，1956年），大概是不明"衍"、"組〈袒〉"之義者爲求文句對仗而臆改的，並非如前人所説乃"古本"。

2013年6月8日

附記2：

本文投寄《中國文字》後，蒙審稿專家提出修改意見，十分感謝。爲了不改變文章的原貌，現將修改意見中較爲重要者撮述於下，供讀者參考：

審稿專家認爲，14號簡"自"下、"而"下的闕釋之字，左半應從"言"，可能與前文"🔲"同字。又，此簡補"人"字似無絶對必要。

此外，本文所引《上博（六）·景公瘧》10號簡中的"病"字，原誤從整理者釋"疾"之説。承審稿專家提醒，現已在正文中作了修改。拙文匆促草成，以致漏引郭永秉先生的正確考釋，極不應該，謹向郭先生和讀者致歉。

2013年8月28日

原載《中國文字》新39期，藝文印書館，2013年。

《尹至》"惟㦷虐德暴瘴亡典"句試解

《清華大學藏戰國竹簡(壹)》收有不見於百篇《尚書》的《尹至》,內容十分珍貴。此篇記伊尹向商湯報告他從夏刺探到的情報,在轉述夏民"允曰:'余及汝偕亡。'"之後,緊接着説了一句迄今未得確解的話。現將整理者對此語的釋讀引録於下:

隹(惟)㦷(災)虘(虐)惠(極)瘧(暴)瘴(瘴),亡箕(典)。(簡2~3)①

"惠"讀"極"之不合理,復旦大學出土文獻與古文字研究中心研究生讀書會(以下簡稱"讀書會")已加指出。② 讀書會的文章認爲"惠/德"當如字讀,"'虐德'大概是指殘虐於德",並與古書中的"暴德"相聯繫:"古代'暴'、'虐'義近,《尚書·立政》言夏桀'暴德罔後',《尹至》載伊尹言夏'虐德',皆指桀暴虐其德……""亡典"之"典",整理者訓"主"。③ 讀書會對此也不同意,"'亡典'疑指散亡典常、典法而言"。《史記·宋微子世家》:"今殷其典喪,若涉水無津涯。殷遂喪,越至於今。"裴駰《集解》:"典,國典也。"讀

---

① 清華大學出土文獻研究與保護中心編、李學勤主編《清華大學藏戰國竹簡(壹)》,上册35~36頁,下册128頁,中西書局,2010年。
② 復旦大學出土文獻與古文字研究中心研究生讀書會《清華簡〈尹至〉、〈尹誥〉研讀札記》,復旦大學出土文獻與古文字研究中心網,2011年1月5日。此文經過修訂,增補爲《清華簡〈尹至〉、〈尹誥〉、〈程寤〉研讀札記》,正式發表於彭林主編《中國經學》第8輯,23~30頁,廣西師範大學出版社,2011年。今據後者引用。下引此文不再出注。
③ 清華大學出土文獻研究與保護中心編、李學勤主編《清華大學藏戰國竹簡(壹)》,下册129頁。

書會引此,謂"'亡典'與'典喪'相近"。此文在最後還説了如下兩段話:

> 循"虐德"、"亡典"之例,"暴疸"可能也是動賓結構的短語,整理者讀"疸"爲"脛氣足腫"之"瘴",可疑,尚待進一步研究。
>
> 據此,"虐德"、"暴疸"、"亡典"大概是並列的三件災禍,此段當重新標點爲:"隹(惟)𢦏(災):虐(虐)𢘓(德)、癢(暴)疸、亡箕(典)。"

讀書會指出"𢘓/德"如字讀,已爲絶大多數研究者所接受;但上述其他意見,却少有人相信。

讀書會爲"𢦏"括注"災",是承用整理者的説法。根據讀《書》類文獻的一般語感,如果真要説"災:虐德、暴疸、亡典",其前似不當用"惟",而應該用"厥"。所以"𢦏"讀爲"災"大概是有問題的。季旭昇先生在讀書會斷句的基礎上,改讀"𢦏"爲"滋",訓"益也"、"更加",將此句斷讀爲:

> 惟𢦏(滋)虐德、暴疸(動)、亡(無)箕(典)。

並説:"伊尹向商湯報告他所觀察到夏桀的作爲:有夏衆不吉好、有后厥志其喪、寵二玉、弗虞其有衆、民率曰'余及汝偕亡',但是夏桀却'唯滋虐德、暴動、無典',即'夏桀却更加地殘虐於德、舉動凶暴、不守典常',所以下文説上天要降下機祥示警。"① 馮勝君先生認爲季先生讀"𢦏"爲"滋""似可從",但"滋""不當訓爲'益',而應該理解爲滋生的意思";他在"惟滋虐德"後絶句,以"虐德"爲"滋"的賓語。② 我們認爲,季先生把"惟𢦏"與"虐德、暴疸、亡典"連作一句,比讀書會的斷句好;但他視"𢦏(滋)"爲"虐德、暴疸、亡典"的狀語,不如馮先生視"𢦏(滋)"爲動詞合理。

"𢦏"讀爲"滋",古音没有問題。③ "惟滋虐德、暴疸、亡典",是説夏桀

---

① 季旭昇主編《〈清華大學藏戰國竹簡(壹)〉讀本》,11 頁,藝文印書館,2013 年。
② 馮勝君《清華簡〈尹至〉"兹乃柔大縈"解》,《出土文獻研究》第 13 輯,314～315 頁,中西書局,2014 年。
③ 參看高亨、董治安《古字通假會典》420 頁【𢦏與兹】、421 頁【栽與兹】、418 頁【蕭與鎡】,齊魯書社,1989 年。王寧先生以《尚書》"惟兹"連言而讀"𢦏"爲"兹",説見劉波《清華簡〈尹至〉"僅亡典"補説》下評論,復旦大學出土文獻與古文字研究中心網,2011 年 3 月 5 日。王説爲陳民鎮《清華簡〈尹至〉集釋》46 頁按語所肯定(復旦大學出土文獻與古文字研究中心網,2011 年 9 月 12 日)。但是,此篇 4 號簡已有用爲"兹"的"茲"字了,所以我們不取王説。

不顧民意，又滋生"虐德"等殘暴荒唐之事；①文義也很順適。《清華大學藏戰國竹簡(叁)》所收《説命中》的 7 號簡，有"隹(惟)袞戠㾓(病)"之語。整理者讀"袞"爲"衣"，讀"戠"爲"載"、訓"成"。②"袞"當如何讀，尚無定論(或讀"哀"、"殷"、"愛"等)；"戠"讀爲"載"，各家似無異議。其實，從"惟袞戠病"與"惟干戈作疾"對文來看，"戠"與其讀爲"載"，不如讀爲滋生之"滋"合適("作疾"之"作"正訓"興起")。此可爲馮勝君先生的讀法在用字方面提供一個佐證。③

"亡典"之"典"原作"𥳑"，整理者指出即《説文》古文"典"。④ 雖然從字形演變的角度，不能排斥"𥳑"的"竹"頭由"册"上加飾筆的寫法變來的可能性；⑤但《尹至》的這個"𥳑"，很明顯在加飾筆的"典"上又增從"竹"，應該是爲典册之"典"造的專字，猶典册之"册"古文作"笧"。從這一點看，讀書會把"亡𥳑(典)"之"典"理解爲典章、典法，是比較直截的(典章、典法見載於典册)。《國語·晉語四》："陽人有夏、商之嗣典，有周室之師旅，樊仲之官守焉。"可知夏之"典"後世仍有部分流傳。

讀書會所引《史記·宋微子世家》之文，需要作些説明。"今殷其典喪"之"典"，《尚書·微子》作"淪"。清儒錢大昕據此讀"典"爲"殄"，"典喪者，殄喪也"(段玉裁《古文尚書撰異》引)。⑥ 若此，引來與簡文類比的殷喪亡典章的書證，就不復存在了。然而錢説也不是毫無問題的。讀爲"今殷其殄喪"，似與下云"殷遂喪，越至於今"犯複。此文以"若涉水無津涯"

---

① "惟"有"又"義，參看俞敏監修、謝紀鋒編纂《虛詞詁林》502 頁引裴學海《古書虛字集釋》"'惟'猶'又'也"條，黑龍江人民出版社，1993 年。
② 清華大學出土文獻研究與保護中心編、李學勤主編《清華大學藏戰國竹簡(叁)》，上册 40 頁，下册 125、127 頁，中西書局，2012 年。
③ 宋華强《清華簡校讀散札》曾讀"戠"爲"載"，訓"行"(簡帛網，2011 年 1 月 10 日)。但"載"的"行"、"爲"義(《周禮·春官·大宗伯》"大賓客，則攝而載果(祼)"，鄭注："載，爲也。……代王祼賓客以匴，君無酌臣之禮，言爲者，攝酌獻耳。")，放在這裏似乎不如"滋"好。録此備考。
④ 清華大學出土文獻研究與保護中心編、李學勤主編《清華大學藏戰國竹簡(壹)》，下册 129 頁。
⑤ 張富海《漢人所謂古文之研究》，84 頁，綫裝書局，2007 年。
⑥ 顧頡剛、劉起釪《尚書校釋譯論》，第二册 1076 頁，中華書局，2005 年。

形容"今殷其典喪"("其典喪"是一個主謂結構,充任全句的謂語),蓋用涉水之"津涯"比喻典章、典法,乃國之"依就"①。原文如作"今殷其殄喪(或'淪喪')","津涯"這個喻體就不免落空。《尚書·微子》"典"作"淪",可能確如司馬貞《史記索隱》所言,"篆字變易,其義亦殊"。

《清華大學藏戰國竹簡(伍)》所收《厚父》,郭永秉先生已論證應爲《夏書》之一種。②厚父訓教夏代的時王,有"弗用先折(哲)王孔甲之典刑(型)"語(簡 6)。整理者注引《詩·大雅·蕩》"雖無老成人,尚有典刑",鄭箋:"猶有常事故法可案用也。"③指"常事故法"的"典刑",跟《尹至》"亡典"之"典"大概是一回事。"亡典"與"弗用典刑"義近。説夏桀也有過"弗用先哲王之典型"、"亡典"的舉動,是合乎情理的。《淮南子·覽冥》:"逮至夏桀之時,……捐棄五帝之恩刑,推蹶三王之法籍。"可爲佐證。④

如果想進一步肯定"惟蔵(滋)虐德、暴麆、亡典"的斷句,把"虐德"、"暴麆"看作跟"亡典"同樣結構的短語,就必須對"虐德"、"暴麆"作出令人信服的解釋。這一問題,讀書會的文章確實沒能很好地解決。

讀書會認爲"虐德"指桀暴虐其德,其他學者也有類似的如"暴德"、"昏德"、"凶德"等説。⑤ 但是,其後的"亡典"等事,以及前文"其有后厥志其倉(爽)、龍(寵)二玉、弗虞其有衆"(簡 2)云云,都是桀的具體暴虐行爲,把它們跟泛指的"虐德"並舉,似不妥當。陳民鎮先生認爲"虐德"之"虐"是殘害、殘虐的意思,引《尚書·洪範》"無虐煢獨,而

---

① 偽孔傳解釋《尚書·微子》此文,有"如涉大水無涯際,無所依就"的話,這裏借用其"依就"一詞。

② 郭永秉《論清華簡〈厚父〉應爲〈夏書〉之一篇》,清華大學出土文獻研究與保護中心編、李學勤主編《出土文獻》第 7 輯,118~132 頁,中西書局,2015 年。

③ 清華大學出土文獻研究與保護中心編、李學勤主編《清華大學藏戰國竹簡(伍)》,上册 29 頁,下册 123 頁,中西書局,2015 年。

④ "亡典"之"亡"與 2 號簡"余及汝皆(偕)亡"之"亡"寫法不同(後者从"中",乃"芒"之簡體)。前者更有可能當"遺棄"講,猶上引《淮南子》"捐棄五帝之恩刑"的"捐棄"。當"遺棄"講的"亡",古書多寫作"忘",參看馬瑞辰《毛詩傳箋通釋》,393 頁,中華書局,1989 年。

⑤ 參看陳民鎮《清華簡〈尹至〉集釋》,47 頁;馮勝君《清華簡〈尹至〉"兹乃柔大縈"解》,《出土文獻研究》第 13 輯,315 頁。

畏高明"等爲證。①"德",黃懷信先生認爲指"有德之人,即所謂忠良之類"。② 他們的解釋頗有道理。《左傳·僖公五年》引《周書》:"皇天無親,惟德是輔。"此語後被編入僞古文《尚書》的《蔡仲之命》篇,僞孔傳:"惟有道者則佑之。"《周禮·夏官·司士》"以德詔爵",鄭注:"德謂賢者。"殘害有德的聖賢,可算是歷代昏君的典型暴行。

古書記載桀、紂"虐德"之例甚多。上海博物館藏戰國楚竹書《鬼神之明》簡 2A:"汲(及)桀、受(紂)、譻(幽)、萬(厲),焚聖人,殺訐(諫)者……"③安徽阜陽 2 號漢墓所出"説"類殘簡,簡 46 有"孫伯曰:昔者桀辜閒(諫)者,紂炂(焚)聖人",其文又見於《説苑·權謀》(但"辜"作"罪")。④《春秋繁露·王道》:"桀、紂……殺聖賢而剖其心;生燔人,聞其臭;……斲朝涉之足,察其拇;殺梅伯以爲醢……"《淮南子·俶真》:"逮至夏桀、殷紂,燔生人,辜諫者,爲炮烙,鑄金柱,剖賢人之心,析才士之脛,……菹梅伯之骸。"⑤"聖人"、"賢人"、"聖賢"、"諫者"、"才士"云云,顯

---

① 陳民鎮《清華簡〈尹至〉集釋》,46 頁按語。按僞孔傳釋《洪範》此句云:"單獨者,不侵虐之。寵貴者,不枉法畏之。"
② 黃懷信《清華簡〈尹至〉補釋》,簡帛網,2011 年 3 月 17 日。
③ 馬承源主編《上海博物館藏戰國楚竹書(五)》,圖版 152 頁,釋文考釋 312、313~314 頁,上海古籍出版社,2005 年。陳偉《〈鬼神之明〉校讀》,同作者《新出楚簡研讀》,252~253 頁,武漢大學出版社,2010 年。
④ 韓自強《阜陽漢簡〈周易〉研究——附:〈儒家者言〉章題、〈春秋事語〉章題及相關竹簡》,圖版 173 頁,釋文考證 196~197 頁,上海古籍出版社,2004 年。
⑤ 上博簡《鬼神之明》、阜陽漢墓所出"説"類殘簡以及《説苑·權謀》等皆説"焚聖人",《淮南子·俶真》却説"燔生人"。劉嬌《阜陽漢簡"説"類殘簡研讀小札》指出"聖"、"生"二字古音頗近,但"古書中二者相通的例子幾乎没有,如果是焚'生人',似乎也没有假借'聖'字代替常用字'生'的必要。'焚聖人'與'燔生人'之間的關係還需要進一步研究"(《出土文獻與古文字研究》第 3 輯,381 頁,復旦大學出版社,2010 年)。我認爲,"燔生人"的"生人"跟"聖人"並無語言層面的聯繫("生"、"聖"音近只是偶然的巧合【編按:事實上"生"的聲母與"聖"頗異,二字不能算音近】),"燔生人"當與《春秋繁露》的"生燔人"結合起來考慮。"生燔人"就是活活把人燒死(參看賴炎元《春秋繁露今注今譯》,91 頁,臺灣商務印書館,1987 年),以"生"字突出燔人手段之殘忍。所燔之人當然有可能是"聖人"。東漢桓譚《新論·言體》:"至生燒人,以五毒灌死者肌肉。""生燒人"與"生燔人"同意。《漢書·五行志中》言"將生燒巢自害其子絶世易姓之禍","生"的用法與此相似。《淮南子·俶真》的"燔生人",頗疑是倒"生燔人"而來。所以要顛倒"生"、"燔"的語序,大概主要爲了與下一句"辜諫者"嚴格對仗。

然都屬"德者"之列。可能參考過《尹至》或類似文獻的《吕氏春秋•慎大》,①在講"桀爲無道"時,特别拈出"殺彼龍逢,以服群凶"。關龍逢就是有名的忠良。

"暴虐"之"虐",有人改釋爲"僅",或以爲此字从"千","千"乃"人"之繁化;也有人改釋爲"憧"。②細審圖版,並將此字所从與同簡"沇"字右下的"身"形比較一下,③可以斷定整理者隸作"虐"是正確的("人"身上本應向上彎折的筆畫寫得較直,乃是由於"身"旁擠在了"童"的左下角,地位不够所致)。【編按:近有賈連翔《淺談竹書形制現象對文字識讀的影響——以清華簡幾處文字補釋爲例》重申此字"應改隸作'憧'",其左下的"身"旁"其實是由於'心'被遮擋了一角所致",並對字形作了摹補復原(《李學勤先生學術成就與學術思想國際研討會論文集》,339~340頁,清華大學2019年12月7~8日)。今按,賈文補出來的所謂"心"旁的中間一筆和左下角的彎筆,實際上正是編繩的殘痕而非筆畫,觀此字右下方的編繩痕迹自明。此字左下構件就筆勢而言,與"心"出入較大,恐難牽合。退一步講,就算真是"憧"字,也不妨礙讀爲重身之"重"。】各家對"虐"有很多不同的釋讀,限於篇幅,這裏不準備詳引了。④ 有必要提到的是,張崇禮先生認爲"虐""似可釋作僅,指未成年的奴僕。暴僅即侵凌僅一類的社會弱勢群體"。⑤ 指未成年奴僕的"僅",其字何以从"身",恐怕難有確切的解釋(如認爲"虐"與"僅"僅是通假關係,則"虐"字本身亦未獲確釋)。不過,按照張説,"暴虐"之事不但與"虐德"、"亡典"相類,而且彼此的語法結構正好一致。所以,撇開釋"虐"爲"僅"這一點不談,他對"暴虐"大意的

---

① 清華大學出土文獻研究與保護中心編、李學勤主編《清華大學藏戰國竹簡(壹)》,下册127頁。
② 參看陳民鎮《清華簡〈尹至〉集釋》,49、51頁;馮勝君《清華簡〈尹至〉"兹乃柔大縈"解》,《出土文獻研究》第13輯,310、315頁。
③ 參看陳民鎮《清華簡〈尹至〉集釋》,50頁引"金滕"説。
④ 參看陳民鎮《清華簡〈尹至〉集釋》,49~51頁;季旭昇主編《清華大學藏戰國竹簡(壹)讀本》,10~11頁;馮勝君《清華簡〈尹至〉"兹乃柔大縈"解》,《出土文獻研究》第13輯,315頁。
⑤ 見復旦大學出土文獻與古文字研究中心研究生讀書會《清華簡〈尹至〉、〈尹誥〉研讀札記》文後評論,復旦大學出土文獻與古文字研究中心網,2011年1月6日。

理解，還是有啟發性的。

在出土戰國至西漢前期的古書中，"重（chóng）"這個詞通常用"童"或從"童"聲之字表示。① "軈"所從的"童"，大概也代表"重"的讀音。"軈"字從"身"從"童（重）"、"童（重）"亦聲，很可能就是爲重身之"重"造的；也可能本是"童（重）身"合文，後來才演變爲重身之"重"的專字。

《素問·奇病論》："人有重身，九月而瘖，此爲何也？"王冰注："重身，謂身中有身，則懷姙者也。"同書《六元正紀大論》："黄帝問曰：'婦人重身，毒之何如？'""重身"也可以單説爲"重"。《詩·大雅·大明》"大任有身"，毛傳："身，重也。"鄭箋："重謂懷孕也。"《列女傳·楚考李后》："李園女弟，發迹春申。考烈無子，果得鈉身。知重而入，遂得爲嗣。""知重"之"重"即指重身。《漢書·劉屈氂傳》："重馬傷耗，武備衰減。"顏師古注："重，謂懷孕者也。""重馬"就是身懷有孕的馬。張家山漢簡《二年律令·田律》簡249"毋殺其繩重者"，整理者注："繩，讀爲䑋，見《管子·五行》。《玉篇》：'䑋，或孕字。'孕重者，指懷孕將産的野獸"。② "䑋"、"重"義近連用。簡文"軈（重）"當指懷孕者，"暴軈"意謂侵凌、殘害孕婦。

古書多將暴虐孕婦之罪歸在商紂的頭上。如《淮南子·本經》："晚世之時，帝有桀、紂，【桀】爲璇室、瑶臺、象廊、玉牀；紂爲肉圃、酒池，燎焚天下之財，罷苦萬民之力，刳諫者，剔孕婦，攘天下，虐百姓。"③同書《道應》言紂"剖比干，剔孕婦，殺諫者"，《要略》亦言紂"刳諫者，剔孕婦"。《墨子·明鬼下》："昔者殷紂王……楚毒無罪，刳剔孕婦。"前人據僞古文《尚書·泰誓上》"今商王受""焚炙忠良，刳剔孕婦"，以爲"楚毒"乃"焚炙"之誤，"焚炙"即所謂炮烙之刑。④ 竊疑《墨子》"楚毒"可讀爲"荼毒"⑤，"荼

---

① 參看白於藍《戰國秦漢簡帛古書通假字彙纂》，629、630、631、633頁，福建人民出版社，2012年。
② 張家山二四七號漢墓竹簡整理小組《張家山漢墓竹簡[二四七號墓]》，27、167頁，文物出版社，2001年。此條材料蒙蘇建洲先生檢示，謹致謝忱。
③ "爲璇室"上脱一"桀"字，從王念孫説補。參看張雙棣《淮南子校釋（增訂本）》，上册858、859頁，北京大學出版社，2013年。
④ 王焕鑣《墨子集詁》，下册792頁，上海古籍出版社，2005年。
⑤ "楚"讀爲"荼"，猶古書"比余"之"余"讀爲"疏"、"梳"（高亨、董治安《古字通假會典》，835頁）。

毒無罪"文從字順,似不必與僞古文《尚書》之文强求一律(《北堂書鈔·政術部十五》所引"墨子云殷紂"之"焚炙無罪",反而有可能是據《泰誓》改的)。《韓詩外傳》卷十:"昔殷王紂……斮朝涉,刳孕婦,脯鬼侯,醢梅伯……"《越絶書·越絶吴内傳》説紂"刳妊婦,殘朝涉"。似乎只有上文引過的《春秋繁露·王道》,在"殺聖賢而剖其心;生燔人,聞其臭"之後説"剔孕婦,見其化",作爲桀、紂共有的罪惡。①

陳登原在《國史舊聞》裏專列"桀紂事迹類比"一條,從傳世文獻中勾稽出桀、紂相類事迹達三十四項之多,其中多數是他們所作的惡事。② 按理説,相隔五百多年的桀、紂,他們的暴行劣迹,不至於有如此高程度的重合;一個人也不大可能做出這麽多成套的傷天害理之事。余嘉錫《古書通例》"古書多造作故事"條指出,"心有愛憎,意有向背,則多溢美溢惡之言,敘事遂過其實也",此即《論語·子張》所謂"紂之不善,不如是之甚也。是以君子惡居下流,天下之惡皆歸焉"。③ 陳登原亦引前人"所謂衆惡歸之,不若是之甚焉"、"堯舜不勝其善,桀紂不勝其惡"等説對此現象加以解釋。④ 出於作者"立意"的需要,某一故事模式(或細節)被套用在同類事件的不同主體身上,⑤這在古人的著作裏是屢見的。戰國時代的詛楚文,記秦王歷數楚王熊相之罪狀,其中也有"内之則虣(暴)虐不辜,刑戮孕婦"。⑥ 看來對孕婦施虐,並不是紂的專屬。所以我們有理由相信,在古

---

① 《吕氏春秋·過理》以"樂不適"爲"夏、商之所以亡也",所舉諸事中有"作爲琁室,築爲頃宫,剖孕婦而觀其化,殺比干而視其心"。"作爲琁室,築爲頃宫",一般歸爲夏桀的惡行,例如上舉《淮南子·本經》"桀爲璇室、瑶臺",上博簡《容成氏》簡38記桀"酓(瘞)爲丹宫,築爲瑻室,飾爲瑶臺,立爲玉門"(參看郭永秉《上博簡〈容成氏〉所記桀紂故事考釋兩篇》,同作者《古文字與古文獻論集》,155～160頁,上海古籍出版社,2011年)。其後的"剖孕婦而觀其化,殺比干而視其心"應該是指商紂而言的。
② 陳登原《國史舊聞》,第一册82～85頁,中華書局,2000年。
③ 余嘉錫《古書通例》,81頁,上海古籍出版社,1985年。
④ 陳登原《國史舊聞》,第一册86頁。又參看顧頡剛《紂惡七十事的發生次第》,《顧頡剛古史論文集》卷一,《顧頡剛全集》第1册298～299頁,中華書局,2010年。
⑤ 參看劉嬌《言公與剿説——從出土簡帛古籍看西漢以前古籍中相同或類似内容重複出現現象》,293～301頁,綫裝書局,2012年。
⑥ 郭沫若《詛楚文研究》,《郭沫若全集·考古編》第九卷,296、317、322～323、328～329頁,科學出版社,1982年。

代,夏桀也曾有過"刳剔孕婦"之類的傳聞,清華簡《尹至》的"暴瘇"即其例證。①

上引古書中的"剔孕婦",幾乎都與"刳諫者"、"殺諫者"或"殺聖賢"連言。《尹至》説夏桀"惟哉(滋)虐德、暴瘇、亡典",亦以"虐德"與"暴瘇"並列,釋前者爲殘虐賢德、釋後者爲暴凌孕婦,正與古書的提法相合。

《尹至》等《書》類文獻古奧難讀,以上解釋並無十分把握,聊供參考。

原載清華大學出土文獻研究與保護中心編、李學勤主編《出土文獻》第 9 輯,中西書局,2016 年。

---

① 顧頡剛認爲,從《尚書》所説來看,紂的最大罪名起初只有酗酒;東周以降,大家"把亡國的紂當作箭垛,朝着他放箭",所以在戰國西漢時代的書籍裏,其罪條驟然增多,"而且都是很具體的事實"(《紂惡七十事的發生次第》,《顧頡剛古史論文集》卷一,《顧頡剛全集》第 1 册 299～306 頁)。顧説給我們一個啓發。可能暴凌孕婦之事,本來確如清華簡《尹至》所載,乃夏桀所爲,後來才被"移花接木"集中到了商紂身上,導致我們現在看到的傳世戰國西漢古書基本上都只説紂刳剔孕婦。

"咸有一德"探微

僞《古文尚書》二十五篇中的《咸有一德》,據《禮記·緇衣》所引《尹告》,編入"惟尹躬暨湯咸有一德"之語。① 20世紀90年代發掘的湖北荆門郭店1號楚墓所出竹書、21世紀初公布的上海博物館藏戰國楚竹書中,都有《緇衣》篇。竹簡本此句作"隹(惟)尹身(允)及湯(引者按:上博簡此字從'庚'、從'水',蓋'湯'之異體②)咸又(有)一惪(德)",③由此可知今本"躬"當爲"身(允)"之誤。④

馮勝君先生認爲,簡文"'允'字下部從'身',當是變形音化的現象。……而戰國文字中'躳'字經常異讀爲'身(信)'……所以今本'躬'字也可能是類似簡本的從'身'聲的'允'字的異讀"。⑤【編按:戰國文字"允"下部作"身",當是"人"形的繁化,非表音。】戰國和西漢前期文字中又有以"身"爲"躳(躬)"之例。如郭店簡數見從"宀"從"身"的"竆"字(見於《老子》乙組14號簡、《窮達以時》10、11、14、15號簡等),銀雀山漢簡《六

---

① 《尚書正義》,《十三經注疏整理本》第2册,257頁,北京大學出版社,2000年。今本《緇衣》"惟"作"唯"、"暨"作"及"、"一"作"壹",但對文義並無實質性影響;"尹告"之"告"原誤作"吉",鄭玄早已正之。

② 施謝捷《説上博簡〈緇衣〉中用爲"望(朢)"、"湯"的字》,饒宗頤主編《華學》第11輯,9～11頁,中山大學出版社,2014年。

③ 荆門市博物館《郭店楚墓竹簡》,圖版17頁(5號簡),釋文注釋129頁,文物出版社,1998年;馬承源主編《上海博物館藏戰國楚竹書(一)》,圖版47頁(3號簡),釋文考釋177頁,上海古籍出版社,2001年。

④ 荆門市博物館《郭店楚墓竹簡》,釋文注釋132頁"裘按"。

⑤ 馮勝君《郭店簡與上博簡對比研究》,88頁,綫裝書局,2007年。

韜》692號簡"何窮之有"的"窮"寫作"穽"。① "窮"从"躳（躬）"聲，這裏的"身"無疑是用作"躳（躬）"的。這更增加了从"身"的"身（允）"誤讀爲"躬"的可能性。

偽古文《咸有一德》以"伊尹既復政厥辟，將告歸，乃陳戒于德"領起全篇，"惟尹躬暨湯咸有一德"即見於伊尹所説的話中。伊尹自稱"尹躬"，顯然比説"允"合適（偽《古文尚書》所收《太甲上》，"伊尹作書曰"中亦有言"惟尹躬克左右厥辟"者）。西漢前期從孔壁發現的古文《尚書》雖有《咸有一德》，但東漢鄭玄爲《禮記》作注時，此篇已亡佚（鄭玄注《緇衣》："《尹告》，伊尹之誥也。《書序》以爲《咸有壹德》，今亡。"②）。今本《禮記·緇衣》引《尹告》，另有"惟尹躬天見于西邑夏"，鄭玄注："天，當爲'先'字之誤。"又謂"見或爲敗"。③ 此語後被誤編入偽《古文尚書·太甲上》，亦屬"伊尹作書"所言，"天"作"先"，即從鄭注而改。據下面即將提到的清華簡《尹誥》1號簡，此句本作"尹念天之敗西邑夏"（鄭注"見或爲敗"是正確的，謂"天"爲"先"之誤則不確），學者或以爲"躬"乃"念"之音近誤字。④ 鄭玄釋《緇衣》所引《尹告》此語，謂"伊尹言：尹之先祖，見夏之先君臣……"，⑤其所見本"念"當已訛作"躬"，故誤以此爲伊尹言。⑥ "惟尹允

----

① 參看白於藍《戰國秦漢簡帛古書通假字彙纂》，853、856頁，福建人民出版社，2012年。郭店簡《成之聞之》11號簡、《上博（八）·命》4號簡（實當併入《王居》篇）有"穽"字，即"窮"（參看陳劍《〈上博（八）·王居〉復原》，同作者《戰國竹書論集》，441頁，上海古籍出版社，2013年）。不過此字所从"臣"，有人認爲是"呂"的訛誤，故不舉以爲例。
② 《禮記正義》，《十三經注疏整理本》第15册，1757頁。
③ 同上注，1764頁。
④ 廖名春《清華簡與〈尚書〉研究》，《文史哲》2010年第6期，124～125頁；廖名春《清華簡〈尹誥〉研究》，《史學史研究》2011年第2期，111頁。馬楠《清華簡第一册補釋》，《中國史研究》2011年第1期，93～94頁。
⑤ 《禮記正義》，《十三經注疏整理本》第15册，1764頁。
⑥ 清華簡的整理者指出，清華《尹至》"敘事及一些語句特別近似《吕氏春秋》的《慎大》篇，可證《慎大》作者曾見到這篇《尹至》或類似文獻"；而《尹誥》篇又與《尹至》關係非常密切。（清華大學出土文獻研究與保護中心編、李學勤主編《清華大學藏戰國竹簡（壹）》，下册127頁，中西書局，2010年。）《吕氏春秋·慎大》有"湯……欲令伊尹往視曠夏"、"伊尹又復往視曠夏"等文，似即本於《咸有一德》"惟尹躬天〈先〉見（'視'之誤）于西邑夏"（參看陳劍《據戰國竹簡文字校讀古書兩則》，同作者《戰國竹書論集》，454～457頁。"見"爲"視"之誤字，亦從陳説）。若此，"念"作"躬"、"天"作"先"、"敗"作"見"（"敗"從"貝"聲，疑有（轉下頁）

及湯咸有一德"的"身(允)"被誤讀爲"躬"這件事,可能也發生得很早。在《咸有一德》真本亡佚之後,單看"惟尹躬……"這樣的引文,的確很容易像上引鄭注那樣,把它當成伊尹自道。造僞古文《咸有一德》者,所根據的應該就是已誤爲"躬"的《緇衣》引文。

2010 年末,清華大學發表所藏戰國竹簡第一輯,其中收入了整理者定名爲《尹誥》的一種,一般認爲即佚《書》中《書序》稱《咸有一德》者。① 簡文開頭說"隹(惟)尹既返(及)湯咸又(有)一恴(德)"(1 號簡),乃一般的敘述語,可證以"惟尹躬"云云爲伊尹誥戒語的本子,決非原貌。②

今本《禮記·緇衣》所引《尹告》"唯尹躬及湯咸有壹德"、僞《古文尚書·咸有一德》"惟尹躬暨湯咸有一德",過去多在"咸有一德"前點斷,分作兩句讀。研究郭店本、上博本《緇衣》的人,一般也這樣斷句。清華簡《尹誥》的整理者,則把"惟尹既及湯咸有一德"連作一句讀。③ 此說已爲多數主要研究清華簡的學者所接受。整理者訓"既"爲"已",④亦可從。⑤ "及湯"之"及",陳民鎮先生指出與清華簡《尹至》2 號簡"余返(及)女(汝)皆(偕)亡"之"及"同例。⑥ 這也可以看出"惟尹既及湯咸有一德"不得分作兩句讀,"既"、"及湯"都是"咸有一德"的修飾語。(按:關於這一點,參

(接上頁)遙作"貝"者,與"見/視"形近)之本(爲求文句通順,又刪去"之"、添入"於"),至少戰國晚期已經存在。古書流傳、變異情況十分複雜,較晚本子裏的異文,有些可能在較早的時候就已產生。並且由於訛傳、誤讀,同出一源的本子似早已衍化爲文義有別的不同本子。無論如何,"惟尹念天之敗西邑夏"與"惟尹躬先見於西邑夏"爲一文之分化,是可以肯定的。

① 清華大學出土文獻研究與保護中心編、李學勤主編《清華大學藏戰國竹簡(壹)》,上册 41~46 頁,下册 132~134 頁。

② 杜勇《清華簡〈尹誥〉與晚書〈咸有一德〉辨僞》指出,清儒閻若璩《尚書古文疏證》在辨今傳《古文尚書》之僞時,已據僞古文《咸有一德》的文理,謂"若陳戒於太甲而曰'咸有一德',是尹以己德告太甲,則爲矜功伐善,非人臣對君之言矣"。清華簡《尹誥》此句,可以證實閻氏的卓識(《天津師範大學學報(哲學社會科學版)》2012 年第 3 期,26 頁)。

③ 清華大學出土文獻研究與保護中心編、李學勤主編《清華大學藏戰國竹簡(壹)》,下册 133 頁。

④ 同上注。

⑤ 參看陳民鎮《清華簡〈尹誥〉集釋》,11 頁,復旦大學出土文獻與古文字研究中心網,2011 年 9 月 12 日;陳民鎮《清華簡〈尹誥〉釋文校補》,《中華文化論壇》2011 年第 4 期,111 頁。

⑥ 陳民鎮《清華簡〈尹誥〉集釋》,11 頁。

看文末"補記二"。）

　　爲《緇衣》所引的《尹告》，雖與清華簡《尹誥》可能屬於不同系統的傳本，但"惟尹允及湯咸有一德"的"允"，按例當與"既"義近。學者多取王引之《經傳釋詞》説，認爲"允及"猶"以及"，①亦有訓"允"爲"用"者，②似皆不確。姚蘇杰先生以"確實"譯釋竹簡本《緇衣》的"允"③（季旭昇先生謂"《郭店》、《上博》之'允'即'信'也。④ 以理度之，他所説的"信"當指副詞用法而非"誠信"之"信"——古人把這兩種用法的"允"都訓爲"信"），較他説爲優。殷墟甲骨卜辭已屢見一般理解爲"果真"、"確實"的副詞"允"，⑤可知其辭甚古。"既"之訓"已"，實由"完畢"、"盡"義引申而來；説已然之事"果真"如何、"確實"如何，也就是强調此事已經實現。在這個意義上，"既"、"允"確有共通之處。⑥

　　"咸有一德"的"一德"究爲何意，古今學者提出過多種不同的解釋。⑦諸説之中，當以伊尹與湯"同心同德"之説最爲合理。⑧ 但主此説者，多據引此語之《緇衣》有"君不疑其臣，臣不惑於君"（此據郭店、上博竹簡本，分別見4號簡、2號簡。今本《禮記·緇衣》"疑"下多一"於"字，後一"臣"前

----

①　參看張富海《郭店楚簡〈緇衣〉篇研究》，7頁，北京大學碩士學位論文（指導教師：沈培副教授），2002年；陳民鎮《清華簡〈尹誥〉集釋》，11頁；陳民鎮《清華簡〈尹誥〉釋文校補》，《中華文化論壇》2011年第4期，111頁。

②　張崇禮《清華簡〈尹誥〉考釋》，復旦大學出土文獻與古文字研究中心網，2014年12月17日。

③　姚蘇杰《清華簡〈尹誥〉"一德"論析》，《中華文史論叢》2013年第2期（總第110期），378頁。

④　季旭昇主編《清華大學藏戰國竹簡（壹）〉讀本》，25頁，藝文印書館，2013年。

⑤　參看張玉金《甲骨文虛詞詞典》，304～312頁，中華書局，1994年。

⑥　有學者認爲"允猶以也"，而"'以'即'已'也"（張崇禮《清華簡〈尹誥〉考釋》）。此説恐有問題。即使王引之《經傳釋詞》"允"、"以"一聲之轉"的説法可信，從他所舉"允及"猶"以及"之例看，"以及"之"以"也不作既之"已"解。

⑦　參看虞萬里《〈咸有一德〉之"一德"新解》第一部分"歷代經師與理學家對'一德'之舊解"，同作者《榆枋齋學林》，上册37～42頁，華東師範大學出版社，2012年；陳民鎮《清華簡〈尹誥〉集釋》，8～12頁；姚蘇杰《清華簡〈尹誥〉"一德"論析》，372頁；辛明應《論"一人"與"一德"》，《古典文獻研究》第16輯，609～613頁，鳳凰出版社，2013年。

⑧　孫飛燕《試論〈尹至〉的"至在湯"與〈尹誥〉的"及湯"》，復旦大學出土文獻與古文字研究中心網，2011年1月10日；沈培先生在孫文之後的評論，2011年1月11日；姚蘇杰《清華簡〈尹誥〉"一德"論析》，373～374頁；張崇禮《清華簡〈尹誥〉考釋》。

多一"而"字),認爲其意指"君臣不互相疑惑"、"他們互相信任",①則尚未明確揭示"一德"的實質所在。

《尚書·酒誥》載周公申告康叔,有如下之語:

越小大德,小子惟一。②

此當是周公要求康叔把"小大德"加以齊一(此"小子"指康叔,從孫星衍説③)。"小大德"與上文"越小大邦用喪"之"小大邦"同例,蓋指各種各樣的"德"。由於這話是周公對封於"妹邦"(即殷故地衛)的康叔説的,這裏大概主要指殷遺民之"德"而言。"一""小大德",就是要他們與周"有一德"。

清華簡《芮良夫毖》是周厲王時芮良夫所作的《大雅》體佚《詩》。此篇幾次提到周邦"惪(德)型不齊"(7 號簡)、"惪(德)型態(整理者讀'怠')絉(整理者讀'惰',或讀'墜')"(19 號簡),而欲"和惪(德)定型"(18 號簡),使"政命惪(德)型各有棠(常)仈(次)"(21 號簡)。④"德型"之"型",整理者一律括注爲"刑",學者們似無異議。古書中的"德刑"、"刑德",一般指賞與罰或教化與刑罰。但 7 號簡"德型不齊"承"亡(無)又(有)紀綱"而言,上文未引出的見於 22 號簡的"德型",且與"罰"對舉,恐非"賞罰"或"教化與刑罰"之謂。《左傳·襄公二十八年》記子產論"大適小,有五美",與"宥其罪戾"、"赦其過失"、"救其菑(災)患"並舉者,有"賞其德刑"一條,杜預注:"刑,法也。"楊伯峻先生解釋説:"有德可則,有刑可範。"⑤可"法"、"範"之"刑"即"型"。簡文的"德型"應與《左傳·襄公二十八年》的"德刑"同意,"型"就當"型範"講,不必讀爲刑罰之"刑"。【編按:《國語·

---

① 參看上注所引諸文。引號裏的話引自姚蘇杰《清華簡〈尹誥〉"一德"論析》373、374 頁。
② 前人或以"小子"絶句,"惟一"連下句"妹土"讀(顧頡剛、劉起釪《尚書校釋譯論》第三册,1388 頁,中華書局,2005 年)。非是。此從傳統的斷句。
③ (清)孫星衍《尚書今古文注疏》,376 頁,中華書局,1986 年。參看顧頡剛、劉起釪《尚書校釋譯論》,第三册 1388~1389 頁。
④ 清華大學出土文獻研究與保護中心編、李學勤主編《清華大學藏戰國竹簡(叁)》,上册 74、80、79、81 頁,下册 145、146 頁,中西書局,2012 年。
⑤ 楊伯峻《春秋左傳注(修訂本)》,第三册 1145 頁,中華書局,1990 年。

周語下》"靈王二十二年穀洛鬭將毁王宫"章,太子晋曰"上非天刑,下非地德",韋昭注:"刑,法也。"此"刑"亦即"型"。】從全詩看,周邦"德型"的種種混亂現象,根本上是由"厥辟、御事,各營其身"(1號簡)所造成的。"和""定""不齊"之"德型",也就是"一""小大德"。

《詩·小雅·天保》,《詩序》謂"下報上也。君能下下以成其政,臣能歸美以報其上焉"。有人認爲可能是"周公營雒邑、宗祀文武、受釐祝嘏之詞"①或"召公致政於宣王之時祝賀宣王親政的詩"②,總之其作當不晚於西周。此詩第五章説:

群黎百姓,徧爲爾德。

詩人祝願平民和屬於統治階級的各宗族的族人(似包括各族的宗子),③全都以君上之德爲己德。"徧爲爾德"即"有一德"之意。

從以上所説可以看到,把不同族、同族内部的各宗以至於不同人的"德"統一到天下大宗(君主)的"德"上來,乃是西周時代一件十分重要的政事。《尚書·盤庚下》所記商王盤庚對"邦伯、師長、百執事之人"的講話中,提到了"式敷民德,永肩一心"。前人以"惠"釋"德",④其實很可能是讓邦伯、師長、百執事之人布民以"一德",以求上下同心的意思(《禮記·内則》:"后王命冢宰:'降德於衆兆民。'"似猶存古意)。【編按:陳劍《簡談對金文"蔑懋"問題的一些新認識》引裘錫圭先生説,指出《尚書·君奭》"兹迪彝〈襲〉教(學)文王蔑德降于國人"之"文王蔑德"、清華簡《祭公之顧命》簡6"兹由(迪)襲學于文武之曼德"之"文武曼德",猶言"文王武王將其'德'覆被於族人";《左傳·莊公八年》引《夏書》曰"皋陶邁種德,德乃降","意謂皋陶覆被其種族所具之德於族人,於是此'德'乃降於族人"。(《出土文獻與古文字研究》第7輯,109～110頁,上海古籍出版社,2018

---

① 陳子展《詩三百解題》,622頁,復旦大學出版社,2001年。
② 趙逵夫《論西周末年傑出詩人召伯虎》,《1993詩經國際學術研討會論文集》,270～272頁,1993年。
③ "百姓"的解釋,據裘錫圭《關於商代宗族組織與貴族和平民兩個階級的初步研究》,《裘錫圭學術文集·古代歷史、思想、民俗卷》,134～139頁,復旦大學出版社,2012年。
④ 參看顧頡剛、劉起釪《尚書校釋譯論》,第二册930頁。

年。)並可與此所論合看。】《盤庚上》中，盤庚借"先后"之口教訓"民"："曷不暨朕幼孫有比！故有爽德。""爽德"即"貳德"。① 言下之意，商王希望民與我"有一德"。作爲"商書"的《盤庚》，雖經過周人的加工潤色，但應有可靠的商代史料爲其依據。看來，商人已對"和德定型"的工作相當重視。夏商之際"惟尹既及湯咸有一德"，跟上述商周時期的情況應該是相類的。

20世紀30年代，李宗侗(玄伯)在收入其《中國古代社會新研》的《中國古代圖騰制度及政權的逐漸集中》裏，對"德的初義"的問題作過很好的研究。他説(下劃綫爲引者所加)：

  德的普遍解釋爲道德、德行，但若細加研究，書中不能都如此解釋。譬如孔子説：
    天生德於予，桓魋其如予何！(《論語·述而》篇)
若德只是德行、道德，則天如何能生德給孔子？並且有道德的人，桓魋何以不能奈何他？這頗不合情理。若比較《左傳》幾處説法，或能較容易求得德的初義。《左傳》隱公十一年：
    王室而既卑矣，周之子孫，日失其序。夫許，太岳之胤也。天而既厭周德矣，吾其能與許爭乎？
宣公三年：
    周德雖衰，天命未改，鼎之輕重，未可問也。
僖公二十五年：
    (王)曰：王章也，未有代德，而有二王，亦叔父之所惡也。
所謂周德當然不能解作周室的道德，代德若解作替代的道德尤不可通。《漢書·郊祀志》：
    自齊威宣時，騶子之徒，論著終始五德之運，及秦帝而齊人奏之，故始皇采用之。
五德終始之説雖始自騶衍，但物必有所自，更古必有新德代舊德之

---

① 顧頡剛、劉起釪《尚書校釋譯論》，第二冊913頁。"故有爽德"歸爲"先后"的話，亦從此頁所引牟庭《同文尚書》説。

"咸有一德"探微　177

说，即周王所謂"未有代德"之所由來，駢衍不過只將這説的德數目縮小，再將他系統化變成某德只能代某德而已。從前德的數目是無限的，並且不限某德必須某德代替。德是一種天生的事物，與性的意義相似。所以賈誼《新書·道德説》説：

　　　　所得以生謂之德。

每個團體固然有其德（如周德），每個人亦各有其德，孔子所謂天生的德即此。並且《晋語》：

　　　　異姓則異德，異德則異類，……。

足證每姓的德各不同；《晋語》又説：

　　　　黄帝以姬水成，炎帝以姜水成，成而異德，故黄帝爲姬，炎帝爲姜。

更足證每人的德不必盡同，亦能各有其德。所以每人的名字，各象其德，有禹德者即名爲禹，有舜德者即名爲舜，禹與禹虫同德，舜與舜草同德，這非個人圖騰而何？

　　最初德與性的意義相類，皆係天生的事物。這兩字的發源不同，這團名爲性（生團），另團名爲德，其實代表的仍係同物，皆代表圖騰的生性。最初説同德即等於説同姓（同性），較後各團的交往頻繁，各團的字亦漸混合，有發生分義的需要，性與德的意義遂漸劃分，性只表示生性，德就表示似性而非性的事物。但研究圖騰社會時，我們仍須不忘德的初義。

　　最初共有平等社會，各人的德在一個團内必無軒輊，只有同異。後來政權漸趨向集中，於是等級發生，德亦有了差等，所以《郊特牲》説：

　　　　以官爵人，德之殺也。

德有高下，所以地位有高下，德的發生等差亦影響政權集中及等差化不淺。團德的高下亦幫助某團圖騰的發展及併吞其他圖騰。

　　圖騰社會既演變以後，一個人亦能有幾個圖騰，北美就有這類現象。這種圖騰常由併吞而獲得。古社會中似有痕迹可尋。初民常有以人祭祀的典禮，自然所用者必係敵人，這即春秋時獻俘的前身，獻俘只保留祭祀禮節，而免殺其人。據社會學家的研究，用人祭祀是使圖騰吃敵人，原始思想以圖騰與姓圖騰的人相同，併吞圖騰亦等於吃其人，所以亦常併吞敵人的圖騰。春秋時當然不能仍信這類思想，但舉動中未嘗不保留着遺痕。譬如叔孫莊叔於咸之役，殺長狄僑如等，以名其子叔孫僑如、豹、虺（文公十一年及襄公三十年《左傳》），這些尚係以前併吞圖騰的遺痕，雖然春秋時已無這類信仰。

以類命爲象這條與德命仍舊相同。試觀"非我族類，其心必異"之說，<u>同類與同德乃相似的意思</u>。並且《晉語》司空季子明明說"異德則異類"，這兩條命名實在相同。①

李氏在此書的另一處又說：

古時各團雖對圖騰的質有相類的觀念，但因各團既不互視爲同族類，亦就不肯認他團的性與我團者相同，等於這團亦不肯認與他團同圖騰，此即我所謂古代社會的團部性，所以各團對性的名稱亦異，或名爲性（生團），或名爲德，或名爲美，或名爲賢，隨團而異，亦不足怪也。現代初民名馬那亦隨團而常不同。及後往來既漸頻多，文化既漸融會，始恍然這團所謂圖騰與他團者雖非相同，但確相類，就統名這類爲姓，並統稱其質爲性。……（下略）②

李氏認爲圖騰的"原質"（他稱爲"圖騰性"）實即文化人類學上所謂的"馬那"，上引文中也曾把"德"、"性"等名稱"隨團而異"的現象跟不同族團中"馬那"名稱常不同的現象加以類比。這是很有啓發性的見解。③ 尤其值得注意的是，他根據《國語•晉語四》"異姓則異德，異德則異類"等說，指出"每個團體固然有其德，每個人亦各有其德"，這跟我們上文所舉的商

---

① 李宗侗《中國古代社會新研 歷史的剖面》，121～123 頁，中華書局，2010 年。
② 同上注，98 頁。
③ 清華簡《芮良夫毖》，作者告誡"凡百君子，及爾藎臣"，"毋害天常，各堃爾德"（10 號簡）。"堃"疑讀爲當"曾（增）"，"加"講的"尚"（《尚書•多方》"迪簡在王庭，尚爾事"，孫星衍《尚書今古文注疏》下冊 468 頁："……進擇汝在王庭，加汝所事。"）。各人增加自己的"德"，其原始意義也許與"馬那"的聚集、加多有關。

周時期的文獻裏所反映出來的情況,可以互證。① 隨着社會的發展變化,族團之間通過戰爭或和平的方式相互兼併、融合,必然發生李氏所謂"併吞圖騰"之事。如果不牽扯圖騰,只取其族團與"德"的聯繫來説,族類兼併的過程其實就是不斷地由"異德"變爲"同德"。我們討論的伊尹與湯"有一德",也應放到"異姓則異德,異德則異類"的背景下去理解。這就需要涉及伊尹與商的關係問題了。

在傳世春秋、戰國文獻中,伊尹往往被描寫成出身卑微之人(如爲媵臣或庖人),爲湯所舉(或負鼎干湯),曾入夏爲間,助湯滅夏。他和湯的關係,近乎"賢相明君"。② 這其中雖不乏史迹,但畢竟包含了不少增益、變異甚至編造的成分,已難盡信。

從商代後期的殷墟甲骨卜辭看,伊尹(卜辭又有"黄尹",一般認爲即指伊尹)在商代的地位相當高,商人是把伊尹與他們的先公先王擺在差不多的地位來祭祀的。③ 張政烺先生參考古書中伊尹與有莘氏有關、有莘氏曾嫁女於湯等資料,推測"伊尹可能是有莘氏之子弟","從有莘氏這方面講,伊尹本有繼位的資格,他放棄自己的繼承權,和商併爲一國,但舅權的尊嚴還在"④。歷組二類卜辭中,受祭的伊尹或被稱爲"蠱示"、"伊蠱

---

① 不過,李氏有把"德"的最初所指與"性"等同起來的傾向,並且認爲它們都代表"圖騰的生性",後來才加以分化。是否一定如此,有待研究。在講各人之"德"時,他認爲人的名字"各象其德",並與"個人圖騰"相聯繫。在這裏特別强調"名字",似無必要。

② 有關資料,學者已有較全面的搜集。可參看如下三文:蔡哲茂《伊尹傳説的研究》,《中國神話與傳説學術研討會論文集》,243~275頁,(臺北)漢學研究中心,1996年;夏大兆、黄德寬《關於清華簡〈尹至〉〈尹誥〉的形成和性質——從伊尹傳説在先秦傳世和出土文獻中的流變考察》"一、傳世先秦文獻中伊尹事迹的記載和流變",《文史》2014年第3輯(總第108輯),214~222頁;黄若惠《伊尹身分之再探討》,(臺灣)《史學彙刊》第20輯,1~15頁,2005年。

③ 參看韓江蘇、江林昌《〈殷本紀〉訂補與商史人物徵》,宋鎮豪主編《商代史》卷二,188~197頁,中國社會科學出版社,2010年;夏大兆、黄德寬《關於清華簡〈尹至〉〈尹誥〉的形成和性質——從伊尹傳説在先秦傳世和出土文獻中的流變考察》,222~227頁;黄庭頎《論古文字材料所見之伊尹稱號——兼論〈尹至〉、〈尹誥〉之"尹"、"埶"(摯)》,原載《東華中文學報》2012年第5期,又發表於簡帛網,2013年7月15日。

④ 張政烺《釋"它示"——論卜辭中没有蠱神》,《張政烺文集·甲骨金文與商周史研究》,43頁,中華書局,2012年。

示"、"伊尹鼂示"。① 蔡哲茂先生在張説的基礎上,讀"鼂"爲"舅",謂"是表示親屬稱謂,即表達伊尹和殷王室之間的關係","根據先秦文獻推測,伊尹之族曾和商湯通婚,伊尹大概是成湯之舅,猶如周武王娶姜太公之女,故《左傳》中姜太公被周人稱爲'伯舅太公'或'舅氏'一樣"。② 此外,還有一些學者也主張伊尹與商非一族,伊尹是伊族或卜辭所見的黄族之長。③

《合集》3255:"貞:呼黄多子出牛,凷(侑)于黄尹。"這是一條武丁時代的典賓類卜辭,其時去伊尹之死已約三百年,所以這裏的"多子"肯定不是黄尹(即伊尹)之子。卜辭所謂"多子",據研究可指商族的多位族長;裘錫圭先生據此指出此辭的"黄多子""應該是黄族(即黄尹之族)的一些族長"。④ 其説甚是。

賓組卜辭有"黄尹丁人"、"黄丁人"之稱(前者見《合集》3097～3099等,後者見《合集》22、3096),歷組卜辭或稱"伊丁人"(《合集》30803、《南明》497等);《合集》3096又稱"黄丁"爲"丁"。陳劍先生指出,"'黄丁人'等應即指屬於'黄丁'等之人",並説:

可以設想,在商王看來,異姓的伊尹後人有大大小小的家族,其非嫡系大宗的各族長可統稱爲"黄多子"(猶如子姓商族在商王之外亦有"多子");而其嫡系大宗的首領,即稱"黄丁"、"黄尹丁"、"伊尹丁"。據此進一步推測,在這些伊尹後人宗族的内部,各小宗族長之"子"也就可稱"黄丁"爲"丁"了。這正跟花東子卜辭和舊有"子組卜

---

① 具體例子可看蔡哲茂《殷卜辭"伊尹鼂示"考——兼論它示》,《中研院歷史語言研究所集刊》第58本第4分,756～757頁,1987年;夏大兆、黄德寬《關於清華簡〈尹至〉〈尹誥〉的形成和性質——從伊尹傳説在先秦傳世和出土文獻中的流變考察》,224～225頁。

② 蔡哲茂《殷卜辭"伊尹鼂示"考——兼論它示》,《中研院歷史語言研究所集刊》第58本第4分,765頁。按後世國君稱異姓之臣爲"叔舅",不知是否源於此。

③ 如蕭良瓊《卜辭中的伊尹和伊尹放太甲》,《古文字研究》第21輯,14～22頁,中華書局,2001年;劉宗漢《卜辭伊尹考》,宋鎮豪等主編《西周文明論集》,323～335頁,朝華出版社,2003年;劉宗漢《卜辭伊尹鼂示考》,《文史》2000年第4輯(總第53輯),91～96頁。參看黄庭頎《論古文字材料所見之伊尹稱號——兼論〈尹至〉、〈尹誥〉之"尹"、"埶"(摯)》。

④ 裘錫圭《關於商代宗族組織與貴族和平民兩個階級的初步研究》,《裘錫圭學術文集·古代歷史、思想、民俗卷》,129頁。

辭"所反映出的商王同姓小宗族長"子"之稱商王爲"丁"相類。①按照裘錫圭先生的看法,這種"丁"可能應該讀爲"帝",即嫡庶之"嫡"字的前身。② 可見至商代後期,伊尹族仍維持着與商族類似的獨立的宗族組織。

在賓組一類和典賓類卜辭中,有祭祀對象"黄奭"(後一字寫法多樣,此暫從張政烺先生隸定);歷組二類卜辭又有"伊奭"。③ 張政烺先生認爲"黄奭"、"伊奭"即伊尹(黄尹),④已成爲絶大多數學者的共識。關於"奭"字的考釋衆説紛紜;不過此字在甲骨卜辭和有些銅器銘文中表示配偶的意思,是很清楚的。此義之"奭"綴於"黄"、"伊"之後以指稱伊尹,當然很可能如張先生所説,有"國之重臣與王爲匹耦"的用意。⑤ 但伊尹所以成爲商之重臣,並能"與王爲匹耦"而獲"伊奭"、"黄奭"之稱,除了在伐夏之役中居首功之外,究其根源,會不會還由於伊尹族曾嫁女於商族的首領湯,亦即伊尹族爲商族之配偶的緣故? 恐怕也不是絶對没有考慮的餘地的。

在清華大學藏戰國竹簡中,與《尹誥》有密切關係的《尹至》篇,其 4 號簡説"湯祭(盟)慗(慎)及(及)尹"。⑥ "慎"字有"誓"、"質"二讀,⑦讀"質"之説可取。馮勝君先生據簡文"盟質",推斷湯與伊尹"並非僅僅立盟起誓,而且有交换質信的行爲"。⑧ 我懷疑,"盟質"之"質"可能指"策名委

---

① 《朱鳳瀚先生來函照登》後的評論,復旦大學出土文獻與古文字研究中心網,2012年6月11日。
② 裘錫圭《"花東子卜辭"和"子組卜辭"中指稱武丁的"丁"可能應該讀爲"帝"》,《裘錫圭學術文集·甲骨文卷》,516~522頁。參看裘錫圭《關於商代宗族組織與貴族和平民兩個階級的初步研究》,《裘錫圭學術文集·古代歷史、思想、民俗卷》,122~126頁。
③ 具體辭例參看姚孝遂主編、肖丁副主編《殷墟甲骨刻辭類纂》,95、96頁,中華書局,1989年。
④ 張政烺《"奭"字説》,《張政烺文集·甲骨金文與商周史研究》,4~5頁。
⑤ 同上注,5頁。
⑥ 清華大學出土文獻研究與保護中心編、李學勤主編《清華大學藏戰國竹簡(壹)》,上册37頁,下册128頁。
⑦ 參看陳民鎮《清華簡〈尹至〉集釋》,69~70頁,復旦大學出土文獻與古文字研究中心網,2011年9月12日。
⑧ 馮勝君《清華簡〈尹至〉"兹乃柔大縈"解》,中國文化遺産研究院編《出土文獻研究》第13輯,315頁,中西書局,2015年。

質"(《左傳·僖公二十三年》)中的"委質"一類事。① 《國語·晉語九》載鼓子之臣夙沙釐對中行穆子說:"臣聞之:委質爲臣,無有二心。委質而策死,古之法也。"從這一點看,也以說伊尹與商湯是異姓爲妥。② 有些學者認爲,中國早期國家組織形式是方國聯盟(如商代)。③ 伊尹族與商族的這種聯盟,彼此之間的地位顯然不會是平等的,伊尹應該是帶着本族人歸附於商族的,即尊商湯爲"盟主"。

從《尹至》看,伊尹把在夏偵察到的有關夏的情報告訴給湯,對商最終"翦西邑,戡其有夏"(5號簡語)產生了決定性的影響。簡文接着"湯盟質及尹"說"絆(兹)乃柔大縈"。這句話的釋讀,各家頗多分歧。④ 我們對此也有一個不成熟的猜測。馬王堆漢墓帛書《五星占》34下~35上:"其入大白之中,若痲(摩)近繞環之,爲大戰,趯(躁)勝靜也。辰星廁(側)而逆之,利;廁(側)而倍(背)之,不利。曰大鏊,是一陰一陽,與……(下殘)"⑤ 劉樂賢先生認爲上引帛書中的"大鏊","似是描述辰星干犯太白的術語"。⑥ 竊疑《尹至》的"大縈"與《五星占》的"大鏊"有關("縈"、"鏊"古通),指商這一方面的天象而言。伊尹帶來了關於夏的重要情報,湯又與之結成聯盟,不利於商族的"大縈"異象好像得到了安撫一樣,因此而平息。上文3號簡有"夏有祥,在西在東,見彰于天"等語,說的也是天象之

---

① 日本學者相本東太認爲伊尹一名"伊摯"之"摯"通"贄",表示以自己作供奉物,向君王致敬,並謂伊尹"負鼎干湯"傳説中的"負鼎"也是一種贄見禮,"古代的'策名委質'習俗和此相似"。(轉引自黄庭頎《論古文字材料所見之伊尹稱號——兼論〈尹至〉、〈尹誥〉之"尹"、"埶"(摯)》)他對"伊摯"之"摯"的解釋我們並不同意,但從上引清華《尹至》簡看,伊尹與湯之間可能確曾有過類似"委質"的行爲,而且這種"委質"似乎是雙方的。

② 但是,我們不能把"湯盟質及尹"的"質",跟後世臣之於君的委質行爲完全等同起來。

③ 參看林澐《甲骨文中的商代方國聯盟》、《關於中國早期國家形式的幾個問題》等文,《林澐學術文集》,69~99等頁,中國大百科全書出版社,1998年。

④ 參看馮勝君《清華簡〈尹至〉"兹乃柔大縈"解》,中國文化遺產研究院編《出土文獻研究》第13輯,311~313頁。

⑤ 湖南省博物館、復旦大學出土文獻與古文字研究中心編纂,裘錫圭主編《長沙馬王堆漢墓簡帛集成》,第肆册231頁,中華書局,2014年6月。

⑥ 同上注。按:任達先生近撰《馬王堆帛書〈五星占〉"辰星運行占"文本復原及相關問題研究》(未刊稿),全面復原了帛書《五星占》此段占文,對〈尹至〉"柔大縈"等天象也有新的解釋。請讀者注意參看任文。

事。古書載武王伐商,"東面而迎歲"(見《荀子·儒效》、《淮南子·兵略》、《尸子》等);西周初年利簋銘文"珷(武王)征商,唯甲子朝,歲鼎"之"歲",也有不少學者認爲指歲星。① 這跟《尹至》在商湯伐夏前記下"柔大縈"的天象變化,有些相似。由此看來,"湯盟質及尹"一事對於商在跟夏的對抗中由逆勢轉爲順勢,也是至關重要的(伊尹率族與商湯結盟,無疑使伐夏的實力迅速增强)。有的學者因古書裏有"神不歆非類,民不祀非族"(《左傳·僖公十年》)之說,認爲受到商人如此高規格祭祀的伊尹,不大可能是商的異姓。② 其實,考慮到上面所說的伊尹在興商滅夏中所起的無與倫比的作用,③以及可能通過聯姻而成爲商族首領的舅氏④和其他我們尚不清楚的原因,身爲異姓貴族之長的伊尹,是有可能享有商人世代"隆祀不替"的待遇的。⑤【編按:陳絜《商周姓氏制度研究》(105～110 頁,商務印書館,2007 年)、林澐《商史三題》等認爲"商代的祭祀並不存在'不祀非族'的禁忌","'民不祀非族'確有可能是成王、周公命祀之舉"(引號裏的話引自林書 92 頁,中研院史語所,2018 年)。陳書並對伊尹受商王祭祀作過討論,請參閱。】

總之,上述伊尹與湯原非一族的說法,在某些細節的解釋上,也許不一定完全合乎事實(如伊尹族與有莘氏的關係,對"黄𩚬""伊𩚬"之"𩚬"、"柔大縈"的解釋等),但從總體上說,應該不會有太大的問題。結合上引李宗焜對"德"與"族團"關係的研究,可以知道,伊尹本與商湯"異姓異德",伊尹族既爲商族所併(但伊尹族的内部宗族組織並未泯亂),伊尹族

---

① 參看劉釗《利簋銘文新解》,《古文字研究》第 26 輯,183～187 頁,中華書局,2006 年。

② 杜勇《清華簡與伊尹傳説之謎》,《中原文化研究》2015 年第 2 期,32～33 頁。

③ 參看徐喜辰《論伊尹的出身及其在湯伐桀中的作用》,《人文雜志》1990 年第 3 期,78～79 頁。

④ 《禮記·郊特牲》:"取於異姓,所以附遠厚别也。"從某種角度說,聯姻跟聯盟的目的和效果是一致的。說不定《尹至》的"湯盟質及尹",正是包聯姻而言。

⑤ 《國語·魯語上》載展禽論祭:"夫聖王之制祀也,法施於民則祀之,以死勤事則祀之,以勞定國則祀之,能禦大災則祀之,能捍大患則祀之。非是族也,不在祀典。"[文又見於《禮記·祭法》。按此"族"訓"類",指上面所說的這些情況,與族氏之"族"無涉。參看(清)孫希旦《禮記集解》,下册 1206 頁,中華書局,1989 年。]伊尹顯然有躋身此類祀典的資格。

之"德"自然也就從屬於商族之"德"了。據所記之事早於《尹誥》的《尹至》文,"戡夏"之前,"湯往征弗鳧(附)","埶(摯)悳(德)不僭(僭)"(4~5號簡)。這裏特別提及伊尹之德没有差失,①似表明湯與伊尹雖已"盟質",但當時伊尹還擁有自己的"德",尹及湯尚未"咸有一德"。《尹誥》主要講商"翦滅夏"之後,伊尹要湯以夏所以亡爲鑒,並就如何處理夏遺民"遠邦歸志"、"俾我衆勿違朕言"等問題,向湯獻策。此文開篇點出"惟尹既及湯咸有一德",伊尹之"德"與商湯之"德"爲一,實暗示二族已經融合,商湯的方國聯盟盟主(天下共主)地位在夏亡後得以真正確立,伊尹(及其族團)完全站到了商族的立場上來爲其擘畫天下(此篇2號簡伊尹説"我翦滅夏"云云,也可看出伊尹已以商族爲己族)。

　　清華簡《尹誥》"惟尹既及湯咸有一德",用的實是"德"的古義。上引有些周代文獻(如《芮良夫毖》),在説"和德定型"之事時,"德"的原始意味已較薄弱。更晚的文獻,如《禮記·王制》,所説"考禮,正刑,一德,以尊於天子"【編按:《大戴禮記·朝事》云"正刑、一德,以崇天子"】、"司徒……一道德以同俗",抽掉了"一德"的原始涵義,變爲純粹的對道德準則的規範。《禮記·緇衣》於"君不疑其臣,臣不惑於君"下引"咸有一德"之語,以君臣之間同心不貳的一般意思作解,似已不知"一德"的本來語境("規範道德"和"同心同德"這兩種意義的"一德",應是由指不同族類的"異德"合爲"一德"的本義演變分化而成的)。僞《古文尚書·咸有一德》,伊尹"言君臣皆有純一之德,以戒太甲",②不但把此篇的時代誤排在太甲時,③而且其所説"一德"(與《易·繫辭下》"恒以一德"等用法相同。鄭玄注《禮記·

---

　　① "埶(摯)"即伊尹,整理者已指出伊尹名摯,屢見於古書(清華大學出土文獻研究與保護中心編、李學勤主編《清華大學藏戰國竹簡(壹)》,下册130頁)。伊尹何以名"摯",各家有不少推測(參看黄庭頎《論古文字材料所見之伊尹稱號——兼論〈尹至〉、〈尹誥〉之"尹"、"埶"(摯)》)。我們懷疑"伊摯"的命名方式可能與甲骨卜辭中的"伊奭"、"黄奭"相似,"摯"乃就伊尹與商湯的關係而言,或可讀爲"執"。《禮記·曲禮上》:"見父之執,不謂之進,不敢進。"孔穎達疏:"父之執,謂執友與父同志者也。"同篇"執友,稱其仁也",鄭玄注:"執友,志同者。"當即"鳥摯而有别"(《詩·周南·關雎》"關關雎鳩"毛傳)之"摯"。
　　② 《尚書正義》,《十三經注疏整理本》第2册,255~256頁。
　　③ 清華大學出土文獻研究與保護中心編、李學勤主編《清華大學藏戰國竹簡(壹)》,下册132頁。

緇衣》所引《尹告》，亦以伊尹與湯"皆有純一之德"釋之），顯然也不具備清華簡《尹誥》"一德"那樣的古義。這也是今傳《咸有一德》晚出的一個例證。①

最後還要交代一個問題。從上文對清華簡《尹誥》"咸有一德"以及《尹至》的有關簡文的解釋來看，《尹至》《尹誥》的內容顯然較古（但並非寫定於夏末商初，很可能是入周以後據前代史料、傳說撰成的），②其文本時代恐怕不可能像有些學者所設想的，可以晚到春秋戰國之時（文本時代與簡文抄寫時代是兩個問題）。但是，已有學者提出，根據簡背刻劃綫和竹節看，《尹至》《尹誥》本與《清華大學藏戰國竹簡（叁）》所收《赤鳩之集湯之屋》合編爲一卷，後者且編於《尹至》《尹誥》之前，三篇竹書當按其所敘之事的時間爲序先後排列。③《赤鳩之集湯之屋》大概是較爲晚起的充滿了巫術色彩的伊尹傳說（有學者稱之爲"小説"），這是否意味着我們對《尹至》《尹誥》時代的判斷有誤呢？

《赤鳩之集湯之屋》跟可歸於《尚書》"商書"的《尹至》《尹誥》，從行文到性質都有較明顯的區別（《清華大學藏戰國竹簡（伍）》所收《湯處於湯丘》《湯在啻門》，也與伊尹有關。此二篇的性質似又與這裏所説的三篇不同④）。⑤ 我們知道，先秦古書多以單篇或部分篇的形式流傳（後來編入

---

① 虞萬里先生認爲僞《古文尚書·咸有一德》"很可能是西漢孔安國所作或其口授而爲嫡傳弟子記録的《尹誥》之'傳'"（《由清華簡〈尹誥〉論〈古文尚書·咸有一德〉之性質》，同作者《榆枋齋學林》，上册11～36頁）。由《尹誥》與《咸有一德》所取"一德"之義的嚴重分歧看，此説成立的可能性恐怕不大。

② 《尹至》1號簡記伊尹"徕至在商"。郭永秉先生認爲"徕"是一種夜間時稱名，似僅見於殷墟甲骨卜辭，"《尹至》所記是夏商之際的事，所使用的這個詞的產生時代也不晚於商代後期，而且很可能是很早就廢棄不用了（西周金文裏目前就還没有見到過）。這似可以說明《尹至》篇的內容相當古，或者保守地進一步説，這篇文字操作時所依據的材料非常古"（《清華簡〈尹至〉"徕至在商"解》，同作者《古文字與古文獻論集續編》，252頁，上海古籍出版社，2015年）。

③ 肖芸曉《試論清華竹書伊尹三篇的關聯》，簡帛網，2013年3月7日；後發表於武漢大學簡帛研究中心主辦《簡帛》第8輯，471～476頁，上海古籍出版社，2013年。

④ 參看李守奎《漢代伊尹文獻的分類與清華簡中的伊尹諸篇的性質》，同作者《古文字與古史考——清華簡整理研究》，358～363、367～368頁，中西書局，2015年。按《湯處於湯丘》《湯在啻門》與馬王堆帛書《九主》較爲接近。

⑤ 《赤鳩之集湯之屋》《湯處於湯丘》和《湯在啻門》通篇以"少（小）臣"作爲伊尹的代稱。伊尹任"小臣"又見於《墨子·尚賢下》《楚辭·天問》《吕氏春秋·尊師》等戰（轉下頁）

"百篇"《尚書》者,最初也是單篇別行的),内容相關的不同書篇之間,其分合聚散往往不定。戰國時人(清華簡的抄寫者或收藏者)出於某種認識或需要,把當時流傳的三種講伊尹的單篇古書(或從不同的部分篇的"集合"中析出)重新編抄在一起,並不能確證這三篇古書本是同一時代、性質的東西。《清華大學藏戰國竹簡(叁)》所收《良臣》、《祝辭》,"原由同一書手寫在一編相連的竹簡上",但兩篇竹書"内容性質截然不同"。①馬王堆3號漢墓所出帛書中,道家的《老子》和儒家的《五行》②、可能是《漢書·藝文志》所收《伊尹》之一篇的《九主》、其思想立場近於秦國法家的《明君》、糅合儒道之說的《德聖》合抄在一長條半幅寬的大帛上,這幾種書的出處和性質也很不一致。傳世典籍中,如《漢志》"《孝經》類"的《弟子職》又見於《漢志》列爲"道家"的《管子》書(參看余嘉錫《古書通例》);《逸周書》所收諸篇,既有西周初年的原作,也有寫成於春秋、戰國的,③情況皆與此相似。④ 如果僅僅根據《尹至》、《尹誥》和《赤鳩之集湯之屋》在竹書抄寫時代曾被合編這一點,就斷定它們的文本時代和性質相近,未免把問題看得太簡單了。⑤

2015年12月22日改定

(接上頁)國古書,春秋晚期的叔弓鐘、鎛亦有"伊少(小)臣"之謂。學者們已經指出,商和西周時代,任"小臣"者的實際地位並不低(參看夏大兆、黃德寬《關於清華簡〈尹至〉〈尹誥〉的形成和性質——從伊尹傳說在先秦傳世和出土文獻中的流變考察》,228頁)。所以,伊尹之爲有莘氏小臣,跟伊尹爲庖廚、媵臣一樣,當是"小臣"一職淪爲賤稱之後才產生的傳說,大概也在春秋以後。清華簡《湯處於湯丘》的整理者爲簡文的"少(小)臣"加注時說"伊尹在卜辭中稱'伊小臣'(《合集》二七〇五七、《屯南》二三四二)"[清華大學出土文獻研究與保護中心編、李學勤主編《清華大學藏戰國竹簡(伍)》,下册136頁,中西書局,2015年]。檢《合集》27057,只有"伊窒";《屯南》2342"尹"上一字或釋爲"伊",但圖版不清,難以肯定(从"尹"似可見。此字有些學者分析爲从㐱从"伊",參看王挺斌《說伊賓》,《中國文字》新41期,246~247頁,藝文印書館,2015年)。甲骨卜辭中並無稱"伊小臣"者。

① 清華大學出土文獻研究與保護中心編、李學勤主編《清華大學藏戰國竹簡(叁)》,下册156頁。
② 帛書本《五行》"經"、"說"合抄,"說"顯然要晚於"經";而且從有關線索看,寫作"說"者所據的"經"文,跟現在抄在其前的"經"很可能不是同一個本子。另詳他文。
③ 參看張懷通《〈逸周書〉新研》,234~237頁,中華書局,2013年。
④ 還可參看[美]顧史考《以戰國竹書重讀〈古書通例〉》,武漢大學簡帛研究中心主辦《簡帛》第4輯,435~436頁,上海古籍出版社,2009年。
⑤ 《赤鳩之集湯之屋》篇題寫於此篇的最末一簡——15號簡——的簡背。賈連翔先生指出,如按照《赤鳩之集湯之屋》、《尹至》、《尹誥》的次序編爲一卷,"則該篇題在(轉下頁)

(接上頁)簡背卷中位置,這是個不太容易解釋的問題,故我們只能説不排除它們有編在一卷的可能"(《反印墨迹與竹書編連的再認識》,清華大學出土文獻研究與保護中心編、李學勤主編《出土文獻》第 6 輯,244 頁注[1],中西書局,2015 年)。《赤鳩之集湯之屋》有 15 支簡,《尹至》《尹誥》分别爲 5 支簡、4 支簡,假設三篇合編成卷,共計 24 支簡,"赤鳩之集湯之屋"這個篇題正好位於全卷的中部靠後。從已經公布的戰國竹書看,簡背篇題幾乎都寫在首簡或末簡、開頭或倒數二、三支簡的背面,没有寫在一篇或一卷的中間的。《銀雀山漢墓竹簡[壹]》的《簡介》説:"竹書可以是一篇一卷,也可以是數篇一卷。如果一卷不止一篇,大概只有第一篇才會在首簡的背面寫篇題。銀雀山竹書中有些短篇的篇題同時寫在第一簡簡背和篇尾,另外一些又只有篇尾篇題而無簡背篇題。前者當是一卷的首篇,後者很可能是首篇之外的某篇。例如《孫臏兵法》的《八陣》和《地葆》兩篇,書體和行款都很相似,《八陣》篇第一簡簡背和篇尾都有篇題,當是一卷的第一篇,《地葆》只有篇尾篇題而無簡背篇題,大概是編在《八陣》之後的一篇。"(6 頁,文物出版社,1985 年)。看來,西漢竹書如有數篇編爲一卷的,簡背篇題大概也不會出現在中間。所以賈連翔先生的懷疑提得很有道理。

《赤鳩之集湯之屋》15 支簡與《尹至》篇的前 3 支簡的簡背劃綫、竹節位置一致,《尹至》的後 2 支簡則與《尹誥》4 支簡的簡背劃綫、竹節位置一致。參考現在關於簡背劃綫的研究成果(參看韓巍《西漢竹書〈老子〉簡背劃痕的初步研究》,北京大學出土文獻研究所編《北京大學藏西漢竹書[貳]》,227～235 頁,上海古籍出版社,2012 年;賈連翔《試借助數字建模方法分析清華大學藏戰國竹簡簡背劃痕現象》,出土文獻與中國古代文明研究國際學術研討會會議論文,2013 年;賈連翔《反印墨迹與竹書編連的再認識》,清華大學出土文獻研究與保護中心編、李學勤主編《出土文獻》第 6 輯,243～244 頁),如果采取比較謹慎的態度,只能説《赤鳩之集湯之屋》的 15 支簡與《尹至》的前 3 支簡是從同一個竹筒剖析出來的(簡背劃綫應是製簡之前刻劃在竹筒上的),《尹至》的後 2 支簡與《尹誥》的 4 支簡是從同一個竹筒剖析出來的。僅僅根據這些材料,尚不足以得出《赤鳩之集湯之屋》與《尹至》《尹誥》必被編爲一卷的確鑿結論(肖芸曉《試論清華竹書伊尹三篇的關聯》文中所舉《吕氏春秋·慎大》與《尹至》、《赤鳩之集湯之屋》的個别語句的聯繫,亦不夠堅强),但這種可能性當然是存在的。

過去,李零先生曾力主上海博物館藏戰國楚竹書的《子羔》、《孔子詩論》、《魯邦大旱》爲一篇的三個部分,三部以此爲序"連寫接抄,章與章之間並不留白提行"(《上博楚簡三篇校讀記》,6 頁,中國人民大學出版社,2009 年)。現在看來,此説亦未必符合實際。李先生認爲《孔子詩論》1 號簡"孔子曰: 詩亡(無)隱志,樂亡(無)隱情,文亡(無)隱[意?]……"是《詩論》的開端,其前"行此者,丌(其)又(有)不王乎"爲《子羔》的末一句,其後加"▄"分章。但是,根據學者們對《孔子詩論》簡序的調整來看,1 號簡並非首簡,很可能當位於全篇之末;此簡上的"▄"應該跟其前的 5 號簡一樣,是《詩論》内部的分章墨節(參看侯乃峰《上博竹書(1—8)儒學文獻整理與研究》,7、11 等頁,復旦大學博士後出站報告,2012 年)。《子羔》篇的最末一簡爲 14 號簡,抄完末句"而叁(三)天子事之"加"▄"表示一篇完結,其後留白。所以,《子羔》決不可能與《孔子詩論》"連寫接抄",《詩論》1 號簡的"行此者,丌(其)又(有)不王乎"必不屬於《子羔》(侯乃峰《上博竹書(1—8)儒學文獻整理與研究》,7 頁)。《子羔》的篇題寫在 5 號簡背,經過學者調整簡序,此簡現已位於全篇的倒數第 3 簡(裘錫圭《談談上博簡〈子羔〉篇的簡序》,《裘錫圭學術文集·簡牘帛書卷》,443～444 頁)。如按李零先生《子羔》、《孔子詩論》、《魯邦大旱》依次合編的想法,這個篇題將處在一卷的(轉下頁)

補記：

前人有以"湯咸"爲名，即殷墟甲骨卜辭所見指成湯之"咸"，故在"有一德"前點斷的；近來蔡哲茂先生對此有翔實補論（參看蔡哲茂《論殷卜辭中的"㕯"字爲成湯之"咸"——兼論"㕯""㕯"爲咸字説》，《中研院歷史語言研究所集刊》第七十七本第一分，1～17頁，2006年）。其説若確，"咸"就不宜再與"有一德"連讀；"咸有一德"乃前人不知"湯咸"之名而産生的錯誤斷句。附識於此以備考。

2015年12月25日

補記二：

本文主要討論"一德"的含義，未對"惟尹既（或'允'）及湯咸有一德"作明確的串講，是一個缺憾。陳劍先生閱此稿後，向我提出了他對全句的理解。現徵得陳先生的同意，轉述其説於下：

"惟尹既（或'允'）及湯咸有一德"的"咸"，當"事畢"講。此種"咸"字，西周金文與《詩》、《書》等早期文獻數見。如《殷周金文集成》05432所收西周早期的作册虝卣，其銘云："唯公大史見服于宗周年。在二月既望乙

（接上頁）第十幾支簡的位置，也與竹書一般簡背篇題的地位不合（蒙郭永秉先生見告，陳劍先生在2005年第一學期所開"上博簡研究"課上，已指出過此點）。如這三篇並非連抄的竹書確曾被合編爲一卷，似以《子羔》篇編於最末爲妥。

我們所以感到簡背篇題寫在一篇或一卷竹書的中部不合理，是由於一般認爲竹書都以首簡或末簡爲中軸向另一端卷起，這樣收卷之後，寫在全卷中部的簡背篇題根本看不到，起不了方便查檢、標識來源等實際作用。不過，郭永秉先生提醒我，清華大學藏戰國竹簡《算表》、《殷高宗問於三壽》兩篇的收存方式較爲特別。學者們據竹簡的反印墨迹等綫索考察，得知《算表》當是"兩側先分別對折，再向中間對折的收卷方式"（肖芸曉《清華簡〈算表〉收卷方式小議》，簡帛網，2014年6月12日）；《殷高宗問於三壽》當是以15、16號簡爲中軸（全篇共28支簡），"對折存放"（賈連翔《反印墨迹與竹書編連的再認識》，清華大學出土文獻研究與保護中心編、李學勤主編《出土文獻》第6輯，242頁）。《殷高宗問於三壽》的篇題寫於全篇末簡（28號簡）的簡背，對折之後，只要將後半段竹簡朝上放置，末簡簡背的篇題仍然可以看到。如果《赤鳩之集湯之屋》與《尹至》《尹誥》確實合編爲一卷的話，據《赤鳩》篇簡背篇題的位置推測，此卷竹書似乎也應該是以15號簡爲中軸對折（至於兩側是否還對折過，不得而知），或從兩端分別向15號簡進行收卷。這樣或許可以避免篇題卷在裏面的問題。由於我們對竹書的收卷方式知道得還很不夠，事實究竟如何，需要進一步研究。

亥,公太史咸見服于辟王,辨于多正。"(參看蔣文《先秦秦漢出土文獻與〈詩經〉文本的校勘與解讀》,137～141頁,復旦大學博士學位論文,2016年)"公太史咸見服于辟王……"的"咸"後跟"見服于辟王"等事,與"惟尹既及湯咸有一德"的文例相同。

　　從西周春秋金文看,"及"或"暨"有一種動詞用法,其前往往爲參與者,其後則跟主事者及所主之事,如孟簋"朕文考暨毛公、趙仲征"、郱子姜首盤"寺(邿)子姜首返(及)寺(邿)公典"等(參看李學勤《郱子姜首盤和"及"字的一種用法》,同作者《重寫學術史》,268～269頁,河北教育出版社,2002年)。"惟尹既(或'允')及湯咸有一德"的"及",清華簡《尹誥》作"返",僞古文《咸有一德》作"暨",正與金文此種"及/暨"的用字相合。這句話的大意是説,伊尹已經(或"果然")參與了湯完成"有一德"之事(湯爲天下共主,需要把各族之"德"統一起來,伊尹族只是其中之一)。按照本文的看法,伊尹率其族團歸附於商湯,將己族之"德"併入商族之"德",顯然是奉湯爲主;所以用這樣的"返(及)"字是很合適的。

　　陳劍先生對此句中"咸"、"及"二字的解釋,我現在基本上都很贊同。如取"返(及)"爲動詞之説,"惟尹既(或'允')及湯咸有一德"的謂語應該就是"及","湯咸有一德"這個句子("湯"是主語,"咸"是謂語,"有一德"這個述賓結構作賓語)充當全句的賓語。不過,我們還無法排斥這個"及"跟"余返(及)女(汝)皆(偕)亡"的"及"一樣,也是介詞的可能。若此,整個句子的謂語就應該是"咸";其意爲"伊尹已經(或'果然')同湯完成了'有一德'這件事"。當然,這跟前一種理解在文義上並無本質差別。而且即使把"及"看作介詞,它的"參與"、"加入"義仍很明顯["余及汝偕亡"一句中,"余(指民)"也是"亡"的參與者,"汝(指夏王朝或夏后)"也是主事者]。

2016年8月17日

附識:

本文寫作過程中,蒙陳劍、郭永秉、蘇建洲等先生給予重要指教;本文初稿曾在"第二届古文字學青年論壇"（臺北：中研院歷史語言研究所，2016年1月28～29日）上宣讀，得到蔡哲茂、劉樂賢、董珊、劉源、馬楠、劉洪濤等先生的指教、鼓勵。作者對他們的幫助十分感謝。

　　原載復旦大學出土文獻與古文字研究中心、耶魯—新加坡國立大學學院陳振傳基金漢學研究委員會編《出土文獻與中國古典學》，中西書局，2018年。

談談清華簡《程寤》的"望承"

《程寤》是《逸周書》久佚之篇，只有少數文句見引於《藝文類聚》、《太平御覽》、《册府元龜》等類書以及《潛夫論》、《博物志》等古書。[1] 所幸在清華大學近年入藏的戰國竹簡中，發現了《程寤》全文。此篇開頭記周文王正妃太姒做了一個夢，驚醒後告訴文王：

> 王弗敢占，詔（召）太子發，俾靈名總蔽，祝忻蔽王，巫率蔽太姒，宗丁蔽太子發。幣告宗祊社稷，祈于六末山川，攻于商神，望（望），承（烝），占于明堂。王及太子發並拜吉夢，受商命于皇上帝。（2～4號簡）[2]

"總"的釋讀、"俾靈名總蔽"的斷句，從孟蓬生先生説。[3] "蔽"字的釋讀以及"詔"讀爲"召"，從裘錫圭先生説。[4] 其餘簡文，均按整理者的釋讀、斷

---

[1] 參看清華大學出土文獻研究與保護中心編、李學勤主編《清華大學藏戰國竹簡（壹）》，下册135、140～141頁，中西書局，2010年；陳伯适《清華簡〈程寤〉文義初釋與占夢視域下有關問題試析》，《2011出土文獻研究視野與方法研討會論文集》，3～8頁，政治大學中國文學系，2011年6月11日；吕廟軍《清華簡〈程寤〉與文王占夢、解夢研究》，杜勇主編《叩問三代文明——中國出土文獻與上古史國際學術研討會論文集》，337～338頁，中國社會科學出版社，2014年。

[2] 清華大學出土文獻研究與保護中心編、李學勤主編《清華大學藏戰國竹簡（壹）》，上册47～48頁，下册136頁。

[3] 孟説見復旦大學出土文獻與古文字研究中心研究生讀書會《清華簡〈尹至〉、〈尹誥〉研讀札記（附：〈尹至〉、〈尹誥〉、〈程寤〉釋文）》（復旦大學出土文獻與古文字研究中心網，2011年1月5日）一文下的評論，2011年1月9日。參看禤孝文《清華簡〈程寤〉集釋》，復旦大學出土文獻與古文字研究中心網，2011年9月17日，15、16頁引。

[4] 裘錫圭《説清華簡〈程寤〉篇的"敀"》，《裘錫圭學術文集·簡牘帛書卷》，540～545頁，復旦大學出版社，2012年。下引裘説均見此文，不另出注。

句錄出。

　　裘錫圭先生指出，"蔽"即見於古書和楚地所出卜筮祭禱簡的、古人在占卜之前先進行的"蔽志"；由於文王等人對太姒之夢很重視，在正式占卜前，需由名爲"忑"的"祝"、名爲"率"的"巫"、名爲"丁"的"宗"分頭爲文王、太姒、太子發蔽志，然後由名爲"名"的"靈"（以"名"爲"靈"的私名，孟蓬生先生已指出）總蔽。至於所蔽之志，裘先生認爲應該包含文王等人希望太姒之夢是"周將代商受天命而有天下的徵兆"；從上博簡《柬大王泊旱》、天星觀簡和包山簡中有關"蔽"的簡文看，還應包含確定"幣告宗祊社稷"、"祈于六末山川"、"攻于商神"等事。這些意見都正確可從。

　　經過裘先生和其他學者的解説，上引簡文已基本讀通。唯"占于明堂"之前的"脛承"二字，究爲何意，尚有討論餘地。

　　清華簡整理者在"脛承"之間點斷，"脛"後括注"望"、"承"後括注"烝"，已見上引。他們並爲"望"加注，引《淮南子・人間》注"祭日月星辰山川也"；爲"烝"加注，引《詩・天保》傳"冬曰烝"。① 是以"望"爲望祭，以"承"爲烝（蒸）祭。學者多從此説。② 裘錫圭先生鑒於"在蔽志和占夢這兩件事之間，似乎不太可能去舉行望、蒸這類常規祭祀"，指出"其説可疑"。邢文先生認爲，"望、烝之祭都是天子之祭，而《程寤》第3簡所見'望'、'烝'如果確爲此二祭的話，却發生在文王受命之前"，③ 這也是一個不好解釋的問題。王瑜楨先生又據《尚書・舜典》"望"爲遥祭山川，認爲"上句'祈于六末山川'，已祭拜禱'山川'，下句不應重複祭禱"。④ 這樣看來，釋"脛承"爲望祭、烝祭，實難成立。

　　邢文先生讀"脛承"爲"妄承"，與"商神"相連，"商人妄承之神被當作

---

　　① 清華大學出土文獻研究與保護中心編、李學勤主編《清華大學藏戰國竹簡（壹）》，下冊137頁。
　　② 參看禤孝文《清華簡〈程寤〉集釋》，21～22頁；陳伯适《清華簡〈程寤〉文義初釋與占夢視域下有關問題試析》，《2011出土文獻研究視野與方法研討會論文集》，14頁；吕廟軍《清華簡〈程寤〉與文王占夢、解夢研究》，杜勇主編《叩問三代文明——中國出土文獻與上古史國際學術研討會論文集》，345、346～347頁。
　　③ 邢文《清華簡〈程寤〉釋文所見祭禮問題》，簡帛網，2011年1月9日。下引邢説均見此文，不另出注。
　　④ 季旭昇主編《〈清華大學藏戰國竹簡（壹）〉讀本》，52頁，藝文印書館，2013年。

攻説責讓的對象"。其説較爲含混。如以"妄承"爲商神的修飾語，"攻于商神妄承"的説法似不符合古漢語的表達習慣；如以"妄承"爲商神之名，則缺乏文獻方面的證明。復旦大學出土文獻與古文字研究中心研究生所編"清華簡字形辭例檢索數據庫"1.1版"釋文索引"，"睉（望）"屬"攻于商神"讀；"承"釋爲"丞"，單作一句讀，其後括注"烝"，但打一問號，表示不敢肯定。① 以"攻于商神望"爲句，大概把"望"當作商神的名字，似是部分吸收了邢文先生的説法。其實商神名"望"，在文獻中也是找不到證明的。

裘錫圭先生懷疑"睉承"二字"當屬下讀，即主持占夢之人的名稱，有待進一步研究"。按，主持占夢事者爲巫卜之官（詳下文），其名稱應與簡文提到的"靈名"、"祝忥"、"巫率"、"宗丁"的命名結構一致，但"睉承"恐怕不易作出這樣的分析。雖然如此，裘先生認爲"睉承"屬於占夢之事，從文理看，確實是合適的。

《周禮·春官》有"大卜"，爲"卜筮官之長"（鄭注語）。此官又見於《禮記·曲禮下》，乃天子所建天官，與大宰、大宗、大史、大祝、大士並稱"六大"。據《周禮》，大卜：

　　掌三夢之灋，一曰致夢，二曰觭夢，三曰咸陟。其經運十，其別九十。

可知占夢之事由"大卜"總掌。鄭玄注"其經運十，其別九十"云："運或爲緷，當爲煇，是視祲所掌十煇也。王者於天，日也。夜有夢，則晝視日旁之氣，以占其吉凶。凡所占者十煇，每煇九變。此術今亡。"後人大都不信其説，指出"其運、其別"當以載於書之"三夢"言。②

鄭氏所以有此誤釋，顯然受到占夢官"眂祲"的影響。此職：

　　掌十煇之灋，以觀妖祥，辨吉凶。

鄭玄注："妖祥，善惡之徵。鄭司農云：'煇謂日光炁也。'"孫詒讓釋"掌十

---

① 復旦大學出土文獻與古文字研究中心網，2011年1月15日。
② （清）孫詒讓《周禮正義》，許嘉璐主編《孫詒讓全集》，第六册2328頁引吳廷華、俞樾説以及孫詒讓案語，中華書局，2015年。

煇之瀘"爲"占驗望氣之法式有此十者","煇"又作"暉","爲日月光氣之通名","秦漢以後,天官家以爲氣圍繞日月之專名";"此十煇,並地氣烝騰,日光穿映,視之成暈,如在日旁。虹升雲布,亦復如是。古望氣之術,占驗吉凶,蓋以日旁氣爲尤重,故二鄭以日光氣爲釋。"①這就是説,"眂祲"主要通過望日光氣來占夢。

又有"占夢"一職:

> 掌其歲時觀天地之會,辨陰陽之氣,以日、月、星、辰占六夢之吉凶。

所觀之"天地之會",當指"日月所會之次"。所謂"辨陰陽之氣",前人以爲指用"五勝"之法推知"休王前後",②未知確否。清人李光地對"以日月星辰占六夢之吉凶"作過很好的解釋:"古者占夢,必參以天地陰陽,謂人感天地陰陽之氣,於是乎有動於機而形於夢。夫天地之會,陰陽變化於四時,不可睹也,故察之乎日月星辰,而象見矣。"③他還舉了一個《史記・龜策列傳》中的實例:宋元王時,神龜在泉陽爲漁者所得,遂於夜半來宋元王夢中告訴。元王醒後,以夢召問博士衛平。"衛平乃援式而起,仰天而視月之光,觀斗所指,定日處鄉。規矩爲輔,副以權衡。四維已定,八卦相望。視其吉凶,介蟲先見。乃對元王曰:'今昔壬子,宿在牽牛。河水大會,鬼神相謀。漢正南北,江河固期。南風新至,江使先來。白雲壅漢,萬物盡留。斗柄指日,使者當囚。……'"衛平所用者,正是"以日月星辰占夢之法"。④

爲天子占夢之時,"大卜"、"占夢"、"眂祲"大概需要相互配合,協同觀望日月星辰的運行位次和各種光氣的變化,以占測夢之吉凶。⑤《周禮・春官・占夢》在講了"六夢"之後,又説:

---

① (清)孫詒讓《周禮正義》,第六册 2379～2380 頁。
② 同上注,第六册 2367～2368 頁。
③ 同上注,第六册 2368 頁。
④ 同上注,第六册 2368～2369 頁。
⑤ 李學勤《周易溯源》認爲,"大卜"所掌"三夢之瀘"(即"三種夢占")"都與望氣之術有關,這是中國古代特有的信仰"(44 頁,巴蜀書社,2006 年)。

季冬,聘王夢,獻吉夢于王,王拜而受之。

孫詒讓引《太平御覽·人事部》所引《程寤》篇云"文王及太子發並拜吉夢,受商之大命於皇天上帝",謂"與此禮同"。① 據此可以推測,在《程寤》中,"占于明堂"者至少應有任"占夢"、"眠𥧌"之事的相關人員;"䞣承"可能説的就是他們占夢的具體方法,頗疑當讀爲"望徵",指觀望天地之會、日月星辰之次、陰陽日月風雲之光氣等徵象,作爲占斷太姒之夢吉凶的依據。

簡文"䞣"即觀望之"望"字。"承",原作雙手奉"卩"之形。此字已見於殷墟甲骨文②和西周、戰國金文③,戰國楚簡中亦屢見。④《説文·十二上·手部》"承""从手、从卩、从収",此字不从"手",所以有些學者釋爲"丞"。《集韻》平聲蒸韻辰陵切承小韻,列"丞"爲《説文》訓"奉也,受也"的"承"的或體。同書所收"承"之"或作",還有"㔷"。"承"當由"㔷"隸變而成。⑤ 李家浩先生根據出土文字資料中"丞"的字形及其用法,明確指出:"丞"爲"承"之初文;"丞"本从"収",增从"手",與"弄"後作"奉"同例。⑥所以簡文此字釋"承"或"丞",都是可以的。

于淼《漢代隸書異體字表》"承"字頭下分立"㔷1"、"承2"二條,又在"㔷1"下列異體"拯"、"承2"下列異體"丞",並加有按語。于先生在按語中也指出"'丞'乃'承'字初文",甚是。但她分析"㔷"、"拯"、"承"諸字關

---

① （清）孫詒讓《周禮正義》,第六册 2374 頁。
② 李宗焜《甲骨文字編》,上册 128 頁,中華書局,2012 年。
③ 董蓮池《新金文編》,中册 1603～1604 頁,作家出版社,2011 年。
④ 滕壬生《楚系簡帛文字編（增訂本）》,1003～1004 頁,湖北教育出版社,2008 年;饒宗頤主編、徐在國副主編《上博藏戰國楚竹書字匯》,102 頁,安徽大學出版社,2012 年;清華大學出土文獻研究與保護中心編、李學勤主編《清華大學藏戰國竹簡（壹）》,下册《字形表》250 頁;清華大學出土文獻研究與保護中心編、李學勤主編《清華大學藏戰國竹簡（貳）》,下册《字形表》256 頁,中西書局,2011 年;清華大學出土文獻研究與保護中心編、李學勤主編《清華大學藏戰國竹簡（叁）》,下册《字形表》183 頁,中西書局,2012 年;清華大學出土文獻研究與保護中心編、李學勤主編《清華大學藏戰國竹簡（伍）》,下册《字形表》216 頁,中西書局,2015 年;清華大學出土文獻研究與保護中心編、李學勤主編《清華大學藏戰國竹簡（陸）》,下册《字形表》207 頁,中西書局,2016 年。《上海博物館藏戰國楚竹書（九）》所收《邦人不稱》8 號簡有"㦞"字,亦用爲"承"。
⑤ 參看（清）桂馥《説文解字義證》,下册 1056 頁,中華書局,1987 年。
⑥ 李家浩《先秦古文字與漢魏以來俗字》,《安徽大學漢語言文字研究叢書·李家浩卷》,378～380 頁,安徽大學出版社,2013 年。

係説："早期隸書'丞1'表{拯救}，成熟隸書中別作'拯'，或與'抍'通。'承2'表{承擔}，《説文》：'承，奉也，受也。''丞'隸變爲'承'，遂與'拯'分化。"①這却有問題。

于先生在"丞1"下所舉二例，張家山漢簡《二年律令》簡431作 ，馬王堆竹簡《合陰陽》簡2作 ，均从"丞"从"扌（手）"（後者所从"扌"上增一横畫），跟"承"所从出的"丞"並非一字（"承"从氶而不从"丞"）。過去的甲骨學者或混"氶（承）"於"丞"，②非是③）。早期合體字的偏旁位置，左右、上下常常變動不居。所以，陳劍先生認爲此種所謂"丞1"，實即"拯"字。④ 此字不當列在"承"字頭下。《説文》未收"拯"，但有"抍"，"抍"即"拯"之異體。字表可另立"抍"字頭，下出異體"拯"，把所謂"丞1"和耿勳碑"拯"都歸於其下。或者乾脆就以"丞（拯）"立字頭。

"承"、"拯"雖非一字，但古音極近，典籍多有相通之例⑤（"丞（承）"、"丞（拯）"只争一畫，字形亦近⑥）。上引馬王堆竹簡《合陰陽》的"丞（拯）"字，見於"揗拯匡"之語，"拯匡"或以爲指承光穴，或以爲即"承筐"，⑦無論如何都是讀"拯"爲"承"的（馬王堆簡帛中"承"皆用"丞（拯）"字爲之⑧）。⑨ 馬王堆帛書

---

① 于淼《漢代隸書異體字表與相關問題研究》上編《漢隸異體字表》，542頁，吉林大學博士學位論文（指導教師：吴振武教授），2015年5月。
② 參看孫海波《甲骨文編》，100頁，中華書局，1965年。
③ 參看李家浩《先秦古文字與漢魏以來俗字》，《安徽大學漢語言文字研究叢書·李家浩卷》，379～380頁。
④ 裘錫圭主編：《長沙馬王堆漢墓簡帛集成》，第叁册13頁注［三］，中華書局，2014年。按，《長沙馬王堆漢墓簡帛集成》第陸册153頁即逕釋《合陰陽》之例爲"拯"。
⑤ 參看高亨、董治安《古字通假會典》，39頁【拯與承】，38頁【丞與承】，齊魯社，1989年。
⑥ 古代已有誤"丞"爲"承"者。據（宋）戴侗《六書故》云，唐本《説文》"承""从手从丞"（引者按："丞"即"丞"），"張參曰从手从丞。……張參之説必有所本"（上册324頁，中華書局，2012年）。
⑦ 裘錫圭主編《長沙馬王堆漢墓簡帛集成》，第陸册154頁注［六］。
⑧ 參看裘錫圭主編《長沙馬王堆漢墓簡帛集成》，第叁册13頁注［三］。
⑨ "承"，《玉篇·手部》引《聲類》云即"抍（拯）"字。用於地名、水名的"承"，也有"蒸之上聲"一讀。（清）桂馥《札樸》卷一《温經》"拯"條，認爲讀"拯"之"承"乃魏晋人所造（2頁，中華書局，1992年）。其説若確，此種"承"與"承"之初文"丞"就是同形字的關係。當然也有可能"承"以音近而借爲"拯"。

《繫辭》有"不畏(威)不譄"、"小譄而大戒(誡)"語(42下),"譄"當讀爲"懲"。① 從"拯"聲之字既可用爲"懲","承"讀爲"徵"語音上也是没有問題的。②《左傳·哀公四年》:"蔡昭侯如吴,諸大夫恐其又遷也,承。"杜預注:"承音懲,蓋楚言。"孔穎達《正義》:"懲創往年之遷,恐其更復遷徙。承、懲音相近,蓋是楚人之言,聲轉而字異耳。"③清華簡《程寤》"望徵"之"徵"寫作"承",不知是否與簡文爲楚人所抄有關。

《左傳·昭公十七年》:"冬,有星孛于大辰,西及漢。申須曰:'彗所以除舊布新也。天事恒象,今除於火,火出必布焉,諸侯其有火災乎!'梓慎曰:'往年吾見之,是其徵也。……(下略)'"杜預注:"徵,始有形象而微也。"銀雀山漢簡"陰陽時令、占候之類"所收《占書》,把"古之亡國志"所載各種"月垣(暈)"及其他日、星異象,稱爲"古之亡德之夭(妖)也,亡徵也"(簡 2089～2092)。④ 孫詒讓在講上引《周禮·春官》"眡祲"所望之"煇/暈"時,已謂"暈即暉之俗,經注煇並與暉同"。⑤ "煇(暈)"也屬"徵"之一種。

慧琳《一切經音義》卷一"可徵"注:"事有象可驗曰徵。"可驗之象,既包括彗星之行(《開元占經》卷八十五《妖星占上》引《黄帝占》:"妖星者,五行之氣、五星之變。……爲兵、爲饑,水旱、死亡之徵也。"亦以星象爲"徵")、日月之煇(暈),還有如《尚書·洪範》所謂的"庶徵":"曰雨,曰暘,曰燠,曰寒,曰風。曰時五者來備,各以其叙,庶草蕃廡。一極備,凶;一極無,凶。"《禮記·禮器》"饗帝於郊而風雨節,寒暑時",鄭注:"庶徵得其序也。"鄭玄名風雨寒暑爲"庶徵",當本於《洪範》。《洪範》又謂"曰肅,時雨若;曰乂,時暘若;曰哲,時燠若;曰謀,時寒若;曰聖,時風若"爲"休徵",謂

---

① 裘錫圭主編《長沙馬王堆漢墓簡帛集成》,第叁册 79 頁。
② "承"、"徵"古音都屬蒸部,中古都是開口三等平聲字,韻母全同。聲母方面,"承"屬禪母,"徵"屬端母。禪、定二母發音相似(周祖謨《禪母古音考》,同作者《問學集》,上册 139～161 頁,中華書局,1966 年),端母與定母同系,從"徵"聲的"懲"以及與"徵"同一諧聲偏旁的"澂",就都是定母字。所以"承"、"徵"的聲母也很接近(上引周祖謨先生文 157 頁已舉出"承"與端母、定母字相假之例)。
③ 參看高亨、董治安《古字通假會典》,39 頁。
④ 銀雀山漢墓竹簡整理小組編《銀雀山漢墓竹簡[貳]》,117、242 頁,文物出版社,2010 年。
⑤ (清)孫詒讓《周禮正義》,第六册 2381 頁。又看同書 2380 頁。

"曰狂,恒雨若;曰僭,恒暘若;曰舒,恒燠若;曰急,恒寒若;曰霿,恒風若"爲"咎徵"。《後漢書·孝質帝紀》所載本初元年詔書,有"《洪範》九疇,休咎有象"之語,"象"即休徵、咎徵之"徵"(參看李賢注)。

　　典籍中"觀象"之說甚多(如《續漢書·天文志上》:"觀象於天,謂日月星辰。");《藝文類聚》卷十引東漢陸康《王命敘》,則云"觀徵瑞之攸祚,審天應之萌兆"。銀雀山漢簡《占書》:"是故聖人慎觀侵(祲)恙(祥),未見其徵,不發其(引者按:整理者指出'其'下當抄脫一字)……"(簡 2088)①"觀祲祥"猶"觀徵"。② 古代"望氣"(在古人看來,風、雨、寒、暖等也可算作氣)、"望雲"(或言"望雲物"、"望雲雨")、"望風"等說更爲多見,不贅引。

　　總之,從古書"徵"、"望"的有關用法看,把《周禮·春官》"占夢"、"眂祲"所行觀日月星辰之次、"辨陰陽之氣"、望煇、"觀妖祥"等事(或其中的某些事),說爲"眡(望)承(徵)",是合理的。望徵之後,就可以根據所得徵象在明堂上占夢、"辨吉凶"了。

　　東漢王符《潛夫論》的《夢列》篇,曾述及"太姒有吉夢,文王不敢康吉,祀於群神,然後占於明堂,並拜吉夢",可見王符應該讀過《程寤》原文。此篇有云:

　　　　夫占夢,必謹其變故,審其徵候,内考情意,外考王相,即吉凶之符,善惡之效,庶可見也。

古代陰陽家定五行用事者爲"王"(如春,木王),其所生者爲"相"(如春木王,木所生者爲火,火相)。③ 孫詒讓於《周禮·春官·占夢》"辨陰陽之氣"句鄭注"陰陽之氣,休王前後"下,引《潛夫論》此文,謂"是占夢考王相之證"。④ "外考王相"、"審其徵候"似與"占夢"、"眂祲"之"辨陰陽之氣"、"觀天地之會"、望日光雲氣等事相當。不過,"辨陰陽之氣"也可能指辨察天地間陰陽二氣的種種變化(《大戴禮記·曾子天圓》:"陰陽之氣,各從其所,則靜矣;偏則風,俱則雷,交則電,亂則霧,和則雨。陽氣勝,則散爲雨

---

① 銀雀山漢墓竹簡整理小組編《銀雀山漢墓竹簡[貳]》,117、242、243 頁。
② 此條材料蒙蘇建洲先生賜告,謹致謝忱。
③ 參看(清)孫詒讓《周禮正義》第六冊 2368 頁引賈公彥疏;《潛夫論·夢列》"五行王相謂之時"句汪繼培箋引《白虎通·五行篇》、《五行大義》。
④ (清)孫詒讓《周禮正義》,第六冊 2368 頁。

露;陰氣勝,則凝爲霜雪。陽之專氣爲雹,陰之專氣爲霰;雹霰者,一氣之化也。"《續漢書·五行志六》司馬彪注引《春秋元命苞》:"陰陽之氣,聚爲雲氣,立爲虹霓,離爲倍僑,分爲抱珥。")。① 若此,"占夢"、"眡祲"所行都可以歸入"審其徵候"之中。"審其徵候"也就是《程寤》所說的"胜(望)承(徵)"。② 《程寤》所記靈名等巫爲文王等人"蔽志",從某種角度説,正可謂"謹其變故"、"內考情意"。既然"謹其變故"、"內考情意"與"審其徵候"、"外考王相",對於占夢之吉凶善惡來説,是必不可少的;那麼,《程寤》在"占于明堂"前特別提到"蔽志"、"望徵"這兩件事,就不難理解了。③

從古書所引《程寤》之文看,主"占于明堂"之事者似乎就是文王。如果我們關於"胜承"的釋讀大體符合實際,"望徵"的主語也應該是文王。上古帝王往往富於宗教氣息,文王是有可能兼行《周禮·春官》中"大卜"、"占夢"、"眡祲"的某些神職的,至少在名義上可以如此。④ 《太平御覽》卷八十四引《帝王世紀》云:"……(前略)文王不敢占,召太子發,命祝以幣告于宗廟群神,然後占之于明堂。及發並拜吉夢,遂作《程寤》。"⑤ 文王等人"幣告宗祊社稷,祈于六末山川,攻于商神",無疑會有靈名、祝忌、巫率、宗丁一類人參與,甚或就由他們代文王行事。所以《帝王世紀》有"文王命祝以幣告于宗廟群神"之説。⑥ "望徵,占于明堂"的主事之名雖託於文王,

---

① 前人所以不作此解釋,大概爲了使"占夢"所司與"眡祲"完全區別開來。實則這一點正好反映出,在爲占夢而望氣時,二職需聯合治事,因而他們的職掌有所關聯。
② 如取"辨陰陽之氣"即"外考王相"的解釋,從字面意思來看,《程寤》的"望徵"似不包含此類事。這可能是由於"考王相休囚死"之事較爲晚起,撰作《程寤》時尚不用此法占夢的緣故。
③ 今天的算命先生在正式占測之前,一般先問來算命的人要算哪方面的事情(如事業、學業、愛情、健康、家人等),再觀望其人的氣色、面相、手相或察問生辰八字等等,似可視爲"蔽志"、"望徵"的孑遺。
④ 《左傳·僖公五年》:"五年春王正月辛亥朔,日南至。公既視朔,遂登觀臺以望,而書,禮也。凡分、至、啟、閉,必書雲物,爲備故也。"(漢)徐幹《中論·曆數》:"於是分、至、啟、閉之日,人君親登觀臺以望氣,而書雲物爲備者也。"《後漢書·顯宗孝明帝紀》載永平二年,明帝宗祀光武帝畢,"升靈臺,望元氣,吹時律,觀物變"。可參考。
⑤ 徐宗元《帝王世紀輯存》認爲"及發並拜吉夢"句上有脱字(82頁,中華書局,1964年)。恐未必是。
⑥ 從《帝王世紀》"遂作《程寤》"等語看,其所引似非《程寤》本文,而像是《書序》一類東西,或撮述原文而成。《書序》多有傳承,對本文的闡説當有所據。"命祝"云云雖不見於清華簡《程寤》,却是合乎情理的。

具體操作者應該也是靈名之輩。從靈名"總蔽"來看,此人似是祝愿、巫率、宗丁等官的首領,不知有沒有可能與"六大"之一的"大卜"大致相當;①祝愿、巫率、宗丁等人中,是否就有《周禮·春官》"占夢"、"眂祲"的前身,恐怕也不是不可以考慮的。

2016 年 5 月 11 日寫畢

附記:

2016 年 11 月 30 日,作者受邀在香港中文大學中國語言及文學系作了一次以本文爲主要内容的演講,得到沈培、何志華、馮勝利、梁月娥等先生指教,謹致謝忱。

沈培先生爲本文提供了兩點意見:一、占夢前"望徵(觀望徵象)"作爲占夢的依據,跟殷墟卜辭反映出來的占斷前需要觀察卜兆,頗有相類之處;二、《程寤》前言"祈于六末山川",可能也與觀望天地日月星辰雲氣等徵象有關。這兩點意見可補本文所未及,很值得向大家介紹。

關於後一點,我認爲"望徵"之事既有可能發生在"祈于六末山川"時,也可能當時有專門的觀臺以供"望徵",如文中所引《左傳》等言"登觀臺以望"。

2016 年 12 月 24 日

原載清華大學出土文獻研究與保護中心編、李學勤主編《出土文獻》第 10 輯,中西書局,2017 年。

---

① 張亞初、劉雨《西周金文官制研究》曾舉西周中期的曶鼎"令汝更乃祖考嗣(司)卜事"(見《殷周金文集成》02838),謂"司卜爲職官名",大體相當於《周禮》中的"大卜"。(37 頁,中華書局,1986 年)今按,"嗣(司)卜事"的"司"應該是管理、主持的意思,鼎銘是説讓曶繼任管理占卜諸事(參看張富海《説西周金文中的"嗣"字》,《北京大學中國古文獻研究中心集刊》第 4 輯,337 頁,北京大學出版社,2004 年),並不存在"司卜"這樣的職官名。"嗣(司)卜事"之人是否即"大卜",有待進一步研究。

讀清華簡《芮良夫毖》札記三則

一

《詩·小雅·雨無正》第三章有如下之語：

> 凡百君子，各敬爾身。胡不相畏？不畏於天。

鄭箋解釋這幾句話説：

> 凡百君子，謂衆在位者。各敬慎女之身，正君臣之禮。何爲上下不相畏乎？上下不相畏，是不畏於天。

似以"各敬爾身"爲告誡"凡百君子"所當做之事。後人多有從此解者。

此詩下一章與上引諸語相應之句爲：

> 凡百君子，莫肯用訊〈誶〉。聽言則答，譖言則退。

"莫肯用誶"以下皆屬"凡百君子"的所作所爲，爲詩人所諷刺、否定，本章的"不相畏"、"不畏天"亦如是。從文例看，"各敬爾身"一句大概不會獨獨是詩人告誡他們當如何做，而應該也是"凡百君子"自己的表現。過去已有學者意識到了這一點。如清人方玉潤解釋上引第三章之語説："指上諸臣，雖各潔身不肯格君，獨不畏獲咎於天乎？"①所謂"潔身"，顯然指"凡百君子"的行爲。不過，方氏囿於對"敬身"的字面理解，只能在"各敬爾身"

---

① （清）方玉潤《詩經原始》，398頁，中華書局，1986年。

之後臆增出原文没有的"不肯格君",並視之爲轉折關係的複句,却嫌迂曲。詩人如要批評在位的君子們"不肯格君"、"不畏獲咎於天",何必非提"各潔身"這件正面的事情不可呢?

　　新近發表的《清華大學藏戰國竹簡(叁)》所收《芮良夫毖》篇,爲我們正確解讀這句詩提供了重要綫索。清華簡的整理者已經説明,此篇係周厲王時代的"芮良夫針對時弊所作的訓誡之辭"。① 《雨無正》一詩,《詩序》説"大夫刺幽王也"。彼此的時代、内容較近。上引《雨無正》中的"凡百君子",又見於《芮良夫毖》9 號簡;《雨無正》諷刺君子"不畏於天",《芮良夫毖》一開頭便教誡君子"天猶畏矣"(2 號簡),可見二者在用語方面也很相似。

　　《芮良夫毖》1 號簡説(除有待討論的字詞外,所引釋文不作嚴格隸定,逕以通用字寫出):

　　　　周邦聚(驟)有禍,寇戎方晉(臻)。厥辟、御事,各縈(營)其身……(下略)②

陳劍先生在 2013 年 11 月 1~3 日於香港浸會大學召開的"清華簡與《詩經》研究"國際學術研討會上的發言裏,已指出此詩的"厥辟"當指"御事"的上一級貴族主,而非周厲王(蒙蘇建洲先生轉告)。整理者在此句的注中説,"御事"一詞數見於《尚書》,孫星衍解爲"主事者";"營其身"的"營"訓"謀爲"。③ 蘇建洲先生補充指出"各營其身"猶文獻所説的"營己",如徐幹《中論・譴交》:"詳察其所爲也,非欲憂國恤民,謀道講德也;徒營己治私,求勢逐利而已。"④

　　《雨無正》的"凡百君子"即指上文的"三事大夫",當然可算是"主事

---

① 清華大學出土文獻研究與保護中心編、李學勤主編《清華大學藏戰國竹簡(叁)》,下册 144 頁,中西書局,2012 年。
② 同上注,上册 71 頁、下册 145 頁。按標點略有改動。"晉"讀爲"臻",從李學勤先生説。見其《新整理清華簡六種概述》,收入李學勤《初識清華簡》,175 頁,中西書局,2013 年。
③ 同上注,下册 147 頁。
④ 蘇建洲《〈芮良夫毖〉初釋》,未刊稿。蒙作者賜閲,謹致謝忱。

者"。"凡百君子,各敬爾身"與《芮良夫毖》的"厥辟、御事,各營其身"語例極近("厥辟、御事"實亦"主事之君子")。前者的"各敬爾身"當據後者讀爲"各營爾身",意思是説主事的君子們各爲己身謀利。按照此讀,"各敬(營)爾身"就可以很自然地歸爲"凡百君子"的荒唐舉動,而不必像方玉潤那樣"增字解經"了。

"敬"是見母耕部字,"營"是餘母耕部字,簡文表示"營"的"縈"是影母耕部字,它們的古音都很接近。在郭店楚墓竹簡《老子》乙組5～8號簡中,與今本第13章"寵辱若驚"的"驚"相當之字,作从"覞"或"䀠"、"縈"聲(按:郭簡此"縈"與《芮良夫毖》讀爲"營"的"縈",實皆作"縈"的簡體"䋤")。裘錫圭先生在取白於藍先生釋"營"説的基礎上,根據字音、文句結構及文義,指出《老子》此句實當讀爲"寵辱若榮",馬王堆帛書本以下各本的"寵辱若驚"是對"寵辱若榮"的誤讀。① 其説可信。"驚"从"敬"聲。既然郭簡本表示"榮"的从"縈"聲之字會被後人誤讀爲"驚",如果《雨無正》"各營爾身"的"營"跟《芮良夫毖》1號簡一樣,本來也寫作"縈"(或从"縈"聲之字),其字被誤讀爲"敬"的可能性當然是存在的。古書屢見"敬身"之説,《大戴禮記·哀公問於孔子》還有孔子專論"何謂敬身"的章節。所以"各縈(營)爾身"誤作"各敬爾身"之後,這種本子能被大家(尤其是儒家的傳《詩》者)所廣泛接受。【編按:誤讀"各營爾身"爲"各敬爾身"者,可能就是傳《詩》的儒家。】

二

《芮良夫毖》10～11號簡有如下一段話:

寇戎方晉(臻),謀猷惟戒。和劇同心,母(毋)又(有)相放。②

---

① 裘錫圭《"寵辱若驚"是"寵辱若榮"的誤讀》,《中華文史論叢》2013年第3輯,1～9頁,上海古籍出版社,2013年。
② 清華大學出土文獻研究與保護中心編、李學勤主編《清華大學藏戰國竹簡(叁)》,上册75～76頁、下册145頁。

整理者爲"攼"字加注説：

> 攼，从攴力聲，郭店簡《緇衣》和上博簡《仲弓》讀爲"服"。服、負聲紐同爲並母，韻部職、之對轉。《周禮·考工記·車人》"牝服二柯有三分柯之二"，鄭玄注："鄭司農云：'服讀爲負。'"王筠《説文句讀·貝部》："背德曰負。"①

大概"毋有相負"的讀法頗文從字順，所以似尚未有人正式對此説提出反對意見。就我所見，只有馬楠先生引録簡文此句時，在"攼"後括注"貳"而不注"服"。② 其實，上引注中舉出來的作爲"攼"可讀"服"的證據，是有問題的。

郭店簡"攼"字見於《緇衣》1 號簡：

> ……則民臧〈咸〉攼而型（刑）不屯。③

上博簡《緇衣》1 號簡此句作：

> ……則民咸[字]而型（刑）不刺。④

"咸"下與"攼"相當之字，有人釋爲"勑"。今本《禮記·緇衣》相應文字作"刑不試而民咸服"，所以各家多據此讀郭簡的"攼"和上博簡的"勑"爲"服"。《芮良夫毖》注中提到的上博簡《仲弓》13 號簡的"攼"，也有人據郭簡《緇衣》而讀爲"服"，但文義難通。而且同篇已有"服"，乃假"備"爲之（詳下）。此説就是從用字習慣來看，也不合適。⑤

馮勝君先生詳細討論過上舉諸字。他指出，上博簡《緇衣》此字下從

---

① 清華大學出土文獻研究與保護中心編、李學勤主編《清華大學藏戰國竹簡（叁）》，下册 151 頁。

② 馬楠《〈芮良夫毖〉與文獻相類文句分析及補釋》，《深圳大學學報》2013 年第 1 期，76 頁。

③ 荆門市博物館《郭店楚墓竹簡》，圖版 17 頁、釋文注釋 129 頁，文物出版社，1998 年。

④ 馬承源主編《上海博物館藏戰國楚竹書（一）》，圖版 45 頁、釋文考釋 174 頁，上海古籍出版社，2001 年。

⑤ 以上所説，參看馮勝君《郭店簡與上博簡比較研究》，72～75 頁，綫裝書局，2007 年。

"力",上部似"手"形,又似"來",字釋"扐"或"勑"皆有可能(而以後者的可能性爲大)。"放"、"勑(?)"顯然都是从"力"聲之字("勑"應是雙聲字)。"力"、"服"韻雖近,聲母却相差較遠,恐無法相通。根據字音及簡文文義,馮先生提出《緇衣》的"放"、"勑(?)"當讀爲"飭/敕",訓爲"整治"。《仲弓》11+13號簡説:

> 孔子曰:"陳之備(服)之,緩施而遜放之。……"①

讀爲"緩施而遜敕/飭之",顯然也是通順的。②

我們可以爲"放"、"勑(?)"讀爲"飭/敕"補充一點通假方面的證據。清華大學藏戰國竹簡《金縢》6號簡"就後,武王力",整理者讀"力"爲"陟"。③《周公之琴舞》2號簡"陟降其事"的"陟",寫作从"石"、"力"聲。④《説命上》2號簡描寫傅説築城時"縢降重力"之句,張富海先生讀爲"騰降踊陟",⑤可從。《史記·封禪書》"伊陟",《集解》引徐廣曰:"陟,古作敕。""敕"、"飭"古通,上引馮勝君先生書中已有詳述。《説文·十三下·力部》:"飭,……从人、从力,食聲。讀若敕。"從"飭"與"力"聲字相通之例來看,"飭"大概也是一個雙聲字,"飤/食"、"力"皆聲。

《芮良夫毖》"毋有相放"的"放"所代表的詞,其義應與"和剸同心"相反(此句的"剸",整理者讀爲"專",引《廣雅·釋言》:"專,齊也。"⑥"海天遊踪"主張讀爲"斷",但仍可訓"齊"。⑦ 竊疑讀爲"摶"或"團",意謂"聚

---

① 二簡連讀,從陳劍先生説,見其《上博竹書〈仲弓〉篇新編釋文(稿)》,簡帛研究網,2004年4月18日。所引簡文的釋讀亦多從此文。
② 馮勝君《郭店簡與上博簡比較研究》,68~70、72~75頁。
③ 清華大學出土文獻研究與保護中心編、李學勤主編《清華大學藏戰國竹簡(壹)》,下冊158、160頁,中西書局,2010年。
④ 清華大學出土文獻研究與保護中心編、李學勤主編《清華大學藏戰國竹簡(叁)》,上冊55頁、下冊133、135頁。
⑤ 張富海《讀清華簡〈説命〉小識》,復旦大學歷史系、出土文獻與古文字研究中心主辦《"簡帛文獻與古代史"學術研討會第二屆出土文獻青年學者論壇會議論文集》,72頁,2013年10月19~20日。
⑥ 清華大學出土文獻研究與保護中心編、李學勤主編《清華大學藏戰國竹簡(叁)》,下冊151頁。
⑦ 簡帛網"簡帛論壇""清華簡三《芮良夫毖》初讀"帖子下第26樓"海天遊踪"(網名)發言,2013年1月31日。

集"。《史記·秦始皇本紀》所載琅琊刻石云:"普天之下,摶心揖志。");結合此字的通假慣例考慮,我們認爲這個詞很可能是"飾"。

"飾"、"飭"皆从"飤/食"聲。《詛楚文》"飾甲底(砥)兵"的"飾"(按此字原寫作从"巾"、"飤"聲。《上博(二)·容成氏》38 號簡"飾爲瑶台"之"飾",作从"玉"、"弋"聲。所以對於詛楚文"飾"字來説,其所从"食"、"弋"亦皆聲),郭沫若指出當讀爲"飭"。① "攽"既能讀爲"飭",自然也可以讀爲"飾"("劾"在戰國楚竹書中用爲"飭",在馬王堆漢墓遣策裏用爲"飾";②上引《容成氏》从"玉"、"弋"聲的"飾",在下一則將會引到的《清華(壹)·耆夜》5 號簡中用爲"轡乘既飭"的"飭",皆"飭"、"飾"關係密切的反映)。馬楠先生讀"攽"爲"忒",語音上也是通得過的。但"忒"的"變更"、"差忒"、"邪惡"等常用義,施於此處,似都不如"飾"好講(詳下文)。

《戰國策·韓策一》"張儀爲秦連横説韓王"章:"諸侯不料兵之弱、食之寡,而聽從人之甘言好辭,比周以相飾也,皆言曰:'聽吾計則可以强霸天下。'"即言"相飾"。《淮南子·本經》:"其心愉而不偽,其事素而不飾。"高誘注:"飾,巧也。"今本《禮記·緇衣》:"言從而行之,則言不可飾也。行從而言之,則行不可飾也。"郭簡本《緇衣》34 號簡作"言從行之,則行不可匿"。今本"飾"與簡本"匿"義近。③《芮良夫毖》此句大意是説,在"寇戎方臻"的形勢下,"厥辟"與"御事"、諸"御事"之間要協力同心,不要相互飾匿。

整理者提到過的、記載"芮良夫諫厲王、戒百官之事"④的《逸周書·芮良夫》,有如下一段文字:

　　我聞曰:以言取人,人飾其言;以行取人,人竭其行。飾言無庸,竭行有成。惟爾小子,飾言事王……

---

① 郭沫若《詛楚文考釋》,《郭沫若全集·考古編》第九卷,310 頁,科學出版社,1982 年。
② 參看陳劍《上博楚簡〈容成氏〉與古史傳説》注 37,原載《中研院成立 75 周年紀念論文集——中國南方文明學術研討會》,(臺北)中研院史語所,2003 年。
③ 參看張富海《郭店楚簡〈緇衣〉篇研究》,26 頁,北京大學碩士學位論文(指導教師:沈培副教授),2002 年。
④ 清華大學出土文獻研究與保護中心編、李學勤主編《清華大學藏戰國竹簡(叁)》,下册 144 頁。

此篇芮良夫批評執政者"飾言事王"，也對簡文"毋有相放（飾）"的讀法有利。"和刺同心"者所須戒除的"相飾"，顯然包括了"飾言"（也許還有《禮記·緇衣》所説的"飾行"等）。

三

《芮良夫毖》稱贊"元君""用有聖政德"之後，接着説：

以力及夌，燮仇啟國。以武及恿（勇），衛相社稷。（14～15號簡）①

整理者在"夌"字後括注"作"。② 王坤鵬先生訓"及"爲"繼"；又認爲"作""意爲作始"，即《詩·周頌·天作》"天作高山"、"彼作矣"之"作"，"都是指周代先王作始建國"。③ 按《天作》的"作"是動詞。簡文的"夌"既與"力"以及"武"、"勇"並提，顯然是一個名詞，二者似難比附。簡文意思是説，先君用"力"與"夌""燮仇"建邦，用"武"與"勇"相衛社稷。以"及"的一般連詞義去理解，文義自可講通，不必轉訓爲"繼"。同篇9號簡有"凡百君子，及爾藎臣"之語，這個"及"也是常見的連詞，與此同例。

我認爲此篇的"夌"當與清華簡《耆夜》裏的"獻"合觀。《耆夜》篇所載《輶乘》詩云：

輶乘既飭，人備（服）余{不}（引者按：此字誤衍）胄。獻士奮刃，殹（繄）民之秀。方壯方武，克燮仇讎。（5～6號簡）④

清華簡的整理者認爲"獻"是"句首感嘆詞"，⑤單獨地看似無可厚非。

---

① 清華大學出土文獻研究與保護中心編、李學勤主編《清華大學藏戰國竹簡（叁）》，上册77～78頁、下册145頁。
② 同上注，下册145頁。
③ 王坤鵬《清華簡〈芮良夫毖〉篇箋釋》，簡帛網，2013年2月26日。
④ 清華大學出土文獻研究與保護中心編、李學勤主編《清華大學藏戰國竹簡（壹）》，上册65頁、下册150頁。所引釋文已吸收了學者們的合理意見，限於篇幅，不能一一注明。
⑤ 同上注，153頁。

鄧佩玲先生主張"虗士"爲一詞,①其説於文理較適。但她讀"虗士"爲"虎士",確如其文中已經指出的,楚簡"虗""讀'虎'者未見"②(楚簡中自有"虎"字),是其弱點。此詩歌頌的"奮刃"之"虗士","克燮仇讎",其事與《芮良夫毖》所説以"复""燮仇",無疑是很相近的。古代"且"、"乍"二聲常通,例多不煩舉。③如果把這兩條綫索綜合起來,似可推測"虗士"之"虗"與"复"應該表示的是同一個詞,但後者顯然不能講成"句首感嘆詞",也不可讀爲"虎"。

《芮良夫毖》上文 11 號簡説:"恂(徇)求有才,聖智惎(勇)力。""惎"讀爲"勇",從"魚游春水"説。起初"魚游春水"認爲"聖智、勇力並舉",④後來又提出"聖、智、勇、力也可以看作四字平列"。⑤從上引 14～15 號簡的内容看,其後説可取。"力"、"武"、"勇"大體相當於 11 號簡所説的"勇"、"力","复"則可能與"智"或"聖"相當。

古代"且"、"疋"二聲也常相通,吴振武先生《説仰天湖1號簡中的"蘆疋"一詞》對此有過集中舉例。⑥既然"且"、"乍"二聲之字屢通,按理從"乍"聲之字也可與從"疋"聲之字相通。清華簡《説命下》2～3號簡有如下一段話:

> 余惟命汝説融朕命,余柔遠能逐(邇),以益視事,弼羕(永)脡(延),复余一人。⑦

"复余一人"之"复",整理者讀爲"作",訓"起",⑧不爲人所信。各家多

---

① 鄧佩玲《讀清華簡〈耆夜〉所見古佚詩小識》,陳致主編《簡帛·經典·古史》,220～221頁,上海古籍出版社,2013年。
② 同上注,220頁。
③ 參看張儒、劉毓慶《漢字通用聲素研究》,369～379頁,山西古籍出版社,2002年。
④ 簡帛網"簡帛論壇""清華簡三《芮良夫毖》初讀"帖子下第1樓"魚游春水"(網名)發言,2013年1月6日。
⑤ 同上帖子,第34樓"魚游春水"發言,2013年2月22日。
⑥ 武漢大學簡帛研究中心主辦《簡帛》第2輯,41～42頁,上海古籍出版社,2007年。
⑦ 清華大學出土文獻研究與保護中心編、李學勤主編《清華大學藏戰國竹簡(叁)》,上册45頁,下册128頁。
⑧ 同上注,下册129頁。

讀爲"助",①文義固然可通。但在已發表的清華簡裏,"助"以一個从"蠱"从"肉"从"力"的怪字表示。② 考慮到西周金文屢用輔相義的"疋(胥)",③"复余一人"似乎就可以讀爲"胥余一人"。④【編按:此説有誤。上引《説命下》之文當斷讀爲"余柔遠能邇,以益視事,弼羞,脡(誕)复(作)余一人","作余一人"之"作"即《詩·大雅·棫樸》"遐不作人"之"作"。】"以力及复"之"复"和"叡士"之"叡"則可能當讀爲"胥"或"諝"。

《周禮·秋官·大行人》"象胥",鄭玄注:"胥,其有才知者也。"同書《天官·序官》"胥,十有二人;徒,百有二十人",鄭注:"胥讀如諝,謂其有才知,爲什長。"《説文·三上·言部》:"諝,知也。""知"即"智"。馬王堆漢墓帛書《十六經·正亂》:"事成勿發,胥備自生。"帛書整理小組注讀"胥"爲"諝",解釋爲"智謀"。⑤ 以指"才智"而言的"胥(諝)"與"力"並舉,且能與"徇求有才"中的"智"對應上,顯然是合適的。所謂"胥(諝)士",當指才智之士。《文選》卷五十六曹植《王仲宣誄》"達士徇名"句注引《莊子》佚文:"胥士之徇名,貪夫之徇財,天下皆然,不獨一人。"⑥可知古代確有"胥士"之稱。才智之士奮刃作戰,可謂智勇雙全,這樣的人當然配得上"民之秀"的美譽。據《耆夜》簡文,《輶乘》乃"王夜(舉)爵酬周公"而作。在贊頌周公的詩裏如不提到他的才智,反倒有些不合情理。

2013年8月下旬寫完
11月初改定

---

① 李鋭《讀清華簡3劄記(一)》,孔子2000網"清華大學簡帛研究"專欄,2013年1月4日;黃傑《讀清華簡(叁)〈説命〉筆記》,簡帛網,2013年1月9日。
② 參看楊安《"助"、"叀"考辨》,《中國文字》新37期,155～169頁,藝文印書館,2011年。
③ 參看張亞初《殷周金文集成引得》,467頁"疋"字條,中華書局,2001年。
④ 清華簡《祭公之顧命》20號簡有"兹皆缶(保)舍一人"之語,整理者讀"舍"爲"胥"(清華大學出土文獻研究與保護中心編、李學勤主編《清華大學藏戰國竹簡(壹)》,下册175、178頁)。"胥一人"與這裏的"胥余一人"語近。不過也有人主張"舍"讀爲余一人之"余"。待考。
⑤ 國家文物局古文獻研究室《馬王堆漢墓帛書[壹]》,68頁,文物出版社,1980年。
⑥ 王叔岷《莊子佚文》,同作者《莊學管窺》,236頁,中華書局,2007年。參看楊樹達《釋諝》,同作者《積微居小學述林》,14頁,中華書局,1983年。

附識：蒙陳劍、郭永秉、蘇建洲等先生審閱此文，並提出修改意見，作者十分感謝。

看校追記：

承蘇建洲先生見告，林義光《詩經通義》曾讀《雨無正》"凡百君子，各敬爾身"之"敬"爲《説文》訓"自急敕也"的"苟"，"各急爾身，謂各以己身之事爲急，不恤國難也"（228頁，中西書局，2012年）。讀"敬"爲"苟"雖不可取，對詩義的理解却十分正確。草此文時漏引林説，是極不應有的疏失。

2014年6月9日

原載《古文字研究》第30輯，中華書局，2014年；第一則又載《出土文獻與古典學重建論集》，中西書局，2018年。

清華簡《説命下》的"觀"與賈誼《新書·禮》的"眭"

《清華大學藏戰國竹簡(叁)》所收《説命下》3~4號簡有如下一段文字(釋文一般不作嚴格隸定。釋讀已獲公認者,直接以通用字寫出):

王曰:"……如飛雀罔鬼(畏)觀,不惟鷹隼,廼弗虞民,厥其禍亦羅(罹)于罩(?)眾。"①

整理者釋"鬼"爲"畏",此從蘇建洲先生改釋;②"鬼"讀爲"畏",從張富海先生説。③"罩",整理者以爲從"帝"聲(大概把"网"下部分看作省去了下

---

① 清華大學出土文獻研究與保護中心編、李學勤主編《清華大學藏戰國竹簡(叁)》,上册45~46頁,下册128、129頁,中西書局,2012年。
② 簡帛網"簡帛論壇"《清華簡三〈説命〉初讀》帖子下"海天遊踪"(蘇建洲網名)2013年1月22日的發言。
③ 張富海《讀清華簡〈説命〉小識》,復旦大學歷史學系、復旦大學出土文獻與古文字研究中心編《簡帛文獻與古代史——第二届出土文獻青年學者國際論壇論文集》,42頁,中西書局,2015年。按,楚簡用爲"畏"的"鬼"或从"鬼"之字,往往遭到誤釋。劉洪濤《清華簡補釋四則·一、釋"鬼"》已舉出一些實例,見《考古與文物》2013年第1期,102~103頁;参看蘇建洲《據楚簡"愧"訛變爲"思"的現象考釋古文字》,《戰國文字研究的回顧與展望》國際學術研討會論文集》,255~265頁,復旦大學出土文獻與古文字研究中心主辦,2015年12月12~13日。此外,又如郭店簡《老子》乙組5號簡兩個用爲"畏"的"褼"字,荆門市博物館《郭店楚墓竹簡》釋文注釋118頁誤釋爲"褄"(文物出版社,1998年)。清華簡《繫年》58、59號簡兩見人名申伯無畏,用爲"畏"的整理者釋"悢"之字[清華大學出土文獻研究與保護中心編、李學勤主編《清華大學藏戰國竹簡(貳)》,下册160頁,《字形表》253頁,中西書局,2011年],實作上"鬼"下"心"之形。

半的"罩"),疑讀爲"罝"。黃傑先生認爲此字不從"罩"而從"合";①張富海先生進而認爲此是"罬"的異體字。② 未知孰是。多數學者承認這個字與"罤"均指捕鳥之網,無疑是正確的。

整理者釋"覷"之字,實从"目"下爲直立"人"形的"視"的表意初文。有不少小篆从"見"之字,從古文字看本从"貝(視)"。③ 所以整理者釋此字爲"覷",是有道理的。

《說文・八下・見部》:

覷,求也。从見、麗聲。讀若池。

段玉裁《説文解字注》改"求也"爲"求視也":

"視"字各本奪,今補。求視者,求索之視也。李善注《吳都賦》引《倉頡篇》曰:"覷,索視之皃也。"亦作矖。④

此説獲得不少説文學家的認同。⑤ 同部排於"覷"下諸字,多訓"某視也",亦可證"求"下當脱去"視"字。"覷"的本義既爲"求視",其字从"貝(視)"就是十分自然的了。

所謂"求視",大概不會是隨便看看,應指有所求而探伺(覥)。《文選》卷五載左思《吳都賦》:"覷海陵之倉,則紅粟流衍。"這是説爲探尋是否有豐足的糧食而察看倉廩。《後漢書・馬融傳》"目覷鼎俎,耳聽康衢",李賢

---

① 黃傑《讀清華簡(叁)〈説命〉筆記》,簡帛網,2013年1月9日。下引黃説皆見此文,不另出注。
② 張富海《讀清華簡〈説命〉小識》,復旦大學歷史學系、復旦大學出土文獻與古文字研究中心編《簡帛文獻與古代史——第二届出土文獻青年學者國際論壇論文集》,42頁。
③ 参看滕壬生《楚系簡帛文字編(增訂本)》,792~795頁,湖北教育出版社,2008年;李守奎《楚文字編》,528~531頁,華東師範大學出版社,2003年;饒宗頤主編、徐在國副主編《上博藏戰國楚竹書文字匯》,734~736頁,安徽大學出版社,2012年;清華大學出土文獻研究與保護中心編、李學勤主編《清華大學藏戰國竹簡(壹—叁)文字編》,234~236頁,中西書局,2014年;清華大學出土文獻研究與保護中心編、李學勤主編《清華大學藏戰國竹簡(肆)》,下册《字形表》168頁,中西書局,2013年;清華大學出土文獻研究與保護中心編、李學勤主編《清華大學藏戰國竹簡(伍)》,下册《字形表》204~205頁,中西書局,2015年。
④ (清)段玉裁《説文解字注》,407頁,上海古籍出版社,1981年。
⑤ 詳看丁福保編《説文解字詁林》,8659~8660頁,中華書局,1988年。

注:"矔,視也。……鼎俎謂伊尹負鼎以干湯也。《墨子》曰:'湯舉伊尹於庖廚之中。'康衢謂甯戚也。《說苑》曰:'甯戚飯牛於康衢,擊車輻而歌《碩鼠》。'"下文"求伊尹於庖廚"、"聽甯戚於大車"兩句,承"目矔鼎俎"、"耳聽康衢"而言。"矔"與"求"相應,可知就是"求視"的意思。這個"矔"字確如段注所說,乃"觀"之異體(但典籍中"矔"還有當"極目遠望"講的用例,這種意思的"矔"也許只是"觀"的同源詞)。朱駿聲《說文通訓定聲》"觀"字條下說"字亦……作睹",並引《史記·屈原賈生列傳》"睹九州而相君兮"《索隱》:"睹……謂歷觀也。《漢書》作'歷九州'。"① "睹"跟"觀"最多只有同源關係。

整理者疑"觀"讀爲"離",訓"憂";同句的"羅"字則無說。黃傑先生對此有不同意見:

> 觀應當讀爲"羅",指羅網。古"麗"、"離"多通用,"離"、"羅"多通用,(原注:高亨纂著、董治安整理《古字通假會典》,齊魯書社,1989年7月,第673頁。)故"麗"、"羅"可通。"羅"則當讀爲"雁",《詩·王風·兔爰》:"有兔爰爰,雉雁于羅。"

黃先生讀"羅"爲"雁",已爲學者們所接受。讀"觀"爲網羅之"羅",與下文言"罩(?)罘"重複,恐不可從。張富海先生把表示捕鳥之網的"罘"讀爲"羅",並說簡文所以不寫"羅"而寫"罘","大概是有意跟前面用作'離/雁'的'羅'相區別"。② 這樣一來,"觀"就更不可能也用爲"羅"了。

子居先生認爲簡文的"觀"當如字讀。他不但引了左思《吳都賦》及李善注,還引到《集韻·霽韻》"觀"有或體"瞥"(乃"䁻"之隸變。關於此字,詳附文),揚雄《方言》卷十:"凡相竊視,南楚謂之窺,……或謂之䁻。䁻,中夏語也。窺,其通語也。自江而北謂之䀩(睨),或謂之覘。……""因此可知,'罔畏觀'即指飛雀沒能對被當做獵物窺伺的狀態有所畏懼";簡文意謂"把飛雀當獵物的不止有鷹,還有人,結果飛雀就因爲沒能有所畏懼,

---

① (清)朱駿聲《說文通訓定聲》,510頁,中華書局,1984年。原書引《索隱》文較略。
② 張富海《讀清華簡〈說命〉小識》,復旦大學歷史學系、復旦大學出土文獻與古文字研究中心編:《簡帛文獻與古代史——第二屆出土文獻青年學者國際論壇論文集》,43頁。

撞到網裏了"。① 我認爲他的解釋可以信從[但他從清華簡整理者的"或說",把一般讀爲鷹隼之"隼"的"唯"字,連下讀作"惟乃",則不確。古漢語中,"廼(乃)"有"又"、"且"之意。② "廼弗虞民"的"廼"正與"不惟鷹隼"的"不惟"呼應]。《吴都賦》"覵海陵之倉"的上一句,爲"窺東山之府,則瓊寶溢目"。《文選》卷十二載郭璞《江賦》:"爾乃翳霧霠於清旭,覷五兩之動静。"③"覷/翳"與"窺"、"覷"對舉,其義必近。此可與《方言》所釋相互印證。鷹隼覵飛雀,即古書所謂"鷗視"或"鷹視"者(左思《吴都賦》又有"鷹瞵鶚視"之語,"瞵"、"覵"亦近)。《文選》卷十三所收張華《鷦鷯賦》,説鷦鷯這種"微禽","鷹鸇過猶俄翼,尚何懼於置罻"——既不怕鷹隼,也不怕網羅。其行文思路與簡文有相似之處。

明白了清華簡《説命下》這段話的意思,有助於我們解讀《新書》的相關文句。

西漢初年賈誼所撰《新書·禮》,述"聖王之於禽獸也,見其生,不忍見其死",有一大段又見於其他古書的話,其中有如下幾句:

鷹隼不鷙,眭而不逮,不出穎羅。

"鷙",各家多據《説文》"擊殺鳥也"爲訓。④ 他書如《文子·上仁》、《漢書·貨殖列傳》作"鷹隼未擊",可證。"穎羅"之"穎",或本作"植"、"罻"。⑤ 俞樾讀"穎"爲"絓";⑥ 有的學者根據《禮記·王制》"鳩化爲鷹,然後設罻羅",定作"罻"之本爲是。⑦ "穎"究爲何字,有待於進一步研究。

---

① 子居《清華簡〈傅説之命〉下篇解析》,簡帛研究網,2013年7月4日。
② 俞敏監修、謝紀鋒編纂《虚詞詁林》,9頁引裴學海《古書虚字集釋》,黑龍江人民出版社,1993年;王叔岷《古籍虚字廣義》,269~271頁,中華書局,2007年;蕭旭《古書虚詞旁釋》,215~216頁,廣陵書社,2007年。
③ 參看華學誠等《揚雄方言校釋匯證》,705頁,中華書局,2006年。
④ 方向東《賈誼集匯校集解》,251頁,河海大學出版社,2000年;閻振益、鍾夏《新書校注》,223頁,中華書局,2000年。
⑤ 參看方向東《賈誼集匯校集解》,250頁;閻振益、鍾夏《新書校注》,223~224頁。
⑥ 方向東《賈誼集匯校集解》,250~251頁;閻振益、鍾夏《新書校注》,224頁;王洲明、徐超《賈誼集校注》,222頁,人民文學出版社,1996年。
⑦ 方向東《賈誼集匯校集解》,251頁。

從此段"豺不祭獸,不田獵"、"獺不祭魚,不設網罟"、"昆蟲不蟄,不以火田"等文例來看,"睢而不逮"也應該是說鷹隼的,而且與"不鷙"之義有關,"不出穎羅"才是說人的行爲。"睢",前人多引《廣韻》平聲齊韻户圭切攜小韻訓爲"目深惡視"。① 此字又有"仰目"之訓,在這個意義上與"睢"爲異體,所以有的《新書》本子"睢"作"睢"。② 但是,無論"目深惡視",還是"仰目"或"仰視",文義都嫌似是而非。

如果把此文與上面討論過的清華簡《説命下》3~4號簡對照一下,問題就比較清楚了。《説命下》説飛雀不僅不畏懼鷹隼的求視窺覷,又不防範於人,終將遭受陷入羅網之禍。《新書·禮》説鷹隼對鳥雀不擊殺,"睢而不逮",則人不張設羅網。二文雖非出一源,但所說之事是彼此相關的。古人一般認爲,到每年"鳩化爲鷹",人們才設網捕鳥(看《禮記·王制》、《説苑·修文》等)。所謂"鳩化爲鷹",或以爲實指"鷹乃學習"(《説文·四上·習部》:"習,數飛也。"),然後"鷹乃祭鳥"、"始擊"(看《禮記·王制》"鳩化爲鷹"句孔疏、《月令》、《魏書·律曆志》等)。③ 由此可知,鷹隼所以"不鷙",是因爲還無法準確飛抵獵物,尚須"學習"。"睢而不逮"大概是說鷹隼只能"睢"而無力出擊飛雀;"睢"似與"罔畏覷"的"覷"字相當,指鷹隼伏伺飛雀的一種狀態。根據"覷"義推測,這個"睢"字,疑即"窺"之異體,跟字書訓"目深惡視"或"仰目"的"睢"只是偶然同形。

戰國楚簡中的"窺"作從"貝(視)"、"圭"聲之形,④此種"覡"應是"窺"的異體字。⑤ 在合體字的表意偏旁中,"貝/見"有時可以省作"目"。如楚

---

① 方向東《賈誼集彙校集解》,251頁;吳雲、李春臺《賈誼集校注(增訂版)》,185頁,天津古籍出版社,2010年。王洲明、徐超《賈誼集校注》以"鷹隼不鷙睢"爲句,與衆不同。他們釋"鷙睢"爲"怒目而視",謂"鳥能怒目而視,則標誌已長大"(222頁)。"鷙"顯然没有"怒目而視"的意思,此種斷句亦不可從。但對於"睢"的理解則與他家一致。

② 閻振益、鍾夏《新書校注》,223頁。

③ 此蒙陳劍先生指教。

④ 滕壬生《楚系簡帛文字編(增訂本)》,795頁;饒宗頤主編、徐在國副主編《上博藏戰國楚竹書字匯》,610頁。

⑤ 李守奎等《上海博物館藏戰國楚竹書(一~五)文字編》,425頁,作家出版社,2007年。

文字"觀"、"親"、"覘"等都有从"目"的寫法,①"見(視)"字本身就有从"目"、"氐"聲的異體。②"覷"或作"矑"、"覗"或作"貼",亦其例。說"眭"爲"規(窺)"之異體,在文字學上是可以成立的。上文已指出"覷/覾"、"窺"的密切關係;《新書》言鷹隼"眭(窺)"飛雀,與清華簡《説命下》言飛雀無畏於鷹隼之"覷",適可合觀。(看校補記:《鶡冠子·世兵》:"一目之羅,不可以得雀。籠中之鳥,空窺不出。""空(訓'徒')窺不出"亦可與"眭(窺)而不逮"參看。)

"窺"寫作"規",似是戰國楚文字的習慣。③ 不過,在西漢前期的馬王堆三號墓所出帛書中,《老子》乙本 9/183 下、《周易》85 上都有"規(窺)"字。④ 這可能是楚文字的孑遺,但也説明漢初人對此種"規(窺)"字尚不生疏。再考慮到賈誼曾任長沙王傅,長沙舊屬楚國境地,賈誼其人其作受楚文化影響頗深。所以他在自己的著作裏偶爾使用一個"眭(規)"字,不是没有可能的。

檢《新書》,《過秦上》、《審微》、《匈奴》篇都用過"窺"。這些"窺"可能本來就寫作"窺",也可能本作"規"或其他異體(如"闚"、"闖"等)或音近之字(如"規"等),後來才轉寫成"窺"。《禮》篇的這個"眭(窺)"没被釋寫出來,或許是此處用了"規"的省體,碰巧與字書裏的"眭"同形,以致讀者對文義難以準確把握的緣故("眭而不逮"一句,不見於擁有相似文句的其他

――――――

① 滕壬生《楚系簡帛文字編(增訂本)》,792~793 頁;饒宗頤主編、徐在國副主編《上博藏戰國楚竹書字匯》,736、737 頁。"覎"字見於《清華大學藏戰國竹簡(壹)》所收《皇門》1 號簡、《清華大學藏戰國竹簡(叁)》所收《芮良夫毖》20 號簡,學者們已指出"覎"即包山楚墓所出 120 號簡的"昏"字,《説文·四上·目部》以"昏"爲"盱"之或體(看袁瑩在復旦大學出土文獻與古文字研究中心研究生讀書會《清華簡〈皇門〉研讀札記》下的評論,2011 年 1 月 7 日;宋華強《清華簡校讀散札》,簡帛網,2011 年 1 月 10 日)。此例蒙蘇建洲先生賜告。
② 滕壬生《楚系簡帛文字編(增訂本)》,792 頁。
③ 西周金文有从"穴"、从"見(視)"之字,何琳儀等先生據傳抄古文"窺"作"寛",釋此字爲"窺"的初文[何琳儀《釋寛》,《古文字論集(一)》,《考古與文物》叢刊第二號,145 頁,1983 年;陳漢平《屠龍絶緒》,248 頁,黑龍江教育出版社,1989 年。參看李春桃《傳抄古文綜合研究》,208~210 頁,吉林大學博士學位論文(指導教師:吴振武教授),2012 年]。其説可信。傳抄古文"寛"大概反映的是齊魯文字"窺"的寫法。
④ 裘錫圭主編《長沙馬王堆漢墓簡帛集成》,第壹册 143、13 頁,第肆册 194 頁、第叁册 36 頁,中華書局,2014 年。參看此書第肆册 16 頁注[四九]。

古書,恐怕也是造成後人不能確知其義的原因)。

附:關於"䚇"

《集韻》去聲霽韻郎計切麗小韻收"覵"、"督"二字,並以後者爲前者之"或作"。"督"即《方言》卷十所收"䚇"字,此猶"䚇"或作"督"(見《改併四聲篇海・目部》引《餘文》等)、"欪"或作"欯"之比("䚇"、"督"又有隸變爲"䚇"者)。

從表面上看,"䚇"似當分析爲從"目"、"叔"聲。《說文》無"叔"字,但有"叡"字:"楚人謂卜問吉凶曰叡,从又持祟,祟亦聲。讀若贅。"(《三下・又部》)古文字研究者指出"叡"即"叔"之變,"叔"已見於殷墟甲骨文(但卜辭"叔"的用法與《說文》"叡"的本義不合);"祟"由"柰"變來,"柰"當是"叔"之簡體,亦見於殷墟甲骨文。① 《說文》中從"叔"聲之字,還有"蒜"(《一下・艸部》)、"寂"(《七下・宀部》)、"慗"(《十下・心部》)、"蟊"(《十三上・虫部》);"欪(欯)"亦从"叔"聲。"蒜"字實由"柰"繁化而來。② 從它們的讀音看,聲母多屬精系,只有"欪"是溪母字,"叡"屬章母;韻則均在月、元部,中古都是合口一等或三等字。③ 讀"郎計切"的"䚇",如說爲從"叔(叡)"得聲,聲、韻都不够合適。而且,作爲"覵"的異體的"䚇",看起來不像是很古就有的字。造此字時,"叔"是否還獨立行用(如《說文》即失收),也成問題。

《說文・三下・隶部》:"隸,附箸也。从隶、柰聲(引者按:《說文》以'隶'爲逮及之'逮'的本字,故釋'隸'之本義爲'附箸')。𣜩,篆文隸从古

---

① 王國維《魏石經殘石考》,《王國維遺書》第九册,34 頁,上海古籍書店,1983 年;林澐《讀包山楚簡札記七則》,《林澐學術文集》,21 頁,中國大百科全書出版社,1998 年。

② 郭永秉《說"蒜""祘"》,同作者《古文字與古文獻論集》,278~286 頁,上海古籍出版社,2011 年。

③ 郭永秉先生根據"蒜"、"蟊"、"寂"爲合口一等字,認爲"祟"也屬合口一等,過去把"祟"定爲合口三等,是"受到傳統文字學認爲'祟'从'出'聲誤說的影響('出'是合口三等字)"(《說"蒜""祘"》,《古文字與古文獻論集》,283 頁)。"蔌"也是合口一等字。但是,《說文》謂"叡"讀若贅"、"慗"讀若毳"、"贅"、"毳"都是合口三等字。"叔"之簡體"祟"是不是一定要改爲合口一等,似還可以研究。

文之體。"①據桂馥《説文義證》所引,《一切經音義》卷三"隸"字作"槃","古者槃人擇米以供祭祀,故從米也";《九經字樣》:"案《周禮》:女子入于舂槀,男子入于罪槃。槃字故從又持米,從柰聲。又,象人手也。經典相承作隸已久,不可改正。"桂氏並指出,"楊君石門頌作'槃',即《九經字樣》之説;魯峻碑作'槃',即《一切經音義》之説"。② 是前人已有"隸"本從"又"從"米"之議(但在解釋字形時仍膠着於"隸"之"徒隸"等義)。

就出土文字資料來説,雖然里耶秦簡和嶽麓書院藏秦簡《爲獄等狀四種》中,已有個別從"隶"的"隸";③但睡虎地秦簡、嶽麓秦簡的大量"隸"字,確作"槃",④漢碑作"槃"、"槃"的"隸",⑤亦極爲常見。龍崗秦簡、張家山漢簡中的"隸",其右旁多數寫作"枈",⑥這應該是由"槃"變爲"隶"的中間環節。總之,"槃"確有可能是"隸"的古體,並且這種寫法的"隸"在秦漢時代是很普遍的;從"隶"之"隸"則是訛變之形。【編按:有關"隸"的字形問題,《古文字研究》第 26 輯所收林志強《漢碑隸體古文述略》已言及(416 頁,中華書局,2006 年)。本文漏引,是不應有的疏失。】

我們討論的"覼"之或體"䂂",應該是把"槃"所從的"米"旁換作"目"旁而成的,可以就分析爲從"目"、"槃(隸)"省聲。"隸"與"麗"、"覼",在《廣韻》裏都屬於去聲霽韻郎計切麗小韻,中古聲韻全同,它們的上古音一定也很近。《説文·七下·疒部》"癘"字,"讀若隸"。學者們已經指出,北京大學藏秦簡《魯久次問數于陳起》中的"酈首"、天水放馬灘秦簡《鐘律式

---

① 《説文》"隸"字以古文爲字頭,"隸"是篆文。參看張富海《漢人所謂古文之研究》,65 頁,綫裝書局,2007 年。
② (清) 桂馥《説文解字義證》,上册 253 頁,中華書局,1987 年。
③ 參看方勇《秦簡牘文字編》,85 頁,福建人民出版社,2012 年;朱曼寧《〈嶽麓書院藏秦簡(叁)〉文字編》,89 頁,彰化師範大學國文系碩士論文(指導教師:蘇建洲教授),2014 年。
④ 方勇《秦簡牘文字編》,85 頁;朱曼寧《〈嶽麓書院藏秦簡(叁)〉文字編》,88~89 頁。
⑤ 參看于淼《漢代隸書異體字表與相關問題研究》上編《漢隸異體字表》,129 頁,吉林大學博士學位論文(指導教師:吴振武教授),2015 年;毛遠明《漢魏六朝碑刻異體字典》,522 頁,中華書局,2014 年。
⑥ 方勇《秦簡牘文字編》,85 頁;張守中《張家山漢簡文字編》,85 頁,文物出版社,2012 年。

占》中的"麗首",就是傳世文獻所見的"隸首"。① "䚯(覼)"從"隸"聲,語音上無疑最爲直接。

附識: 本文曾作爲《利用出土文獻校讀古書兩篇》之一,於 2016 年 4 月 9 日在耶魯——新加坡國大學院陳振傳基金漢學研究委員會主辦的"出土文獻與中國古典學國際學術研討會"上宣讀;附文《關於"䚯"》的主要意思,也在會上口頭講過。拙文寫作、修改過程中,得到陳劍先生和蘇建洲先生的指教,謹致謝忱。

2016 年 4 月 14 日

編按: 《淮南子·原道》:"今人之所以眭然能視,䁓然能聽,形體能抗,而百節可屈伸……""眭然能視"的"眭",一般引"目深惡貌"或"目深惡視"爲訓[參看張雙棣《淮南子校釋(增訂本)》上册 145 頁,北京大學出版社,2013 年]。此義之"眭",可能是由"窺"派生出來的一個詞。

原載[韓]朴慧莉、程少軒編《古文字與漢語歷史比較音韻學》,復旦大學出版社,2017 年。

---

① 韓巍《北大藏秦簡〈魯久次問數于陳起〉初讀》,《北京大學學報(哲學社會科學版)》2015 年第 3 期;程少軒《也談"隸首"爲"九九乘法表"專名》,《出土文獻研究》第 15 輯,119~126 頁,中西書局,2016 年。

石經古文"殺"字來源續探

三體石經所收古文"殺"作🔲(《春秋·僖公》,字形取自施謝捷《魏石經古文彙編》,未刊稿),究爲何字,迄無定說。過去或釋爲"嘩",或與貨幣銘文中應釋"䰩"之字相聯繫,或與徐器中用爲"鼇尹"之"鼇"字加以認同,在形、音等方面均有未洽之處[參看李春桃《傳抄古文綜合研究》下冊 524 頁的評述,吉林大學博士學位論文(指導教師:吳振武教授),2012 年]。李春桃先生在他的博士論文裹提出了一個關於此字的新說,很值得注意:

我們認爲🔲形上部爲"虍"旁訛形,中間从口,下部爲訛形,古文應从唐得聲,可能是"虢"字異體。清華簡《繫年》(48 號)有形體作🔲,整理者認爲該形从山、唐聲,《說文》謂"唐"讀若"禼",而"禼"、"殺"音近,故簡文應讀爲"殺"。由此可見"唐"與"殺"音近,則上錄古文亦可用爲"殺"。(《傳抄古文綜合研究》下冊 524 頁)

古文"殺"的上部雖與石經一般"虍"旁有異,但屬於晉系的中山王器銘中,从"虍"之字或作🔲、🔲(湯志彪《三晉文字編》711、716 頁,作家出版社,2013 年),溫縣盟書中的从"虍"之字偶有作🔲者(《三晉文字編》713 頁),具有晉系文字特徵的《良臣》,其"虍"頭亦作🔲[李學勤主編《清華大學藏戰國竹簡文字編(壹—叁)》,138 頁,中西書局,2014 年];楚系曾侯乙簡也有類似寫法的"虍"：[?]［滕壬生《楚系簡帛文字編(增訂本)》,493頁,湖北教育出版社,2008年］。[?]、[?]、[?]是有可能訛變爲[?]的(石經古文字形與晉系文字相合之例並不罕見,參看張富海《漢人所謂古文之研究》,305~309、311~314、324~325頁,綫裝書局,2007年)。楚簡中寫作[?](多見於與孔子有關之篇)、[?]的"虍/虎"［滕壬生《楚系簡帛文字編(增訂本)》,490、493頁］,顯然也很容易訛作[?]。【編按：《古文四聲韻》4·30所收"獻"字古文[?],其"虍"旁寫法與此相似。】但是李先生把全字析爲從"虐"聲,對於"口"下筆畫未能作出合理的解釋,似待商榷。

從近年陸續公布的楚文字"号"作[?](望山M2簡45。此字或改釋爲"只",不可信)、[?]［《清華(壹)·金縢》簡9"鴞"］、[?]［《清華(叄)·祝辭》簡2］來看,古文"嗀"除去"虍"頭的形體[?],應該也是"号"。[?]實可隸定爲"虖"。

西周中期的老簋銘文有王"漁于大[?]"之語。"[?]"之釋"滹(濾)",字形方面張光裕、張富海先生已有較詳舉證。前幾日,陳劍先生在"紀念容庚教授誕辰120周年學術研討會暨中國古文字研究會第20屆年會"(2014年10月10~12日)上散發論文《〈容成氏〉補釋三則》(其文將正式發表於《出土文獻與古文字研究》第6輯),更從辭例上論定簋銘"大滹(濾)"應讀爲"大沼"。由此可知"虖"即"號"之古體。石經用爲"嗀"的[?],其形體結構與老簋的[?]一脈相承,自當釋爲"號"(古文"嗀"所從"号","子"形仍然保持着豎筆,與老簋此字甚合)。李春桃先生對字形的分析我們雖不完全贊同,但他認爲古文"嗀""可能是'號'字異體"(按"號"、"嗀"皆匣母宵部字,中古韻部只有一、二等之別,古音極近),現在看來仍是可取的。【編按：《清華大學藏戰國竹簡(陸)》所收《子儀》簡1以"虖"爲"嗀"(同篇簡20"嗀"寫作"虖",應即《繫年》簡48讀爲"嗀"之字)。"虖"在楚簡裏還常常用爲"號",如傳本《周易》之"號",上博簡皆作"虖";

《清華大學藏戰國竹簡(貳)》所收《繫年》簡 51"乃抱靈公虐于廷"之"虐"讀"號"。古文"殽"字雖不从"虐",但由楚簡"虐"既用爲"號"又用爲"殽",確能看出"號"、"殽"關係之密。】

2014 年 10 月 14 日草畢

原發表於復旦大學出土文獻與古文字研究中心網,2014 年 10 月 15 日。

以《五行》爲例談談馬王堆帛書《老子》甲本卷後古佚書重新整理的情況

1973年，長沙馬王堆西漢早期3號墓中出土了字體不同的兩種帛書《老子》，其中字體較古的《老子》甲本卷後抄有《五行》、《九主》、《明君》、《德聖》四種古佚書。由張政烺等先生組成的馬王堆漢墓帛書整理小組（下文提到時簡稱爲"原整理者"），對《五行》等四種古佚書已作了最大程度的拼接和復原（《德聖》後半部分——自458行[①]"者"字以下——殘損嚴重，已難以連讀），並爲它們作了極爲精當的釋文和注釋，相關成果主要反映在文物出版社1974年9月出版的綫裝大字本《老子甲本及卷後古佚書》和文物出版社1980年3月出版的《馬王堆漢墓帛書[壹]》（以下簡稱此書爲"《馬[壹]》"）中。學者們在原整理者整理成果的基礎上，自上世紀70年代末以來，陸續發表了數以百計的研究、注釋《五行》等四篇古佚書的專著和文章，很好地解決了古佚書釋讀方面的許多問題。

本人從2010年起有幸加入《長沙馬王堆漢墓簡帛集成》的編纂隊伍，接手《五行》等四篇古佚書的進一步整理工作。由於這四篇古佚書的研究成果較爲豐富，我們的重新整理以吸收已有的合理説法爲主，帛書拼合和字詞釋讀方面的新見並不多。限於時間和篇幅，這裏只能圍繞《五行》挑

[①] 本文所舉帛書行數，皆據國家文物局古文獻研究室《馬王堆漢墓帛書[壹]》，文物出版社，1980年。

選幾例,向關心《長沙馬王堆漢墓簡帛集成》編纂工作的學界同仁和讀者作簡要介紹。

一　帛書拼合調整舉例

帛書《五行》拼合方面的主要收穫,是對原整理者誤剪或誤綴的個別殘片作了調整。下面舉兩個例子。

《馬[壹]》釋《五行》首行(170 行)爲:"【·仁】刑(形)【於内】胃(謂)之德之行,不刑(形)於内胃(謂)之行。"並爲此行加注説:

>……此篇佚文抄於甲本《老子》卷後,二者銜接處嚴重殘損,原狀不明。據殘存文字推測,佚文與《老子》間並無空行,第一行(一七〇)只寫半行即轉入第二行。但此種情況不見於帛書它篇,故以上推斷是否確實符合帛書原狀,尚有待於進一步研究。一説:一七〇行中殘字非"之行"二字,佚書正文從次行開始,並補其文爲"【五行】刑【於内】胃之德之行,不刑於内胃【之行。仁刑於内】胃之德之行,不【刑於内胃之行】"。下與一七一行"知刑於内"銜接。①

170 行只寫了半行即轉行,雖然比較奇怪,但是李學勤先生指出:

>一七〇行右側的帛上尚存"之行"二字殘筆,雖然"行"字下面小横稍短,然而位置剛好合適,綴合後一七一至一七三行高低没有差錯。再有從帛書因卷叠折成的各個斷片看,一般均爲上部約十行,下部約十一行,此處也是一樣,絶不能更增一行。所以第一七〇行只寫半行,乃是客觀的事實。②

上世紀 90 年代發表的郭店楚墓竹簡本《五行》首句爲"五行:悬(仁)型(形)於内,胃(謂)之悳(德)之行;不型(形)於内,胃(謂)之行"(簡1),跟

---

① 國家文物局古文獻研究室《馬王堆漢墓帛書[壹]》,釋文注釋 24 頁。
② 李學勤《馬王堆帛書〈五行〉的再認識》,[美]艾蘭、汪濤、范毓周主編《中國古代思維模式與陰陽五行説探源》,319 頁,江蘇古籍出版社,1998 年。

以《五行》爲例談談馬王堆帛書《老子》甲本卷後古佚書重新整理的情況 225

《馬[壹]》釋文所釋首句大體一致,而跟其注中所引"一說"擬補的文句不合,也可證明帛書170行的確只寫了半行。

對照1974年出版的《老子甲本及卷後古佚書》的圖版可以發現,《馬[壹]》圖版170行中所謂的"胃之"二字,原來是没有的,應該是原整理者後來加綴上去的殘片(見下圖):

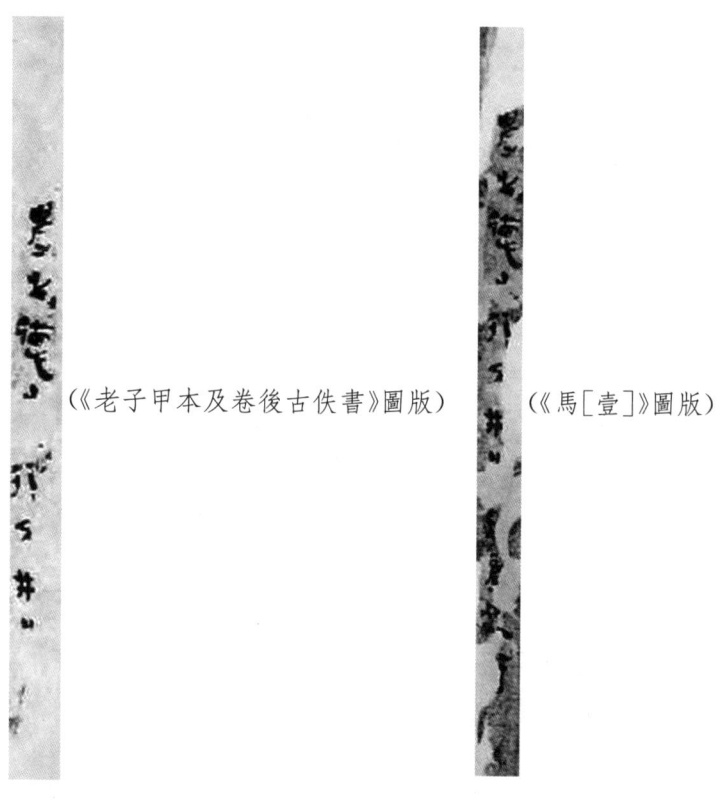

(《老子甲本及卷後古佚書》圖版)　　(《馬[壹]》圖版)

我們在湖南省博物館提供的反映帛書最初揭裱時的形態的照片上,找到了一塊寫有"胃也不仁"的殘片,原被誤綴於170行殘字"刑"的周圍。經過比較,不難看出《馬[壹]》圖版中的"胃之"二字,其實正來自此塊殘片上的"胃也"。大概原整理者誤認"也"爲"之",故把此殘片一剪爲二,上半"胃也"與170行僅存右側殘畫的"之"字誤拼,下半"不仁"被遥綴於180行上部(見下圖):

("胃也不仁"殘片)　(《馬[壹]》170 行)

(《馬[壹]》180 行)

　　180 行原釋文作"……（引者按：前引《詩》文字位於 179 行，此略）【則】説（悦）。'此【之謂也】。不仁……"，《馬[壹]》在"此【之謂也】"後加注説："本篇引《詩》，其後多有'此之謂也'一語，本句'之謂也'三字據補。"①現在看來，應該把"胃也不仁"殘片整塊綴入 180 行上部，"胃（謂）也"二字與原釋文所補"之胃（謂）也"正合。這樣，在"此"、"胃"之間只需補一個"之"字即可。

　　所謂"胃之"殘片既移出，170 行"不刑（形）於内胃（謂）之行"的"胃"字實已殘去，釋文當補出。

　　《五行》178 行"憂心不能"的"能"字和 179 行"能説（悦）"的"能"字之間，《馬[壹]》釋文打了七個缺文號。② 郭店楚墓竹簡本《五行》的相關文句作"未見君子，慐（憂）心不能惄（惙）惄（惙）。既見君子，心不能兑（悦）"（簡 9～10），齋木哲郎先生據此爲帛書本補出"惙惙。既見君子，心不"數字（引者按：按帛書書寫體例，"惙惙"以補"𢚩=（惙惙）"爲妥）。③ 在《馬[壹]》圖版上（《老子甲本及卷後古佚書》圖版情況相同），179 行上部約第

---

　　①　國家文物局古文獻研究室《馬王堆漢墓帛書[壹]》，釋文注釋 25 頁。
　　②　同上注，17 頁。
　　③　[日]齋木哲郎《馬王堆出土文獻譯注叢書·五行·九主·明君·德聖——〈老子〉甲本卷後古佚書》，12 頁，（東京）東方書店，2007 年。廖名春先生發表於"第一届文字文本文獻國際學術研討會——先秦文本之思想之形成、發展與轉化研究計畫"（臺灣大學，2009 年 10 月 9～10 日）的《簡帛〈五行〉篇"不仁思不能清"章補釋》一文（《會議論文集》163～170 頁），根據郭店竹簡本的文字，對竹簡本出土之前各家爲帛書本《五行》此處相關缺文的擬補作了評析，請參看。

以《五行》爲例談談馬王堆帛書《老子》甲本卷後古佚書重新整理的情況　227

二個字的位置處粘有一小塊碎帛，上存殘畫。仔細辨認，此當是178行第二個字"樂"字的左半殘筆。原整理者把這塊碎帛的位置放得過於偏左，給人造成此係179行殘字的錯覺。而且，原圖版誤將此碎帛倒置，其實最上一墨點乃"樂"所從"木"的橫畫，中、下兩墨團才是"樂"左上部的"幺"（見下圖）：

（《馬[壹]》圖版178行"樂"字及置於179行的"樂"的殘筆）

（《馬[壹]》圖版處理後"樂"字）

（新圖版處理後"樂"字）

這樣處理之後，從《馬[壹]》圖版的情況看，179行上部似已完全殘去。

在反映帛書最初揭裱形態的照片上，181行中部曾綴一小塊殘片，大概以爲此片某一殘畫即182行"知之思也"的"也"字末筆。然如此拼接後，殘片上有一"示"旁明顯倒置，且與同行紅色欄綫亦不能合，可知此係誤綴。到了《老子甲本及卷後古佚書》和《馬[壹]》的圖版裏，原整理者已將殘片中倒"示"旁所在部分剪去，所謂"也"字末筆殘畫仍予保留，這也是有問題的。從揭裱照片看，所謂"也"字末筆殘畫與倒"示"旁沒有問題屬於同一塊殘片，不容剪開。此殘片當整塊移出，轉正後綴入179行行首（此行原誤粘的屬於"樂"字的碎帛已拼入178行，行首正好空了出來，參上文），"示"旁正是"憂心不能袚=（悐悐）"的"袚"字所從，被原整理者誤當作"也"字末筆的橫畫當是"既"字左上殘筆，殘片左下墨迹恰與180行"說"字末筆相接（見下圖）：

（揭裱圖）　　（《馬[壹]》圖版）

228　戰國秦漢文字與文獻論稿

（處理後的新圖版）

根據新釋文的體例，"衼"字、"既"字有殘畫可以確認，可逕釋出（不過"衼"下重文號已殘去，釋文應補出）。

總的來說，1974 年出版的《老子甲本及卷後古佚書》所拼綴的帛書圖版不如 1980 年出版的《馬[壹]》後出轉精；但也有個別拼綴方案，現在看來《老子甲本及卷後古佚書》是正確的，却爲《馬[壹]》所否定，應予以恢復。下面舉兩個這方面的例子。

《五行》257 行最末四字，《馬[壹]》釋文作"□貴□□"，並爲"貴"上一缺文加注説："此字殘存右旁'隹'，疑本是'惟'字。"①"貴"下一字，《馬[壹]》圖版殘存 之形；而此前出版的《老子甲本及卷後古佚書》的圖版裹，原整理者已在此字右部拼入一塊殘帛，將此字拼綴爲 （新圖版作 ），但釋文仍缺釋。② 根據這一拼合，此字當釋爲"爵"。這個最初整理時所拼出的"爵"字，從字形筆畫看十分密合，無可挑剔，不知後來出版的《馬[壹]》爲何放棄這一拼合方案。古書屢見"貴爵"之語，如《韓詩外傳》卷五："故貴爵而賤德者，雖爲天子，不尊矣。"《荀子·議兵》："雕雕焉縣貴爵重賞於其前，縣明刑大辱於其後，雖欲無化，能乎哉！"同書《君道》："人主欲得善射——射遠中微者，縣貴爵重賞以招致之。"帛書此處的"貴爵"大概是名詞性的，與《荀子》同例。所以原整理者最初的拼綴應該是可靠的。

肯定了這一點，"爵"下一字便也能認出來。此字與"爵"的左半在同一塊殘帛上，僅存上部殘畫 （參看新圖版 ）。由上引"爵"字形體可

---

① 國家文物局古文獻研究室《馬王堆漢墓帛書[壹]》，釋文注釋 26 頁。
② 馬王堆漢墓帛書整理小組《老子甲本及卷後古佚書》，圖版 7 頁、釋文 9 頁，文物出版社，1974 年。

以《五行》爲例談談馬王堆帛書《老子》甲本卷後古佚書重新整理的情況　229

知帛書此處向右歪斜,如稍正之,則不難看出這個殘字的頭部跟"重"字相合：▉(230行)、▉(238行)。結合上引《荀子》"貴爵重賞"連用之例,可以斷定"爵"下一字是"重"。258行開頭部分帛書已殘,頗疑第一個字很可能當補作"賞"。

《五行》284行有《馬[壹]》釋爲"行而敬之,禮也"之語。① "行"字,《老子甲本及卷後古佚書》缺釋。② 龐樸、魏啟鵬先生曾根據經文"安而敬之,禮也"(199行)及解説文例,將缺釋之字補作"安"。③《馬[壹]》出版後,龐樸先生從之釋爲"行",但認爲"行"係"安"的錯字;日本學者淺野裕一、池田知久等釋爲"安",後者還指出可從圖版上看出"安"字的一部分。④ 比較同篇幾次出現的"安"字(如284、289行),可知原圖版所存殘畫確係"安"的下部,兩位日本學者的意見正確可從。不但如此,其實這個"安"字的上部也是可以找到的。

《老子甲本及卷後古佚書》曾在285行"義,禮樂所繇(由)生也"的"義"字之上拼綴一"仁"字,284行同一位置上另有若干殘畫。⑤ 從反映帛書揭裱時形態的清晰照片看,"仁"和殘畫實在同一塊殘片上,但《老子甲本及卷後古佚書》圖版發表時,把它錯誤地剪開(見下圖)：

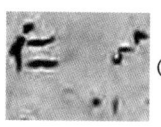

（揭裱圖）　　　　　《老子甲本及卷後古佚書》圖版

這一殘片在《馬[壹]》圖版裏被移除,大概原整理者已放棄了最初的拼綴方案。其實285行拼入一"仁"字是十分恰當的,《馬[壹]》已據文例爲其

---

① 國家文物局古文獻研究室《馬王堆漢墓帛書[壹]》,釋文注釋21～22頁。
② 馬王堆漢墓帛書整理小組《老子甲本及卷後古佚書》,釋文11頁。
③ 龐樸《帛書〈五行篇〉校注》,《中華文史論叢》1979年第4輯(總第12輯),61頁。魏啟鵬《馬王堆帛書〈德行〉校釋》,同作者《简帛文獻〈五行〉箋證》,103頁,中華書局,2005年。
④ 參看[日]池田知久《馬王堆漢墓帛書五行研究》(王啟發譯),329頁,綫裝書局、中國社會科學出版社,2005年。
⑤ 馬王堆漢墓帛書整理小組《老子甲本及卷後古佚書》,圖版8頁。

補出"仁";①不恰當的是最初裝裱時把這一殘片的位置擺得過於偏右且傾斜(這跟把286行同一位置上的"則"字殘片擺得偏右有關。附帶提一下,"則"字所在殘片的拼合,在《馬[壹]》圖版中已被取消,恐怕是有問題的,應當恢復)。將此殘片移正後,殘畫 ▣ 正位於上釋殘字"安"的上方,它應該就是"安"所從"宀"的大半(右小半已殘)。由此可證最初整理時拼入此殘片是正確的。這一殘片重新綴入後,285行《馬[壹]》釋文所補的"仁"字就可直接釋出。

有時候,《老子甲本及卷後古佚書》的拼綴方案瑕瑜互見,《馬[壹]》在糾正其疏失的同時,偶爾會把原本正確的拼綴也不小心改掉,需要加以分析。下面舉一個例子。

《五行》311行最末所存之字爲"衡盧=(盧盧),達",《馬[壹]》於"達"下補出"於"字;312行開頭部分的帛書,在《馬[壹]》的圖版上幾乎全殘去,故原釋文補出"君子道謂之賢"六個字。② 細審圖版,312行第一、三字的殘迹,正是"君"、"道"的右邊部分,根據新釋文的體例,此二字可逕釋出。

《老子甲本及卷後古佚書》曾於本行開頭部分拼入兩塊殘帛,一塊拼在"君"字的左側,但顯然是另一個字,《馬[壹]》將之移除是正確的;另一塊上有"不(?)胃之賢"四字,但因"不(?)"與"君子道"的"道"字殘畫幾乎在同一高度,看似很不合理,故《馬[壹]》亦將之移除,歸入殘片。仔細觀察,"不(?)"與其下殘畫同屬一塊殘片,跟"胃之賢"殘片實係拼綴而成;"胃"字上部筆畫顯得很不自然,"不(?)"下殘畫無從證明必爲"胃"字的左上部分。"不(?)"所在殘片[包括"不(?)"字和被原整理者最初認作"胃"字上部的殘畫]當剔除。若將"胃"字已殘去的頭部補全,其位置正好在"道"字的下方,"達於君子道,胃(謂)之賢(賢)"與《馬[壹]》釋文所補相合。由此可見,《老子甲本及卷後古佚書》所拼"胃之賢"的殘片應該保留。

與此相關的是313行行首的問題。《馬[壹]》釋此行開頭爲"胃(謂)

---

① 國家文物局古文獻研究室《馬王堆漢墓帛書[壹]》,釋文注釋22頁。
② 同上注,23頁。

之賢也",①淺野裕一、龐樸、池田知久等先生認爲圖版上"也"字已殘,據文例補出。②《馬[壹]》圖版313行開頭"胃之賢"三字位於一塊殘片上,"胃"字缺上半部分。《馬[壹]》釋爲"也"之字,存下部殘畫 ，與其説是"也",不如説是"賢"的下部兩點;被《馬[壹]》圖版粘貼於本行之首的殘片中的"賢",正缺"貝"旁的下部兩點。《老子甲本及卷後古佚書》的圖版原本已將"胃之賢"殘片挪下來,跟上舉殘畫拼合爲一完整的"賢"字( )。③ 這無疑是正確的。不過,《老子甲本及卷後古佚書》沒有認出缺了頭部的"胃"字。而且此書圖版在"胃"上又拼入了一殘片,此殘片中的欄綫位置跟此行的欄綫完全合不上,《馬[壹]》將之剔除,是合適的。但從圖版位置看,缺了頭部的"胃"字之上的確已殘去一字,釋文應補出一缺文號。此缺文疑可補作"故"。

二 字詞釋讀補正舉例

帛書《五行》字詞釋讀方面可以補正舊說者,主要是通過各種圖版的比對,新辨識出了一些過去缺釋的殘字,或可以糾正過去對某些殘字的誤釋。下面舉一個兼包過去缺釋和誤釋的例子說明一下。

帛書269行有解說經文"尊而不驕,恭也"的話,《馬[壹]》釋文作:"言尊而不有□□巳事君與師長者,弗胃(謂)共(恭)矣。"④爲很多研究者所信從。《老子甲本及卷後古佚書》曾釋上引"巳"字爲"己",⑤亦爲不少研究者所信從。如魏啟鵬先生根據這一釋文,進而將此句補足,釋讀爲"言尊而不有【以畏】己(忌)事君與師長者,弗謂恭矣",謂指"以畏事君與師長"。⑥ 池田知久

---

① 國家文物局古文獻研究室《馬王堆漢墓帛書[壹]》,釋文注釋23頁。
② 參看[日]池田知久《馬王堆漢墓帛書五行研究》,401頁。
③ 馬王堆漢墓帛書整理小組《老子甲本及卷後古佚書》,圖版9頁。
④ 國家文物局古文獻研究室《馬王堆漢墓帛書[壹]》,釋文注釋21頁。
⑤ 馬王堆漢墓帛書整理小組《老子甲本及卷後古佚書》,釋文9頁。
⑥ 魏啟鵬《馬王堆帛書〈德行〉校釋》,同作者《簡帛文獻〈五行〉箋證》,99頁。

先生則以"己事君與師長者"爲句。① 也有人遊離於兩種釋法之間，如劉信芳先生一方面采納《馬[壹]》釋"巳"之說，一方面又引魏啟鵬先生的意見，認爲"此說可通"。② 從圖版看，這個有"巳"、"己"兩釋之字，可以斷定是"巳"，帛書"巳"皆寫作"巳"（"己"是從"巳"分化出來的一個字）。《老子甲本及卷後古佚書》所以誤釋爲"己"，大概是由於這個"巳（已）"字左上角略有殘缺的緣故。本篇已確定的"己"，皆假借"忌"字爲之，這也可以說明此字決非"己"字。

"巳（已）"上原缺釋之字，應是被粘貼得傾斜的"共"字（見下圖。可與同篇269、270行"共"字比較）：

（《馬[壹]》圖版）

"言尊而不有□共（恭）巳（已）"是解釋"尊而不驕，恭也"的，"不有"當與"不驕"相對應；僅從這一點看，《馬[壹]》釋爲"有"的殘字就可能不是"有"而是"驕"或與"驕"通用之字。從字形上看，這個字應該釋爲"喬（喬）"。現將有關字形對比如下：

（《馬[壹]》圖版269行殘字"喬（喬）"）

（《五行》195行"驕"）　　（《戰國縱橫家書》122行"驕"）

（《戰國縱橫家書》12行"橋"）

（銀雀山漢簡《孫子兵法·吳問》簡156"喬（喬）"）

此字所存殘筆應是"喬（喬）"上部的"又"和下部"高"的最上橫畫。上舉最

---

① [日]池田知久《馬王堆漢墓帛書五行研究》，300頁。
② 劉信芳《簡帛五行解詁》，121頁，藝文印書館，2000年。

後一例"喬(喬)",在簡文中就用爲"主驕臣奢"之"驕"。《五行》經文部分"尊而不驕,恭也",郭店楚墓竹簡本"驕"正寫作"喬(喬)"(簡37)。所以帛書的"喬(喬)"自可讀爲"驕"(帛書《五行》"説"與"經"用字不同是很常見的)。

這樣改釋之後,我們對這句話的斷句也跟原整理者有所不同。《馬[壹]》以"言尊而不有……弗胃(謂)共(恭)矣"連作一句讀,我們認爲當以"言算(尊)而不喬(喬—驕)【□】共(恭)巳(已)"爲一句,"事君與師長者,弗胃(謂)共(恭)矣"另爲一句。據後一句的文例,前一句"言算(尊)而不喬(喬—驕)"下一缺文,疑可補作"胃(謂)"。池田知久先生在討論緊接其後的"故斯(廝)伇(役)人之道【□□】共(恭)焉"時,指出這句話"是強調'共'並不是下位者的倫理,而是上位者的倫理。與第十二章説的'共者,【用上】敬下也'是相同的旨趣"。① 其説甚是。下言"共(恭)生於尊者",也能證明這一點。所以,"言尊而不驕"一句與"事君與師長者"一句是完全對舉的,意思是説對於"尊而不驕"者,可以用"共(恭)"來要求;對於"事君與師長者",則無所謂"共(恭)"。"廝役人"正是"事君與師長者"。《新書·官人》分"王者官人有六等","五曰侍御,六曰廝役",即"廝役人"與"侍御者"相類之證;"侍御者"就是"事君與師長者"。

帛書本《五行》有"經"有"説",部分語句在"經"、"説"中反復出現;"經"文又見於郭店楚墓竹簡本《五行》,可以彼此參照。研究者根據這一特點,對帛書本殘缺部分大多作了擬補。此次重新整理的過程中所辨識出來的殘字,有不少可以印證或支持他們的補法,這裏舉一個例子作爲代表。

《五行》218～219 行,有《馬[壹]》釋爲"聞君子道則【玉=二一八 音】,□□□□□而美者也"的一句話。② 池田知久先生認爲 218 行"則"下無缺字,應從 219 行開始補"玉音,玉音者","實際上其中的'玉音'是兩個重文符號,補上的只有'者'一個字";又參考下文"【玉辰(振)】也者,忌

---

① [日]池田知久《馬王堆漢墓帛書五行研究》,300頁。
② 國家文物局古文獻研究室《馬王堆漢墓帛書[壹]》,釋文注釋19頁。

(己)有弗爲而美者也"之句,提出"玉音者"之下可補"忌有弗爲"四個字。①

池田知久先生關於 218 行"則"下無缺字的意見是不對的;《馬[壹]》據文例補出"玉音",亦不完全合乎事實。細審圖版,218 行最末存有"玉"字的上半,此字實可直接釋出。除此之外,池田先生的補法大多很有道理,這可以通過對殘字的辨識得到印證。

在 219 行殘去的部分裏,位於約第三字處有殘畫 ▨(《馬[壹]》圖版。參看新圖版 ▨),可以斷定是"玉=音=者"的"者"字;"而"上一字有殘畫 ▨(《馬[壹]》圖版,參看新圖版 ▨),從字形特徵看應是"爲"字。"者"、"爲"之間約有三個字的位置,均餘墨迹,可能就是池田知久先生所補的"忌(己)有弗"三字(如首字殘存筆畫,與"忌"字"心"旁的斜筆相合)。

有些新辨識出來的殘字,單獨地看也許很簡單,實際上却爲已有的説法提供了新的材料,能在一定程度上起到驗證或補正這些説法的作用。

帛書本《五行》可分爲"經"、"説"兩部分,170～214 行爲"經",215～351 行爲"説","説"是對"經"的解説。② "經"、"説"之間的關係,在郭店楚墓竹簡本《五行》出土之前,學者們各持不同的看法。淺野裕一先生在 1985 年發表於《島根大學教育學部紀要》第 19 卷(人文・社會科學編)的《帛書〈五行篇〉的思想史位置——來自儒家的向天的接近》中,認爲按照"思想上的進展和時間上的間隔","經"可分爲兩個部分(第二部分又可劃分爲二),"説"則是"不可分割、歸結爲一的","經"的第二部分的"成文"和"説"的"成文"之間"有着相當程度的時間間隔,

---

① [日]池田知久《馬王堆漢墓帛書五行研究》,181～182 頁。
② 龐樸《馬王堆帛書解開了思孟五行説之謎——帛書〈老子〉甲本卷後古佚書之一的初步研究》,《文物》1977 年第 10 期,65 頁。國家文物局古文獻研究室《馬王堆漢墓帛書[壹]》,釋文注釋 24 頁。

以《五行》爲例談談馬王堆帛書《老子》甲本卷後古佚書重新整理的情況　235

或者是文本傳承上的變化"。① 池田知久先生反對此説。他認爲從《五行》的有些内容看，"經文從一開始就是以要通過説文詳加解説爲當然前提來寫的"，因而他主張"經文和説文是同一時代的同一個人或同屬一個學派的人們一起寫成的"。② 20 世紀 90 年代初，在戰國中期偏晚的郭店楚墓中發現了竹簡本《五行》，有"經"而無"説"，經文與帛書本也略有出入。竹簡本發表後，多數學者承認"説"與"經"並非一人一時之作，《五行》原只有"經"的部分，"説"的寫成當晚於"經"的時代，是後附加上去的。③ 這種看法應該可信。

帛書《五行》的"經"與"説"存在觀點上的明顯歧異，是説明"説"係後人詮釋"經"義之作的有力證據。④ 此外，帛書《五行》"説"文在解釋"經"時所引述的"經"文文字與"經"的部分有不少出入，也可看作"説"與"經"本非一體的一種反映。下面介紹一個我們在辨識殘字時新發現的這方面的例子。

《五行》205～206 行"經"的部分，引用《詩·商頌·長發》之句，《馬[壹]》釋爲"不勮不救，不剛不柔"。⑤ 今本《毛詩》前一句作"不競不絿"。《五行》下文"説"的部分解釋此句云："勮者强也，捄者急也。"（302 行）《馬[壹]》釋"勮"，大概主要是以"説"作"勮"爲依據的。⑥ 其實圖版上此字尚存頭部，跟有關字形比較，可知當釋爲"强"：

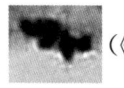

（《馬[壹]》圖版）

---

① 原文未見，轉引自［日］池田知久《馬王堆漢墓帛書五行研究》39 頁。
② ［日］池田知久《馬王堆漢墓帛書五行研究》，40～41 頁。
③ 參看龐樸《竹帛〈五行〉篇校注及研究》，93～94 頁，萬卷樓圖書有限公司，2000 年。徐少華《楚簡與帛書〈五行〉篇章結構及其相關問題》，《中國哲學史》2001 年第 3 期，19 頁。
④ 這方面的集中論述，可參看陳麗桂《從郭店竹簡〈五行〉檢視帛書〈五行〉説文對經文的依違情況》，（臺灣）輔仁大學哲學系編《本世紀出土思想文獻與中國古典哲學研究論文集》上册，173～198 頁，1999 年。陳麗桂《再論簡帛〈五行〉經、説文之歧異》，武漢大學簡帛研究中心主辦《簡帛》第 6 輯，379～386 頁，上海古籍出版社，2011 年。
⑤ 國家文物局古文獻研究室《馬王堆漢墓帛書[壹]》，釋文注釋 18 頁。
⑥ 參看國家文物局古文獻研究室《馬王堆漢墓帛書[壹]》，釋文注釋 25 頁。

（本篇 193、258、302 等行"強"）

郭店楚墓竹簡本《五行》此句作"不疆不栽"（簡 41）。李家浩先生在爲"郭店楚墓竹簡研究"項目所撰寫的《〈五行〉釋文注釋》待刊稿中指出，"勥"，《說文》以爲是"勇"的古文，上古音"勇"、"競"屬群母陽部，可以通用。（注174）"勥"从"强"聲，故帛書本"經"文此"強"字亦可與"勇"、"競"通用。

帛書本"說"的部分以"強"解"勥"，說明"說"所據"經"的底本此字當作"勥"。如果"說"所根據的"經"文本作"強"，"說"的作者大概就不會再用"強"字來解釋了。這個比較極端的例子促使我們懷疑，作"說"時所依據的"經"的本子，跟現在抄在"說"之前的"經"有可能不是同一個本子。①

古代"于"、"於"二字用法的差別是一個吸引不少學者反復探究的問題。風儀誠先生在近年發表的一篇研究"于"、"於"用法的文章裏，用到了帛書《五行》"經"、"說"的材料。他說：

> 馬王堆《五行說》是附於《五行》的解說。在此文裏除引《詩經》用"于"字以外，其他行文中一律用"於"字。（原注：《五行說》引《詩經》在第 215、288、332 行。）附於《周易》的馬王堆《繫辭》也一樣。除了引《周易》以外，一律用"於"字。看來在當時的解說裏，"于"和"於"字的分別是很清楚的。②

我們從《五行》的"說"文裏找出了一個過去未能確釋的殘字"于"。

帛書 299 行"不辨於道也"上一句，《老子甲本及卷後古佚書》、《馬[壹]》釋文皆作"不周□四者"。③ 龐樸先生在 1979 年發表的講《五行》的文章裏，於"周"下二字皆缺釋，據文義補出"于匿"（原書用簡體字排印，故

---

① 帛書《五行》"經"、"說"及其與《德聖》的關係（以及郭店竹簡本《五行》與馬王堆帛書本《五行》"經"文的關係），是一個很複雜的問題，如有機會當另文討論。
② [法] 風儀誠《戰國兩漢"于"、"於"二字的用法與古書的傳寫習慣》，武漢大學簡帛研究中心主辦《簡帛》第 2 輯，94 頁，上海古籍出版社，2007 年。
③ 馬王堆漢墓帛書整理小組《老子甲本及卷後古佚書》，釋文 12 頁。國家文物局古文獻研究室《馬王堆漢墓帛書[壹]》，釋文注釋 22 頁。

很可能其實補的是"於匡")。① 到了 2000 年出版的專著裏,龐先生則"據文意及圖版改""□四"爲"於匡"。② 魏啓鵬先生從釋"四"之説,認爲"四"指"簡匡剛柔",並將其前一字補作"於"。③ 池田知久先生説:"由於依據《圖版》'四'字也可讀作'匡'字,所以認爲看得出'匡',而其上有一個字的缺字。"缺字則補作"于"(原書用簡體字排印,故很可能其實補的也是"於")。④

所謂"四"字圖版作 ▨(《馬[壹]》圖版),顯然是擠得很攏的"匡"字(試比較 298、300、301 等行寫作 ▨ 的"匡"字)。從文義來看,"不周于匡"、"不辨於道"緊扣上文"有小罪而赦(赦)之,匡也"、"有小罪而弗赦(赦),不辨於道也","匡"與"不辨於道"反義,所以"不辨於道"一定是説"不周于匡"的。若作"不周于四"則無義可説。"匡"上一字的殘筆與"于"相合而與"於"不近:

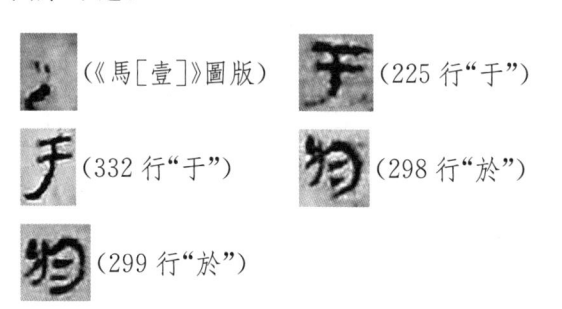

▨(《馬[壹]》圖版)　▨(225 行"于")

▨(332 行"于")　▨(298 行"於")

▨(299 行"於")

故當以補"于"之説爲是。按照新釋文的體例,"于"既存殘畫,可逕釋出。

值得注意的是,"不周于匡"與"不辨於道"對文,二者語法結構相同,但前者用"于"而後者用"於",可見《五行》"説"文裏"于"、"於"的分别並非没有例外。

最後舉兩個字形清晰完整、但舊釋可能有問題的例子。前一例我們

---

① 龐樸《帛書〈五行篇〉校注》,《中華文史論叢》1979 年第 4 輯(總第 12 輯),63 頁。
② 龐樸《竹帛〈五行〉篇校注及研究》,72 頁。
③ 魏啓鵬《馬王堆帛書〈德行〉校釋》,同作者《簡帛文獻〈五行〉箋證》,107 頁。
④ [日]池田知久《馬王堆漢墓帛書五行研究》,378、382 頁。

雖加以改釋，整句話的意思却還不明白，有待進一步研究；後一例的新釋，是我們在綜合學者已有的合理意見的基礎上才形成的。

《五行》"說"的部分有如下一字：

[字形圖]（217 行。以下用△代替）

其所在文句爲：

嗖（聰）者，聖之臧（藏）於耳者也。猶孔₌（孔子）之聞輕者之△而得夏之盧也。（217～218 行）

《老子甲本及卷後古佚書》曾釋△爲"敢（擊）"。① 從上舉字形看，△的左旁與秦漢文字"毄"的左旁頗有距離，②釋"敢（擊）"恐非。

抄寫於帛書《五行》之後的《九主》篇，384 行所見"專授"之"專"寫作[字形]，當隸定爲"叀"。此篇"專授"之"專"多寫作"剸"（356、383、386、392、394、400 等行），"剸"在《說文·十四上·斤部》和三體石經中是"斷"的古文，在戰國楚簡文字中亦用作"斷"。③ "斷"、"專"音近可通，猶《說文·九上·首部》斷首之斷的專字"𩠹"或體作"剸"。"叀"當是"剸"的異體。△與《九主》"叀"的差異主要集中在左旁：一、前者中間部分爲"日"，後者"叀"的中間部分爲"田"；二、前者下部爲"口"形，後者下部似"亡"形。這兩點都可以用字形演變的通例加以解釋。秦漢文字中"田"形常省作"日"形，④《九主》392 行"剸"作[字形]，"叀"的中間部分即訛變爲"日"形，《說文》古文"斷"所從"叀"的中間部分亦如此。戰國文字從"叀"之字的下部，既有作"𠃌"形者，也有作"口"形者，後者如包

---

① 馬王堆漢墓帛書整理小組《老子甲本及卷後古佚書》，釋文 6 頁。
② 馬王堆帛書"毄"的寫法參看陳松長等《馬王堆簡帛文字編》，123 頁，文物出版社，2001 年。"毄"字字形的分析，參看裘錫圭《讀上博簡〈容成氏〉札記二則》，《古文字研究》第 25 輯，316 頁，中華書局，2004 年。
③ 參看張富海《漢人所謂古文之研究》，175 頁，綫裝書局，2007 年。
④ 參看黃文傑《秦至漢初簡帛文字研究》，108 頁，商務印書館，2008 年。

山楚簡簡137反![字]、郭店《唐虞之道》簡1![字]等。似"亡"的寫法可能是由"![字]"形加贅筆變來的。帛書《五行》中"既"字的左下部分，也有似"亡"之形和"口"形兩種寫法，跟"鼓"字的變化平行：、。據此，△實當釋爲"鼓（剋）"。

《馬[壹]》釋△爲"鼓"，①從字形看並非毫無道理。帛書《明君》434~436行數見"樹"字，所從"壴"就寫得與"吏"無別。（"樹"所從"壴"與象鼓形的"壴"本非一字，但東周以後其形已相混。②）不過，帛書中一般的"鼓"及從"壴"之字，皆不作此形，③他篇"樹"字亦無寫作從"吏"者，④這一點似不能作爲△當釋爲"鼓"的根據。

如果我們釋△爲"鼓（剋）"符合實際，那麼過去學者根據"擊"或"鼓"的舊釋對這句話所作的種種解釋，恐怕都難於成立了。孔子"聞輕者之鼓（剋）而得夏之盧"之事當存疑待考。

《五行》"説"的部分263~264行有如下幾句話：

> 尊賢（賢）者，言等賢（賢）者也，言譔（選）賢（賢）者也，言足諸上位。

"足諸上位"的"足"係《馬[壹]》所釋，⑤各家皆從之。

《馬[壹]》在此句後加注說："足，讀爲屬。"⑥在此之前，龐樸先生已爲"足"括注"屬"，並引《孟子·萬章下》："堯之於舜也……舉而加諸上位，故曰：王公之尊賢者也。"⑦1988年，龐樸先生在齊魯書社出版的《帛書〈五行〉篇研究》（第二版）中以爲"足"是"加"的錯字。後來，龐先生又改回最

---

① 國家文物局古文獻研究室《馬王堆漢墓帛書[壹]》，釋文注釋19頁。
② 裘錫圭《釋"尌"》，《龍宇純先生七秩晉五壽慶論文集》，189~194頁，學生書局，2002年。
③ 參看陳松長等《馬王堆簡帛文字編》，196~197頁。
④ 同上注，243頁。
⑤ 國家文物局古文獻研究室《馬王堆漢墓帛書[壹]》，釋文注釋21頁。
⑥ 同上注，27頁。
⑦ 龐樸《帛書〈五行篇〉校注》，《中華文史論叢》1979年第4輯（總第12輯），58頁。

初讀爲"屬"的看法。① 池田知久先生讀"足"爲"措",舉《周易·繫辭上》"苟錯諸地而可矣",馬王堆帛書本"錯"作"足"爲證。②

龐樸先生所舉《孟子·萬章下》之語很有啓發性。《中論·審大臣》:"故博求聰明睿哲君子,措諸上位,使執邦之政令焉。"《五行》"足諸上位"當與"措諸上位"、"加諸上位"同意。(《鄧析子·無厚篇》"選善退惡,時措其宜",亦與此"言選賢者也,言足諸上位"相似。)"屬諸上位"的讀法於文義較適,但"足"、"屬"古無相通之例。"加"與"足"的古音相去更遠(二者字形亦無相似之處)。池田知久先生所舉與今本《周易·繫辭上》相當之句,馬王堆帛書本作"句(苟)足者(諸)地而可矣","足"正對應於"錯";上舉古書又恰好有"措諸上位"的説法,"錯"、"措"古通。如果像池田知久先生那樣援《周易》之例把這裏的"足"也讀爲"措",無疑是很直接的。可惜上古音"錯/措"屬清母鐸部,跟精母屋部的"足"韻部不近,恐難相通。③

馬王堆簡帛文字資料中雖尚未發現單獨的"疋"字,但從以"疋"爲聲旁的"楚"、"疏"、"胥"等字來看,"疋"的寫法往往與"足"混而不別。下面是一些例子:

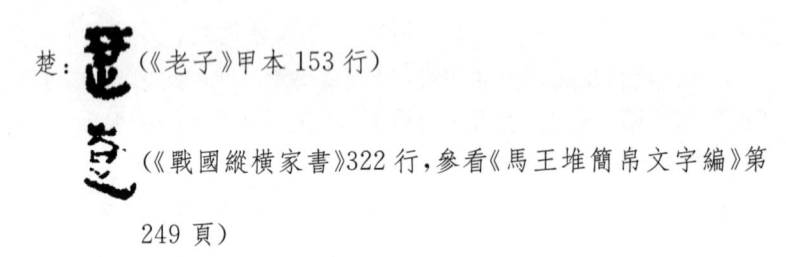

楚：[字形圖](《老子》甲本 153 行)

[字形圖](《戰國縱橫家書》322 行,參看《馬王堆簡帛文字編》第 249 頁)

---

① 龐樸《竹帛〈五行〉篇校注及研究》,58 頁。
② [日]池田知久《馬王堆漢墓帛書五行研究》,288 頁。
③ 雖然漢代魚、侯二部(其入聲韻爲鐸、屋二部)合流,但根據音韻學家的調查,即使到了兩漢時期的韻文裏,在可與屋部合韻的韻部中,"足"或從"足"聲之字一般也只跟覺部字合韻;屋、鐸合韻之例中,似不見"足"聲字的踪迹(參看羅常培、周祖謨《漢魏晉南北朝韻部演變研究》,227~228 頁,中華書局,2007 年)。西漢早期墓中出土的馬王堆帛書所抄寫的古書,在先秦時代當已流傳。上古音"足"與鐸部字相通的可能性就更小了。

以《五行》爲例談談馬王堆帛書《老子》甲本卷後古佚書重新整理的情況　241

疏：　（《戰國縱橫家書》233 行，參看《馬王堆簡帛文字編》第 83 頁）

（《明君》424 行）

胥：　（《戰國縱橫家書》188 行）

（《十問》簡 81，參看《馬王堆簡帛文字編》第 161 頁）

足：　（《足》7，參看《馬王堆簡帛文字編》第 81 頁）

（《五行》209 行）　　（《五行》317 行）

（《五行》323 行）　　（《五行》333 行）

《説文·二下·疋部》謂"疋""古文……亦以爲足字"，看來"疋"、"足"在戰國古文中已有相混的現象。

我們所討論的字和帛書《周易·繫辭下》相當於"錯"之字作如下之形：

（《馬[壹]》圖版）

（傅舉有、陳松長《馬王堆漢墓文物》第 121 頁圖版 14 行下）

這兩個字跟"足"和"楚"、"疏"等所從的"疋"皆同形，所以它們既有可能是"足"字，也有可能是"疋"字。"疋"是心母魚部字，與"錯/措"聲爲同系，韻爲陰入對轉，古音很近。帛書《五行》"索纏纏"之"索"，郭店楚墓竹簡本作"疋"，《周易·震卦·上六》"震索索"之"索"，馬王堆帛書本作"昔"。古文字"疋"聲與"且"聲常通,①帛書《戰國縱橫家書》"蘇秦獻書趙王章"232行"屬之祝諝"之"諝",裘錫圭先生指出當讀爲"詛"。② 此皆"疋"聲字與"昔"聲字相通之例。總之,如果我們注意到"足"、"疋"混同的現象,就可以對上引池田知久先生的説法稍加修正,把《五行》263行和帛書《周易·繫辭下》與"錯"相當的舊釋"足"之字皆改釋爲"疋",統一讀爲"措"或"錯",兩處文字便能順利講通了。

原載《文史》2012年第2輯(總第99輯)。

---

① 參看吴振武《説仰天湖1號簡中的"蘆苴"一詞》,武漢大學簡帛研究中心主辦《簡帛》第2輯,41~42頁。
② 裘錫圭《讀〈戰國縱橫家書釋文注釋〉札記》,同作者《中國出土古文獻十講》,384頁,復旦大學出版社,2004年。

馬王堆帛書《德聖》篇研究

——兼談郭店簡《太一生水》的分篇、分章及其與《老子》的關係

西漢早期的馬王堆 3 號墓所出字體較古的《老子》甲本,其後抄有四篇古佚書,原整理者命名爲《五行》、《九主》、《明君》、《德聖》。① 四篇古佚書中,《德聖》篇幅最短,殘損最甚,體裁又較爲獨特,歷來關注者不多。但此篇内容既與素爲研究者所注目的《五行》有關,它與《五行》"經"、"説"的關係究竟如何,②就是一個值得認真討論的重要問題。前人對此雖有論及,但没有給出很明確的答案。我們打算對《德聖》的思想内容作一次比較深入的梳理,以求弄清楚這一問題。

一

在梳理《德聖》的思想内容之前,有必要介紹一下此篇的體裁。這需要從《老子》甲本及其卷後古佚書所使用的符號講起。

---

① 收入國家文物局古文獻研究室編《馬王堆漢墓帛書[壹]》,圖版 170～464 行,釋文注釋 17～39 頁,文物出版社,1980 年。以下引用古佚書的内容,主要根據我們爲《長沙馬王堆漢墓簡帛集成》所作的《〈老子〉甲本卷後古佚書》釋文,如無必要,不一一説明與《馬王堆漢墓帛書[壹]》釋文的出入。但會隨文注出《馬王堆漢墓帛書[壹]》圖版行號,以便讀者覆核。

② 其實,帛書本《五行》215 行以下内容,稱之爲解"經"之"傳"亦無不可。這裏遵從學界慣用的稱説方式,仍稱之爲"説"。

《老子》甲本及卷後古佚書抄在同一長卷上，字體相同，當係一人所書，所加符號的作用應具有一貫性。此卷除了用句讀號外，還使用了"•"式符號。這種符號均加於一句之首。以《老子》甲本爲例，被"•"隔開的兩段文字，跟今本對照，可知分屬於不同的章，只不過帛甲本的分章與今本存在一些出入而已。所以"•"除了有分篇的作用外，沒有問題還是分章符號（帛書《老子》甲本只有部分章加了分章符號）。

　　一篇之中，由"•"所分之章的抄寫形式大致有兩種情況：一種是各章連續抄寫，不分段，如《老子》甲本的《德經》（但抄完《德經》之後另起一行抄寫《道經》）、《五行》"經"的部分等；一種是各章分段抄寫，即抄完一章之後另起一行抄寫下一章，如《五行》"説"的部分、《明君》等（《九主》全文只有一章，比較特殊）。《德聖》保存相對完整的部分（即圖版 452～458 行），一共使用了四個"•"，①爲"•"所隔開的文字連續抄寫。這跟上面所説的前一種情況相合，可知《德聖》篇也是把"•"當作分篇、章符號來用的。

　　由於《德聖》458 行以下帛書殘損得十分厲害，現在已無法知道本篇第四章訖於何處。但是從比較完整的前三章來看，如果按我們所施加的新式標點計，短的僅兩句（如第二章），長的也只有十句（如第三章），總的來說各章的篇幅都不長。從文義看，各章圍繞不同的中心立説（如第一章主要説"五行"，第三章以"聖"爲核心，第四章似説"德"、"道"、"天"、"一"、"君子"等話題），彼此之間不相連屬，大概本來都是可以獨立的，而不像是一篇有整體構思的首尾完具的文章。

二

　　馬王堆帛書的原整理者很扼要地介紹《德聖》的内容説：

　　　　第四篇（引者按：即《德聖》）也講到"五行"，與第一篇（引者按：

---

　　① 從圖版看，"道者、德者、一者、天者、君子者"一句前有"•"，但爲《馬王堆漢墓帛書〔壹〕》所漏標（釋文注釋 39 頁）。

即《五行》)有關;但又有一些道家的語匯。①

裘錫圭先生在一篇討論馬王堆《老子》甲乙本卷前後佚書與"道法家"的關係的文章裏,曾對《德聖》的内容與思想作過如下説明:

> 第四部分(引者按:即《德聖》)既與第一部分(引者按:即《五行》)有關,又使用了道家的一些語言,如"一"("其要謂之一")、"玄同"("身調而神過,謂之玄同")、"至素至精"等。這表現了想把儒家和道家糅合起來的傾向。②

我們認爲裘先生指出《德聖》篇的思想傾向是"想把儒家和道家糅合起來",很有道理。下面分"《德聖》與《五行》'經'、'説'的聯繫"和"《德聖》與道家著作的聯繫"兩個方面,分别舉例加以説明。

關於《德聖》與《五行》"經"、"説"的聯繫,前人已舉出不少實例。如首句"四行成,善心起"(452 行),魏啟鵬先生引《五行》"四行,和胃(謂)之善"(173 行)、"四行之所和【=】(和,和)則同=(同,同)則善"(202 行)與之對讀。③ 此外,《五行》293~294 行説:"言舍夫四(引者按:指'四行')也,而四者同於善心也。同,善【心】之至也。"明言"四行"與"善心"的關係,與《德聖》此句更近。

順便指出,《德聖》下文云"五行刑(形),悳(德)心起"(452 行),《五行》有"仁刑(形)於内胃(謂)之德之行"、"知(智)刑(形)於内胃(謂)之德之行"、"義刑(形)於内胃(謂)之德之行"、"禮刑(形)於内胃(謂)之德之行"、"聖刑(形)於内胃(謂)之德之行"等語(170~172 行),可知本篇所謂"五行"就是《五行》所説的"仁義禮智聖";所述"德心"與"五行"的關係,也與《五行》有關説法相因。上引與《德聖》有關的《五行》文句,基本上都見

---

① 國家文物局古文獻研究室編《馬王堆漢墓帛書[壹]》,"出版説明"2 頁。
② 裘錫圭《馬王堆〈老子〉甲乙本卷前後佚書與"道法家"——兼論〈心術上〉〈白心〉爲慎到田駢學派作品》,《裘錫圭學術文集·古代歷史、思想、民俗卷》,278 頁,復旦大學出版社,2012 年。
③ 魏啟鵬《馬王堆帛書〈四行〉校釋》,同作者《簡帛文獻〈五行〉箋證》,123 頁,中華書局,2005 年。按:我們引用《五行》的文字,與魏書所引並不完全相同。以下碰到類似情況不再説明。

於"經",只有 293～294 行講"四者同於善心"的那段見於"説"。

《德聖》下文云"四行刑(形),聖氣作"(452 行),可知所謂"四行"指除"聖"之外的"仁義禮智"。從《五行》看,"聖"雖屬於"五行"之一,但其地位顯然要高於"仁義禮智""四行";至於"四行"與"聖"的具體關係,《五行》"經"、"説"未作明確的闡述。《德聖》却説"四行形,聖氣作",把"聖"擺到了跟"四行成"、"四行和"而"起"的"善"同等的地位。郭店楚墓竹簡(以下簡稱"郭簡")《語叢一》16、17 號簡説:

> 又(有)悥(仁)又(有)智,又(有)義又(有)豊(禮),又(有)聖又(有)善。①

已有學者將簡文與《五行》和《德聖》的説法相聯繫。② 值得注意的是,《語叢一》此段也以"聖"、"善"並提。不知這是不是當時的儒家比較普遍的看法。既然《五行》"經"、"説"已有"四行和,謂之善"、"而四者同於善心也"之説,《德聖》把"聖氣"作爲"四行形"之後而興起的東西,與"善心"同列,是很自然的。這可以看作《德聖》對《五行》"經"、"説"的一個發展。

緊接着"五行形,德心起"的是"私〈和〉胃(謂)之惠(德)"(452 行)。《五行》"經"有"德之行五,和胃(謂)之德"之語(173 行),龐樸、魏啟鵬等先生指出二者當合觀。③

《德聖》453 行説:"有之者胃(謂)之胃〈君〉子。""胃子"係"君子"之誤,從原整理者説。④ 從上文看,"有之者"的"之"當指"五行"或五行所和之"德"。《五行》"經"説:"五行皆刑(形)于闕(闕—厥)内,時行之,胃(謂)之君子。"(176 行)與此義近。

《德聖》第三章説:"聖,天知也。"(454 行)魏啟鵬先生讀"知"爲"智",

---

① 荆門市博物館《郭店楚墓竹簡》,圖版 78 頁、釋文注釋 193 頁,文物出版社,1998年。
② 李家浩《郭店簡〈語叢一〉釋文與注釋》,注 19,待刊稿。李鋭《仁義禮智聖五行的思想淵源》,同作者《戰國秦漢時期的學派問題研究》,321 頁,北京師範大學出版社,2011 年。
③ 龐樸《帛書〈五行篇〉校注》,《中華文史論叢》1979 年第 4 輯,48 頁。魏啟鵬《馬王堆帛書〈四行〉校釋》,同作者《簡帛文獻〈五行〉箋證》,124 頁。
④ 國家文物局古文獻研究室編《馬王堆漢墓帛書[壹]》,39 頁。

並説：" '天智'爲聖,與'知人道'之'智'對舉而言,參見上文244行(引者按：即《五行》244行)：'聖始天,知始人。'"①從下文"知人道曰知=(智,知)天道曰聖"(454~455行)來看,所謂"天知(智)"就指"知天道"而言。龐樸先生解釋《五行》"聖始天,知(智)始人"時,已引《德聖》"知人道"兩句爲説。② 可以補充的是,《五行》還屢次提到"聖人知而〈天〉道"(198行)、"聖人知天之道"(280行);"知天道曰聖",那麽知天道者就是聖人。

《五行》"説"闡發"經"文"不聰不明"(此句帛書本已殘,但可據郭簡本及帛書本"説"文補出)句意説：

> 嘰(聰)也者,聖之臧(藏)於耳者也。【明(明)也】者,知(智)之臧(藏)於目者【也】。嘰(聰),聖之始也。明(明),知(智)之始也。故曰不嘰(聰)明(明)則不聖=知=(聖智,聖智)必繇(由)嘰(聰)明(明)。(242~243行)

"説"文認爲"聖"藏於耳,需要通過"聰"才能實現。所謂"聖人"也就是耳聰之人。聖人靠聰耳"聞"的方式來"知天道"："聞之而【遂】知亓(其)天之道也,聖也"(275行),"聞之而【遂】知亓(其)天之道也,是聖矣"(280行);所以《德聖》説"聖者,聲也"(455行),"亓(其)胃(謂)之聖者,取諸聲也"(455~456行)。《德聖》對"聖"的這種理解,應該是建立在《五行》"説"文對"經"意所作發揮的基礎之上的。

《德聖》第四章説："亓(其)閉塞胃(謂)之德。"(457行)從下句"其行謂之道"似指"行'五行'(仁義禮智聖)"而言看,此句的"其閉塞"當指"五行之閉塞"。《五行》"經"謂仁義禮智聖,"刑(形)於內胃(謂)之德之行,不刑(形)於內胃(謂)之行"(170~173行);頗疑"其閉塞謂之德",即"形於內謂之德之行"之意。

《德聖》460行下部已殘,原整理者在此行殘去處綴入兩小塊殘片,雖彼此不相銜接,但從文義看似較合理。原整理者釋此行文字爲(省略號表示帛書殘缺)：

---

① 魏啓鵬《馬王堆帛書〈四行〉校釋》,同作者《簡帛文獻〈五行〉箋證》,126頁。
② 龐樸《竹帛〈五行〉篇校注及研究》,52頁,萬卷樓圖書有限公司,2000年。

    目爲者，有恖（聰）明焉，不可……爲者手足不用……不用焉……①

細審圖版，所謂"有"實當釋"盡"，"恖"實當釋"心"。"目爲者，盡心明焉"、"手足不用"云云，疑與《五行》209 等行所云"耳目鼻口手足六者，心之役也"有關（"目爲者"前或可補"耳"字）。據《五行》"説"317～321 等行的解釋，耳目鼻口手足悦於聲色、臭味、逸豫，而心悦於仁義。若不義，則天下之聲色、臭味、逸豫皆不敢求。所以耳目之所爲，"盡心明焉"。

  《德聖》篇所討論的概念，除了很明顯襲用《五行》的"四行"、"五行"之外，"德"、"道"、"天"、"君子"、"聖"、"智"等也都屢見於《五行》"經"、"説"。

  《德聖》講"天"的那一句，很不好懂，需要加以討論。其文云：

    其愛胃（謂）之天。（452～453 行）

此句位於"有之者謂之君子"之前，"其"所包含的領屬者，當指五行或五行所和之"德"。但"其"後的"愛"，若如字讀，句意就難以講通。

  我們知道，馬王堆漢墓所出的有些帛書保留了楚文字的遺迹，其底本可能來自戰國時代的楚地，《老子》甲本卷後古佚書中就有這方面的例子。《德聖》的底本亦出於戰國楚人之手的可能性，當然是存在的（另參下文）。戰國文字"愛"常寫作"惡"、"惡"，"氣"或作"熒"、"炁"，二字並从"既"或"旡"得聲，古音很近。在包山楚墓所出的卜筮祭禱簡中，"氣"有時就可以用"惡"字表示，如 207 號簡"病腹疾，以少惡（氣）"。同一批簡中，以"惡"爲"氣"還見於 236、239、242、245、247 等號簡，②可知並非偶然的音近誤字。頗疑在帛書《德聖》所從出之本裏，這句話就是借"惡"爲"氣"的，後來的傳抄者按照一般習慣把表示"氣"的"惡"誤讀爲"愛"，遂成目前所見之貌。

  《德聖》上文"聖氣"之"氣"並不作"愛"，可能其底本原來就是寫作"氣"或"熒"的，所以未被誤讀；此猶包山楚墓卜筮祭禱簡既以"惡"爲"氣"，又以"氣"爲"氣"（見 218、220、221、223 等號簡。249 號簡則寫作

---

  ① 國家文物局古文獻研究室編《馬王堆漢墓帛書[壹]》，39 頁。
  ② 參看劉信芳《楚簡帛通假彙釋》，263～264 頁，高等教育出版社，2011 年。

"燹"),不足爲奇。

在某些古人的宇宙觀念裏,天是由"氣"所構成的。這方面最著名的論述就是郭簡《太一生水》10號簡的一句話:

> 上,燹(氣)也,而胃(謂)之天。①

學者們在研究《太一生水》此簡時,又找出了傳世古書中與此類似的一些表述,今舉《鶡冠子·度萬》一條示例:②

> 所謂天者,非是蒼蒼之氣之謂天也。

此文反對"蒼蒼之氣之謂天"的說法,可見在當時有些人的心目中,天就是"蒼蒼之氣"。《德聖》的"其氣謂之天",顯然是以"上,氣也,而謂之天"一類說法爲其思想背景的。

但是,《德聖》認爲構成天的"氣",又不同於《太一生水》、《鶡冠子·度萬》等所說的純物質的"氣"。上文已説此句的"其"所包含的領屬者爲"五行"或五行所和之"德"。那麼,"其氣"應該就指"五行之氣",或五行所和之"德"之"氣"。

《五行》"説"有"仁氣"(233行)、"義氣"(236、281、290行)、"禮氣"(239、284、291行),本篇有"聖氣"。帛書雖未見"智氣",但《大戴禮記·文王官人》在主生物之"初氣"外,又提到了"心氣"、"信氣"、"義氣"、"智氣"、"勇氣",③寫《德聖》篇時應已有"智氣"之稱。此爲五行有"氣"的明證。④

---

① 荊門市博物館《郭店楚墓竹簡》,圖版13頁,釋文注釋125頁。
② 參看趙建偉《郭店楚墓竹簡〈太一生水〉疏證》,《道家文化研究》第17輯,388頁,生活·讀書·新知三聯書店,1999年。
③ 陳來《帛書〈五行〉説部與孟子思想探論》已引《大戴禮記·文王官人》"信氣中易,義氣時舒,智氣簡備,勇氣壯直",指出"也是把德行和氣聯繫起來",與《五行》"説"的"義氣"、"智氣"等"有一致之處"。見同作者《竹帛〈五行〉與簡帛研究》,163~164頁,生活·讀書·新知三聯書店,2009年。
④ 上海博物館藏戰國楚竹書《凡物流形》甲本4號簡有"五既(氣)竝至"之語,所謂"五氣"不知有沒有可能也指五行之氣。【編按:《大戴禮記·五帝德》載黃帝"治五氣"、顓頊"治氣以教民",前人皆謂"五氣"指金木水火土五行之氣,"治氣"即治五行之氣。《凡物流形》的"五氣"有可能指金木水火土五行之氣。此種"五氣"與仁義禮智聖"五行"之氣之間的關係(亦即傳統的金木水火土"五行"與指仁義禮智聖的"五行"之間的關係),有待於進一步研究。】

龐樸、池田知久等先生雖不知"愛"爲"氣"之誤讀，但能指出《五行》"説"的"德猶天也，天乃德巳(已)"(224行)"與此處説法正合"，①這是很正確的。"德"乃五行之和，從某種程度上説"德"好比是"天"；《德聖》謂"德(五行所和)氣"爲天，當即脱胎於此。

三

關於《德聖》與道家著作的聯繫，我們先看上引裘錫圭先生文中已舉出的例子。

"亓(其)要胃(謂)之一"(452行)的"其"之所指，與"其愛(氣)謂之天"的"其"一致。在道家著作中確實很容易找到此類説法，如《莊子·徐無鬼》"故德總乎道之所一"。《文子·自然》："凡事之要，必從一始。"《德聖》言五行之要爲"一"，大概也是從"行'五行'"(即"道")需把握"一"的角度來説的。此外，道家論"一"之作更爲多見，不必贅舉。

但是，把"五行"或五行所和之"德"跟"一"扯上關係，並不始於《德聖》。魏啟鵬先生於《德聖》此句下加注，引《五行》"經"文"能爲一，然後能爲君子，君子慎其獨也"(184行)，以及"説"的解釋："言舍夫五而慎其心之胃(謂)□【□】然笱(後)一。一也者，夫五{夫}爲□心也。然笱(後)德之一也，乃德巳(已)。"(223行)②事實上此文已含有"其要謂之一"的意味了。《德聖》不過是借用"道家語匯"把這層意思表達得更加明白罷了。

"玄同"見於《德聖》第二章。此章共兩句，全引如下：

　　清濁者，悳(德)之人(仁)；悳(德)者，清濁之瀟(淵)。身調而神過，胃(謂)之玄同。(453～454行)

原整理者注已引出《老子》第五十六章"是謂玄同"。③ 在《莊子》、《淮南

---

① 龐樸《竹帛〈五行〉篇校注及研究》，41頁。[日]池田知久《馬王堆漢墓帛書五行研究》(王啟發譯)，199頁，綫裝書局，2005年。引號裏的話引自龐書。
② 魏啟鵬《馬王堆帛書〈四行〉校釋》，《簡帛文獻〈五行〉箋證》，124頁。
③ 國家文物局古文獻研究室編《馬王堆漢墓帛書[壹]》，釋文注釋39頁。

子》、《文子》等道家著作中也屢用此詞,如《文子·道原》:"無所樂,無所苦,無所喜,無所怒,萬物玄同,無非無是。夫形傷乎寒暑燥濕之虐者,形究而神杜(引者按:"究"、"杜"二字,《淮南子·俶真》作"苑"、"壯");神傷於喜怒思慮之患者,神盡而形有餘。故真人用心,復性依神,相扶而得終始,是以其寢不夢,覺而無憂。"彭裕商先生指出上引"形""神"兩句,即《淮南子·俶真》"是皆形神不得俱没也"。① 帛書的"身調而神過",疑即"形""神"相依隨而不"俱没"、彼此"和同"的意思。

作爲"德之仁"、並以"德"爲其"淵"的"清濁",是指清氣、濁氣,或代指"神"、"身",還是即《史記·吳太伯世家》"延陵季子之仁心,慕義無窮,見微而知清濁"之"清濁",有待研究。②

《德聖》459 行:"經者,至衛至青(精),何以能爲者……"原整理者釋"衛"爲"率",加注説:"帛書《經法·道法》'至素至精,浩彌無形'(九行上)。此文'率'字當讀爲'素'。"③"衛"、"素"也可能係形近而訛【編按:"衛"應爲"索"之形近誤字,"索"讀爲"素"。額濟納漢簡 99ES16ST1:14A"索土之賓,【莫】匪新臣","索"又爲"率"之誤(參看孫家洲主編《額濟納漢簡釋文校本》7 頁,文物出版社,2007 年)】。無論如何,此句當讀爲"至素至精"是可以肯定的。《老子》乙本卷前古佚書《經法》是一篇"道法家"作品。《淮南子·精神》形容道家所艷稱的"至人"能"抱素守精",亦可證。

上文講過的"【耳?】目爲者,盡心明焉"一段,即接於此句之後。雖然其間帛書殘缺,文義不很清楚,但"盡心明焉"很像是回答"何以能爲'至素

---

① 彭裕商《文子校注》,10 頁,巴蜀書社,2006 年。
② 我們比較傾向於認爲"清濁"指清氣、濁氣。古書常説人之精神(神)受於天、形體(身)受於地,如《淮南子·精神》:"夫精神者所受於天也,而形體者所禀於地也。"《管子·內業》:"天出其精,地出其形,合此以爲人。"(參看裘錫圭《稷下道家精氣説的研究》,《裘錫圭學術文集·古代歷史、思想、民俗卷》,296 頁)而天、地又分屬清、濁二氣,如《淮南子·天文》:"氣有涯垠,清陽者薄靡而爲天,重濁者凝滯而爲地。"《大戴禮記·少閒》:"先清而後濁者,天地也。"《黃帝內經·素問·陰陽應象大論篇》"故清陽爲天,濁陰爲地"、"清陽上天,濁陰歸地"等,所以人之"神"、"身"與"清"、"濁"當也有對應關係。我懷疑此章"身調而神過"是以"神""身"關係比喻"清""濁"、亦即"德"之玄同。附識於此,以待後考。
③ 國家文物局古文獻研究室編《馬王堆漢墓帛書[壹]》,39 頁。

至精'"的。由徹明之心役使耳目鼻口手足之所作爲,就不難達到"至素至精"的境地。《五行》"經"、"説"只説"役"耳目鼻口手足之"心"是"仁義","同則善耳"(見326～327行);如果我們的推測合乎事實,則《德聖》把這種"心"導向了道家"至素至精"之境,似漸與《五行》異趣。

上海博物館藏戰國楚竹書《凡物流形》甲本26、18號簡有一段文字,與《德聖》此處所論似可對照。其文曰(釋文直接按我們所認可的通用字寫出):

> 聞之曰:心不勝心,大亂乃作;心如能勝心,是謂少徹。奚謂少徹?人白爲察。奚以知其白?終身自若。①

曹峰先生對此章作過深入的研究。他根據《管子·内業》等文獻,指出上引"心不勝心"、"心如能勝心"乃就"道德之心、本體之心"能否戰勝"生理之心、官能之心"而言。② 這跟《五行》、《德聖》以"心"役"耳目鼻口手足"之説相似;只是後二者並無區分兩種"心"的思想,而把"生理"、"官能"逕歸於"耳目鼻口手足"。

"人白"之"白",沈培、曹峰等先生已指出與上博簡《彭祖》"心白身澤(懌)"(6號簡)、《莊子·人間世》"虛室生白"以及《莊子·天下》、《管子·白心》等的"白心"之"白"同意,後者並有很好的論述。③ "人白爲察"的"察",可能與宋玉《高唐賦》"九竅通鬱精神察"之"察"用法相近,也可能與本篇"察道"之"察"無別,意謂"人白"便能洞察。道德之心、本體之心戰勝了生理之心、官能之心,則"少徹",亦即"人白爲察",所以"人白"也就是

---

① 馬承源主編《上海博物館藏戰國楚竹書(七)》,圖版105、95頁,釋文考釋266～268、256～257頁,上海古籍出版社,2008年。所引釋文的簡序、釋讀,已根據學者們的研究加以調整,參看復旦大學出土文獻與古文字研究中心研究生讀書會《〈上博(七)·凡物流形〉重編釋文》,《出土文獻與古文字研究》第3輯,277頁,復旦大學出版社,2010年。

② 曹峰《〈凡物流形〉"心不勝心"章疏證》,張顯成主編《簡帛語言文字研究》第5輯,21～22頁,巴蜀書社,2010年。

③ 參看上注所引文,22～24頁。附帶説一下,"身澤"之"澤"讀爲"懌",最早是沈培先生提出來的[見"水土"在復旦大學出土文獻與古文字研究中心研究生讀書會《〈上博(七)·凡物流形〉重編釋文》後的評論,復旦大學出土文獻與古文字研究中心網,2009年1月1日]。《凡物流形》説"奚以知其白?終身自若","白"與"心白"、"終身自若"與"身懌",妙合無間。

"心白"。《德聖》可能以"心明"作爲對"何以能爲'至素至精'"的答覆,《凡物流形》認爲"心能勝心"、"人白"則"少徹"、"終身自若",彼此的思路是很接近的。

《德聖》462行雖上下皆殘,但其内容十分重要,是説明此篇與道家著作關係密切的佳證。原整理者釋讀此行文字爲:

……坐而忘退,恩(聰)明去知,俞己而上同……①

釋字雖是,斷句則可商。

我認爲此文與《莊子·大宗師》、《淮南子·道應》的如下之語顯然同出一源。前者云:

仲尼蹴然曰:"何謂坐忘?"顔回曰:"墮肢體,黜聰明,離形去知,同於大通,此謂坐忘。"

後者云:

仲尼遽然曰:"何謂坐忘?"顔回曰:"隳支(肢)體,黜聰明,離形去知,洞(同)於化通,是謂坐忘。"

據此,帛書此行當斷讀爲:

……坐而忘,退恩(聰)明(明),去知俞己,而上同□□……

"坐而忘"相當於《莊子》、《淮南子》的"坐忘","退聰明"相當於"黜聰明"("退"、"黜"義近)。"去知俞己"相當於"離形去知",故作一句讀。"俞己"與"離形"、"墮肢體"("隳支(肢)體")相當,"俞"疑讀爲"輸"。《廣雅·釋言》:"輸,墮也。"王念孫指出此"輸"指"墮壞"而言。②"而上同□□"相當於"同於大通"或"洞(同)於化通"。

《五行》"説"有"蜀(獨)者,舍體(體)也"(227行)、"无與終者,言舍亓(其)體(體)而獨亓(其)心也"(229行)等語。所謂"舍體"與上文"慎其獨

---

① 國家文物局古文獻研究室編《馬王堆漢墓帛書[壹]》,39頁。
② (清)王念孫《廣雅疏證》,138頁,江蘇古籍出版社,1984年。

者，言舍夫五而慎其心"（223行）意義相近，已成爲不少學者的共識。① 池田知久先生指出"這個'體'，是和上文的'內'相對的'外'（引者按：指上句"言至內者之不在外也"），相當於和'亓心'相對的'夫五'"，②這是有道理的。他還認爲見於《五行》"說" 246 行的"流體（體）"與"舍體"同意；這種"舍體"思想"大體是在先行道家的影響之下形成的"，並舉上引《莊子·大宗師》論"坐忘"之文、《莊子·在宥》"墮爾形體，吐爾聰明，倫與物忘，大同乎涬溟"等爲證。③

"流體"的意義這裏不想討論。④ "說"文"舍體"與《莊子》"墮肢體"之說，究竟誰影響誰，尚難斷定；但池田知久先生指出二者在語義上具有相似性，則可以信從。《德聖》"坐而忘"一段無疑與上引《莊子·大宗師》有着極爲密切的聯繫，如據池田知久說，這段話就有可能是對《五行》"說"所謂"舍其體而獨其心"之論的引申。

前面提過的上海博物館藏戰國楚竹書《彭祖》6號簡，位於"心白身澤（懌）"之前的一句爲"遠慮用素"，⑤也就是"退聰明"、"去知"的意思。上引《凡物流形》形容"心能勝心"、"人白爲察"的"少徹"，曹峰先生認爲與《莊子·大宗師》的"朝徹"有關，這是極富啓發性的意見。⑥ "少徹"、"朝徹"之"徹"，與《凡物流形》"人白"之"白"、《德聖》"心明"之"明"，其義或可

---

① ［日］池田知久《馬王堆漢墓帛書五行研究》（王啓發譯），201頁。龐樸《竹帛〈五行〉篇校注及研究》，42頁。劉信芳《簡帛五行解詁》，54頁，藝文印書館，2000年。陳來《帛書〈五行〉說部與孟子思想探論》，同作者《竹帛〈五行〉與簡帛研究》，174～176頁。
② ［日］池田知久《馬王堆漢墓帛書五行研究》（王啓發譯），201頁。
③ 同上注，201～202、259頁；同作者《馬王堆漢墓帛書〈五行篇〉所見的身心問題》，《池田知久簡帛研究論集》（曹峰譯），10～12頁，中華書局，2006年。黄冠雲先生也有類似看法，見其"流體"、"流形"與早期儒家思想的一個轉折》，武漢大學簡帛研究中心主辦《簡帛》第6輯，396～398頁，上海古籍出版社，2011年。
④ 關於"流體"的討論，可參看上引黄冠雲文387～389、393～396等頁。
⑤ 馬承源主編《上海博物館藏戰國楚竹書（三）》，圖版126頁，釋文考釋307頁，上海古籍出版社，2003年。
⑥ 曹峰《〈凡物流形〉"心不勝心"章疏證》，張顯成主編《簡帛語言文字研究》第5輯，27～28頁。按：曹氏讀"少徹"爲"朝徹"，恐不必，"少"、"朝"似未見通假例證。《莊子·大宗師》的"朝徹"，曹文取"如朝陽呈現般的明徹"之說（此成玄英疏說），其實"朝"可能當從劉武《莊子集解內篇補正》解釋爲"一旦"、"一朝"。（161頁，中華書局，1987年）簡文的"少徹"大概也是"一下子明徹"的意思；下文"少成"之"少"不知能否也理解爲"忽而"、"一下子"。

相通。《莊子·大宗師》把"朝徹"作爲"外天下"、"外物"、"外生"之後的一個境界。所謂"外生",成玄英疏謂指"隳體離形,坐忘我喪",亦即《德聖》462行所論。《大宗師》又説:"朝徹,而後能見獨。"如不考慮"獨"的具體所指,由"外生"到"朝徹"再到"見獨",不就是"舍其體而獨其心"麽?

通過上面的討論可以看出:《德聖》各章所論的話題,大多源於《五行》;不少概念直接取自《五行》,非熟悉《五行》者不能確知;有些文句所表達的思想,係對《五行》、特别是其中"説"文意旨的進一步延伸和發揮。凡所延伸與發揮者,却往往襲用道家著作的一些語匯或段落,因而使得此篇含有一定的道家色彩。

四

上文所舉《德聖》撮取《五行》"説"的某些論述,闡發、引申《五行》"説"文大義的例子,説明此篇的創作時代當晚於《五行》"説"的部分。

郭簡本《五行》出土後,多數學者接受了"經"的部分很可能是子思所作的主張。[1] 至於"説"的部分的作者及其寫定時代,各家的看法則頗多分歧。[2] 既然"説"幾次引用"世子曰",即使不願意承認寫定者爲世子弟子,也以其人的年輩低於世子爲妥。據《漢書·藝文志》、《論衡·本性篇》等資料,世子即世碩,乃"七十子之弟子"。[3] 子思爲孔門"七十子",世碩大概是子思學生輩,與孟子同一世代或略早。《五行》"説"文的最後寫定,可能要在孟子之後。約與孟子年代相當的戰國中期偏晚的郭店楚墓所出的《五行》,有"經"而無"説",似正是當時"説"文尚未問世,或雖已問世却尚未廣泛流傳的反映。《德聖》的寫成應該更遲,可能已到戰國晚期。

---

[1] 李學勤《荆門郭店楚簡中的〈子思子〉》、《從簡帛佚籍〈五行〉談到〈大學〉》,同作者《重寫學術史》,9~10、113~115等頁,河北教育出版社,2002年。參看武漢大學簡帛研究中心、荆門市博物館編著《楚地出土戰國簡册合集(一)·郭店楚墓竹書》,47頁,文物出版社,2011年。

[2] 參看孫希國《簡帛文獻〈五行〉篇與思孟學派》,129~133頁,吉林大學博士學位論文(指導教師:呂文郁教授),2012年。

[3] 錢穆《先秦諸子繫年》,下册497頁,中華書局,1985年。

出自《莊子》"内篇"的《大宗師》,假託仲尼、顔回師徒問答闡述"坐忘"之説。《德聖》與之相應的文字,則逕言"坐而忘",不設問答。從這一點看,似是《德聖》承襲《莊子·大宗師》之文而成的。《大宗師》"見獨"之"獨",解莊者以爲即"一",指"獨立不改"的"道"。① 這當然跟《五行》"慎獨"之"獨"不是一回事。《德聖》取其"外生"之説爲"舍其體而獨其心"作解,也以看作對《大宗師》之文的"套用"爲宜。一般認爲,"内篇"是莊子本人的作品。莊子的活動時代比孟子晚,《德聖》既借用了《莊子》"内篇"的内容,其寫定者恐怕不會早於莊子,而可能與莊子後學同時。這跟上文關於《德聖》時代的推測也大體相符。

雖然《德聖》的某些文句和思想跟道家有緊密聯繫,但總的來看此篇還是基於《五行》"經"、"説"而作的,並且絲毫没有鄙薄儒家的意思。《德聖》很重視"德",反復加以論述;對於"道",則只説"其行(指''五行'之行")謂之道"(457 行),這跟道家往往以"道"爲宇宙本體或事物規律的用法,完全不可同日而語。《荀子·非十二子》所指責的"嚾嚾然不知其所非也,遂受而傳之(引者按:指'五行'之説)"的"世俗之溝猶瞀儒",也許就是包含《五行》"説"文和《德聖》的作者而言的。1974 年出版的綫裝大字本《老子甲本及卷後古佚書》,認爲《德聖》"綜述'五行'和德、聖和智的關係,似是本卷之後記"。② 如果改"本卷"爲"《五行》",也許更爲可取。我們甚至可以把《德聖》視爲一種比較獨立的《五行》之"傳"。馬王堆帛書的主人抄《德聖》於此卷之末,可能就是把它作爲讀《五行》的參考的。

《德聖》這樣一篇解《五行》(包括"經"、"説")之"傳",竟然表現出較强的道家色彩,這是很可注意的。過去公認《易傳》是儒家的作品,近年陳鼓應先生力主《易傳》應歸於道家。③ 其説雖未爲大多數學者所接受,但他指出《易傳》中有不少道家思想的痕跡,却是連反對者也無法徹底否認的。早在陳氏之前,蒙文通已指出"《易傳》析義之精,爲儒宗之正。而多陳天

---

① 參看劉武《莊子集解内篇補正》,161 頁。
② 馬王堆漢墓帛書整理小組《老子甲本及卷後古佚書》,"編者説明"2 頁,文物出版社,1974 年。
③ 陳説主要見於陳鼓應《易傳與道家思想(修訂版)》一書(商務印書館,2007 年)。

道,迹近老莊"。① 錢穆也説《中庸》、《易傳》有"匯通老莊孔孟"之處。②所以《德聖》裏出現了不少道家的內容,並非不可理解之事。

孔子之後,"儒分爲八"(見《韓非子·顯學》。已有不少學者指出,孔子之後的儒家並不限於《顯學》所説的八派。我們可以從儒家分化爲許多派別的角度來看待這句話)。也許戰國晚期的某一派儒家,對道家思想非但不加排斥,而且積極吸納到自己的著作裏來,企圖調和儒道,《德聖》便是比較突出的一例。荀子批評"案往舊造説,謂之五行"的"聞見雜博"、"甚僻違而無類"等話(見《荀子·非十二子》),用爲對《德聖》一類著作的概括,倒是很合適的。

蒙文通曾分先秦道家爲南北二派,北方道家爲楊朱一派,南方爲老、莊一派。③《德聖》所表現的道家思想及語彙,從上文的分析看,顯然與《莊子》最爲密切,此外還與《凡物流形》、《彭祖》似不無關係。按照蒙氏的分類,《莊子》是南方道家的作品,《凡物流形》、《彭祖》也都是戰國時代楚地流行的道家篇章("白心"又見於北方道家的《内業》等篇,也許此説爲南北二派道家所共有,也可能是二派相互影響所致);所以《德聖》很可能是活動於楚地的某派儒家,在南方道家學説的深刻影響和衝擊之下寫成的。前文推測此篇存有楚文字用字的遺迹,也可與此相印證。

寫《德聖》的這一派儒家,顯然已具備了爲傳《五行》"經"文的子思學派所無的一些思想;對於《五行》"説"文裏的思想,也多少有所發展。有的學者認爲,"《五行》的傳文以及帛書《德聖》,恐怕都應當視爲子思學派的作品"。④ 這種看法似乎沒有充分重視《德聖》與《五行》"經"、"説"思想和文風上的差別。不過,前文提到的"匯通老莊孔孟"的《中庸》,《史記·孔子世家》以爲即子思所作。看來子思學派中的某些人,確有吸取道家學説

---

① 蒙文通《儒家哲學思想之發展》,同作者《先秦諸子與理學》,57 頁,廣西師範大學出版社,2006 年。
② 錢穆《中庸新義》,同作者《中國學術思想史論叢》(二),43 頁,生活·讀書·新知三聯書店,2009 年。參看李鋭《戰國秦漢時期的學派問題研究》,291 頁。
③ 蒙文通《周秦學術流派試探》,同作者《先秦諸子與理學》,185~187 頁。
④ 李鋭《對出土簡帛古書學派判定的思索》,同作者《戰國秦漢時期的學派問題研究》,135 頁。

的傾向。所以,《五行》"説"和《德聖》爲子思後學的作品的可能性,仍然無法排除。由於"儒分爲八"以後的儒家各派的現存資料實在太少,這個問題目前還難下結論。【編按:魏晉以降講佛典者,或"以經中事數擬配外書,爲生解之例,謂之'格義'"(陳寅恪《支愍度學説考》,《陳寅恪集·金明館叢稿初編》167～173等頁,三聯書店,2012年)。戰國時人援道以解儒,又在魏晉何晏、王弼之先,蓋"格義"之濫觴?】

五

瞭解了《德聖》篇獨特的體裁及其與《五行》"經"、"説"的關係,可以加深我們對郭簡《太一生水》的分篇、分章及其與《老子》的關係等問題的認識。

迄今爲止,已有不少學者就《太一生水》的分篇、分章問題發表過看法,他們的討論並涉及此篇9號簡的位置問題。新近出版的《楚地出土戰國簡册合集(一)》對此有簡明的綜述,頗便參考:

> 崔仁義(1998——引者按:指《荆門郭店楚簡〈老子〉研究》,科學出版社,1998年——,36～37頁)把相當於《太一生水》的部份分爲三組:以簡1～8爲第一組,簡10～12爲第二組,簡9、13、14爲第三組。劉信芳(1999A——引者按:指《荆門郭店竹簡老子解詁》,藝文印書館,1999年——,75～76頁)的分組同崔氏。池田知久(1999A——引者按:指《郭店楚簡研究(一)》,(東京)大東文化大學大學院事務室,1999年——,24頁)分爲五章,依次爲:簡1至簡4第2字(引者按:指從"太一生水"至"成歲而止");簡4第3字至簡6第7字(引者按:指從"故歲者"至"太一之所生也");簡6第8字至簡8第16字(引者按:指從"是故太一藏於水"至"君子知此之謂☐");簡9第1字至簡9第16字(引者按:指從"天道貴弱"至"責於☐");簡10第1字至簡14第14字(引者按:指從"下,土也,而謂之地"至"有餘於上")。裘錫圭(2000D——引者按:指《〈太一生水〉"名

字"章解釋——兼論〈太一生水〉的分章問題》,出處詳下——,221頁)對原排簡序調整後分爲三章,即簡1～8爲"太一生水"章;簡10～13爲"名字"章;簡9、14爲"天道貴弱"章。陳偉(2000C——引者按:指《〈太一生水〉校讀並論與〈老子〉的關係》,出處詳下——,227～228頁)把簡9置於簡12與簡13之間,並分爲三章;後陳氏(2002C——引者按:指《郭店竹書别釋》,湖北教育出版社,2002年——,23～24頁)從裘錫圭調整的簡序,而把後兩章視爲一章。李零(2002B——引者按:指《郭店楚簡校讀記(增訂本)》,北京大學出版社,2002年——,32～33頁)的編連次序同整理者,把簡1～8分作第一章,簡9～14分爲第二章。①

此書采取裘錫圭先生的簡序和分章辦法,將全篇分爲三個編聯組。②

　　上引綜述没有提到的郭沂先生,也分1號簡"太一生水"至6號簡"太一之所生也"爲第一部分,6號簡"是故太一藏於水"至8號簡"君子知此之謂□"爲第二部分,9～14號簡爲第三部分。③

　　池田知久、郭沂先生把1～8號簡細分爲三章或兩章的做法,顯得太過瑣碎,似乎很少有人相信。一般都把它們歸爲一章。撇開9號簡位置的問題不管,上述各家的分歧主要在於後半部分應該分作兩章還是視爲一章。而對於全部的三章或兩章同屬於一篇,則無異議。

　　也有學者對《太一生水》能否看作一篇文章產生了質疑。正式提出《太一生水》應該分作兩篇的是丁四新先生。他主要根據1～8號簡和9～14號簡内容和思想方面的不同,以及二者"並没有語路上的相續和關聯",將其分爲《太一生水》篇和《天地名字》篇(但9號簡是否一定屬於《天

---

①　武漢大學簡帛研究中心、荆門市博物館編著《楚地出土戰國簡册合集(一)·郭店楚墓竹書》,21～22頁。關於這一問題的綜述,又可參看陳麗桂《〈太一生水〉研究綜述及其與〈老子〉丙的相關問題》,《漢學研究》第23卷第2期,423～425頁,2005年。

②　武漢大學簡帛研究中心、荆門市博物館編著《楚地出土戰國簡册合集(一)·郭店楚墓竹書》,22頁。

③　郭沂《試談楚簡〈太一生水〉及其與簡本〈老子〉的關係》,《中國哲學史》1998年第4期,34～37頁。參看陳麗桂《〈太一生水〉研究綜述及其與〈老子〉丙的相關問題》,《漢學研究》第23卷第2期,424頁。

地名字》篇,尚存疑問)。①

曹峰先生在最近發表的《〈太一生水〉"天道貴弱"篇新詮——兼論與郭店楚簡〈老子〉的關係》一文中提出:《太一生水》9~14號簡是一個整體,可稱爲"天道貴弱"篇,其内部不必再分章。它與上半部分(1~8號簡)"是完全獨立的兩篇文章,將兩者合在一起討論是很多誤解的源頭"。②

在《太一生水》9號簡位置和分篇、分章的問題上,我們同意裘錫圭先生的看法,即可將1~8號簡、10~13號簡、9、14號簡分爲三章,三章並屬於同一篇。主張將1~8號簡以下文字析作另篇的丁四新、曹峰先生,十分强調彼此内容、思想主旨和概念的差别。可是,把它們作爲一篇内部不同章處理的學者,一般也並不否認這種差别。如裘錫圭先生認爲此篇當分爲三章,不但有簡文書寫形式上的考慮(如可能是分章抄寫的,每章之末可能都加有墨塊等),而且"它們的文義也支持這種看法":具體來説,"太一生水"章(1~8號簡)"講太一生成宇宙的過程和太一的一些特點";"名字"章(10~13號簡)通過道無名而天地名字並立、彼此相争,表達"道超越萬物而天地則屬於物的範疇的思想";"天道貴弱"章(9、14號簡)"從天道'損有餘而補不足'(《老子》第七十七章)的角度"來闡述"貴弱"、"抑强"。而且裘先生所以把10~13號簡和9、14號簡分作兩章,就是由於看到了前者"極力强調天地是物"而對天地加以貶損,後者則把"'天道'當作'道'的同義詞來用",③實際上已指出了兩部分所用概念有别。所以,《太一生水》究竟應分作兩篇或三篇、還是視爲一篇的關鍵,現在看來主要集中在思想主旨存在差異、内容不相連貫的幾段文字,能否看作一篇文章這一點上。

前面介紹的馬王堆帛書《德聖》,就是一篇各章主旨較爲獨立、内容不相連貫的文章。各章文字最初雖有可能是單行的(或分屬於不同的書),

---

① 丁四新《楚簡〈太一生水〉研究——兼對當前〈太一生水〉研究的總體批評》,《玄圃畜艾——丁四新學術論文選集》,105~149頁,中華書局,2009年。

② 曹峰《〈太一生水〉"天道貴弱"篇新詮——兼論與郭店楚簡〈老子〉的關係》,清華大學出土文獻研究與保護中心主辦《出土文獻與中國古代文明國際學術研討會論文集》,316頁,2013年6月17~18日。

③ 裘錫圭《〈太一生水〉"名字"章解釋——兼論〈太一生水〉的分章問題》,《裘錫圭學術文集·簡牘帛書卷》,345~354頁。

但當帛書的書手抄寫此篇時，顯然已成爲一篇文章的不同章節了（由本文第一節所介紹的爲"·"隔開的各段連續抄寫可證）。由此反觀郭簡《太一生水》的各部分文字，最初也很可能是單篇別行的（或從原屬於不同的書裹摘抄出來的），但因其性質相同（詳下文）、文風相近，有人便把它們歸在一起，① 此後的傳抄者將其作爲一篇文章看待（在郭簡的抄寫和下葬時代應已如此），也是十分自然的。

曹峰先生認爲由 9~14 號簡組成的所謂"天道貴弱"篇，"存在着共同主題"②。他雖也承認裘錫圭先生所分"天道貴弱"章"構成了關於'天道貴弱'原理的完整描述，而且可以和'名字'章有關'天地'的論述對應起來，的確有其合理性"，但最終没能同意裘先生的編聯和分章；這是由於"如果將原理的描述置於文章最後，那麼前文'以道從事者'和'聖人'所要託的'名'便無從説起"。③ 我們認爲，只要參考一下《德聖》各章的情況，接受了《太一生水》"名字"章和"天道貴弱"章的思想主旨、論説理路並無關聯這一事實，就不會非把"天道貴弱"跟"'以道從事者'和'聖人'所要託的'名'"云云牽扯在一起不可。

李零先生不同意裘錫圭先生對於 9 號簡位置的調整。他覺得 9 號簡移置 13 號簡之後，"以簡 10'下，土也，而謂之地。上，氣也，而謂之天'作爲其'名字'章的開頭，在文氣上似比較突兀（它雖然起自一簡的開頭，但不像是一章的開頭）"。④ 帛書《德聖》各章之中，第二章首句爲"清濁者，德之仁"，第三章以"道者、德者、一者、天者、君子者"一連串的名詞開頭，

---

① 李學勤先生根據《莊子·天下》篇的記載，認爲《太一生水》所道"太一"，"當爲關尹的學説"。裘錫圭先生也認爲"太一"一詞"確實很可能出自關尹的著作"，並推測《太一生水》的作者大概"受有關尹的影響"。李説見《荆門郭店楚簡所見關尹遺説》，同作者《重寫學術史》，29~30 頁；裘説見《説"建之以常無有"》，《裘錫圭學術文集·古代歷史、思想、民俗卷》，341 頁。他們的説法大概是可信的。據此，最早把後來成爲《太一生水》三章的各部分文字編在一起的，應該就是關尹學派或深受關尹學説影響的道家學者。
② 曹峰《〈太一生水〉"天道貴弱"篇新詮——兼論與郭店楚簡〈老子〉的關係》，清華大學出土文獻研究與保護中心主辦《出土文獻與中國古代文明國際學術研討會論文集》，323 頁。
③ 同上注，324 頁。
④ 李零《郭簡楚簡校讀記（增訂本）》，46 頁，中國人民大學出版社，2009 年。

在文氣上大多也"比較突兀"。其實,作爲類似於"思想片段"的短章,並非不能有這樣的開頭。

李零先生反對裘錫圭先生分9、14號簡爲一章的另一個理由是:"如果我們把簡9挑出來,單獨立爲一章(引者按:裘先生實以9、14號簡爲一章,李先生此處引述有誤),這雖不能説絶無可能,但作爲一章,它的篇幅太短……"①前面講過,帛書《德聖》各章的篇幅也較短,其中第二章一共也只有兩句話;而且這兩句話之間是否存在邏輯上的聯繫,還不易落實。總之,如果注意到《德聖》的有關情況,就能知道用這一理由來否定"天道貴弱"章的成立,是缺乏力量的。

大概《德聖》各章的前身,係選取《五行》"經"、"説"中的概念或話題分別加以闡釋、發揮,合編之後作爲《五行》的一種很獨特的"傳"(或可視爲作者閲讀《五行》"經"、"説"的不成體系的"筆記"的彙編),因而造成了目前這種各章相對獨立的格局。《太一生水》的三章也各有主題,自成起訖;從這一點看,其性質可能跟《德聖》有相似之處。

李學勤先生認爲《太一生水》的"太一生水"章所述宇宙生成,是對《老子》第四十二章"道生一,一生二,二生三,三生萬物"的"引申解説"。② 陳偉《〈太一生水〉校讀並論與〈老子〉的關係》同意李先生的説法,並把6號簡"是故太一藏於水"以下至8號簡"君子知此之謂□"與10、11號簡歸爲一章,認爲此章與《老子》第二十五章"有物混成……道法自然"對應;12、9、13、14號簡歸爲一章,與《老子》第七十七章"天之道損有餘而補不足""密切相關"。在此基礎上,陳先生得出了"《太一生水》是《老子》的傳"的結論。③

裘錫圭先生指出,陳偉先生爲了符合他"《太一生水》的每一段,都是闡釋《老子》的某一章"的設想,把"太一生水"章後半部分"是故太一藏於水"以下文字跟"名字"章的段落合爲一章,是不合理的。"我們可以承認

---

① 李零《郭店楚簡校讀記(增訂本)》,46頁,中國人民大學出版社,2009年。
② 李學勤《荊門郭店楚簡所見關尹遺説》,同作者《重寫學術史》,28~29頁。
③ 陳偉《燕説集》,262~269頁,商務印書館,2011年。參看同作者《〈太一生水〉校讀》,《古文字與古文獻》試刊號,65~72頁,(臺北)楚文化研究會,1999年。

《太一生水》是闡釋、發揮《老子》思想的,但是沒有必要認爲它的每一章一定跟《老子》的某一章相應"。① 其説甚是。

不過,陳偉先生指出 6 號簡"是故太一藏於水"至 8 號簡末的文字中,"太一""周而或【始,以己爲】萬物母"與《老子》第二十五章説"道""周行而不殆,可以爲天地母"②"略同","天之所不能殺,地之所不能埋,陰陽之所不能成"是對《老子》此章"獨立而不改"的"形象闡述",③則顯然是有道理的。我們似可認爲"太一生水"章是對《老子》第四十二章所描述的宇宙生成模式和第二十五章所説"道"的一些特點的"引申解説"。

按照我們所贊同的裘錫圭先生對"名字"章的解釋,此章"强調道無名故以道從事者事成而身不傷",無名之道超越萬物,"物物而不物於物"。④這種思想可能是對《老子》第三十二章"道恒無名"、第一章"無名,天地之始"、第四十一章"大象無形,道隱無名"等義⑤的"引申解説"。

"天道貴弱"章與《老子》第七十七章"天之道,損有餘而補不足"的關係,是多數學者都承認的。可能前者也是對後者大義的"引申解説"。

總之,綜合李、陳二位先生的意見並稍加修正,認爲《太一生水》各章分別是對《老子》某些思想(主要是關於"道"的)的解釋、發揮(這也是本來單行的三部分文字所以被編爲一篇的原因之一),甚至説《太一生水》是《老子》的一種比較特殊的"傳",恐怕離事實不會太遠。帛書《德聖》與《五行》"經"、"説"的關係正可爲之提供參照。

2013 年 7 月 3 日初稿
7 月 17 日改定

---

① 裘錫圭《〈太一生水〉"名字"章解釋——兼論〈太一生水〉的分章問題》,《裘錫圭學術文集·簡牘帛書卷》,348～349 頁。
② 當時流傳的有的《老子》本子中,應已有"周行而不殆"一句。這一問題擬另文討論【編按:參看本書所收《郭店〈老子〉甲組 21 號簡有關異文的解釋》】。
③ 陳偉《〈太一生水〉校讀並論與〈老子〉的關係》,同作者《燕説集》,264～265 頁。
④ 裘錫圭《〈太一生水〉"名字"章解釋——兼論〈太一生水〉的分章問題》,《裘錫圭學術文集·簡牘帛書卷》,353～354 頁。
⑤ 參看上注所引書,351 頁。

附識：

　　本文曾提交給 2013 年 11 月 25～26 日在臺灣中研院史語所舉行的"古文字學青年論壇"（關於帛書《德聖》的釋讀意見，早在 2010 年爲《長沙馬王堆漢墓簡帛集成》撰寫的釋文注釋裏已形成），後因故未能成行，錯過了在會上發表的機會。此次在《論文集》發表，內容上未作改動。

　　最近在剛剛出版的《出土文獻》第 4 輯中，讀到韓宇嬌先生《馬王堆帛書〈德聖〉校讀》一文（289～296 頁，中西書局，2013 年 12 月）。此文對帛書《德聖》的圖版拼合、釋文、文意解釋等方面提出了不少好的意見。其中"坐而忘"一段，韓文也引《莊子·大宗師》、《淮南子·道應》的相關文句加以對讀，並爲帛書此段重新斷句，與拙文不謀而合（但斷句與拙説不完全一致）。韓文讀"身調而神過"的"過"爲"化"，也很值得重視。

2014 年 1 月 10 日

　　原載復旦大學歷史系、復旦大學出土文獻與古文字研究中心編《簡帛文獻與古代史——第二屆出土文獻青年學者國際論壇論文集》，中西書局，2015 年；又載復旦大學出土文獻與古文字研究中心編選《探尋中華文化的基因（二）》，商務印書館，2018 年。

略論帛書《明君》的文本
來源和學派歸屬

    關於馬王堆漢墓帛書《明君》篇的文本來源、學派歸屬等問題，過去討論得不多。我們在重新整理《老子》甲本卷後古佚書的過程中，對這些問題曾作過考慮，但限於《長沙馬王堆漢墓簡帛集成》的注釋體例，未遑細說。這裏想把我們的看法簡單闡述一下，供學界參考。

    馬王堆漢墓所出的大量古書（不包括那些具有實用價值的書籍），多數學者承認當有戰國時代的古本或源自戰國時代的本子爲其抄寫底本。《明君》篇也不例外。但《明君》是戰國時代哪一國（地）人的作品，似尚無人加以討論。其實是可以找到研究這一問題的綫索的。

    《明君》445 行有如下一句話：

        巳（已）而大君非壹袤與（舉）邦而積於兵者，□不得其説。

釋文用"□"表示之字，從圖版所存墨迹及文義看，疑是"猶"字。我們隸定爲"袤"之字，《馬王堆漢墓帛書[壹]》（以下簡稱"《馬[壹]》"）逕釋爲"褚"，①並讀爲"緒"，"一緒，猶一事、一是"。② 按"袤"乃"褚"之省體；但讀"壹褚"爲"一緒"，其義牽強難通。

    睡虎地秦墓竹簡《爲吏之道》："口，關也；舌，幾（機）也。一堵失言，四馬弗能追也。"（簡 30 伍～簡 31 伍）李學勤先生指出，"一堵失言"的"一

---

① 國家文物局古文獻研究室《馬王堆漢墓帛書[壹]》，36 頁，文物出版社，1980 年。
② 同上注，38 頁。

堵"，即《吕氏春秋·重己》"論其安危，一曙失之，終身不復得"的"一曙"，猶言"一旦"。①《吕氏春秋》"一曙"之"曙"，俞樾以爲即《説文·七上·日部》訓"旦明也"的"睹"的俗體，②故他釋"一曙"爲"一旦"。③《韓非子·存韓》："城固守，則秦必興兵而圍王，一都道不通，則難必謀，其勢不救。""一都"二字舊皆連上句讀，此從彭裕商先生斷句。彭先生指出，"一都"實當讀爲"一曙"，也是"一旦"的意思，"一曙……則"猶今言"一旦……就"。④ 其説可信。帛書《明君》的"壹褚"也應讀爲"一曙"，此句意謂"大君如不能一旦（一下子）發動全國之民而積於兵的，仍不得其説（即仍然不得制人、不得必勝）"。⑤

可以注意的是，《吕氏春秋》定於秦人之手，睡虎地秦簡《爲吏之道》不消説更是秦人的東西；⑥所以彭裕商先生認爲指"一旦"而言的"一曙"，當是秦地方言。⑦《韓非子·存韓》用"一都（曙）"的這段話，"出自李斯上韓王書，學者已指出，《存韓》正文爲韓非所作，編《韓非子》者因事類相關而附入李斯上韓王書。李斯久居秦地，故其書有秦人方言"。⑧ 現在知道《明君》也用了"一曙"，如果此詞確是秦方言，對於研究《明君》篇的文本來源就很有參考價值。

《明君》還有一處用語可能與秦國量制有關，附述於此。在陳説"今世

---

① 李學勤《秦簡與〈墨子〉守城各篇》，原載《雲夢秦簡研究》，中華書局，1981年；收入同作者《簡帛佚籍與學術史》，120頁，江西教育出版社，2001年。睡虎地秦墓竹簡整理小組《睡虎地秦墓竹簡》，釋文注釋176頁，文物出版社，1990年。

② 上海博物館藏戰國楚竹書《吴命》9號簡有"自暑日以往必（比）五六日"之語，郭永秉先生認爲"'暑日'意即'旦日'，就是明天的意思，這裏的"暑"爲"曙（睹）"之異體（郭永秉《楚竹書字詞考釋三篇》，同作者《古文字與古文獻論集》，82～83頁，上海古籍出版社，2011年）。

③ 陳奇猷《吕氏春秋新校釋》上册，37頁引，上海古籍出版社，2002年。

④ 彭裕商《古文字材料在古書釋讀中的重要作用舉例》，《四川大學學報（哲學社會科學版）》2005年第5期，116～117頁。

⑤ "一旦"既有一時、一下子之義，指短時間；也含有萬一、如果的意味，其後往往跟不好的事情。

⑥ 參看李學勤《秦簡與〈墨子〉守城各篇》，同作者《簡帛佚籍與學術史》，120頁。

⑦ 彭裕商《古文字材料在古書釋讀中的重要作用舉例》，《四川大學學報（哲學社會科學版）》2005年第5期，116頁。

⑧ 同上注，117頁。

主"不"重戰"時,《明君》以"朱(侏)襦(儒)食良(粱)肉"與"戰士食參駟之食"作對比(431～432行)。《馬[壹]》讀"參駟"爲"驂駟",①非是。睡虎地秦簡《秦律十八種》中《司空律》有"居官府公食者,男子參,女子駟(四)"之語(簡133～134),整理小組注謂"參"指三食,即早晚兩餐皆食三分之一斗,"四"指四食,即早晚兩餐皆食四分之一斗。② 裘錫圭先生據此指出"戰士食參駟之食"句中的"參駟","當與《司空律》中的'參駟'同義,不應讀爲'驂駟'。此句意謂戰士按'三食'、'四食'的標準吃飯"。③ "參"指三分之一斗,又見於睡虎地秦簡《秦律十八種》的《倉律》"城旦之垣及它事而勞與垣等者,旦半夕參;其守署及爲它事者,參食之"(簡56)、"免隸臣妾,隸臣妾垣及爲它事與垣等者,食男子旦半夕參,女子參"(簡59)等。④ 李學勤先生指出,《墨子·雜守》篇也有"參食"、"四食"的説法,與此同例。⑤《雜守》屬於《墨子》城守各篇,乃戰國晚期秦地墨者之作,已獲公認。⑥

張家山247號漢墓所出《二年律令》中的《傳食律》,也用到了"參食"一語。其文云:"車大夫粺米半斗,參食,從者糲米,皆給草具。"(簡233)整理小組注説:"參食,每日三餐,參看《睡虎地秦墓竹簡·秦律十八種》之《倉律》條(秦簡原注有誤)。"⑦簡文的"參食"如理解爲食三分之一斗,確與其前所説"粺米半斗"相矛盾。但此注認爲張家山漢簡"參食"之"參"與睡虎地秦簡《倉律》的"參"同意,並指責睡虎地秦墓竹簡整理小組的注有

---

① 國家文物局古文獻研究室《馬王堆漢墓帛書[壹]》,38頁。
② 睡虎地秦墓竹簡整理小組《睡虎地秦墓竹簡》,釋文注釋51、52頁。
③ 裘錫圭《〈秦漢魏晉篆隸字形表〉讀後記》,《裘錫圭學術文集·金文及其他古文字卷》,389頁,復旦大學出版社,2012年。
④ "參"有"三分之一"的意思,但作爲量制,在戰國時代各國的具體所指並不相同,如楚國"參"指"三分之一赤",三晉銅器銘文"參"指"三分之一齋"。説詳董珊《楚簡薄記與楚國量制研究》(同作者《簡帛文獻考釋論叢》,188～189頁,上海古籍出版社,2014年)。《殷周金文集成》10362著錄一件秦銅量,銘文爲"戲參"。董珊先生指出,"戲"乃銅量置用之地,"'參'即三分斗之一或三分升之一"(同上所引書,188頁)。按似以指三分之一斗的可能性爲大。
⑤ 李學勤《秦簡與〈墨子〉城守各篇》,同作者《簡帛佚籍與學術史》,128～129頁。
⑥ 參看上注所引文。
⑦ 張家山二四七號漢墓竹簡整理小組《張家山漢墓竹簡[二四七號墓]》,165頁,文物出版社,2001年。

誤,則顯不可從。《倉律》的"旦半夕參"明明是説一日兩餐,早餐食半斗,晚餐食三分之一斗("參食之"、"女子參"是説早晚兩餐皆食三分之一斗),①怎麽能講成"每日三餐"呢? 可能到了西漢前期,"參食"在指"食三分之一斗"之外(漢代簡牘和《急就篇》等文獻中,"參"當"三分之一斗"講之例甚多②),又可以兼指日食三餐,其含義已有所變化;也可能張家山漢簡《傳食律》的這條簡文有錯寫之字(如"參食"之"參"本作"四"或"駟"),待考。

在睡虎地秦簡《爲吏之道》第五欄末尾附抄的《魏奔命律》上,記載着對假門逆旅、贅婿後父等"遣從軍"者,"賜之參飯而勿鼠(予)殽"(簡26五～簡27五)。這裏的"參飯",整理者謂即"參食","每天兩餐各吃三分之一斗"。③ 如秦簡所抄《魏奔命律》的語言是絶對忠實於原文的,似表明"參"指三分之一斗並非秦國量制所獨有,至少魏國也是這樣用的(已有人指出,秦制多與魏有關)。

如果再對《明君》的文本作一番考察,也能發現此篇與秦的聯繫較爲密切。

《明君》的内容,《馬[壹]》概括爲"着重論述攻戰守禦,強調強兵的重要性"。④ 裘錫圭先生指出此篇"'人君之大務'在於'毋以非兵者害兵'"的思想,"跟儒墨以及老子一派的道家全都尖鋭對立,而跟法家則比較接近"。⑤ 我們在《明君》篇裏,發現了一些跟傳世法家論兵著作相對應的話,可以更明顯地看出這一點。

《明君》:"曰:君奚得而尊? 曰:【戰】勝則君尊,功(攻)取地則【□□□】□□地者,務在功(攻)戰而止矣。"(405～406行)。⑥ 這是極力

---

① 睡虎地秦墓竹簡整理小組《睡虎地秦墓竹簡》,釋文注釋33、34頁。
② 參看上注所引書33頁;劉樂賢《讀〈香港中文大學文物館藏簡牘〉》,同作者《戰國秦漢簡帛叢考》,202～205頁,文物出版社,2010年。
③ 睡虎地秦墓竹簡整理小組《睡虎地秦墓竹簡》,釋文注釋175頁。
④ 國家文物局古文獻研究室《馬王堆漢墓帛書[壹]》,"出版説明"2頁。
⑤ 裘錫圭《馬王堆〈老子〉甲乙本卷前後佚書與"道法家"——兼論〈心術上〉〈白心〉爲慎到田駢學派作品》,《裘錫圭學術文集・古代歷史、思想、民俗卷》,277～278頁。
⑥ 《馬[壹]》以【戰】勝則君尊"連下"功(攻)取地"作一句讀(國家文物局古文獻研究室《馬王堆漢墓帛書[壹]》,35頁),不妥。據文義當在"君尊"下點斷。帛書"尊"下原有句讀號,也能證明這一點。《馬[壹]》釋文"地"下"則"字未釋,所打缺文號亦與此有別。

強調攻戰取勝的重要性。《商君書·畫策》:"名尊地廣以至於王者,何故?戰勝者也。"與此最近。①

《明君》在論述了"是以賢士明君,知亓(其)存功(攻)戰也"之後,説"故興(舉)邦【□】積於兵"(406～407行)。上引445行"大君非壹(一)褚(曙)興(舉)邦而積於兵",説的也是這件事。疑前者"邦"下已殘之字可據後者補"而"。《商君書·畫策》:"聖王見王之致於兵也,故舉國而責之於兵。""舉國"即"舉邦",蓋古書傳抄因避漢高祖劉邦諱而改。"舉國而責之於兵"顯然就是帛書的"舉邦而積於兵"。前人或訓"責"爲"要求",②據帛書可知實當讀爲"積"。"積之於兵"就是積全國之民於兵的意思[此種用法的"積",《明君》屢見,如409行"守戰□(者?),邦之大務也,而賢君獨積焉",434、435行"樹積",437行"夫所好之積,猶可得而有也,則乃説而必積於兵",438行"不得有夫非兵之積乎",449行"所積者,兵也"等【編按:《荀子·君道》"危削滅亡之情舉積此矣"之"積"亦此義】]。

《明君》429～430行有"夫故當壯奮於鬭,老弱奮於守"之語。《商君書·賞刑》説:"夫故當壯者務於戰,老弱者務於守。"所言如出一轍。

《明君》認爲要做到"樹強",就"毋以非兵者害兵"(436行)。《商君書·靳令》認爲,"國貧而務戰,毒輸於敵,無六蝨,必彊"。所謂弱國之"六蝨",指禮樂、詩書、修善、孝弟、誠信、貞廉、仁義、非兵、羞戰,③正有"非兵"一項。而且在"非兵"影響國強這一點上,它們的看法也很一致。但應該指出,《商君書》頗有激烈反對儒墨所倡仁義的言辭,上引《靳令》把"仁義"列爲"六蝨"之一,便是明證。《明君》既説"以夫明君之所廣者,仁也;所大者,義也"(448～449行)、"廣仁則天下親之,大仁則天下與之"(450行),又説"先王將欲廣仁大義,以利天下"(446行。引者按:此語又見於《管子·小問》齊桓公所問),雖然最終仍歸結於"大君必出繇(由)於兵"

---

① 《淮南子·人間》:"夫戰勝攻取,地廣而名尊,此天下之所願也。"語亦相類,但顯然不如《商君書》與《明君》所説更近。
② 高亨《商君書注譯》,《高亨著作集林》第七卷,546頁,清華大學出版社,2004年。
③ 《靳令》又説"國有十二者",亦指所謂"六蝨"。但此篇所羅列者實有"九蝨"或十八項。蔣禮鴻《商君書錐指》:"蓋六者乃汪中所謂虛數,必斠而一之,則非矣。"(80頁,中華書局,1986年)可以參考。

(447行），對於"仁義"却顯然是尊崇的。這是二者的最大分歧。

《明君》説："是故善戰者，亓（其）城不圍；善守者，亓（其）地不亡。"（408～409行）《尉繚子·戰威》有兩句話與此頗近："務守者地不危，務戰者城不圍。"當然，《尉繚子》在這兩句話之前還有一句"故務耕者民不飢"，爲《明君》所無；不過它説"三者（引者按：指耕、守、戰），先王之本務也，本務者兵最急"，以"兵"爲最急，則與《明君》"積兵"的思想相合。

從上面所舉例子可以看出，《明君》的有些思想和行文，與《商君書》關係最近，此外還有個別文句見於《尉繚子》。上引《明君》"君奚得而尊"一段，"□□地者，務在功（攻）戰而止矣"句中，"地"上一字從其殘畫看，疑是"廣"字。所謂"廣地者，務在攻戰而止"，跟前文的"戰勝則君尊"句合起來，才與《商君書·畫策》"名尊地廣以至於王者，何故？戰勝者也"的意思相當。而且《商君書》的行文顯然比《明君》更爲凝練、整飭。《尉繚子·戰威》與《明君》對應之文，比《明君》多出"務耕者民不飢"一句。也就是説，《明君》只强調"戰"而未及"農"；《商君書》和《尉繚子》却是"農"、"戰"並重的。① 這種現象，可以解釋爲《明君》是《商君書》、《尉繚子》的作者撰寫相關篇章時所從取材者，但也可能是《明君》的作者根據自己立説的需要，對《商君書》、《尉繚子》相關篇章的文句有所選用，甚至不能排除《明君》和《商君書》、《尉繚子》只是分頭參考過某種現已亡佚的文獻的可能性。

研究《商君書》的學者認爲，《畫策》是戰國晚期的商鞅後學所作，②《賞刑》也是商鞅後學較晚的作品。③《漢書·藝文志·諸子略》"雜家"下有"《尉繚》二十九篇"，《兵書略》"兵形勢家"下又有"《尉繚》三十一篇"。今本《尉繚子》從其内容和著録源流看，可能出自偏重論兵的雜家《尉繚》。④《漢志》"雜家""《尉繚》二十九篇"下，顏師古注引劉向《别録》説：

---

① 關於《商君書》、《尉繚子》重視"農戰"，參看史黨社、田静《秦與三晋學術的關係——以〈尉繚子〉、〈韓非子〉爲例》，《秦文化論叢》第11輯，26、31頁，三秦出版社，2004年。
② 張林祥《〈商君書〉的成書與思想研究》，89～91頁，人民出版社，2008年。
③ 同上注，97～98頁。
④ 張烈《關於〈尉繚子〉的著録和成書》，《文史》第8輯，27～31頁，中華書局，1980年；裘錫圭《爲〈中國大百科全書〉撰寫的辭條·〈尉繚子〉》，《裘錫圭學術文集·雜著卷》，250頁。也有人認爲今本《尉繚子》是雜家《尉繚》與兵家《尉繚》的合編。

"繚爲商君學。"由商鞅信徒所著的《尉繚子》,其成書大概在戰國末期。①《明君》438～439 行曾提到齊人與燕人戰於北地、濟外、邦郊之事,據《史記·田齊世家》等史書記載,此役發生在齊湣王十七年,即公元前 284 年。② 帛書稱述此事,以"昔者"引出,説明寫作此篇時離開這場戰爭已有一段時間,估計也已到了戰國晚期甚至末年。所以,《商君書·靳令》"六蝨"中有"非兵"一項,應該不是取自《明君》的,因爲多數學者傾向於《靳令》出自商鞅之手,後爲《韓非子·飭令》所采入。③ 商鞅是戰國中期人,他寫《靳令》時大概還讀不到《明君》。相反,《明君》作者所用"非兵"一語,倒有可能是因襲《靳令》或與此有關的文獻的。

《商君書》顯然是流傳於秦國的著作。《尉繚子》的作者,上文已説"爲商君學",此書中與《商君書》相同或類似的語詞、思想、制度甚多。④ 有人主張《尉繚子》的作者是戰國末期的魏人尉繚,此人於公元前 237 年由魏入秦,曾任秦國尉。⑤ 與《商君書》、《尉繚子》有"重文互見"關係的《明君》,如上文所説,恰好使用了一個可能是秦方言的詞"壹(一)褚(曙)"和秦國量制"參食"、"駟(四)食",這恐怕不會是偶然的巧合,似應視爲《明君》文本很可能來源於秦地的證據。此篇後半段説"必勝"、"强者"時,數言"使地工(攻)畛"、"使天下工(攻)畛"(443、444 行。"畛"字從裘錫圭先生釋⑥)。"畛"有"田界"、"田間道"之意(《戰國策·楚策一》"威王問於莫敖子華"章"食田六百畛"鮑彪本:"畛,井田間陌。")。作者"使天下攻畛"的理想,也許竟是指在全天下推行商鞅制定的"爲田開阡陌封疆"之策?

我們還可以對《明君》的寫定時間作進一步推測。

---

① 張烈《關於〈尉繚子〉的著録和成書》,《文史》第 8 輯,31～36 頁;裘錫圭《爲〈中國大百科全書〉撰寫的辭條·〈尉繚子〉》,《裘錫圭學術文集·雜著卷》,251 頁。
② 國家文物局古文獻研究室《馬王堆漢墓帛書[壹]》,37 頁。
③ 參看張林祥《〈商君書〉的成書與思想研究》,85～87 頁。
④ 史黨社、田静《秦與三晉學術的關係——以〈尉繚子〉、〈韓非子〉爲例》,《秦文化論叢》第 11 輯,25～30 頁。
⑤ 張烈《關於〈尉繚子〉的著録和成書》,《文史》第 8 輯,35～36 頁。
⑥ 裘錫圭《〈秦漢魏晉篆隸字形表〉讀後記》,《裘錫圭學術文集·金文及其他古文字卷》,370 頁。

從《明君》的行文口氣看，全篇很像是一位臣下對君王的進諫。作者在進諫時，常常提到"先王"，並大力贊頌之，以爲時王楷模。① 這位先王"一人而有天下，諸侯之欲之者□【□□】，然而先王不失亓（其）天下【□□】，以夫先王之守取天下"（413~414行），他遴選"海內之豪"、"天下之材"（415行），雖"地夾（狹）人少"而"功及帝王"（427~428行），使"天下工（攻）眕，諸侯有職"（444行）。如此篇確爲在秦爲官者向秦王入諫，這位"先王"大概非秦昭襄王莫屬。秦昭襄王在位56年，先後戰勝三晉（如與趙國著名的"長平之戰"）、齊、楚等國，疆土大爲擴張，可算是"一人而有天下"（以下所述秦昭襄王事，多據《史記·秦本紀》）。昭襄王遴選"海內之豪"、"天下之材"的最著名的例子，莫過於拜魏人范雎、趙人樓緩、楚人魏冉爲相；此外他還任用客卿胡傷攻魏（三十三年）、任用客卿竈攻齊（三十六年）。十九年，秦昭襄王"爲西帝"，"齊爲東帝"。《明君》所謂"功及帝王"，可能即暗指此事。《明君》稱道先王不但能取天下，還能守天下。秦昭襄王在位期間，曾發生過如"齊、韓、魏、趙、宋、中山五國共攻秦"之事（在其十一年）。所以作者會說"以氏（是）功（攻）戰，天下弗敢塞；以氏（是）守禦，天下弗敢試"（416行）這樣的話。帛書提到的"昔者"燕人敗齊之役，乃燕國聯合秦、趙、韓、魏五國共同攻齊，此事也正好發生在秦昭襄王二十三年。關於"先王"的事蹟，尚有"遷天子之金（法？）臣，【諸】侯之君，天下之請【□□】之也，不得已（已）於亓（其）有勝李（理）也"（416~417行）。昭襄王五十一年，"秦使將軍摎攻西周。西周君走來自歸，頓首受罪，盡獻其邑三十六城，口三萬"（《史記·秦本紀》）；"周君、王赧卒，周民遂東亡。秦取九鼎寶器，而遷西周公於憨狐"（《史記·周本紀》。據《索隱》，"西周公"蓋西周君——西周武公——之太子）。所謂"遷天子之金臣"，大概就是指此事而言（東周末代天子王赧，一直依附於西周君②）。

---

① 《明君》篇共計三段，帛書在抄完一段後，另起一行抄下一段，段首並加用於分章的黑圓點。或以爲此三段是否屬於一篇文章，尚難論定。其實，不但從行文風格、論說主旨等方面看，原整理者把它們歸爲一篇，十分合理；而且在這三段文字中，恰好都提到了"先王"，這也是它們本屬一文的證據。

② 參看吳榮曾《東周西周兩國史研究》，同作者《先秦兩漢史研究》，140~143頁，中華書局，1995年。

所謂"遷諸侯之君",不知是不是指"楚懷王入朝秦,秦留之",後懷王由趙"還之秦,即死,歸葬"之事(事在秦昭襄王十、十一年)。《史記·秦本紀》說:"五十三年,天下來賓。……韓王入朝,魏委國聽令。"似即"天下之請【□□】之也,不得已於其有勝理也"。

既然"先王"指秦昭襄王,繼之而立的秦孝文王在位僅三天,那麼最有可能的"時王"應該是孝文王之子秦莊襄王。據《史記·秦本紀》,孝文王元年曾"弛苑囿"。《明君》說"獵射雉(兕)虎","主非弗樂也"(425~426行),又說先王"□苑則亶(嬗)羣,汙(洿)沱(池)則盡漁,以食戰士"(429行)。看來"弛苑囿"之舉在昭襄王時已有實行,即位三日便死的孝文王不過是續先王之志罷了。莊襄王在位只有三年,但若把寫《明君》的時間排到秦王政即位以後,則未免嫌晚了一些。頗疑此篇是在秦爲官之人上諫秦莊襄王所作,約在公元前 249 至前 247 年之間。

李鋭先生指出,秦國從秦孝公開始逐步擴張地盤,至昭襄王時恐已不能算是"地夾(狹)人少"。這的確是一個問題。不過,陳劍先生認爲帛書所以這樣描寫,大概爲了稱頌先王(秦昭襄王)的功績而不免有所誇飾,"地狹人少"一語不能看得太死(而且跟整個天下的土地和人口相比,説秦"地狹人少"亦無不可)。我還有些懷疑,《明君》所述"先王",雖然從各方面看起來,與秦昭襄王的符合度最高;但完全有可能是作者以昭襄王爲主,兼采孝公等秦國其他明君的事迹而成的一個"典型"形象。

帛書《明君》408、416 行各有一個"佱"字,即《説文》"法"的古文,這似乎與其文本來自秦地的推測相衝突。爲了解釋這一矛盾,本文初稿曾提出如下設想:《明君》確是在秦爲官之人的手筆,但隨着戰國末期學術文化的交流和兼併戰爭的不斷爆發,在較短時間内迅速傳到了楚地;在秦國即將吞併楚國的形勢下,像《明君》這種鼓吹君王用兵圖存的論調,無疑很容易博得楚人的青睞,所以此篇很快就有了楚人用楚文字傳抄的本子(如《明君》的寫成確在公元前 249~前 247 年,則距離楚滅國尚有二十多年);用古隸書寫的馬王堆帛書本《明君》,大概即出自此類底本。但是,正如郭永秉先生所質疑的,楚人恐怕不會熱衷於傳播記有對他們來說是奇恥大辱的楚懷王客死秦國之事的文本的。陳劍先生告訴我,從秦國大量任用"海内之衆"、"天下之材"來看,與其假設《明君》曾有過楚文字抄本,不如認爲此篇的作者本是在秦爲官的六國人士,他在寫作時偶爾留下一兩個六國古文,爲後來傳抄的本子所繼承,是不足爲怪的。我覺得陳先生的解釋比我們原先的想法更爲合理。

《漢志·諸子略》"法家"下有"《商君》二十九篇";在《兵書略》的"兵權謀家"裏,又著録"《公孫鞅》二十七篇"。《商君書》中雖有不少論兵的内容,但與"以正守國,以奇用兵,先計而後戰,兼形勢,包陰陽,用技巧者也"的兵權謀(見《漢志》小序),顯然不是一回事。今傳《商君書》没有問題是法家作品。然而《明君》中與《商君書》、《尉繚子》有關的文句,都只是關於强兵攻戰的,其思想傾向没《商君書》、《尉繚子》那樣駁雜。此外,在對待"仁義"的態度上,《明君》與法家的《商君書》更可謂分道揚鑣。

不過,這並不意味着《明君》就應該歸於兵家。一方面,《明君》反復申說用兵强兵的重要性而從不涉及具體作戰之法,這種東西歸入《漢志·兵書略》下兵權謀、兵形勢、兵陰陽、兵技巧任何一家,恐怕都不合適。另一方面,法家也一貫"重戰",今本《商君書》中,《農戰》、《戰法》、《立本》、《兵守》、《靳令》、《徠民》、《賞刑》、《畫策》、《境内》等篇都是講軍事的。① 從《商君書》有關篇章和《韓非子·定法》、《史記·商君列傳》等記載看,商鞅很注重根據戰功給予相應的優厚賞賜。② 《韓非子·外儲説左上》載申不害説:"法者,見功而與賞,因能而受官。"《明君》407 行説"不多用於無功以厚賞慶",421 行有"論材而雠職,論功而厚【□】"之語("厚"下疑可補"賞"或"慶"一類字眼),反映的也是此種思想。

總之,《明君》很可能是戰國晚期在秦爲官者的作品,《商君書》的《畫策》、《賞刑》、《靳令》以及《尉繚子·戰威》諸篇,與《明君》之間存在相互影響或同源的關係,是比較明顯的。但是由於《明君》的内容較爲純粹,《商君書》等著作所宣揚的法家其他方面的思想,大都未見於此篇,在關於"仁

---

① 參看高亨《商鞅與〈商君書〉略論》,《高亨著作集林》第七卷,343~345 頁;史黨社、田静《秦與三晋學術的關係——以〈尉繚子〉、〈韓非子〉爲例》,《秦文化論叢》第 11 輯,31 頁。

② 高亨《商鞅與〈商君書〉略論》對此有很好的總結。看《高亨著作集林》第七卷,343~344 頁。

義"的問題上,彼此的看法甚至截然對立。所以《明君》究竟能否看作法家作品,有待於進一步研究。①

出土的秦文字資料,如睡虎地秦簡、龍崗秦簡、里耶秦簡、放馬灘秦簡、嶽麓書院藏秦簡、北京大學藏秦簡等,絕大多數都是實用性的書籍,古書類文獻極爲少見(據介紹,北京大學藏秦簡中有一些如《公子從軍》、飲酒歌詩等,可歸於古書類),成篇的"六藝"、"諸子"之作幾乎没有。如果我們關於《明君》的文本來源和學派歸屬問題的討論大體合乎事實,此文就可算作第一篇秦國的"諸子"類出土文獻了。這對於我們認識戰國時代秦地的社會文化是有些意義的。

2015 年 3 月 22 日改定

附識: 本文曾於 2014 年 12 月 13 日在湖南省博物館主辦的"紀念馬王堆漢墓發掘四十周年國際學術研討會"上宣講。蒙李鋭、曹旅寧、董珊、陳劍、郭永秉、周波、程少軒先生在會上惠賜寶貴意見和建議,此稿已據此作了修改,作者十分感謝。

原載湖南省博物館編《紀念馬王堆漢墓發掘四十周年國際學術研討會論文集》,嶽麓書社,2016 年。

---

① 蒙文通《法家流變考》謂"法家者,非徒務法而已,又多挾兵、農、縱橫三者以俱,而達其富强之旨焉。言法家者,固當統此三者以爲説也"(《蒙文通文集》第一卷《古學甄微》,288 頁,巴蜀書社,1987 年);"農以致富,兵以致强,而縱橫則爲外交術:皆法家之所宜有事者"(同上所引書,286 頁)。如《明君》確爲法家者流所作,可知當時的法家後學中似有偏執"兵以致强"一端者。

馬王堆漢墓帛書
《十大經》補釋二則

一

在戰國楚文字和馬王堆漢墓帛書中，都存在以"亙"爲"亟"的現象。裘錫圭先生《是"恒先"還是"極先"？》①一文已對此作了全面的介紹和總結。我們在馬王堆帛書中也發現了一個"恒"用作"極"的例子，寫出來向大家請教。

《老子》乙本卷前古佚書《十大經·觀》【編按："十大經"當作"十六經"，參看《長沙馬王堆漢墓簡帛集成》第肆册 173 頁注［九］】開頭的一段話，在先後發表的釋文中有兩種不同的斷句法。1976 年簡體横排本作：

  ［黄帝］令力黑浸行伏匿，周流四國，以觀無恒，善之法則。力黑視象，見黑則黑，見白則白。②

1980 年繁體竪排本作：

  ［黄帝］令力黑浸行伏匿，周留（流）四國，以觀無恒善之法，則力

---

① 裘錫圭《是"恒先"還是"極先"？》，"中國簡帛學國際論壇 2007"論文，臺灣大學中文系，2007 年；又發表於復旦大學出土文獻與古文字研究中心網，2009 年 6 月 2 日。下引裘先生説凡見於此文者，不再出注。
② 馬王堆漢墓帛書整理小組《馬王堆漢墓帛書·經法》，48 頁，文物出版社，1976 年。

黑視(示)象(像),見黑則黑,見白則白。①

二本都指出"浸行"當讀爲"潛行"。②"視象"之"視",當從繁體豎排本讀爲"示",簡體橫排本解釋爲"觀察事物現象"③是不對的。繁體豎排本注釋說"觀"指"觀化":"《淮南子·道應》:'季子治亶父三年,而巫馬期絻衣短褐,易容貌,往觀化焉。'宓子賤(即季子)的治術是'誠於此者刑於彼',而《淮南子》的結論是'故老子曰:去彼取此',亦與此言'無恒'意近。一說此句當譯爲'因爲觀化沒有固定有效的方法'。"④其意含混難明。余明光先生曾把上引文斷讀爲:

[黃帝]令力黑浸行伏匿,周留(流)四國,以觀无恒善之法則。力黑視象,見黑則黑,見白則白。

並解釋"无恒善之法則"爲"無常據之法則","意思是可根據實際情況,便宜行事,不必拘泥於成法"。⑤ 這一斷句法讀起來比繁體豎排本要通順。不過,先秦秦漢古書中似乎從來沒有用"恒善"來修飾"法則"的。我們所找到的古書中出現"恒善"(或因避諱而改作"常善")的例子,如馬王堆竹書《十問》"寡人恒善暮飲而連於夜"、今本《老子·道經》第二十七章"聖人常善救人""常善救物"(帛書本皆作"恒善")等,無一例外都是"恒"、"善"義近連說,用作副詞的。而且,余氏所說的"無常據之法則"和"不必拘泥於成法",本身就不是一回事。

魏啓鵬先生根據"匿"、"國"、"則""協職部韻",指出《觀》的這一段話應從簡體橫排本的斷句。⑥ 其說甚有見地。事實上,所謂"無恒"之

---

① 國家文物局古文獻研究室《馬王堆漢墓帛書[壹]》,62頁,文物出版社,1980年。
② 馬王堆漢墓帛書整理小組《馬王堆漢墓帛書·經法》,50頁;國家文物局古文獻研究室《馬王堆漢墓帛書[壹]》,63頁。
③ 馬王堆漢墓帛書整理小組《馬王堆漢墓帛書·經法》,50頁。
④ 國家文物局古文獻研究室《馬王堆漢墓帛書[壹]》,63頁。
⑤ 余明光《黃帝四經與黃老思想》,281頁,黑龍江人民出版社,1989年。按:此書《觀》正文把"无"誤排爲"天",從其注釋看當是"无"字。上引文已逕改正。
⑥ 魏啓鵬《帛書〈十大經〉補箋》,李學勤、謝桂華主編:《簡帛研究》第3輯,236頁,廣西教育出版社,1998年。陳鼓應《黃帝四經今注今譯——馬王堆漢墓出土帛書》亦從此斷句,205、206頁,商務印書館,2007年。

"恒",當讀爲"極";"極"也是職部字,與"匿"、"國"、"則"皆可入韻。裘錫圭先生在上引文中已經指出,楚帛書乙篇"時雨進退,無有常亙"的"亙"讀爲"極",與下一句"恭民未知,厝以爲則"的"則"押韻。這跟《十大經·觀》的"亙(極)"、"則"前後句押韻同例。《十大經·果童》的最末幾句爲:

　　　　果童於是衣褐而穿,負并(缾)而鑾。營行氣(乞)食,周流四國,以視貧賤之極。①

"營行氣(乞)食,周流四國,以視貧賤之極"與"令力黑浸行伏匿,周流四國,以觀無恒"行文頗似,前者的"食"、"國"、"極"均押職部韻,可以證明後者的"恒"用爲職部的"極"是很合適的。馬王堆帛書《老子》乙本卷前古佚書《道原》"恒先之初,迥同大虛"的"恒先",裘錫圭先生認爲應讀作"極先"。馬王堆帛書本《易·繫辭》"大恒",即今本之"太極"。這些都是馬王堆帛書以"恒"爲"極"的例子。

"以觀無極"承"周流四國"而言,語義上頗感順暢。"觀"爲"調察、考察"之義。②《管子·八觀》:"計敵與,量上意,察國本,觀民產之所有餘不足,而存亡之國可知也。"《韓非子·八說》:"計功而行賞,程能而授事,察端而觀失,有過者罪,有能者得,故愚者不任事。"皆"察"、"觀"對文,"觀民產之所有餘不足"、"察端而觀失"之"觀"顯然是"考察"的意思(《論語·爲政》"視其所以,觀其所由,察其所安",《漢書·揚雄列傳》"昔人有觀象於天,視度於地,察法於人者",皆"視"、"觀"、"察"對文義近)。馬王堆帛書《老子》乙本卷前古佚書《經法·六分》"觀國者觀主,觀家觀父"、《論》"察逆順以觀於朝(霸)王危亡之理"、《論約》"必審觀事之所始起"、《十大經·果童》"我將觀其往事之卒而朵焉"、《雌雄節》"觀其所積,乃知禍福之鄉(向)"、《道原》"觀之大古,周其所以"等"觀"字若訓"考察",也都能講得通。銀雀山漢簡《六韜》:"弗觀,亞(惡)知其極?"整理小組的注釋引《群書

---

① 馬王堆漢墓帛書整理小組《馬王堆漢墓帛書·經法》,58頁;國家文物局古文獻研究室《馬王堆漢墓帛書[壹]》,圖版98行下~99行上,釋文注釋66頁。
② 陳鼓應《黃帝四經今注今譯——馬王堆漢墓出土帛書》,206頁。

治要》本作"弗觀弗視,安知其極"。① 反過來説,觀可知其極。《十大經·觀》載黄帝命力黑"觀無極",也就是"觀"而"知其無極",彼此的意思十分接近。[《莊子·在宥》:"遊者鞅掌,以觀無妄。"成玄英疏:"鴻蒙游心之處寬大,涉見之物衆多,能觀之智,知所觀之境無妄也。""觀無妄"與帛書"觀無恒(極)"造語相類。]《尉繚子·治本》:"蒼蒼之天,莫知其極。帝王之君,誰爲法則?"銀雀山漢簡《六韜》也有類似的話:"蒼蒼上天,莫知極。柏(霸)王之君,孰爲法則?"②似皆與帛書言"觀無極"而"善之法則"出自同一機杼。"極"有極頂、終極之義,也有準則、法度之義,二者既有聯繫又有區別。③ 古人把"知其極"、"觀無極"與"爲法則"、"善之法則"並提,應該與此有關。由此可見,帛書"以觀無恒"的"無恒"讀爲"無極"是合理的。

　　魏啓鵬先生解釋"無恒"爲"人民缺乏穩定而有規範的德行",④陳鼓應先生謂"即品行不合規範",⑤雖然没有看出"恒"用作"極",但他們對文義的把握則近是;此"無極"確當指人事而言。《詩·大雅·民勞》:"無縱詭隨,以謹罔極。"鄭箋:"罔,無。極,中也。無中,所行不得中正。"裘錫圭先生指出,"古人訓爲'中'的'極',有很多可以當準則、法度講"。《上博(三)·亙先》簡 12"無连極"、"無不得其極而果遂"的"極""也可以這樣講"。高亨就把上舉《民勞》的"罔極"解釋爲"没有法紀"⑥(同類的用法還見於《詩·魏風·園有桃》"不知我者,謂我士也罔極"、《小雅·青蠅》"讒人罔極,交亂四國"、《大雅·柔桑》"民之罔極,職涼善背"等)。《詩》之"罔極",猶《十大經·觀》之"無極"。力黑周流四國,爲的是考察民之"無恒(極)",亦即"没有準則"、"缺乏法度"(力黑向黄帝滙報"天地已成而民生,

---

① 銀雀山漢墓竹簡整理小組《銀雀山漢墓竹簡》,圖版 67 頁、釋文注釋 114、116 頁,文物出版社,1985 年。
② 同上注,圖版 72～73 頁、釋文注釋 124 頁。
③ 參看裘錫圭《是"恒先"還是"極先"?》。
④ 魏啓鵬《帛書〈十大經〉補箋》,李學勤、謝桂華主編《簡帛研究》第 3 輯,236 頁;魏啓鵬《馬王堆漢墓帛書〈黄帝書〉箋證》,101 頁,中華書局,2004 年。
⑤ 陳鼓應《黄帝四經今注今譯——馬王堆漢墓出土帛書》,206 頁。
⑥ 高亨《詩經今注》,423 頁,上海古籍出版社,1980 年。按:高氏讀"極"爲"則",毫無必要。"極"自有準則、法度之義。

逆順無紀,德瘧(虐)無刑,静作無時,先後無名",説的正是所"觀""無極"的具體情況),故下云"善之法則"。

《觀》下文有"力黑已布制建極"之語,已出現了"極"字;"布制"與"建極"對文,"極"顯然也是準則、法度之義,即上文所説力黑"善之法則"的"法則",①與"以觀無恒(極)"的"恒(極)"同意。這是否成爲讀"無恒"爲"無極"的障礙?《莊子》一書既説"未始有恒"(《天地》),又説"未始有極"(《大宗師》、《田子方》等),二者顯係一語。② 前文已引馬王堆帛書《老子》乙本卷前古佚書《道原》"恒先之初"和《易·繫辭》"大恒"的"恒"用爲"極"。其實,在《道原》和《易·繫辭》中,也都有"極"字(或作"亟"),前者如"精微所不能至,稽極所不能過"、"明者固能察極"、"是胃(謂)察稽知極",③後者如"極大小者存乎卦"、"極數知來之胃(謂)占"、"極天下之請存乎卦"、"六肴之勤(動),三亟(極)之道也"。④ 楚帛書中既有寫作"亟"的"極"[甲篇"……奠四亟(極)"],又有寫作"亙"的"極"[乙篇"亡(無)又(有)尚(常)亙(極)"、"以囗三亙(極)"、"建亙(極)襧(屬)民"]。⑤ 在《上博(三)·亙先》中,簡1"極先無有"、簡2"極莫生氣"、"極氣之生"、簡9"極氣之生"的"極"寫作"亙",簡12"無迬極"、"無不得其極而果遂"的"極"寫作"堊"、"惡"。凡此,皆同篇文字中"恒"(或"亙")、"極"(或"亟"及從"亟"之字)並用爲"極"的例子。這一點不足以否定帛書"無恒"當讀爲"無極"的結論。

以"亙"爲"亟"當是楚文字的用字習慣。與馬王堆帛書《道原》、《易·繫辭》等篇一樣,《十大經》的底本或許亦源自楚地,漢初人誤認楚系文字

---

① 陳鼓應《黃帝四經今注今譯——馬王堆漢墓出土帛書》206頁已指出"'善之法則'即下文之'布制建極'"。
② 蔡偉《據戰國文字"亙、亟相混"現象校讀古書(二則)》,簡帛網,2007年3月11日。
③ 國家文物局古文獻研究室《馬王堆漢墓帛書[壹]》,圖版171行上、171行下～172行上,釋文注釋87頁。
④ 傅舉有、陳松長《馬王堆漢墓文物》,圖版5行、9行上、29行、4行上,118～119、124～125頁,湖南出版社,1992年。
⑤ 參看劉信芳《子彈庫楚墓出土文獻研究》,44頁,藝文印書館,2002年;饒宗頤《楚帛書天象再議》,《中國文化》第3期,68頁,生活·讀書·新知三聯書店,1991年;裘錫圭《是"恒先"還是"極先"?》。

中的"亙(亟)"爲"恒",①因而將"以觀無亙(亟—極)"錯抄成了"以觀無恒"。也有可能漢初的楚地人在抄寫帛書時仍保留了個別戰國楚文字的用字習慣。②

最後討論一下"善之法則"的意思。此句中的"善"頗費解,魏啟鵬先生謂"善"指"整治、據理引申",③陳鼓應先生引《易·略例》注"善,修治也",與魏説同。所謂"據理引申",根據的是《釋名·釋言語》"善,演也,演盡物理也"的聲訓材料。且不説古書中的"善"是否有用作"據理引申"之例,這個意思就是放到"善之法則"中也很難講通。從句子的語法結構來説,"善之法則"可以有兩種分析辦法:第一種分析爲"善之以法則",第二種分析爲"爲之善法則"。訓"整治"、"修治"的"善"也寫作"繕",從語源上講,"繕"是由"善"引申而來的,"使……善"即"繕"。④ 如果采用第一種分析,此句中的"之"指代四國或四國之民,那麼,"善之法則"即以法則繕之、治之,魏、陳二氏關於"善"訓"整治"、"修治"的意見還是可以成立的(二家所引《周易例略·明爻通變》注"善,修治也"的原話是"故有善邇而遠至,命宫而商應","善邇"的説法亦可證"善之法則"當理解爲"善之——四國或四國之民——以法則")。不過,魏啟鵬、陳鼓應先生把句意概括爲"爲民衆制定行爲規範和法制準則"、"爲民制定法則",大概認爲"善之法則"應看作"爲之(民衆)善法則",即上舉第二種分析。仔細體會,"繕"的詞義當指對固有事物加以補治,而不是創製出新的事物。如果采用第二種分析,只能講成爲四國或四國之民修補已有的法則,這就與上下文所説的"無恒(極)"、"力黑已布制建極"相矛盾了。我們有個很不成熟的意見供大家參考。按照"善之法則"即"爲之善法則"的理解,"善"疑當讀爲"展"。"善"是禪母元部字,"展"是端母元部字,中古音都屬於開口三等上聲,二者的韻母完全相同。上古禪母與定母、端母頗近,如在從"亶"得聲之字

---

① 參看裘錫圭《是"恒先"還是"極先"?》;周波《青川木牘"梁"字補議》,《古籍研究》2008卷·上(總第53期),25頁,安徽大學出版社,2008年。
② 此點蒙陳偉先生指出。
③ 魏啟鵬《帛書〈十大經〉補箋》,李學勤、謝桂華主編《簡帛研究》第3輯,236頁。
④ 參看王力《同源字典》,573、574頁,商務印書館,1982年。

中,"澶"、"擅"、"嬗"屬禪母,"饘"、"邅"、"驙"屬端母。今本《禮記·緇衣》"允也君子,展也大成"的"展",《上博(一)·緇衣》簡 18 作"廛"。① 《上博(四)·曹沫之陣》簡 18"纏甲利兵",當讀爲"繕甲利兵"。② "纏"從"廛"聲,"繕"從"善"聲。此是"善"、"展"間接相通之例。"展"可訓"陳",③"善(展)之法則"相當於"陳之法則"。《管子·正世》:"是故陳法出令,而民不從。""陳法"與"出令"對文,猶《版法解》"陳義設法"、《任法》"置儀設法"之"設法",都是指把法則陳設出來。"善(展)之法則"意謂爲四國或四國之民設列法則。不過,我們在古書中沒有找到"展之法則"或"展法"的話,所以此說只是一個並無多少根據的猜測。總之,由於"善之法則"的句法結構、"之"的涵義尚不清楚,"善"究竟應該怎樣解釋,還有待於進一步研究。

二

《十大經·前道》:

是故君子卑身以從道,知(智)以辯(辨)之,強以行之,責道以並世,柔身以寺(待)之時。④

1980 年繁體豎排本對此句無注。1976 年簡體橫排本讀"辯"爲"辨",可從。但此書解釋"責道"爲"以執行'道'爲自己的責任",⑤從表達方式上

---

① 馬承源主編《上海博物館藏戰國楚竹書(一)》,圖版 62 頁、釋文考釋 194 頁,上海古籍出版社,2001 年。
② 馬承源主編《上海博物館藏戰國楚竹書(四)》,圖版 109 頁、釋文考釋 254 頁,上海古籍出版社,2004 年。
③ 宗福邦、陳世鐃、蕭海波主編《故訓匯纂》,623 頁,商務印書館,2003 年。
④ 馬王堆漢墓帛書整理小組《馬王堆漢墓帛書·經法》爲"柔身以寺(待)之時"的"之"注"其"(81 頁)。按:陳鼓應《黃帝四經今注今譯——馬王堆漢墓出土帛書》312 頁已提出"'之'字疑與'時'字形相近而爲衍文",本文初稿沒有注意到這一説法,是極不應有的疏失。陳劍先生看過初稿後告訴我,"柔身以寺(待)之時"與"責道以並世"結構不完全對應,"再考慮到'寺'、'時'二字中都包含'之'字,此二字又常作部分合文與重文用(尤其是'時'之古字'旹'),故懷疑"'寺(待)之時'的'之'字是否因此而誤衍"(2009 年 5 月 21 日電子郵件)。二位陳先生之說不謀而合。
⑤ 馬王堆漢墓帛書整理小組《馬王堆漢墓帛書·經法》,81 頁。

看有些彆扭,似不如余明光、魏啟鵬、陳鼓應等先生把"責"訓爲"求"合理。① 不過,此說仍有商量餘地。《説文·六下·貝部》:"責,求也。"徐鍇《繫傳》指出:"責者,迫迮而取之也。"《戰國策·秦策四》"楚魏戰於陘山"章:"秦責賂於魏,魏不與。"鮑彪注:"責,求也。"所謂"秦責賂於魏",就是秦向魏逼取財物。所以,古訓"求"之"責"跟"要求、尋求"②本非一事,把"求道"説成"責道"實際上是不通的;古書中亦無"責道"指求道而言的用例。

我們認爲,帛書的"責道"當讀爲"積道"。"積"从"責"聲,二者在金文和古書中都有相通之例。③ 銀雀山漢簡《孫子兵法·軍争》有"无委責則亡"之語,十一家本作"無委積則亡"。④ 馬王堆帛書中也有以"責"爲"積"的例子,如《老子》甲本卷後古佚書《五行》:"不敬不嚴:嚴猶廠(厰);廠(厰),敬之責者也。""辟(譬)丘之與山也,丘之所以不□名山者,不責也。舜有仁,我亦有仁,而不如舜之仁,不責也。舜有義,而我[亦有義],而不如舜之義,不責也。"諸"責"字皆應讀爲"積"。⑤ 馬王堆竹簡《合陰陽》有一段文字,經裘錫圭先生點讀爲:"昏者,男之精。將旦者,女之精。責(積)吾精以養女精。"⑥"責"亦用爲"積"。《説苑·敬慎》:"大功之效,在於用賢積道,浸章浸明。"《新書·脩政語下》:"致道者以言,入道者以忠,積道者以信,樹道者以人。"《文子·道德》還有"積道德者,天與之,地助之,鬼神輔之"之語。《淮南子·説山》:"事或不可前規,物或不可慮,卒然

---

① 余明光《黄帝四經與黄老思想》,314頁;魏啟鵬《馬王堆漢墓帛書〈黄帝書〉箋證》,172頁;陳鼓應《黄帝四經今注今譯——馬王堆漢墓出土帛書》,312頁。
② 陳鼓應《黄帝四經今注今譯——馬王堆漢墓出土帛書》,312頁。
③ 金文中相通之例參看裘錫圭《戎生編鐘銘文考釋》,《保利藏金》編委會《保利藏金——保利藝術博物館精品選》,370頁,嶺南美術出版社,1999年。古書中相通之例參看高亨、董治安《古字通假會典》,474頁【責與積】條,齊魯書社,1989年。
④ 銀雀山漢墓竹簡整理小組《銀雀山漢墓竹簡》,釋文注釋16頁。
⑤ 國家文物局古文獻研究室《馬王堆漢墓帛書[壹]》,圖版241行、336~338行,釋文注釋20、23~24頁;參看龐樸《竹帛〈五行〉篇校注及研究》,49~50頁,萬卷樓圖書有限公司,2000年。
⑥ 裘錫圭《讀簡帛文字資料札記·二、馬王堆竹簡〈合陰陽〉一則》,李學勤、謝桂華主編《簡帛研究》第1輯,31~32頁,法律出版社,1993年;裘錫圭《讀馬王堆竹簡〈合陰陽〉一則》,《裘錫圭學術文化隨筆》,136~138頁,中國青年出版社,1999年。

不戒而至,故聖人畜道以待時。"(《文子·上德》作"故事或不可前規,物或不可預慮,故聖人畜道以待時也")"畜道以待時"與帛書所說"貴道以並世,柔身以寺(待)之時"相似,讀"貴道"爲"積道",正可與"畜道"相印證。①

帛書先說君子"從道",次說"辨道"("智以辨之"),再次說"行道"("强以行之"),然後說到"貴道"。可見,"貴道"應該比"從道"、"辨道"、"行道"更高一層次,讀爲"積道"顯然是合適的。

"並世"之"並",1976年簡體横排本解釋爲"依附",②魏啟鵬先生讀爲"方",訓爲"正",③恐怕都不可信。《十大經·觀》:"夫並時以養民功,先德後刑,順於天。"裘錫圭先生認爲,"'並時'指統治者的行事與四時的變化相並,即與時相應、順時而行之意","馬王堆漢墓帛書整理小組《觀》篇注釋說'帛書"並時",猶言順時',是很正確的"。他還進一步指出《管子·勢》"秉時養人"的"秉"應即"並"之音近譌字。④ 這些意見都正確可從。"並世"與"並時"的文例完全相同,這個"並"也應該是"與……相並"的意思。《楚辭·漁父》借漁父之口説出"聖人""能與世推移"。《莊子·則陽》講聖人能"與世偕行而不替",成玄英以"與世並行,接物隨時,曾無廢闕"疏之。《管子·内業》:"是故聖人與時變而不化,從物而不移。"帛書上文說:"聖[人]舉事也,闔(合)於天地,順於民,羊(祥)於鬼神,使民同利,萬夫賴之,所謂義也。""合於天地,順於民"就是"與時變而不化,從物而不移"、"與世偕行"、"與世推移",亦即"並世"。

陳鼓應先生注"並"爲"符合",解釋"並世"爲"與世相合",大體正確。

---

① 《淮南子·說山》"聖人畜道以待時"高誘注:"道能均化,無不稟受,故聖人畜養以待時,時至而應,若武王伐紂也。"(何寧《淮南子集釋》,下册1143頁,中華書局,1998年)其實,古書所說的"畜道"、"積道",應該都含有對"道"加以積蓄涵養的意味,二者似難截然區分。

② 馬王堆漢墓帛書整理小組《馬王堆漢墓帛書·經法》,81頁。余明光《黃帝四經與黃老思想》314頁亦從此說。

③ 魏啟鵬《馬王堆漢墓帛書〈黃帝書〉箋證》,172頁。

④ 裘錫圭《讀書札記四則·叁、"秉時養人"之"秉"爲"並"之音近譌字》,(高雄)義守大學人文與社會學報編輯委員會《義守大學人文與社會學報》2002年第1期,6頁。

但他把整句話譯作"尋求道的與世相合",①不僅誤解了"責"的意思,對句子結構的理解也是錯誤的。按照陳氏的説法,"道以並世"就成了"責"的賓語,這個"以"略相當於"之"。但他一方面又承認"卑身以從道"、"知(智)以辯(辨)之"、"強以行之"、"柔身以寺(待)之時"的"以"都是表示目的的連詞(陳氏的"今譯"或譯爲"去",或就作"以"),這樣一來,"責道以並世"又怎能與"柔身以待時""文正相儷"②呢?

《管子·宙合》:"故聖人博聞多見,畜道以待物,物至而對形,曲均存矣。"《淮南子·繆稱》:"是故體道者,……物來而名,事來而應。"裘錫圭先生指出,這些材料反映了戰國時代的道家認爲"飭德守道"則"萬物能被正確認識"的思想。③《十大經·前道》接下來説:"治國固有前道,上知天時,下知地利,中知人事。"能"並世"("接物隨時,曾無廢闕")者,必有"上知天時,下知地利,中知人事"的本事。從這個角度而言,"積道以並世"與上引"畜道以待物,物至而對形"、"體道者……物來而名,事來而應"等説頗有相近之處,值得注意。

附記:裘錫圭先生、陳劍先生審閲了本文初稿,提出不少修改意見,作者十分感謝。本文在簡帛網發表和在武漢大學召開的"中國簡帛學國際論壇 2009"上宣讀後,沈培先生、陳偉先生、何家興先生又提出了一些意見,作者對他們也十分感謝。

原載武漢大學簡帛研究中心主辦《簡帛》第 5 輯,上海古籍出版社,2010 年。

---

① 陳鼓應《黄帝四經今注今譯——馬王堆漢墓出土帛書》,312 頁。
② 同上注。
③ 裘錫圭《説"格物"——以先秦認識論的發展過程爲背景》,同作者《文史叢稿——上古思想、民俗與古文字學史》,12 頁,遠東出版社,1996 年。

讀馬王堆帛書《刑德》、《陰陽五行》、《天文氣象雜占》瑣記

2015年6月27日，在復旦大學召開的"《長沙馬王堆漢墓簡帛集成》修訂國際研討會"上，我們提交了《讀馬王堆帛書〈刑德〉、〈陰陽五行〉等篇瑣記》一文，對《長沙馬王堆漢墓簡帛集成》（以下簡稱爲"《集成》"）所收《刑德》甲、乙、丙篇，《陰陽五行》甲、乙篇等數術類文獻的某些釋文、注釋（包括整理者所引他家注釋）和圖版處理，分條提出一些商榷意見，個別條目還涉及《天文氣象雜占》。此文寫得很長，有些意見也較爲瑣碎，現在只挑選部分内容正式發表。由於我們對數術文獻很不熟悉，十分缺乏這方面的知識和素養，又没有足够的時間細讀《集成》，文中所説肯定有錯誤和不當之處，敬請整理者及有關專家批評指正。

一、關於《刑德》甲篇

（一）日月風雨雲氣占·月日

（1）1行"【月半白半】赤，城半降半施，盡【赤】盡施，盡白盡降"（又見於《刑德》乙篇62行），整理者注引"劉樂賢（2004）"謂"施，陳屍示衆，即被屠殺"。① 按此説可商。下文説："月小中赤，【餘盡白】，城中將【死，其人降】。【月】大光赤，【主】人出戰，不勝，城拔。"（1～2行。又見於《刑德》乙

---

① 裘錫圭主編《長沙馬王堆漢墓簡帛集成》第伍册，3頁注［二］，中華書局，2014年。

篇62行,用字稍有出入)整理者注引"劉樂賢(2004)"認爲此二條"仍以月色赤、白爲主要依據","與上文相關"。① 月小中赤餘盡白,則城中將死人降,與月"盡白盡降"大體相應;月大光赤,則出戰不勝而城拔,與月"盡赤盡施"相應。據此推測,"施"當屬"城拔"(城被攻取)一類事。

本篇《日月風雨雲氣占》之《風雨雲氣等》46行:"(氣)黑而西出,降;北出,施;出而東南,不拔。"這個"施"不但與"降"對舉,而且與"不拔"對舉,值得注意。整理者注所引"劉樂賢(2004)",已引到《乙巳占》卷九"屠城氣象占第五十八"與帛書參看。②《乙巳占》此篇有"氣出南北,城可克;……其氣出而東,城可攻;其氣出而西,城可降"等語。③ "其氣出而西,城可降"與帛書"(氣)黑而西出,降"相合。氣出而東(或東南),雖一曰"城可攻"、一曰"不拔",但彼此的對應關係仍是顯而易見的(説法的不同蓋係流傳致異,或二者有一誤)。帛書"(氣)北出,施"應該相當於《乙巳占》"氣出南北,城可克",可知"施"之所指確與"城克"有關("克"也有攻取義)。

清華大學藏戰國竹簡《繫年》簡116:"二年,王命莫敖陽爲率師侵晋,墬宜陽。"劉嬌先生認爲"墬"字"從'地'從'支',可能是'地'的動詞形式",馬王堆帛書《天文氣象雜占》後半幅末段第二列第1條"有云(雲)赤,入日、月軍(暈)中,盡赤,必得而地之",同篇後半幅末段第三列第8條"有赤雲入日月軍(暈)中,暨(既)赤,大勝,地之","已有人指出'地'是獲得土地的意思,跟簡文的'地宜陽'同例"。④ 張富海先生贊同劉説,並補充《左

---

① 《集成》第伍册,3頁注[三]、[四]。按:此二條與上文的具體對應關係,"劉樂賢(2004)"的看法與我們不同。

② 同上注,15頁注[三]。

③ "劉樂賢(2004)"即劉樂賢《馬王堆天文書考釋》第五章《〈日月風雨雲氣占〉甲篇考釋》,中山大學出版社,2004年。此書188頁(《集成[伍]》15頁注[三]引同)引《乙巳占》卷九"屠城氣象占第五十八",只引了"其氣出而東……其氣出而西……"兩句,未引對於説明"施"義最爲關鍵的"氣出南北……"句。

④ 説見復旦大學出土文獻與古文字研究中心讀書會《〈清華(貳)〉討論記録》,復旦大學出土文獻與古文字研究中心網,2011年12月23日。參看蘇建洲、吴雯雯、賴怡璇《清華二〈繫年〉集解》,808～809頁,萬卷樓圖書股份有限公司,2013年。按:説上引《天文氣象雜占》的兩個"地"爲"獲得土地"義,是劉樂賢《馬王堆天文書考釋》146頁的意見。參看《集成》第肆册,281頁注[一四]。

傳·襄公十三年》"凡書取,言易也;用大師焉曰滅;弗地曰入"的例子,謂"'弗地'意即不占有土地"。① 他們的意見很有道理。

　　《尚書·盤庚下》有"用永地于新邑"語,吴汝綸《尚書故》:"居其地謂之地。"②長期居於某地,就有可能意味着占此地爲己有。杜預注上引《左傳》"弗地曰入":"謂勝其國邑,不有其地。"《正義》以"入謂入其都邑,制其民人。當入之日,與滅亦同。但尋即去之,不爲己有"申説之。③"地"與"入"的區别大概就在於前者占居其地,後者"尋即去之"。所以"占有土地"的説法比"獲得土地"要好些。上引《天文氣象雜占》第一條"必得而地之","得"、"地"見於同句,可證"地"與"得"不能簡單地劃等號。

　　"施"、"地"並從"它"聲,音近可通。《爾雅·釋地》"釋地第九"陸德明《釋文》引《禮統》:"地者,施也,諦也,應變施化,審諦不誤。"④《説文·土部》"地"字桂馥《義證》引《春秋説題辭》"地之言施也",⑤皆以"施"爲"地"之聲訓。楚簡"地"或寫作"墬",郭店簡《五行》中,"墬"正有用爲"施"之例。⑥ 帛書與"降"、"不拔"對舉之"施",頗疑當讀爲"地宜陽"、"地之"之"地"(上引《天文氣象雜占》言"盡赤"而"地之"、"既赤"而"大勝,地之",可與"盡赤盡施"類比)。但這裏是説城被占領,與"地宜陽"、"得而地之"等"地"有被動、主動之别。"施"、"地"古音雖近,畢竟聲母前者爲書母,後者爲定母,中古聲調前者爲平聲,後者爲去聲,並不完全一致。可能當"占領"講的"地"與當"被占領"講的"地",在當時的語言裏讀音稍有差别,所以帛書選用與實際語音更近的"施"字來記録被動用法的"地"。【編按:語音上的差異可能還反映了名詞的"地"與動詞的"得地"之别。】"降"指主

---

　　① 張富海《説清華簡〈繫年〉之"褫"及其他》,中國古文字研究會、中山大學古文字研究所編《古文字研究》第 30 輯,388 頁,中華書局,2014 年。
　　② 吴汝綸《尚書故》,120 頁,中西書局,2014 年。
　　③ 《春秋左傳正義》,《十三經注疏》整理本第 18 册,1042～1043 頁,北京大學出版社,2000 年。
　　④ 宗福邦等主編《故訓匯纂》,410 頁"地"字條之㊿,商務印書館,2003 年。
　　⑤ 同上注,410～411 頁"地"字條之㊺。
　　⑥ 參看白於藍《戰國秦漢簡帛古書通假字彙纂》,295 頁,福建人民出版社,2012 年。

動投降，"施(地)"指被人佔居，"城半降半施"、"盡赤盡施，盡白盡降"等句以二者並提，顯然是合適的。

(2) 6~7行有如下一條：

【月】交軍(暈)，盡赤，二主遇，起兵，瞖日爲候。①

"瞖日"，《刑德》乙篇《日月風雨雲氣占·月日》作"既日"{65行。參看整理者注[二〇]所引"劉樂賢(2004)"}。按當據乙篇爲"瞖"括注"既"。

上一條引過的《天文氣象雜占》後半幅末段第三列第8條"有赤雲入日月軍(暈)中，曁赤，大勝，地之"，整理者讀"曁"爲"既"，訓"盡"。② 其説可從(可參看上一條也引過的"有云(雲)赤，入日、月軍(暈)中，盡赤，必得而地之")。訓"既"之"盡"，當指"完盡"、"完畢"。"既日"與"盡日"義近，此是説結束一天時(即一日之内)即爲候。

(二) 日月風雨雲氣占·風雨雲氣等

(3) 34~36行有一段文字(又見於《刑德》乙篇83~84行)，整理者釋讀如下：

如雨所及，無軍而朢(望)氣，若紛而非紛，若䕡非䕡，若雲而非雲，其旁易，其行也簪(潛)焉，作上作下，與陵偃印〈卬(抑)〉……(下略)③

此段文字，整理者注引"劉樂賢(2004)"指出"講占氣術，主要根據雲氣的形狀和運行方式占測吉凶"。④

劉樂賢先生讀"紛"爲指霧氣之"雰"，整理者疑"䕡"讀爲"煙"⑤("䕡"與"煙"的聲母關係，猶戰國楚簡以"㬎(㬎)"爲"隱"之聲旁⑥)，並可從。不過，整理者引來論證"䕡"可讀"煙"的《晉書·天文志》"若煙非煙，若雲

---

① 《集成》第伍册，2頁。
② 《集成》第肆册，281頁注[一四]。
③ 《集成》第伍册，13頁。
④ 同上注，14頁注[四]。
⑤ 同上注，13~14頁注[四]。
⑥ 參看裘錫圭《關於〈孔子詩論〉》，《裘錫圭學術文集·簡牘帛書卷》，356~357頁，復旦大學出版社，2012年。

非雲,鬱鬱紛紛,蕭索輪囷,是謂慶雲,亦曰景雲",①其文實已見於《史記·天官書》,唯後者"慶雲"之"慶"作"卿"(二字古通),且無"亦曰景雲"一句,餘者全同。自《漢書·天文志》以下,"凡望雲氣"之文,似皆襲自《史記·天官書》(《漢書》已作"慶雲")。《集成》注釋引後出的《晉書·天文志》,未明史源(而且從文獻的時代來說,也是《史記》與馬王堆帛書更近)。順便說一下,整理者注所引"劉釗(2006)",引北周庾季才原撰、宋王安禮等重修的《靈臺秘苑》卷四"候氣"條"凡候氣之法,氣初出時,若雲非雲,若霧非霧,彷彿若可見。初出森然。在桑榆上高五六尺者是千五百里,平視則千里,舉目而望則五百里,仰望在中天則百里間也。平望桑榆間兩千里,登高而望下燭地者三千里",與上引帛書及其後文相對照。② 按《靈臺秘苑》"若雲非雲"等句,跟《晉書·天文志》一樣也見於《史記·天官書》(《史記》在"慶雲見,喜氣也"後,亦有"若霧非霧"句)。《史記·天官書》講雲氣的部分開頭說:"凡望雲氣,仰而望之,三四百里;平望在桑榆上,餘二千里;登高而望之,下屬地者三千里。"上引《靈臺秘苑》"在桑榆上"以下內容,顯然也是由此衍化而成的。

劉樂賢先生讀"作上作下"爲"乍上乍下",整理者解釋"與陵"一句的大意爲"其氣隨山陵之高低起伏而或高或低",③應該都是對的(《集成》釋文未在"作"後括注"乍",過於矜慎。《史記·天官書》:"車氣乍上乍下,往往而聚。"可證)。但整理者讀"偃印"爲"偃抑",則有問題。

即使像整理者那樣要讀作"偃抑",也完全沒有必要先把"印"視爲"卬"之誤字。"卬"、"抑"陽入對轉,本由一語分化。"印"與"抑"則古韻相隔甚遠(據《說文》,"抑"乃俗字,其字本作"反印",與"卬"無關)。何況,古書裏似乎找不到"偃抑"的說法。劉樂賢先生已疑"印"爲"卬"之訛。④ 本

---

① 《集成》第伍册,14頁注[四]。
② 同上注。按"劉釗(2006)"即劉釗《釋馬王堆帛書〈日月風雨雲氣占〉中的"木剽"和"没戴"》,此文現已收入劉釗《書馨集——出土文獻與古文字論叢》,上海古籍出版社,2013年,上引內容見此書124頁。
③ 《集成》第伍册,14頁注[四]。
④ 劉樂賢《馬王堆天文書考釋》,185頁。按:《集成》釋文在"印"後用改正錯字的尖括號括注"卬",疑係沿襲劉先生此書185頁校注[六]之說而改之未盡。

讀馬王堆帛書《刑德》、《陰陽五行》、《天文氣象雜占》瑣記　291

小篇39～40行："其處政(正)見，百里；印(仰)見，三百里……"①從圖版看，整理者釋"印"之字，實應釋爲"印"、看作"印"之訛字(秦漢文字中"印"、"印"訛混之例並不罕見)。② 此字與這裏討論的"偃印"之"印"同形，所以劉樂賢先生以"偃印"之"印"爲"印"之訛，是有道理的。劉先生讀"偃印"爲"偃仰"，意謂"俯仰"，③亦可從。但他所舉《淮南子·氾論》"是故聖人論事之局曲直，屈伸偃仰"，"偃仰"的意思已引申得較虛，似不如引《後漢書·李固傳》"固獨胡粉飾貌，搔頭弄姿，槃旋偃仰，從容冶步，曾無慘怛傷悴之心"。④

　　描寫"氣"的這幾句，"若紛而非紛，如蘭非蘭，若雲而非雲"，"紛"、"雲"皆文部字，"蘭"是真部字，可以看作隔句押韻；如取真、文合韻說，則每句皆入韻。看來，後面幾句很可能也是有韻的。既知"印"爲"印"之誤，"印(仰)"是陽部字，疑"其旁易"之"易"爲"昜"之寫訛，⑤"昜"也是陽部

---

① 《集成》第伍册，14頁。
② 劉樂賢《馬王堆天文書考釋》186頁謂此字"寫法與'印'略有差別，據文義可釋爲'印'"。《集成》釋文蓋從劉說。其實此字寫法與"印"並無本質差別。
③ 劉樂賢《馬王堆天文書考釋》，185頁。
④ 銀雀山漢簡"陰陽時令、占候之類"所收《四時占》簡1893："然【則天無】疾風，草木偃印(仰)……"按《管子·五行》作"草木發奮"，簡文的"偃仰"當與"發奮"義近，指上仰而非下上俯仰。《文選》卷四十六陸機《豪士賦序》"而方偃仰瞪眄"，吕延濟注："偃仰，驕傲貌。"或即由上仰義引申而來。
⑤ 雖然在秦和西漢早期文字中，"易"常寫作"昜"而"昜"極少寫作"易"(參看石繼承《漢印研究二題》上篇《漢印文字形體訛變、混同及其他特殊變化現象研究》，105～106頁，復旦大學博士學位論文(指導教師：施謝捷教授)，2015年)，但由於書手個人原因，把"昜"偶爾錯寫成"易"的情況，恐怕也不會完全没有。此字原作 ，"易"的下部起筆較平，似乎本來就是打算寫成橫畫的(馬王堆帛書中有獨體的"易"字，參看陳松長等《馬王堆簡帛文字編》，388頁，文物出版社，2001年)。睡虎地秦簡《效律》簡42"必數穆(煬)風"之"穆"作 [ ]，此形取自方勇《秦簡牘文字編》，福建人民出版社，2012年，第209頁。按嶽麓書院藏秦簡《爲吏治官及黔首》簡79"煬(煬)風必謹"，文與此近]，其右旁似即誤寫成"易"(或釋此字爲"穆"，實亦視其右旁爲"易"形)；嶽麓書院所藏秦簡"陽"也有作 的(方勇《秦簡牘文字編》，402頁)，馬王堆帛書《周易》"楊"作 (68行)，與此同例。馬王堆帛書《老子》甲本卷後古佚書《九主》"湯"作 (1/352行)、 (3/354行)，這個書手似乎是寫完"易"之後再在右方加一短橫，以與"易"相區别。這種寫法的"易"顯然也容易與"易"相混。

字，正可與"卬（仰）"押韻。①

（三）刑德占·刑德小游圖

（4）屬於"北方奇宮"的"癸丑"後的神名"禺強"，《刑德》甲篇、乙篇皆寫作"矛強"（按：乙篇僅存"矛"的頭部）。整理者釋文作"矛〈予（禺）〉強"，②以"矛"爲"予"之誤字，又認爲"予"以音近通"禺"，過於迂曲。漢隸"矛"、"予"二形不近。③ 雖然漢代魚、侯二部合流，但"予"、"禺"在傳世和出土文獻中未見相通的例證。"矛"是否會錯寫成"予"，"予"能否讀爲"禺"，均尚待證實。④ "矛強"似應爲"禺強"之異名。【編按：原推測"矛"爲"禺"之音近誤字，亦牽強難信，今已作刪改。】

（四）刑德占·刑德解說

（5）82 行整理者釋文如下：

【丙】午荊（刑）、德復居南宮。⑤

核圖版，所謂"居"實是"并"字（）。上文 61、62、64、66、72、74、76 等行有"刑、德并居某宮"之語，"并南宮"意即"并居南宮"【編按：也有可能"并"下漏抄"居"字】。

二、關於《刑德》乙篇

（五）日月風雨雲氣占·月日

（6）86 行首字"朢"下約 4、5 字處有一小碎片，其上有字。整理者在

---

① "易"不知有沒有可能讀爲"暘"。《史記·天官書》："王朔所候，決於日旁。日旁雲氣，人主象。"可知所占雲氣中，確有位於太陽近旁者。這裏所以不說"其旁日"而說"其旁暘"，大概主要爲了趁韻。

② 《集成》第伍册，22、35 頁。

③ 參看陳松長等《馬王堆簡帛文字編》，574、154 頁。

④ 整理者注引到的"饒宗頤（1993）"，即饒宗頤《馬王堆〈刑德〉乙本九宮圖諸神釋——兼論出土文獻中的顓頊與攝提》（原載李學勤主編《簡帛研究》第 1 輯，89～95 頁，法律出版社，1993 年；收入《饒宗頤二十世紀學術文集》卷三《簡帛學》，88～94 頁，中國人民大學出版社，2009 年）。此文只說"矛強，疑即禺強"（見上舉《文集》93 頁），比較謹慎。

⑤ 《集成》第伍册，24 頁。

讀馬王堆帛書《刑德》、《陰陽五行》、《天文氣象雜占》瑣記   293

此行下端殘缺處,據《刑德》甲篇補出釋文"枯骨。亓(其)處政(正)見,百里,卬(仰)見",①並加注說:"原帛上殘存一碎片,有'政'之左半,當移至此。"②大概整理者把這裏所說的小碎片上的殘字當成了"政"。按其說不確。此殘字當是"民":

　　　(殘字)　　　(《經法》6 行"民")

此行釋文有"朢(望)【地,日巳(已)入而朢(望)之,亓(其)鄉(嚮)無雲氣而康赤者,民移,它主有之】",所補文字中正有"民"字。此小碎片當下移。

　　這裏再說一個有關移動碎片的問題。87 行整理者在所釋"而牆"二字後加注說:"原帛上殘存一碎片,有'而牆'二字,當移至此。"③其實,現在圖版上"而牆"所在的碎片位置沒有問題,與其下"遷五版……"欄綫亦大體相合,其間空位基本可容納所補"夜三版而淳"五字。此注的說明似多餘。

三、關於《刑德》丙篇

(六) 地剛占・地剛解說

(7) 2~4 行有一段描寫所謂"戊戌奇風"的文字,整理者釋讀爲:

　　　以戊戌之日有風從西北方來,疾至於發屋析〈折〉木,天下汮(昏)□,起磨(礫)石……(下略)④

"汮"下一字圖版殘存如下之形:

------

①　《集成》第伍册,46 頁。按"卬"實寫作"印",見上文第(3)條。
②　同上注,47 頁。
③　同上注。
④　同上注,59 頁。

整理者爲此字加注説：

>此字殘，尚存"氵"旁，據文意，"氵□"似是"昏窈"、"昏茫"一類的詞。①

我認爲此應是"海"之殘字。試與《陰陽五行》乙篇《傳勝圖》"海"字比較：

右半殘存部分即"每"的上部。

《刑德》甲、乙篇也有與上引丙篇相近的内容。乙篇文字較殘，這裏引甲篇《刑德占·刑德解説》94～95行爲例：

>【謹】司（伺）三戌戌午、戌子、戌戌以觀四旁軍陳（陣）之氣也，……（中略）【若清】寒疾風，勁（勁）殺暴疾，發屋折木，天下昏□……（下略）②

整理者注説：

>"昏"下一字帛書開裂，似是"夭"或"交"，疑讀作"昏窈"。③

按圖版上此字存如下之形：

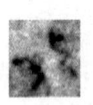

既知丙篇相應之字是"海"，此字右旁爲"每"形便不難辨識。左旁從殘存的點畫看，很可能也是"氵"。

"天下昏海"當讀爲"天下昏晦"。程少軒《馬王堆帛書"戊戌奇風"與楚漢彭城之戰》指出，《史記·項羽本紀》、《漢書·高帝紀》所記公元前205年楚漢彭城之戰的場景，與上引"戊戌奇風"相似。④ 前者有"於

---
① 《集成》第伍册，60頁注[二]。
② 同上注，25～26頁。
③ 同上注，26頁注[一]。
④ 楊振紅、鄔文玲主編《簡帛研究二〇一四》，208～210頁，廣西師範大學出版社，2014年。此説又略見於《集成》第伍册，49頁。

是大風從西北而起,折木發屋,揚沙石,窈冥晝晦"之語,後者有"大風從西北起,折木發屋,揚砂石,晝晦"之語;①"窈冥晝晦"、"晝晦"與帛書"天下昏海(晦)"相當,《史》、《漢》記事正用"晦"字,可證(《詩·小雅·無將大車》"維塵冥冥",朱熹《集傳》:"冥冥,昏晦也。""天下昏晦"即"窈冥晝晦")。

四、關於《陰陽五行》甲篇

名和敏光、廣瀨薰雄二位先生通過新綴入大量殘片,已重新復原了《陰陽五行》甲篇的整體結構,詳細研究請參看他們的《馬王堆漢墓帛書〈陰陽五行〉甲篇整體結構的復原》。我們對此篇的拼綴沒有下過功夫,下面一般不再論及其全局的拼綴問題以及所附殘片(但個別的局部拼綴問題仍會談到)。

拙文初稿寫完後,曾向廣瀨薰雄先生詢問本節涉及部分的復原情況。蒙廣瀨先生提供有關條目的新釋文和他們新拼合的圖版,並慨允引用,使拙文得以修改、補充,十分感謝。廣瀨先生說,目前《陰陽五行》甲篇的新釋文是初步的,還有大量的修改工作要做。

(七) 天一

(8) 9上開頭部分整理者釋文如下:

小逆:【帀(師),辱】,將【死;圢(仕)】者,發(廢);……(下略)②

核之圖版,"將"下一字實爲"圢(仕)",估計抄手抄漏了"死"字。上舉釋文當改爲:

小逆:【帀(師),辱】,將〖死〗;圢(仕)者,發(廢);……(下略)

附帶一提,"將"字右下的兩斜筆,疑是8上"貝(敗)"上"大"字的右半殘

---

① 雖然《刑德》甲、乙篇《刑德占·刑德解說》在描寫"戊戌奇風"時都說"蕱(飄)礫石"(甲篇見111行,乙篇見54行),但丙篇的"磨"畢竟與"礫"韻部相差較遠。"磨"能否讀"礫",當存疑。《史記》、《漢書》作"沙石"、"砂石"。

② 《集成》第伍冊,68頁。

畫。這個"大"字所在的小殘片似被與 9 上誤粘在了一起（看《集成》第柒册 133 頁原始圖版更爲明顯），當拆開。承廣瀨薰雄先生指教，根據他們的新拼合，8 上相關文句當作"大毛（耗）：帀（師），不勝，大【將】貝（敗）"，"大"字所在的小殘片上實是"勝大"二字。今將廣瀨先生提供的新拼合圖版引錄於下：

（八）女發

（9）1 上："【女】發：端月午；二月戌……（下略）"① 從圖版看，"端月"和"午"之間顯然還有一字：

字形結合文意考慮，此字當是"居"。首句先説"女發"（神煞）於正月居於午，以下則省略動詞逕稱"二月戌；三月卯……"。可惜下面講"殺星張"的部分，首句已殘，無從得知"端月"與"寅"之間是否也有動詞"居"。

---

① 《集成》第伍册，71 頁。

讀馬王堆帛書《刑德》、《陰陽五行》、《天文氣象雜占》瑣記　297

(九) 上朔

(10) 5下整理者釋文如下：

☑□甲當□,乙當莫嚚(敖),丙當連勢(敖),丁當司馬,戊當左右司馬,己當官首①

"甲當"下缺釋之字殘存如下之形：

結合辭例爲"'天干'當'官爵名'"來看,此或是"公"字。

(十) 祭(一)

(11) 2-11欄整理者釋爲：

緊(牽)牛須女、埂(亢)至(氐)、與(輿)鬼酉(柳)、妻胻(胃)。……(下略)②

按此欄開頭部分圖版如下：

"須女"之上的殘字顯然不是"緊牛",有些像"尾",此行之左的兩個字才是"緊(牽)牛"("須女"所在帛片與"緊牛"所在帛片不當粘在一起,前者應略往右移,二帛之間留出空位以便補足"牛"字形體)。

一説"須女"之上的殘畫可能是"牛"的下部,現在圖版上"牛"字的橫

---

① 《集成》第伍册,73頁。
② 同上注,78頁。

筆,實屬左邊"至"字的最末橫筆(此橫筆與"須女"等字在同一帛片上),"須女"所在帛片應往左下移。這樣移動之後,"緊"字之右的殘片上的橫畫(即前一說看作"尾"字最上橫畫者),按理當屬於 1－16 欄,但與此處整理者所補"祭"字不合;或者此殘片索性當剔除〔從圖版看,此殘片與"緊(牽)牛"所在帛片亦係綴合而成〕。

　　承廣瀨薰雄先生指教,他們重新拼合此篇時也已注意到本條所說的問題,並指出當以上舉後一說爲是。"緊"字之右的殘片,廣瀨先生現在懷疑很可能屬於 2－9、2－10 欄。今將他所提供的新拼合圖版引錄於下:

(十一) 雜占之四

(12) 16 上"□少(小)歲所居,經之兇(凶)","少"上一字據其殘筆似可定爲"居"。此"居"字後當點斷,其文例大概也是"××(星宿名)所居"(此行之首曰"□一所居")。

承廣瀨薰雄先生指教,《集成》此處圖版拼合有誤,根據他們的復原,16 上相關釋文當作(下加橫綫者表示與《集成》釋文不同):

　　　　□〔引者按:此字似即"大(太)"〕一所居,□□所居,少歲所居,【□】安(焉),大兇,□死。……

今將廣瀨先生提供的新拼合圖版引錄於下:

讀馬王堆帛書《刑德》、《陰陽五行》、《天文氣象雜占》瑣記　299

(十二) 室

(13) 2 上開頭，整理者釋文作"凡室危室"。① 從圖版看，實只有"凡室危"三字，以下數字已殘去。"危"下"室"字也許竟是録文誤衍？

承廣瀨薰雄先生指教，從上一條所引新拼合圖版看，2 上開頭部分釋

---

① 《集成》第伍册，87 頁。

文當改爲"凡室,危,可以術之"。

(14) 3 上"睘(環)其宅□□其門□",整理者於"宅"下第二個缺文後加注:"此字右從'昔',或是'錯'字。"①按此字釋"錯"可從。但釋文中的"宅"字,圖版上僅存"宀"旁和其下的一點筆畫,是否必爲"宅",難以肯定,不宜逕釋。"錯"上一字,從所存殘筆看,似是"宮"(同篇"宮"字屢見,可以比較)。

又,"宮錯其門"等字與 4 上"宮不【可】九益"中的"九益"以下等字在同一帛片上,"睘(環)其□"與 4 上"宮不"等字在另一帛片上(此帛片與 2 上"凡室危"等字所在帛片係拼綴而成)。從 4 上"可"所剩殘點和"九"的位置看,"睘(環)其□"與"宮不"等字所在帛片當略往下移。這樣一來,所謂"宅"字與我們釋的"宮"字就只能合爲一字了。疑所謂"宅"字,實是"宮"所從的"宀"旁和"吕"旁上一"口"的殘畫,待考。

今按:從(12)條所引廣瀨先生提供的新拼合圖版看,"睘(環)其"之"其"與"錯"之間確實只有一字,應即"宮"字,但因帛皺裂扭曲,"宮"的上半部分已嚴重變形。

(十三) 堪輿・堪輿神煞表

(15) 9 行之末的"疾"字,整理者加注説:"'疾'字殘,據北大漢簡釋出。"②按此"疾"字圖版十分清楚且基本完整:

不據北大簡即可逕釋。此注當刪。

五、關於《陰陽五行》乙篇

(十四) 刑德占・刑德解説

(16) 1 行整理者直接釋出的"荆(刑)始"之"始"字,③圖版上已完全

---

① 《集成》第伍册,87 頁注[六]。
② 同上注,97 頁注[七]。
③ 同上注,118 頁。

殘去("荊"字也僅剩左下角一點筆畫），按例似當作爲補文外加黑魚尾號。但從圖版看，"荊"字之下所存似爲空白帛，釋文據《刑德》乙篇相關部分補足，是否合乎實際抄寫情況，尚待研究。

（十五）刑德占·太陰刑德大游圖

（17）屬於"式圖五方文字"的"東方木位"下，整理者所釋"天乃見袄"的"袄"字，①圖版作 ，當是"沃"字，讀爲"袄"。

（十六）擇日表·文日武日等

（18）"武日"條，"凡此日利以"做某事中，有"駕（架）室臺門壸"（13中）。② 整理者加注說："'壸'疑爲'壹'之異體。"③按《說文·六下·口部》有"壸"字，即訓"宫中道"之"壸"。許慎分析其字形爲"从口，象宫垣道上之形"，未知確否。帛書"壸"原作 ，與"壸（壹）"的字形很難加以聯繫。④

戰國楚簡中"兒"字或作 （九店 56 號楚墓簡 28，同墓所出簡 56"兒"字亦近同⑤），下部"卩"作此形之"兒"又見於包山楚墓所出遣册簡 225 的"莧（蔥）"等字。⑥ 與 ，形體顯然很接近[《上博（三）·周易》簡 4、32、33、35 等處"見"字多作 ，"卩"的寫法與帛書此字下部亦似]。馬王堆帛書中的"兒"，其下部基本上都作"人"形，⑦例如《擇日表》

---

① 《集成》第伍册，126 頁。
② 同上注，133 頁。
③ 同上注，134 頁注［二］。
④ 單就字形而言，"壸"與其跟"壹"聯繫，不如說更像是《說文·十下·壸部》"壹"的省體。《說文》分析"壹"字"从凶、从壺，不得泄凶也"，引《易》"天地壹壹"。壹壹"即連語"氤氳"、"煙煴"、"絪縕"、"壹鬱"、"壹蘊"。張政烺先生指出，"壹"所从"凶"乃"盈"的聲旁"因（蘊）"形之訛（《釋因蘊》，《張政烺文集·甲骨金文與商周史研究》，30 頁，中華書局，2012 年）。"壹"省去上端象壺蓋的形體即成"壸"。不過，如釋爲"壹"，似乎找不出一個合適的音近之詞可以把文義順利講通。而且"盈"的聲旁"因（蘊）"在出土文字資料中似未見有訛作"凶"之例，此字釋"壹"，字形上也不是完全没有問題。所以我們終未取此說。
⑤ 李守奎《楚文字編》，447 頁，華東師範大學出版社，2003 年。
⑥ 參看裘錫圭《釋古文字中的有些"悤"字和从"悤"、从"兒"之字》，《裘錫圭學術文集·金文及其他古文字卷》，457 頁。
⑦ 陳松長等《馬王堆簡帛文字編》，299 頁。

的《兇》9下、《玄戈昭榣》9下、《文日武日等》14中的"兇"字皆如此作。"䘏"似可視爲對上舉楚文字寫法的"兇"的轉寫之誤。阜陽雙古堆西漢早期墓所出《周易》中的"兇"字,絕大多數爲下作"人"形者,但也有約5例下作"卪"形,①裘錫圭先生指出後者大概受到了楚文字下部作"卪"形寫法的影響;②情況跟馬王堆帛書的"兇"與"䘏"相似。只不過阜陽漢簡"兇"的"卪"形"已經受到了秦和漢初文字的影響",③馬王堆帛書《陰陽五行》乙篇的這個"䘏"則是訛體。

"兇"、"囪"二聲關係極爲密切。④ 帛書"䘏"字疑當讀爲"窗"("窗"、"囪"皆从"囪"聲,《五十二病方》329/319行"窗"字即从"囪"聲)。此條是説"武日"利以架設房室、樓臺的門窗。

在"字體兼有篆書、隸書的筆意,還保留了大量戰國楚文字的寫法"⑤的《陰陽五行》甲篇《室》裏,1上有"廡中宫囪"之語,作 之"囪",整理者"疑讀爲'凶'或'窗'"。⑥ 按似當讀爲"窗"。"囪"即"恼",《集韻》以爲"兇"之異體。裘錫圭先生所釋左冢楚墓漆梮上的"囪"、郭店簡《尊德義》簡24"莧(慈)"等字,所从即"囪(恼)"。⑦《室》篇可能用爲"窗"的"囪",應該也是楚文字的孑遺。《上海博物館藏戰國楚竹書(七)》所收《武王踐阼》,甲本簡4整理者釋"兇"之字作 ,何有祖先生提出兩種分析的辦法:"其一是認爲橫筆(引者按:應説弧筆)是衍筆,作'兇'的訛字處理;另一可以分析爲從凶從心,讀作'兇'。"⑧當以其後

---

① 參看裘錫圭《釋古文字中的有些"囪"字和从"囪"、从"兇"之字》,《裘錫圭學術文集·金文及其他古文字卷》,457頁;鄔可晶《讀阜陽漢簡〈周易〉釋文小記》,《周易研究》2010年第5期,58頁【編按:已收入本書】。

② 裘錫圭《釋古文字中的有些"囪"字和从"囪"、从"兇"之字》,《裘錫圭學術文集·金文及其他古文字卷》,457、463頁。

③ 同上注,463頁。

④ 同上注,454~460頁。

⑤ 《集成》第伍册,66頁。

⑥ 同上注,87頁注[二]。

⑦ 裘錫圭《釋古文字中的有些"囪"字和从"囪"、从"兇"之字》,《裘錫圭學術文集·金文及其他古文字卷》,454、459頁。

⑧ 何有祖《〈武王踐阼〉小札》,簡帛網,2009年1月4日。

一説爲是。此種寫法的"悤(惱)",如其"心"、"凶"二旁的弧筆共用,似乎也有可能訛變爲"豈"。

(19) 19 中整理者釋文如下：

結日,以祠,家母㮄,生子無☐①

按占書無稱"家母"之理,此斷句恐有問題。

參考 14 中"是謂毀,以祠,家不益"、15 中"是謂衝折,以祠,家毀,生子疾"、21 中"是謂徹,以祠,母死,生子不吉",此條似當斷作"結日,以祠,家、母㮄(衰),生子☐"。有可能"家"下抄脫"毀"一類字眼。

(十七) 五行禁日

(20) 11 上"五行可以十一月之中☐至☐☐日位"。② 按"中"下一字疑是"旬",但很不能肯定。"至"、"日"之間實僅一字,從其殘筆看,應是"奇"字。

(21) 15 下"不可以水攻城"下,圖版加綴一殘片,上有"毀牆垣"三字。③ 但釋文未釋,④不知何故。

(十八) 上朔

(22) 16 下殘斷符號之下四字,整理者釋爲"☐有始徙"。⑤ 按原釋"徙"之字,從字形看應釋"徙",但在此似確有可能爲"徙"之誤。"有"上缺釋之字,從其殘存筆畫看,疑爲"衆"(本小篇 30、34、36 等行有"衆"字,可比較)。

(23) 33~34 行"執正賞之歲是荆(刑)伐夬(決)古(故)獄必",⑥整理者爲所釋"正"字加注說："'正'疑是'金(廢)'之誤。"⑦按所謂"正"字原作 ,沒有問題就是《說文》以爲"古文'瀘'"的"金"字。

---

① 《集成》第伍册,134 頁。
② 同上注,135 頁。
③ 《集成》第貳册,9 頁。
④ 《集成》第伍册,135 頁。
⑤ 同上注。
⑥ 同上注,136 頁。
⑦ 同上注,138 頁注[一一]。

（十九）天一

（24）4 行之末，整理者釋爲"二☐【歲死，不】☐"。① 按此行圖版，除了在與 3 行"事"字處於相同的地位上有一點筆畫外，僅存如下殘片：

此應即釋文所補"死不"二字，可逕釋出。釋文逕釋的"二"字反而不可見。根據圖版，上引釋文當改作"☐【歲】死不☐☐☐"。

（25）17、33 行整理者釋"逞（歸）"②之字作如下之形：

本即"歸"字。

（二十）殘片

（26）殘片 1 整理者釋"雍（壅）"③之字，實當釋爲"廱"。此字馬王堆帛書（如《五行》71/240 行）及其他漢代文字資料、《說文》等已見。

六、關於《天文氣象雜占》

（27）第四列第 45 條整理者釋爲："小雨而振（震）邦門，人主惡之。"④ 按從常理推測，小雨當不至於"震邦門"，此讀可疑。

---

① 《集成》第伍册，144 頁。
② 《集成》第伍册，145 頁。
③ 同上注，146 頁。
④ 《集成》第肆册，263 頁。

我懷疑此"振"可能是"辱"的訛字。馬王堆帛書《春秋事語》"魯桓公與文姜會齊侯于樂"章"賢者死忠以辱尤而百姓愚（寓）焉"（93 行），《管子·大匡》作"賢者死忠以振疑，百姓寓焉"。裘錫圭先生"疑'辱'爲'振'字之誤"。① 其説可從。②《春秋事語》誤"振"爲"辱"，與《天文氣象雜占》誤"辱"爲"振"類似。戰國秦漢出土文獻中，還有"辱"訛作"辰"之例，亦可參考。如上海博物館藏戰國楚竹書《申公臣靈王》簡 9"不以唇斧質"之"唇"顯爲"辱"的誤字（楚簡"辱"或作上"唇"下"又"之形）。③ 孔家坡漢簡《日書》"徙時"篇有"西南執辱"、"西北執辱"、"東南執辱"等語，但在簡 99裏却誤寫作"東北執辰"。④｛校按：馬王堆帛書《繫辭》13 下"營（榮）辰〈辱〉之斗（主）也"，亦其例。參看《集成》第叁册 66 頁注［七］。｝

"小雨而振〈辱〉邦門"的"辱"，據文義，當讀爲"濟盈不濡軌"之"濡"（"濡"、"辱"聲母相同，韻部爲嚴格的陰入對轉。《説文·十上·犬部》"獳""讀若槈"）。小雨濡濕、浸漬了邦門，因而"人主惡之"。帛書《刑德》甲篇《日月風雨雲氣占·風雨雲氣等》40 行有"雨而牆"之語（亦見於乙篇 87 行，但文字較殘），劉釗先生讀"而"爲"濡"，"是説雨水浸濕了牆體"。⑤其説若確，"雨而（濡）牆"的文例便與"小雨而振〈辱〉（濡）邦門"極近，彼此可以互證。【編按：鄭健飛先生向我指出，從帛書圖版看，此條"雨"字實爲"取"之誤釋。這句話當如何解釋，有待研究（估計鄔説已難成立）。】

（28）後半幅末段第一列第 7 條頗殘，上下兩個殘斷符號之間的文字，整理者釋讀爲"方毚，晦入南"。⑥ 按"毚"字在《天文氣象雜占》中兩見，第六列第 17 條："毚，出，一邦亡。"整理者已指出"毚"當讀爲"欃"，這

---

① 裘錫圭《帛書〈春秋事語〉校讀》，《裘錫圭學術文集·簡牘帛書卷》，435 頁。
② 《集成》第叁册，197 頁。
③ 上海博物館藏戰國楚竹書《命》簡 2 有"恐不能，以辱斧質"之語，可證。我們曾以爲"唇"字也可能不誤，並進而讀爲"抵"，大謬。
④ 湖北省文物考古研究所、隨州市考古隊《隨州孔家坡漢墓簡牘》，139 頁，文物出版社，2006 年。
⑤ 劉釗《〈馬王堆天文書考釋〉注釋商兑》，同作者《書馨集——出土文獻與古文字論叢》，135 頁。參看《集成》第伍册，14 頁注［四］。
⑥ 《集成》第肆册，276 頁。

裏指以"狀如劍"的武器命名的妖星。① 後半幅末段第三列第 4 條:"云(雲)如毚屬日,當者邦君賊。"整理者取劉樂賢先生讀"櫼"之說,訓爲"銳","或即日刺"。② 如果按照上述兩種"毚(櫼)"的用法來讀"方毚",文義顯然不可通。

跟我們討論的這一條同列的第 5 條,有"□□見東方"之語,第 6 條說"(上殘)□北入,三月中而歸"。疑本條"入南"與"北入"義近;"毚"上的"方"字,可能也指東方、西方一類的方位。若此,"方"與"毚"就更不應該連讀了。周家臺秦簡式圖所記 28 時稱中,在"平旦"之前有"毚旦",在"日入"之前有"日毚入"。③ 整理者注說:"'毚',即'纔',初,方始。"④ 玄應《一切經音義》卷二"裁有"注引《三蒼》:"纔,微見也。"⑤ "初、方始"與"微見(現)"義相因。既然秦代已有"毚(纔)旦"的時稱,上引帛書疑可斷讀爲"方,毚(纔)晦入南","毚(纔)晦"指剛進入夜晚之時(亦即天微現昏暗)。北京大學藏秦簡《教女》簡 031 有"毚(纔)晦而臥"⑥,是其證。

2015 年 6 月 9 日初稿
10 月 27 日改定

附識: 本文先後蒙石繼承、蘇建洲、郭永秉、廣瀨薰雄、程少軒、王輝先生提出寶貴修改意見,謹致謝忱。

原載中國文化遺産研究院編《出土文獻研究》第 15 輯,中西書局,2016 年。

---

① 《集成》第肆册,273 頁注[二〇]。
② 同上注,280 頁注[八]。
③ 湖北省荊州市周梁玉橋遺址博物館《關沮秦漢墓簡牘》,108~109 頁,中華書局,2001 年。
④ 同上注,110 頁。
⑤ 宗福邦等主編《故訓匯纂》,1788 頁"纔"字條之㊿。
⑥ 朱鳳瀚《北大藏秦簡〈教女〉初識》,《北京大學學報(哲學社會科學版)》2015 年第 2 期,10 頁。

孔家坡漢簡《日書》短札四則

湖北隨州孔家坡發掘的西漢前期（景帝時）8號墓所出竹簡中，有《日書》抄本。經過學者們的不斷探索，《日書》釋讀的不少問題已得到很好的解決。本文打算再提出幾條簡短的意見，供大家參考。

孔家坡漢簡《日書》的抄寫年代，據研究，當不晚於漢高祖十二年（公元前195年）。① 由於實用書籍具有傳承性强的特點，在時代跟孔家坡漢簡《日書》相近的睡虎地、放馬灘等秦墓所出《日書》中，可以看到不少彼此相同或類似的內容。討論睡虎地、放馬灘秦簡《日書》的有關文義時，應該充分利用孔家坡漢簡《日書》的綫索。本文也將涉及這方面的內容。

爲了節省篇幅，以下稱孔家坡漢簡、睡虎地秦簡、放馬灘秦簡爲"孔簡"、"睡簡"、"放簡"。

一

孔簡《盜日》篇"戌，老火也"條有如下之語：

盜者赤色，短頸，其爲人也剛履。（簡377）②

---

① 陳炫煒《孔家坡漢簡日書研究（修訂本）》，265～269頁，臺灣清華大學歷史研究所碩士論文（指導教師：張永堂、劉增貴教授），2008年。
② 湖北省文物考古研究所、隨州市考古隊《隨州孔家坡漢墓簡牘》，102、175頁，文物出版社，2006年。

睡簡《日書》甲種《盜者》篇,亦有"戌,老羊也"條,相應之文作:

>盜者赤色,其爲人也剛履,疵在頰。(簡79背)①

劉樂賢先生讀睡簡的"剛履"爲"剛復","剛復"即"剛愎"。② 李學勤先生疑"履"爲"愎"字之誤。③ 孔簡整理者也在"剛履"之"履"後,括注"愎"。④ 此說實不可從。

"履"、"愎/復"聲韻皆異,無由相通。《說文·八下·履部》分析"履"字"从尸、从彳、从夂,舟象履形"。從古文字看,所謂"舟象履形"者,實是象人形的"頁"(秦漢文字"頁"的頭部或訛作"凶"形)。所謂"从彳"者,是本象人所踐履的"履"形變爲"舟"形後,移至"頁"旁之左,逐漸簡化而成的。如上引孔簡的"履"作⿰,左下爲"舟"還比較明顯("舟"與"尸"有共用筆畫);睡簡那一例"履"作⿰,所從亦非"彳"。所謂"从尸"者,則是在"履"上加注的聲符"眉"的訛變。⑤ 所以就字形來說,隸變後的"履"中雖含有"復",但"履"與"復"本來是毫無關係的。如果認爲兩種《日書》的"履"字都是"復"的誤寫,不但字形並不相近,而且未免太過湊巧了些。

我們認爲簡文的"剛履"當讀爲"剛戾"。上古音"履"屬來母脂部,"戾"屬來母質部,二者聲母相同,韻部陰入對轉(雖然中古"履"爲開口三等字,"戾"爲開口四等字,但與"履"屢通的"禮",⑥中古也是開口四等字)。《周易》井卦"九五"爻辭"井冽寒泉食",馬王堆帛書本"冽"作"戾";

---

① 睡虎地秦墓竹簡整理小組《睡虎地秦墓竹簡》,圖版109頁、釋文注釋220頁,文物出版社,1990年。
② 劉樂賢《睡虎地秦簡日書研究》,272頁,文津出版社,1994年。參看王志平《簡帛叢札二則》,《簡帛研究》第3輯,132~133頁,廣西教育出版社,1998年。
③ 李學勤《〈日書〉盜者章研究》,同作者《簡帛佚籍與學術史》,155頁,江西教育出版社,2001年。
④ 湖北省文物考古研究所、隨州市考古隊《隨州孔家坡漢墓簡牘》,175頁。
⑤ 裘錫圭《西周銅器銘文中的"履"》、《應侯視工簋補釋》,《裘錫圭學術文集·金文及其他古文字卷》,27~32、142頁,復旦大學出版社,2012年。季旭昇《說文新證》,682頁,藝文印書館,2014年。
⑥ 參看高亨、董治安《古字通假會典》,544頁,齊魯書社,1989年。

《春秋・隱公二年》"紀裂繻來逆女",《公羊》、《穀梁》"裂繻"並作"履緰",①是"履"、"戾"間接相通之例。《史記・秦始皇本紀》載方士侯生、盧生"相與謀曰：'始皇爲人,天性剛戾自用……'"。同書《伍子胥列傳》載伍奢評價其二子伍尚、伍員："尚爲人仁……員爲人剛戾忍訽……"皆言"爲人剛戾",與《日書》"其爲人也剛履(戾)"文例極似。"剛戾"不但有剛愎自用的意思,而且"戾"字突出其人暴戾、酷虐,更符合盜者爲人的特性。

銀雀山漢簡"論政論兵之類"《五名五共》所謂"兵有五名",與"一曰威強,二曰軒驕"對舉者,有"三曰剛至"(簡1164),整理者疑"至"當讀爲"恎"。② 其説可信。《廣雅・釋詁三》"恎……,很也",王念孫《疏證》："言很戾也。"《玉篇・心部》："恎,惡性也。"較晚的古書裏又有"剛鷙"一詞,與"剛恎"音義皆近。䥷羌鐘有"武侄寺力"之語(《集成》00157～00161),曾伯霥瑚有"元武孔黹"之語(《集成》04631、04632),攻敔王光劍銘自稱"允至"(《集成》11666),前人多讀"侄"、"黹"、"至"爲"鷙"。③ 其實讀爲剛恎之"恎"似亦無不可。"恎"、"鷙"與"戾"音亦不遠,"剛戾"、"剛恎"、"剛鷙",應是關係十分密切的同族詞【編按："恎"、"鷙"與"戾"聲母不近,同族詞之説似無據】。

二

孔簡整理者所定《司歲》篇中,申朔、酉朔、戌朔三條有關於東、南、西以及中央帝的記載。現録整理者所作釋文如下：

【申】朔,奄(閹)戊(茂)司歲,有年,中央,黄啻(帝)。(簡435壹)
【酉朔】……□□,東方昊,南方叔倍。(簡436壹)
【戌朔】……兵西方尚王內。(簡437)④

---

① 高亨、董治安《古字通假會典》,537、544頁。
② 銀雀山漢墓竹簡整理小組《銀雀山漢墓竹簡[貳]》,26、153頁,文物出版社,2010年。
③ 參看李家浩《攻敔王光劍銘考釋》,《著名中年語言學家自選集・李家浩卷》,57頁,安徽教育出版社,2002年。
④ 湖北省文物考古研究所、隨州市考古隊《隨州孔家坡漢墓簡牘》,181頁。

310　戰國秦漢文字與文獻論稿

　　從內容看,這部分簡文與"司歲"並無明顯聯繫,有些學者認爲不當歸於《司歲》篇。①

　　上引第一條簡文,自"朔"至"央"字僅存右半,原釋文外加"□",此已略去。劉樂賢先生指出,整理者的釋文有一些問題,如第二條"倍"實是"啻(帝)"字;第三條"王"當釋"玉","岜玉"讀爲"顓頊","內"爲"白"之誤釋。劉先生又懷疑第二條"東方昊""可能是'東方大昊'之脫"。② 所説皆正確可從。

　　第二條"南方叔啻(帝)"的"叔",劉樂賢先生根據同批簡其他"叔"的寫法與此不類,指出並非"叔"字,"應當釋爲何字,尚待進一步研究"。③按此字原作如下之形:

跟出土漢初文字資料中的"叡"字比較一下,可知亦當釋"叡":

　　　(睡虎地 M77 漢墓所出《葬律》,《江漢考古》2008 年第 4
　　　期彩版一四)

　　　(馬王堆帛書《戰國縱橫家書》192 行)

"叡"字本从"睿",但上舉二例省去"歺"中橫畫,變爲从"容"。《説文·二上·口部》以爲"古文合"的"容",前人指出即同書《十一下·谷部》所收"濬"之正篆"容",情况與此相同。④ 孔簡的這個"叡","ソ"下比上舉二例

　　①　參看王強《孔家坡漢墓簡牘校釋》,154 頁,吉林大學碩士學位論文(指導教師:吳振武教授),2014 年。
　　②　劉樂賢《孔家坡漢簡〈日書〉"司歲"篇初探》,同作者《戰國秦漢簡帛叢考》,109～110 頁,文物出版社,2010 年。
　　③　同上注,110 頁。又可參看陳炫煒《孔家坡漢簡日書研究(修訂本)》,308 頁;王強《孔家坡漢墓簡牘校釋》,155 頁。
　　④　參看拙文《説金文"賢"及相關之字》,《出土文獻與古文字研究》第 5 輯,219 頁注⑥,上海古籍出版社,2013 年。

多了一短横,似應看作"叔"之訛寫;①也可能所加短横僅是贅畫(受漢代"敬"、"叔"等字左上作"⺊"的影響),其字仍從"容"。

劉樂賢先生說"簡文的'南方□啻(帝)',可能是指'南方炎帝'或'南方赤帝'"。② 上引《葬律》和《戰國縱横家書》二例"叡",皆用爲溝壑之"壑"("壑"從"叡"聲)。馬王堆漢墓帛書《五行》"經"文中,"赫赫在上"之"赫"寫作"壑"(28/197 行),"説"文則寫作"赤"(107/276、108/277 行)。③ "南方叡帝"讀爲"南方赤帝",指炎帝而言,似乎是順理成章的。不過,相鄰的簡 438 亥朔條有"赤奮"之"赤"字;《日書》的《主歲》篇所載關於五色帝的内容,簡 429 貳"丙丁朔"條已有"赤啻(帝)"。"叡帝"能否也讀爲"赤帝",尚須研究。

又疑"叡帝"當讀爲"赫帝"(《北京大學藏西漢竹書[伍]》所收《節》,簡 37、40 的"瀬"字,整理者已指出即"壑"之異體④)。《説文·十下·赤部》:"赫,火赤皃。"《詩·邶風·簡兮》"赫如渥赭"毛傳:"赫,赤貌。"炎帝既稱"赤帝",自然也可以稱爲"赫帝"。

在緯書中,炎帝另有"赤熛怒"的稱號,《春秋緯》之三《春秋文耀鈎》:"太微宫有五帝坐星,蒼帝曰靈威仰,赤帝曰赤熛怒,黄帝曰含樞紐,白帝曰白招拒,黑帝曰汁光紀。"⑤"赤熛怒"之"赤",當承其赤帝之號而來,故炎帝又可稱"熛怒",《史記·天官書》"氣以處熒惑"句《索隱》引《春秋文耀

---

① 北京大學藏西漢竹書《周馴》簡 198"壑"作 ▇ (北京大學出土文獻研究所《北京大學藏西漢竹書[叁]》,上册 99 頁,上海古籍出版社,2015 年),如"谷"上的横畫與右邊的竪筆相連,其上横畫與右竪斷開(現在其"叔"旁上部的寫法大概受到"虐"的類化),就很容易變成孔簡"叡"的樣子。同篇簡 70"壑"作 ▇ (《北京大學藏西漢竹書[叁]》,上册 56 頁。此"壑"字所從"又"變爲"大",不知"大"有没有可能實是"廾"),其所從"容",除去上端作"⺊"而不作"丷"外(上舉睡虎地漢簡《葬律》的"叡"即從"⺊"),"叔"旁的寫法已與孔簡"叡"一致。
② 劉樂賢《孔家坡漢簡〈日書〉"司歲"篇初探》,同作者《戰國秦漢簡帛叢考》,110 頁。
③ 裘錫圭主編《長沙馬王堆漢墓簡帛集成》,第壹册 104、107 頁,第肆册 59、83、84 頁,中華書局,2014 年。
④ 北京大學出土文獻研究所《北京大學藏西漢竹書[伍]》,43 頁。
⑤ 《禮記·郊特牲》、《左傳·桓公五年》正義等引。(清)趙在翰《七緯》,下册 451 頁,中華書局,2012 年。

鈎》:"赤帝熛怒之神,爲熒惑,位在南方,禮失則罰出。"①炎帝所以有"熛怒"之號,古人以爲其火性主怒。《玉燭寶典》卷四(《古逸叢書》影印日本鈔卷子本)引《詩含神務(霧)》:"其南赤帝坐,神名熛怒。"宋均曰:"熛怒者,取火性蜚楊成怒以自名也。"②《周禮·春官·大師》"大師,執同律以聽軍聲,而詔吉凶",賈公彥疏解釋鄭注所引《兵書》"徵則將急數怒、軍士勞"句説:"南方火,火主熛怒,故將急數怒。"③此所言無關炎帝,但也把"熛怒"與"南方火"聯繫在一起。"赫"古有"怒"、"盛怒之皃"義(字後亦作"嚇")。④ 炎帝有"叡(赫)帝"的別稱,也可能與緯書所見其"熛怒"之號有關。

《莊子·馬蹄》"夫赫胥氏之時",成玄英疏:"赫胥,上古帝王也。亦言有赫然之德,使民胥附,故曰赫胥,蓋炎帝也。"(《路史·前紀七》"赫蘇氏"條言"赫蘇氏,是爲赫胥。……又以爲即炎帝,妄矣"。)前人已據《胠篋》篇赫胥氏、神農氏並見,斥成説爲非。上海博物館藏戰國楚竹書《容成氏》1號簡所記上古帝王名中,既有"苍(赫)疋(胥)是(氏)",又有"斩(神)戎(農)是(氏)",⑤亦可爲證。成玄英之流所以誤把赫胥氏當作炎帝,不知是否由於歷史上炎帝曾有過"赫帝"之號的緣故。

三

孔簡整理者所擬定的《死咎》篇,其内容與睡簡《日書》甲種《十二支占死咎》頗近,"兩者當有淵源"。⑥《死咎》篇有如下一條:

---

① (清)趙在翰《七緯》,下册 452 頁。
② 參看(清)趙在翰《七緯》,上册 255 頁按語。
③ 《周禮注疏》,《十三經注疏》整理本第 8 册,721 頁,北京大學出版社,2000 年。
④ 宗福邦、陳世鐃、蕭海波主編《故訓匯纂》,2200 頁,商務印書館,2003 年。
⑤ 馬承源主編《上海博物館藏戰國楚竹書(二)》,圖版 93 頁、釋文考釋 250 頁,上海古籍出版社,2002 年。
⑥ 陳炫煒《孔家坡漢簡日書研究(修訂本)》,181～182 頁。睡簡此篇本無篇題,此暫取有的研究者所擬。

申死，其咎在二室，畜産。（簡308）①

整理者注："畜産，指幼畜。"②陳炫煒先生指出整理者的説法"不確"，他引《史記·韓長孺列傳》"匈奴虜略千餘人及畜産而去"，謂"畜産指飼養的禽畜"。③

　　孔簡《日書》數見"畜産"，如《建除》稱"收日"，"可以入人、馬牛、畜産、禾稼"（簡22）；《辰》稱"秀日"，"利見人及入畜産"（簡31）；同篇"陰日"，"利以……見人、畜産"（簡44）等。其他秦漢簡中亦多有，不具引。古書裏的"畜産"，又見於《墨子·號令》："小城不自守通者，盡葆（保）其老弱、粟米、畜産。"還有單説"産"的，如《左傳·僖公十五年》"古者大事，必乘其産"。可畜養、存活、繁殖的禽獸，即爲"畜産"，其得名與"畜生"同例。④後來就爲此種意思的"産"造了一個本字"犍"[《説文·二上·牛部》："犍，畜牲也（大徐本'牲'訛作'牷'，此據徐鍇《繫傳》改）。"]；"畜生"的"生"後作"牲"，情況亦同。孔簡整理者根據"孔家坡簡多處將馬牛和畜産並列"的現象，認爲"畜産並不包括牛馬"。⑤ 這是有道理的。不過，在不與"馬牛"對舉時，"畜産"應該可以包括牛馬而言，相當於古人所謂"六畜"（孔簡《日書·建除》簡15"盈日""可以……入六畜"，睡簡《日書》甲種《秦除》簡16正貳則作"盈日……可以産"，或謂"産"上脱一"入"字。⑥ "産"即"畜産"，可證"畜産"與"六畜"同意）。

　　順便提一下，出土秦漢文字資料中"産"的意思跟"生"差不多，有些用法（如表"存活"、"生鮮"等義）似爲傳世典籍所罕見。有鑒於此，有人認爲這些"産"實際上代表的是語言裏"生"這個詞。已有學者指出這種懷疑是

---

① 湖北省文物考古研究所、隨州市考古隊《隨州孔家坡漢墓簡牘》，95、167頁。
② 同上注，168頁。
③ 陳炫煒《孔家坡漢簡日書研究（修訂本）》，180頁。
④ 參看趙岩《簡帛文獻詞語歷時演變專題研究》，104～107頁，中國社會科學出版社，2013年。
⑤ 湖北省文物考古研究所、隨州市考古隊《隨州孔家坡漢墓簡牘》，130頁。
⑥ 施謝捷《簡帛文字考釋札記》，《簡帛研究》第3輯，173頁；湖北省文物考古研究所、隨州市考古隊《隨州孔家坡漢墓簡牘》，130頁。

没有必要的。① 上舉孔簡《日書》的《辰》篇中，既有"畜産"，又有"畜生"〔如簡 38～39"不可以取（娶）妻、嫁女、出入畜生"，簡 46"不可見人、取（娶）妻、嫁女、出入人、畜生"〕；《離日》篇稱"離日不可取（娶）妻、嫁女及入人、畜生、貨"（簡 143 叁～144 叁）；《臨日》篇稱凡逢"臨日"，"不可……畜生，凡百事皆凶"（簡 109），這裏的"畜生"似當指"入畜生"。《星官》篇稱"三月胃""不可食六畜生"（簡 66），"五月東井……以死，必五人；殺産，必五産"（簡 70）。殺五産之"産"應即畜産之"産"。總之，孔簡《日書》"畜産"、"畜生"並見，也對"産"用爲"生"的看法不利。

睡簡《日書》甲種《十二支占死咎》，與孔簡《死咎》"申死"條相應者爲：

申，石也。其咎在二室，生子不牷。（簡 91 背壹）②

整理者在"牷"後括注"全"，加注説"生子不全，亦見《法律答問》"。③ 按《法律答問》有"其子新生而有怪物其身及不全而殺之，勿罪"、"今生子，子身全殹（也），毋（無）怪物"等語（簡 69），整理者謂"不全"指新生兒"有先天畸形"、"肢體不全"。④ 所以各家多把"生子不牷（全）"理解爲"生孩子，孩子身體有殘缺"。⑤ 單獨地看，這種解釋當然很有道理；但跟孔簡此條的"畜産"却無法統一。

比較睡簡《十二支占死咎》和孔簡《死咎》可以知道，後者行文往往較前者簡略，有時甚至省去主要動詞不説，導致文義曖昧不明。例如：睡簡的"戌，就也"條，説"其咎在室，馬牛豕也，日中死，兇（凶）"（簡 93 背壹）；孔簡"戌死"條僅説"其咎在室，六畜"，讀過睡簡的那條簡文，方知當指六

---

① 參看張顯成《簡帛所見"産"有"生、活、鮮"義——淺談詞義的感染》，同作者《簡帛文獻論集》，85～88 頁，巴蜀書社，2008 年。
② 睡虎地秦墓竹簡整理小組《睡虎地秦墓竹簡》，圖版 110 頁、釋文注釋 221 頁。
③ 同上注，釋文注釋 221、222 頁。
④ 同上注，釋文注釋 109～110 頁。參看王子今《睡虎地秦簡〈日書〉甲種疏證》，463 頁，湖北教育出版社，2003 年。按"有怪物其身及不全"猶言"有怪物其身、不全其身"，"不全"也是針對"其身"説的，下云"子身全"可證。大概爲了避免句子成分太長，故將"及不全"挪到"其身"之後。
⑤ 吴小强《秦簡日書集釋》，154 頁，嶽麓書社，2000 年。

畜"日中死"一類事。① 孔簡"未死"條云"其咎在里,寡夫若寡婦"(簡307),文雖較繁,但不如睡簡作"其室寡"(簡90背壹),義更顯豁。孔簡此條的"畜産"之咎,按例當與睡簡所説"生子不牷"有關。

古代"子"可指動物所生之幼子,如《論語·雍也》:"犁牛之子,騂且角。"例多不煩舉。如果把"生子不牷"與"畜産"對應起來考慮,這裏的"生子"似當指牲畜生幼子。不過,從《日書》語言通例看,單言"生子",幾乎都指人生子。所以我們認爲,此條在最初應該也是説人生孩子的,但孔簡(也許還可以包括睡簡)此篇的寫定者以及當時使用"日書"的有些人,很可能已有意無意地把它誤解成了"畜産生子"。祭祀所用之"牷",一般認爲指毛色純一者。但是,《周禮·地官·牧人》"牧人掌牧六牲而阜藩其物,以共祭祀之牲牷",鄭玄謂"牷,體完具"。僞古文《尚書·微子》"今殷民乃攘竊神祇之犧牷牲",僞孔傳:"色純曰犧,體完曰牷,牛羊豕曰牲。"大概當時確實有"體完曰牷"的用法,所以鄭注、僞孔傳才會對牲牷之"牷"作出這樣的解釋。指牲畜肢體齊全的"牷",應該是由完全之"全"分化出來的一個專字。睡簡"生子不牷"的"牷",正是指牲畜"體完具"的例證,無需破讀爲一般的"全"。

可以注意的是,睡簡中指人體貌不全的"全",除了上舉《法律答問》之外,還見於《日書》甲種《盜者》"面有黑焉,不全於身"(簡71背)、"其身不全"(簡75背)、"其面不全"(簡80背)等,無一例外均用"全"。②《十二支

---

① 孔簡"亥死"條亦云"其咎在室,六畜"(簡311)。據睡簡"亥"條言"死必三人,其咎在三室"(簡94背壹),可知孔簡此條係誤抄了"戌死"條的内容。

② 簡71背、75背、80背之"全",原寫作"金"。放簡《日書》甲、乙種《盜者》篇均作"捡"(見簡38、74)。孔簡《日書·盜日》,與"不全於身"相當者作"不金於中"(簡369)。所以有學者質疑過去"不全"之釋(以上所説,據王強《孔家坡漢墓簡牘校釋》136頁)。不過,秦漢文字中"全"、"金"二字有混訛之例(參看劉玉環《秦漢簡帛訛字研究》,69頁,中國書籍出版社,2012年)。究竟釋"全"抑"金",主要得看文義能否講通。上述諸例改釋爲"金"後,很難找到一個合適的詞來通讀簡文。而孔簡《盜日》篇373號簡上"其身不全"的"全",卻明白無疑是寫作"全"的。所以結合文義來看,上述"金"字還是視爲"全"之誤書較妥(秦漢文字"全"、"金"訛混,本來就以"全"訛作"金"爲常)。馬王堆漢墓所出帛書《老子》甲本,現存的兩個"全"字,全都錯寫成了"金"(見136、138行);上舉睡簡、放簡、孔簡的"全"多誤作"金",並不奇怪。

占死咎》"生子不牷"用"牷"而不用"全",似即暗示了此條所説生子肢體不全之事,實指"畜産"而非人。①

四

孔簡《日書》中的《直室門》篇,又見於放簡《日書》乙種,不少學者作過研究。我們要討論的是關於"屈門"的一條。現將二本相關文句録出:

  屈門:必昌以富。婦女媢族人婦女,是胃(謂)鬼責門。三歲弗更,必爲巫。(孔簡 281 貳)②

  屈門:其主必昌富,婦人必宜疾,是=(是謂)鬼夾之{之}門。三歲更。(放簡乙 8 貳～乙 9+13 貳)③

上引放簡"夾",陳昭容先生指出當是"朿"字之訛,"責"從"朿"聲,"鬼夾〈朿〉之門"可讀爲"鬼責之門",與孔簡的"鬼責門"是一回事。④ 其説甚是。

孔簡"婦女媢族人婦女"的"媢",整理者引《廣韻·遇韻》"媢,媢妬也。女子妬男子",訓爲"嫉妒"。⑤ 放簡"婦人必宜疾"的"宜疾",其義與"媢"相當。"疾"有"怨"義(《管子·君臣上》:"有過者不宿其罰,故民不疾其威。"尹知章注:"疾,怨也。"《左傳·昭公十三年》:"若憚之以威,懼之以怒,民疾而叛。"),又有"妬"義(《戰國策·秦策五》"文信侯出走"章"其爲人疾賢妬功臣"。後寫作"嫉"),"嫉妒"與"怨恨",義本相因,在這裏當然取"妬"義爲妥。

"婦人必宜疾"與"其主必昌富"處於對文位置,"昌"與"富"、"宜"與

---

  ① 也有可能是睡簡此篇所從出的底本或睡簡的抄寫者,偶爾用"牷"爲"全"。使用或傳抄日書的人,遂按字面意思,把人生子不全誤讀爲畜産生子不牷了。
  ② 湖北省文物考古研究所、隨州市考古隊《隨州孔家坡漢墓簡牘》,93、165 頁。
  ③ 孫占宇《天水放馬灘秦簡集釋》,15～16、104 頁,甘肅文化出版社,2013 年。
  ④ 劉增貴《放馬灘秦簡〈日書·直室門〉及門户宜忌簡試釋》,武漢大學簡帛研究中心主辦《簡帛》第 6 輯,53～54 頁引,上海古籍出版社,2011 年。
  ⑤ 湖北省文物考古研究所、隨州市考古隊《隨州孔家坡漢墓簡牘》,166 頁。

"疾",皆義近連用。劉增貴先生在其所寫定的此篇釋文裏,爲"宜"字括注"媤",①也是由於看到了這一點。不過"宜"、"媤"韻部遠隔,顯然不能相通。

我們曾在《説上博簡〈容成氏〉"民乃宜怨"的"宜"及古書中的相關字詞》一文中,通過文義和辭例比勘,推測《上博(二)·容成氏》簡 36"民乃宜怨,虐疾始生"、《墨子·備城門》"此十四者具,則民亦不宜上矣,然後城可守"、河北定州西漢中山懷王劉脩墓所出竹簡本《論語》簡 530"今之□也忿誼(今本作'戾')"之"宜"、"誼",有"怨"、"違"一類意思;《管子·九變》與《墨子·備城門》同源之文中的"此民之所以守戰至死而不德其上者也"之"德",《大戴禮記·哀公問五義》、《荀子·哀公》中與《孔子家語·五儀解》"言必忠信而心不怨"有同源或承襲關係的"躬行忠信其〈而〉心不置"、"言忠信而心不德"之"置"、"德",可能都是"宜"的誤字,這些"宜"也當訓"怨"、"違"。②"宜"所以有此義的理據,現在尚不清楚,但西漢後期(約漢宣帝五鳳三年)下葬之墓所出《論語》抄本,仍在使用這個詞,説明戰國秦漢時人對此種"宜/誼"字大概不會感到陌生。《管子》、《大戴禮記》、《荀子》等書的"宜"訛作"悳"或"置"之本,排擠掉正確的本子,流傳下來,應該是"宜"的這種用法已不再通行之後發生的事情。

放簡"婦人必宜疾"的"宜"似即"民乃宜怨"、"忿誼"之"宜"、"誼"。"其主必昌富"之"昌"指地位顯盛,"富"指資產富庶;此句"宜"指怨恨,"疾"指嫉妒,從文例看也是合適的。《荀子·不苟》:"小人……不能則妒嫉怨誹以傾覆人。"《管子·版法解》謂君子"惡不忠而怨妒"。"妒嫉怨誹"、"怨妒"猶此所言"宜疾"。

孔簡"高門"條,云"宜豕,五歲弗更,其主爲巫,有夭"(簡 298 壹)。③此條放簡作"宜豕,五歲更。弗更,必爲巫,有宜央(殃)"(乙簡 91 下

---

① 劉增貴《放馬灘秦簡〈日書·直室門〉及門户宜忌簡試釋》,武漢大學簡帛研究中心主辦《簡帛》第 6 輯,44、45 頁。
② 《出土文獻研究》第 12 輯,58~68 頁,中西書局,2013 年【編按:已收入本書】。
③ 湖北省文物考古研究所、隨州市考古隊《隨州孔家坡漢墓簡牘》,94、165 頁。

叁)。① "有宜殃"與"有天"相當。"宜殃"如非誤抄,疑指適當、相稱之災殃(古訓"宜"爲"當"、"稱"),這個"宜"似與"婦人必宜疾"之"宜"無關。

2015 年 11 月 15 日寫畢

附識:

蒙王强先生賜告,湖北隨州周家寨 8 號漢墓所出《日書》,其内容與孔簡《日書》相近,也出現了本文第二則所論"叔帝",值得關注。又,本文曾於 2015 年 12 月 5 日在中國社會科學院簡帛研究中心、歷史研究所戰國秦漢史研究室主辦的"'文字・文本・文明'出土文獻研究青年論壇"上宣讀,蒙單育辰先生點評指正。謹向王、單二位致謝。

原載楊振紅、鄔文玲主編《簡帛研究二〇一六(秋冬卷)》,廣西師範大學出版社,2017 年。

---

① 孫占宇《天水放馬灘秦簡集釋》,17、103、107 頁。

銀雀山漢簡"陰陽時令、占候之類"叢札

一

《曹氏陰陽》簡 1684 上半段已殘,剩餘簡文如下:

☒冬夏不足,則天无(無)以成其天焉。天者非昭﹦猜﹦謂①

整理者讀"昭﹦猜﹦"爲"昭昭猜猜",②又在注中提出"此句也可能當讀爲'天者非昭猜,昭猜謂……'"。③

我認爲整理者的前一種讀法正確可從,但"猜猜"當讀爲"青青"("猜"从"青"聲)。《鶡冠子·度萬》有如下之語:

所謂天者,非是蒼蒼之氣之謂天也;所謂地者,非是膞膞之土之謂地也。

吳世拱注:"蒼蒼,青貌。"張金城《箋疏》:"《爾雅·釋天》:'春爲蒼天。'陽氣始發,色蒼蒼也。《韓詩外傳》四管仲曰:'所謂天,非蒼莽之天也。'"④"蒼"、"青"義近。本書所收《天地八風五行客主五音之居》第六組簡 2046

---

① 銀雀山漢墓竹簡整理小組《銀雀山漢墓竹簡[貳]》,圖版 82 頁,文物出版社,2010 年。
② 同上注,206 頁。
③ 同上注,208 頁。
④ 黃懷信《鶡冠子彙校集注》,139 頁,中華書局,2004 年。

殘文"青龍",整理者注謂即"東宮蒼龍"之"蒼龍"。① 簡文的"猜(青)猜(青)",當與"蒼蒼"同意。

《禮記·中庸》:"今夫天,斯昭昭之多,及其無窮也,日月星辰繫焉,萬物覆焉。"鄭玄注:"此言天之高明,本生'昭昭'(引者按:意謂天本生於"昭昭")……昭昭猶耿耿,小明也。"②"天者非昭昭青青"之"昭昭",當與此同。《曹氏陰陽》簡1673有"昭冥者,陰陽之□也"語,③簡1674說"陽明女(如,訓'而')昭明",④可知"昭昭"當屬陽。上引張金城《鶡冠子箋疏》已謂天之色蒼,由於"陽氣始發"。簡文認爲"天"非"昭昭"、"青青"之謂,只是說天不以此得名,似並不否認"天陽地陰"的一般屬性(簡1653謂"天无爲也,主静,行陰事。地生物,有動,行陽事",乃"其事之陰陽不然")。⑤

"天者,非昭昭青青謂"與上引《鶡冠子·度萬》"所謂天者,非是蒼蒼之氣之謂天也",顯然語義、文例皆極近。簡文"謂"字之下應該也有"天也"或"之天也"一類的話位於另簡,甚至還可能有講"地"的一句話,不知能否在未發表的殘簡中找到(《鶡冠子》認爲"所謂天者,言其然物而勝者也;所謂地者,言其均物而不可亂者也"。可惜《曹氏陰陽》已殘,無從得知是否亦持此見)。本篇簡1685~1686有"白丹發,朱草生,馮(鳳)鳥下,游龍見"等語,⑥整理者注引《鶡冠子·度萬》:"膏露降,白丹發,醴泉出,朱草生。"⑦彼此

---

① 銀雀山漢墓竹簡整理小組《銀雀山漢墓竹簡[貳]》,241頁。
② 《禮記正義》,《十三經注疏》整理本第15册,1696~1697頁,北京大學出版社,2000年。
③ 銀雀山漢墓竹簡整理小組《銀雀山漢墓竹簡[貳]》,81、205頁。按"之"下缺釋之字 ,疑爲作 之"秀"字(同篇簡1667有作 之"莠")。"昭冥者,陰陽之秀也"與下句"燥濕者,寒暑之精者也"對文,"秀"、"精"義正相關。
④ 同上。參看上注所引書,207頁。
⑤ 有人認爲《曹氏陰陽》主張"天陰地陽",此種陰陽觀念較爲原始,"與秦漢及其以後的陰陽觀截然相反"(陳乃華《早期陰陽學說的重要文獻——〈陰陽時令占候之書〉初探》,《文獻》1997年第1期,218頁)。此說不確。
⑥ 銀雀山漢墓竹簡整理小組《銀雀山漢墓竹簡[貳]》,82、206頁。
⑦ 同上注,208頁。

用語亦近。①《鶡冠子》舊多疑爲僞書，20世紀70年代馬王堆西漢早期墓出土的帛書中，有不少與之相合而不見於他書的文句，證明此書並不晚出。《度萬》篇"論'度神慮成'之要"，②其中屢道陰陽。可能作者寫此篇時，曾參考過《曹氏陰陽》之類的資料。③

二

上一則引過的《曹氏陰陽》簡1685"白丹發"等，其前有如下文句：

> 聖王行於天下，風雨不暴，雷霆不埶，寒暑不代（忒），民不文飾……④

"埶"，整理者讀爲"爇"，《衆經音義》引《廣雅》："爇，燒也，然（燃）也。"⑤不過，古書多以雷霆震擊爲妖祥之事，似未見有言雷霆燃燒者。⑥

---

① 簡1644"此其柈也"，簡1652"凡此皆天地陰陽之大柈也"，簡1655"夫去（呿）生而唅死，此其大柈也"，整理者已指出"大柈"亦見於《鶡冠子·道端》"觀其大柈"（銀雀山漢墓竹簡整理小組《銀雀山漢墓竹簡[貳]》，207頁）。但整理者疑"柈"當讀爲"判"或"分"，訓爲"別"，似不確。《鶡冠子·道端》"觀其大柈"，俞樾謂"猶言大端也"，即《儀禮·士昏禮》疏曰"據大判而言耳"之"大判"。其説當是（黃懷信《鶡冠子彙校集注》，104、105頁）。此"大判"屢爲唐人作經傳注疏時所用，如《儀禮·聘禮》疏"大判而言"等，例多不贅舉。皇侃《論語義疏》於《雍也》"子曰中人以上可以語上"章引《師説》："人之品識，大判有三：謂上、中、下也。"同書《敘》："但先儒後學，解釋不同，凡通此'論'字，大判有三途。"賈思勰《齊民要術·種穀》："凡五穀，大判上旬種者全收，中旬中收，下旬下收。"（參看汪維輝《〈齊民要術〉詞彙語法研究》，184～185頁，上海教育出版社，2007年）蓋即"大略"、"大端"、"大抵"之義，不過書證時代都偏晚。今據銀雀山漢簡《曹氏陰陽》和《鶡冠子》，可知戰國至秦漢間已有此語（中古時代之"大判"當由此虛化而來），但一般書面文獻似不見使用，可能由於此係口語詞之故。

② 黃懷信《鶡冠子彙校集注》，134頁。

③ 《曹氏陰陽》後代雖未流傳下來，但"《漢書·藝文志》"著録陰陽家書二十一種，又五行家下著録有《泰一陰陽》《黃帝陰陽》《黃帝諸子論陰陽》《諸王子論陰陽》等書"（銀雀山漢墓竹簡整理小組《銀雀山漢墓竹簡[貳]》，206頁），可見當時類似之書是很多的。

④ 銀雀山漢墓竹簡整理小組《銀雀山漢墓竹簡[貳]》，82、206頁。

⑤ 同上注，208頁。

⑥ 《西京雜記》卷二："惠帝七年夏，雷震南山，大木數千株，皆火燃至末。"大木火燃，也是因雷震引起的。

從戰國秦漢出土文字資料看，"炅"與从"埶"聲的"熱"爲一字異體。①春秋時期的秦公簋、秦公鎛銘"鎮靜不廷"以及陝西鳳翔縣秦公墓出土的石磬殘銘"不廷鎮靜"之"鎮"，均从"炅"聲。②"鎮"、"震"音近，③所以李春桃先生指出三體石經古文"震"實以从"戈"、"炅"聲之字爲其聲旁。④既然"震"可从"炅（熱）"聲，"埶"應該也可以讀爲"震"。據學者研究，三體石經古文具有較明顯的齊系文字特徵。⑤ 山東臨沂齊魯故地銀雀山1號漢墓（下葬於漢武帝早年）出土的竹簡文字中存在用"埶"爲"震"之例，可能就是戰國時代齊系文字用字習慣的孑遺。

"震"指雷擊。《春秋·僖公十五年》："己卯，晦，震夷伯之廟。"杜預注："震者，雷電擊之。"（《公羊傳》亦言："震之者何？雷電擊夷伯之廟者也。"）古書有以"震雷"與暴風、疾雨等對舉者，如《後漢書·方術列傳下》"時暴風震雷"，《後漢書·西南夷列傳》"於是震雷疾雨"，《素問·五常致大論》"雷霆震驚，沈霒淫雨"，與簡文以"不暴"言"風雨"、以"不埶（震）"言"雷霆"同例。《左傳·昭公四年》載季武子問申豐"雹可禦乎"，申豐對以藏冰、用冰之事，謂"其藏之（引者按：指冰）也周，其用之也徧，則冬無愆陽，夏無伏陰，春無淒風，秋無苦雨，雷出不震，無菑霜雹"，反之則"風不越

---

① 參看裘錫圭《考古發現的秦漢文字資料對於校讀古籍的重要性》，《裘錫圭學術文集·語言文字與古文獻卷》，372～373頁，復旦大學出版社，2012年；白於藍《戰國秦漢簡帛古書通假字彙纂》，543頁，海峽出版發行集團、福建人民出版社，2012年。

② 簋銘見中國社會科學院考古研究所《殷周金文集成（修訂增補本）》，第4冊2682～2685頁04315號，中華書局，2007年；鎛銘見上引書，第1冊318～319頁00270號；磬銘見吳鎮烽《商周青銅器銘文暨圖像集成》，第35卷393頁19786號、400頁19793號，上海古籍出版社，2012年。

③ 戰國楚簡中，"慎"與"今"聲字有相通之例，"慎"字且有加注"今"聲者（參看陳偉《秦客陳慎》即陳軫試說》，同作者《新出楚簡研讀》，28～34頁，武漢大學出版社，2010年；復旦大學出土文獻與古文字研究中心研究生讀書會《〈上博七·吳命〉校讀》，《出土文獻與古文字研究》第3輯，265～266頁，復旦大學出版社，2010年）；張家山漢簡《蓋廬》"填星"之"填"，本亦从"今"聲（參看白於藍《戰國秦漢簡帛古書通假字彙纂》，874頁）。"慎"或借"炅/昚"爲之。"震"與"今"及从"今"聲諸字，都屬章母文部，除聲調外，聲韻皆同。

④ 李春桃《楚文字中从"炅"之字補說——兼釋"熾"、"震"字古文》，武漢大學簡帛研究中心主辦《簡帛》第9輯，17～18頁，上海古籍出版社，2014年。

⑤ 馮勝君《郭店簡與上博簡對比研究》，259、334～462頁，綫裝書局，2007年；張富海《漢人所謂古文之研究》，323～327頁，綫裝書局，2007年。

而殺,雷不發而震"。正以無淒風苦雨、"雷出不震"爲吉。簡文言"聖王行於天下",則"風雨不暴,雷霆不執(震)",其事相類【編按:"寒暑不忒"猶"冬無愆陽,夏無伏陰"】。

三

《曹氏陰陽》簡 1646 論"以四時官人"云:

> 春宜少年,夏宜偖(耆)年,秋宜佫年,冬宜□(引者按:此字似存"耂"頭,可能是"老"、"耄"等字)☒①

整理者疑"佫"讀爲"胡",引《詩·載芟》"胡考之寧"毛傳:"胡,壽也。"《周書·諡法》"彌年壽考曰胡"。② 連劭名《銀雀山漢簡〈曹氏陰陽〉研究》謂"耆年"當指壯年,引《廣雅·釋詁一》"耆,强也"、《左傳·昭公二十三年》"不懦不耆"杜預注:"耆,强也。""佫"則讀爲"老"。③

簡 1623 説:"秋冬,陰也。春夏,陽也。"又謂"長年者,陰之屬也,以其不能動作也"(簡 1640~1641),"□年以秋冬入官,然而久者,必有病者也。夫病亦近於老矣"(簡 1647~1648)。據此可知,按照一般的陰陽觀,春夏宜官屬陽之少壯,秋冬宜官屬陰之長老。連劭名先生訓"偖(耆)"爲"强",甚是。"耆"有"强"義,除連文所舉之例外,又見於《周書·諡法》、《國語·晉語九》以及睡虎地秦簡《司空律》等,裘錫圭先生早已指出;④上海博物館藏戰國竹書《從政》甲篇簡 9"志氣不旨"之"旨",王凱博先生認爲也當讀爲"耆",訓"强固";⑤新近出版的清華大學藏戰國竹簡《封許之

---

① 銀雀山漢墓竹簡整理小組《銀雀山漢墓竹簡[貳]》,79、204 頁。
② 同上注,207 頁。
③ 《中原文物》2007 年第 2 期,69 頁。參看楊安《〈銀雀山漢墓竹簡·佚書叢殘〉集釋》,238 頁,吉林大學碩士學位論文(指導教師:何景成副教授),2013 年。
④ 裘錫圭《〈睡虎地秦墓竹簡〉注釋商榷》,《裘錫圭學術文集·簡牘帛書卷》,97 頁;同作者《讀書札記四則》,《裘錫圭學術文集·語言文字與古文獻卷》,475 頁。
⑤ 王凱博《楚簡字詞零識(三則)》,楊振紅、鄔文玲主編《簡帛研究二〇一四》,19~21 頁,廣西師範大學出版社,2014 年。

命》簡5"臧(壯)耆爾猷"之"耆",亦有訓爲"强"者。① 簡文"夏宜偖(耆)年",可爲"耆"的此種義項再提供一個確例。

"佫年"讀爲"胡年"或"老年",文義雖然合適,但在文字學或音韻學上却有可商之處。"佫"、"老"無相通之理。"佫"在《集韻·陌韻》裏,是"格至"之"格"的後起本字"挌"的或體(實爲訛體);《玉篇·人部》訓"佫"爲"人姓"。這些大概都是晚起之字,②跟簡文的"佫"當無關。簡文"佫"究竟是不是從"人"、"各"聲之字,還是個問題。

下面試對"佫"字提出一種新的設想,供大家參考。在戰國時代的三晉兵器、璽印中,"咎"常寫作"佫";③春秋時期的楚戈"臧之無咎"之"咎",亦作"佫"形;④新蔡葛陵村戰國楚墓所出竹簡中的"咎",偶爾也有寫作"佫"的(見乙四84號簡)。⑤ 學者們已經指出,銀雀山漢簡文字中,無論字形還是用字,都有受六國古文影響之例。⑥ 頗疑《曹氏陰陽》的"佫"跟六國文字一樣,也是"咎"之異體。本書所收《五令》簡1902已有"咎"字,⑦《人君不善之應》簡1939又有從"咎"從"頁"之字。⑧ 此篇"咎"作"佫",既可視爲六國古文的遺迹,也有可能當分析爲從"人"、"咎"省聲,乃"咎年"之"咎"的專字(猶"耆年"之"耆"作"偖");上海博物館藏戰國竹書《緇衣》簡10與今本"仇"相當的"戗",實爲從"戈"、"咎"省聲之字,⑨與此

---

① 簡帛網"清華五《封許之命》初讀"帖子下第0樓"ee"、第2樓"蚊首"等説。
② 參看李家浩《戰國官印叢考·咎郎左司馬》,《先秦古文字與漢魏以來俗字》,《安徽大學漢語言文字研究叢書·李家浩卷》,85、392頁,安徽大學出版社,2013年。後一文蒙蘇建洲先生指示。
③ 湯志彪《三晉文字編》,1223~1224頁,作家出版社,2013年。"佫"爲"咎"之異體,由李家浩先生釋出,見上注所引書,85~88、391~392頁。
④ 董珊《出土文獻所見"以謚爲族"的楚王族——附説〈左傳〉"諸侯以字爲謚因以爲族"的讀法》,《出土文獻與古文字研究》第2輯,113頁,復旦大學出版社,2008年。
⑤ 李家浩《先秦古文字與漢魏以來俗字》,《安徽大學漢語言文字研究叢書·李家浩卷》,392頁。
⑥ 參看周波《戰國時代各系文字間的用字差異現象研究》,284~285、296~297、299、304~305、306~307、307~308、308~309、317等頁,綫裝書局,2012年。
⑦ 銀雀山漢墓竹簡整理小組《銀雀山漢墓竹簡[貳]》,101、226頁。
⑧ 同上注,105、229頁。
⑨ 徐在國、黄德寬《〈上海博物館藏戰國楚竹書(一)緇衣·性情論〉釋文補正》,黄德寬、何琳儀、徐在國《新出楚簡文字考》,110頁,安徽大學出版社,2007年。

同例。【編按：包山楚簡屢見从"羽"、"合"聲之字，用爲量詞，但此字在簡269中寫作从"各"。疑此簡所从之"各"亦"合"之省形，故可與"合"换用。後世"合"作偏旁時，亦有省爲"各"者，如《廣雅·釋詁二》"狢"，或本作"狢"（參看王念孫《廣雅疏證》1册287頁，上海古籍出版社，2016年），可謂人同此心。】學者論定上博簡《緇衣》爲具有齊系文字特點的抄本，[1] 銀雀山漢簡出土於齊魯故地（參看上一則），似説明齊文字（或受齊文字影響者）中作爲偏旁的"合"省成"各"，不是偶然的現象。[2]

馬王堆帛書《房内記》（爲原《雜療方》的一部分）12、13行有藥名"陵楮"，《馬王堆漢墓帛書[肆]》謂即陵藁。[3] "楮"、"藁"音近可通。[4]《周禮·地官·大司徒》"其植物宜膏物"，鄭注："膏當爲藁，字之誤也。"[5] "合"、"皋"古通。[6] 古書"皋"與"高"、"皋"與"橋"（"喬"从"高"聲），都有相通的例子；[7] 晉靈公夷皋（《公羊傳·宣公二年》"皋"作"獆"。按"皋"、"獆"即"皋"、"獆"），清華大學藏戰國竹簡《繫年》作"靁公高"（簡50），整理者已指出"皋"、"獆"與"高"音近通假。[8] "佫（合）年"疑讀爲"高年"。武威漢墓所出"王杖十簡"簡4有"高年受王杖"之語。[9] 此外古書中"高年"之稱屢見（如《漢書·武帝紀》："然即於鄉里先耆艾，奉高年，古之道也。"同書《刑法志》"高年老長，人所尊敬也"等等）。

---

[1] 參看馮勝君《郭店簡與上博簡對比研究》，250～320頁。
[2] 此點蒙郭永秉先生指示。
[3] 裘錫圭主編《長沙馬王堆漢墓簡帛集成》，第陸册78頁，中華書局，2014年。
[4] 參看白於藍《戰國秦漢簡帛古書通假字彙纂》，117頁。
[5] 高亨、董治安《古字通假會典》，733頁。
[6] 同上注，710頁；白於藍《戰國秦漢簡帛古書通假字彙纂》，116頁。
[7] 高亨、董治安《古字通假會典》，711頁。
[8] 清華大學出土文獻研究與保護中心編、李學勤主編《清華大學藏戰國竹簡（貳）》，下册157頁，中西書局，2011年12月。按人名"夷吾"、"夷昧"、"夷皋"之"夷"，疑爲語助詞（"夷"作語助詞用，參看俞敏監修、謝紀鋒編纂《虛詞詁林》195～196頁，黑龍江人民出版社，1993年）【編按：吳王餘眛名"夷眛"之"夷"，在蘇州博物館2014年底入藏的一件吳王餘眛劍中作"焉"。"焉"亦語助詞，可證】，故《繫年》可省稱"高"。
[9] 中國科學院考古研究所、甘肅省博物館《武威漢簡》，圖版貳貳、140頁，文物出版社，1964年。

四

《禁》簡 1714 説：

……（上略）夫上文天英而爲日月=（月，月）榮成列星，散而爲八精。①

按當在"夫上文天"後點斷，"英而爲日月"、"散而爲八精"文例一致，"英"與"月榮成列星"之"榮"義近（《爾雅·釋草》："榮而不實者謂之英。"）。

上文説："夫大道上文天，爲天五刑；下以□土，爲土五美；中以□人，爲人五德。"（簡 1713～1714）②這裏的"夫上文天"也當指"大道"而言。《論衡·是應篇》引儒曰："道至大者，日月精明，星辰不失其行……"前人據類書所引改"大"爲"天"，可從。③ 儒者云"道至天"則"日月精明"，簡文言大道"上文天"而有"英而爲日月"等事，彼此可以參照。

《淮南子·天文》："日月之淫爲〈氣〉精者爲星辰。"④其説與"月榮成列星"近似。簡文"散而爲八精"，應指列星散爲八精，義與"萬物之精，上爲列星"（《説文·七上·晶部》"星"字下解釋）相因。由此推斷，"英而爲日月"的主語當是"天"。《淮南子·本經》以"日月星辰"等皆爲"天之精"（亦見於《文子·下德》）。簡文的意思是説，大道上文天，天英而爲日月，月榮而成列星（"天之所英"、"月之所榮"，即天、日月之精華），列星散而爲八精，凡此皆"大道"的產物。

《鶡冠子·天權》："欲無亂逆，謹司天英。天英各〈若〉失，三軍無實。夫不英而實，孰有其物？"⑤此篇"天英"之所指（張金城《鶡冠子箋疏》謂"天英者，上所云得乎天地人而後陳以五行、戰以五音之類是也"⑥），雖與

---

① 銀雀山漢墓竹簡整理小組《銀雀山漢墓竹簡〔貳〕》，85、209 頁。
② 同上注。
③ 黃暉《論衡校釋（附劉盼遂集解）》，第三冊 766～767 頁，中華書局，1990 年。
④ 張雙棣《淮南子校釋（增訂本）》，上冊 281 頁，北京大學出版社，2013 年。
⑤ 黃懷信《鶡冠子彙校集注》，368 頁。
⑥ 同上注。

簡文"(天)英而爲日月"有別,但構詞則如出一轍。這是可以注意的。

五

《占書》簡 2074 的下半段有如下之語:

无(無)故而小其衡石斗甬(桶),是胃(謂)削(以下文字在簡 2075 的開頭,但已殘)①

整理者注引《開元占經》卷一一四引《天鏡》:"人君改小秤衡斗桶,是謂裂德,五穀不入倉,民流亡,大饑。"②據簡文可以校正《天鏡》的一個錯字。

《占書》屢見"是胃(謂)×德"的文例,如簡 2072~2073:"无(無)故而自田其城下,是胃(謂)窮德,乃有芒(荒)野,四竟(境)不通。"又如簡 2074:"无(無)故而踐其正卿,是胃(謂)務德(引者按:"務德"之"務"以讀"侮"爲好。簡 2081:"國之殆也,務於四方。""務"亦當讀爲"侮"),適(嫡)□不立。"③上引簡文"是謂削"後必亦有"德"字。"削德"正與"無故而小其衡石斗桶"相應。《天鏡》作"裂德",其義不如"削德"確當。

原簡"削"作▨(已發表的銀雀山漢簡"列"字似皆作類"死"形,參看《銀雀山漢簡文字編》154 頁、《銀雀山漢簡文字編·續》76 頁),與秦漢文字中作▨(睡虎地秦簡《秦律十八種·司空》簡 127)、▨(馬王堆帛書《天文氣象雜占》後半幅末段第一列行 6)之"列"形近。在文獻傳抄過程中,很可能有人把"削德"之"削"誤認爲"列",爲求文義可通,進而讀作"裂"(上舉睡虎地秦簡《秦律十八種》的"列",在簡文中亦用爲"裂",④是"列"、"裂"通用之證),乃成今見《開元占經》所引《天鏡》之貌。

上舉馬王堆帛書《天文氣象雜占》的"列"字,見於如下一條:

---

① 銀雀山漢墓竹簡整理小組《銀雀山漢墓竹簡[貳]》,116、241 頁。
② 同上注,243 頁。
③ 同上注,116、241 頁。
④ 睡虎地秦墓竹簡整理小組《睡虎地秦墓竹簡》,釋文注釋 49 頁。

□行中天。昆屯，前後兌其行。前庳（卑）後高，白，不戰；多支，則多取列邑。①

整理者注引《開元占經》卷七十一《流星占一·流星名狀一》引《荆州占》："飛星大如缶若甕，後皎然白，前卑後高，此爲頓頑，其所從者，多死亡，削邑而不戰。"並指出"'列'字與'削'字形近，《荆州占》中的'多死亡'、'削邑'諸語與帛書此條'多支則多取列邑'之間也可能存在輾轉演變的關係"。② 由帛書的"多取列邑"變爲《荆州占》的"削邑"，當與"列"被誤認作"削"有關。此可與銀雀山漢簡《占書》的"削德"訛爲《天鏡》的"列（裂）德"互證。

六

《占書》所載"古之亡國志"，歷數天象與諸古國之亡，其中簡 2091 有如下一句：

月四垣（暈），□患民亡。③

整理者加注説：

"患"上一字從"豕"，似是"冢"字。冢患，疑是"豕韋"二字之訛。《國語·鄭語》"大彭、豕韋爲商伯矣"，又云"彭姓，彭祖、豕韋、諸稽，則商滅之矣"。④

也有人把"□患"二字釋爲"遂患"，⑤謂"即古人所説的附庸"，"國之郊外

---

① 裘錫圭主編《長沙馬王堆漢墓簡帛集成》，第壹册 208 頁、第肆册 275 頁。
② 同上注，第肆册 276 頁。
③ 銀雀山漢墓竹簡整理小組《銀雀山漢墓竹簡[貳]》，117、242 頁。按劉樂賢先生懷疑"古之亡國志"中的"民"字，如上引簡文"□患民"之"民"，皆"氏"之寫訛。説見其《談銀雀山漢簡中的〈亡國志〉》，《簡帛數術文獻探論（增訂版）》，170～172、174 頁，中國人民大學出版社，2012 年。
④ 銀雀山漢墓竹簡整理小組《銀雀山漢墓竹簡[貳]》，244 頁。
⑤ 吳九龍《銀雀山漢簡釋文》，31 頁簡 0389，文物出版社，1985 年。按《銀雀山漢墓竹簡[貳]》出版前討論此篇者，釋文皆據此書。

曰遂，……非其族類，其心必異，故附庸之人稱爲'遂患民'"。①

整理者疑"□患"爲古書所記夏商時古氏族"豕韋"，頗有道理。但在釋字方面尚有可説。所謂似"豕"之字原作 ，有學者因此字中間"豎筆筆直"，銀雀山漢簡所見"豕"、"遂"字中間豎筆都"有一定弧度"，而不信其可與"遂"、"豕"等字溝通。② 我們認爲，所謂中間豎筆是否有弧度的問題，恐怕不能看得過於絶對。在西漢早期的馬王堆簡帛文字中，不同書手筆下的"豕"字或"豕"旁，中間豎筆有的確實很彎，有的則寫得筆直；③張家山漢簡中的"豕"旁也是如此。④ 結合其所存筆畫和形體特徵來看，此字當從"宀"從"豕"（"宀"旁左邊的點畫尚在）。秦漢文字"豕"即"豕"字（如《銀雀山漢墓竹簡[壹]》所收《六韜》簡 744"周有天下以豕社"之"豕"即作"豕"），⑤但它只比"豕"多一"宀"旁，確有可能係"豕"之訛寫或增繁之形。⑥

"豕"下一字作 ，稍有殘損。釋此字爲"患"，從字形看當然無可厚非。⑦ 但如考慮到"豕患"與"豕韋"的聯繫，則此字所從的"串"，以看作"韋"的簡省之體爲宜。湖南沅陵虎溪山 1 號漢墓所出西漢早期竹簡《閻氏五勝》，在整理者發表的圖版編號爲 M1N：69-戊 4 之簡上，有"〖一〗（引者按：此字原抄漏）圍之木不能任萬石之土"。⑧ 劉樂賢先生指出所謂

---

① 連劭名《銀雀山漢簡〈占書〉述略》，《考古》2007 年第 8 期，63 頁。參看楊安《〈銀雀山漢墓竹簡·佚書叢殘〉集釋》，345 頁。
② 楊安《〈銀雀山漢墓竹簡·佚書叢殘〉集釋》，345 頁。
③ 參看陳松長等《馬王堆簡帛文字編》，389～390 等頁，文物出版社，2001 年。
④ 參看張守中《張家山漢簡文字編》，40、41、116、199、263 等頁，文物出版社，2012 年。
⑤ 參看漢語大字典字形組《秦漢魏晉篆隸字形表》，645 頁，四川辭書出版社，1985 年。
⑥ 漢代文字"豕"多寫作"豕"形。不作"豕"之"豕"，亦有在其上增橫畫（如馬王堆帛書《五十二病方》425 行"猪"字）等變化，甚至"狠"所從"豕"還有增繁爲"豸"的（《銀雀山漢墓竹簡[貳]·爲國之過》簡 1073），遂與用爲"貌"之"狠"形相混[參看于森《漢代隸書異體字表與相關問題研究》上編《漢隸異體字表》，423～424 頁，吉林大學博士學位論文（指導教師：吳振武教授），2015 年]。
⑦ 銀雀山漢簡中的"患"字見駢宇騫《銀雀山漢簡文字編》，345 頁；楊安《銀雀山漢簡文字編·續》，181 頁，復旦大學出土文獻與古文字研究中心網，2013 年 7 月 31 日。
⑧ 湖南省文物考古研究所等《沅陵虎溪山一號漢墓發掘簡報》，《文物》2003 年第 1 期，52 頁。

"圍"當釋爲"圍","圍,是古代描述樹木大小的一個常用量詞";並根據趙平安先生的提示,指出馬王堆帛書《五行》326 行原整理者釋作"不圍於心也"之"圍",也當改釋爲"圍",讀爲"違"。① 其説甚是。② 虎溪山漢簡和馬王堆帛書的這兩個"圍"字分別作 ▨、▨,中間正是"串"形,跟這裏討論的所謂"患"字情況相同。或以爲此種"韋"即可讀"韋"音的"東"字,似不必。銀雀山漢簡一般的"韋"字作 ▨、③"圍"字作 ▨、④ ▨,⑤ 似"串"之"韋"當由此類寫法省變而成。馬王堆帛書中"圍"或作 ▨(《明君》408 行)、▨(《戰國縱橫家書》120 行),⑥"韋"變从三個圈形,如省掉一個,即成"串"。《占書》此字的"韋"所以如此簡省,也許還跟其下另有"心"旁、上部構件不宜過長有關。《戰國縱橫家書》中有寫作 ▨、▨ 的"韋"(見 102、104 行),⑦此實是从"帀"的"韋"字(戰國古璽、漢代簡牘文字和《説文》中都有"衛"字,也从"帀"),前一例上所从"韋",亦因其下有"帀"而省變爲似"串"之形。

總之,銀雀山漢簡《占書》中的這個"患",完全有可能當視爲从"心"、"韋"聲,即"悼"字(《説文·二下·是部》以爲"韙"之籀文)。"悼"讀爲"豕韋氏"之"韋",是相當自然的。

七

《占書》簡 2093～2094 述"亂國"之妖祥云:

---

① 劉樂賢《虎溪山漢簡〈閻氏五勝〉及相關問題》,同作者《戰國秦漢簡帛叢考》,147 頁,文物出版社,2010 年。
② 參看裘錫圭主編《長沙馬王堆漢墓簡帛集成》,第肆册 91 頁。
③ 駢宇騫《銀雀山漢簡文字編》,94 頁。
④ 同上注,228 頁。
⑤ 楊安《銀雀山漢簡文字編·續》,115 頁。
⑥ 陳松長等《馬王堆簡帛文字編》,258 頁。
⑦ 同上注,221 頁。

夫名川絶，大徽（沼）固（涸），天雨血星，月並出，星貫月，反景，倍伿（僪），慧（彗）星，營（熒）或（惑），雲□，天（妖）恙（祥）見於天，此逆上者也，此皆亂國之氣也。①

"天雨血星"位於簡2093之末，整理者在此句後加注說：

"星"字與下一簡"月並出"連讀無意義，因爲星月並出並非怪異的天象，"星"字疑涉下簡"星貫月"之"星"字而衍。另一種可能是此簡與下一簡不連，中間有缺簡。但從文義看，自"名川絶"以下列舉各種災異現象，文字不會太長，二簡之間似無缺簡。②

缺簡說固不可從，其不合理處整理者已加說明；認爲"天雨血星"的"星"涉下文"星貫月"而衍，似亦缺乏根據。

"天雨血星"當斷作"天雨血、星"，猶言"天雨血、天雨星"。"天雨血"之爲妖祥，連劭名《銀雀山漢簡〈占書〉述略》已舉《開元占經》引《京房占》、《天鏡》等文，③可以參看。這裏再補充兩個先秦古書中的例子。《呂氏春秋·慎大》記周武王克殷之後，得二虜而問"若國有妖乎"，一虜對曰："吾國有妖。晝見星而天雨血，此吾國之妖也。"（又見於《新序·雜事二》）《墨子·非攻下》說"昔者三苗大亂"，"雨血三朝"。至於"雨星"，《漢書·五行志中之下》、《開元占經》卷三皆引京房《易傳》："君不任賢，厥妖天雨星。"《春秋·莊公七年》："夏，四月，辛卯……夜中，星霣如雨。"《公羊傳》解釋說："何以書？記異也。"上引武王問虞殷之將亡，是否有妖之事，在《群書治要》卷三十一、《藝文類聚》卷九、七十一等類書所引《六韜·文韜》中也有記載（參看嚴可均《全上古三代文》卷六）。此文中一虜對曰："殷國嘗雨血、雨灰、雨石，小者如椎，大者如箕。常六月雨雪，深尺餘。""雨石"即"雨星"（《左傳·僖公十六年》："十六年春，隕石于宋五。隕星也。"）。殷國將亡之妖中的"雨血、雨石"，也就是《占書》所謂的"天雨血、星"。

2015年6月17日

---

① 銀雀山漢墓竹簡整理小組《銀雀山漢墓竹簡[貳]》，117、242頁。
② 同上注，242頁。
③ 《文物》2007年第8期，64頁。

附識：拙文蒙郭永秉、蘇建洲先生審閱指正，作者十分感謝。

原載清華大學出土文獻研究與保護中心編、李學勤主編《出土文獻》第 7 輯，中西書局，2015 年。

讀阜陽漢簡《周易》釋文小記

　　1977 年出土於安徽阜陽雙古堆西漢汝陰侯墓的竹簡本《周易》,不但有可以跟戰國楚竹書本、馬王堆漢墓帛書本和今本《周易》經文相對照的卦爻辭,還有"許多卜問具體事項的卜辭","這些占卜事項吉凶的卜辭爲今本和帛書所不見,反而與睡虎地和放馬灘秦簡《日書》所占卜的語辭類似,與《史記》裏由褚少孫增補的《龜策列傳》傳文中所列卜問事項更接近。"[①]這批材料已在韓自強先生編著的《阜陽漢簡〈周易〉研究》一書(以下簡稱"韓書")中全部發表。跟所有出土文獻整理成果一樣,韓書的釋文也難免有誤釋和漏釋之處。這些誤釋和漏釋,屬於《周易》經文卦爻辭的部分,在濮茅左先生的《楚竹書〈周易〉研究——兼述先秦兩漢出土與傳世易學文獻資料》[②](以下簡稱"濮書")和侯乃峰先生的《〈周易〉文字彙校集釋》[③](以下簡稱"侯書")中有些已經得到了糾正;溢出《周易》經文之外的卜事之辭則未見有專文商榷。我們在閱讀韓書時也發現了一些問題,現在逐條寫出來,供研究《周易》和阜陽漢簡的學者參考。對於濮書、侯書或其他學者已經糾正的錯誤,如簡 41 相當於今本"幽人"之"幽"之字當隸定

---

① 韓自強《阜陽漢簡〈周易〉研究——附:〈儒家者言〉章題、〈春秋事語〉章題及相關竹簡》,46 頁,上海古籍出版社,2004 年。以下引用此書隨文標注頁碼。關於這些卜辭性質的討論,可參看黃儒宣《阜陽漢簡〈周易〉卜辭試探》,《周易研究》2008 年第 5 期,13～17 頁。
② 濮茅左《楚竹書〈周易〉研究——兼述先秦兩漢出土與傳世易學文獻資料》下冊,上海古籍出版社,2006 年。以下引用此書隨文標注頁碼。
③ 侯乃峰《〈周易〉文字彙校集釋》,臺灣古籍出版有限公司,2009 年。以下引用此書隨文標注頁碼。

作"叝"(濮書第 519 頁、侯書第 104 頁。侯書又懷疑是从"肖"从"尤"之字),簡 76 的"虚"實是"處"字,①以及韓書未釋的"飛"字等,這裏不再重複。討論時先引出韓書的釋文(與討論無關的簡文一般不引),然後表明我們的看法。由於竹簡殘斷嚴重,加之我們水平有限,本文所提的意見未必正確,甚至會以不誤爲誤,敬請大家批評。

1. 簡 32:王用三驅,失前禽。(第 50 頁)

韓書釋文原無標點,爲便省覽,現已根據文義加上標點,以下不再說明。此辭見於《比》卦。"驅",濮書(第 518 頁)、侯書(第 91 頁)亦如此釋。上海博物館藏戰國楚竹書《周易》(以下簡稱"竹書本")簡 10、帛書本和今本皆作"驅",似乎增加了釋"驅"的可信度。按:此字所在圖版雖頗殘泐,但不難看出其左半是"區"而非"馬",摹本也較爲忠實地反映了這一點(第 4 頁)。右半模糊不清,似是"欠"字或當釋爲"歐"。"歐"、"驅"並从"區"聲,可以相通。《經典釋文》謂《比》卦此"驅"字"鄭作'毆'"。《説文·十上·馬部》"驅"字條下:"毆,古文驅从攴。"阜陽漢簡本(以下簡稱"阜簡本")此字也有可能是"毆",所用係古文本。濮書爲了遷就釋"驅"之説,把此字誤摹作"驅"(第 518 頁),非是。

2. 簡 52:先怀,後喜。(第 52 頁)

此辭見於《否》卦。"怀",濮書(第 520 頁)、侯書(第 118 頁)亦如此釋,今本作"否",帛書本作"不"。韓書於此條下加按語説:"在'否'字位置上,僅存左邊的人旁,疑是'怀'字。"(第 52 頁)按:圖版此字右半確已基本殘去,但中間偏下的位置尚餘一橫畫,其下隱約似有"口"形,與"不"字形體不合,釋"怀"恐非。此字摹本作 ![char] (第 6 頁),倒與圖版殘畫相合,大概是可信從的。若此,這個字就應該釋爲"倍"。"不"聲字與"咅"聲字古

---

① 李零《讀上博楚簡〈周易〉》,《中國歷史文物》2006 年第 4 期,57 頁。濮書 522 頁。

多相通之例,①今本和帛書本《老子》"民利百倍"的"倍",郭店《老子》甲組簡 1 就作"伓"。所以阜簡本的"倍"可與"否"、"不"通用。

3. 簡 55：卜子產不孝,吏(第 52 頁)

此是附於《同人》卦之後的卜事之辭,下已殘。韓書注釋"子產不孝"句,引《呂氏春秋·孝行覽》引《商書》"刑三百,罪莫重於不孝"和睡虎地秦簡《封診式》"告子"條"親生子不孝,父母依律可以請求司法部門對不孝子處以死刑"(第 84～85 頁)。按:睡虎地秦簡《日書》中就有關於生子孝的內容,如"生子"條:"丁亥生子,攻(工)巧,孝。"(簡 143 正貳)②這跟阜簡占卜"子產不孝"的用意很相似。所謂"吏"字原作▆(摹本作▆,第 6 頁),跟阜簡"吏"作▆(簡 94)、▆(簡 126)、▆(簡 149)、▆(簡 273)、▆(簡 380)、▆(簡 477)、▆(簡 512)等相比,明顯缺少一捺筆。韓書論述阜簡本《周易》時引本簡,又釋此字爲"弗"(第 95 頁)。此文第 110 頁却又引作"吏",前後不統一),也與字形不符("弗"字參看簡 58、133、218、469、515 等)。

我們認爲此係"弟"字之殘。本簡可與韓書所收《周易》殘片 11 相拼合:

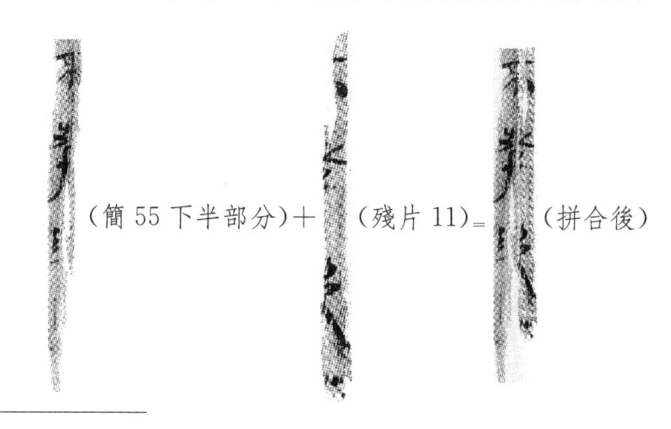

(簡 55 下半部分)＋ (殘片 11)＝ (拼合後)

---

① 參看高亨、董治安《古字通假會典》,434、435 頁,齊魯書社,1989 年。
② 睡虎地秦墓竹簡整理小組編《睡虎地秦墓竹簡》,圖版 100 頁、釋文注釋 203 頁,文物出版社,1990 年。

秦漢文字中的"弟"字常作 ▨ 之形，①與"孝"下一字 ▨ 接近。簡141"茅"作 ▨（摹本作 ▨），所從"弟"的寫法亦與此字基本相合。"弟"疑當連上讀爲"子產不孝弟（悌）"。《淮南子·說山》："不孝弟者或詈父母，生子者所不能任其必孝也，然猶養而長之。"又疑"弟"當屬下爲句，與"子產不孝"的"子"對舉。睡虎地秦簡《日書》甲種："結日，作事，不成以祭，閹（斧）。生子，毋（無）弟，有弟必死。"（簡2正貳）②"秀日"條中有"生子吉，弟凶"之語（簡13正貳），③亦皆以"子"與"弟"對舉。附帶提一下，簡742"不"下韓書未釋的缺文（第84頁），從圖版看似亦是"孝"字。不知此簡的"不孝"跟簡55"卜子產不孝弟"是否有關。

4. 簡81：六，榦（第55頁）
   簡83：榦母之（第55頁）

上引二簡之辭見於《蠱》卦。"榦"，侯書亦從此釋（第168、169頁），濮書釋爲"幹"（第523頁）。此字帛書本作"榦"，大概就是韓書和侯書所釋的根據；今本作"幹"，大概就是濮書所釋的根據。按：簡83圖版十分清晰，右下沒有問題是"木"（第8頁），字當改釋爲"榦"。簡81此字右半全殘，無法辨識，摹本字形似靠近"余"（第8頁）。從簡83用"榦"字來看，此處本亦作"榦"的可能性是很大的，摹本疑有誤。竹書本此二字正作"榦"（簡18），至少與阜簡本後一處用字相同。（竹書本二"榦"字作左"木"右"戟"之形，結構與阜簡"榦"略異。）

5. 簡85：侯，高上其事。卜事（第55頁）

"卜"前之辭見於《蠱》卦。從圖版看（第8頁），"高上其事"之"事"與

---

① 漢語大字典字形組《秦漢魏晉篆隸字形表》，357頁，四川辭書出版社，1985年。
② 睡虎地秦墓竹簡整理小組編《睡虎地秦墓竹簡》，圖版89頁、釋文注釋181頁。
③ 同上注，圖版90頁、釋文注釋181頁。

"卜事"之"事"非一字,後者當改釋爲"史"。

6. 簡 125：卜雨不雨,不□(第 125 頁)

此卜前之辭見於《無妄》卦。"不"下缺文,從圖版殘畫看疑是"吉"字。卜雨不吉,與其前《無妄》卦所説"不利有攸往"相類。

7. 簡 204：厲,薫(第 69 頁)

此辭見於《艮》卦。"薫",濮書(第 540 頁)、侯書(第 421 頁)亦如此釋。今本即作"薰"。按:阜簡本所謂"薫"的寫法與湖南長沙望城坡西漢漁陽墓所出木楬"薫繒九匹"中上作"屮"形的"薫"相同,①已有學者根據《説文》小篆"熏"的字形把這種"薫"字改釋爲"熏"。② 其説可信。此"薫"實亦"熏"字。帛書本此字舊釋爲"薰",③從《馬王堆簡帛文字編》所收字形看,就是與阜簡本同類寫法的"熏"。④《文字編》已歸在"熏"字頭下,甚是。

8. 簡 223：□後必有咎。(第 71 頁)

"後"上缺文尚存最下兩筆,疑是"其"字。睡虎地秦簡《日書》甲種簡 83 背壹~簡 92 背壹,多見"其後必有病者三人"、"其後必有子將弟也死"、"其後必有敬(警)"、"其後必有别"、"其後必有死者三人"、"其後必有

---

① 《文物》2010 年第 4 期。
② 伍堯堯《讀長沙望城出土木楬簽牌札記》,復旦大學出土文獻與古文字研究中心網,2010 年 5 月 13 日。
③ 馬王堆漢墓帛書整理小組:《馬王堆帛書〈六十四卦〉釋文》,《文物》1984 年第 3 期,2 頁。
④ 陳松長編著《馬王堆簡帛文字編》,14 頁,文物出版社,2001 年。

小子死"等語，①與"其後必有兇"文例相似。

9. 簡 237：得田，不吉。（第 71 頁）

此簡左半已殘，所有文字只剩右半。雖然如此，仍能發現所謂"田"實是"邑"字。

10. 簡 276：子肖人皆抽□（第 72 頁）

韓書注⑩分析"抽"字从"手"、"㐄"聲，"㐄""今作'塊'","'抽'疑讀爲'詘','詘'有竭盡、困窮之義。"（第 85 頁）按：裘錫圭先生指出，《秦漢魏晉篆隸字形表》第 965 頁"㐄（塊）"字條下所收"光崙㐄宇"瓦和"漢印徵"諸例的"㐄"其實都是"由"字，"光崙由宇"的"由"當讀爲"宙"。② 居延漢簡和武威漢簡《儀禮·燕禮》中也有這種寫法的"由"字。③ 所以，阜簡"抽"的右半應是"由"而非"㐄（塊）"，此字實當釋爲"抽"。"抽"下一字似是"亡"。"肖人"當讀爲"小人"，"子"上可補一"君"字，"君子"與"小人"相對。根據以上所説，不知此句有没有可能讀爲"【君】子肖（小）人皆抽（逃）亡"（簡 409 有"臣妾不逃亡"之語，簡 420 有"及亡逃者"之語）。（看校追記：關於作"㐄"形的"由"字，請參看魏宜輝《銀雀山漢簡〈晏子春秋〉篇"㐄"字新釋》，《簡帛語言文字研究》第 5 輯，四川出版集團巴蜀書社，2010 年 6 月，第 99～106 頁。）【編按：許雄志《鑒印山房藏古璽印菁華》143 頁 279 所收漢印"李由信印"，"㐄"亦即"由"。又，"迪"有出奔義，《尚書·微子》："商其淪喪，我罔爲臣僕，詔王子出迪。"孔穎達疏："……我教王子出奔於外。"孫星衍《尚書今古

---

① 睡虎地秦墓竹簡整理小組編《睡虎地秦墓竹簡》，圖版 109～110 頁、釋文注釋 221 頁。
② 裘錫圭《〈秦漢魏晉篆隸字形表〉讀後記》，同作者《古文字論集》，498 頁，中華書局，1992 年。關於此瓦文當讀爲"光耀宇宙"的考釋，又參看趙平安《兩種漢代瓦當文字的釋讀問題》，同作者《新出簡帛與古文字古文獻研究》，155～159 頁，商務印書館，2009 年。
③ 裘錫圭《〈居延漢簡甲乙編〉釋文商榷（一）》，《人文雜志》1982 年第 2 期，53 頁。

文注疏》："迪者，行也。"從語音上看，"抽"讀爲"逃"不如讀爲"迪"合適。】

11. 簡 287：咎，不利行作，道埜□（第 73 頁）

所謂"埜"，從圖版剩餘的左半字形看（第 20 頁），"土"的豎筆之上顯然還有筆畫，結合文義可以斷定是"埜"字。"土"上的殘畫大概就是"予"的末筆。韓書把簡 53 相當於今本《同人》卦"同人于野"的"野"之字釋爲"壄"（第 52 頁），濮書所釋與之同（521 頁）。其實這個"壄"也是"埜"字（《説文》以"埜"爲"野"之古文），侯書已正確釋出（第 118 頁。韓書第 110 頁引此辭釋作"埜"，是正確的。第 52 頁有可能係排印之誤）。

睡虎地秦簡《日書》甲種簡 9 正貳："外害日，不可以行作。之四方野外，必耦（遇）寇盜，見兵。"①九店楚墓 M56 所出竹簡簡 32："……是胃（謂）外害日，不利以行作，迡（蹠）四方埜（野）外，必無塤（遇）寇逃（盜），必兵"。阜簡此句跟"外害日"的占辭無疑是很近似的。所謂"道"應該相當於睡虎地秦簡的"之"和九店楚簡的"迡（蹠）"。② 睡虎地秦簡《日書》甲種簡 8 正貳"外陽日"占辭有"利以達野外"之語，③"道"、"達"亦當義近。但是做動詞用的跟行走義有關的"道"，只有"行"、"取道"、"引導"等義，而沒有"之"、"蹠"（《淮南子·原道》高誘注："蹠，適也。"）、"達"那一類意思。僅從這一點看，"道"字之釋就十分可疑。

此字原作如下之形：

（摹本作 ）

參考摹本仔細觀察，可以發現右上部分是一短一長的兩橫畫（圖版最上的短橫右側幾乎磨滅，但仍餘殘迹可尋），而不是"道"字右上的"丷"。此字

---

① 睡虎地秦墓竹簡整理小組編《睡虎地秦墓竹簡》，圖版 89 頁、釋文注釋 181 頁。
② "迡"字的考釋，參看湖北省文物考古研究所、北京大學中文系《九店楚簡》，89～90 頁，中華書局，2000 年。
③ 睡虎地秦墓竹簡整理小組編《睡虎地秦墓竹簡》，圖版 89 頁、釋文注釋 181、182 頁。參看單育辰《佔畢隨録之十一》，復旦大學出土文獻與古文字研究中心網，2009 年 8 月 3 日。

"辵"旁以外的部分,其整體形態與"道"所從的"首"亦不類("道"字見於阜簡本《周易》簡 35、41 等)。字形結合文義考慮,頗疑此字當釋爲"適"。簡 143 有"適"字作▨(摹本作▨),可以比較。據此,這條簡文可重新釋寫爲"咎,不利行作,適壄(野)□","壄"下一字也許就是"外"。

12. 簡 292：□咎。卜大臣可以作□(第 73 頁)

"咎"上一字尚存一捺筆,應是"无"字。簡 286"咎。病者不死事"、簡 290"咎。卜有土之君□","咎"上殘字韓書皆未釋,其實很可能也是"无"。"无咎"乃《周易》習語。

13. 簡 297：咎。處官促,卜(第 73 頁)

"官"下一字原作▨,簡 364 有"足"字作▨,跟這個字的右上部分明顯不合。"徙"字,簡 143 作▨(摹本作▨)、簡 230 作▨(摹本作▨)、簡 457 作▨(摹本作▨),跟本簡所謂"促"字較似。唯此字右下部分寫得比其他"徙"字要草率,更近於銀雀山漢簡"徙"作▨者。① 所以,韓書釋"促"之字可能當改釋爲"徙"。簡 234 有"處官者遷"之語,簡 457 有"去宅徙官"之語("官"韓書誤釋爲"宦"),可證把此句釋讀爲"處官徙"是合適的。順便指出,此"徙"字摹本作▨,字形近乎"徒",不確。

14. 簡 389：死而□□(第 76 頁)

按:"而"下二缺文後還有兩個字,從第一個字的殘畫和大致輪廓看(第 25 頁),應是"死"字(可與本簡"死"字比較)。此簡可重新釋寫爲"死

---

① 漢語大字典字形組《秦漢魏晉篆隸字形表》,110 頁。

而□□(疑是'於')死□"。

15. 簡 421：罪人復病(第 76 頁)

韓書釋爲"人"之字，圖版殘畫作 ▨ (摹本作 ▨)，顯然不是"人"而是"者"字的左半。簡 393 有"死抵罪者"，簡 403 有"罪者復故卜"，簡 404 有"貴有罪者復亡者"，與此簡言"罪者"同例。阜簡《周易》"者"有兩種寫法，一種跟一般"者"字無別，下作"曰"形，一種下部省成兩短橫(參看韓書第 46 頁)。這個"者"字應該屬於後者，是簡省的寫法。附帶説一下，簡 391"病"下一字從所存頭部殘筆看(第 25 頁)，似亦是"者"字。

16. 簡 435：□用兵必死(第 77 頁)

第一個缺文圖版上留有自左向右一長曳筆(第 27 頁)，結合文義考慮，應是"兇"字。阜簡《周易》"兇"字有兩種寫法，一種下部作"儿"形，與一般寫法的"兇"無別，一種下部作"ㇻ"形(見於簡 43、428、531 等)，大概受到了楚文字的影響。① 從這個"兇"字所存長曳的筆勢看，可能是屬於受到楚文字影響的那種寫法。

17. 簡 438：幾不□政□(第 77 頁)

"不"下一字從圖版和摹本看，當釋爲"貨"(秦漢文字"貨"的寫法看《秦漢魏晉篆隸字形表》第 413 頁)。

18. 簡 452：□=行□行□□(第 77 頁)

二"行"字之間的那一個字，其殘畫和輪廓與簡 483、513"克"相合(簡

---

① 裘錫圭《釋古文字中的有些"恩"字和从"恩"、从"兇"之字》，《出土文獻與古文字研究》第 2 輯，6、12 頁，復旦大學出版社，2008 年。

483 的"克"字參看第 20 條),應釋"克"。第二個"行"下一字,結合圖版和摹本看,應該也是屬於受到楚文字影響的"兇"(參看第 16 條)。此簡可重新釋寫爲"□(疑是'官')=行克行,兇。□"。

19. 簡 471:□用事君不吉。(第 78 頁)
　　簡 695:少賈牛。(第 83 頁)

　　簡 471 韓書釋爲"用"之字作 ▨(摹本作 ▨),顯然是"市"而非"用"(秦漢文字"市"的寫法參看《秦漢魏晉篆隸字形表》346 頁)。簡 695 韓書釋爲"牛"之字作 ▨(摹本作 ▨,有誤),顯然也是"市"字。秦漢《日書》中數見"賈市"一詞(如放馬灘秦簡《日書》乙種簡 270"利以賈市"、簡 271"卜賈市有利"、簡 288"賈市喪""立賈市"、簡 297、360"占賈市"等,①孔家坡漢簡《日書》簡 56"利祠及行、賈市"、簡 58"利祠祀、賈【市】"、簡 66"【利以弋】獵,賈市"、簡 297 壹"所利唯(惟)賈市"等。② 睡虎地秦簡《日書》亦多見,不具引),是其例。簡 471"市"上一字尚存下部"貝"旁,比照簡 695"少賈市"和前舉"賈市"之語,可知此殘字亦當是"賈"。此簡蓋占卜"賈市"、"事君"等事皆"不吉"。放馬灘秦簡《日書》乙種簡 243 有"事君有初毋(無)後,賈市行財皆然"之語,③亦以"賈市"、"事君"之事並提。

20. 簡 483:□小人弗哀田魚(第 78 頁)

　　韓書釋爲"哀"之字作 ▨(摹本作 ▨),應是"克"字。簡 513"克"寫作

――――――
　① 甘肅省文物考古研究所編《天水放馬灘秦簡》,圖版 43~44、45、46、52 頁,釋文 100、101、102、105 頁,中華書局,2009 年。簡 297"市"原書誤釋爲"外",此從程少軒《放馬灘簡〈式法〉的初步整理》(待刊稿)釋。
　② 湖北省文物考古研究所、隨州市考古隊編《隨州孔家坡漢墓簡牘》,圖版 70、71、94 頁,釋文 134、165 頁,文物出版社,2006 年。
　③ 甘肅省文物考古研究所編《天水放馬灘秦簡》,圖版 41 頁、釋文 99 頁。

（摹本作█），與此同形，韓書已正確釋爲"克"（第 79 頁）。跟一般的"克"相比，這種"克"字在下部"儿"形的捺筆旁多出"ㄟ"一類筆畫。馬王堆漢墓帛書《春秋事語》3 行、80 行的"克"字亦作此形，帛書《周易》54 行"至十年弗克正（征）"的"克"的下部甚至變得跟"衣"的下部沒什麼區別。① 東漢華山朝碑"克"字下部"儿"形的右旁仍保留着一斜點（參看《秦漢魏晋篆隸字形表》第 472 頁），是其孑遺。韓書大概把"ㄟ"一類筆畫和"克"下部"儿"形合起來認作"衣"的下部，遂誤釋成"哀"。

21. 簡 486：事君田魚□（第 78 頁）

"魚"下缺文尚存頭部█（摹本作█），簡 613 云"家資財輒出，田魚、賈"，"賈"字作█（摹本作█），可知本簡此字應即"賈"字之殘（"賈"字又見於簡 694、695）。簡 469 韓書釋文作"貧不富，求事君弗得，田魚"（第 78 頁），其實圖版上第一字只剩下部的"貝"旁（第 29 頁），無從判定必爲"貧"字。我們懷疑簡 469 與簡 486 係一簡之折，簡 469 開頭的"貝"旁正是簡 486"賈"字的下半，相關文句可連讀爲"事君、田魚。賈不富，求事君弗得，田魚"。簡 694 說"□賈无贏"，與此"賈不富"義近。參考上一條所釋的"小人弗克田魚"（簡 483）之語，疑簡 486"田魚"之後很可能也是"弗克"或"不克"二字。"富"、"得"、"克"皆職部字，正好押韻。這支簡大概是卜問賈、事君、田魚等事的，簡 486"事君"之前或可補一"賈"字。

22. 簡 566：家必嚮有良作者，乃吉䜌（第 80 頁）

韓書在談到阜簡《周易》"個別字的結構却不相同"時，曾舉"嚮"又作"嚮"爲例（第 46 頁），看來是以"嚮"爲"遷"之異體。其實韓書釋爲"嚮"之

---

① 陳松長編著《馬王堆簡帛文字編》，287 頁。

字,上部中間並非"囟",而是"牙"(圖版見第 34 頁),此字作上"與"下"口"之形,可能是"礜"或"譽"字之省,或是"與"字繁體,總之跟"釁(遷)"毫不相干。它在簡文中的用法待考(也許可讀爲"與")。

23. 簡 572:而復爲邑居家者(第 80 頁)

所謂"爲"字圖版存左半（摹本作）形,應是"別"字(參看《秦漢魏晉篆隸字形表》第 262 頁)。"而復別邑居家者"似與睡虎地秦簡《日書》甲種"其後必有別,不皆(偕)居,咎在惡室"(簡 88 背壹)、①放馬灘秦簡《日書》乙種"居室離別"(簡 255)②義近。

24. 簡 641:不可居家(第 82 頁)

韓書釋"可"之字雖僅存左半,但結合摹本來看(第 38 頁),當是"雨"而非"可"。"不雨,居家"疑與簡 633"卜雨不雨,居家"同文。

25. 簡 732:唯□(第 84 頁)

"唯"下一字圖版上有不少筆畫(第 41 頁),沒有問題當釋爲"利"。

26. 簡 733:其□(第 84 頁)

"其"下一字圖版上存"士"頭(第 41 頁),也許是"吉"字之殘。

27. 簡 735:□亂後(第 84 頁)

"亂"上一字從圖版所存筆畫看(第 41 頁),似是"事"或"爭"。《韓非

---

① 睡虎地秦墓竹簡整理小組編《睡虎地秦墓竹簡》,圖版 110 頁、釋文注釋 221 頁。
② 甘肅省文物考古研究所編《天水放馬灘秦簡》,圖版 42 頁、釋文 99 頁。

子·制分》有"夫國安則民治,事亂則邦危"之語,《説苑·談叢》有"不勝其職則事亂,事亂則害成"之語,"争亂"之説則未見,故"亂"上一字爲"事"的可能性較大。

關於阜簡本《周易》釋文的補正意見就談到這裏。最後附帶提一下韓書摹本的問題。韓書摹本總體上做得很不錯,有些圖版不甚清晰或模棱兩可的字,由於有了摹本的參照,得以順利釋出,如上文第 2、11、18、24 等條就是這方面的例子。但摹本也有不够理想的地方,甚至有明顯誤摹之處,上文已有所涉及(如第 4、13 條),下面再舉幾個例子。簡 13"小"下一字爲"貞"的頭部,簡 14"兇"上一字爲"貞"的下部,二簡似可拼合(中間略有殘,拼合後"貞"字並不完整),簡 13、14、15 的有關內容可連讀爲"小貞吉,大貞兇",正是《屯》卦"九五"爻辭的一部分。韓書釋文把這三支簡放在一起釋讀(第 48 頁),應該也是這樣考慮的。可是摹本却把簡 13"貞"字的頭部摹得近乎"有"字(第 3 頁),顯不可信。簡 38"鄰"字左下"舛"形擠得很攏,摹本誤摹作似"凶"之形(第 5 頁),濮書則完全摹成了"凶"(第 519 頁),變得不成字。簡 75"隋"字是從"攴"的,摹本却把"攴"誤摹爲"又"(第 8 頁),大概受到了一般"隋"字寫法的影響。(殘片 1 的第二個字應是"隋",此"隋"亦從"攴",由於釋文未釋,摹本反而摹得很正確。)簡 108"舍"字,摹本摹得跟正規寫法的"言"字相似(第 10 頁),濮書所摹近是(第 525 頁)。如果不核對原圖版而僅僅根據或過分依賴韓書的摹本來認這些字,就很容易被誤摹引入歧途。

原載《周易研究》2010 年第 5 期。

讀簡帛古書札記二則

一、説北大簡《反淫》的"究"

《北京大學藏西漢竹書[肆]》所收《反淫》，48～49號簡載魂曰：

不若處无爲之事，行不言之教；虛静恬愉，如景（影）之效；乘其閒天之車，駝（馳）騁八勞（轍）之道，處大廓之究，以靈浮游化府……（下略）①

整理者爲"處大廓之究，以靈浮游化府"加注説：

究：極。《漢書·蕭望之傳》："恐德化之不究。"顏師古注："究，竟也，謂周徧於天下。"《淮南子·精神訓》："若夫至人，量腹而食，度形而衣，容身而游，適情而行，餘天下而不貪，委萬物而不利，處大廓之宇，游無極之野，登太皇，馮太一，玩天地於掌握之中。"郭璞注："廓，虚也。"浮游化府，謂游於仙化之境。……（引者按：其下又引《淮南子》的《覽冥》和《俶真》兩段文字。因與簡文扣得不緊密，此從略）②

---

① 北京大學出土文獻研究所編《北京大學藏西漢竹書[肆]》，104、135頁，上海古籍出版社，2015年。按："勞"原釋"徹"，今據圖版改。
② 同上注，136頁。

此注沒有解釋"靈"字。簡文的"靈"當指精神而言,《莊子·德充符》:"故不足以滑和,不可入於靈府。"成玄英疏:"靈府者,精神之宅,所謂心也。""浮游化府"者既爲精神,上一句"處大廓之究"的主語應是"身",只不過省略未説出罷了。《淮南子·俶真》:"是故身處江海之上,而神游魏闕之下。"是"身"、"神"對言之例。

整理者對"究"的解釋,是有問題的。訓"竟"、"極"之"究",從上注所引書證看,當爲動詞或形容詞(又如《吕氏春秋·孝行》:"光耀加於百姓,究於四海。"高誘注:"究,極也。"),實由其"窮盡"義引申而來,顯然難以充任"處"的賓語。蕭旭先生已批評整理者的説法"非其誼";但他讀"究"爲"高",認爲"大廓之究,猶言太虛之高",①亦不可從。整理者把"化府"釋爲"仙化之境",失之籠統。其實這個"府"是府宅的意思,也就是上引《莊子·德充符》"靈府"之"府"。從文例看,"處大廓之究"的"究"當與"府"相類。"究"無論訓爲"極"、"竟"還是讀爲"高",都不符合這一要求。

整理者在注中引出的《淮南子·精神》"處大廓之宇,游無極之野",對於理解"處大廓之究"的"究"很有用處。《精神》的"宇"與"野"對舉,自然不能也訓爲"野",而就應該當"屋宇"講。《精神》篇上文描寫"真人","甘瞑(即'酣眠')于太宵之宅,而覺視于昭昭之宇;休息于無委曲之隅,而游敖于無形埒之野"。"昭昭之宇"的"宇"即"大廓之宇"的"宇"。此文"宇"、"宅"對舉,與《反淫》"究"、"府"對舉同例。

據整理者所引高誘注(原誤作"郭璞注",蕭旭先生已糾正。按同篇37號簡"處於大廓"句注引不誤,見《北京大學藏西漢竹書[肆]》132頁注[二五]),"大廓"即大虛空、極虛無,其意與莊子屢言之"無何有"近。《莊子·知北遊》有"嘗相與游乎無何有之宫"語,"無何有之宫"似亦與"大廓之究"、"大廓之宇"相近。

由以上所説可以推斷,"處大廓之究"的"究"當有宫、宇一類意思。

---

① 蕭旭《北大漢簡(四)〈反淫〉校補》,復旦大學出土文獻與古文字研究中心網,2016年6月27日。下引蕭説俱見此文,不另出注。

西周金文中有一個"宄"字,从"宫"、"九"聲,在銘文中或表示宫室之意,其所代表之詞當與"宫"有很密切的同源關係。張富海先生對此已作了很好的總結和研究。① 張先生還指出,《殷周金文集成》02541~02545號著録的仲義父鼎有"宆"字,從文義看與"宄"爲一字異體;②《上海博物館藏戰國楚竹書(二)·子羔》12號簡説后稷之母姜嫄"遊於玄咎之内","玄咎"相當於古書所記之"閟宫","咎"應讀爲"宄"。③ 我們認爲,《反淫》"處大廓之究"的"究"也應讀爲"宄",指一種宫室;也可以認爲這個"究"字是"宄"後起的異體。如此説合於事實,可知與"宫"音義極近的"宄"這個詞,不但戰國時代"還偶爾在使用",④就是到了西漢早中期似仍有殘餘。⑤

過去陳夢家認爲西周金文中的"宄"即《廣雅·釋宫》訓"窟也"的"究","乃是黄土地帶穴居的復室",並引《左傳·襄公三十年》"鄭伯有耆酒,爲窟室,而夜飲酒"爲例。⑥ 現在《反淫》此字就寫作"究",是否可以證實陳夢家的説法了呢?這倒未必。一方面,古書中的"窟室"大概是指掘地而成、並於地上累土的一種土室("窟"又寫作"堀"、"崛"或"掘",⑦蓋得名於掘地之"掘");不但西周金文中的"宄"與此不似,而且上博簡《子羔》提到后稷之母於"玄咎(宄)"之内"冬見芺",其事雖涉神異,如説"芺"長在地下,未免太不近情理(這裏是以冬天"見芺"爲異象)。⑧ 另一方面,

────────

① 張富海《金文从宫从九之字補説》,《古文字研究》第29輯,282~283頁,中華書局,2012年。

② 同上注,283~284頁。

③ 張富海《上博簡〈子羔〉篇"后稷之母"節考釋》,《上博館藏戰國楚竹書研究續編》,47~49頁,上海書店出版社,2004年。

④ 張富海《金文从宫从九之字補説》,《古文字研究》第29輯,284頁。

⑤ 北大簡的抄寫時代主要在漢武帝後期,下限不晚於漢宣帝。但據《反淫》的整理者説,此篇的寫成當在枚乘《七發》之前,個別字的寫法還保留了秦簡字體的特徵,故其底本"容或在西漢早期"(《北京大學藏西漢竹書[肆]》,120頁)。

⑥ 陳夢家《西周銅器斷代》,上册84頁,中華書局,2004年。關於古人所居地室,陳槃《春秋列國風俗考論别録·四、房屋》有"地下室"條,論之較詳,可參看。陳文見其《舊學舊史説叢》,下册569~570頁,上海古籍出版社,2010年。

⑦ 參看王叔岷《史記斠證》,第三册1279頁,中華書局,2007年。

⑧ 參看張富海《上博簡〈子羔〉篇"后稷之母"節考釋》,《上博館藏戰國楚竹書研究續編》,49頁。

《廣雅》訓爲"窟也"的這個"究"字,錢大昭《廣雅疏義》、王念孫《廣雅疏證補正》等皆以爲乃《玉篇·穴部》訓"窔窟也"的"窔"(音"五丸切")之形訛。① 若此,把當宮室講的"窔"、"究"與《廣雅·釋宮》的所謂"究"相聯繫,就更不妥當了。

二、釋馬王堆帛書《經法·六分》的"穎(傾)"

長沙馬王堆 3 號漢墓所出《老子》乙本卷前古佚書《經法》的《六分》篇,開頭講"凡觀國,有六逆",有如下一段文字:

> 主失立(位)則國芒(荒),臣失処(處)則令不行,此之胃(謂)𩒻國。主兩則失亓(其)明(明),男女挣(争)威,國有乳(亂)兵,此胃(謂)亡國。(24上〜24下)②

後有與此相應之文:

> 主失立(位),臣失処(處),命曰无本,上下无根,國將大損;在强國破,在中國亡,在小國威(滅)。主暴臣乳(亂),命曰大芒(荒),外戎內戎,天將降央(殃);國无小大,又(有)者威(滅)亡。主兩,男女分威,命曰大麋(迷),國中有師;在强國破,在中國亡,在小國威(滅)。(26上〜27上)③

原整理者據此指出,前一段文字"'主失位,臣失處'與'主兩,男女争威'兩項逆徵之間,當有'主暴臣亂'一項",可能爲抄寫者所脫漏。④

---

① 徐復主編《廣雅詁林》,528 頁,江蘇古籍出版社,1992 年。參看此書 6 頁徐復《前言》。
② 裘錫圭主編《長沙馬王堆漢墓簡帛集成》,第壹册 122〜123 頁、第肆册 134 頁,中華書局,2014 年。
③ 同上注。
④ 《馬王堆漢墓帛書》整理小組《老子乙本及卷前古佚書》,釋文 7 頁,文物出版社,1974 年。馬王都漢墓帛書整理小組《馬王堆漢墓帛書·經法》,19 頁,文物出版社,1976 年。國家文物局古文獻研究室《馬王堆漢墓帛書[壹]》,50 頁,文物出版社,1980 年。

上引帛書中的"𩑺"字尚無確釋,需要研究。原整理者起初在 1974 年出版的綫裝大字本《老子乙本及卷前古佚書》中,釋此字爲"積(頹)";①後來在 1976 年出版的《經法》中改釋爲"頯","讀爲泮,渙散";②1980 年出版的《馬王堆漢墓帛書[壹]》則隸定作"𩑺",分析爲"從頁乎聲,疑即頯之異體,讀爲泮,渙散"。③ 體現帛書最新整理成果的《長沙馬王堆漢墓簡帛集成》,謂此字"不識,待考"。④ 態度較爲審慎。

今按,此字作如下之形:

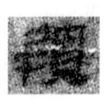

試與《馬王堆簡帛文字編》所收《相馬經》002 的"頰"、004 的"頸"、《周易》018 的"顛"、《繆和》001 的"願"、《繫辭》006 的"顗"等字的"頁"旁比較一下,⑤可以斷定此字从"頁"是没有問題的。僅此一點,便可否定釋"積"之說(其左半與"禾"也相距甚遠)。

把此字隸作"𩑺",當然比釋"積"合理一些。不過,"乎"何以會有"頯"、"泮"之音?原整理者並未作出文字學上的說明。魏啓鵬先生認爲"𩑺"字"從頁,解省聲","疑借爲欯,傾斜不安"。⑥ 但馬王堆簡帛資料所見的"解"字,"角"、"刀"二構件絶大多數位於"牛"之上,⑦尚存其字"从刀判牛角"(《說文・四下・角部》)之古意。如"乎"爲"解"的省形,似當在"解"析作"角"、"乎"左右結構的拆分辦法通行之後。退一步說,就算按照魏先生从"頁"、"解"省聲的分析,此字爲字書所無,仍不可識。細審字形,其左半與一般的"刀"、"牛"均有差别,隸定爲"乎"本有可疑之處。大概正是看到了這一點,《長沙馬王堆漢墓簡帛集成》只將此字半隸定作"𩑺",

---

① 《老子乙本及卷前古佚書》,釋文 7 頁。
② 《馬王堆漢墓帛書・經法》,16、19 頁。
③ 《馬王堆漢墓帛書[壹]》,49、50 頁。
④ 裘錫圭主編《長沙馬王堆漢墓簡帛集成》,第肆册 135 頁。
⑤ 陳松長等《馬王堆簡帛文字編》,369~371 頁,文物出版社,2001 年。
⑥ 魏啓鵬《馬王堆漢墓帛書〈黄帝書〉箋證》,31 頁,中華書局,2004 年。
⑦ 陳松長等《馬王堆簡帛文字編》,181 頁。

而没有采取原整理者的释写。

根據釋讀漢代文字資料的經驗，"𣫭頁"很可能是某個常見字的訛寫或別體。字形結合文義考慮，頗疑"𣫭頁"即"穎"字，在上引文中當讀爲傾覆之"傾"。

"𣫭頁"的左上當是"匕"的反書。有一方印文爲"定穎（潁）長印"的東漢時代的封泥：

（《新出封泥彙編》5734）

"穎"字所從之"匕"亦反書，可證。《古文四聲韻》2·21引《古老子》"傾"作𠆢，李春桃先生疑爲"頃"字，"所從'人'旁可能是'匕'旁反寫所致"。① 其說若確，可爲"匕"旁反書再添一例。不過，這個字實是"傾"字省去"匕"旁的可能性也還無法排除。

"𣫭頁"左下部分的形體，似介乎"扌（手）"、"木/禾"之間。馬王堆帛書中的從"禾"之字，或作如下諸形：

（《經法》55上"種"）　　（《經法》34下"積"）

（《周易》8上"穫"）　　（《十六經》42下"年"）

（《繆和》7下"年"）

如不計"禾"旁上端的撇畫，其形與"扌（手）"也很接近。我懷疑"𣫭頁"左下

---

① 李春桃《古文異體關係整理與研究》，309頁，中華書局，2016年。

亦爲"禾"之反書,並且是借用反寫的"匕"的最下一筆兼充"禾"上端的撇畫,故而造成了"匕"、"禾"二構件穿連在一起的奇詭面貌。出土漢代文字資料中,一字之偏旁或構件反書的現象確實是存在的。①

陳鼓應先生曾引此字釋"頹"、釋"頯"二説,認爲"下文'主失位,臣失處……國將大損','損'與'頹'意思接近","據下文'損',則釋'頯'義長"。② 上文已説,釋"頹"在字形上靠不住。但陳先生指出此字所表之詞,當與"損"義相近,這是有道理的。我們釋此字爲"穎",可讀爲"傾"("穎"、"傾"皆从"頃"聲),"傾國"與"國將大損"意思配合得很好。《鬼谷子·符言》講"主位"者,當"善與而不静,虛心平意以待傾損"。"傾"、"損"義近連文。《墨子·尚賢中》云:

> 故雖(唯)昔者三代暴王,桀、紂、幽、厲之所以失措其國家,傾覆其社稷者,已(以)此故也。

王念孫校"措"爲"損"之誤。③ 同書《非命下》云:

> 故雖(唯)昔者三代暴王桀、紂、幽、厲之所以共抎其國家,傾覆其社稷者,此也。

王念孫又校此"共"爲"失"之誤,"抎"、"損"古通。④ "失損/抎其國家"、"傾覆其社稷"並提,與帛書以"國將大損"呼應"穎(傾)國"可相參看。

就"主兩,男女争威"一段的前後對應關係來説,"此謂亡國"猶"在强國破,在中國亡,在小國滅"。所以,在"主失位,臣失處"一段裏,"此之謂頯國"不但與"國將大損"有關,還當對應於"在强國破,在中國亡,在小國

---

① 參看黄文傑《秦漢文字的整理與研究》,271～274 頁,社會科學文獻出版社,2015年;石繼承《漢印研究二題·上編 漢印文字形體訛變、混同及其他特殊變化現象研究》,133～134 頁,復旦大學博士學位論文(指導教師:施謝捷教授),2015 年 5 月。

② 陳鼓應《黄帝四經今注今譯——馬王堆漢墓出土帛書》,79 頁,商務印書館,2007 年。

③ 王焕鑣《墨子集詁》,154 頁,上海古籍出版社,2005 年。

④ 同上注,917 頁。

滅"。從這一點看,把"𦣻國"釋讀爲"傾國",也是很合適的。

2017 年 5 月 24 日草定

原載中國文化遺產研究院編《出土文獻研究》第 16 輯,中西書局,2017 年。

關於《北京大學藏西漢竹書》叁、肆、伍册釋文注釋的一些意見

2015年11月,《北京大學藏西漢竹書》叁、伍册發行;2016年6月,《北京大學藏西漢竹書》肆册發行。這幾册書裏收錄了不少頗爲重要的新見文獻,必將對古代文史研究的許多方面產生深遠影響。不過,整理者爲這些出土文獻所作的釋文注釋,似存在一些問題,有待補正。下面準備分條提出商榷意見,供使用北大漢簡的學者們參考。

需要說明的是,以下各條所說大意,基本上都用網名在網站上發表過:第一節關於《趙正書》的4條,2015年11月14日發表於復旦大學出土文獻與古文字研究中心網站論壇;第二節關於《反淫》的2條,2016年6月21、22日先後發表於武漢大學簡帛網論壇;第三節關於《北京大學藏西漢竹書[伍]》的10條,2015年11月14日發表於復旦大學出土文獻與古文字研究中心網站。現在整理成文,大多作了補充修改,但主要觀點均無改變。

一、關於《北京大學藏西漢竹書[叁]·趙正書》

本篇屢見句末語氣詞"于"(如簡2、4、29等),整理者一律讀爲"歟"。① 按"于"是匣母字,"歟"是餘母字,二字聲母有隔。其實古書裏本

---

① 北京大學出土文獻研究所《北京大學藏西漢竹書[叁]》,下册189、192頁,上海古籍出版社,2015年。

有語氣詞"于",如《呂氏春秋·審應》:"昭王曰:'然則先生聖于?'"高誘注:"于,乎也。"《論衡·知實篇》作"然則先生聖乎",可知"于"實近於"乎"而不近於"歟"("乎"是曉母字,聲母與"于"同系)。但也没有必要把此種"于"讀爲"乎"。

子嬰因胡亥殺李斯而進諫曰:"夫變俗而易法令,誅羣忠臣,而立無節行之人,使以法從其約,而行不義於天下臣,臣恐其有後咎。……(下略)"(簡45～46)末兩句二"臣"字,原寫作"臣"下加重文號的形式。① 從文義看,"行不義於天下"後似不當有"臣"字,疑重文號爲抄手誤加。② "使以法從其約"句,整理者讀"從"爲"縱"、讀"約"爲"欲"。③ 但"約"、"欲"韻遠,無相通之理。按"約"古有求取義,《商君書·修權》"則姦臣鬻權以約禄",《史記·趙世家》"務以論德而約功","約禄"、"約功"即求禄、求功。與"約"音近的"要"、"徼/邀",亦有此義。簡文的"從其約"乃從其所求之意,"從"、"約"如字讀即可。

簡33"北馳胡幕",《史記·李斯列傳》作"北逐胡貉"。整理者認爲簡文"幕"通"漠",與《史記》"文意有所不同"。④ 按古書"貉"、"莫"有相通之例;⑤"貉"有異體作"貊",從"百"聲之"陌"與"幕"亦可通。⑥ 所以"胡幕"與"胡貉"應該是一回事。

李斯臨死前言於胡亥,有"察登高智(知)其危矣,而不智(知)所以自安者;前據白刃自智(知)且死,而不智(知)所以自生者"語(簡42～43),整理者據《吴越春秋·勾踐入臣外傳》伍子胥諫言"臣聞桀登高自知危,然不知所以自安也;前據白刃自知死,而不知所以自存也",爲"察"括注"桀"。⑦ 按"察"、"桀"一爲初母字,一爲羣母字,謂其相通並無確據。王

---

① 北京大學出土文獻研究所《北京大學藏西漢竹書[叁]》,下册173頁。
② 出土文獻中誤衍重文號的現象是存在的,參看蔡偉《誤字、衍文與用字習慣——出土簡帛古書與傳世古書校勘的幾個專題研究》,59～62頁,復旦大學博士學位論文(指導教師:陳劍教授),2015年。
③ 北京大學出土文獻研究所《北京大學藏西漢竹書[叁]》,下册193頁。
④ 同上注,192頁。
⑤ 高亨、董治安《古字通假會典》,883頁,齊魯書社,1989年。
⑥ 同上注,924頁。
⑦ 北京大學出土文獻研究所《北京大學藏西漢竹書[叁]》,下册193、194頁。

輝先生認爲"察"當訓"至"、"到達",字或作"際","簡文'察登高'即至登高,至登上高處"。① 但是,當"至"、"到達"講的"察"或"際"指行動的結果,"登高"的"登"則是行動本身,按照漢語一般語序,表結果的"到達"怎麼能放在"登"前說呢?我認爲"察"就指察視、察考,並無深意。上文李斯言:"王見病者乎?酒肉之惡,安能食乎?破國亡家,善言之惡,安能用乎?""破國亡家"云云,亦"王見"的賓語。緊接其後的"登高"一段,以"察"領起,"登高知其危矣,而不知所以自安者"和"前據白刃自知且死,而不知所以自生者"都是"察"的賓語;"察"與"王見"之"見"同例。上引《吳越春秋》之文,用"臣聞"總冒,"聞"亦與"察"、"見"相類。至於《吳越春秋》的"桀"字,王輝先生已指出有誤,因爲"諫文所言爲一般道理,與夏桀似無涉"。② 這是正確的。但他懷疑"桀"爲"祭(察)"之誤字,③似可商。而且既已言"臣聞",再用察視之"察",也頗不辭。竊疑"桀"或與《趙正書》的"察"無關,有可能是"椉(乘)"的訛脱。"乘"、"登"音義皆近("乘高"、"登高"之說都見於古書),似有一字爲旁注誤入正文,或二本誤合爲一而衍。

二、關於《北京大學藏西漢竹書[肆]·反淫》

簡28言各種神異鳥"芬(紛)雲(紜)窈(幽)海(晦),浩洋於上"。整理者爲"浩洋"加注說:"喻(鳥羣)如洪潢水流之浩蕩。"④按此釋嫌迂曲。"浩洋"可讀爲"翱翔"("皋"、"告"二聲之字屢通,⑤"洋"、"翔"皆从"羊"聲),言鳥羣翱翔於"紛紜幽晦"之上,直截了當。《淮南子·人間》謂筋骨已就、羽翮既成之鴻鵠,"翱翔乎忽荒之上";《新序·雜事》謂鳳鳥"翱翔乎

---

① 王輝《北大藏漢簡(叁)、(伍)詞語釋讀》,陳偉武主編《古文字論壇》第2輯,272~273頁,中西書局,2016年。
② 同上注,273頁。
③ 同上注。
④ 北京大學出土文獻研究所《北京大學藏西漢竹書[肆]》,130頁,上海古籍出版社,2015年。
⑤ 高亨、董治安《古字通假會典》,710、711、712頁。

關於《北京大學藏西漢竹書》叁、肆、伍册釋文注釋的一些意見　　357

窈冥之上",並可與簡文合看。

　　本篇"隨"字,所從"隋"旁寫得與"脩"極似,故整理者皆誤釋。如簡37"隨死生同宅"的"隨","黔之菜"先生已正確改釋;①簡39"隨鐔曲校"的"隨",原亦誤釋爲從"脩","老學生"先生改釋爲"隨",讀爲"橢"。② 北大簡整理者在注釋"隨鐔曲校"句時,已引出《淮南子·本經》之"脩掞曲挍"。③ 現在看來,《淮南子》此句的"脩",應該也是"隋(橢)"的形近誤字,當據《反淫》校正("掞"、"鐔"音近可通)。此外,本篇簡4"葉菀脩(原釋作從'艸'從'辵'從'脩'),輅車(枯)槁",④整理者釋讀爲"脩"之字,從圖版看,實亦從"隨",⑤這個字應該就是"蔏"的異體。"葉菀蔏"的"菀蔏",蓋即"委隨"一聲之轉。"委隨"有萎弱義,枚乘《七發》云:"四支(肢)委隨,筋骨挺解。"簡文因爲説的是葉子,所以"宛隨(委隨)"二字都加了"艸"頭。附帶提一下,《莊子·庚桑楚》"能翛然乎"之"翛",崔譔本作"隨",注云:"順也。"前人舉莊書《大宗師》有"翛然"之語爲證,⑥當是。疑"翛"有作"脩"之本(二字音近可通),後者因形近被人誤認爲"隋、隨"字。此又與上舉誤"隋"爲"脩"的情況相反。

三、關於《北京大學藏西漢竹書[伍]》

　　《節》簡1"虞土至",整理者疑"虞"讀爲"腴"。⑦ 按"虞"、"腴"聲母不近(前者爲疑母,後者爲餘母),彼此相通的可能性不大。"虞土"當如何解,待考。【編按:《大戴禮記·千乘》"禱民命及畜穀、蜚征、庶虞、草"、"方冬三月,草木落,庶虞藏",同書《四代》"詩云'東有開明',於時雞三號

---

①　黔之菜《北大漢簡〈反淫〉篇校字一則》,復旦大學出土文獻與古文字研究中心網,2016年6月3日。
②　見上注所引文下評論,第2樓,2016年6月5日。
③　北京大學出土文獻研究所《北京大學藏西漢竹書[肆]》,133頁。
④　同上注,121、122頁。
⑤　同上注,89頁。
⑥　參看王叔岷《莊子校詮》,下册879頁,中華書局,2007年。
⑦　北京大學出土文獻研究所《北京大學藏西漢竹書[伍]》,39頁,上海古籍出版社,2014年。

以興,庶虞動,蜚征作"。"虞土"不知是否與"庶虞"有關。】

　　《節》簡4"枸藩閉"、簡40"藩垣不可壞也"、簡45"高藩"之"藩",①從字形看,不從"氵"而從"片"。我們曾認爲這個藩籬之"藩"字,可分析爲從"牆(牆)"省("藩"、"牆"義近)、"番"聲(末一例所從"番"近乎"嗇",稍有訛;也有可能就是"牆(牆)"字)。陳劍先生進一步指出,此篇諸"藩"字皆"牆(牆)"之誤釋。② 其説可從。

　　《節》簡16、19(3見)、20(3見)整理者釋"御"之字,③原作 ![字形] ,顯然當釋爲"迎"。馬王堆帛書"迎"字即如此作。④

　　《節》簡20:"迎(原誤釋爲'御',看上條。下同)大音,戰,士卒罘昨,令尉傷。"整理者注:"'罘',疑同'眯'(引者按:此説非是。簡文'罘'字明明從'网'而不從'目'),指物入目中。'昨',目也。"⑤按訓"目"之"昨",見於《篇海類編》等較晚字書,恐非秦漢時代所有之字。簡19~21之文皆有韻:"迎德"一段"三軍滅亡,其將亡",韻腳同字;"迎豐隆"一段"削其土疆,亡其司空","疆"、"空"陽、東合韻;"迎風伯"一段"士卒走,失其侯公","走"、"公"侯、東對轉;"迎雷公"一段"中折其兵,司馬不得其鄉(嚮)","兵"、"鄉(嚮)"皆陽部字;"迎雨師"一段"士卒病腹腸,倉吏走行","腸"、"行"皆陽部字。疑"昨"爲"盱"之訛寫("乍"、"亏"只差一畫),"盱"與"令尉傷"之"傷"亦皆陽部字,正可相押。"罘盱"當讀爲"迷芒",《管子·勢》:"戰而懼險,此謂迷中,分其師衆,人既迷芒,必其將亡之道。"可與簡文對照。馬王堆帛書《刑德》甲篇《日月風雨雲氣占》説:"正月軍(暈),兵備戰而遂行;兩軍(暈)及三軍(暈),兵遂行;參(三)軍(暈),壹悉(迷);五軍(暈),再悉(迷);六軍(暈),三悉(迷)。"(22行)⑥陳劍先生指出,就兵而言

----

① 北京大學出土文獻研究所《北京大學藏西漢竹書[伍]》,39、43頁。
② 《關於〈北京大學藏西漢竹書[伍]〉釋文注釋的幾點意見》文後評論第3樓,復旦大學出土文獻與古文字研究中心網,2015年11月17日。
③ 北京大學出土文獻研究所《北京大學藏西漢竹書[伍]》,41頁。
④ 陳松長等《馬王堆簡帛文字編》,62頁,文物出版社,2001年。
⑤ 北京大學出土文獻研究所《北京大學藏西漢竹書[伍]》,41頁。
⑥ 裘錫圭主編《長沙馬王堆漢墓簡帛集成》,第伍册10頁,中華書局,2014年。

的"迷","即迷路、失道,行軍不遂"。① 所謂"士卒迷芒",當包括行軍迷路等事。

《節》簡 22 整理者釋"澤"之字,②實爲"薄(澤)"。

《節》簡 27 整理者所釋"地有五則"之"則",③原作▨,實當釋"助"。

《雨書》簡 4"(二月)旬五日(引者按:整理者指出此處脱'角'字),雨。不雨,蟄蟲青,羊牛遲,民有幾(饑)事",整理者注謂"青"讀爲"驚",引《禮記・月令》"孟春之月……蟄蟲始振",孔穎達疏:"謂之驚蟄者,蟄蟲驚而走出。"④按"青"、"驚"聲母遠隔,古無通用之例。本篇凡言本當"雨"而"不雨"者,出現的都是反常的凶事。如講成"蟄蟲驚",正爲"孟春之月"的物候,與文例不合。所謂"青"字原作▨,當釋爲"脊"(參看本書《揕輿》簡 44"積"字)。"羊牛遲"之"遲",整理者讀爲夷傷之"夷(痍)",似有理。據此,"蟄蟲脊"之"脊"可讀爲"瘠"。⑤

《雨書》簡 5:"唯疾恙、天夭並行。"整理者在"疾"後括注"譏"、"恙"後括注"祥"。⑥ 按"疾"、"譏"聲母有從、見之别,二字不能相通。其實"疾恙"當如字讀,此句意謂人世之疾病與天所現之妖祥並行。

《荆決》簡 6"登高曲望"、簡 22"道路曲望"之"曲",整理者皆讀爲"矚"。⑦ 按"曲"有"周"、"遍"義,即《易・繫辭上》"曲成萬物而無不遺"之"曲"。《逸周書・官人》:"曲省其行,以觀其備。"朱右曾《校釋》:"曲,委曲;備,細也。"梁啓雄在解釋《荀子・非相》"曲得所謂焉"句時説:"荀卿書

---

① 陳劍《〈上博(六)・孔子見季桓子〉重編新釋》,同作者《戰國竹書論集》,306 頁,上海古籍出版社,2013 年。
② 北京大學出土文獻研究所《北京大學藏西漢竹書[伍]》,41 頁。
③ 同上注,42 頁。
④ 同上注,79 頁。
⑤ 《節》篇簡 2 也有一個整理者釋"青"之字,實當釋爲"脊"讀爲"瘠",陳劍先生已指出。陳説見《關於〈北京大學藏西漢竹書[伍]〉釋文注釋的幾點意見》文後評論第 3 樓。
⑥ 北京大學出土文獻研究所《北京大學藏西漢竹書[伍]》,79 頁。
⑦ 同上注,173 頁。

'曲'字多半有'周徧'的意義。"①銀雀山漢簡"論政論兵之類"《爲國之過》簡1056～1057："所有□物見者病,匿者利,則損於田疇,損於畜長,損於樹蓺(藝),損於蓄積,損於器□。五者曲損,則國貧,有大事不可以持久,其吏便以爲重利。"整理者注："曲,皆也。"②亦其例。有學者讀銀雀山漢簡之"曲"爲"俱",③似無必要。"曲望"猶言"周望"、"四望"。

《荆決》簡29～30："有人將來,直其隨盈。"整理者讀"直"爲"值",訓"當",讀"隨"爲"遄",訓"速",並謂"'盈'即上辰卦的'盈意中欲'"。④ 按所謂"隨"字原作 ![字形], 當釋爲"歸"。"歸盈"可能是指"盈來歸之意"(所以説成"歸盈", 蓋爲與下句"百事皆成"之"成"趁韻);也可能讀爲"懷贏",謂懷揣著贏利。

原載濟南大學出土文獻與文學研究中心編《中國簡帛學刊》第2輯,齊魯書社,2018年。

---

① 梁啟雄《荀子簡釋》,56頁,中華書局,2010年。
② 銀雀山漢墓竹簡整理小組《銀雀山漢墓竹簡[貳]》,144頁,文物出版社,2010年。
③ 白於藍《銀雀山漢簡[貳]校讀六記》,武漢大學簡帛研究中心主辦《簡帛》第10輯,231～232頁,上海古籍出版社,2015年。
④ 北京大學出土文獻研究所《北京大學藏西漢竹書[伍]》,177頁。

説古文獻中以"坐"爲"跪(詭)"的現象

《莊子·天地》有如下一段話：

> 孝子不諛其親，忠臣不諂其君，臣、子之盛也。親之所言而然，所行而善，則世俗謂之不肖子；君之所言而然，所行而善，則世俗謂之不肖臣。而未知此其必然邪？世俗之所謂然而然之，所謂善而善之，則不謂之道諛之人也！然則俗故嚴於親而尊於君邪？謂己道人，則勃然作色；謂己諛人，則怫然作色。而終身道人也，終身諛人也，合譬飾辭聚衆也，是終始本末不相坐。

這一段的大意是説，世俗只對諛親諂君之人稱以"不肖子"、"不肖臣"，殊不知以世俗之是非善惡爲是非善惡者，才是真正的諂諛之人（郭慶藩指出"道人"即"諂人"）。

上引文的最後一句很不好懂。郭象注："夫合譬飾辭，應受道諛之罪，而世復以此得人以此聚衆亦爲從俗者，恒不見罪坐也。"成玄英疏："夫合於譬喻，飾於浮詞，人皆競趨，故以聚衆，能保其終始，合其本末；衆既從之，故不相罪坐也。"陳碧虛《闕誤》引張君房本"坐"上有"罪"字，王叔岷"疑據注、疏所加，或涉注、疏而衍"，[1]當是。郭、成以"罪坐"解釋"坐"，不但"義頗牽強"，[2]而且郭注把"始終本末"給漏掉了，成疏則憑空添上了

---

[1] 王叔岷《莊子校詮》，上册459頁，中華書局，2007年。
[2] 同上注。

"衆既從之"云云,從訓詁學原則來看都是有問題的。馬其昶把"是始終本末不相坐"理解爲"是前後異操",嚴復理解爲"猶今人言矛盾",王叔岷謂"於義近之"。① 細繹文義,確當以馬、嚴之説爲是。《莊子》大概是説那些不願被稱作"道人"、"諛人"者,實際上終身在"道人"、"諛人"、在"合譬飾辭聚衆",這種人的言行是前後自相矛盾的,即一方面厭惡"道人"、"諛人"之名,一方面始終在行"道人"、"諛人"之實。"不相坐"顯然是就他們在"道人"、"諛人"問題上的"始終本末"而言的。

《晏子春秋·内篇問下》"叔向問人何若則榮晏子對以事君親忠孝"章説：

> 叔向問晏子曰："何若則可謂榮矣？"晏子對曰："事親孝,無悔往行,事君忠,無悔往辭；和於兄弟,信於朋友,不諂過,不責得；言不相坐,行不相反；在上治民,足以尊君,在下蒞修,足以變人,身無所咎,行無所創,可謂榮矣。"

劉師培謂"言不相坐"的"坐"係"差"之訛字,"'言不相差',即言不參差也,與'不貳'同,故與'行不相反'對文。"吳則虞批評此説"未審",他認爲"不相坐"是"不相爭訟"的意思,"行不相反"的"反"猶"畔"。② 按：關於"言不相坐,行不相反",本文初稿曾以爲是互文,就是"言行不相坐反"的意思。陳劍先生看過初稿後指出："上文'事親孝,無悔往行,事君忠,無悔往辭'並非'事親君孝忠,無悔往行往辭'；'和於兄弟,信於朋友'並非'和信於兄弟朋友',下文'在上治民,足以尊君,在下蒞修,足以變人','身無所咎,行無所創'同理,都是明確的兩方面'分言'的,爲什麽獨獨此句是'互文'呢？"陳先生認爲,"相坐"、"相反"是針對"言"、"行"的"前後"而言的,這跟《莊子·天地》的"相坐"指那種人在"道人"、"諛人"問題上的"始終本末"而言是同樣道理。③ 我覺得其説有理,今將初稿中不可靠的説法删去。總之,"坐"當與"反"意思相同或相近。

---

① 王叔岷《莊子校詮》,上册 459 頁,中華書局,2007 年。
② 吳則虞《晏子春秋集釋》,中華書局,1962 年,287～288 頁。
③ 見陳劍先生 2009 年 5 月 21 日給我的電子郵件。

眾所周知，楚文字中的"坐"寫作󰀀。① 陳劍先生曾指出，楚文字中的󰀀既是"坐"字，又是"跪"字，"坐"與"跪"音義皆近，完全可能共用一個表意初文。② 他還據此釋出《上博（四）・柬大王泊旱》簡18"社稷以󰀀與"即"社稷以危歟"。③ 見於九店楚簡《日書》等楚系"建除"十二直中的"坐"，劉樂賢先生改釋爲"危"，與見於放馬灘秦簡《日書》等秦系"建除"十二直的"危"對應，睡虎地秦簡《日書》中的"坐"或"䭫"當係對楚文字󰀀的誤讀。見於馬王堆帛書《式法・式圖》中的"坐陰"、"坐陽"，劉樂賢先生認爲在楚文字中本當作"危陰"、"危陽"，與見於秦系"叢辰"八直的"危陽"之"危"、見於楚系"叢辰"十二直的"外陽"之"外"同意，指"不正"而言。④

---

① 湖北省文物考古研究所、北京大學中文系編《望山楚簡》，89頁考釋［一九］，中華書局，1995年。

② 在此之前，已有學者將楚簡中舊釋爲"坐"或從"坐"之字改釋爲"危"或從"危"之字。如：在包山楚簡的卜筮祭禱簡中，有一被整理者釋讀爲"坐山"的神祇名（湖北省荆沙鐵路考古隊《包山楚簡》，56頁考釋［419］，文物出版社，1991年），其首字作󰀀（簡214）、󰀀（簡215）、󰀀（簡237）、󰀀（簡243）等形。陳偉先生將之釋爲"峗"、"陒"、"危"，懷疑即見於《漢書・地理志》的"洈山"（陳偉《包山楚簡初探》，170、231～238頁，武漢大學出版社，1996年）。李零先生也有類似看法，並將"危"與"坐"作爲"形近混用"之一例（李零《郭店楚簡研究中的兩個問題——美國達慕思學院郭店楚簡〈老子〉國際學術討論會感想》，原載《郭店楚簡學術研討會論文集》，51、52頁，湖北人民出版社，2000年；收入其《郭店楚簡校讀記（增訂本）》，250頁，中國人民大學出版社，2007年）。2003年公布的新蔡葛陵楚簡中亦見此山名，作󰀀（乙四26）、󰀀（乙三44、45）、󰀀（零237）等形。晏昌貴先生釋讀爲"危山"，謂即文獻中的"三危山"（《楚卜筮簡所見神靈雜考（五則）・二、危山》，武漢大學簡帛研究中心編《簡帛》第1輯，231～233頁，上海古籍出版社，2006年）【編按：葛陵簡此山名後二例實从"危"聲，第一例从"󰀀"聲，可證"󰀀"確有"跪、危"一類音。參看文末"編按"。】

③ 陳劍《上博竹書〈昭王與龔之脽〉和〈柬大王泊旱〉讀後記》，簡帛研究網，2005年2月15日。

④ 劉樂賢《從出土文獻看楚、秦選擇術的異同及影響——兼釋楚系選擇術中的"危"》，"中國古文字：理論與實踐國際研討會"論文，美國芝加哥大學東亞語言與文化學系，2005年；後以《楚秦選擇術的異同及影響——以出土文獻爲中心》爲題，發表於《歷史研究》2006年第6期。

《上博（六）·莊王既成、申公臣靈王》簡 8 有"紳公■拜"之語，陳偉先生釋讀爲"陳公跪拜"。① 《平王與王子木》簡 5 有"■於疇中"之語，陳偉先生釋讀爲"跪於疇中"。② 這些意見已得到了學者們的認可。

《上博（七）·武王踐阼》簡 9："亞（惡）■？■於忿連（戾）。"③ 整理者根據今本《大戴禮記·武王踐阼》"惡乎危？於忿疐"，指出字當釋"跪"，讀爲"危"。④

《上博（七）·凡物流形》甲本簡 2："水火之和，柔（燮）曼（得）而不■？"簡 16+26"邦豪（家）之■（安）厡（存）忘（亡）"。從字形上説，此未隸定之字當分析爲从"厃"、从"跪"聲。從文義上説，後者顯然當讀爲"危"，前者可讀爲"詭"。⑤ "詭"有"變"、"違"、"反"義，⑥ 銀雀山漢簡《孫子兵法·計》："道者，令民與上同意者也，故可與之死，可與之生，民弗詭也。"⑦ 此"詭"即訓"反"、"違"，指"人民不違背君上的意志"。⑧ 《管子·七法》説："正天下有分：則、象、法、化、決塞、心術、計數，根天地之氣，寒暑之和，水土之性，人民鳥獸草木之生物，雖不甚多，皆均有焉，而未嘗變

---

① 陳偉《讀〈上博六〉條記》，簡帛網，2007 年 7 月 9 日。
② 同上注。"疇"讀爲"疇"，又見於凡國棟《〈上博六〉楚平王逸篇初讀》，簡帛網，2007 年 7 月 9 日。《平王與王子木》此字應隸定爲"趾"，參看陳劍《釋上博竹書和春秋金文的"羹"字異體》，"中國簡帛學國際論壇 2007"論文，臺灣大學中文系，2007 年。
③ "連"讀爲"戾"，參看復旦大學出土文獻與古文字研究中心研究生讀書會《〈上博七·武王踐阼〉校讀》，復旦大學出土文獻與古文字研究中心網，2008 年 12 月 30 日。
④ 馬承源主編《上海博物館藏戰國楚竹書（七）》，釋文考釋 160 頁，上海古籍出版社，2008 年。
⑤ 復旦大學出土文獻與古文字研究中心研究生讀書會《〈上博（七）·凡物流形〉重編釋文》，復旦大學出土文獻與古文字研究中心網，2008 年 12 月 31 日；秦樺林《楚簡〈凡物流形〉中的"危"字》，簡帛網，2009 年 1 月 4 日。
⑥ 參看宗福邦、陳世鐃、蕭海波主編《故訓匯纂》，2118 頁"詭"字下第⑪、㉔、㉕、㉖、㉗、㉘、㉙條，商務印書館，2003 年。
⑦ 銀雀山漢墓竹簡整理小組《銀雀山漢墓竹簡〔壹〕》，圖版 3 頁、釋文注釋 3～4 頁，文物出版社，1985 年。
⑧ 參看顏世鉉《出土文獻與傳世典籍校讀二題》，"出土文獻與傳世典籍的詮釋——紀念譚樸森先生逝世兩周年國際學術研討會"論文，復旦大學出土文獻與古文字研究中心，2009 年。

也,謂之則。"《後漢書·孝和帝紀》:"陰陽不和,水旱違度。"可參考。

《古璽彙編》所收燕璽中,有一人名作、、、等形,田煒先生將之與包山簡簡 263"坐席"之"坐"、《上博(四)·曹沫之陣》簡 63"危地"之"危"的寫法(皆應隸定作"足")聯繫起來,指出字當釋"跪"。①【編按:此字似當釋"危",參看文末"編按"。】不過,上引諸字徐在國先生曾釋爲"璧",認爲係從金文作"之"璧"省變而來。② 這個字究竟應該如何釋定,還須研究。

根據"坐"、"跪"共用一個表意初文的現象,《莊子·天地》"始終本末不相坐"的"坐"應係"跪"之誤釋,跟上舉《凡物流形》簡 2 一樣,可讀爲"詭"。不過,這樣一來,這句話的意思就變成了那些作色不受"道人"、"諛人"之稱而終身在"道人"、"諛人"者的言行"始終本末"是一致的,恰好與本來應該表達"前後自相矛盾"的文義相反了。我們知道,古書流傳中常有因不明文義而誤增"不"字之例,俞樾《古書疑義舉例》曾設"誤增不字例"專論之,③請讀者參看。這裏再舉一誤增三個"不"字的例子作爲補充:

  《文子·下德》:"帝者不體陰陽即侵,王者不法四時即削,霸者不用六律即辱。"顧觀光《文子札記》:"《本經訓》無三'不'字(引者按:《淮南子·本經》作"帝者體陰陽則侵,王者法四時則削,霸者節六律則辱"),以上文考之,帝者當體太一,故體陰陽即侵。王者當法陰陽,故法四時即削。霸者當則四時,故用六律即辱。(引者按:《文子·下德》上文云:"老子曰:帝者體太一,王者法陰陽,霸者則四時,君者用六律。")層遞説下,文義甚明。此增三'不'字,謬甚!"王叔岷説:

---

 ① 田煒《古璽字詞叢考(十篇)》,中國古文字研究會、華南師範大學文學院編《古文字研究》第 26 輯,386~387 頁,中華書局,2006 年。
 ② 徐在國《古璽文字八釋》"四 釋'璧'",吉林大學古籍整理研究所編《吉林大學古籍整理研究所建所十五周年紀念文集》,116~117 頁,吉林大學出版社,1998 年。此文蒙何家興先生提醒。
 ③ (清)俞樾等《古書疑義舉例五種》,153~156 頁,中華書局,1956 年。

"此文如有三'不'字,則文義不符,蓋淺人不審上文而妄加也。景宋本、宋杜道堅《纘義》本並無三'不'字,當據删。"①

按:《文子》此文要説明的是"小而行大即窮塞而不親,大而行小即狹隘而不容"之理。帝者體王者之陰陽、王者法霸者之四時、霸者用君者之六律,就是"大而行小即狹隘而不容",所以必遭"侵"、"削"、"辱"之命運。三"不"字顯係誤增,顧、王所校甚是。

如果《莊子·天地》的"不"亦爲後人不明文義而誤增,那麽,此句可校讀爲"是始終本末{不}相坐〈跪—詭〉",即指那些人的言行前後不一、自相矛盾而言,文從字順。②

從文義來看,《晏子春秋·内篇問下》"言不相坐"的"坐"亦當視爲"跪"之誤釋,讀爲"詭"。《韓非子·詭使》:"常貴其所以亂,而賤其所以治,是故下之所欲,常與上之所以爲治相詭也。"其意謂"下之所欲"與"上之所以爲治"常相違背。《淮南子·齊俗》有"禮樂相詭,服制相反"之語,與《晏子春秋·内篇問下》"言不相坐,行不相反"文例極似;前者以"相詭"與"相反"對舉,後者以"相坐"與"相反"對舉,可證"相坐"即"相詭"。"詭"與"反"義近,《漢書·武五子列傳》:"愿詭禍爲福,皆放逐之。"顔師古注:"詭猶反也。"《吕氏春秋·淫辭》云:"言行相詭,不祥莫大焉。""言行相詭"即"言行相反"。《禮記·緇衣》:"則民言不危行,而行不危言矣。"王引之讀"危"爲"詭",訓爲"違"、"反"。③ 這些"詭"的用法與《晏子春秋·内篇問下》的"坐〈跪—詭〉"完全相同,可以互證。"言不相詭,行不相反"意謂言論前後不相違背,行爲前後保持一致。

---

① 王叔岷《斠讎學(補訂本)、校讎別録》,370~371頁,中華書局,2007年。又參看王叔岷《文子斠證》,同作者《諸子斠證》,529頁,中華書局,2007年。
② 關於《莊子·天地》"不"係衍文、"相坐〈跪—詭〉"指"自相矛盾"的説法,蒙裘錫圭先生向我指出。又按:《吕氏春秋·蕩兵》有"今世之以偃兵疾説者,終身用兵而不自知悖"之語,行文與上引《莊子·天地》相仿,"不自知悖"疑與"不相坐〈跪—詭〉"同意。似也有可能今本《莊子》"不"下奪一"知"字,原當作"是始終本末不知相坐〈跪—詭〉",即不知其前後自相矛盾之義。這個問題有待進一步研究。
③ (清)王引之《經義述聞》卷十六"則民言不危行而行不危言矣"條,388頁,江蘇古籍出版社,1985年。

目前所見"坐"、"跪"同字的現象集中出現於楚系文字中。《莊子》出自楚人之手,後人誤讀本用作"跪"之字爲"坐",是可以理解的。據以編成《晏子春秋》一書的底本應來自齊魯一帶,它們大概最初是用齊系文字抄寫的。爲何其中也有"坐"、"跪"同用而造成誤讀的現象,有待於進一步研究。從由楚墓出土、用楚文字抄寫的上博竹書中有像《景公瘧》那樣以晏子爲主人公、與今本《晏子春秋》相關章節明顯類似的情況來看,說不定這種誤讀是在齊系文字的底本傳抄入楚地之後,劉向整理《晏子春秋》時由楚文字的底本再轉寫爲漢代文字所產生的。① (劉向校理《晏子春秋》時所據底本衆多,此章本爲用楚文字書寫的來自楚地的本子的可能性是有的。)上舉燕璽中的人名之字如果確當釋爲"跪"或"危",則"坐"、"跪"同字也許並非爲楚文字所獨有。所以,我們還不能排斥齊系文字中也存在"坐"、"跪"同字的可能性。

附記:裘錫圭先生、陳劍先生審閱了本文初稿,提出不少修改意見,作者十分感謝。本文在簡帛網發表和在武漢大學召開的"中國簡帛學國際論壇2009"上宣讀後,沈培先生、陳偉先生、何家興先生又提出了一些意見,作者對他們也十分感謝。

---

① 李天虹先生根據《景公瘧》簡8"市"字从"貝"爲齊系文字獨有的寫法,指出《景公瘧》本是流行於齊地的文獻,後傳入楚地,爲楚人所抄(《〈景公瘧〉"市"字小記》,簡帛網,2007年7月17日)。其說當是。《景公瘧》中也有明顯屬於楚系文字獨有的特點,如以"欽"爲"禁"、以"或"爲"誅"、以"莫"爲"衡"、以"弇"爲"掩"[參看周波《戰國時代各系文字間的用字差異現象研究》,29、56、71、156頁,復旦大學博士學位論文(指導教師:裘錫圭教授),2008年]、以"蚤"爲"尤"(參看陳劍《據楚簡文字說〈離騷〉》,謝維揚、朱淵清主編《新出土文獻與古代文明研究》,137~139頁,上海大學出版社,2004年)等。而就在本篇竹書上,有一個《晏子春秋》整理者誤讀楚文字的例子:顧史考先生認爲,簡1及簡2正反被整理者釋爲"瘧"之字,其聲符作"虘"。"虘"在楚文字中既可用爲"乎",又可用爲"虐",根據文義,簡1的"齊競(景)公瘧(疥)叡(且)瘧"的"瘧"應讀爲當疾病難治講的"痞","虘"在此取讀"乎"一類音,即"嘑"字。今本《晏子春秋·內篇諫上》"景公病久不愈欲誅祝史以謝晏子諫"章"景公疥且瘧"之"瘧"實爲整理者誤認"虘(嘑)"爲"虘(虐)"(顧說見《楚文"嘑"字之雙重用法:說"競公'瘧'"及苗民"五'虐'之刑"》,中國古文字研究會、吉林大學古文字研究室編《古文字研究》第27輯,387~390頁,中華書局,2008年)。我們所說《晏子春秋·內篇問下》誤認"跪"爲"坐"的情況與此頗類。

編按：

後來發表的《上海博物館藏戰國楚竹書(九)》所收《史留問於夫子》簡3【字】，用爲"必危其邦家"之"危"。此字所从"㔾"，亦當讀"跪"音。

李家浩《談包山楚簡263號所記的席》指出，古文字"橫畫左端或下曳作一豎像曲尺形"（《安徽大學漢語言文字研究叢書‧李家浩卷》，181～182頁，安徽大學出版社，2013年。參看蘇建洲《〈清華六〉文字補釋》，簡帛網，2016年4月20日）；所以楚簡中的【字】（包山簡263）、【字】（《上博(四)‧曹沫之陣》簡63A）、【字】（《上博(五)‧季庚子問於孔子》簡20）等字，與上舉《史留問於夫子》簡3讀"危"之字，實爲一字［《上博(六)‧平王與王子木》簡5的"趾"，亦此字異構。疑"㔾"本作人跪坐於"一"上，如包山簡263之形。甲骨文有一人跪坐於簟席上之字，劉釗《璽印文字釋叢(二)》釋爲"坐"，見其《古文字考釋叢稿》，187頁，嶽麓書社，2004年。其說若確，則楚簡"㔾"所跪坐之"一"有可能是簟席的省形。跪坐人形的腿部或寫作直立——也可能爲了書寫的方便，其緊貼地面的小腿一筆由"一"兼充——，直筆上又加短橫爲飾，遂與"一"合在一起，變出"土"形］。但從文義看，包山簡和《季庚子問於孔子》二例似用爲"坐"［參看上引李家浩文、陳劍《談談〈上博(五)〉的竹簡分篇、拼合與編聯問題》（同作者《戰國竹書論集》，174頁，上海古籍出版社，2013年）］，《曹沫之陣》一例則用爲"危地"之"危"。

古文字"止"、"辵"二旁常可通用。《上博(四)‧柬大王泊旱》簡18用爲"危"的从"辵"、"㔾"聲之字，很可能就是上述从"止"、"㔾"聲之字的繁體。此字又見於《上博(五)‧君子爲禮》簡1、《上博(八)‧命》簡8、9、11等，在簡文中都用作"坐"。上引包山簡237的从"人"、"㔾"聲之字，學者或讀爲危山之"危"；這個字在信陽簡2-21中似是用爲"坐茵"之"坐"的。總之，从"㔾"聲之字也多有"危/跪"、"坐"二讀。

《說文‧九下‧厃部》："厃，仰也。从人在厂上。……"前人已指出"厃"即高危之"危"的本字（參看《漢語大字典》第68頁"厃"字條②引《六書故·地理二》、楊樹達《積微居小學述林自序》説)。貨幣文字中的「危」(《中國歷代貨幣大系1·先秦貨幣》544)、《上博(一)·緇衣》簡16中相當於今本"詭"的「詭」，就是"户"字("厂"、"石"二旁可通)。《説文·九下·危部》分析"危"字"从户，自卩止之"。葛陵簡零237"郞"，其"危"旁"厂"下爲"乇"而非"卩"。此種"危"可視爲在其初文"户"上加注"乇(跪)"聲(乙三44、45"郞"字中的"危"，則省去"厂"。但"人"立於"乇(跪)"上，似亦可表"危"意)；也有可能是爲"乇"加注"户"聲，即"跪"字。《清華大學藏戰國竹簡(陸)》所收《子産》篇，有作「危」(簡3)、「危」(簡11)之形的"危"字，當是把"厂"上站立人形也改爲跪坐，與"厂"的"一"合爲"乇(跪)"以"聲化"。本文所舉燕璽「危」與《子産》簡11"危"相合，無疑也應釋爲"危"。清華簡整理者注簡11的"危"字説："'危'字最下增一横筆。"(李學勤主編《清華大學藏戰國竹簡(陸)》，下册141頁，中西書局，2016年)其實這一横筆本象人所跪坐之地(或爲簞席的簡省)，正是"乇(跪)"字所應有者(清華簡此二例"乇"，跪坐人形的腿部雖已直立，但未加飾筆而變作"土"，尚存古意)。小篆及秦漢文字"危"所从的"卩"，反倒很可能是省此横筆而成的。《上博(七)·凡物流形》用爲"危"、"詭"的"厄"，从"厂"、"乇(跪)"聲，大概是"危"的形聲字(如果從字形來源的角度考慮，這種形聲結構的"危"，或許由清華簡《子産》那類"危"簡化而來，並非另起爐灶造的)。有意思的是，《上博(九)·陳公治兵》簡13"金鐸以坐，木鐸以起"的"坐"寫作「坐」，應該也是上面講過的从"辵"、"乇"聲之字。但此字中的"乇(坐)"，却从直立之"人"，且加短横飾筆而變作"壬"。這可能是由於在此篇的底本中，"乇"所从"一"的左端即增一下曳之筆，看起來與"户"同形，抄寫者未審其表"坐"音，因而把它誤改爲从"厂"上有直立人形的"户"了。

原載武漢大學簡帛研究中心主辦《簡帛》第5輯，上海古籍出版社，2010年；又載《出土文獻與古典學重建論集》，中西書局，2018年。

出土與傳世古書對讀札記（四則）

20世紀70年代以來，戰國、西漢時代的簡帛古書陸續出土，其中既有與傳世古書屬於同一種古書的不同本子的，也有與傳世古書並非一書但同出一源或材料互有襲用的。學者們利用相同或類似內容的對讀，解決了不少出土和傳世古書的問題。我們在平時閱讀過程中也積累了一些這方面的筆記，現選擇四則寫出，希望得到大家的指教。

一

河北定縣八角廊漢墓所出《儒家者言》961、897、703、933、748、922、936、1888、661諸簡所記爲"崔杼弑齊莊公"之事，整理者指出其事見載於《新序·義勇》、《晏子春秋·雜上》、《吕氏春秋·知分》等。① 其中簡703，整理者釋文爲"我將舍子＝不我與將殺子□□□"；簡933，整理者釋文爲"可之晏子刲之"。② 與釋文同時發表的《定縣40號漢墓出土竹簡簡介》公布了一部分竹簡的摹本。摹本編號爲70、71者正是703、933二簡。從摹本看，簡933"晏子"下明顯有一"曰"字，爲釋文所漏釋。③ 不過，即使補

---

① 定縣漢墓竹簡整理組（國家文物局古文獻研究室、河北省文物研究所）《〈儒家者言〉釋文》，《文物》1981年第8期，18頁。
② 同上注，18頁。
③ 摹本見《文物》1981年第8期，8頁圖一〇。

上"曰"字,簡 933 仍然僅存七字,顯非完簡,其前尚有缺。(從二簡摹本排列的位置看,大概整理者也認爲簡 933 上部有殘。)比照簡 703 的字數,當補作"【□□□□□】可之晏子曰刣之"。

與此二簡相關的文字,《晏子春秋・内篇雜上》"崔慶劫齊將軍大夫盟晏子不與"章作:

> 崔子謂晏子曰:"子變子言,則齊國吾與子共之;子不變子言,戟既在脰,劍既在心,維子圖之也。"晏子曰:"劫吾以刃,而失其志,非勇也……"

《新序・義勇》作:

> 崔杼謂晏子曰:"子與我,我與子分國;子不吾與,吾將殺子。直兵將推之,曲兵將句之,唯子圖之。"晏子曰:"嬰聞回以利而背其君者,非仁也;劫以刃而失其志者,非勇也……"

《吕氏春秋・知分》作:

> 崔杼不説,直兵造胸,句兵鈎頸,謂晏子曰:"子變子言,則齊國吾與子共之;子不變子言,則今是已。"晏子曰:"崔子!子獨不爲夫《詩》乎?……"

此外,整理者没有提到的《韓詩外傳》卷二作:①

> 崔杼謂晏子曰:"子與我,吾將與子分國;子不與我,殺子。直兵將推之,曲兵將鈎之,吾願子之圖之也。"晏子曰:"吾聞留以利而倍其君者,非仁也;劫以刃而失其志者,非勇也……"

根據上引古書的説法,簡 703、933 可連讀爲"我將舍子;子不我與,將殺子。□□□【□□□□□】可之。晏子曰:'刣之……'"。

劉嬌先生在她的博士學位論文《西漢以前古籍中相同或類似内容重

---

① 劉嬌《西漢以前古籍中相同或類似内容重複出現現象的研究——以出土簡帛古書爲中心》已引到《韓詩外傳》之文,見 91～92 頁,復旦大學博士學位論文(指導教師: 裘錫圭教授),2009 年 6 月。

複出現現象的研究》(以下簡稱"研究")中,根據"晏子刦之"的釋文,懷疑"刦"讀爲"却"。① 現在我們補釋了"曰"字,就可以肯定"刦之"應該是晏子所說的話。簡897"公劫晏子於吗上"的"劫",從摹本看是寫作從"去"、從"刃"的,②古文字"刃"旁、"刀"旁常可通用。"刦"即"劫"之異體,漢代武梁祠畫像題字的"劫"字正寫作"刦"。③ "晏子曰:'刦(劫)之……'"與《晏子春秋》的"晏子曰:'劫吾以刃……'"相當。《新序》、《韓詩外傳》都把"劫以刃而失其志者,非勇也"一句放在"非仁也"的後面,唯《晏子春秋》的順序與簡文一致(《吕氏春秋》無此句)。

整理者注釋"可之"說:"可字各本作圖。"④但"可"與"圖"字形、讀音皆不近,在與"可"相通假的字中也找不出一個表示"圖"一類意思的詞。上引《吕氏春秋·知分》所載崔杼謂晏子語中,没有"唯子圖之"一類的話。所以,簡文的"可"並不一定非跟"圖"字對應不可。

馬王堆漢墓帛書《戰國縱橫家書》"須賈說穰侯章"有"秦兵筍(苟)全而君制之"之語(146行)。⑤《史記·穰侯列傳》作"秦兵可全而君制之"。裘錫圭先生指出:"'苟'、'句'古通。本帛書(引者按:指《戰國縱橫家書》)48、85、130、132等行,都有讀爲'苟'的'句'字。《史記》'可'字應是'句'的形近誤字。"⑥漢代"句"、"可"二字的寫法較似,⑦"句"確有可能訛作"可"。《儒家者言》"可之"的"可"如果不是整理者誤釋,頗疑亦是"句"字之形訛(摹本所摹確是"可"字)。"鉤"從"句"聲,二字古通。"可〈句〉之"應該就是《新序》"曲兵將句之"的"句之"和《韓詩外傳》"曲兵將鉤之"

---

① 劉嬌《西漢以前古籍中相同或類似内容重複出現現象的研究——以出土簡帛古書爲中心》,92頁。
② 《文物》1981年第8期,8頁圖一〇。
③ 漢語大字典字形組《秦漢魏晋篆隸字形表》,993頁,四川辭書出版社,1985年。
④ 定縣漢墓竹簡整理組《〈儒家者言〉釋文》,18頁。
⑤ 馬王堆漢墓帛書整理小組《馬王堆漢墓帛書[叁]》,圖版17頁、釋文注釋49頁,文物出版社,1983年。
⑥ 裘錫圭《讀〈戰國縱橫家書釋文注釋〉札記》,同作者《中國出土古文獻十講》,371頁,復旦大學出版社,2004年。關於"可"、"句"相混的問題,還可參看李家浩《傳遽鷹節銘文考釋》,《著名中年語言學家自選集·李家浩卷》,97~99頁,安徽教育出版社,2002年。
⑦ 參看漢語大字典字形組《秦漢魏晋篆隸字形表》,138頁"句"字、56頁"苟"字、311頁"可"字、48頁"苟"字等。

的"鈎之",與《呂氏春秋》"句兵鈎頸"的"鈎頸"意義也是相同的。若此,其前當殘去"直兵將推之,曲兵將"或類似的八個字,這跟整理者在簡703後打了三個缺文號、我們在簡933前補了五個缺文號恰巧相合。

二

《儒家者言》簡610、2340:

> 子惡言不出於口,䌛言不反於己。

整理者指出,此言又見於《禮記·祭義》、《大戴禮記·曾子大孝》及同書《曾子本孝》。① 按《禮記·祭義》作"是故惡言不出於口,忿言不反於身",《大戴禮記·曾子大孝》作"是故惡言不出於口,忿言不及於己",同書《曾子本孝》作"故惡言不出於口,煩言不及於己",跟《儒家者言》的異文主要在後一句。

《研究》認爲《曾子本孝》的"煩言"不如《曾子大孝》、《祭義》的"忿言""於意爲長",並疑簡文"䌛"的字形有誤。② 其說可從。《逸周書·鄭保》云"忿言自辱",與《祭義》言"是故惡言不出於口,忿言不反於身,不辱其身"、《曾子大孝》言"是故惡言不出於口,忿言不及於己,然後不辱其身"可以比較。"煩言"之"煩"當是"忿"的音近誤字(《周禮·春官·巾車》"素車棼蔽",鄭玄注:"棼讀爲蕡。""忿"、"棼"皆从"分"聲,"蕡"从"賁"聲)。"繁"、"煩"古多相通之例,③既然"煩"可讀爲"忿","繁"或从"繁"聲之字亦可讀爲"忿"。馬王堆漢墓帛書和漢印中皆見"纓"字,④疑簡文的"䌛"實"纓"字之誤,或本作"纓"而被整理者誤釋爲"䌛"。⑤

---

① 定縣漢墓竹簡整理組《〈儒家者言〉釋文》,19頁。
② 劉嬌《西漢以前古籍中相同或似内容重複出現現象的研究——以出土簡帛古書爲中心》,95頁。
③ 高亨、董治安《古字通假會典》,218頁,齊魯書社,1989年。
④ 陳松長等《馬王堆簡帛文字編》,36頁,文物出版社,2001年;羅福頤《漢印文字徵》1·18,文物出版社,1978年。
⑤ 此字在摹本中確作"䌛",但有可能因誤釋而誤摹。摹本見《文物》1981年第8期,9頁圖一一。

《儒家者言》"綮〈縈？一忿〉言不反於己"、《禮記·祭義》"忿言不反於身",《大戴禮記》的《曾子大孝》和《曾子本孝》作"忿(一作'煩')言不及於己",有"反"、"及"之異。《祭義》的"反",《禮記正義》引定本作"及"。王引之據上引《大戴禮記·曾子大孝》之文,認爲《祭義》的"反"係"及"之形訛。① 其實從各書上句皆爲"惡言不出於口"來看,下句作"反"與"出"相對,作"及"則不對。郭店楚墓竹書《語叢四》簡4:"口不慎而户之閉,惡言復己而死無日。"②"惡言復己"與此"忿言不反於己"義正相反,"復"、"反"義近,亦可證作"反"要比作"及"更合適。《禮記·祭義》的"反"與《儒家者言》相合,本不誤,王引之之説非是。

三

　　阜陽漢墓所出一號木牘章題有"子思曰學所以盡材"一條,整理者引《説苑·建本》"子思曰學所以益才也……",指出二者有"盡"與"益"、"材"與"才"之異。③ 胡平生先生介紹一號木牘章題時,其釋文在"盡"後用尖括弧注出了"益",看來是認爲章題的"盡"係"益"之訛字。④ 此説可商。
　　爲了討論的方便,現將《説苑·建本》此段文字引録於下:

> 子思曰:"學所以益才也,礪所以致刃也。吾嘗幽處而深思,不若學之速;吾嘗跂而望,不若登高之博見。故順風而呼,聲不加疾,而聞者衆;登丘而招,臂不加長,而見者遠。故魚乘於水,鳥乘於風,草木乘於時。"

---

① （清）王引之《經義述聞》卷十六,381頁,江蘇古籍出版社,2000年。
② 荆門市博物館《郭店楚墓竹簡》,圖版105頁、釋文注釋217頁,文物出版社,1998年。
③ 韓自强《阜陽漢簡〈周易〉研究:附〈儒家者言〉、〈春秋事語〉》,156頁,上海古籍出版社,2004年。
④ 胡平生《阜陽雙古堆漢簡與〈孔子家語〉》,《國學研究》第七卷,517頁,北京大學出版社,2000年。

前人已指出《孔叢子·雜訓》、《大戴禮記·勸學》、《荀子·勸學》等亦用此語。"學所以益才"兩句不見於《大戴禮記》和《荀子》,而見於《孔叢子》。但《孔叢子》中此二句與下文"吾嘗深有思,而莫之得也"云云並不連貫,中間還夾雜有其他文字。① 從這兩點看,"學所以益才"兩句和"吾嘗幽處而深思"云云可能本來各有獨立的來源,在《説苑·建本》中則被合併爲一段。

"學所以益才也,礪所以致刃也",《孔叢子·雜訓》作"學必由聖,所以致其材也;厲必由砥,所以致其刃也"。"才"、"材"古通,所謂"益"當與"致"義近。這種用法的"致",舊注多訓"盡"、"極"。② "益"只有增益一類的意思,顯然不如作"盡"合適。《鹽鐵論·殊路》云:"故砥所以致於刃,學所以盡其才也。"蓋承用此二句而稍加變化,亦作"盡"而不作"益"。其實,《説苑·建本》就有"學者,所以反情治性盡才者也"之語,《論衡·量知篇》也有"故夫學者所以反情治性,盡材成德也"之語,而古書中除了上引《説苑·建本》外,並無"益才(材)"的説法,由此可以斷定阜陽漢簡一號木牘章題的"學所以盡材"必是原貌。今本《説苑》的"益"當是"盡"的形近誤字,應據木牘章題校正。【編按:《荀子·不苟》有"濟而材盡"之語,亦可參。又,裘錫圭先生告訴我,"才/材"指人的材質、稟賦,是與生俱來的,所以從情理上説,"才/材"也只能"盡",而不能"益"。】

四

上海博物館藏戰國楚竹書《景公瘧》簡4載晏子轉述趙文子回答屈木詢問范武子德行的話,其中有如下一段:③

夫子叓(史—使)丌(其)私叓(史)聖(聽)獄於晋邦,専(敷)情而不愈(偷)。叓(史—使)丌(其)厶(私)祝叓(史)進[信□]

---

① 參看向宗魯《説苑校證》,67頁,中華書局,1987年。
② 參看宗福邦等主編《故訓匯纂》,1884頁,商務印書館,2003年。
③ 馬承源主編《上海博物館藏戰國楚竹書(六)》,圖版21頁,釋文考釋171頁,上海古籍出版社,2007年。釋文已吸收了學者們的合理意見,恕不一一注出。

學者們已經舉出此事也見於其他傳世古書。① 與上引簡文前一句相應的話，《左傳·昭公二十年》作"夫子之家事治，言於晉國，竭情無私"，《襄公二十七年》作"夫子之家事治，言於晉國，無隱情"，《晏子春秋·外篇》"景公有疾梁丘據裔款請誅祝史晏子諫"章作"夫子家事治，言於晉國，竭情無私"。簡文的"塼(敷)情而不愈(偷)"與"竭情無私"、"無隱情"顯然是一回事，指盡現真實案情而不敢隱匿、懈怠。【編按：裘錫圭先生懷疑"愈"或可讀爲"渝"，"不渝"猶言不歪曲。】董珊先生指出，根據簡文，可知"傳世各本'夫子之家事治，言於晉國，無隱情'諸語句讀、解釋皆誤。蓋傳世各本應作'夫子之家事(吏)治言〈獄〉於晉國'，與簡本'夫子使其私吏聽獄於晉邦'意思相一致"。②

董珊先生所提出的傳世各本與簡本文義一致，傳世各本"治言於晉國"當連作一句讀、意即"聽獄於晉邦"等看法，應該都是正確的。但對於傳世各本"言"字的處理，似尚有討論餘地。雖然"獄"的字形中包含了"言"，但若説《左傳》、《晏子春秋》各本的"獄"字皆誤作"言"，未免顯得太過湊巧了些。我們認爲這個與"獄"義近的"言"，應該聯繫《尚書·立政》中的有關用法來考慮。

《尚書·立政》："文王罔攸兼於庶言、庶獄、庶慎，惟有司之牧夫，是訓用違。庶獄、庶慎，文王罔敢知於兹。"僞孔傳把"庶言"單獨解釋爲"毀譽衆言"，後人或釋作"號令"，或釋作"凡論議教誨之官若師氏、保氏之屬"，③恐皆非是。上引《立政》下句省"庶言、庶獄、庶慎"爲"庶獄、庶慎"，而下文"其勿誤於庶獄、庶慎"之語，又省作"其勿誤於庶獄"，可見"庶言"、"庶獄"、"庶慎"是意思相關或相近的三個詞語。所以，與"庶獄"、"庶慎"並提的"庶言"，也應是指獄訟之事而言的。（關於"慎"的意思，陳劍先生《四十二年逑鼎"訊庶有辦"臆解》有説，疑讀爲當"求裁決"講的"質"。④）

---

① 馬承源主編《上海博物館藏戰國楚竹書（六）》，釋文考釋173、174頁；董珊《讀〈上博六〉雜記（續一）》，簡帛網，2007年7月11日。
② 董珊《讀〈上博六〉雜記（續一）》。
③ 參看顧頡剛、劉起釪《尚書校釋譯論》，第四册1683頁，中華書局，2005年。
④ 董珊《略論西周單氏家族窖藏青銅器銘文》引，《中國歷史文物》2003年第4期，47頁。

屈萬里先生謂"庶言"之"言""與'訊'義通",①也已看到了這一點。不過"言"從字面上講並無執訊之"訊"義,這是屈說之失。這種用法的"言"疑當讀爲"讞"。"言"、"讞"上古音都屬疑母元部,中古皆開口三等字,如果不計聲調,二者聲韻皆同。《説文·十二下·瓦部》:"甗,……从瓦、鬳聲。讀若言。""讞"的聲旁"獻"亦从"鬳"聲。從音理上講,"言"可以與"讞"相通。《韓詩外傳》卷三云"獄讞不治,不可刑也",《晏子春秋·內篇問上》"景公問欲善齊國之政以干霸王晏子對以官未具"章也有"獄讞不中"之語,可證"獄"、"讞"意義相關。疑傳世各本"夫子之家事治,言於晉國"實當讀爲"夫子之家事(史)治言(讞)於晉國",《北堂書鈔》卷六二引謝承《後漢書·傅賢傳》云"以能治讞",與此"治言(讞)"之説合。【編按:此下原有一段推測"言"也可能讀爲當"鄉亭之獄"講的"犴"的文字,蒙裘錫圭先生指出恐不能成立,今刪去。】

由於後人對這種假借爲"讞"的"言"的用法不熟悉(如上引僞孔傳就不明其義),誤讀爲言説之"言",遂成傳世各本句讀、説解之誤。

原載《中國典籍與文化》2011年第3期;第二、三則又載《出土文獻與古典學重建論集》,中西書局,2018年。

---

① 屈萬里《尚書今注今譯》,159頁,臺灣商務印書館,1993年。按:屈氏在《尚書集釋》(《屈萬里先生全集》②,227頁,聯經出版事業公司,1983年)中仍從蔡沈"號令"之說,蓋其説前後有變更。

銀雀山漢簡《王兵》與《管子》互校（二則）

一

銀雀山漢墓竹簡《王兵》："賞罰□，民不幸生，則賢臣權盡。"（簡868～869）其文又見於《管子·七法·選陳》："賞罰明，則人不幸。人不幸，則勇士勸之。"同書《兵法》："賞罰明，則勇士勸也。"整理小組注已正確指出，《王兵》的"權"似當從《管子》讀爲"勸"。①《王兵》"權（勸）"下尚有"盡"字，注釋無說。從《管子》作"勸之"、"勸也"看，"盡"大概是一個與"勸"意義相近的詞，疑當讀爲"進"。

"盡"、"進"皆齒音真部字，古代有相通之例。《戰國策·秦策三》："使臣得進謀如伍子胥。"《史記·范雎蔡澤列傳》"進"作"盡"。②【編按：古書"盡"、"進"通用之例，孟蓬生《經籍假借字閒詁》有詳舉（《中國語文》2006年第3期）。此文蒙蔡偉先生指示。】《管子》一書或以"勸"、"進"對舉，如《大匡》說"令鮑叔進大夫勸國家"，《立政》說"是故國有德義未明於朝而處尊位者，則良臣不進；有功力未見於國而有重禄者，則勞臣不勸"。古書亦有"勸進"連言者，如《漢書·王莽列傳中》說"勸進農業，安元元焉"，《後漢紀·光武皇帝紀》說"所以砥礪藩屏，勸進忠信"。其中"良臣不進"、"勞臣不勸"、"勸進忠信"跟《王兵》"賢

---

① 銀雀山漢墓竹簡整理小組《銀雀山漢墓竹簡[壹]》，釋文注釋139頁，文物出版社，1985年。

② 高亨纂著、董治安整理《古字通假會典》，83頁，齊魯書社，1989年。

臣權(勸)盡(進)"的説法十分接近,可證"盡"讀爲"進"是合理的。

二

銀雀山漢簡《王兵》:"是故將者,審地刑(形),選才(材)官……"(簡869)《管子·七法·選陳》作"故兵也者,審於地圖,謀十官"。整理小組注説:"據簡文,《選陳》之'十官'當爲'才官'之誤。'才'、'材'二字古通。漢代稱步卒爲材官。《漢書·鼂錯傳》:'平地通道則以輕車、材官制之。'但簡文之材官似泛指材力之士。"① 由此可知前人以"十官"之"十"爲"七"或"于"之誤,② 都是不能成立的。

關於《選陳》的"謀"字猶有賸義可説。從《王兵》、《選陳》同出一源的關係看,"謀十〈才—材〉官"没有問題當與"選才(材)官"同意;但"謀"字顯然没有"選"之義,這是很可疑的。考古書中"謀"、"課"二字常因形近而混。【編按:漢隸"謀"作 者,其形與"課"頗近。】《墨子·號令》"守必自謀其先後",《雜守》"令掘外宅林,謀多少",孫詒讓《閒詁》謂二"謀"字皆"課"之誤。③《論衡·程材篇》:"夫論善謀材,施用累能,期於有益。"裘錫圭先生根據下文有"將以官課材"之語,指出"論善謀材"之"謀"爲"課"字之訛。《文選》李善注本《出師表》"陛下亦宜自課以咨諏善道",《三國志》及《文選》五臣注本"自課"作"自謀",是其比。④ 竊疑《選陳》"謀十〈才—材〉官"之"謀"亦當作"課","課材官"的説法與《論衡·程材篇》的"課材"、"以官課材"相類,彼此可以互證。"課"、"選"意義正近。

原載《文史》2011 年第 2、3 輯(總第 95、96 輯);第二則又載《出土文獻與古典學重建論集》,中西書局,2018 年。

---

① 銀雀山漢墓竹簡整理小組《銀雀山漢墓竹簡[壹]》,釋文注釋 140 頁。
② 以"十"爲"七"之誤,見郭沫若、聞一多、許維遹《管子集校》上册 93 頁引劉師培説,科學出版社,1956 年;黎翔鳳《管子校注》上册 123 頁引黎翔鳳説,中華書局,2004 年。以"十"爲"于"之誤,見《管子集校》上册 93 頁引何璋如説。
③ (清)孫詒讓《墨子閒詁》,下册 605 頁,中華書局,2001 年。
④ 裘錫圭《〈論衡〉札記》,同作者《古代文史研究新探》,107 頁,江蘇古籍出版社,1992 年。

《墨子》"畢劫"、"畢强"解

《墨子·兼愛中》載墨子之言云：

夫挈太山而越河濟，可謂畢劫有力矣，自古及今未有能行之者也。

孫詒讓《墨子閒詁》解釋"畢劫"之義説：

《淮南子·覽冥訓》云"體便輕畢"，高注云："畢，疾也。""劫"於義無取，疑當爲"劼"之誤。《廣韻·十八黠》云："劼，用力也。"或當爲"勁"，下篇及《非樂上》篇並有"股肱畢强"之文，勁與强義亦同。①

孫氏提到的"股肱畢强"，分見於如下二文。《兼愛下》云：

……是以聰耳明目相爲視聽乎，是以股肱畢强相爲動宰（引者按：孫氏《閒詁》疑"宰"當作"挙"）乎……

孫詒讓在"股肱畢强"下加注説：

畢，與中篇云"畢劫有力"義同。②

《非樂上》云：

……老與遲者耳目不聰明，股肱不畢强……因其耳目之聰明，股

---

① （清）孫詒讓《墨子閒詁》，上册 106 頁，中華書局，2001 年。
② 同上注，115 頁。

《墨子》"畢劫"、"畢強"解　381

　　肱之畢強……

孫氏在"股肱不畢強"下加注説：

　　畢，疾也，義詳《兼愛中》、《下》兩篇。①

　　後世注《墨》者，對孫説"劫"爲"劫"之誤多有不滿（疑當作"勁"的或説，則無人理會。大概因彼此字形相差較遠，此説之誤不辨自明）。如姚永概引《荀子·解蔽》"故口可劫而使墨云"注"劫，迫也"，謂"此'畢劫'即疾迫，皆輕快之意"。②　王叔岷《墨子斠證》引《説文·十三下·力部》"劫，人欲去，以力脅止曰劫。或曰以力止去曰劫"之説，認爲"劫本有用力義，無煩改字"。③　馬宗霍《墨子閒詁參正》亦引《説文》"劫"字之訓，並説：

　　《廣韻·三十三業》云："劫，強取也。"則劫本爲強而有力之義。畢者，《説文·華部》云："畢，田网也。"《國語·齊語》："田狩畢弋"，韋昭注云："畢，掩雉兔之網也。"畢本掩雉兔之具，因之掩捕亦得曰畢。脅取掩捕，義相爲類。然則《墨子》以畢劫連文，疑蓋古語如是，劫未必是誤字。又凡掩捕者必疾捷。《淮南·覽冥篇》"體便輕畢"，高誘注云："畢，疾也。"則畢引申之義也。下篇及《非樂上篇》又有"股肱畢強"之語。劫有強義。《唐韻》"劫，居怯切"，"強，巨良切"。二字又爲異紐雙聲，故畢劫或爲畢強矣。④

　　《荀子·解蔽》之"劫"所訓"迫"，實乃逼迫之意，姚氏以爲"疾迫"，純屬誤解。《説文》用"以力脅止"或"以力止去"等語説解"劫"之本義，無非爲了對"劫"字何以从"力"有所交代；劫持、劫迫當然需要用力，但這並不能説明"劫"本有"強而有力"之義。所以王、馬等人引《説文》對"劫"字的解釋，也不足爲據。馬氏所引《唐韻》訓"劫"爲"強取"，"強"顯

---

①　（清）孫詒讓《墨子閒詁》，上册253頁。
②　王焕鑣《墨子集詁》，上册324頁，上海古籍出版社，2005年。
③　王叔岷《諸子斠證》，111頁，（臺北）世界書局，2012年。
④　馬宗霍《淮南舊注參正·墨子閒詁參正》，36頁，齊魯書社，1981年。

然指强迫而言。但馬氏似理解爲强力，大概爲了牽合"劫"、"强"的關係而任意曲解。

　　孫詒讓指出"畢劫"與"畢强"同意，各家多從其説，這是很正確的。既然"劫"並無"强"義，孫氏視爲"劫"之誤字，仍不失爲一種值得考慮的説法。古代"吉"、"去"二形（"劫"的聲旁"去"與來去之"去"本非一字，但久已相混）確有混訛的情況，如王念孫校《漢書·宣帝紀》"王吉"之"吉"當作"去"，①就是一例。于省吾先生指出，從"吉"聲之字多含有"强固"之義。②《詩·小雅·六月》："四牡既佶，既佶且閑。"鄭箋："佶，壯健之貌。"壯健與强力義相因，"劫"有"用力"義是很自然的。③

　　孫詒讓訓"畢劫〈劫〉"、"畢强"之"畢"爲"疾"，此説幾乎無人致疑，其實却是有問題的。

　　孫氏所引故訓依據，只有《淮南子·覽冥》"體便輕畢"高誘注"畢，疾也"一條，事實上這條材料是靠不住的。《覽冥》此段描寫王良、造父的御馬之術，相關内容又見於銀雀山漢墓所出《唐勒》佚賦。現將二本文字對比如下：

　　　　（1）……人謂就（造）父登車嗛（攬）䪄（轡），馬汁（協）險（斂）正（整）齊，周（調）均不摯（縶），步騶（趨）兢（恒）久疾數（速）；馬心愈〈俞也—愉也〉，而安勞、輕車、樂進；騁若蜚（飛）蠤（龍），免若歸風，反騶（趨）逆□……（銀雀山漢簡《唐勒》2113 正～2114 號簡）④

　　　　（2）昔者王良、造父之御也，上車攝轡，馬爲整齊而歛諧，投足調

---

①　（清）王念孫《讀書雜志》，190 頁，江蘇古籍出版社，2000 年。
②　于省吾《雙劍誃殷契駢枝三編·釋吉》，《雙劍誃殷契駢枝、雙劍誃殷契駢枝續編、雙劍誃殷契駢枝三編》，296 頁，中華書局，2009 年。
③　"劫"、"佶"、"耆"古音很近。裘錫圭先生指出，"耆"有"强"義，如《國語·晋語九》"耆其股肱"之"耆"即其例（裘錫圭《〈睡虎地秦墓竹簡〉注釋商榷》，《裘錫圭學術文集·簡牘帛書卷》，97 頁，復旦大學出版社，2012 年；《讀書札記四則》，《裘錫圭學術文集·語言文字與古文獻卷》，475 頁）。【編按：關於此種用法的"耆"，參看本書所收〈銀雀山漢簡"陰陽時令、占候之類"叢札〉第三則。】這種意思的"耆"如非假借爲"佶"或"劫"，至少所代表的詞也應與"佶"、"劫"音義皆近。
④　銀雀山漢墓竹簡整理小組編《銀雀山漢墓竹簡[貳]》，圖版 123 頁、釋文注釋 249 頁，文物出版社，2010 年。釋文、標點改動的理由詳下文。

均;勞逸若一,心怡、氣和、體便、輕畢、安勞、樂進;馳騖若滅,左右若鞭,周旋若環……(《淮南子・覽冥》)①

在討論"體便輕畢"的問題之前,需要先對(1)的釋文稍加説明。

"兢"讀爲"恒",從蔡偉先生説。②"步趨恒久疾速"是説馬行走的步伐一直保持迅疾。

"馬心"下一字,整理者釋爲"愈",讀爲"愉",此句並斷作"馬心愈(愉)而安勞,輕車樂進"。③ 吴九龍《銀雀山漢簡釋文》發表的未經編聯的釋文,則在"愈"下多一"也"字(此書釋文未加標點)。④ 從圖版看,所謂"愈"實是"俞"、"也"二字的誤合;"也"字的寫法與同一批簡中有些"也"的寫法全同,而與同簡"心"字寫法迥異。只不過由於抄手將"俞"、"也"二字寫得很擠,看起來很像"愈"字(可能抄手抄寫時已將二字誤認作一字,故擠成一字的位置書寫),遂致誤釋:

(2114號簡"愈〈俞也〉")　　(2150號簡"也")

(413號簡"也",《銀雀山漢簡文字編》395頁)

(2114號簡"心")

裘錫圭先生指出銀雀山漢簡《唐勒》的"輕車""就是不覺得所拉的車子沉重的意思"。⑤ (按《韓詩外傳》卷二第十一章有"馬知後有輿而輕之"

---

① 張雙棣《淮南子校釋(增訂本)》,上册681頁,北京大學出版社,2013年。標點改動的理由詳下文。
② 蔡偉《讀〈銀雀山漢墓竹簡(貳)〉札記》,復旦大學出土文獻與古文字研究中心網,2010年10月30日。下引蔡説均見此文,不再出注。
③ 銀雀山漢墓竹簡整理小組編《銀雀山漢墓竹簡[貳]》,釋文注釋249頁。
④ 吴九龍《銀雀山漢簡釋文》,16頁0190號簡,文物出版社,1985年。
⑤ 裘錫圭《考古發現的秦漢文字資料對於校讀古籍的重要性》,《裘錫圭學術文集・語言文字與古文獻卷》,359頁。

之語，"輕"的用法與此同。）馬因心情愉悦，而能"安勞"、"輕車"、"樂進"；這三個詞的語法結構是一致的，即以勞爲安、以車爲輕、以進爲樂，它們應該處於並列的地位。所以我們改標點如上。

裘錫圭先生説《覽冥》的"'輕畢'二字不可解，高注訓'畢'爲'疾'，這在古書中是没有根據的"。《唐勒》佚賦中與"輕畢"相當的文字作"輕車"，裘先生據此指出"《覽冥》的'畢'字是'車'的形近誤字，高注確爲臆説"。①《銀雀山漢墓竹簡［貳］》注釋説同。② 此説甚是。

《覽冥》中"輕畢"所在的上下文，一般標點作"心怡氣和，體便輕畢，安勞樂進"，四字爲句。不過，"輕畢"之義如從高注，那只能是形容馬體之輕疾的；此句以"便"、"輕"、"畢"三個詞描述"體"，顯然與上下文的句式結構不合。而且古書中三字連文的現象也較爲少見。如據銀雀山漢簡《唐勒》視"畢"爲"車"之誤字，上文已説"輕畢〈車〉"與"安勞"、"樂進"結構一致，此詞當屬下爲句；而"體便"的結構正好與上一句的"心怡"、"氣和"相一致，彼此當作一句讀。所以我們在上引（2）中，對這兩句話作了與衆不同的斷句。可能高誘爲《淮南子》作注時，已按四字句的節奏讀作"心怡氣和，體便輕畢，安勞樂進"了，所以他才會把"車"的訛字"畢"解釋爲形容"體"的"疾"。《覽冥》此段取材於《唐勒》佚賦，並加以潤色、再創作而成。"心怡、氣和、體便"一句不見於《唐勒》，大概是《覽冥》的作者爲了與"輕畢〈車〉、安勞、樂進"一句配對而增添的。總之，無論從銀雀山漢簡《唐勒》佚賦的相關文字看，還是從《覽冥》本身的文句結構看，"輕畢"之"畢"必爲"車"之誤字，高注訓"疾"斷不可從。

蔡偉先生根據前人對《淮南子》用韻的研究，認爲《覽冥》此段有韻，"以彎、齊、諧爲韻；一、畢、滅爲韻；鞭、環爲韻。《覽冥》之所以作'輕畢'，顯然是爲了押韻。如改'畢'爲'車'，那就失韻了"。按照我們上文所説的斷句理由，"輕畢〈車〉"已不在韻脚的位置，以"畢"爲"車"之誤字，絲毫不影響此段的用韻。

① 裘錫圭《考古發現的秦漢文字資料對於校讀古籍的重要性》，《裘錫圭學術文集·語言文字與古文獻卷》，359 頁。
② 銀雀山漢墓竹簡整理小組編《銀雀山漢墓竹簡［貳］》，釋文注釋 250 頁。

附帶提一下，前人所標示的此段韻脚，①似有可商之處。"馳騖若滅"與"左右若鞭，周旋若環"語法結構相同，此句顯然不屬於上一句群，"滅"就不能作爲韻脚。從文義看，《覽冥》的這段文字可分爲三個層次。"投足調均"是說馬踏步和諧，與"馬爲整齊而斂諧"語義上的聯繫似更緊密，專就"馬容體足調諧"（高注"斂諧"語）而言。這是第一個層次。"勞逸若一"至"樂進"，是說馬無論勞苦安逸，始終能做到"心怡、氣和、體便"、"輕車、安勞、樂進"，這是第二個層次。所以"一"大概也不會是韻脚。"馳騖"至"若環"則專寫馬的馳騁周旋，這是第三個層次。如果結合文義劃分韻段，上述文字似當以"均"、"進"爲韻，皆真部字。真、元二部均收-n尾，漢代韻文中二部通押的例子極多。②《淮南子》一書中，"環"就有與真部字相押之例，如《精神》"環"、"神"押韻。③ 所以《覽冥》此段的"環"也可認爲入韻，即"均"、"進"、"環"真元通押。

《漢語大詞典》"畢"字第5個義項"迅捷"下，又舉《漢書·鼂錯傳》："趨利弗及，避難不畢，前擊後解，與金鼓之指相失；此不習勒卒之過也。"④大概以爲"避難不畢"是避難不迅疾的意思。按王先謙在此句後加注云："畢，盡也。"⑤"趨利弗及"與"避難不畢"對文，意思是說趨利則得不到，避難則不盡免。據王說義本可通。"不畢"如解作"不迅疾"，反而與"弗及"對得不够工整。

馬宗霍以爲"畢"由其"掩雉兔之具"義可引申出"疾"義，其說牽強難信。《集韻》去聲至韻必至切界小韻："䠠，畫〈盡〉也；一曰召使疾行也。""畢"、"䠠"古通（前人多以爲訓"盡"之"畢"的本字即"䠠"）。從"䠠"在韻書中有"召使疾行也"之義來看，高誘釋"畢"爲"疾"，雖與《覽冥》原文不合，但所據故訓也許並非全出臆造。即使如此，這種意思的"畢"、"䠠"，在

---

① 參看羅常培、周祖謨《漢魏晉南北朝韻部演變研究（第一分册）》，265頁，中華書局，2007年；張雙棣《淮南子用韻考》，198～199頁，商務印書館，2010年；上引蔡偉文。
② 羅常培、周祖謨《漢魏晉南北朝韻部演變研究（第一分册）》，51～52頁。
③ 同上注，262頁。
④ 《漢語大詞典（縮印本）》中卷，4626頁，上海辭書出版社，2008年。
⑤ （清）王先謙補注、上海師範大學古籍研究所整理《漢書補注》，第八册3723頁，上海古籍出版社，2008年。

古書中未見確例,當是僻訓,《墨子》一書大概不會使用這樣的"畢"字。

從《墨子》的文義看,"畢劫"、"畢強"的"畢"也不應該解釋爲"疾"。

《兼愛中》的"畢劫"與"有力"連言,"畢劫有力"又是説明"挈太山而越河濟"的,"畢"應該也是"強壯有力"之類的意思,講成迅捷反嫌唐突(挈太山的行爲與迅捷無涉)。王煥鑣肯定孫詒讓之説,並認爲"畢劫"是聯綿詞,我們不能同意;但他指出"畢劫""形容有力之貌",①對詞義的把握還是比較準確的。《兼愛下》、《非樂上》以"股肱畢強"與"耳目聰明"對舉(《兼愛上》與"股肱畢強"相對的是"聰耳明目",疑前者本當作"畢股強肱"),"聰"、"明"爲一事,"畢"、"強"不得分屬"疾"、"強"二事。

我們認爲"畢劫"、"畢強"之"畢"當讀爲"奰"。"畢"是幫母質部字,"奰"是並母質部字(中古音都屬於開口三等),从"畢"聲的"瘻"也是並母字,它們的上古音無疑極爲相近。《説文·十下·大部》:

奰(奰),壯大也。从三大、三目。二目爲𢀇,三目爲奰,益大也。一曰:迫也。讀若《易》虙羲氏。《詩》曰:不醉而怒謂之奰。

從古文字看,《説文》對"奰"字字形、本義的分析都不可信。

殷墟甲骨文中有作如下之形的字:

(《殷墟花園莊東地甲骨》290.12)

(《甲骨文合集》28012)

西周金文縣妃簋也有此字:

②

---

① 王煥鑣《墨子集詁》,324 頁。
② 中國社會科學院考古研究所編《殷周金文集成(修訂增補本)》,第 4 册 2600 頁 04269 號,中華書局,2007 年。

一般隸定爲"哭"。《英國所藏甲骨集》2271又有从"女"从"哭"之字：

姚萱先生釋"哭"爲"㺇（奰）"，指出"'㺇'字其實就是从三個'哭'的，《說文》的分析不準確"。她根據"古文字中有時單複無別，尤其是對於那些不具備構字能力、重叠形體没有多大表意作用的字來説更是如此"，以及"夰（先）"字《説文》籀文"从三夰"作"堯"、"陸"字西周金文或从一個"夰（先）"而《説文》籀文作"隓"的例子，推斷"'哭'和'㺇'當爲一字異體"。① 其説可信。縣妃簋"哭（奰）"文意不明。《合集》28012"哭（奰）"爲地名；上古族名、地名、人名往往三位一體，《英藏》2271从"女"从"哭（奰）"之字當指"哭（奰）"地或"哭（奰）"族之女。《花東》290.12的"哭（奰）"，姚萱先生據文例讀爲當"安"、"寧"或"敕戒鎮撫"講的"宓"或"毖"。② 亦可從。清華大學藏戰國竹簡《赤鳩之集湯之屋》9號簡有 字，蘇建洲先生釋其左旁爲"哭（奰）"，③ 從字形看是有可能的；蘇先生主張在簡文中讀爲"伏"或"閟"，未知確否。

《詩·大雅·蕩》："内奰于中國，覃及鬼方。"毛傳："奰，怒也。不醉而怒曰奰。"孔穎達疏謂"奰者，怒而自作氣之貌，故爲怒也"。從甲骨金文"哭（奰）"的字形看，此字象一個瞪大眼睛、怒目而視的正面人形（若改作側面人形即爲"視"之表意初文），應該就是爲"怒"義的"奰"而造的表意字。《説文》釋其本義爲"壯大也"或"迫也"，顯然不確。

不過，"奰"在古代確可當"壯大也"講。《玉篇·大部》："奰，壯也。"《淮南子·地形》"食木者多力而奰"，高注："熊羆之屬是也。奰，煩腸黄理也。"所釋"奰"義十分費解。張雙棣先生引《説文》之訓，指出此句"奰"即

---

① 姚萱《殷墟花園莊東地甲骨卜辭的初步研究》，144～147頁，綫裝書局，2006年。
② 同上注，147頁。
③ 蘇建洲《釋〈赤鳩之集湯之屋〉的"奰"字》，復旦大學出土文獻與古文字研究中心網，2013年1月15日。

爲壯大義"。①(《大戴禮記·易本命》作"食木者多力而拂",黃懷信先生指出"拂"當從《淮南子》讀爲"奰"。②)意謂熊羆之類的食木者力大而强壯。這種解釋應該是合乎其原意的。人在發怒時,力量往往變得很强大(或可認爲發怒需要用很大的氣力),"奰"的强壯義大概是從其本義"怒"引申而來的,如同"怒"也可以引申出"彊健"義一樣(参看《廣雅·釋詁三》"怒……,健也"條下王念孫《疏證》、③《讀書雜志》"彊怒"條④)。《墨子》"畢劫〈劼〉"、"畢强"之"畢",讀爲"奰"、訓爲"强壯",從文義看是十分合適的。

附識：蒙陳劍先生審閱初稿,並提出修改意見,謹致謝忱。

原載《文史》2014 年第 3 輯(總第 108 輯)。

---

① 張雙棣《淮南子校釋(增訂本)》,上册 479 頁。
② 黃懷信等《大戴禮記彙校集注》,下册 1408、1409 頁,三秦出版社,2005 年。
③ (清)王念孫《廣雅疏證》,56 頁,江蘇古籍出版社,1984 年。
④ (清)王念孫《讀書雜志》,129 頁。

出土戰國秦漢文獻與《孔子家語》成書研究

一

《孔子家語》一書(以下簡稱"《家語》"),現可知最早著錄於《漢書·藝文志·六藝略》"論語類"下:"《孔子家語》二十七卷。"(以下簡稱《漢書·藝文志》爲"《漢志》")今傳《家語》中以孔安國口氣寫的《序》,①詳細敘述了《家語》的來源和傳授經過。《序》中説《家語》"皆當時公卿士大夫及七十二弟子之所諮訪交相對問言語也,既而諸弟子各自記其所問焉,與《論語》、《孝經》並時"。戰國時代,荀子"以孔子之語及諸國事、七十二弟子之言"入秦。因《家語》"與諸子同列",故免於秦火之厄而入漢。吕氏專權時曾取而藏之,後"散在人間"。漢景帝徵募天下遺書,得吕氏所傳《家語》,但已與"諸國事及七十子之辭"相錯雜。孔安國"以事類相次,撰集爲四十四篇",並剔除本不屬於《家語》的"諸弟子書所稱引孔子之言"。後《序》所引署名孔衍(據稱乃孔安國之孫)的奏書,也提到了孔安國"撰次"《家語》一事。爲《家語》作注的王肅,在所寫《序》中稱"孔子二十二世孫"孔猛曾從學於他,故而從孔猛處得到了孔氏家傳的《家語》一書。從以上材料看,

---

① 今傳《家語》附有三篇《序》:第一篇即以孔安國口氣寫的《序》,下稱"所謂孔安國《序》";第二篇無署名,其中引用了孔衍奏書,有人稱之爲"孔衍序",有人稱之爲"後孔安國《序》",也有人分別稱爲"《孔安國傳》"和"《孔衍上書》",下文姑且采用"後《序》"的叫法,表示此《序》所處的位置後於所謂孔安國《序》;第三篇爲王肅《序》。

《家語》像是流傳有緒的先秦古籍。

　　但是,從魏晉開始,就不斷有人對《家語》持否定態度。與王肅同時代的馬昭,説過"《家語》,王肅所增加,非鄭所見"這樣的話。① 唐代顔師古注《漢志》"《孔子家語》二十七卷"條,乾脆指之"非今所有《家語》也"。孔穎達領修"五經"《正義》、賈公彦爲《周禮》《儀禮》作疏,或亦承用馬説,並舉出了具體的例子。② 明人何孟春甚至懷疑《家語》的所謂孔安國《序》也是王肅所僞造,"清儒亦多襲何説"。③《四庫全書總目》卷九一説《家語》"割裂他書","其出於肅手無疑。特其流傳已久,且遺文軼事,往往多見於其中。故自唐以來,知其僞而不能廢也"。④ 這大概可以代表當時一般的看法。20世紀"疑古思潮"全面風行以後,《家語》"僞書説"幾成定論。如"古史辨"派的領軍人物顧頡剛先生就認爲古本《家語》已亡佚,"魏王肅遂起而攘竊其名,雜集諸子、裨史中所載孔子事實重爲之,又竄入自己在經義上之主張,假借孔子之言以攻鄭玄之學";王肅不但"僞作《家語》",還"僞造"了孔安國《序》及孔衍奏書。⑤ 可謂全面繼承了前人的辨僞意見。對《家語》的這種認識,在此後的很長一段時間内占據了主導。不過,即使在《家語》"僞書説"占統治地位的時期,少數學者仍持王肅所傳《家語》不僞的看法。

　　20世紀50年代、尤其是70年代以來,在戰國中晚期至西漢晚期的

---

　　① 《禮記·樂記》"昔者舜作五弦之琴,以歌南風;夔始制樂,以賞諸侯"句下孔穎達《正義》引。

　　② 參看林保全《宋以前〈孔子家語〉流傳考述》,下册217～219、223～224頁,(臺北)花木蘭文化出版社,2009年。

　　③ 張心澂《僞書通考》,下册724頁,商務印書館,1957年。

　　④ (清)永瑢《四庫全書總目》,上册769頁,中華書局,1965年。

　　⑤ 顧頡剛《孔子研究講義》"按語",《顧頡剛古史論文集》卷四,《顧頡剛全集》第4册42、43頁,中華書局,2011年。顧頡剛《崔東壁遺書序一》(即《戰國秦漢間人的造僞與辨僞》)也説:"《孔子家語》,不但是一部僞書,而且是一部雜湊書,……這是王肅的造僞以辨僞的手段。在王肅的時代,鄭玄的學説正極昌盛,王肅眼見他的説話有許多錯誤,然而一班學者把他捧作教主,有什麽法子可以打倒他呢? 他只得假託聖言,造此一書。既作此書,遂作《聖證論》,拿聖人的證據來壓倒鄭玄。"(《顧頡剛古史論文集》卷七,《顧頡剛全集》第7册107～108頁)需要指出的是,顧氏對這一問題的看法,前後有所變化。參看拙著《〈孔子家語〉成書考》,18～19頁,中西書局,2015年。

墓葬裏出土了大量簡帛文獻。這些資料中,頗有與《家語》相關者。從20世紀80年代開始,陸續有學者根據新出土文獻,對《家語》的真僞問題重新加以討論。時至今日,《家語》"真書説"——王肅所傳之本即著録於《漢志》的孔安國所編本,有漸居主流的趨勢。但是,也有一些學者通過出土簡帛古書與《家語》相關内容的比勘,得出了今本《家語》並非《漢志》著録的原本,而是較晚編成之本的結論。①

《家語》一書的篇章,多與其他古書互見而文字有所差異。近代以前認真研究《家語》的學者,無論辨其僞,還是證其真,大都根據這一特點,稽考、比較《家語》與大小戴《禮記》、《荀子》、《説苑》、《史記》等相同或類似内容的文字,希望從中找出《家語》割裂改竄其他古書或其他古書襲用《家語》的痕迹。這是研究《家語》成書時代及其性質的最爲重要的方法和途徑。

不可否認,我們現在看到的先秦秦漢古書,已並不完全保持當時的本來面貌;用於跟《家語》比較的那些傳世古書,在流傳中無疑也有很複雜的改易、增删、訛誤等變化。拿這樣的材料作比較,會發現《家語》雖有晚出的"僞迹",其他古書也有明顯不如《家語》的地方,大家着眼點不同,難免得出彼此對立的結論。何況,自"疑古思潮"興起以來,不少先秦古書的時代遭到了懷疑。拿這些本身時代就不確定的古書,作爲推斷《家語》時代的"標尺",自然無法取得一致的認識。新出土文獻由於時代明確,語言文字基本保留抄寫時的"原汁原味",就很少存在上述傳世古書的弊端。可以這樣説,戰國西漢時代抄寫的簡帛古書的大規模出土,使我們在研究《家語》時代和性質的問題上具備了前所未有的有利條件。同時,由於這些資料的出土,"不少曾被普遍懷疑爲漢以後所僞作的古書得以證明確是先秦作品,不少曾被普遍認爲作於戰國晚期

---

① 《漢志》所録《家語》爲二十七卷,《隋書·經籍志》所載者爲二十一卷,兩唐志以下至於今傳本皆爲十卷。過去有人以此作爲今傳《家語》非《漢志》舊本的證據。這種論證是没有説服力的。我們知道,古書流傳過程中,尤其是在早期,分卷、分篇的變化往往較大;《漢志》著録的先秦古書的卷數,與今傳本不同的現象,並不鮮見。而且從敦煌所出《家語》寫卷來看,當時大概有不止一種分卷方法的《家語》本子在社會上流傳(拙著《〈孔子家語〉成書考》,191~192頁)。

的古書得以證明是戰國中期甚至更早的作品，先秦古書的體例也被認識得更清楚了"。① 我們現在再來從事《家語》與其他傳世古書的比較，可以擺脫"疑古派"關於古書辨僞的某些錯誤看法的束縛，相對客觀地分析前人在這方面的研究的得失。

總之，今天重新討論《家語》的成書時代與性質，新出土文獻及其研究成果已成爲必須參考的重要資料。目前，大家在《家語》時代及其性質的認識上尚未達成一致，固然由於對《家語》的每篇每章研究得還不夠深入細緻，但也跟可與《家語》比較的出土文獻的内容没研究透有很大關係。後一方面的缺陷，主要表現爲出土文獻與《家語》相關内容的對比還較爲粗淺，可與《家語》對讀的資料搜集得尚欠完備、準確。所以，利用出土文獻進行《家語》成書問題的研究，還有很多工作要做。

附帶説一下，出土文獻與古文字研究的某些具體成果，對於考察《家語》與其他傳世古書的關係，有時也能起意想不到的效果。例如：《家語·儒行解》又見於《禮記·儒行》。《禮記·儒行》有"雖分國如錙銖，不臣不仕，其規爲有如此者"之語，鄭玄注"雖分國如錙銖"爲"言君分國以禄之，視之輕如錙銖矣"。前人多據鄭説在"雖分國"與"如錙銖"之間點斷。《家語·儒行解》相應之文作"雖以分國，視之如錙銖，弗肯臣仕，其規爲有如此者"。劉剛先生指出，《家語》文句雖較《禮記》通順，但顯然是據鄭注而改，事實上鄭注乃至《禮記》原文都是有問題的。古書講到"割國"之事，或以"錙銖"言所分割之地。"錙"在清華簡《算表》等古文字資料裏，有"四分之一"的意思(此點學者已指出)；"銖"從出土楚銅貝及楚國銅器銘文等資料看，有"三分之一"的意思。此種"錙銖"古書常訛作"錙銖"。所以《禮記》此句當作"雖分國如錙銖，不臣不仕"(《淮南子·詮言》、《吕氏春秋·應言》、《荀子·富國》等文獻有"割國之錙銖"語)，是説"即便君王把國家的三分之一或四分之一分給儒者，儒者也不肯接受而出仕"，今所見"錙

---

① 裘錫圭《中國古典學重建中應該注意的問題》，《裘錫圭學術文集·簡牘帛書卷》，336頁，復旦大學出版社，2012年。

銖"很可能是"錙錘"的誤改。① 《家語》之文離此句原意已甚遠(可謂"歧中之歧")。這就爲前人《家語·儒行解》因襲《禮記·儒行》並有所增改的推測,提供了一個很有説服力的證據。不過,此類研究"可遇而不可求",本文不打算專門涉及了。

二

出土戰國秦漢時代的文獻,既有整章整段與《家語》對應的,也有個别語句與《家語》相合的。這裏先介紹前一種資料。

整章整段可與《家語》相對應的出土文獻,大體按發現時間的先後爲序,有河北定縣八角廊發掘的下葬時間約爲西漢五鳳三年(公元前55年)的40號漢墓所出竹簡《儒家者言》10章,②《哀公問五義》1篇,③安徽阜陽雙古堆西漢汝陰侯墓所出一號木牘章題約21條、"説"類殘簡1章,④上海博物館藏戰國楚竹書《民之父母》1篇、⑤所謂《子路初見》1篇(尚未正式發表),湖北雲夢睡虎地77號西漢墓所出書籍簡1章(目前只發表了2支殘簡)⑥等,以及新公布的北京大學藏西漢竹書《儒家説叢》1章。⑦ 這些見於《家語》的内容,全都又見於《説苑》、《禮記》、《大戴禮記》、《荀子》、

---

① 劉剛《楚銅貝"坓朱"的釋讀及相關問題》,《出土文獻與古文字研究》第5輯,444～450頁,上海古籍出版社,2013年。"才(錙)"指四分之一,"坓(錘)"指三分之一,後又得到湖北嚴倉一號楚墓所出遣策的進一步證實(李天虹《由嚴倉楚簡看戰國文字資料中"才"、"坓"兩字的釋讀》,《簡帛》第9輯,23～32頁,上海古籍出版社,2014年)。
② 定縣漢墓竹簡整理組(國家文物局古文獻研究室、河北省文物研究所)《〈儒家者言〉釋文》、何直剛《〈儒家者言〉略説》,《文物》1981年第8期。
③ 定縣漢墓竹簡整理組(國家文物局古文獻研究室、河北省博物館、河北省文物研究所)《定縣40號漢墓出土竹簡簡介》,《文物》1981年第8期。
④ 韓自强《阜陽漢簡〈周易〉研究——附:〈儒家者言〉章題、〈春秋事語〉章題及相關竹簡》,151～163、189～204頁,上海古籍出版社,2004年。
⑤ 馬承源主編《上海博物館藏戰國楚竹書(二)》,圖版17～30頁、釋文考釋151～180頁,上海古籍出版社,2002年。
⑥ 國家文物局編《2008中國重要考古發現》,102～106頁,文物出版社,2009年。
⑦ 北京大學出土文獻研究所編《北京大學藏西漢竹書[叁]》,下册202～203、211～212頁,上海古籍出版社,2015年。

《韓詩外傳》、《韓非子》、《左傳》、《史記》、《尚書大傳》、《淮南子》、《尸子》等傳世古書。

跟出土文獻和其他傳世古書相比，《家語》的相關文字往往顯示出"後代性"，①有失原貌。下面舉例加以說明。

八角廊漢簡《儒家者言》第二章"種【之】得五穀焉，厥（撅）之得甘泉焉"（簡710、1069），《説苑·臣術》"種之則五穀生焉，掘之則甘泉出焉"，《荀子·堯問》"深抇之而得甘泉焉，樹之而五穀蕃焉"，《韓詩外傳》卷七"掘之得甘泉焉，樹之得五穀焉"。如不計語序，"種/樹之"、"掘/撅/抇之"的文例各書皆同（"之"皆指代"土"）。《家語·困誓》"汩之深則出泉，樹其壤則百穀滋焉"（"汩之深"的"之"亦指代"土"），"樹"後不作"之"而作"其壤"，看似具體，實不可通（但"汩之深"與"樹其壤"在形式上似頗對稱）。

《儒家者言》第三章"曾子援木擊曾子……"（簡2490），《説苑·建本》"曾晳怒，援大杖擊之"，動詞皆用"援"。《韓詩外傳》卷八"曾晳引杖擊之"，"引"、"援"義近。《家語·六本》作"曾晳怒，建大杖以擊其背"。蕭旭先生讀"建"爲"捷"，訓"舉"，②可從。"捷大杖"之文雖通，終究與"援木"、"援大杖"或"引大杖"稍遠。從古書用例看，訓"舉"之"捷"出現得較晚，似未見於先秦典籍（先秦典籍中的"捷"多用爲"閉"、"關"義）。古代"援"、"引"亦有"舉也"之訓（《文選》卷十八載嵇康《琴賦》："乃相與登飛梁，越幽壑，援窮枝，陟峻崿，以遊乎其下。"李周翰注："援，舉也。"同書卷四十一載司馬遷《報任少卿書》："不以此時引綱維，盡思慮。"劉良注："引，舉也。"），可能有人誤解"援大杖"、"引大杖"之"援"、"引"爲"舉"義，遂在《家語》中改用訓"舉"之"建（捷）"字。《孔叢子·答問》記孔鮒言梁人陽由"方乃積怒"，"左手建杖，右手制其頭"。日本學者冢田虎指出"'建'與'捷'通，舉

---

① "後代性"的話，取自［日］福田哲之《中國出土古文獻與戰國文字之研究》："一號木牘章題、《儒家者言》比起《説苑》而言，更强烈地對照出今本《孔子家語》本文上的後代性。從而，一號木牘章題、《儒家者言》即使得以用來否定今本《孔子家語》僞作説，證實其原型在漢代存在，也絶非用以用來證實今本《孔子家語》本身可上溯至漢代。"（佐藤將之、王綉雯合譯，106～112頁，萬卷樓圖書股份有限公司，2005年）

② 蕭旭《〈説苑〉校補》，同作者《群書校補》，第二冊477頁，廣陵書社，2011年。

也"。①《孔叢子》"建杖"之說與《家語》"建大杖"合,不知寫定《家語》者是不是參考過此文。

《說苑·尊賢》"銅鞮伯華而無死,天下其有定矣",《家語·賢君》作"嚮使銅鞮伯華無死,則天下其有定矣",較前者多出假設連詞"嚮使……則……"。《儒家者言》第七章文雖較殘,但"銅鞮伯□"前無"嚮使"一類字眼(簡1123),與《說苑》一致。寧鎮疆先生指出《家語》用"嚮使"表示假設,較《儒家者言》、《說苑》"淺白";《說苑》此句的假設語氣,是通過"而"字表現出來的。② 檢古書,較早使用"向(嚮)使"之例如《史記·李斯列傳》所載李斯《諫逐客書》:"嚮使四君却客而不内,疏士而不用,是使國無富利之實,而秦無强大之名也。"賈誼《新書·過秦論》:"嚮使二世有庸主之行,而任忠賢……"此前的先秦古書似未見。這個詞大概是由"向"、"使"二詞合併而成的複音詞,誕生時間應該不會太早。從這一點看,《家語》的表達的確不如《儒家者言》、《說苑》近古。③

《儒家者言》此章"□者周公旦聶(攝)天下之政"(簡782),《說苑·尊賢》作"昔在(元本、明抄本、經廠本等亦作'昔者'④)周公旦制天下之政",彼此頗近。《家語·賢君》則作"昔者周公居冢宰之尊,制天下之政",寧鎮疆、蕭敬偉等先生指出"居冢宰之尊"當因推尊周公而附加上去的。⑤ 所說甚是。添入這五字之後,恰與"制天下之政"對偶,文更繁縟。

此章最末一句的異文也值得比較。《儒家者言》"夫有道乃無下於天

---

① 傅亞庶《孔叢子校釋》,444頁,中華書局,2011年。
② 寧鎮疆《八角廊漢簡〈儒家者言〉與〈孔子家語〉相關章次疏證》,《古籍整理研究學刊》2004年第5期,8頁。
③ 在《說苑》的《君道》和《權謀》中也有"嚮使"之例。《權謀》篇"嚮使"一詞見於漢孝宣皇帝時有人爲茂陵徐福所上之書中,已晚至西漢中期。《君道》篇"嚮使"一詞見於"宋大水,魯人弔之"一段故事的評論中:"嚮使宋人不聞君子之語,則年穀未豐而國未寧。《詩》曰:'佛時仔肩,示我顯德行。'此之謂也。"此段亦見於《韓詩外傳》卷三,"嚮使"作"鄉使"。其事亦見載於《左傳·莊公十一年》,並無評論之語。《說苑》、《韓詩外傳》"嚮使宋人不聞君子之語"以下評論,當係後出附益,不能證明"嚮使"一詞有較早來源。
④ 向宗魯《說苑校證》,193頁,中華書局,1987年。
⑤ 寧鎮疆《八角廊漢簡〈儒家者言〉與〈孔子家語〉相關章次疏證》,《古籍整理研究學刊》2004年第5期,8頁;蕭敬偉《今本〈孔子家語〉成書年代新考——從語言及文獻角度考察》,香港大學博士學位論文(指導教師:單周堯教授),227頁,2004年。

下哉(?)"(簡578),《説苑・尊賢》作"夫有道而能下於天下之士,君子乎哉",《家語・賢君》作"惡有有道而無下天下君子哉"。從文義看,《儒家者言》的"無下於……",跟《説苑》的"能下於……"正好相反,"夫有道乃無下於天下哉(?)"實應看作反問句。《儒家者言》的"天下"大概就指"天下之士"。《説苑》的"君子乎哉"當單獨成句,是對"有道而能下於天下之士"者的贊譽。《儒家者言》此句由於以反問語氣出之,其後自然不能跟"君子乎哉"之類的感嘆。《家語》"惡有有道而無下天下君子哉"中的"惡有有道而無下天下",應該跟《儒家者言》一樣,亦視爲反問語氣。其後又有"君子哉",此句顯然是由《説苑》一類文本而來的。但反問句"惡有有道而無下天下"後如再跟一感嘆句"君子哉",文氣不夠通順。疑《家語》是糅合《説苑》和《儒家者言》兩種類型的文本而成的;也有可能《家語》的編寫者爲了加強語氣而改《説苑》之文爲反問句,但忘記删去其後的"君子哉",所以造成了目前這種似通非通的面貌。

　　古書有孔子因長相似陽虎而被匡人甲士所圍的故事,見於《説苑・雜言》、《韓詩外傳》卷六、《家語・困誓》,也見於《儒家者言》第十二章。《説苑》開頭説:"孔子之宋,匡簡子將殺陽虎,孔子似之,甲士以圍孔子之舍。"下面孔子的話裏有"若似陽虎,則非丘之罪也",點明了孔子遭圍的原因。《韓詩外傳》亦云:"孔子行,簡子將殺陽虎,孔子似之,帶甲以圍孔子舍。"孔子説"若吾非陽虎,而以我爲陽虎,則非丘之罪也",文義更加明晰。《儒家者言》此章之首作"之匡,間(簡)子欲殺陽虎,孔子似之"(簡666),孔子所説的話裏存"陽虎,如(義近'而')爲陽虎,則是非丘"數字(簡905),與《説苑》、《韓詩外傳》敍述相同,應爲原貌。《家語・困誓》記此事則不然。開頭僅言"孔子之宋,匡人簡子以甲士圍之",孔子的話裏也不見陽虎,而是説"若以述先王,好古法而爲咎者,則非丘之罪也",與各書大異。寧鎮疆先生謂《家語》此處未提陽虎事,與上文"簡子以甲士圍之"而不及"似陽虎","前後可謂'一致'"。① 正是由於上文隱去了孔子似陽虎一事,這裏

---

① 寧鎮疆《八角廊漢簡〈儒家者言〉與〈孔子家語〉相關章次疏證》,《古籍整理研究學刊》2004年第5期,11頁。

就只能改作因"述先王，好古法"而得咎。可是"述先王，好古法"怎麼會招致"匡人簡子以甲士圍之"呢？這顯然是難以講通的。《家語》的編寫者爲了避開陽虎而有意刪改的痕跡，於此甚明。

《家語·觀周》、《說苑·敬慎》都有"金人銘章"，文句大體一致，當出一源或彼此有承襲關係。《儒家者言》也收入此章内容，但前有缺簡，現存之文爲"於大（太）廟，右陛之前，有釦☒□其口，如銘其背【□=□=】☒之爲人也，多言多過，多事多患也"（簡825、844、604）。八角廊漢簡的整理者指出，簡文所錄金人銘僅"【□=□=】⋯⋯之爲人也，多言多過，多事多患也"幾句，未見《說苑》、《家語》等傳世古書中金人銘的大段其他內容。① 雖然我們還不能完全排斥其後竹簡缺失的可能，但是仔細考察金人銘的本文可以發現，跟銘文"慎言"的主題扣得比較緊密的篇幅，只占了全銘的一半左右，最核心的語句正是爲《儒家者言》"金人銘"所引錄者。這一部分應該是具有格言性質的金人銘最初的面貌（箴銘的篇幅顯然不宜太長）。銘文的剩餘内容基本上又見於其他文獻，很可能是在流傳過程中逐步增益的。《說苑》、《家語》此章通過孔子觀周廟之金人銘，極力強調"三緘其口"，甚至宣揚道家學說。前人已覺不妥。與《儒家者言》同墓所出殘簡中有"聞賢者多言多善多□"一條，似是孔子讀金人銘後所發議論。馬王堆漢墓帛書《二三子問》中，孔子主張"箴（緘）小人之口"，對於"聖人"，則"唯恐亓（其）不言也，有（又）何箴（緘）焉"。這與殘簡"賢者多言多善"的思想合拍，而且跟以孔子爲代表的儒家的一貫立場並不矛盾。頗疑《儒家者言》"金人銘章"的主旨，亦爲賢者多言而小人當緘其口，這應該更接近金人銘故事的原貌；《說苑》、《家語》本金人銘章則已經過後人的改編。原本金人銘（即見於《儒家者言》此章的部分）之外的其他銘文内容，尤其是銘文後半段的"道家者言"，也許是爲配合金人銘故事主題的改變而添加進去的。

雖然《說苑》、《家語》的"金人銘章"，從其内容分析都較《儒家者言》本

---

① 定縣漢墓竹簡整理組《〈儒家者言〉釋文》，《文物》1981年第8期，16頁；何直剛《〈儒家者言〉略說》，《文物》1981年第8期，20～21頁。

晚出,但《說苑》的文句還是比《家語》更近於《儒家者言》。如《儒家者言》此章首句"於大(太)廟,右陛之前,有釦☒☐其口,如銘其背",與《說苑》"孔子之周,觀於太廟。右陛之前,有金人焉,三緘其口,而銘其背曰"相當接近(阜陽漢墓所出一號木牘章題有"孔子之周觀太廟",當取首句爲題,亦與《說苑》相近)。《家語》作"孔子觀周,遂入太祖后稷之廟。廟堂右階之前,有金人焉,三緘其口,而銘其背曰",稱"太廟"爲"太祖后稷之廟",似經加工。附帶指出,在富於道家色彩的金人銘後半段裏,《說苑》"夫江河長百谷者,以其卑下也",《家語》作"江海雖左,長於百川,以其卑也",後者四字成句(此銘多四字句),更趨規整。此語顯然來自《老子·德經》第六十六章"江海所以能爲百谷王者,以其善下之,故能爲百谷王",①出土與傳世各本《老子》以及承用此語之《淮南子》、《文子》,並作"百谷"。《家語》易"百谷"爲"百川",似是較晚的用語習慣。"百谷"、"百川"同意。在《後漢書·南匈奴列傳》所載詔書中,有"傳曰:'江海所以能長百川者,以其下之也。'",所謂"傳"即指《老子》。《漢書·郊祀志下》:"夫江海,百川之大者也,今闕焉無祠。"語亦本此。這是漢代人改與"江海"相對的"百谷"爲"百川"的例子,跟《家語》的改寫如出一轍。②

《儒家者言》第十三章存"君子道四:彊(强)於行,弱於辭,☐"(簡965),後"二道"已不可見。《家語·六本》與此相應的"二道"作"强於行義,弱於受諫",《說苑·雜言》作"强於行己,弱於受諫"。好幾位研究者指出,《儒家者言》"强於行,弱於辭"於義較長,即《論語·學而》"敏於事而慎於言"之謂。這是有道理的。從文字學上看,漢代"辭"字左半多寫成"受",《儒家者言》簡458"辭"即作"辤",本章上引"辭"字存左半"受",皆其例。《說文》分"辭"、"辤"爲二字,以前者爲辭訟或辭說之辭的專字,後者爲辭讓之辭的專字。"漢人辭、辤不别","經傳凡辤讓皆作辭説字(引者

---

① 《家語》"江海雖左",蓋源於《禮記·鄉飲酒義》"祖天地之左海也"一類説法。
② 《說苑·君道》"齊桓公問於甯戚"章有"是故明王聖主之治,若夫江海無不受,故長爲百川之主"之語,亦用"百川"而不用"百谷"。此句中的"長"是"久"的意思,跟上引各書中的"長百谷"、"長於百谷"的"長"不是一回事;"主"則與各書的"長"相當。可見,《說苑·君道》的這句話也已經過編者的改寫。

按：段玉裁注據《廣韻》所引改今本《說文》'辭，訟也'的'訟'爲'説')"。①其實"辤"本來可能只是"辭"的簡體。疑"弱於辤(辭)"句中的辭説之"辤(辭)"，被人誤讀爲辭讓之"辤"，傳寫者遂於其下增一"諫"字，《説苑》、《家語》之"受"由"辤"誤脱而成。也可能"辤"先誤脱爲"受"，因嫌"弱於受"不辭，才在其後增添"諫"字。上一句的"行己"或"行義"，應該是爲與"弱於受諫"對仗而增改的。

阜陽漢墓所出一號木牘章題 14 號"魯哀公問孔子當今之時"，當取首句爲題。《説苑·尊賢》"魯哀公問於孔子曰：'當今之時，君子誰賢？'"，亦作"當今之時"。《家語·賢君》此章云："哀公問於孔子曰：'當今之君，孰爲最賢？'"作"君"不作"時"，與木牘章題、《説苑》有別。此章評論衛靈公，《家語》稱之爲"君"，當然是合適的。但像《説苑》那樣以"君子"呼之，古書亦有其例。②《家語·賢君》緊接此章之後的一章，開頭爲子貢問於孔子"今之人臣，孰爲賢"。寧鎮疆先生認爲，《家語》大概爲求與下一章"人臣"之問一律，故改此章的問話爲"當今之君，孰爲最賢"的。③ 其説可從。《説苑》也收有"子貢問孔子曰：'今之人臣，孰爲賢？'"章，但見於《臣術》而不見於《尊賢》，與"魯哀公問於孔子曰：'當今之時，君子誰賢？'"章相隔甚遠。由此可見，《説苑》的編纂方式尚較原始，《家語》則把内容相似的篇章集結在一起，並有所修改。

木牘章題 25 號爲"子路問孔=(孔子)曰治國何如"，《説苑·尊賢》："子路問於孔子曰：'治國何如？'"彼此十分接近。《家語·賢君》："子路問於孔子曰：'賢君治國，所先者何？'"（敦煌寫卷 ДХ.10464 所抄《家語》"何"下多"在"字）問話較繁，尤其增"賢君"爲"治國"的主體。《家語》編者既把此章收在《賢君》篇下，當然要使此章符合"賢君"的話題，故將子路的發問改成"賢君治國"云云，也不管下文内容是否真與"賢君"有關。《家語》把一般性的"治國"行爲冠以"賢君"的頭銜，從下文所議論的晉中行氏

---

① （清）段玉裁《説文解字注》，742 頁，上海古籍出版社，1981 年。
② 寧鎮疆《讀阜陽雙古堆一號木牘與〈孔子家語〉相關章題餘札》，《中國典籍與文化》2008 年第 2 期，12 頁。
③ 同上注。

來看,是不合適的。中行氏怎麼能稱爲"賢君"呢? 在《説苑·尊賢》"田忌去齊奔楚"章裏,有"田居爲人,尊賢者而賤不肖者,賢者負任,不肖者退,是以分別而相去也"的評論。此章中田忌所評論的申孺、田居、眄子,都不是"賢君"而只是齊之爲將者。可見所謂"尊賢而賤不肖"並非特指"賢君治國"而言,倒是木牘章題、《説苑》籠統地説"治國何如"更符合議題。

木牘章題 41 號"孔=(孔子)見季康子",當即《説苑·政理》"孔子見季康子。康子未説"章所記之事。《家語·子路初見》亦有此章,開頭作"孔子爲魯司寇,見季康子。康子不悦",比木牘章題、《説苑》多出"爲魯司寇"的内容。王肅於《家語》此章"康子不悦"下加注:"當爲桓子,非康子也。"寧鎮疆先生解釋説:"蓋因孔子爲司寇事在定公十一年,其時康子尚未主政。"①不過,寧氏倒並不認定"康子"爲"桓子"之誤,"《家語》、《説苑》書中内容很多都是'諸子百家語'式的'説'類材料,這類材料不太重視歷史細節,而主要措意於人物的談説内容","對待這樣一類材料,不能過於以歷史考證的眼光看問題"。② 孔子"爲魯司寇"與"見季康子"的時間矛盾,在木牘章題本和《説苑》本中是不存在的。以《説苑》爲例,其文不但没有"孔子爲魯司寇"一句,而且下文宰予的話爲"吾聞之夫子曰:'王公不聘不動。'今吾子之見司寇也少數矣",説明孔子見季康子時根本不是"魯司寇",倒是季康子好像時任魯司寇。如果孔子當時已擔任了司寇一職,宰予再説"王公不聘不動"就變得很不合理了。前人謂"此以季孫爲司寇誤。魯之司寇臧氏世居之,夫子時蓋爲小司寇也",③其實關於季康子是否任司寇之事,正可以用上引寧氏"不能過於以歷史考證的眼光看問題"的話來解釋,不必拘泥。總之,按照《説苑》本的行文,季康子爲季桓子之誤的問題自然得到化解。《家語》因有"孔子爲魯司寇"之語,"今吾子之見司寇也少數矣"一句相應地作"今夫子之於司寇也日少,而屈節數矣",但這似乎與宰予説孔子"王公不我聘則弗動"、孔子自己説"其聘我者,孰大於是"

---

① 寧鎮疆《〈家語〉的"層累"形成考論——阜陽雙古堆一號木牘所見章題與今本〈家語〉之比較》,《齊魯學刊》2007 年第 3 期,13 頁。
② 同上注。
③ 參看向宗魯《説苑校證》,171 頁。

這種未獲聘用的身份不一致,大概是後人改動未善所造成的。

上博簡《民之父母》又見於《家語·論禮》、《禮記·孔子閒居》。關於"五至",《民之父母》簡3～5説:"勿(物)之所至者,志亦至安(焉);志之【所】至者,豊(禮)亦至安(焉);豊(禮)之所至者,樂亦至安(焉);樂之所至者,哀(引者按:原從'心',下同)亦至安(焉)。哀樂相生,君子以正。"《家語》作"志之所至,詩亦至焉;詩之所至,禮亦至焉;禮之所至,樂亦至焉;樂之所至,哀亦至焉。詩禮相成,哀樂相生,是以正",《禮記》作"志之所至,詩亦至焉;詩之所至,禮亦至焉;禮之所至,樂亦至焉;樂之所至,哀亦至焉。哀樂相生,是故正"。概括起來説,《民之父母》"物—志—禮—樂—哀"的系統,在《家語》、《禮記》中爲"志—詩—禮—樂—哀";前者"物之所至者,志亦至焉"講的是"外物"與"心志"的關係,後二者"志之所至,詩亦至焉"則反映"志"與"詩"的聯繫。本篇論"三無"爲"無聲之樂,無體之禮,無服之喪",類似的話亦見於《説苑·修文》、《家語·六本》,強調"志"在禮、樂、喪(哀)等事中的重要性;《民之父母》等篇講"三無",大概也認爲對於"樂"、"禮"、"喪"來説,更應主"志"而非"聲"、"體"、"服"等形式。這裏顯然沒有必要提到"詩"。由此可知《民之父母》"志—禮—樂—哀"的"五至"系統是合理的,在其中硬插進一個"詩"(並删去"物之所至者,志亦至焉"這一環節,以符合"五至"的要求),變成《家語》、《禮記》的"志—詩—禮—樂—哀",跟本篇其他部分的思想旨趣不合,當出於後人的改編。《家語》"哀樂相生"之前有"詩禮相成"一句,應該是把《民之父母》的"五至"系統改爲《禮記》、《家語》的"志—詩—禮—樂—哀"之後,才添加進去的。《禮記》沒有"詩禮相成"一句,正處於文本變化的中間狀態。巫雪如先生考察先秦至六朝文獻中"詩禮"並提之例,指出"東漢以後,'詩禮'才開始在文獻中有意識的連用並稱,並在魏晉南北朝普遍流行起來"。據此,她認爲《家語》的"詩禮相成""並非先秦文獻所有,而是在'詩禮'並稱的風氣下,由崇尚駢儷對偶文風的六朝人所加,這種可能性是很大的"。① 這句

---

① 巫雪如《〈民之父母〉、〈孔子閒居〉及〈論禮〉若干異文的語言分析——兼論〈孔子家語〉的成書問題》,(臺灣)《漢學研究》第28卷第4期,336～339頁,2010年。

話當然不必晚到六朝才爲人所加入；不過，從巫氏的分析確可看出《家語》文本形成較晚。

　　《家語》的有些文字當是編寫者誤解相關文義或有意改讀的產物，這更能説明《家語》文本的"後代性"。

　　上面講過的八角廊漢簡《儒家者言》第二章，孔子論"土"的話裏又有"生人立焉，死人入焉"（簡708），《説苑·臣術》與之同。《荀子·堯問》、《韓詩外傳》卷七皆作"生則立焉，死則入焉"，《家語·困誓》作"生則出焉，死則入焉"。從文義看，"生人立焉，死人入焉"是説活人存立於土之上，死人埋入土之中。《荀子》、《韓詩外傳》的"生"、"死"，顯然也是指"生人"、"死人"而言的。《春秋繁露·山川頌》引孔子論"山"之語，其中也有"生人立……死人入"，可證。唯《家語》作"生則出焉"，大概是把"生"誤解爲依靠土壤種植、生長之物，如上文"種之得五穀"的"五穀"和"草木植焉"的"草木"之類；只有這些東西才稱得上"出於土"。《家語》變"立"爲"出"，雖與下句"死則入焉"的"入"對仗嚴密，更富文采，畢竟文義大遜於他書。

　　在與上博簡《民之父母》相合的《家語·論禮》、《禮記·孔子閒居》中，上面引過的"五至"之文"是以正"或"是故正"後，前者還有"明目而視之，不可得而見；傾耳而聽之，不可得而聞。志氣塞於天地，行之充於四海。此之謂'五至'矣"，後者還有"明目而視之，不可得而見也；傾耳而聽之，不可得而聞也。志氣塞乎天地。此之謂'五至'"。過去多以"是以正"或"是故正"連下"明目而視之"讀。現在拿《民之父母》對照，可以知道"明目而視之"一段原來應該在論"三無"的話裏，《家語》、《禮記》皆錯簡於"五至"之中；所以"是以正"或"是故正"當單獨成句，乃"君子以正"之誤。《家語》、《禮記》錯簡之後，"上下文意銜接不緊密"，編寫者"遂删去'而得既塞於四海矣'句中表示承接關係和語氣的'而'字跟'矣'字，將"得既"有意改讀爲音近的"志氣"，以求文義的通順。①

---

　　① 陳劍《上博簡〈民之父母〉"而得既塞於四海矣"句解釋》，同作者《戰國竹書論集》，41頁，上海古籍出版社，2013年。

《家語》、《禮記》不但都發生了錯簡，而且都把《民之父母》"傾耳而聽之，不可得而聞也；明目而視之，不可得而見也"的"耳聞"、"目見"之序（簡6～7），顛倒爲"目見"、"耳聞"，這是"它們屬同一系統的證據"。①《家語》改讀爲"志氣塞於天地"，又較《禮記》多出"行之充於四海"一句，形成對偶。這應該是《家語》編寫者後增的。② 巫雪如先生從語法角度指出，"充"在先秦漢語中没有後接介詞"於/于"再加處所補語的，"充＋於＋處所補語"的用法從東漢以後（尤其是魏晋南北朝時）逐漸增多；所以《家語》"行之充於四海""這樣的句法事實上不太可能出現在先秦的文獻中"，"這句話的寫定時間也應該是在西漢中期以後"。③ 其説有理。《禮記》之文雖已發生錯簡、改讀、顛倒，但"不可得而見"、"不可得而聞"後仍存"也"字，與《民之父母》此二句用"也"一脈相承；到《家語》裏，這兩個語氣詞"也"就都被删掉了。此可與《家語》增入"行之充於四海"的情況相印證。

從章節的分合來看，《家語》有將出土文獻或傳世古書流傳過程中原來獨立成章的內容加以合併，改造成貌似連貫的一章的傾向。下面也舉例説明。

上面講過的《儒家者言》第十三章，在《家語·六本》中全文如下：

> 孔子曰："回有君子之道四焉：强於行義，弱於受諫，怵於待禄，慎於治身。史鰌有男子之道三焉：不仕而敬上，不祀而敬鬼，直己而曲人。"曾子侍曰："參昔常聞夫子三言而未之能行也：夫子見人之一善而忘其百非，是夫子之易事也；見人之有善，若己有之，是夫子之不

---

① 陳劍《上博簡〈民之父母〉"而得既塞於四海矣"句解釋》，同作者《戰國竹書論集》，40～41頁；陳麗桂《由表述形式與義理結構論〈民之父母〉與〈孔子閒居〉及〈論禮〉之優劣》，《上博館藏戰國楚竹書研究續編》，238頁，上海書店出版社，2004年；寧鎮疆《由〈民之父母〉與定州、阜陽相關簡牘再説〈家語〉的性質及成書》，《上博館藏戰國楚竹書研究續編》，278～279頁。引號裏的話引自寧文279頁。
② 寧鎮疆《由〈民之父母〉與定州、阜陽相關簡牘再説〈家語〉的性質及成書》，《上博館藏戰國楚竹書研究續編》，285頁；劉洪濤《上博竹書〈民之父母〉研究》，14頁，北京大學碩士學位論文（指導教師：李家浩教授），2008年。
③ 巫雪如《〈民之父母〉、〈孔子閒居〉及〈論禮〉若干異文的語言分析——兼論〈孔子家語〉的成書問題》，（臺灣）《漢學研究》第28卷第4期，339～342頁。

争也；聞善必躬行之，然後導之，是夫子之能勞也。學夫子之三言而未能行，以自知終不及二子者也。"

可惜《儒家者言》此章殘缺過甚，難知其全貌。《家語》這一章在《説苑》中分爲三章，三章的順序依次爲"曾子曰吾聞夫子之三言未之能行"、"孔子曰回若有君子之道四"、"仲尼曰史鰌有君子之道三"。過去辨《家語》之僞的學者認爲《家語》乃併三章爲一，"於'曾子曰'添出'侍'字，其末句添'不及二子'句（引者按：王肅注：'二子，顔回、史鰌也。'），以聯合上二章。其曰'不及二子'云云，於'夫子之三言'，似不相蒙"。① 據郭永秉先生研究，阜陽一號木牘章題有"□□（孔=？—孔子）曰回有君子之道"（34 號），又有"中（仲）尼曰史鰌有君子之道"（42 號），二章之間還隔着其他章題，足以證明它們的確本是獨立的章節，《家語》將之牽合爲一。② 木牘章題雖未見"曾子曰吾聞夫子之三言未之能行"的内容，但此章本來當如《説苑》那樣爲獨立的一章，也是可以想見的。《説苑》以上舉三章前後相次，《家語》順勢合併爲一章，並稍加改動，是很自然的。

《家語·致思》："孔子謂伯魚曰：'鯉乎！吾聞可以與人終日不倦者，其唯學焉。其容體不足觀也，其勇力不足憚也，其先祖不足稱也，其族姓不足道也；終而有大名，以顯聞四方，流聲後裔者，豈非學之效也？故君子不可以不學，其容不可以不飾。不飾無類〈貌〉，無類〈貌〉失親，失親不忠，不忠失禮，失禮不立。……（下略）'"與此相當者，《説苑·建本》分見於前後兩章，前一章爲："孔子曰：'可以與人終日而不倦者，其惟學乎！其身體不足觀也，其勇力不足憚也，其先祖不足稱也，其族姓不足道也；然而可以聞四方而昭於諸侯者，其惟學乎！《詩》曰："不愆不亡，率由舊章。"夫學之謂也。'"《韓詩外傳》卷六也有這一章内容。後一章爲："孔子曰：'鯉！君子不可以不學，見人不可以不飾。不飾則無根〈貌〉，無根〈貌〉則失理，失理則不忠，不忠則失禮，失禮則不立。……（下略）'"《大戴禮記·勸學》、

---

① （清）范家相《家語證僞》，《續修四庫全書》931 册，120 頁，上海古籍出版社，2002 年；參看（清）孫志祖《家語疏證》，《續修四庫全書》931 册，211 頁。

② 郭永秉《阜陽漢簡考釋兩篇》，同作者《古文字與古文獻論集》，268～270 頁，上海古籍出版社，2011 年。

《尚書大傳・略説》也有這一章内容。前人已謂《家語》合《説苑》"孔子曰鯉君子不可以不學"章與"孔子曰可以與人終日而不倦者"章爲一章。阜陽一號木牘章題 21 號爲"子曰里（鯉）君子不可不學"，當以其章首句爲題，這就證實了"孔子曰：'鯉！君子不可以不學……'"確爲獨立的一章。《家語》像是把"可以與人終日而不倦者"一章插入"鯉"與"君子不可以不學"之間。從文義考慮，雖然二章都提到了"學"，使其具有得以合併爲一的可能性，但如范家相《家語證僞》所指出的，"下章以飾容爲説，另是一意思，不當聯合"。① "君子不可以不學"一章的"學"不過"起興"而已。按照《家語》的行文，孔子這番話的主旨到底是强調"學"還是强調"容"，令人難以捉摸；由此可見其拼凑之迹。

此外，《儒家者言》第十四（簡 966、668）、十五章（簡 458、38、706），阜陽一號木牘章題 19 號、44 號以及上博簡中尚未正式發表的《子路初見》等出土材料，可以證明《家語・子路初見》"子路將行辭於孔子"章係拼合《説苑・雜言》"子路行辭於仲尼"章與"子路將行辭於仲尼"章、且前後相倒而成的。由八角廊漢墓所出單篇别行的《哀公問五義》，可以推知包含此篇的《大戴禮記・哀公問五義》、《荀子・哀公》、《家語・五儀解》，都摻入了不少其他内容；《家語・五儀解》又把《荀子・哀公》中與"五義"無關的一段挪移、改併爲"哀公問五義"的結尾。通過跟上博簡《民之父母》的比較，可以斷定《禮記・孔子閒居》、《家語・論禮》位於"民之父母"章之後的所謂"參於天地"章，本來應該也是獨立成篇的；《家語》並且把原屬"參於天地"章的"三無私"内容，竄入"民之父母"章之中。限於篇幅，這裏就不細説了。

在本節的最後，我們想討論一下北大漢簡《儒家説叢》中與《家語》有關之章。

北大簡整理者編排爲《儒家説叢》第二章的文字，又見於《家語・賢君》、《説苑・政理》。如下表所示：

---

① （清）范家相《家語證僞》，《續修四庫全書》931 册，101 頁。

儒家説叢①	家語・賢君	説苑・政理
・梁(梁)君問於中(仲)尼曰:"我欲長有國,欲使列都得,欲使人渴(竭)力,欲使民毋(無)惑,欲☐(簡5)時,欲使聖人自來,欲使官府治。爲之奈何?"中(仲)尼對曰:"萬乘之君,千乘之主,問丘者衆矣,(簡6)未有君之問丘之悉也。丘聞之:兩君相親,則長有國;君慧(惠)臣忠,則列都得;益士食,則(簡7,下缺簡)	孔子見宋君。君問孔子曰:"吾欲使長有國,而列都得之,吾欲使民無惑,吾欲使士竭力,吾欲使日月當時,吾欲使聖人自來,吾欲使官府治理。爲之奈何?"孔子對曰:"千乘之君,問丘者多矣,而未有若主君之問,問之悉也。然主君所欲者,盡可得也。丘聞之:鄰國相親,則長有國;君惠臣忠,則列都得之;不殺無辜,無釋罪人,則民不惑;士益之禄,則皆竭力;尊天敬鬼,則日月當時;崇道貴德,則聖人自來;任能黜否,則官府治理。"宋君曰:"善哉!豈不然乎!寡人不佞,不足以致之也。"孔子曰:"此事非難,唯欲行之云耳。"	仲尼見梁君。梁君問仲尼曰:"吾欲長有國,吾欲列都之得,吾欲使民安不惑,吾欲使士竭其力,吾欲使日月當時,吾欲使聖人自來,吾欲使官府治。爲之奈何?"仲尼對曰:"千乘之君,萬乘之主,問於丘者多矣,未嘗有如主君問丘之術也。然而盡可得也。丘聞之:兩君相親,則長有國;君惠臣忠,則列都之得;毋殺不辜,毋釋罪人,則民不惑;益士禄賞,則竭其力;尊天敬鬼,則日月當時;善爲刑罰,則聖人自來;尚賢使能,則官府治。"梁君曰:"豈有不然哉!"

下面挑各本重要異文加以分析。

趙逵夫先生認爲,先秦兩漢學者在整理古代文獻時,"爲了故事的完整性,經常在原文前增加説明背景的文字,在末尾增加説明結果的文字,猶人之'穿靴戴帽'也。這種情況,尤以《國語》、《戰國策》常見"。② 王鍔先生據此以説《禮記・孔子閒居》、《家語・論禮》較上博簡《民之父母》多出來的篇首、尾文句,"當是記述者或整理者,爲了增加文章的可讀性和故

---

① 釋文中的標點與整理者所施略有不同。"慧"讀爲"惠",從抱小《讀〈北京大學藏西漢竹書(叁)〉(一)》,復旦大學出土文獻與古文字研究中心網,2015年11月17日。
② 王鍔《〈禮記〉成書考》,44頁注②,中華書局,2007年。

事的完整性,而有意補入的文字"。① 上引《儒家説叢》逕以"梁君問於仲尼"開端(其前所加圓點爲分篇章符號),此種形式當較原始;《家語》、《説苑》則加入"孔子見宋君"或"仲尼見梁君",交代故事背景。② 這又是一個"穿靴戴帽"文獻整理模式的例子。③

《家語》"孔子"、"宋君"之稱,《説苑》作"仲尼"、"梁君"。前人有因"仲尼時無梁君"而以《家語》作"宋君"爲是者。崔述指出,《家語》改"梁"爲"宋",乃"不知其所言皆戰國策士之餘,申、商名法之論,孔子固無此等言也"。④ 説甚通達。《儒家説叢》亦作"仲尼"、"梁君",證明《説苑》確有所本,⑤《家語》難逃"不能辨其誣而反改其文以惑世"⑥之嫌。⑦

《説苑》"吾欲使官府治",《家語》在"治"後多一"理"字。陳劍先生指出,"使官府治理"讀起來比"使官府治"節奏更爲協調,且"理"亦入韻。雙音節的"治理"很可能是由單音節的"治"增益而來的;如果本作"治理",有什麽理由把它改成"治"呢?⑧《儒家説叢》作"欲使官府治",正同於《説苑》而不同於《家語》。我們還可以從音韻學角度考察一下"治"和"理"作爲韻脚的區別。"日月當時"、"聖人自來"、"官府治"三句,韻脚皆之部字。"時"、"來"還都是平聲字。治理之"治"在《廣韻》中雖歸爲去聲,但從上古韻文的有關情況看,"治"基本上都與平聲字相押。如《詩·邶風·緑衣》,

---

① 王鍔《〈禮記〉成書考》,43 頁。
② 《儒家説叢》此章後面部分殘缺,章末情形難知其詳。以《説苑》與《家語》比較,前者結尾較後者簡略。
③ 《家語》篇章中,爲《禮記》等他書所無的首尾文句,多屬於所謂"穿靴戴帽"式的文獻整理。有學者不信此説,容另文商榷。
④ (清)崔述《洙泗考信録》卷之三,《崔東壁遺書》,297 頁,上海古籍出版社,1983 年。
⑤ 參看北京大學出土文獻研究所編《北京大學藏西漢竹書[叁]》,下册 212 頁。
⑥ 《崔東壁遺書》,297 頁。
⑦ 《家語》不稱"仲尼"而稱"孔子",蓋"尊聖"之故。《説苑》下文説:"善爲刑罰,則聖人自來。"所謂"善爲刑罰",即《禮記·聘義》"刑罰行於國,所誅者,亂人也,如此則民順治而國安也"之意,這樣當然能招徠聖賢之人。《白虎通·五刑》:"聖人治天下,必有刑罰何?"《家語·刑政》還借孔子之口説"聖人之治化也,必刑政相參焉",可見聖人本來也是相當重視刑罰的,《説苑》之文自有其理據。《家語》此句作"崇道貴德,則聖人自來",可能是編者按照對"聖人"尊崇道德、反對刑殺的一般認識而改的,這似乎也是一種"尊聖"的表現。
⑧ 拙著《〈孔子家語〉成書考》,13 頁。

"絲"、"治"、"訧"押韻,"絲"、"訧"都是之部平聲字;《楚辭·九章·惜往日》開頭部分,"時"、"疑"、"娭"、"治"、"之"等押韻,"時"、"疑"、"娭"、"之"也都是之部平聲字。直到兩漢韻文,還能看到不少"治"與平聲字相押的例子。① "治"字本有平聲一讀【編按:"治"字在《廣韻》裏有平聲的反切。關於"治"爲動詞讀平聲、表示"既事實"讀去聲,參看周法高《中國古代語法·構詞編》,85頁,中研院史語所,1962年】。《管子·心術下》"形不正者,德不來;中不精者,心不治","來"、"治"爲韻,與這裏"治"、"來"、"時"爲韻同例。所以,按照《儒家說叢》、《說苑》的行文,這三句就是押之部平聲韻,完全合乎"四聲分用"的押韻規則。"理"是之部上聲字,與"時"、"來"聲調不合,以至於江有誥在他的《先秦韻讀》裏,要把《家語》的"治理"改成"理治"以協韻。這當然是缺乏根據的。但由此也反映出,作"治理"的本子,當是對先秦古書押韻情況已較陌生者所改。②

《說苑》的"千乘之君,萬乘之主",《家語》僅有"千乘之君",注《說苑》者或疑"萬乘之主""四字似衍"。③ 但《儒家說叢》亦作"萬乘之君,千乘之主",可知《說苑》的"萬乘之主"並非衍文;反倒是《家語》無此四字,似有可能因"孔子所見固無'萬乘之主'"④而刪去的。

《說苑》"未嘗有如主君問丘之術也"文不成義,俞樾早已校"術"爲"悉"字之誤。⑤ 這是很正確的。"悉"訛作"術",大概是在《說苑》流傳過程中形成的。《家語》作"而未有若主君之問,問之悉也",表義雖明,但行文較爲繁瑣。《儒家說叢》此句爲"未有君之問丘之悉也",與《說苑》頗近。

《說苑》、《儒家說叢》"兩君相親,則長有國",《家語》作"鄰國相親"。按"兩君"當指本國國君與鄰國國君;與鄰國相親,本國自然長安無事。"鄰國相親"似指鄰國之間彼此相親,但這跟本國國君能否"長有國"有什

---

① 羅常培、周祖謨《漢魏晉南北朝韻部演變研究》,126～127頁,科學出版社,1958年。

② 《家語》中還有其他因增改文字而導致不合先秦韻例的情況,參看拙著《〈孔子家語〉成書考》,118～119頁。

③ 向宗魯《說苑校證》,153頁。

④ 同上注。

⑤ 同上注。

麼關係呢？所以從文義看，"鄰國"顯然不如"兩君"合適（另參下文）。

《儒家說叢》"益士食"，雖與《說苑》"益士禄賞"、《家語》"士益之禄"用語都有出入，但其句式却跟《說苑》"益士禄賞"一致。

以上所舉，皆《儒家說叢》與《說苑》相合或相近之例。《儒家說叢》的個別行文，也有更接近《家語》的。這主要是指"欲使人渴（竭）力，欲使民毋（無）惑"近於《家語》"吾欲使民無惑，吾欲使士竭力"，而與《說苑》"吾欲使民安不惑，吾欲使士竭其力"較遠。

《儒家說叢》"欲使列都得"，《說苑》作"吾欲列都之得"。《家語》此句的情況比較複雜。上引"而列都得之"承"吾欲使長有國"，當理解爲"吾欲使列都得之"。但"長有國"前有"使"字，顯然是不通的，《儒家說叢》、《說苑》皆無，可證。而且"列都得之"的韻脚字"之"，與此段其他韻脚字"國"、"惑"、"力"有之、職部之别，破壞了韻文"四聲分用"的局面。

俄羅斯科學院東方研究所聖彼得堡分所所藏編號爲 ДХ.10464 的敦煌寫卷，抄有《家語》此章的一部分，此句作"吾欲使列都得"，與今本有異。按寫卷之文較今本爲優。《說苑》、《儒家說叢》"吾欲列都之得（或'欲使列都得'）"與"吾欲長有國"、"吾欲使民安不惑"、"吾欲使士竭其力"等並列，作爲梁君的七大願望。下文孔子一一回答梁君之"欲"，説"兩君相親，則長有國"、"君惠臣忠，則列都得（或'則列都之得'）"，也能證明這一點。今本《家語》"列都得之"之前並無"吾欲"或"吾欲使"，却有一"而"字，從語氣上看，是以"吾欲使長有國而列都得之"連作一句讀。可是下文孔子回答宋君之"欲"時，仍與《說苑》、《儒家說叢》一樣，以"鄰國相親，則長有國"與"君惠臣忠，則列都得之"並提，作爲宋君的兩個願望。這就前後失照而自相矛盾了。ДХ.10464 所抄"吾欲使列都得"，顯然不能跟上一句"吾欲使長有國"連讀。今本此句與下文前後矛盾的問題，就得到了解決。今本的"而"字，大概是比較晚的時候被傳刻此書的人妄改的。

據 ДХ.10464 之本，"吾欲使列都得"的韻脚字爲"得"而非"之"，自可與"國"、"惑"、"力"相押。新出《儒家說叢》此句與 ДХ.10464 全同，更可以肯定這一點。王肅注："國之列都皆得其道。"今本"得"下的代詞"之"，疑爲後人據王注"得其道"而加。今本《家語》下文"君惠臣忠，則列都得之"的"之",大概也是後人爲與上文一律而添加的。

在文義理解方面,我們曾認爲《説苑》"吾欲列都之得"猶"吾欲得列都","説的是對外擴張之事";《家語》此句無論作"吾欲使……而列都得之"還是"吾欲使列都得",都只能理解爲"國之列都皆得其道"一類意思,但這不合一般行文之例,應是襲用《説苑》而誤改所致。① 現在《儒家説叢》也作"欲使列都得",此文係誤改《説苑》的説法,恐怕就難於成立了。

我們過去把"吾欲列都之得"當作"對外擴張之事",也有問題。下文説"君惠臣忠,則列都得(或'列都之得')",但"君惠臣忠"與"對外擴張"並無直接聯繫。"君惠臣忠"的榜樣,能使國之列都"得道"、順服,這樣解釋似較自然。② 由於要把此段寫成韻文,所以不得已省略"得"後的賓語"道"或"之",以求押韻,也是可以理解的。從句法上説,"吾欲列都之得"不一定非看作"吾欲得列都"的倒裝不可,"列都之得"完全有可能是"主+之+謂"結構,其義與"列都得"無別。

《儒家説叢》"長有國"句不用"使","列都得"以下數句皆用"使",略嫌參差。《説苑》從第三句才用"使","長有國"、"列都之得"兩句都不用,句式較爲整飭。據此推測,《説苑》把"吾欲使列都得"或"吾欲使列都之得"説成"吾欲列都之得",可能就是爲了與首句不用"使"一致;雖然在此句中,省略"使"對文義並無太大影響。由於 ДХ.10464 抄本"吾欲使長有國"句只存"國"字,《家語》此句原來是否用"使",不易斷定。不過,從今本作"吾欲使長有國,而列都得之"看,首句原有"使"字的可能性還是存在的。此二句如作"吾欲使長有國,吾欲使列都得",這段話就都用了"使",句式亦頗整齊,這很符合《家語》全書的文風。前面説過,"兩君相親",《家語》作"鄰國相親"。由於前面"長有國"句增入了"使"字,"欲使長有國"容易被解讀爲"欲使鄰國之君長有國",《家語》的編寫者有可能因此改"兩

---

① 拙著《〈孔子家語〉成書考》,13、199 頁。
② 定縣八角廊漢墓所出《文子》簡文有"有德而上下親矣,上下親則君□鬼,鬼則服矣"(簡 2293、0712),蔡偉先生指出"鬼"當讀爲"惠",即"君惠"之謂[《誤字、衍文與用字習慣——出土簡帛古書與傳世古書校勘的幾個專題研究》,146 頁,復旦大學博士學位論文(指導教師:陳劍教授),2015 年]。簡文大概是説有德之君仁惠,則國内外順服。可作爲理解"君惠臣忠,則列都得道"的參考。

君"爲"鄰國",以與上文相應。

總之,僅就"吾欲使列都得"一句而言,當然也是《家語》與《儒家説叢》相近。但結合"長有國"句考慮,則《説苑》、《家語》之文似都經過不同程度的改寫。

從上面的分析可以看出,雖然《家語》也有少數比《説苑》接近《儒家説叢》的地方,但總的來説,還是《説苑》與《儒家説叢》關係更爲密切。特別是"梁君"這一稱呼,爲其他文獻所未見,如果不是因爲《説苑》與《儒家説叢》此章有共同或極近的文獻來源,恐怕很難對此作出合理的解釋。值得注意的是,《家語》此章行文,多與《説苑》一致而與《儒家説叢》不同。例如:梁君(宋君)的問話中,第一人稱代詞《説苑》、《家語》用"吾",且每句都用;《儒家説叢》則用"我",且只用於首句,餘皆從略。《説苑》、《家語》都先説"欲使民無惑"再説"欲使士竭力",《儒家説叢》的句序則顛倒。《説苑》"然而盡可得也"句,爲《儒家説叢》所無;《家語》作"然主君所欲者,盡可得也",很像是據《説苑》一類本子增改的。如果説《家語》此章不是來自《説苑》或彼此非出一源,上述現象似乎也很難解釋。

三

下面介紹出土戰國秦漢文獻中,個別語句與《家語》相合的資料。

大體按出土文獻本身的時代爲序,河南信陽長臺關戰國楚墓所出有關周公與申徒狄問答的竹書1-01、1-02號簡,①湖北荊門郭店戰國楚墓所出竹書《窮達以時》1～2、11、12～13號簡,②同墓出土竹書《六德》17～20號簡、同篇30～31號簡,③同墓出土竹書《性自命出》58～59號簡④(又見於上海博物館藏戰國楚竹書《性情論》26～27號簡),同墓出土竹書《語

---

① 武漢大學簡帛研究中心、河南省文物考古研究所編著《楚地出土戰國簡册合集(二)》,136頁、圖版74頁,文物出版社,2013年。
② 荊門市博物館《郭店楚墓竹簡》,圖版27～28頁,釋文注釋145～146頁,文物出版社,1998年。
③ 同上注,圖版70、71頁,釋文注釋187～190頁。
④ 同上注,圖版65頁,釋文注釋181～184頁。

叢一》18 號簡，①上海博物館藏戰國楚竹書《孔子詩論》13、15、24 號簡，②同批竹書《子羔》8、7 號簡，③同批竹書《容成氏》19 號簡，④同批竹書《從政（乙）》3 號簡，⑤同批竹書《凡物流形》甲本 27 號簡，⑥湖南嶽麓書院藏秦簡《爲吏治官及黔首》67 號簡正第四欄，⑦湖南長沙馬王堆漢墓出土帛書《五行》40/209 行，⑧同墓所出帛書《稱》9 下/151 行下、14 上/156 行上⑨等出土文獻中，有文句與《家語》相似或相關者，但它們都不能整章整段跟《家語》對上。這些見於《家語》的語句，絕大多數也又見於其他傳世古書。

　　即使是這些個別語句彼此相合的材料，通過比較，也能看出《家語》之文的"後代性"。例如：長臺關楚墓所出有關周公與申徒狄問答的一種竹書，有"周公勃然作色曰：狄！夫賤人違上則刑戮至。剛"（簡 1－01）、"公曰：狄！夫賤人剛愊（志）而及於刑者"（簡 1－02）等語，對話主體爲周公、申徒狄，主要説賤人犯上作亂則遭受刑罰。《太平御覽》卷八〇二《珍寶部一》引《墨子》佚文，有"周公見申徒狄曰：'賤人強氣則罰至。'"，對話主體、所説内容並與長臺關竹書一致。《家語·好生》："孔子謂子路曰：'君子而強氣而不得其死，小人而強氣則刑戮薦臻。'"不但對話主體變爲孔子、子路，而且既説"小人"又説"君子"。竹書與《墨子》佚文説"賤人"如何，是爲了引出不可輕視地位低下之人、尚賢等議論，上下文聯繫十分緊密。在那樣的行文思路裏，不可能論及"君子強氣"的問題。《家語》的這兩句話，據

---

　　①　荆門市博物館《郭店楚墓竹簡》，圖版 78 頁，釋文注釋 194 頁。
　　②　馬承源主編《上海博物館藏戰國楚竹書（一）》，圖版 25、27、36 頁，釋文考釋 142、144、153～154 頁，上海古籍出版社，2001 年。
　　③　馬承源主編《上海博物館藏戰國楚竹書（二）》，圖版 41、40 頁，釋文考釋 191～192、190～191 頁，上海古籍出版社，2002 年。
　　④　同上注，圖版 111 頁，釋文考釋 264～265 頁。
　　⑤　同上注，圖版 81 頁，釋文考釋 235～236 頁。
　　⑥　馬承源主編《上海博物館藏戰國楚竹書（七）》，圖版 104 頁，釋文考釋 268～269 頁，上海古籍出版社，2008 年。
　　⑦　朱漢民、陳松長主編《嶽麓書院藏秦簡（壹）》，139 頁，上海辭書出版社，2010 年。
　　⑧　裘錫圭主編《長沙馬王堆漢墓簡帛集成》，第壹册 104 頁，第肆册 59、68～69 頁，中華書局，2014 年。
　　⑨　同上注，第壹册 139、138 頁，第肆册 180、184 頁。

前人研究本獨立成章,因而具備了從《墨子》佚文、長臺關竹書一類文本演變而來的可能性。頗疑《家語》編寫者是爲了符合儒家"君子"、"小人"對舉的用語習慣,才把"賤人"改成"小人"的。

由於只有隻言片語能彼此對讀,對於此種出土文獻與《家語》和其他傳世古書的關係,學者之間的認識不免存在一些分歧。下面舉一個例子試作討論。

上海博物館藏戰國楚竹書《孔子詩論》中,孔子有兩處談到《甘棠》,其文如下:①

《甘【棠】》,【思】及其人,敬愛其樹,其報厚矣。(簡13、15)

吾以《甘棠》得宗廟之敬。民性固然:甚貴其人,必敬其位;悦其人,必好其所爲;惡其人者亦然。(簡24)

《家語》的《好生》、《廟制》兩篇,皆有與此相似之文。前者云:

孔子曰:"吾於《甘棠》,見宗廟之敬甚矣。思其人,必愛其樹;尊其人,必敬其位,道也。"

後者云:

孔子曰:"……《詩》云:'蔽芾甘棠,勿翦勿伐,邵伯所憩。'周人之於邵公也,愛其人猶敬其所舍之樹,況祖宗其功德而可以不尊奉其廟焉?"

類似文句也見於《説苑·貴德》:

孔子曰:"吾於《甘棠》,見宗廟之敬也。甚尊其人,必敬其位,順安萬物,古聖之道幾哉!"

有學者注意到《孔子詩論》與《家語》的聯繫,試圖以此證明《家語》"是在《孔子詩論》之類原始本子的基礎上鈔撮編成"的。②

---

① 上引釋文吸收了學界的研究成果,爲節省篇幅,不詳注。
② 朱淵清《從孔子論〈甘棠〉看孔門〈詩〉傳》,《上博館藏戰國楚竹書研究》,129~131頁,上海書店出版社,2002年。

《説苑》"見宗廟之敬也。甚尊其人，必敬其位"，舊多據《家語》斷讀爲"見宗廟之敬也甚。尊其人，必敬其位"。① 但《孔子詩論》簡 24"民性固然：甚貴其人，必敬其位"中，"甚"字決不可屬上讀。由此可知《説苑》的"甚"亦當屬"尊其人"讀，"甚尊其人，必敬其位"與《詩論》"甚貴其人，必敬其位"密合。《家語》"見宗廟之敬甚矣"，因"甚"後有語氣詞"矣"，此"甚"字顯然無法屬下讀。但這個"甚矣"很可能就來源於《説苑》、《詩論》的"甚"。此外，《家語》在"尊其人，必敬其位"前，較《説苑》、《詩論》多出"思其人，必愛其樹"一句。頗疑《家語》編寫者把"甚"字誤屬"見宗廟之敬"句讀，並改爲"甚矣"，然後添進"思其人，必愛其樹"一句，使之與"尊其人，必敬其位"對仗。也有可能是加入"思其人，必愛其樹"一句之後，爲了行文儷偶，才把"甚"字連在"見宗廟之敬"後讀作"甚矣"的。②《家語》此段最末的"道也"，也透露出與《説苑》"古聖之道幾哉"的聯繫。

上引《家語·廟制》"愛其人，猶敬其所舍之樹"，與這裏所説《好生》多出來的"思其人，必愛其樹"類似。《説苑》没有這句話，但《詩論》15 號簡却有雷同的"【思】及其人，敬愛其樹"。有學者認爲《家語》"能引到劉向未引據的《詩論》文句"，"可視爲其來源較早的證據"。③ 這其實是一種誤解。

像《詩論》那樣評價《甘棠》的話，在其他傳世古書中也能找到。《左傳·定公九年》引《甘棠》"蔽芾甘棠，勿翦勿伐，召伯所茇"，已有"思其人，猶愛其樹，況用其道而不恤其人乎"之論。《漢書·韋賢列傳》記劉歆議孝武廟不毁時，不但引了《甘棠》的這幾句詩，而且説："思其人猶愛其樹，況宗其道而毁其廟乎？"上引《家語·廟制》孔子曰"愛其人猶敬其所舍之樹，況祖宗其功德而可以不尊奉其廟焉"，簡直就是劉歆此語的翻版。看起

---

① 向宗魯《説苑校證》，95 頁。
② 《詩論》簡 24 在"甚貴其人，必敬其位"後，有"悦其人，必好其所爲"，似乎也形成對仗。但其後尚有"惡其人者亦然"，此段實是從貴其人、悦其人、惡其人三個角度展開論述的。這跟《家語》"思其人，必愛其樹；尊其人，必敬其位"純粹追求儷偶不同。
③ 李學勤《〈家語〉與上博簡〈詩論〉》，《齊魯學刊》2015 年第 1 期，44～45 頁。

來,劉歆的話很像是從《左傳》化出的,前者因以毀廟爲議題,故變"不恤其人"爲"毀其廟"。《家語》的"思其人,必愛其樹"、"愛其人猶敬其所舍之樹",爲什麼不能是襲自《左傳》甚或《漢書》的呢?

應該指出,上引《説苑·貴德》,是以"聖人之於天下百姓也,其猶赤子乎"開頭的一章中的一段話,此章似是一篇首尾完具的文章。所以前人有《家語·好生》此章襲取《説苑·貴德》一部分的懷疑。但上博簡《孔子詩論》24號簡就是獨立的關於《甘棠》的評論,與上引《家語·好生》爲單獨一章的篇幅相當。因此,《家語》此章是不是截自《説苑》或同類文章,需要重新考慮。從篇章形態來説,倒是《家語·好生》"孔子曰吾於甘棠"章保持了較爲原始的面貌;《説苑·貴德》可能是把若干短章合併爲一,已經過後人較大的改動。不過,《家語》此章確是從《説苑》那類文章裏割裂出來的,只是割裂之後的規模湊巧與《孔子詩論》相合的可能性,似亦無法徹底排除。

四

上二節介紹的出土戰國秦漢文獻中與《家語》相同或類似的資料,雖不能爲《家語》的成書時代定出明確的下限,但通過仔細比讀可以看到,多數情況下,《家語》那些篇章、段落或語句的形成,似較出土文獻和傳世古書中的相關內容爲遲;在與《家語》相似的多種古書中,往往有一種與《家語》最爲接近,並且表現出《家語》因襲這種古書的迹象。一般來説,出土戰國秦漢文獻中的篇章、段落或語句,總是跟與《家語》有關的其他傳世古書——如《説苑》、《禮記》等——顯示出更爲密切的聯繫。

但是,偶爾也有《家語》的文句或篇章形態較其他傳世古書更近於出土文獻的例子。即使不考慮僅個別語句似與《家語》有關而整體內容彼此無涉的情況,上面討論過的《家語·賢君》"吾欲使列都得,吾欲使民無惑,吾欲使士竭力"與北大簡《儒家説叢》相合,《説苑·政理》則個別字詞稍有增易;《家語·好生》"孔子曰吾於甘棠"章的面貌,與上博簡《孔子詩論》所載孔子對《甘棠》詩的評論相合,《説苑·貴德》則被融入"聖人之於天下百姓"章之中，這些例子儘管所占比重不大，也不容回避。在只與幾種或一種傳世古書有關的《家語》篇章中，也有少量比其他古書更爲近古或彼此重合程度不高的例子。此外，《家語》尚有約 14 章暫未在其他出土或傳世文獻中檢到相合的内容。

上述現象應如何看待，是關乎對整部《家語》性質的認識的重要問題，有必要作一些推測。限於材料，這個問題很不好討論。不過，出土文獻的有關情況可以給我們一些重要啟示。

熟悉我國古代文獻流傳的歷史的人都知道，爲數不少的先秦典籍到魏晉以後逐漸散佚，有些已佚之書，甚至在史志書目中也從未見著錄，但漢魏時人却是有條件看到的。如裘錫圭先生據銀雀山漢墓所出竹書《奇正》校正《孫子·虛實》曹操注的一處脱文，指出"看來曹操也是讀過《奇正》篇的"。① 郭永秉先生讀上博竹書《容成氏》簡 45 講紂荒淫無道的"尃亦以爲槿"爲"博弈以爲欣（或'熙/嬉'）"，指出何法盛《晉中興書》（《太平御覽》卷七百五十三引）、三國吳太子孫和所引"常言"（《太平御覽》卷七百五十三引、《三國志·吳主五子傳》）等文獻中，有商紂造博、"何必博弈可以爲欣"的説法，與《容成氏》所説相合，可見漢晉時"地位較高的人還能夠讀到不少現在已經亡佚的古書"。② 如果不是《奇正》、《容成氏》的出土，我們無從得知曹操、何法盛、孫和等人讀到過這些後已亡佚的先秦古書。因此，在《家語》比其他古書更近於出土文獻、與其他古書相合程度不高或不見於現存其他古書的篇章、文句裏，有一些可能也是編寫者承襲他書而來的；只不過這些被襲用的古書，久已亡佚，後代沒有傳下來而已（被襲用的古佚書中，有些應與八角廊漢簡《儒家者言》、北大漢簡《儒家説叢》等出土文獻同源。其中可能還有"古本《家語》"的某些片斷，詳下文）。僞古文《尚書》中偶爾有不見於現存其

---

① 裘錫圭《考古發現的秦漢文字資料對於校讀古籍的重要性》，《裘錫圭學術文集·語言文字與古文獻卷》，360 頁。

② 郭永秉《上博簡〈容成氏〉所記桀紂故事考釋兩篇》，同作者《古文字與古文獻論集》，168 頁。

他古書，却與出土青銅器銘文相合的語句，①情況與此類似。後代同類性質的書也能提供參照。《唐語林》是北宋王讜綜采五十種唐人傳記、雜史、小說而編成的一部書，此書經重新整理的 1102 條原文，"其中可以找到出處的，或有可能出於某書的條文，共 912 條，占全書的 82.8%；一時找不到出處的條文，共 190 條，占全書的 17.2%"。② 那些找不到出處的條文所引據的原書，當已失傳，《唐語林》就成了"天壤之間僅存的許多重要史料"③的保留者了。這跟今傳《家語》的有關情況，也頗爲相類。

據我們考察，在《家語》不見於其他古書的 14 章中，大約有 8 章內容在現存古書裏完全找不到綫索；有 6 章內容則與現存古書的某些文句似有關聯。對於後者，前人已有《家語》編者根據古書相關文句而"影撰"的推論（那些與其他古書相合程度不高的篇章，似亦有"影撰"之嫌）。其實，前者也未嘗沒有出於編者杜撰的可能性。

考古發現的戰國西漢時代抄寫的古書中，已有相當數量的記載孔子及其門弟子言行的儒家文獻。出土這類儒籍比較集中的，主要有郭店楚墓竹簡、上海博物館藏戰國楚竹書和河北定縣八角廊 40 號漢墓所出竹簡三批材料（聽說安徽大學新入藏的一批戰國竹簡中，也有孔子與其門弟子問答的內容）。郭店簡中有《緇衣》、《性自命出》（以上兩篇又見於上博簡）、《魯穆公問子思》、《窮達以時》、《五行》（此篇又見於馬王堆漢墓帛書）、《唐虞之道》、《忠信之道》、《成之聞之》、《尊德義》、《六德》等儒家文獻，以及可能是從儒家典籍中摘抄出來的《語叢一～三》等。上博簡中記載孔門言行的儒家文獻，已發表的有《孔子詩論》、《性情論》、《緇衣》、《子羔》、《魯邦大旱》、《從政》、《民之父母》、《仲弓》、《君子爲禮》、《弟子問》、《季庚子問於孔子》、《孔子見季桓子》、《武王踐阼》、《子道餓》、《顏淵問於孔子》、《史留問於夫子》等。據李零先生介紹，在尚未發表的儒籍中，也許

---

① 如裘錫圭先生在《說金文"引"字的虛詞用法》中，所舉逆鐘銘文"毋有不聞智（知）"的"聞知"只見於僞古文《尚書·胤征》的"罔聞知"，便是一例。見《裘錫圭學術文集·金文及其他古文字卷》，48 頁。
② 周勛初《唐語林校證·前言》，上冊 20～21 頁，中華書局，2008 年。
③ 同上注，21 頁。

屬於記載孔門言行的，有與子路有關的一種（即所謂《子路初見》），抄在《君子爲禮》、《弟子問》簡背的《齊師子家見曾子》，另有與季桓子有關的一種、與曾子有關的一種、自題爲"殷言"的一種（引者按：此種不一定載孔門言行，姑附於此）等。① 八角廊漢簡有《論語》、《儒家者言》、《哀公問五義》等。② 新近公布的北京大學藏西漢竹書中的《儒家説叢》，也可歸入此類。這幾批戰國西漢時代竹簡中的儒籍數量較大，其内容既有見於傳世古書的，也有不見於傳世古書的，可稱是"儒家文獻庫"。

　　郭店楚簡、上博楚簡、八角廊漢簡以及北大漢簡中見於傳世古書的儒籍，跟《家語》相合的篇章，無一例外地也跟其他傳世古書（如《説苑》、《禮記》、《大戴禮記》等）相合，已見上述。不見於傳世古書的篇章，無一例外地跟《家語》不見於其他古書的 14 章一章也對不上。阜陽漢墓所出一號木牘章題有不少見於《家語》、同時也見於其他古書的内容，但那些不見於傳世古書的章題，以及二號木牘章題、"説"類殘簡中不見於傳世古書的内容，也無一例外地跟《家語》不見於其他古書的 14 章都對不上。總之，《家語》在傳世古書中找不到整章整段襲用綫索的 14 章，在出土儒家佚籍中同樣找不到明確的踪跡。這一現象雖然算不上積極的證據，却不得不讓人産生這樣的懷疑：除了部分篇章主要襲用久已亡佚的古書之外（這部分篇章裏當然也有編者的加工），這 14 章中的多數内容會不會真的是《家語》編者編造出來的呢？

五

　　上一節列舉的那些集中出土的儒家文獻，如八角廊漢簡《儒家者言》、阜陽一號木牘章題等，與《家語》的關係究竟如何，亦頗爲討論《家語》成書

---

　　① 李零《簡帛古書與學術源流》，300～301 頁，生活・讀書・新知三聯書店，2004 年；李零《喪家狗——我讀〈論語〉》，46～47 頁，山西人民出版社，2007 年；參看梁静《簡帛文獻與早期儒家研究》，《簡帛》第 5 輯，345 頁，上海古籍出版社，2010 年。

　　② 參看李零《簡帛古書與學術源流》，301 頁；梁静《簡帛文獻與早期儒家研究》，《簡帛》第 5 輯，350 頁。

者所關注。這需要從前人注意區分不同時代的《家語》本子講起。

前引馬昭説他所見《家語》"爲王肅所增加",顔師古注《漢志》著録的《家語》"非今所有"。他們實際上都認爲《漢志》著録的或鄭玄所見到的《家語》,跟當時流行的孔猛、王肅所傳《家語》,彼此在內容上已有出入。宋代以至晚近的討論《家語》真僞者,多將其分爲"古本《家語》"與"今本《家語》",以《漢志》著録本爲古本、王肅所傳本爲今本。① 這種思路正是由馬、顔等説引其緒的。

對於馬昭和顔師古的話,近來頗有致疑者。與顔師古同時代的司馬貞,在其所作《史記索隱》中有好幾處引到《家語》,前人以爲有些《家語》引文不見於今本。據寧鎮疆《〈孔子家語〉佚文獻疑及辨正》研究,司馬貞《索隱》所引的所謂《家語》"佚文",絕大多數並未亡佚,個別條乃前人理解有誤,似非《家語》原文。② 唐人確已不大可能讀到非王肅傳本的《家語》。但魏晋時代的學者是不是也没有條件看到古本《家語》,就很難説了。馬氏"《家語》,王肅所增加,非鄭所見"的考語,即使主要是從《家語》所載禮制與《春秋》經傳等儒籍不同的角度來與王肅"争勝",③亦當有所據。《隋書·經籍志》"論語類"載"梁有《當家語》二卷,魏博士張融撰,亡"。張融是王肅、馬昭同時代人,屢與王肅論辯。④ 此當爲張融專駁《家語》及王肅學説之作。⑤ 看來,當時人責難王肅傳出的《家語》,並非個別現象。

《家語》一書雖"力求做得天衣無縫",⑥但上幾節比較出土戰國秦漢文獻與《家語》時已經指出,在詞句、篇章分合等方面,此書仍不時表現出成書較晚的傾向,有些文句甚至像是漢以後人的手筆;在跟傳世古書的對比中,也有只與漢以後文獻相合之例。⑦ 如果説這樣的《家語》就是《漢

---

① 參看拙著《〈孔子家語〉成書考》,17～20頁。
② 《中國典籍與文化》2006年第4期,14～19頁。
③ 參看林保全《宋以前〈孔子家語〉流傳考述》,下册204～205頁。
④ 拙著《〈孔子家語〉成書考》186頁誤以爲南朝齊人,附正於此。
⑤ 林保全《宋以前〈孔子家語〉流傳考述》,下册202,203頁。
⑥ 張永言《從詞彙史看〈列子〉的撰寫時代》,同作者《語文學論集(增補本)》,347頁,復旦大學出版社,2015年。
⑦ 參看拙著《〈孔子家語〉成書考》,402～403頁。

志》著録之本，無疑是十分奇怪的。

　　更爲重要的是，在早於唐代的人所引的《家語》之文中，確有不見於今傳《家語》者；有些材料還表明，漢魏時人似未見過今傳《家語》的有關内容。

　　《春秋左傳正義》卷一《春秋序》孔穎達疏引沈氏云：“《嚴氏春秋》引《觀周》篇云：'孔子將修《春秋》，與左丘明乘如周，觀書於周史，歸而修《春秋》之經，丘明爲之傳，共爲表裏。'"與今本《家語·觀周》所載不同。前人已指出"此乃真《家語》文"或"古《家語》之文"。① 從南朝沈文阿（即孔疏所謂"沈氏"）據《嚴氏春秋》轉引《觀周》，可知當時所見本《家語》的《觀周》篇似已無此文。② 這是古本《家語》與今本《家語》内容有别的一個例證。

　　《家語·曲禮子夏問》"子游問曰諸侯之世子"章，其内容又見於《禮記·曾子問》"子游問曰喪慈母如母……自魯昭公始也"一段。《家語》以"喪慈母如母"者爲魯孝公，《禮記》則以爲魯昭公。《淮南子·氾論》云"魯昭公有慈母而愛之，死爲之練冠，故有慈母之服"，與《禮記》説同。鄭玄注《禮記·曾子問》，不同意爲魯昭公之説：“昭公年三十乃喪齊歸，猶無戚容，是不少，又安能不忍於慈母？此非昭公明矣。未知何公也。"鄭氏雖然反對"喪慈母自魯昭公始也"，但完全没有提到《家語》有魯孝公的異説。孔穎達《禮記正義》解釋爲"鄭不見《家語》故也。或《家語》王肅所足，故鄭不見也"。

　　《家語·七十二弟子解》有"琴牢"章，但不見於《史記·仲尼弟子列傳》。琴牢是現存古書中唯一一個名"牢"的孔子弟子（《漢書·古今人表》有"琴牢"）。《論語·子罕》："牢曰：'子云：吾不試，故藝。'"此"牢"應該就是《家語》的琴牢。劉汝霖認爲，"何晏注《論語》，常采王肅之説。而《牢曰》一節，則引鄭曰'牢，弟子子牢也'。可知晏未見及《孔子家語》，則《家

---

① 參看梁啓超演講、周傳儒等筆記《古書真僞常識》，66 頁，中華書局，2016 年；錢穆《先秦諸子繫年》，7 頁，商務印書館，2002 年；寧鎮疆《〈孔子家語〉佚文獻疑及辨正》，《中國典籍與文化》2006 年第 4 期，15 頁。

② 上注所引梁啓超書、寧鎮疆文有説。

語》之出,當在其死後矣"。① 今本《家語》未必一定成於何晏死後;也可能當時雖已編定,但流傳不廣,故何晏注《論語》時沒能讀到。

總之,從上面所說的情況看,魏晋之前確有可能存在過一部内容與今本有差異的《家語》;在研究《家語》成書問題時,劃分"古本"與"今本"的做法還是有道理的,馬昭、顔師古等人的話不宜隨便否定。

過去講古書辨僞的人,多數認爲《家語》乃王肅割裂、雜湊諸書而成,並"竄入自己在經義上之主張,假借孔子之言以攻鄭玄之學";② 也有個别學者認爲出自王肅之徒孔猛之手。在他們心目中,今本《家語》與《漢志》所著録的古本《家語》當然不是同一個東西,因而斥今本爲僞。爲清人孫志祖《家語疏證》作跋的錢馥,認爲王肅作注時,《漢志》著録的二十七卷本"具在","惟增多十七篇,而二十七卷即在其篇中,故此傳而古本逸耳"。日本學者武内義雄也同意王肅"是見古《家語》者","今之《家語》,非全部僞撰,似尚存有古《家語》之文於其中焉"。他認爲今本《家語》與《荀子》、《禮記》諸篇互見者即王肅所增添,"今之《家語》删去《荀子》及説禮之文,其餘之材料大體爲古《家語》文,當是改篇次,加私定者"。③ 顧頡剛先生寫於1957年的讀書筆記《朝陽類聚》中,有"《家語》只是視舊本有增加,非舍舊别作"和"《家語》原本當爲西漢儒者所輯,王肅《家語》則爲第二度輯本"二條。此時他贊同錢馥《讀〈孔子家語〉》的意見,也認爲《漢志》所著録的《家語》二十七卷可能包括在今本《家語》之中,王肅只是增加了一些内容而已。④ 上引兩派意見似都有可取之處。

我們認爲,古本《家語》大概早已散佚,今本《家語》乃魏晋時人(王肅之徒、孔子二十二世孫孔猛的嫌疑較大,但王肅可能也曾參與其事)雜采古書(所采古書中,既有《説苑》、《禮記》、《大戴禮記》、《新序》、《史記》、《左

---

① 劉汝霖《漢晋學術編年》,531頁,華東師範大學出版社,2010年。
② 顧頡剛《孔子研究講義》"按語",《顧頡剛古史論文集》卷四,《顧頡剛全集》第4册42頁。
③ [日]武内義雄《讀家語雜識》,江俠庵編譯《先秦經籍考》,中册195頁,商務印書館,1933年。
④ 《顧頡剛讀書筆記》卷十,《顧頡剛全集》第25册,4～5頁。按顧氏對《家語》的見解前後多有轉變,可參看拙著《〈孔子家語〉成書考》,18～19頁。

傳》等傳世文獻，也有今不可見的古佚書）、參以己意，冒《漢志》著錄的"《孔子家語》"之名編纂而成的。① 其間關係，跟古文《尚書》與僞古文《尚書》相似。上面提過北宋王讜雜采諸書所編的《唐語林》，王氏在引録那些原書時，對有關條文也常按己意加以删改增損，且有因學識所限或讀書不細而誤改原文的，例如：誤改一人之名爲二人；沿襲所據書之誤，進一步把兩個不同的歷史人物誤混爲一；因删削組合原書不同條的内容而將不同人的事前後顛倒錯置等等。不但如此，王氏也有拼湊、改寫他書不同内容爲一的做法，如其書卷六有"綜合《國史補》卷上《馬燧雪懷光》、《和解二勳臣》、《李馬不舉樂》三條文字而成的一大條文字"，由於"王讜不顧文義，生拼硬湊"，"任意改動文字"，以致"出現了不少錯誤"。② 這些手法，宋人編書可用，魏晉時人造作古書自無不可用之理。所不同者，只在於這樣編出來的東西是否冒古書之名罷了。當然，今本《家語》中可能還保留了一部分古本《家語》的内容：今本中那些比其他古書更接近出土文獻、與其他古書同出一源而似無因襲關係、不見於其他古書或與其他古書重合程度不高的篇章、文句，有些説不定就來自當時已不完整的古本《家語》，或者撰作時曾參考過古本《家語》的某些殘章斷簡。顧頡剛先生在《孔子研究講義》的按語中説："人但知《家語》爲僞書，不足取信，不知《家語》之僞惟在著作人託名，而不在其材料之無價值。"③他對此種性質的今本《家語》的評價，是公允的。

現在可以回到出土儒籍與《家語》關係的問題上來了。李學勤先生認爲八角廊漢簡《儒家者言》和阜陽一號木牘章題"應該都是《家語》的原

---

① 晋孔衍輯采《戰國策》、《史記》、《吕氏春秋》、《新序》、《論衡》、《禮記》、《楚辭》、《説苑》、《韓非子》以及其他今已失傳之書，間或在全抄《戰國策》、《史記》時摻入他書内容、調換個別詞語，編成《春秋後語》一書（參看許建平《〈春秋後語釋文〉校讀記》，同作者《敦煌文獻叢考》，235～242頁，中華書局，2005年）。這一工作，與魏晋時人（孔猛或王肅）編纂今本《家語》尤爲近似。
② 周勛初《唐語林校證・前言》，上册 4～12、14～15、22～25 頁。
③ 顧頡剛《孔子研究講義》"按語"，《顧頡剛古史論文集》卷四，《顧頡剛全集》第 4 册 46 頁。

型",①"這個情形,和湖南長沙馬王堆帛書中的《戰國縱橫家書》是今本《戰國策》的一種原型一樣。既然不少學者主張把《戰國縱橫家書》稱爲帛書本或别本《戰國策》,《儒家者言》也可稱爲竹簡本《家語》"。②《儒家者言》的篇幅没有《漢志》所録《家語》二十七卷那麽多,李先生推測前者"大概只是一種摘抄本"。③ 此説影響很大。

上文已舉例説明,今本《家語》在跟《儒家者言》、一號木牘章題等出土儒家文獻以及其他傳世古書的比較中,往往顯現其行文用語、篇章分合等方面的"後代性"。有學者據此認爲,"《儒家者言》最能證明的其實是《説苑》的價值,而非今本《家語》"。④ 所以,把《儒家者言》、一號木牘章題等出土儒籍直接看作"竹簡本《家語》"或《家語》"摘抄本",是很不謹嚴的。⑤只有"《家語》的原型"的提法稍好一些。

在把《家語》分爲"古本"與"今本"之後,我們要討論的問題,其實可以明確爲出土儒籍與古本《家語》(即《漢志》著録之本)之間的關係。日本學者福田哲之認爲,《儒家者言》、一號木牘章題的内容來自"古本《家語》","可視爲今本《孔子家語》之素材的更原始本文,以整合、不零散的狀態保存於《説苑》中",而古本《家語》已佚。⑥ 他把出土儒籍跟古本《家語》聯繫起來,值得肯定;但對它們的具體關係所下的判斷,似可商榷。

八角廊漢簡《儒家者言》、阜陽一號木牘章題以及北大漢簡《儒家説叢》等出土儒籍,確實以記載孔子及其門弟子的言行爲主。但其中也不乏

---

① 李學勤《竹簡〈家語〉與漢魏孔氏家學》、《八角廊漢簡儒書小議》,同作者《簡帛佚籍與學術史》,380、393~394頁,江西教育出版社,2001年。
② 李學勤《竹簡〈家語〉與漢魏孔氏家學》,同作者《簡帛佚籍與學術史》,380頁。
③ 李學勤《八角廊漢簡儒書小議》,《簡帛佚籍與學術史》,393頁。
④ 寧鎮疆《八角廊漢簡〈儒家者言〉與〈孔子家語〉相關章次疏證》,《古籍整理研究學刊》2004年第5期,5頁。
⑤ 李學勤先生由於"《漢志》"中專以孔子及其弟子事迹爲主的書,只有《論語》類那幾種",認爲八角廊漢墓中與《論語》同出的《儒家者言》"就只能歸於《家語》了"(《竹簡〈家語〉與漢魏孔氏家學》,同作者《簡帛佚籍與學術史》,381頁)。現在知道的出土戰國秦漢文獻,多數都不見收於《漢志》。拿同一墓葬出土的文獻跟《漢志》所載作簡單比附,不足取。
⑥ [日]福田哲之《中國出土古文獻與戰國文字之研究》(佐藤將之、王綉雯合譯),112~115頁。

與孔子完全無關的内容。如《儒家者言》第五章記齊桓公就北伐山戎過燕事與管仲問答；第十七章爲商湯網開一面的故事；第十八章記周文王掘池得死人骨之事；第十九章記崔杼弑齊莊公而立景公，與晏子盟之事；第二十章記載白公勝將弑楚惠王，與屈盧的一段對話；第二十一章爲晏子使魯事。又如阜陽一號木牘章題中，有"陽子曰事可之貧"、"白公勝弑其君"、"晏子聘於魯"等條，後二題即上舉《儒家者言》第二十、二十一章的内容。此外，這兩批材料中還有一些雖寫到了孔門弟子或其他儒者，但不見孔子登場之章，不備舉。北大漢簡《儒家説叢》現存三章以及一枚不知何屬的殘簡。除了上面討論過的第二章和第三章"曾子有三言"外，第一章明顯爲齊桓公與管仲的問答，其事又見於《晏子春秋·内篇雜上》"景公賢魯昭公去國而自悔晏子謂無及已"章、《説苑·敬慎》"魯哀侯棄國而走齊"章，對話主體與簡文有別，①但没有問題都不涉及孔子和他的門弟子。

上述三種出土文獻，雖可歸爲儒家類，其内容則不以孔子爲限，顯然已超出《家語》的收録範圍。因此，與其説《儒家者言》、一號木牘章題、《儒家説叢》是"竹簡本《家語》"、《家語》的"摘抄本"或來自"古本《家語》"，還不如認爲它們可能是編輯古本《家語》所憑藉的某一類資料（或同出一源的素材），即把上引李學勤先生"《家語》的原型"的説法改爲"古本《家語》的原型（指其中與孔子及其門弟子有關的内容）"，較爲穩妥。古本《家語》中如果也有像今本《家語》那樣，跟《説苑》等書和《儒家者言》等出土文獻相合的篇章、段落或文句，應該會比今本更符合相關出土文獻的面貌。

2016年2月26日

補記：

本文原爲《出土文獻與古典學重建論集》而作，2016年2月底即交稿。但論集因故迄今尚未出版。2016年7月28～29日，在香港浸會大學饒宗頤國學院召開的"出土文獻與物質文化——第五届出土文獻青年學者論壇"上，香港大學中文學院的歐亦修先生發表《北大西漢竹書〈儒家

---

① 參看北京大學出土文獻研究所編《北京大學藏西漢竹書[叁]》，下册211頁。

説叢〉"欲使死(列)都得"疑義析論》,對北大簡《儒家説叢》此章與《孔子家語》、《説苑》的有關異文也作了較詳分析(見會議論文集 261～274 頁)。其説與拙見既有相同之處,也有不同,因本文早已寫定,無法引用、回應,請讀者比較參看。

這裏還要補充討論一個問題。《家語·顔回》有如下一章:

> 顔回謂子路曰:"力猛於德而得其死者,鮮矣。盍慎諸焉?"孔子謂顔回曰:"人莫不知此道之美,而莫之御也,莫之爲也,何居?爲聞者盍日思也夫?"

清人范家相《家語證僞》、孫志祖《家語疏證》認爲,"顔回謂子路"之語蓋本於《論語·衛靈公》"子曰:'由!知德者鮮矣。'"、同書《先進》"若由也,不得其死然";"孔子謂顔回"之語則"未知所本"(《續修四庫全書》931 册,127、217 頁)。我們曾因《論語》那兩句話與《家語》所説非一事,認爲"二者當無關係",故將此章置於"不見於其他古書的《家語》有關篇章"之列(《〈孔子家語〉成書考》,365 頁)。

不過,從内容看,"力猛於德而得其死者"云云,確如元人王廣謀所説,"回知由之好勇,故以此箴之"(《標題句解孔子家語》卷中,日本東京大學東洋文化研究所藏慶長四至十一年伏見圓光寺刻本)。明何孟春注已謂"夫子嘗曰'若由也,不得其死然',後卒蹈孔悝之難"(《四庫全書存目叢書·子部》第一册,35 頁,齊魯書社,1995 年)。所以,雖然《論語·先進》説的是閔子騫、子路、冉有、子貢等人侍側表現各異,孔子對子路有此酷評,但《家語》"顔回謂子路"之語,確有可能是由此演化而來的。

現在,"孔子謂顔回"之語也可以找到出處了。2012 年發表的《肩水金關漢簡(貳)》中,有一支下端殘去的竹簡,上寫"孔子知道之昜(原寫作'昜'形,下同)也,'昜=(昜昜)'云者三日。子曰:'此道之美也☐'"(73EJT22:6)。肖從禮、趙蘭香《金關漢簡"孔子知道之昜"爲〈齊論·知道〉佚文蠡測》指出,西漢時期流傳的《論語》中有《齊論》一家,較《古論》、《魯論》多出《問王》、《知道》二篇,但至遲到魏晉時代已亡佚,《知道》篇的内容如何,後不可考;肩水金關漢代遺址所出"孔子知道之昜"一簡,或即

《齊論·知道》的佚文(《簡帛研究二〇一三》,182~187頁,廣西師範大學出版社,2014年)。2016年公布的西漢海昏侯墓所出竹簡中,有很可能屬於《齊論》的《知道》篇的一支簡。此簡反面寫"智(知)道"二字,當爲篇名,正面簡文云:"孔子智(知)道之昜(原寫作'易'形,下同)也,'昜昜'云者三日。子曰:'此道之美也,莫之御也▯'"(江西省文物考古研究所等《南昌市西漢海昏侯墓》,《考古》2016年第7期;王楚寧《海昏侯墓出土〈論語·知道〉篇小考》,復旦大學出土文獻與古文字研究中心網,2016年8月29日。)其文句與金關漢簡所見者相合。

曹景年《新公布海昏侯墓出土〈論語·知道〉簡文釋讀》指出,海昏侯簡《齊論·知道》子曰"此道之美也,莫之御也"與《家語·顏回》孔子謂顏回"人莫不知此道之美,而莫之御也,莫之爲也"類似(簡帛網,2016年11月4日)。這是很重要的發現。《知道》篇孔子所說的"此道之美",顯然承上文"道之昜"而言。孔子認爲"道"並非高深莫測、難以捉摸,而是簡易、平易,貫穿於日常的,即所謂"道不遠人"(《禮記·中庸》)。揚雄《法言·吾子》:"孔子之道,其較且易也。"又云:"君子之道有四易:簡而易,用也;要而易,守也;炳而易,見也;法而易,言也。"其說是符合孔子對"道"的理解的,當有所受。但《家語》中孔子對顏回說"人莫不知此道之美",如果認爲是針對顏回謂子路的"盍慎諸焉",不免有些牽強:"慎乎力"這種事情怎麽能稱作"道之美"呢?

絕大多數的《家語》傳本皆以上引文爲一章。清人姜兆錫《家語正義》卻分爲兩章(《四庫全書存目叢書·子部》第一册,126頁)。元代王廣謀《標題句解孔子家語》、明代何孟春注本《孔子家語》,所錄《家語》原文較他本往往有整章刪簡的情況。此二書中,上引文皆至"盍慎諸焉"止,後逕接"叔孫武叔見於顏回"章。他們所據《家語》的所從出之本,似乎也不以"顏回謂子路"之語與"孔子謂顏回"之語爲一章。此種分章辦法是否別有可靠的古本依據,不得而知,也許實是後代的傳刻者或注釋者所分。即使如此,說明前人也已感到了前後文義不協的問題。

但是,如果"孔子謂顏回曰:人莫不知此道之美"句上無所承,"此道"所指不明,作爲一章起首,很不合適。跟出土竹簡《齊論·知道》篇的有關文句對照一下，這一點可以看得更明白。另一方面，"莫之御也，莫之爲也"等語，用來批評子路雖知"力猛於德"者多不得其死，却不願慎其行，倒還算順理成章。所以我們認爲，"顏回謂子路曰"與"孔子謂顏回曰"在《家語》中原爲一章是有道理的，但這兩部分各有不同來源，本來彼此並無關聯，可能是《家語》所據素材的寫定者或《家語》的編者把它們改併成前後貫通之文的；"人莫不知此道之美，而莫之御也，莫之爲也"等語應即取自《齊論·知道》而稍加點竄，"孔子謂顏回曰"這句話則是爲了上下文連貫而增添的。

所以把《齊論·知道》裏孔子說"易易"之道的話接在顏回批評子路"盍慎諸焉"之後，我們想到如下兩種可能的解釋。第一，自東漢以迄魏晋，《齊論》逐漸亡佚，《知道》篇有可能只剩下"子曰：'此道之美也，莫之御也……'"一句，其上文已丟失。有人看到知道之美而莫之御爲的意思，正可移於批評子路對"慎乎力"的態度，因而將《知道》的殘文斷簡改寫以續"顏回謂子路曰"一段。第二，《齊論》雖後世不傳，但前人在推測《知道》篇時，曾謂《禮記·鄉飲酒義》所載孔子觀鄉飲酒之禮而曰"吾觀於鄉，而知王道之易易也"，即《知道》佚文（劉恭冕《論語正義補》引汪宗沂說，參看上引肖從禮、趙蘭香文）。現由出土《齊論·知道》簡文，可知孔子"知王道之易易也"的評論，確與《知道》原文大體相符。《韓詩外傳》卷五："故聖王之教其民也，必因其情，而節之以禮；必從其欲，而制之以義。義簡而備，禮易而法，去情不遠，故民之從命也速。孔子知道之易行，曰：詩云：'牖民孔易。'非虛辭也。"（參看肖、趙文）此"孔子知道之易行"語及其文旨，與《禮記·鄉飲酒義》亦基本一致。我推測《鄉飲酒義》的"知王道之易易也"和《韓詩外傳》的"知道之易行"，都是從《齊論·知道》之文截取出來或彼此同源的。看來，儒家後學在評論有關人事時，頗喜援引"孔子知道之易"的話。《家語·顏回》此章可能也是化用《知道》的文句作爲對子路的評論，情況與上舉《韓詩外傳》相近。

無論哪種解釋符合實際，通過《顏回》此章與新出《齊論·知道》簡文的比較，可以再次印證顧頡剛"《家語》之僞惟在著作人託名，而不在其材料之無價值"的論斷。不過，今傳《家語》由於總體上爲"僞書"的性質，如果没有相關新出土文獻的印證,其中就算有有價值的材料,也無法爲人所使用;得新出土文獻印證之後,《家語》有關材料的價值究竟有多大,還需要加以實事求是的評判。

2017 年 1 月 18 日

　　原載《出土文獻與古典學重建論集》,中西書局,2018 年,收入本集時略有增補(主要增補了關於《唐語林》的内容)。此文曾蒙北川直子譯爲日文,刊於谷中信一編《中國出土資料の多角的研究》,汲古書院,2018 年。

《孔子家語》卷一《相魯》等四篇校理

【說明】約2014年底,我應一家出版社之邀,打算爲《孔子家語》作一個整理本。2015年上半年,爲了申請出版資助,曾試寫過少量樣稿;至2016年下半年之前,陸續撰寫了若干篇校注。但由於手頭有不少工作亟需應付,實在没有多餘的時間來完成《孔子家語》全書的校注,故於2016年11月中旬向出版社去信請辭,幸獲諒宥。已撰寫的《相魯》、《始誅》、《王言解》、《大婚解》四篇校注稿,一直擱置而從未正式發表。現在翻出來看看,感到雖然參校的本子尚欠完備,按斷亦不免粗疏,但是多少還有些參考價值,棄之可惜。所以不揣譾陋地把它收入本集,兼爲自己所做過的"事業"留下一點紀念。

凡　　例

一、以明嘉靖三十三年黄魯曾覆宋本爲底本,用光緒二十四年貴池劉世珩玉海堂影宋蜀本、明末毛氏汲古閣刻本、日本寬永十五年(明崇禎十一年)風月宗智刊本等本參校。卷九、卷十,明覆宋本删脱錯亂,改以玉海堂影宋蜀本爲底本。凡底本不誤而他本有誤之處,除非特别重要或影響較大者,一般不出校。各本所用通假字或異體字,衆所周知且不妨礙理解文義者,如"已"與"以"、"於"與"于"、"揜"與"掩"、"供"與"共"等,亦不出校。異文不能遽定其是非者,列出供讀者參酌。

二、刻本所用俗字一般不保留（如或本古注有所論及，則予以保留）。"已"與"己"、"巳"與"已"、"易"與"昜"等字刻本多混，今據文義分别録出，不詳校。

三、爲便閱讀，凡可確定的脱文隨文補出，外加"〔　〕"；衍文仍保留，外加"{　}"；錯字隨文注出正字，外加"〈　〉"（音近誤字亦用此種符號）。

四、注釋既校傳本文字之異，也對相同或類似文獻之間的關係、疑難語詞加以疏解。但是，由於《家語》的特殊性質，爲避繁瑣，《家語》與其他先秦秦漢文獻整段相合者，彼此全同的語詞一般不注。本書非集校集釋，凡作者認爲不可取或無參考價值之説，概不引録。作者自己的意見，有時以"今按"出之；有時爲了行文的方便，亦不加"今按"而逕言。

五、唐宋時代各類書引《家語》之文，悉據何志華、朱國藩編著《唐宋類書徵引〈孔子家語〉資料彙編》（香港中文大學中國文化研究所，2009年）。

六、常引版本、著作使用簡稱（見下"引書簡稱表"），引用時恕不注頁碼。偶一引及的論著不用簡稱，但隨文注出頁碼，並在首次引用時詳列版權信息。

引書簡稱表

明覆宋本——明嘉靖三十三年黄魯曾覆宋本，《四部叢刊》影印

玉海堂本——清光緒二十四年貴池劉世珩玉海堂影宋蜀本，《景宋蜀本孔子家語》，齊魯書社，2014年

劉世珩《札記》——劉世珩《〈孔子家語〉札記》，出處同上

汲古閣本——明末毛氏汲古閣刻本，《景印文淵閣四庫全書》第695册《子部一 儒家類》，臺灣商務印書館，1983～1986年

寬永本——日本寬永十五年（明崇禎十一年）風月宗智刊本（此本有批注）

王廣謀《句解》——元王廣謀《新編孔子家語句解》，《續修四庫全書》第931册影印北京圖書館藏元至正二十七年清泉劉祥卿家刻本，上海古

籍出版社，2002年

何孟春注本、何孟春注——明何孟春注《孔子家語》，《四庫全書存目叢書·子部》第1册影印明正德十六年刻本，齊魯書社，1995年

范家相《證僞》——清范家相《家語證僞》，《續修四庫全書》第931册影印光緒十五年徐氏刻鑄學齋叢書本

孫志祖《疏證》——清孫志祖《家語疏證》，《續修四庫全書》第931册影印

姜兆錫《正義》——清姜兆錫《家語正義》，《四庫全書存目叢書·子部》第1册影印清雍正十一年寅清樓刻本

孫詒讓《校記》——孫詒讓《〈孔子家語〉校記》，《籀廎遺著輯存》，中華書局，2010年

《相魯》第一

姜兆錫《正義》："此篇敘孔子自爲中都宰而因爲司空、司寇以相魯政之本末也，故以'相魯'名篇。凡三章。"今按：姜氏解題甚是，然所分三章純以孔子歷任中都宰、司空、司寇爲據，與一般本子分爲四章者有別，未必可取。

孔子初仕，①爲中都宰。中都，魯邑。②制爲養生送死之節：③長幼異食，如禮：年五十異食也。④强弱異任，任，謂力作之事，各從所任，不用弱也。⑤男女别塗，路無拾遺，器不雕僞；⑥無文飾雕畫，不僞詐。⑦爲四寸之棺、五寸之椁，⑧以木爲椁。⑨因丘陵爲墳，不封、不聚土以起墳者也。⑩不樹。不樹松柏。⑪行之一年，而西方之諸侯則焉。魯國在東，故西方諸侯皆法則。⑫定公謂孔子曰："學子此法，以治魯國何如？"孔子對曰："雖天下可乎，何但魯國而已哉！"於是二年，定公以爲司空。乃别五土之性，五土之性：一曰山林，二曰川澤，三曰丘陵，四曰墳衍，五曰原隰。⑬而物{各得}其所生之宜，⑭所生之物各得其宜。⑮咸得厥所。⑯先時，季氏葬昭公于墓道之南，季平子逐昭公，死于乾侯。⑰平子别而葬之。貶之不令近先公也。孔子溝而合諸墓焉，謂季桓子曰：

"貶君以彰己罪,非禮也。桓子,平子之子。"⑱今合之,所以揜夫子之不臣。"⑲由司空爲魯大司寇。⑳設法而不用,無姦民。

【校理】

① 此章内容又見於《史記·孔子世家》、《禮記·檀弓上》、《左傳·定公元年》。

② 玉海堂本"邑"下有"名"字。《太平御覽·治道部六·貢賦》所引注作"中都,魯邑名也",亦有"名"字。

③ 王廣謀《句解》:"定生事死葬之禮,使無過不及,故謂之節。"今按:此即《漢書·哀帝紀》"制節謹度以防奢淫"之"節"。

④ 汲古閣本、寬永本同此。玉海堂本作"如禮:五十異糧,六十至九十食各以漸加異也",疑有增改。王廣謀《句解》注"老少異食"句:"老少所食不同。禮:年十五〈五十〉異食。"此書"並依王肅注義詳爲句解",蓋元人所見王肅注亦無"六十"等句。

⑤ 王廣謀《句解》釋"強弱異任"全襲王肅注,唯末句作"不用弱者也",似其所見本"弱"下有"者"字,較通。

　　姜兆錫《正義》:"異任,如頒白者不負戴於道路之類。"

⑥ 他本"雕"作"彫","彫"爲雕飾之本字,下不出校。何孟春注本"器不彫僞"後多出"市不貳價"一句。《藝文類聚·刑法部·刑法》以及《太平御覽·職官部六十五·良令長上》、《治道部六·貢賦》、《刑法部三·律令上》等類書所引亦有"市不二價"句,《太平御覽·治道部六·貢賦》此句下尚有注:"如各其貨,不相欺狂。"今按:"長幼異食,強弱異任,男女別塗(途)"句法一致("異"、"別"義近),三句爲一組。"市不貳價"與"路無拾遺,器不雕僞"句法亦一致("無"、"不"義近),如本有此句,則亦三句爲一組,正好與"長幼"等三句成對。故疑"市不貳價"當係原有,各本此句併王注誤脱(《類説·孔子家語·孔子爲中都宰》所引已無"市不"句,可知宋代確有不少脱去此句之本)。

⑦ 汲古閣本、寬永本作"彫畫無文飾,不詐僞",與此較近。玉海堂本作"不彫僞,無文節〈飾〉,不詐僞。已上養生之節"(劉世珩《札記》引蕭穆本"節"作"飾";孫詒讓《校記》定"節"爲"飾"之訛字,寬永本其旁有批注

"以上養生之節",與玉海堂本此注爲他本所無之句(《札記》謂抄本"已"作"以")合。何孟春注亦有"已上養生之節"之語。

　　《潛夫論·務本》"今工好造雕琢之器巧僞飭(飾)之",用語與此相似。

⑧ 《禮記·檀弓上》載有子曰:"夫子制于中都:四寸之棺,五寸之椁,以斯知不欲速朽也。"或即《家語》所本。

⑨ 玉海堂本"椁"作"之"。

⑩ 玉海堂本作"不聚土起墳",疑有删略。

⑪ 玉海堂本此注"樹"作"植",並多出"以上送死之節"一句。他本與明覆宋本同。寬永本其旁有批注"以上送死之節",與玉海堂本此注爲他本所無之句合。何孟春注亦有"已上送死之節"之語。王廣謀《句解》注曰"不植松柏",似其所見王注亦作"植"。

⑫ "法則",玉海堂本作"則之"。孫詒讓《校記》據《史記·孔子世家》司馬貞《索隱》引王肅注"在"作"近","法"上多"取"字,"則"下有"焉"字,謂今有脱誤。今按:王廣謀《句解》:"魯國居東,故西方諸侯皆法之。"(何孟春注亦言"魯國居東")似元人所見王注之文與玉海堂本較近。

　　《史記·孔子世家》:"其後定公以孔子爲中都宰,一年,四方皆則之。"司馬貞《索隱》:"《家語》作'西方'。"今按:"四方皆則之"或"四方之諸侯皆則之"與"西方之諸侯則焉"語皆可通,"西方皆則之"則不通。《索隱》引述較略,非謂唐人所見本《家語》作"西方皆則之"。姜兆錫《正義》本作"四方之諸侯則焉",注云"'四'一作'西',非"。《藝文類聚·刑法部·刑法》《太平御覽·刑法部三·律令上》引作"而四方諸侯皆則焉"。但如《家語》原作"四方",則王注不啻無的放矢。唐宋類書所引此句,凡作"四方"者皆無相應的王肅注(上舉《太平御覽》引作"四方"者,其前文多附王注;同書《職官部六十五·良令長上》引作"西方",此句後則有王注"魯國在東,故言西方諸侯")。疑此類本子或據《史記》所改,並删去王注,待考。

⑬ 王肅此注取《周禮·地官·大司徒》"辨五地之物生"之説(參看姜兆錫《正義》)。《周禮》引文詳下注。杜子春讀"生"爲"性",《家語》本文及王注

皆從此讀)。

⑭ 此句各本無異文。《藝文類聚·職官部三·司空》《初學記·職官部上·太尉司徒司空》《太平御覽·職官部六十五·司空》則引作"而物其所生之宜"。如據此種本子，"物"當是動詞，即《周禮·地官·載師》"掌任土之灋，以物地事授地職，而待其政令"之"物"(鄭注："物，物色之，以知其所宜之事而授農牧衡虞")。物色之"物"，義爲"辨別"、"分辨"(參看裘錫圭《釋"勿""發"》，《裘錫圭學術文集·甲骨文卷》，143～144頁，復旦大學出版社，2012年。按《易》傳《繫辭下》："爻有等，故曰物。""物"承"有等"而言，即得其"分"義)，"物其所生之宜"與"別五土之性"文正相對。《周禮·地官·大司徒》載大司徒"辨五地之物生(性)"，"一曰山林，其動物宜毛物，其植物宜早物，其民毛而方；二曰川澤，其動物宜鱗物，其植物宜膏物，其民黑而津；三曰丘陵，其動物宜羽物，其植物宜核物，其民專而長；四曰墳衍，其動物宜介物，其植物宜莢物，其民晢而瘠；五曰原隰，其動物宜臝物，其植物宜叢物，其民豐肉而庳"。《家語》此文當由《周禮》化出。所謂某土宜生某動植物，即"物其(指'五土')所生之宜"。從與《周禮》之文的對應來看，亦以類書所引之本爲長。故定"各得"二字爲衍文。王肅此注"所生之物各得其宜"，乃就正文"所生之宜"作解而未及動詞"物"；上句只解"五土之性"而未及動詞"別"，與此同例。注云"所生之物"實釋"所生"；可能有人誤以爲釋"物其所生之宜"之"物"，遂據王注爲正文補入"各得"二字，變物色之"物"爲百物之"物"。此種臆增之本大概從宋代開始漸成主流。

⑮ "各得其宜"，玉海堂本作"各宜其性"。

王廣謀《句解》："百物各得土地所宜而生。"何孟春注："如高黍下稻之類。"皆據增衍之本而發揮，參看上注。

⑯ 孫志祖《疏證》謂"'別五土之性'是司徒職非司空職"(引者按：《家語》"司空"，各本及類書所引皆無異文)，"此亦鑿空臆説"。

⑰ 疑此句本作"季平子逐昭=公=死于乾侯"，讀爲"季平子逐昭公，昭公死于乾侯"，因傳抄脱去重文號，"死于乾侯"前遂缺主語。《漢書·五行志上》："季氏逐昭公，昭公死於外。"《後漢書·何敞列傳》"昭公有乾侯之

厄"李賢注："季平子逐昭公，公遜於乾侯。"並可爲證。姜兆錫《正義》"季平子逐昭公，公死于乾侯"云云，下句之首亦有"公"字。

⑱ 玉海堂本此注文位於"謂季桓子曰"之下，似較優。

⑲ 《左傳·定公元年》："秋七月癸巳，葬昭公於墓道南。孔子之爲司寇也，溝而合諸墓。"孔子爲司寇"溝而合諸墓"，乃後來之事，前人考定以在定公十年爲妥（參看楊伯峻《春秋左傳注（修訂本）》第四册 1527 頁，中華書局，1990 年）。《家語》繫此事於孔子任司空時，顯然與《左傳》所記不合。孫志祖《疏證》謂"王肅以孔子爲司寇事實顯著，其爲司空無聞焉。意以溝合墓道，職近司空，遂以此事屬之爲司空時"。

⑳ 此語《史記·孔子世家》作"由司空爲大司寇"。顧炎武《日知録》卷二十四"相"條（黃汝成《日知録集釋》，1366 頁，上海古籍出版社，2006 年）、孫詒讓《校記》均據《禮記·檀弓上》孔穎達《正義》引崔靈恩説，指出孔子實任小司空、小司寇，魯國任司寇者爲臧氏。范家相《證僞》、孫氏《校記》謂《家語》從《史記·孔子世家》加"大"字之文，"沿《史記》之誤"（按照顧炎武的説法，"魯無相名，有司寇而無大司寇也"。見《日知録集釋》1365 頁）。

定公與齊侯會于夾谷，①孔子攝相事，曰："臣聞有文事者，必有武備；有武事者，必有文備。古者諸侯並出疆，②必具官以從。請具左右司馬。"定公從之。至會所，爲壇位、土階三等，以遇禮相見。會遇之禮，禮之簡略者也。揖讓而登。獻酢既畢，齊使萊人③以兵鼓譟④，劫定公。萊人，齊人東夷。雷鼓曰譟⑤。孔子歷階而進，⑥以公退曰："士以兵之！⑦吾兩君爲好，裔夷之俘敢以兵亂之，裔，邊裔。夷，夷狄。俘，軍所獲虜也。言此三者何敢以兵亂兩君之好也。⑧非齊君所以命諸侯也。裔不謀夏，夷不亂華，華、夏，中國之名。俘不干盟，兵不偪好，於神爲不祥，⑨於德爲愆⑩義，於人爲失禮，君必不然。"齊侯心怍，麾而避之。有頃，齊奏宮中之樂，俳優侏儒戲於前。孔子趨進，歷階而上，不盡一等，曰："匹夫熒⑪侮諸侯者，⑫罪應誅。請右司馬速〚加〛刑焉。⑬"於是斬侏儒，手足異處。齊侯懼，有慙色。將盟，齊人加載書曰："齊師出境，而不以兵車三百乘從我者，⑭有如此盟。"孔子使茲無還對曰魯大夫也。⑮："而不返我汶陽之田，⑯吾以供命者，亦如之。"齊侯將設享禮。孔子謂梁丘據曰："齊、魯之故，⑰吾子何不聞焉？梁丘據舊聞齊、魯之故事。⑱事既成矣，而又享之，是勤執事。且犧象不出門，作犧牛及象，於其背爲罇。⑲嘉樂不野合。享而既具，是棄禮。若其不具，是用秕稗。秕，穀之不成者。稗，草之似穀者。⑳用秕稗君辱，棄禮名惡，子盍圖之？夫享，所以昭德也；不昭，不如其已。"乃不果享。齊侯歸，責其群臣曰："魯以君子道輔其君，而子獨以夷、狄道教寡人，使得罪。"於是乃歸所侵魯之四邑，及汶陽之田。㉑四邑，鄆、讙、龜、陰也。洙有汶陽之田，本魯界。㉒

【校理】

① 此章内容又見於《左傳・定公十年》、《史記・孔子世家》、《穀梁傳・定公十年》、《公羊傳・定公十年》等。"夾谷"，《穀》、《公》二傳作"頰谷"。

② 《史記・孔子世家》此句無"並"字。

③ 玉海堂本此下有注："哀公六年，齊滅萊。"

④ 玉海堂本"諺"字下有注："諺，子紺切。"寬永本"劫定公"句下王肅注之末，較他本多出"諺，干〈子〉紺切"。孫詒讓《校記》指出"王注不宜有反切"，故以無反切之本爲是。寬永本、玉海堂本所注反切（以前者爲多見），當係後人所添。以下遇到他本注中的反切，不一一録出。

⑤ "雷"，玉海堂本作"播"。孫詒讓《校記》謂"諺"乃譟、噪異體，"噪、譟皆不訓雷鼓，當作'雷鼓曰鼓(引者按：孫氏於上文已指出鼓譟之鼓本从支)，□□(鏡清案——引者按："鏡清"乃校記輯録者孔鏡清——：二字蝕缺，疑作"喧鳴"曰噪'"。今按：《校記》蝕缺二字恐非"喧鳴"。《校記》曾舉《一切經音義》卷廿二《瑜伽師地論四》引《家語》此文"諺"作"譟"，並引玄應曰："鼓，動也。譟，誼鳴也。雷呼曰噪。"疑孫氏推測王注當作"雷鼓曰鼓，雷呼曰諺"(雷鼓之"雷"後作"播"，雷呼之"雷"則非"播"字)；因二句首字皆爲"雷"而抄脱，誤合爲一。

⑥ 孫詒讓《校記》謂此句下脱去王肅注"歷階，登階不聚足"，《史記・孔子世

家》司馬貞《索隱》引有此注。何孟春注釋"歷階"爲"登階不聚足",似即襲用王注。

⑦ 此句各本無異文。姜兆錫《正義》:"兵之,殺之也。"《左傳·定公十年》作"士兵之",杜預注:"以兵擊萊人。"［日］竹添光鴻《左傳會箋》謂"兵之,斬之也",《孝經·紀孝行章》"在醜而爭則兵"、《史記·伯夷列傳》"左右欲兵之"之"兵",用與此同(第5册2218頁,巴蜀書社,2008年)。今按:"兵之"之"兵",實即"以兵斬殺"之義,其前不當另有"以"字。疑《家語》之文蓋不明《左傳》"兵"字用法者所增。

⑧ "裔夷之俘"即指萊人;王注云"此三者",不確。

⑨ 玉海堂本"於神"下有注:"盟誓之神。"何孟春於此句後注:"盟誓鬼神。"語與玉海堂本注近。

⑩ 玉海堂本此下有注:"慫、惥同。"汲古閣本正作"惥"。今按:玉海堂本此注當係後人竄入,非王注舊有。

⑪ 玉海堂本此下有注:"熒,聞而惑也。"

⑫ 《史記·孔子世家》記此事,"熒侮"作"熒惑"。孔子此言意謂俳優侏儒爲戲以眩亂迷惑諸侯。前人已指出此種熒惑之"熒"或作"營",其本字當爲《説文·目部》訓"惑"之"䁝"(參看《莊子·人間世》"而目將熒之"句郭慶藩《集釋》)。"熒"、"惑"義近連文。《鹽鐵論·論鄒》云"此《春秋》所謂'匹夫熒惑諸侯'者也",引此亦作"惑"而不作"侮"。《史記·張儀列傳》張儀説齊湣王,有"蘇秦熒惑諸侯"之語;同書《吳王濞列傳》中大夫應高言"御史大夫鼂錯熒惑天子,侵奪諸侯";《鹽鐵論·論誹》文學云"夫蘇秦、張儀,熒惑諸侯,傾覆萬乘",可知此係古人恒語。"侮"則並無與"惑"相近之義(王廣謀《句解》:"言匹夫之賤簧惑諸侯者,其罪當殺。"然"侮"不得訓"簧惑",作"熒惑"則是)。《穀梁傳·定公十年》記"齊人使優施舞於魯君之幕下",孔子曰:"笑君者,罪當死。"與《史記》義近而行文有異。清鍾文烝《補注》引《急就篇》:"倡優俳笑,笑者戲謔。"(698頁,中華書局,1996年)戲笑之"笑",前人或以"侮"訓之(即"戲侮"義,中古以後的古書裏又有"笑侮"一詞)。《詩·邶風·終風》:"終風且暴,顧我則笑。"毛傳:"笑,侮之。"陸賈《新語·辨惑》亦述此事,孔子之語作"臣辱君當

死"（按原"臣"、"君"二字誤倒，此從唐晏說改。見王利器《新語校注》，81頁，中華書局，1986年）。"辱"、"侮"義頗近。《家語》說"熒侮"而不說"熒惑"，蓋此書編者依《穀梁傳》所用"笑"字或《新語》所用"辱"字而改撰，但笑侮、侮辱之"侮"與"熒"義不相配。《家語》此文顯然不如《史記》妥帖（劉世珩《札記》引陸校本作"惑"，當據《史記》而改，今傳《家語》諸本及類書引文似無作"熒惑"者）。

⑬ 汲古閣本、玉海堂本、寬永本"刑"上皆有"加"字，王廣謀《句解》、何孟春注本亦有。《史記·孔子世家》孔子之語止於"請命有司"，其後云"有司加法焉"，亦用"加"字（《太平御覽·刑法部十二·斬》引《家語》，此句作"請有司速加法焉"，文與《史記》近）。明覆宋本誤脱，今據補。

⑭ 何孟春注："而，汝也。下同。"

⑮ 玉海堂本作"魯大夫名"，且位於"兹無還"之下，於例較優。

⑯ 玉海堂本此下有注："齊有汶陽田，本魯界。"

⑰ 玉海堂本此下有注："故，舊典也。"何孟春於"故"下亦注"舊典"。

⑱ 玉海堂本句末多一"者"字。今按：王注之"舊"，據文義似當讀爲"久"。

⑲ 汲古閣本、寬永本同。玉海堂本此注作："犧象，罇名。"（姜兆錫《正義》"犧象，二尊名"，文與玉海堂本近）今按：《詩·魯頌·閟宫》"犧尊將將"《正義》引王肅云："大和中，魯郡於地中得齊大夫子尾送女器，有犧尊，以犧牛爲尊。然則象尊，尊爲象形也。"並謂"王肅此言，以二尊形如牛象，而背上負尊"，所言正與"作犧牛及象，於其背爲罇"相合。玉海堂本注文似遭人竄改。

⑳ 玉海堂本其後多出"言享不備禮也"一句。

㉑ 本章內容可分爲六段，第一段從章首至"定公從之"，述孔子請具左右司馬從定公赴夾谷之會，其文又見於《史記·孔子世家》；第二段從"至會所"至"麾而避之"，述齊使萊人劫定公、孔子退之，其文主體又見於《左傳·定公十年》，個別語句亦見於《史記·孔子世家》（詳下）；第三段從"有頃"至"有慙色"，述齊俳優侏儒爲戲、孔子斬之，其文又見於《史記·孔子世家》；第四段從"將盟"至"乃不果享"，述齊魯盟、孔子責享禮，其文又見於《左傳·定公十年》；第五段從"齊侯歸"至

"使得罪",述齊侯歸而責群臣,其文又見於《史記·孔子世家》;第六段爲本章最末一句,述齊歸魯邑、田,其文又見於《左傳·定公十年》、《史記·孔子世家》。除第六段外,凡見於《史記》之事一般都不見於《左傳》,反之亦然,故前人有《家語》此章"合《左傳》、《史記》,删節成文"之説(范家相《證僞》)。

　　《穀梁傳·定公十年》記此事,有相當於《家語》第二段"齊使萊人劫定公、孔子退之"和第三段"齊俳優侏儒爲戲、孔子斬之"的内容,但其文字與《左傳》、《史記》及《家語》出入較大。在第二段内容中,《左傳》以犁彌之口説出"若使萊人以兵劫魯侯",《穀梁傳》直敘作"齊人鼓譟而起,欲以執魯侯"(由下文孔子云"夷、狄之民何爲來爲",可知"齊人"實指夷、狄之民,即萊人。參看鍾文烝《補注》697頁),爲《家語》"齊使萊人以兵鼓譟,劫定公"所本。《史記》没有《左傳》、《穀梁傳》一系的萊人劫魯侯之事,而另載孔子斥責齊奏"夷、狄之樂",以此引出"齊俳優侏儒爲戲、孔子斬之"。《史記》與《穀梁傳》所記雖非一事,用語却頗多相似之處:如《穀梁傳》、《史記》都用了"孔子歷階而上,不盡一等"(《史記》在"孔子"後多出"趨而進"三字,《家語》與之近)。孔子所説的話裏,《穀梁傳》有"兩君合好",《史記》有"吾兩君爲好會"(《家語》亦近於《史記》)。《史記》在"齊有司趨而進曰:'請奏四方之樂。'"之後,有"於是旄旌羽袚矛戟劍撥鼓噪而至"之語,這應該就是下文孔子所斥責的"夷、狄之樂"(孔子的話,《史記》作"夷、狄之樂,何爲於此",《穀梁傳》作"夷、狄之民,何爲來爲",彼此也是十分相似的);《穀梁傳》於此亦有"鼓譟"一語(見上引)。《家語》此段記事用《左傳》、《穀梁傳》一系,但有些不見於《左傳》的文句,却與《史記》接近。例如:《家語》"齊使萊人以兵鼓譟"一句,顯然與《史記》"於是旄羽袚矛戟劍撥鼓噪而至"有關。《史記》載孔子斥齊奏"夷、狄之樂"的結果,爲"景公心怍,麾而去之";《家語》中"齊使萊人劫定公、孔子退之"的結果,爲"齊侯心怍,麾而避之",行文幾乎一致(《家語》的"避",當承《左傳·定公十年》"齊侯聞之,遽辟(避)之"而來)。由此推測,《家語》本章的第二段,很可能是以《史記》記孔子斥責齊奏夷、狄之樂的文字爲底子,移入《左傳》之文並參考《穀梁傳》的相關内容,加以改寫而成的。

《家語》本章的其他部分，似亦可作如是觀。

㉒ 此注文各本無全同者。汲古閣本作"四邑，鄆、讙、龜、陰之地也。汶陽之田，本魯界"，與此最近。寬永本"四邑"一句與明覆宋本同，下句作"殊特汶陽之田，本所要"。玉海堂本"四邑"一句亦與明覆宋本同，下句"汶陽，在魯界"之後，較各本多出大段按語："按《春秋傳》及《史記》鄆、讙、龜陰爲三邑。今讙亭、龜山及鄆皆在汶北，豈併汶而言之乎？"今按：孫詒讓《校記》所據底本，爲今藏浙江大學圖書館文理分館（西溪校區）的汲古閣刊本，此本"四邑"句與明覆宋本殆同（"讙"訛作"護"，《校記》已指出），下句則作"殊特汶陽之田，本魯界"。"殊"、"洙"形音俱近，疑明覆宋本"洙有"爲"殊特"之誤。此於四邑之外別言"及汶陽之田"，故王注以"殊特"解之（汶陽之田在汶水之北，與洙水無涉，不當稱"洙有"）。寬永本"本所要"義亦可通。"要"猶"求"（《吕氏春秋‧仲春紀‧貴生》"所用重，所要輕也"，高誘注："要，得也。"范耕研以"要"無"得"義而讀爲"徼福"之"徼"，徼亦求也。陳奇猷疑高注原作"要，求得也"，今脱"求"字。說見陳奇猷《吕氏春秋新校釋》上册81～82頁，上海古籍出版社，2002年），蓋汶陽之田本已求取，故此處特爲揭出，以呼應前文孔子使兹無還對曰"而不返我汶陽之田"之事。

齊所歸魯邑田之數，歷來有三、四二說。前者如《春秋‧定公十年》："齊人來歸鄆、讙、龜陰田。"《左傳》、《穀梁傳》文同。杜預注："三邑，皆汶陽田也。"所歸鄆、讙是邑還是田，前人尚存異議（參看鍾文烝《春秋穀梁經傳補注》699頁）；但三者皆屬汶陽，則可以信從（《左傳》等前云"反我汶陽之田"，此則以鄆、讙、龜陰之田指實之，以此三地皆在汶水之陽，故云。參看崔述《洙泗考信録》卷之二，《崔東壁遺書》283頁，上海古籍出版社，1983年）。《史記‧孔子世家》"於是齊侯乃歸所侵魯之鄆、汶陽、龜陰之田"，或據《集解》引服虔注"三田，汶陽田也"、《索隱》云"三田皆在汶陽"，疑"汶陽"本當作"讙"，今本涉《集解》等文而誤（參看王叔岷《史記斠證》第三册1745頁，中華書局，2007年）。不知確否。後者如《公羊傳‧定公十年》："齊人來歸運、讙、龜、陰田。"何休《解詁》以齊歸魯者爲"四邑"，並謂"皆《晏子春秋》（按今本無此文）及《家語》、《孔子世家》（按

《史記》實非'四邑',見上引)之文"。陸賈《新語·辨惑》已説"乃歸魯四邑之侵地"。然"龜陰"實指"龜山之陰",分爲"龜"、"陰"二邑雖亦"《春秋》家舊説"(王利器《新語校注》,82頁),却顯係訛傳。《家語》不但從"四邑"謬説,且以爲四邑外"別有汶陽田"(然則所謂四邑當不在孔子所謂"返我汶陽之田"之列),可謂誤上加誤(説本孫志祖《疏證》、崔述《洙泗考信録》卷之二、王叔岷《史記斠證》等)。

孔子言於定公曰①:"家不藏甲,卿大夫稱家。甲,鎧也。邑無百雉之城,高丈長丈曰堵,三堵曰雉。古之制也。今三家過制,②請皆損之。"乃使季氏宰仲由隳三都。③叔孫④不得意於季氏,因費宰公山弗擾率費人以襲魯。⑤孔子以公⑥與季孫、叔孫、孟孫,⑦入于費氏之宫,⑧登武子之臺。⑨費人攻之,及臺側。⑩孔子命申句⑪須、樂頎⑫勒士衆,下伐之。費人北。⑬遂隳三都之城。强公室,弱私家,尊君卑臣,政化大行。⑭

【校理】
① 此章内容又見於《左傳·定公十二年》、《史記·孔子世家》、《公羊傳·定公十二年》。
② 玉海堂本此句後有注:"三家,魯大夫,皆桓公之後:孟孫懿子何忌,慶父後;叔孫州仇,叔牙後;季孫斯,季友後。"
③ 玉海堂本此句後有注:"三都,費、郈、成也,季孫、叔孫、孟孫之邑。時叔孫州仇先隳郈。"
④ 玉海堂本此後有注:"輒以庶子故。"孫志祖《疏證》、劉世珩《札記》以爲"叔孫"當作"叔孫輒",後者並謂"觀注自明"。《太平御覽·兵部三十四·征伐上》引此句作"叔孫輒不得意於季氏",有"輒"字。但玉海堂本之注不見於他本,是否王肅注尚難斷定;退一步講,即使確爲王肅舊注,其以叔孫氏之名輒釋正文之"叔孫",於例亦當,並不能證明原文必有"輒"字。《太平御覽》等類書引文,以意增改之處甚多,也不見得完全合乎原書面貌。孫、劉所校似難視爲定論。

⑤ 玉海堂本此句後有注："季孫斯將墮費,費宰公山弗擾與叔孫輒帥費人以襲魯。"何孟春注："季氏將墮費,叔孫輒不得志於季氏,故因費宰以襲魯。"文與玉海堂本注近。"弗擾",《左傳·定公十二年》作"不狃"。

⑥ 玉海堂本此後注有"定公"。

⑦ "季孫、叔孫、孟孫",玉海堂本作"季孫、仲孫、叔孫",並於"季孫"下注"斯"、"仲孫"下注"孟襄子弟何忌"、"叔孫"下注"州仇"。今按:《左傳·定公十二年》、《史記·孔子世家》等作"三子",舊注皆以爲指季孫、叔孫、孟孫,與多數《家語》本子合。

⑧ 孫志祖《疏證》認爲"費氏"當作"季氏","傳寫之譌"。《左傳·定公十二年》、《史記·孔子世家》皆作"入于季氏之宮",當即孫說所據。何孟春注:"費邑季氏宮。"但"費邑季氏之宮"似無省作"費氏之宮"之理,何說迂曲難信。

⑨ 玉海堂本此句後有注:"季孫宿所築臺。"

⑩ 玉海堂本"及"後注有"公之"二字。《左傳·定公十二年》、《史記·孔子世家》相關文句作"費人攻之,弗克,入及公側"。玉海堂本所注"公之",蓋據此。《太平御覽·兵部三十四·征伐上》引作"(此前有節略)攻之,入及臺側",有"入"字,與《左》、《史》同。

⑪ 玉海堂本此後有注:"音劬。"

⑫ 玉海堂本此後有注:"音祈。"

⑬ 玉海堂本此句後有注:"敗諸姑篾二子,□□,乃墮費。"劉世珩《札記》謂所空二格"何本作'奔齊',當從"。

⑭ 玉海堂本此後有注:"按《春秋傳》:將墮成,公斂處父謂孟孫曰:'成,孟氏之保障也。墮成,齊人必至于北門;無成,是無孟氏也。子僞不知,我將不墮。'公圍成,弗克。"

　　據《左傳·定公十二年》、《史記·孔子世家》等載,"所墮者費與郈耳,成卒未墮"(孫詒讓《札記》語)。《家語》言"遂墮三都之城",顯然與史實不符。前人多有疑之者(參看范家相《證僞》、孫志祖《疏證》、孫詒讓《札記》等)。范家相《證僞》認爲此章"事本《左傳》,文襲《史記》,後削'圍成弗克'一節,竟云'隳三都之城',加'彊公室'數語"而成。今按:"政化大行"一語,漢、晉、南朝人所撰史論屢用,如崔寔《政論》(《群書治要》引)、袁宏《後漢紀·光武皇帝紀》、同書《孝明皇帝紀》、華嶠《後漢書·岑彭傳》、司馬彪《續漢書·鄭弘傳》、同書《劉陶傳》(以上二書據周天游《八家後漢書輯注》)、范曄《後漢書·張湛傳》、同書《孔奮傳》、《宋均傳》等。其辭似不古。

初,魯之販羊有沈猶氏者,① 常朝飲其羊,② 以詐③ 市人。有公慎氏者,妻淫不制。④ 有慎潰氏,奢侈踰法。魯之鬻六畜者,飾之以儲價。⑤ 及孔子之爲政也,則沈猶氏不敢朝飲其羊,公慎氏出其妻,慎潰氏越境而徙。三月,則鬻牛馬者不儲價,賣羊〈羔〉豚者不加飾。⑥ 男女行者別其塗,道不拾遺。男尚忠信,女尚貞順。⑦ 四方客至於邑,不求有司,有司,常供其職。客不求而有司存焉。⑧ 皆如歸焉。言如歸家,無所之〈乏〉也。⑨

【校理】

① 王廣謀《句解》本無此章。此章內容又見於《新序·雜事一》、《史記·孔子世家》、《荀子·儒效》、《新序·雜事五》、《呂氏春秋·樂成》、《淮南子·泰族》等。

② 玉海堂本此後注有"飽之"二字。《新序·雜事一》:"魯有沈猶氏,旦飲羊飽之,以欺市人。"玉海堂本所注"飽之"蓋據此。

③ 玉海堂本此後有注:"欺也。"

④ 不制,猶言"無度"。

⑤ 此句《新序·雜事一》作"魯市之鬻牛馬者善豫賈"。下文"鬻牛馬者不儲價",《新序·雜事一》作"魯之鬻馬牛者不豫賈"(同書《雜事五》文同),《荀子·儒效》作"魯之粥(鬻)牛馬者不豫賈"。《淮南子·泰族》言"孔子爲魯司寇","市買不豫賈",文與《荀子》、《新序》近(《淮南子·覽冥》、《史記·循吏列傳》、《說苑·反質》等亦有"市不豫賈"、"市無豫賈"之語,但所說之事與此無關)。

"賈"、"價"古今字。王引之云"豫亦訨也",並舉出《晏子春秋·內篇·問上》"公市不豫,宮室不飾"、《鹽鐵論·力耕篇》"古者商通物而不豫"、同書《禁耕篇》"教之以禮,則工商不相豫"等例以及《周禮·地官·司市》鄭注"訨"、"豫"連文爲證(《經義述聞》卷八《周官上》"訨豫"條)。其説可信。《史記·孔子世家》:"(孔子)與聞國政三月,粥(鬻)羔豚者弗飾賈。""飾"有增飾、飾詐義(《家語》"飾之以儲價"之"飾"亦訓此),"飾賈"與"豫賈"義近,可證成王説(參看王叔岷《史記斠證》第三册1748頁引《史記會注考證》及王氏案語;石光瑛《新序校釋》上册19頁,中華書局,2001年)。至於《家語》的"儲價",王氏認爲"儲"、"奢"音近,"奢"訓"張",《爾雅》曰:'侈張,訨也。'亦古訓之相因者"(出處同上)。但訓"張"之"奢",實指"奢侈"而言,其義與"訨"無涉。石光瑛《新序校釋》已批評王説"曲爲解釋,未免傅會"。此書認爲《家語》編撰者誤以"豫賈"之"豫"爲豫儲之"豫",遂改寫爲"儲價"(上册19頁)。但"豫儲之價"不辭,義亦不可解。《釋名·釋書契》:"署,予也,題所予者官號也。"以"予"爲"署"之聲訓。"儲"、"署"並从"者"聲,"豫"从"予"聲,"儲"可能是"豫"的音近誤字。若此,可知《家語》作"儲"之本的產生時代當較晚,因先秦"者"、"予"聲母不近,難於相通。

⑥ "羊",汲古閣本、玉海堂本、寬永本皆作"羔",《記纂淵海·論議部之二十九·陰驅默化》、《類説·孔子家語·孔子爲政》所引亦作"羔",當是。

范家相《證僞》謂此章"沈猶氏四事本《荀子》、《新序》,自'賣羔豚'以下本《史記》"。今按:除"男尚忠信,女尚貞順"一句不見於《史記》外,其餘文字確與《史記》極近。《家語》"及孔子之爲政也","三月,則鬻牛馬者不儲價"["三月"蓋源自《史記·孔子世家》的"(孔子)與聞國政三月"],針對上文"魯之鬻六畜者,飾之以儲價"而言,這在《新序》的《雜事一》、《雜事五》、《荀子·儒效》等書中也能看到(見上注所引)。但是,《新》、《荀》等無與《家語》"賣羔豚者不加飾"相當之句。《史記·孔子世家》云"粥(鬻)羔豚者弗飾賈",從彼此皆用"飾"字來看,《家語》的"賣羔豚者不加飾"當襲《史記》此語而來。上注指出"飾賈"、"豫/儲賈"同意,由於《家語》"鬻牛馬者"句已承前文用了"儲價",此句如再沿《史記》文用"飾價",

必致語義重複。所以,編撰者只得改其文爲意思不够明白的"不加飾"以避複(姜兆錫《正義》連同上文"飾之以儲價",一併誤解爲"飾之令加貴"——即裝飾、僞飾之飾,可見其行文含混)。這一異文可爲《證僞》"自'賣羔豚'以下本《史記》"的説法提供實證。

⑦ 《後漢書·列女傳·劉長卿妻》載沛劉長卿之妻對其宗婦言,有"男以忠孝顯,女以貞順稱"之語,與此近。

⑧ "存",汲古閣本作"在",玉海堂本誤脱此字(參看劉世珩《札記》)。《史記·孔子世家》司馬貞《索隱》引王注"客求而有在也"("客"、"有"下當誤脱"不"、"司"二字),似其所見本亦作"在"。姜兆錫《正義》"謂客不求而有司供職焉",蓋本王注。

⑨ "之",汲古閣本作"乏",寬永本"之"旁批注"一作乏"。玉海堂本誤脱此字,劉世珩《札記》謂蕭穆本亦作"乏"。今從之。姜兆錫《正義》:"如歸,言如歸家,無所乏也。"語即本此。

"皆如歸焉",《史記·孔子世家》作"皆予之以歸"。《史記會注考證》謂"以"上"添'使'字看";王叔岷《史記斠證》謂"予"與"與"同,"與猶使也","以猶如也","'皆予之以歸',猶言'皆使之如歸'"(第三册 1749 頁)。説皆輾轉迂曲。古代有"遺人"、"委人"之屬,掌委積,供賓客食宿(看《周禮·地官》)。姜兆錫《正義》已指出這裏的"有司"即指此類人。"皆予之以歸"是説四方賓客至邑,不必有求於遺人、委人,魯國百姓都能給予他們所需之物而歸(韓兆琦《史記箋證》,3217 頁,江西人民出版社,2009 年 3 月)。《家語》的"皆如歸焉",很可能是編撰者對《史記》"皆予之以歸"之義已不甚明瞭,而以意改寫的。

《始誅》第二

姜兆錫《正義》謂"此篇亦承前篇爲司寇而攝相者敍之",其中"誅少正卯,其大也。故以'始誅'名篇"。

孔子爲魯司寇,①攝行相事,有喜色。仲由問曰:②"由聞君子禍至不懼,福至不喜。今夫子得位而喜,何也?"孔子曰:"然,有是言也。不曰

'樂以貴下人'乎？③"於是朝政，④七日而誅亂政大夫少正卯，⑤戮之于兩觀之下，兩觀，闕名。尸於朝三日。⑥子貢進曰："夫少正卯，魯之聞人也。⑦今夫子爲政而始誅之，或者爲失乎？⑧孔子曰："居，吾語汝以其故。天下有大惡者五，而竊盜不與焉：一曰心逆而險，⑨二曰行僻而堅，三曰言僞而辯，四曰記醜而博，醜謂非義。⑩五曰順非而澤。⑪此五者，有一於人，則不免君子之誅，而少正卯皆兼有之。⑫其居處足以撮徒成黨，撮，聚。⑬其談説足以飾褒〈裦〉榮衆，⑭其强禦足以反是獨立，⑮此乃人之姦雄者也，不可以不除。夫殷湯誅尹諧，⑯文王誅潘正，⑰周公誅管、蔡，太公誅華士，⑱士之爲人虛僞，亦聚黨也；而韓非謂華士耕而後食，鑿井而飲。信其如此，而太公誅之，豈所以謂太公者哉？⑲管仲誅付乙，⑳子産誅史何。㉑是此七子，皆異世而同誅者，以七子異世而同惡，故不可赦也。《詩》云：'憂心悄悄，愠于羣小。'㉒小人成羣，斯足憂矣。"

【校理】

① 此章内容又見於《史記·孔子世家》、《荀子·宥坐》、《説苑·指武》等。據《史記》，事在魯定公十四年，時孔子年五十六。
② 《史記·孔子世家》僅言"門人"。
③ "不曰"句，姜兆錫《正義》謂"言忘貴下賢之可樂也"。姜氏並據文義分此句之下爲另一章。
④ 玉海堂本此下有"聽朝政"之注，爲他本所無。
⑤ 玉海堂本"少正"下注"官"、"卯"下注"名"。寬永本"少正卯"旁有批注："少正，官；卯，名。"
⑥ 《史記·孔子世家》在孔子與門人關於"有喜色"的問答後，言"於是誅魯大夫亂政者少正卯"而止。《荀子·宥坐》："孔子爲魯攝相，朝七日而誅少正卯。"《説苑·指武》："孔子爲魯司寇，七日而誅少正卯於東觀之下。"《家語》似揑合諸書所載而成（參看范家相《證僞》）。但諸書皆無"尸於朝三日"一句。
⑦ 寬永本"聞人"旁有批注："有聲聞人也。"

⑧ 《孟子·公孫丑下》:"昔者辭以病,今日弔,或者不可乎?""或者"用法與此同。《荀子·宥坐》作"得無"。

⑨ "逆",寬永本作"遄",蓋形誤。《荀子·宥坐》作"心達而險",楊倞注"謂心通達於事而凶險也"。《説苑·指武》作"心辨而險",意謂"能辨事理,却居心險惡"(盧元駿、陳貽鈺《説苑今注今譯》,518頁,臺灣商務印書館,1988年),與《荀子》"心達而險"義近。此"天下有大惡者五",對於"行"而言,"僻"爲惡,"堅"爲善;對於"言"而言,"僞"爲惡,"辯"爲善;對於"記"而言,"醜"爲惡,"博"爲善;對於"順"而言,"非"爲惡,"澤"爲善。因"行僻",故"堅之"更爲大惡。餘可類推。此即《説苑·指武》所謂"此五者皆有辨知聰達之名,而非其真也"。"心達"或"心辨",皆可謂善,然因其"險",故終成"大惡"。如作"心逆而險",則於文例不合。疑《家語》之"逆",乃由《荀子》之"達"(或此類本子)改成。

⑩ 《荀子·宥坐》楊倞注:"醜謂怪異之事。"《尹文子·大道》下云"彊記而博",義與"記醜而博"較近。此句《説苑·指武》作"志愚而博"。

⑪ "順"猶"遂",順從;"澤",潤飾。參看蕭旭《〈孔子家語通解〉舉正》(復旦大學出土文獻與古文字研究中心網,2013年12月10日)。《韓詩外傳》卷四以"順非而澤,聞見雜博"批評"飾邪説,文姦言,以亂天下,欺惑衆愚"之"十子"。《禮記·王制》:"行僞而堅,言僞而辯,學非而博,順非而澤,以疑衆,殺。"其文又見於《家語·刑政》,但與孔子誅少正卯無涉。《論衡·定賢篇》則以"言非而博,順非而澤"爲"孔子稱少正卯之惡"。此蓋當時習稱之惡行。

⑫ 此句,《荀子·宥坐》作"而少正卯兼有之",《説苑·指武》作"今少正卯兼之"。《家語》"皆"字似不當有。

⑬ "撮",《荀子·宥坐》即作"聚"。

⑭ "熒",玉海堂本作"瑩",其下注"惑也",爲他本所無。汲古閣本作"熒"。寬永本"熒"有批注:"一本作'熒',是也。"《尹文子·大道下》亦作"熒"。《荀子·宥坐》作"營"。"營"、"熒"、"瑩"、"榮"古通。關於訓"惑"之"熒",參看《相魯》"定公與齊侯會于夾谷"章注⑫。

"褒",汲古閣本作"裦"。《荀子·宥坐》作"邪"(《尹文子·大道下》

同），"衺"、"邪"古通。王文暉《〈群書治要〉對今本〈孔子家語〉的整理價值》（《語言研究集刊》第 15 輯，331～338 頁，上海辭書出版社，2015 年）指出，"飾褒"之"褒"當爲"衺"的訛字，日本金澤文庫所藏鐮倉時代日僧手寫本《群書治要》所引《家語》，亦作"衺"，可證。今按：王廣謀《句解》釋"其談説"句云："其言談易得文飾褒揚，眩耀衆人。"據其説，"飾褒"爲並列結構。但"飾邪"、"營衆"皆爲動賓結構（上句"聚徒"、"成羣"亦皆動賓結構）。從這一點看，"飾褒"也顯然不如"飾衺（邪）"合理。《太平御覽·刑法部十一·誅》引《家語》，倒作"褒飾"。"飾"如當"飾匿"、"巧飾"講，"褒飾"猶言褒揚飾匿，雖語法結構與"熒（熒）衆"一致，但由"飾褒"誤文修改而成，斷非原貌。

⑮ 他本"反"皆作"返"。

"其居處"三句，《説苑·指武》作"其知足以移衆，彊足以獨立"，且上下文句彼此亦頗不同，不細校。《家語》此段文字顯然與《荀子·宥坐》更近。

⑯ 玉海堂本"尹諧"下有注"一作'蠋沐'"。《説苑·指武》即作"蠋沐"，二者"似非一人"（向宗魯《説苑校證》，381 頁，中華書局，1987 年）。《荀子·宥坐》、《尹文子·大道下》並與《家語》同。

⑰ 玉海堂本"文王"下有注"一作'太公'"、"潘正"下有注"一作'潘阯'"。《説苑·指武》即作"太公誅潘阯"。《荀子·宥坐》"潘正"作"潘止"，"正"、"止"形近易訛（《尹文子·大道下》與《家語》同）。

⑱ "士"，《荀子·宥坐》作"仕"（《尹文子·大道下》與《家語》同）。《説苑·指武》無此句。

⑲ 玉海堂本此注無"而韓非謂華士"以下之文。

⑳ 玉海堂本"付乙"下有注"一作'附里'"。《説苑·指武》作"史附里"，《荀子·宥坐》作"付里乙"（《尹文子·大道下》同此）。

㉑ 玉海堂本"史何"下有注"一作'鄧析'"。《説苑·指武》即作"鄧析"。《荀子·宥坐》作"鄧析、史付"（《尹文子·大道下》同此）。劉世珩《札記》謂何孟春注本"史何"作"史附"。

㉒ 見《詩·邶風·柏舟》。

孔子爲魯大司寇,①有父子訟者,夫子同狴執之,狴,獄牢也。②三月不別。③其父請止。夫子赦之焉。季孫聞之,不悦曰:"司寇欺余! 曩告余曰:'〔爲〕國家必先以孝。④'余今戮一不孝,以教民孝,不亦可乎? 而又赦,⑤何哉?"冉有以告孔子。子喟然嘆曰:"嗚呼! 上失其道,而殺其下,非理也。⑥不教以孝,而聽其獄,是殺不辜。三軍大敗,不可斬也。獄犴不治,⑦不可刑也。何者? 上教之不行,罪不在民故也。夫慢令謹誅,賊也。⑧徵歛無時,暴也;不試〈誡〉責成,虐也。⑨政無此三者,然後刑可即也。《書》云:'義刑義殺,勿庸以即汝心,惟曰未有慎事。'⑩言必教而後刑也。庸,用也。即,就也。刑教〈殺〉皆當以義,⑪勿用以就汝心之所安;當謹{之},⑫自謂未有順事。⑬且陳道德以服之,以無刑殺而後爲順。是先教而後刑也。既陳道德,以先服之;⑭而猶不可,尚賢以勸之;又不可,即廢之;⑮又不可,而後以威憚之。若是三年,而百姓正矣。其有邪民不從化者,然後待之以刑,則民咸知罪矣。⑯《詩》云:'天子是毗,俾民不迷。'⑰毗,輔也。俾,使也。言師尹當毗輔天子,使民不迷。是以威厲而不試,刑錯而不用。⑱今世則不然。亂其教,繁其刑,使民迷惑而陷焉,⑲又從而制之,故刑彌繁,而盜不勝也。夫三尺之限,⑳空車不能登者,何哉? 峻故也。百仞之山,重載陟焉,何哉? 陵遲故也。陵遲,猶陂池也。㉑今世俗之陵遲久矣,雖有刑法,民能勿踰乎?"

【校理】

① 此章内容又見於《荀子・宥坐》、《説苑・政理》、《韓詩外傳》卷三。以《荀子・宥坐》與《家語》之文最近(參看范家相《證僞》、本章注⑯)。

② 玉海堂本此注後又有"狴犴,胡犬也,善守,故以名獄",爲他本所無。下文"獄犴不治"句後,何孟春注有"狴犴,胡地犬,亦善守獄,故獄名狴犴也",與此頗近。

③ 玉海堂本此句下有注:"謂辯決其子罪。"爲他本所無。何孟春注:"不辯決其子罪。"(《荀子・宥坐》楊倞注:"别,猶決也。謂不辨其子之罪。")與此頗近。

④ 王文暉《〈群書治要〉對今本〈孔子家語〉的整理價值》指出，《群書治要》卷十、《太平御覽·刑法部十八·赦》引此句，並作"爲國家必先以孝"，《荀子·宥坐》"國家"前亦有"爲"；如無"爲"字，句不成義。今按：何孟春注本此句正有"爲"字。《說苑·政理》作"夫治民以孝爲本"，"治民"猶此言"爲國家"，亦"爲"字必不可少之證。

⑤ 《群書治要》卷十引作"而又赦之"，《太平御覽·刑法部十八·赦》引作"又赦之"，皆帶賓語"之"。《荀子·宥坐》亦云"又舍之"。有"之"似較長。姜兆錫《正義》又誤倒"何"、"赦"二字，作"而又何赦哉"。

⑥ "理"，何孟春注本作"禮"。劉世珩《札記》以爲當從作"禮"之本。今按：王廣謀《句解》以"非治國之道"釋"非理也"，可從。《荀子·宥坐》云："其可乎？"亦謂其不合道理。此處似不應說到"禮"的問題。

⑦ "獄犴"，《荀子·宥坐》同，楊倞注："犴亦獄也。""鄉亭之繫曰犴，朝廷曰獄"（看《詩·小雅·小宛》"宜岸宜獄"《釋文》），是"犴"、"獄"對文則異，散文則通。《韓詩外傳》作"獄讞"，《說苑·政理》作"獄訟"，並與"獄犴"義近（"讞"、"犴"音亦近）。

⑧ 玉海堂本"謹"字下有注"嚴也"，爲他本所無。何孟春注："謹，嚴。賊，害。"玉海堂本注與之合。

⑨ "試"，寬永本所加批注云："一本作'誡'。'試'蓋'誡'之誤。《論語》曰'不戒視成謂之暴'，又《韓詩外傳》作'不戒責成'。'戒'、'誡'通，故以字相似誤耳。"其說甚是。《群書治要》卷十所引、《長短經·政體》亦作"誡"。此"慢令"三句，乃襲用《論語·堯曰》"不教而殺謂之虐；不戒視成謂之暴；慢令致期謂之賊"（《上海博物館藏戰國竹書（二）》所收《從政》，所謂甲本簡15亦有"不修不武〈戒〉，謂之必成，則暴；不教而殺，則虐；命無時，事必有期，則賊"。參看陳劍《上博簡〈子羔〉、〈從政〉篇的竹簡拼合與編連問題小議》，同作者《戰國竹書論集》，29～30頁，上海古籍出版社，2013年）。除《韓詩外傳》卷三外，《說苑·談叢》亦引有"不教而誅謂之虐，不戒責成謂之暴也"二句。"不戒"之"戒"當讀爲教誡、申誡之"誡"。《荀子·宥坐》此句作"不教而責成功，虐也"，亦可證"試"確爲"誡"之誤字（參看蕭旭《〈孔子家語通解〉舉正》）。

⑩ 語見《尚書·康誥》。引文與《康誥》頗有出入,不能細校。唯"勿庸以即汝心",《康誥》作"勿庸以次汝封",僞孔傳云"勿用以就汝封之心所安"。《家語》之作"汝心"並王注"勿用以就汝心之所安",似皆與僞孔傳有關。

⑪ "教",他本皆作"殺"。據以正。

⑫ 寬永本、汲古閣本等皆無"之"字。"當謹"與"當以義"相對,據文義亦不當有"之"。

⑬ 以上王注,玉海堂本與他本出入較大。此本無開頭對"庸"、"即"二字的解釋;"當謹,自謂未有順事",作"又當猶自謂未有使人可順守之事"。劉世珩《札記》謂"蕭本'猶'作'謹',當從"。今按:何孟春注云"惟刑殺皆以義,猶自謂未有使人可順守之事"(此實襲用《荀子·宥坐》楊倞注文),兩相對照,可知玉海堂本"當"下脱去"謹"字,"猶自謂"云云與何注正合。劉校非是。

⑭ 《荀子·宥坐》云"故先王既陳之以道,上先服之",《説苑·政理》、《韓詩外傳》卷三云"上陳之教,而先服之",文義較《家語》顯豁。《荀子》之"先王"一貫而下,即"陳之以道……然後俟之以刑,則民知罪矣",説的都是先王之作爲。

⑮ 玉海堂本此句之下有注云:"《荀子》作'廢不能以單之'。單,盡也,謂黜削也。"爲他本所無。何孟春注本於此句下亦有注:"《荀》作'廢不能以單之'。單,盡也,謂黜削也。"(似即用《荀子·宥坐》楊倞注文)與玉海堂本注合。

⑯ 此段文字,《荀子·宥坐》與《家語》頗近。《韓詩外傳》卷三云"上陳之教,而先服之,則百姓從風矣;邪行不從,然後俟之以刑,則民知罪矣";《説苑·政理》云"上陳之教,而先服之,則百姓從風矣;躬行不從,而後俟之以刑,則民知罪矣"。《荀子》、《家語》之"邪民",《韓詩外傳》作"邪行"、《説苑》作"躬行"。王念孫《讀書雜志》據"上先服之"即"躬行","躬"、"邪"字形又近,定《韓詩外傳》"邪行"爲"躬行"之誤,《荀子》"邪民"乃進一步誤改(744頁,江蘇古籍出版社,2000年)。潘重規《王先謙〈荀子集解〉訂補》指出,三年猶不從化者,"則是頑梗不率教之邪民也,然後致其誅殛,而民知罪矣",《荀子》原文"詞義甚明";《説苑》"文有省易,不可據

以輒改此文也"。王校不可盡信(參看王天海《荀子校釋》下册1114頁,上海古籍出版社,2005年)。潘説甚是。《韓詩外傳》既作"邪行",似透露出此係"省易"之文,或由《荀子》、《家語》一系省變而來,"邪"字尚存其聯繫;《説苑》也可能是爲求文義通順,改"邪行"爲"躬行"的。待考。

⑰ 詩見《詩·小雅·節南山》。

⑱ "試",《群書治要》卷十引作"誡",當是誤字。《荀子·宥坐》楊倞注:"厲,抗也。試,亦用也。但抗其威而不用也。"(寬永本所加批注亦云:"試,用也。")"試"、"用"對文。《禮記·樂記》:"兵革不試,五刑不用。"郭店簡《唐虞之道》簡12:"咎(皋)采(陶)内(入)用五型(刑),出弋(試)兵革,皋(罪)涇〈淫〉暴【也】。"皆其例。《説苑·政理》作"至",《淮南子·主術》、《鹽鐵論·後刑》有"威厲而不殺"之語,"威至"、"威殺"與"威試(用)",義亦相涵。或據"殺"讀"試"爲"弑",失之拘泥。

　　"錯",或作"措",蕭旭《〈孔子家語通解〉舉正》訓"設置",並引《鹽鐵論·後刑》"故威厲而不殺,刑設而不犯"、《管子·君臣上》"刑設而不用"、同書《禁藏》"刑設而不行"等例爲證,甚有説服力。《商君書·錯法》:"臣聞古之明君,錯法而民無邪。""錯法"與"刑錯"同意。"威厲"與"刑錯"對舉,由"厲"亦可體會"錯"之含義。不過,《淮南子·主術》"是故威厲而不殺,刑錯而不用"後,多出"法省而不煩"一句,"省"與"不煩"相應。不知作者是否已誤解"錯"爲"廢置"義,使之與"不用"相應。此二句蓋古之成語,故各書多所引用而稍有變化。

⑲ "陷",《群書治要》卷十引作"陷罪"。王廣謀《句解》釋此句云:"使百姓昏蒙,墮於刑獄中。"《荀子·宥坐》作"其民迷惑而墮焉",正用"墮"字(别本亦有作"陷"者,參看王天海《荀子校釋》下册1115頁)。從上下文看,"陷焉"、"墮焉"當如王氏所説,指導民而陷墮於刑中;類書引文增"罪"字,不可取。

⑳ "限",玉海堂本注:"一作岸。"此注爲他本所無。何孟春注本、《荀子·宥坐》此句正作"三尺之岸"。

㉑ "陂池",玉海堂本作"陂陀"。何孟春注引王肅云:"陵遲,陂陁也。"在表示傾斜不平貌義之詞中,"陀"、"陁"爲一字異體(參看《廣雅·釋丘》"陂

阤,險也"王念孫《疏證》)。《荀子·宥坐》楊倞注:"陵遲,言山陵之勢減慢也。"何孟春注全同。劉師培同意盧文弨"陵遲,猶迆邐、陂陀之謂"說,云:"山之中高旁下者,亦曰陵遲,所以表其山坡斜傾之形也。凡物之斜傾者,均可登,故《荀子》以爲喻。下文又言世之陵亦久者,蓋世運由盛而趨衰,與山勢由高而下傾者,其象略同。"(王天海《荀子校釋》下册1115頁)可參考。

《王言解》第三

此章内容又見於《大戴禮記·主言》。"主"、"王"二字形近。姜兆錫《正義》謂此"專論明王之道,故以'王言'名篇"。《大戴禮》篇名"主言"之"主",學者們指出即主君,宋翔鳳且以爲"《管子》有《七主七臣》,《淮南》有《主術》,皆主言之類也"(方向東《大戴禮記彙校集解》,上册1頁,中華書局,2008年。以下簡稱此書爲"方《彙校集解》")。

曾〈孔〉子閒居,①曾參侍。孔子曰:"參乎!今之君子,唯士與大夫之言可聞也。②至於君子之言者,希也。於乎!吾以王言之,其不出户牖而化天下。③"曾子起,下席而對曰:"敢問何謂王之〈者〉言?④"孔子不應。曾子曰:"侍夫子之間也難{對},⑤是以敢問。"孔子又不應。曾子肅然而懼,摳衣而退,負席而立。⑥有頃,孔子嘆息,顧謂曾子曰:"參,汝可語明王之道與?"曾子曰:"非敢以爲足也,請因所聞而學焉。"子曰:"居,吾語汝。夫道者,所以明德也。德者,所以尊道也。是以非德,道不尊;非道,德不明。雖有國之良馬,不以其道服乘之,不可以〔取〕道里。⑦雖有博地衆民,不以其道治之,不可以致霸王。是故昔者明王内修七教,外行三至。七教修,然後可以守;三至行,然後可以征。明王之道:其守也,則必折衝千里之外;其征〔也〕,⑧則必還師衽席之上。故曰内修七教,而上不勞;外行三至,而財不費。此之謂明王之道也。"曾子曰:"不勞、不費之謂明王,可得聞乎?"孔子曰:"昔者帝舜左禹而右皋陶,不下席而天下治。夫如此,何上之勞乎？政之不平〈中〉，⑨君之患也；令之不行，臣之罪也。若乃十一而稅；用民之力，歲不過三日；入山澤以其時而無征；關譏市廛，皆不收賦。⑩譏，呵也。譏異服、識異言⑪及市廛，皆不賦稅，古之法也。此則生財之路，而明王節之，何財之費乎？"曾子曰："敢問何謂七教？"孔子曰："上敬老則下益孝，上尊齒則下益悌，上樂施則下益寬，上親賢則下擇友，上好德則下不隱，上惡貪則下恥爭，上廉讓則下恥節，⑫此之謂七教。七教者，治民之本也。政教定，則本正也〈矣〉。⑬凡上者，民之表也。表正則何物不正？是故人君先立仁於己，然後大夫忠而士信，民敦，俗樸，璞，愨愿貌。⑭男愨而女貞。六者，教之致也。⑮布諸天下四方而不怨，⑯納諸尋常之室而不塞。⑰等之⑱以禮，立之以義，行之以順，則民之棄惡，如湯之灌雪焉。⑲"曾子曰："道則至矣，弟子不足以明之。"孔子曰："參以爲姑止乎？又有焉。昔者明王之治民也〖有〗法，⑳必裂地以封之，分屬以理之，然後賢民無所隱，暴民無所伏。使有司日省而時考之，進用賢良，退貶不肖，然則賢者悅而不肖者懼。哀鰥寡，養孤獨，恤貧窮，誘孝悌，選才能。此七者修，則四海之內，無刑民矣。上之親下也，如手足之於腹心。下之親上也，如幼子之於慈母矣。上下相親如此，故令則從，施則行，民懷其德，近者悅服，遠者來附，㉑政之致也。夫布指知寸，布手知尺，舒肘知尋，斯不遠之則也。周制：三百步爲里，千步爲井，三井而埒，㉒埒三而矩，此說里數，不可以言井，井自方里之名。疑此誤。㉓五十里而都封，百里而有國。乃爲福〈稽〉積資求〈裘〉焉，㉔恤行者有亡。㉕是以蠻夷諸夏，雖衣冠不同，言語不合，莫不來賓。故曰無市而民不乏，無刑而民不亂。田獵罩弋，罩，掩網。㉖弋，繳射。非以盈宮室也；㉗徵斂百姓，非以盈府庫也。㉘慘怛以補不足，㉙禮節以損有餘。多信而寡貌。其禮可守，其言可覆，㉚其迹可履。如飢而食，如渴而飲。民之信之，如寒暑之必驗。故視遠若邇，非道邇也，見明德也。是故兵革不動而威，用利不施而親，萬民懷其惠。此之謂明王之守，折衝千里之外者也。"曾子曰："敢問何謂三至？"孔子曰："至禮不讓而天下治，至

《孔子家語》卷一《相魯》等四篇校理　455

賞不費而天下士悅,至樂無聲而天下民和。明王篤行三至,故天下之君,可得而知;天下之士,可得而臣;天下之民,可得而用。"曾子曰:"敢問此義何謂?"孔子曰:"古者明王必盡知天下良士之名,㉛既知其名,又知其實,㉜又知其數,㉝及其所在焉,㉞然後因天下之爵以尊之,此之謂至禮不讓而天下治。因天下之祿以富天下之士,此之謂至賞不費而天下之士悅。如此則天下之{民}名〈明〉譽興焉,㉟此之謂至樂無聲而天下之民和。故曰:所謂天下之至仁者,能合天下之至親也;所謂天下之至明者,能舉天下之至賢者也。㊱此三者咸通,然後可以征。是故仁者莫大乎愛人,智者莫大乎知賢,{賢}政者莫大乎官能。㊲有土之君,修此三者,則四海之內,供命而已矣。夫明王之所征,必道之所廢者也。是故誅其君而改其政,㊳弔其民而不奪其財。故明王之政〈征〉,㊴猶時雨之降,{降}至則民悅矣。㊵是故行施彌博,得親彌衆。此之謂還師衽席之上。言安安而無憂。"

【校理】

① "曾",他本皆作"孔"(《大戴禮記·主言》同),據以正。
② "聞"上"可"字,他本皆無(玉海堂本連"言"上之"之"字亦無)。《大戴禮記·主言》此句作"今之君子,惟士與大夫之言之聞(或作'閒',乃形近誤字)也","聞"上較《家語》多出"之"字。從句法看,"惟士與大夫之言之聞"猶言"惟聞士與大夫之言","聞"上有"之",較《家語》多數無"之"之本合理。明覆宋本"可聞"之"可",蓋爲使句意顯豁而增添,恐非原貌。
③ 《大戴禮記·主言》作:"吾主言其不出而死乎?哀哉!"孔廣森謂"不出而死,言終身不得其人而以王言(引者按:孔氏主張'主'當作'王')教之"(方《彙校集解》,上冊4頁)。"吾主言"與《家語》之"吾以王言之","其不出而死"與《家語》"其不出戶牖而化天下"之"其不出",顯由同源分化。
④ "之",他本皆作"者",據以正。
⑤ 玉海堂本"難"下無"對"字。寬永本雖有"對"(汲古閣本亦有),但其旁批謂"'對'字衍"。可從。《大戴禮記·主言》此句作"得夫子之閒也難",前人指出"閒"即閒居、閒暇(參看方《彙校集解》,上冊5頁),其前動詞用

"得"似較《家語》用"侍"爲優,其"難"下亦無"對"字。
⑥ 玉海堂本"負"下有注云:"負,倚也。"爲他本所無。何孟春注與此同。
　　"席",《大戴禮記·主言》作"序"。寬永本批注肯定作"序"爲是,蕭旭《〈孔子家語通解〉舉正》從此説,並指出"負席"義不可通("序"指堂東西牆,自可"負"之)。今按:《家語》此段述曾子發問時"起"而"下席",蓋誤解《大戴禮》指由坐而跽的"曾子起曰"之"起"爲起立離席之"起";孔子不應後,曾子並無行動上的反應,亦不合乎禮儀。《大戴禮》先寫曾子"起"而發問;孔子不應,"曾子懼,肅然攝衣,下席";孔子又不應,則曾子退至序而立。層次分明,般般合禮。所以《家語》誤改"負序"爲"負席"是有可能的。姜兆錫《正義》作"序"而不作"席",似依《大戴禮》改,未必有古本依據。
⑦ 他本"道"上皆有"取"字,據以補。《大戴禮記·主言》亦有"取"字。玉海堂本"取"下有注云:"取,趣也。"
　　《大戴禮記·主言》相應之文爲"雖有國焉,不教不服,不可以取千里"。王聘珍《解詁》:"教謂教化,服謂服事。……上無教化,下不服事,不可爲國也。"(方《彙校集解》,上册 8 頁)或本"焉"作"馬","然與孔子以王道化服天下不倫"(上引書同頁,方向東案語),顯不可取。《家語》"國之良馬,不以其道服乘之,不可以取道里",當據《大戴禮》"國馬"一類誤本改寫而成(改"國馬"爲"國之良馬",亦可看出"國馬"嫌不辭)。
⑧ 他本"征"下皆有"也"字,《藝文類聚》卷六十九《服飾部上·薦席》、《群書治要》卷十、《太平御覽》卷七〇九《服用部十一·薦席》等類書所引亦有"也",據以補。從上文"其守也"看,此"也"字亦當有。
⑨ "平",他本皆作"中",《大戴禮記·主言》亦作"中"。"平"當爲"中"之形誤。
⑩ 此言"生財之路",語序與《大戴禮記·主言》多異。"關譏"兩句,《大戴禮》作"昔者明主關譏而不征,市鄽而不税"。此語又見於《禮記·王制》、《管子·霸形》等;《孟子·公孫丑上》:"市,廛而不征,法而不廛,則天下之商皆悦,而願藏於其市矣;關,譏而不征,則天下之旅皆悦,而願出於其路矣。"由此可知"譏而不征"是説"關"的,"鄽而不税"是説"市"的。像

《家語》那樣先以"關譏"、"市鄽"並提,然後再統説"皆不收賦",不如《大戴禮》行文順適。

⑪ "識",寬永本作"譏",玉海堂本無此字。今按:《禮記·王制》"關譏而不征"句鄭玄注:"譏,譏異服,識異言。"王注蓋本此,故作"識"是。

⑫ "耻節",《群書治要》卷十引作"知節",唐代趙蕤《長短經》所引同。王文暉《〈群書治要〉對今本〈孔子家語〉的整理價值》認爲當作"知節","即懂得禮節"。今按:《類説》卷三十八《孔子家語·異世同誅》引作"有節",似對王説有利。《大戴禮記·主言》相應之句爲"上强果而下廉耻",雖與《家語》之文有出入,但"强果"、"廉耻"皆並列結構,《家語》之"廉讓"結構相同,其下如作"知節"(或"有節"),則爲述賓結構,不合於文例。"耻節"指知耻、有節,正與《大戴禮》之"廉耻"相近。類書所引之"知節"或"有節",疑爲後人所改,未必可靠。

⑬ "也",他本皆作"矣",《群書治要》卷十所引亦作"矣",據以正。《大戴禮記·主言》亦用"矣"。

⑭ 正文並注之"璞",他本作"樸"。《大戴禮記·主言》亦用"璞"。"璞"、"樸"同音。"玉未治"爲"璞","木素"爲"樸",義本相因。

⑮ "致",《大戴禮記·主言》作"志"(此段其他異文尚多,不及詳校)。前人多訓"志"爲"準","如射之有志"(方《彙校集解》,上冊 19 頁)。《家語》用"致",蓋音近而致義異(參看上引書,20 頁方向東案語)。

⑯ "怨",玉海堂本作"窕",其下並有注"薄也"。《大戴禮記·主言》亦用"窕"。

　　古書"不窕"與"不塞"或"不偪"對舉之例甚多,如《淮南子·人間》"内之尋常而不塞,布之天下而不窕",《要略》"置之尋常而不塞,布之天下而不窕",《氾論》"舒之天下而不窕,内之尋常而不塞",《俶真》"處小隘而不塞,横扃天地之間而不窕",與此最爲切近。《説文·穴部》:"窕,深肆極也。""窈"、"窕"都有深遠、幽深義,引申出閒隙、空闊一類意思("窕"又可指時間上的閒暇,當由指空間上的閒隙引申而來),是容易理解的。與"不塞"對舉的"不窕",應該就指其物散布天下四海等廣闊之處而不覺空曠、有閒隙(參看方《彙校集解》,上冊 20 頁。"不塞"當謂置於狹窄之處而不覺逼仄、窒塞)。

《家語》之"不怨",劉世珩《札記》引盧文弨校語:"怨當作惌。"按《考工記·函人》:"凡察革之道,眡其鑽空,欲其惌也。"鄭司農云:"惌,小孔皃。"賈公彥疏:"'小孔皃'者,革惡則孔大,革善則孔小。"盧氏蓋指此而言。《詩·小雅·小宛》"宛彼鳴鳩",毛傳:"宛,小貌。"此"宛"與當"小孔皃"講的"惌"應有同源關係(參看馬瑞辰《毛詩傳箋通釋》,632頁,中華書局,1989年)。不過,"不怨"解作"不小",畢竟與指不空闊、無間隙之"不宛",意義尚有距離。"宛"又有"細小"、"輕小"義(見《左傳·昭公二十一年》"小者不宛"杜預注、《漢書·五行志下之上》"小者不宛"顏師古注)。疑有人據"小者不宛"之"宛"讀"布諸天下而不怨"之"怨"(方《彙校集解》即主此說。玉海堂本注"薄也",蓋亦指輕薄),遂取"小貌"之"怨"以改《大戴禮》之文。但此種"宛"或"惌"義較僻,《家語》"不怨"的問題有待於進一步研究。

⑰ 玉海堂本"塞"下有注"窒也"。

⑱ 玉海堂本此下有注:"等之,齊之也。"

⑲ 《大戴禮記·主言》作"而民棄惡也如灌"。王引之認為"灌"為"濯"之誤,"言民之棄惡,如洒濯之去垢也",並說:"王肅作《家語》,《王言篇》全襲此篇之文,又未窹灌為濯之譌而增益其文曰'民之棄惡,如湯之灌雪焉',斯為謬矣。"俞樾、王樹枏、戴禮等人認為"灌"有"澡洗"義,不必改為"濯"(以上均見方《彙校集解》,上冊21頁)。即使如此,《家語》此句係"增益"《大戴禮》文,仍可概見。

⑳ 《群書治要》卷十所引,"法"上有"有"字,為《家語》各本所無。蕭旭《〈孔子家語通解〉舉正》指出,《大戴禮記·主言》作"昔者明主之治民有法",可證各本皆脫"有"字,當據補。其說甚是。

㉑ "民懷其德"三句,《大戴禮記·主言》作"因民既(愍—愛),邇者說,遠者來懷"(關於"因民既"的釋讀,看拙著《〈孔子家語〉成書考》287～288頁,中西書局,2015年)。從上下文看,《大戴禮》以"上下之相親如此"為"令則從,施則行"之前提,以"因民既(愛),邇者說,遠者來懷"為"布指知寸,布手知尺,舒肘知尋"之前提。在《家語》中,"民懷其德,近者悅服,遠者

來附"與"令則從,施則行"一樣,成爲"上下相親如此"的結果。然則"夫布指知寸,布手知尺,舒肘知尋"就跟上下文都掛不上鈎,成爲單獨的一層意思,與《大戴禮》的邏輯層次不同。

㉒ 玉海堂本"埒"下注云:"封道曰埒。《淮南子》曰'道有行埒'。又'堤也'。"爲他本所無。

㉓ 日人太宰純謂"千步"至"矩"十二字"疑衍"(寬永本旁注引)。但《大戴禮記·主言》亦有"千步而井,三井而句烈,三句烈而距"之文。

㉔ "福積資求",首末二字頗有異文。汲古閣本、寬永本"求"作"裘",餘同。玉海堂本"福"作"稸"、"求"作"聚"。寬永本批注已指出當以"稸積資裘"之本爲是(引者按:"稸"即"蓄")。《大戴禮記·主言》云"乃爲畜積衣裘焉",亦可證成其説。

㉕ 寬永、汲古閣本"有"上有"之"字。此句《大戴禮記·主言》作"使處者恤行者,有興(或校作'與')亡"。

㉖ 玉海堂本"罩,魚籠",解釋與他本異。

"罩弋",《大戴禮記·主言》作"畢弋"。蕭旭《〈孔子家語通解〉舉正》認爲"畢"正有"掩網"義,"罼"爲其後起本字,"罩"則只有"魚籠"義,《家語》"罩"乃"罼"之訛。今按:《説文·隹部》:"瞿,覆鳥令不得飛走也。……讀若到。"前人多以"瞿"、"罩"爲一字。《後漢書·文苑傳下》引趙壹《窮鳥賦》,"罩網加上"與"機阱在下"對文。凡此皆"罩"有"掩網"義之證(參看陳劍《戰國竹書論集》,356～357頁)。蕭説不可從。

㉗ 玉海堂本此句下有注:"爲祭與養也。"爲他本所無。

㉘ 玉海堂本此句下有注:"備人倫,養君子。"爲他本所無。

"盈府庫"之"盈",《群書治要》卷十引作"充",與《大戴禮記·主言》所用之詞合。

㉙ "慘",《大戴禮記·主言》作"慢",前人多校"慢"爲"憪"之訛(參看方《彙校集解》,上册 33 頁);方向東案語謂"慢怛同義連文,當從。《家語》不可據"。

㉚ "覆",他本多作"復"。《大戴禮記·主言》亦作"復"。"言可復也",語見《論語·學而》。寬永本批注引何晏曰:"復,猶覆也。"古人或謂此"復"

"猶驗也",或訓"踐言也"。《國語・周語下》:"信,文之孚也。"韋昭注:"孚,覆也。"宋庠云:"注'覆',言可復之復。"(徐元誥《國語集解》,88頁,中華書局,2002年)。

㉛ 玉海堂本此句下有注:"如《周禮》'大司徒教萬民,而賓興;卿(鄉)大夫考其禮藝,獻賢能於王,王受而登之天府'是也。"爲他本所無。何孟春注亦引《周禮》大司徒、鄉大夫之職爲説,文較此稍詳。

㉜ 玉海堂本此句下有注:"如《周禮》'卿(鄉)論其秀士,升之司徒,而大樂正、大司馬以次辨論其官材,進其士之賢者,以告於王而定其論'是也。"(引者按:此實爲《禮記・王制》之文)爲他本所無。何孟春注亦引《王制》爲説,文較此稍詳。

㉝ 玉海堂本此句下有注:"如'列侯郡守二千石,各擇其吏民之賢者,歲舉二人;又如郡國口二萬以上,歲舉二人;口自二萬以至百萬,所舉自一人以至五人,各有差'是也。"爲他本所無。

㉞ 玉海堂本此句下有注:"列侯郡守,各以其卿(鄉)。"爲他本所無。

㉟ 此句,玉海堂本作"如此則天下之名譽興焉",寬永本、汲古閣本皆作"如此則天下之明名譽興焉"。何孟春本同玉海堂本,王廣謀《句解》較玉海堂本少一"之"字,餘亦同。《群書治要》卷十引作"如此則天下之明譽興焉"。《大戴禮記・主言》相應之句爲"則天下之明譽興",與《群書治要》所引最合。解《大戴》者,已指出"明譽""猶顯譽",或"謂民皆譽王之明"(方《彙校集解》,上冊38頁引戴震、戴禮説)。《家語》各本之"名"、"民",皆音近之誤或衍文(《大戴禮》亦有作"名譽"之本)。

㊱ 玉海堂本此句下有注:"疑有闕。"爲他本所無。《群書治要》卷十所引,在"所謂天下之至仁者"與"所謂天下之至明者"兩句之間,尚有"所謂天下之至智者,能用天下之至和"。《大戴禮記・主言》亦有此句,唯"智"作"知",句末多出"者也"二字。玉海堂本疑闕之注,蓋言此。從下云"此三者咸通"看,此處似確脱去"至知(智)"一句。

㊲ "賢政"之"賢",寬永本批注已謂乃衍文。《群書治要》卷十所引、《大戴禮記・主言》此句正無"賢"字。

㊳ "改其政",《大戴禮記・主言》作"致其征"。王聘珍《解詁》引《左傳・襄

公二十五年》鄭入陳,"司徒致民,司馬致節,司空致地,乃還",以説"致其征"意(方《彙校集解》,上册40頁)。今按:古代"致"既可當招來講,也可當送還講。"致民"、"致節"、"致地"以及所謂"七十致政"之"致",都是送還的意思。《大戴禮》"致其征"之"征"當讀爲"政",意謂明主對於所征之國,誅殺其君而致還其政;下言"弔其民而不奪其財",致還之"致"與"不奪"對文,義正相近。《詩·大雅·皇矣》"是致是附",馬瑞辰《毛詩傳箋通釋》:"竊謂致者,致人民土地。《說文》:'致,送詣也。'送而付之曰致,已克而不取之謂也。"(856頁)"誅其君,致其政"即此意。"改其政"顯然不如"致其政"意思好。

㊴ "政",《群書治要》卷十引作"征",《大戴禮記·主言》亦用"征"。從此句承上"夫明王之所征"來看,當以"征"爲是(參看劉世珩《札記》)。

㊵ "降至"之"降",寬永本批注已謂乃衍文。《群書治要》卷十所引、《大戴禮記·主言》此句正無"降"字(《大戴禮》上句亦不用"降",但言"猶時雨也")。

《大婚解》第四

此章内容又見於《禮記·哀公問》"孔子侍坐於哀公"章、《大戴禮記·哀公問於孔子》"孔子侍坐於哀公"章。

姜兆錫《正義》:"此篇論人道之大,造端夫婦,以爲成身合天之極則。故以'大昏'名篇。"今按:"昏"爲"婚"之古字。各本"婚"、"昏"異文,以下從略不校。

孔子侍坐於哀公。公問曰:①"敢問人道孰爲大?"孔子愀然作色而對曰:②"君及此言也,百姓之惠也,③固臣敢無辭而對。④人道,政爲大。⑤夫政者,正也。君爲正,則百姓從而正矣。⑥君之所爲,百姓之所從。君不爲正,⑦百姓何所從乎?"公曰:"敢問爲政如之何?"孔子對曰:"夫婦别,男女親,⑧君臣信。三者正,則庶物從之。⑨"公曰:"寡人雖無能也,⑩願知所以行三者之道,可得聞乎?"孔子對曰:"古之[爲]政,⑪愛人爲大。所以治愛人,⑫禮爲大。所以治禮,敬爲大。敬之至矣,大婚爲大。⑬大婚至矣!〖大婚既至〗,⑭冕而親迎。親迎者,敬之也。⑮是故君子興敬爲親,捨敬則是遺親也。弗親弗敬,弗尊也。⑯愛與敬,其政之本與!"公曰:"寡人願有言也。然冕而親迎,不已重乎?"孔子愀然作色而對曰:"合二姓之好,以繼先聖之後,以爲天下宗廟社稷之主,⑰君何謂已重焉?⑱魯,周公之後,得郊天,故言以爲天下之主也。⑲"公曰:"寡人實固,鄙陋。⑳不固,安得聞此言乎?寡人欲問,不能爲辭,請少進。㉑"孔子曰:"天地不合,萬物不生。大婚,萬世之嗣也。君何謂已重焉?"孔子遂言曰:"内以治宗廟之禮,足以配天地之神;㉒言宗廟,天地神之次。出以治直言之禮,以立上下之敬。夫婦正,則始可以治正言禮矣。身正,然〖後〗可以正人者也。㉓物耻則足以振之,耻事不知,禮足以振救〈敎〉之。㉔國耻足以興之。㉕耻國不知,〖禮〗足以興起者也。㉖故爲政先乎禮,禮其政之本與!"孔子遂言曰:"昔三代明王,㉗必敬妻子也,蓋有道焉。妻也者,親之主也;㉘子也者,親之後也,敢不敬與? 是故君子無不敬。敬也者,敬身爲大。身也者,親之支也,㉙敢不敬與? 不敬其身,是傷其親。傷其親,是傷本也。㉚傷其本,則支從之而亡。三者,百姓之象也。言百姓之所法而行。身以及身,子以及子,妃以及妃。㉛君以修此三者,則大化愾乎天下矣。氣〈愾〉,滿。㉜昔太王之道也。太王出亦姜女,㉝入亦姜女;國無鰥民。愛其身,以及人之身;愛其子,以及人之子。故曰太王之道。如此,國家順矣。"公曰:"敢問何謂敬身?"孔子對曰:"君子過言則民作辭,過行則民作則。㉞言不過辭,動不過則,百姓恭敬以從命。㉟若是,則可謂能敬其身,〖能敬其身〗,則能成其親矣。㊱"公曰:"何謂成其親?"孔子對曰:"君子者{也},㊲人之成名也。百姓與名,謂之君子,㊳則是成其親爲君而爲其子也。㊴"孔子遂言曰:"愛〈爲〉政而不能愛人,㊵則不能成〈有〉其身。不能成〈有〉其身,則不能安其土。不能安其土,則不能樂天。㊶天道也。㊷〖不能樂天,則不能成其身。〗"公曰:"敢問何能成身?"孔子對曰:"夫其行已,不過乎物,謂之成身。不過乎〖物〗,㊸合天道也。㊹"公曰:"君子何貴乎天道也?"孔子曰:"貴其不已也。如日月東西相從而不已也,是天道也。不閉而能久,不閉,常通而能久。言無極。是天道也。無爲而物成,是天道也。已成而明之,㊺是天道也。"公曰:"寡人且愚冥,言蠢愚冥暗也。幸煩子〖志〗之於心。㊻"欲煩孔子議識其心所能行也。孔子蹴㊼然避席而對曰:"仁人不過乎物,孝子不過乎親。是故仁人之事親也如事天,事天如事親。此謂孝子成身。"公曰:"寡人既聞如此言,㊽無如後罪何?㊾"孔子對曰:"君子〈之〉及此言,㊿是臣之福也。"

【校理】

① 玉海堂本無"問"字。王廣謀《句解》、何孟春本亦無。不用"問"的本子,與《禮記‧哀公問》、《大戴禮記‧哀公問於孔子》作"哀公曰"者相合。

② 玉海堂本"愀"下有注"變色貌"。

③ "惠",《禮記‧哀公問》、《大戴禮記‧哀公問於孔子》作"德"。

④ 玉海堂本"固"下有注:"與後'寡人實固'之'固'同,陋也。"何孟春注亦云"固如固陋之固"。

⑤ 《禮記‧哀公問》、《大戴禮記‧哀公問於孔子》此下有"公曰:'敢問(此二字或無)何謂爲政?'"。再接"孔子對曰:政者正也"云云。疑《家語》或有刪脱。

⑥ "則百姓從而正矣",《禮記‧哀公問》、《大戴禮記‧哀公問於孔子》作"則百姓從政矣"。今按:百姓所從之"政",即君所爲正者;"從而正"似爲編寫者改。

⑦ 《禮記‧哀公問》、《大戴禮記‧哀公問於孔子》此句作"君所不爲"。《群書治要》卷十引作"君之不爲",較今本更接近於二戴《禮》。

⑧ "男女親",《群書治要》卷十引作"父子親",與《禮記‧哀公問》、《大戴禮記‧哀公問於孔子》一致,較善(參看王文暉《〈群書治要〉對今本〈孔子家語〉的整理價值》)。

⑨ 玉海堂本"物"字下有注:"物,猶事也。"何孟春注中已有此釋。

⑩ "無能",《禮記‧哀公問》、《大戴禮記‧哀公問於孔子》作"無似"。鄭玄注:"無似,猶言不肖。"

⑪ 玉海堂本、寬永本以及王廣謀《句解》、何孟春本皆作"古之爲政",《禮

記·哀公問》、《大戴禮記·哀公問於孔子》亦如此作。從上言"敢問爲政如之何"看，此句之"爲"也必不可少。今據補。

⑫ 劉世珩《札記》引邵泰（北涯）校，謂"所以治愛人"之"治"乃衍文。今按：此説不可信。《禮記·哀公問》、《大戴禮記·哀公問於孔子》此句皆有"治"字，"治愛人"與"治禮"同例。

⑬ 玉海堂本此下有注："禮以敬爲至，敬以昏（引者按：此本'婚'皆作'昏'）爲至。"何孟春注中有"禮主於敬，而大昏（引者按：此書'婚'亦皆作'昏'）爲敬之至也"語，已道此意。

⑭ 玉海堂本、寬永本以及王廣謀《句解》、何孟春本等皆有"大婚（引者按：多數作'昏'）既至"句，《禮記·哀公問》、《大戴禮記·哀公問於孔子》亦有此句。明覆宋本、汲古閣本誤脱（參看蕭旭《〈孔子家語通解〉舉正》）。今據補。

⑮ 玉海堂本此下有注："雖天子諸侯，皆冕而親迎。"何孟春注云："大昏既謂敬之至，故天子諸侯之尊，必冕而親迎焉。"即此意。

　　《禮記·哀公問》、《大戴禮記·哀公問於孔子》作"冕而親迎，親之也。親之也者，親之也"，與《家語》有别。孔穎達《禮記正義》："上親，猶自也；下親，親愛也。""冕而親迎，親之也"之"親之"猶"敬之"。"君子興敬爲親，舍敬是遺親"之"親"，實指親愛而言。這是很明白的。像《家語》那樣省去"親之也者，親之也"句，下文"興敬爲親"等"親"究竟指"親自"還是"親愛"，就曖昧難明了。

⑯ "弗親弗敬，弗尊也"，《禮記·哀公問》、《大戴禮記·哀公問於孔子》作"弗愛不親，弗敬不正"，與下言"愛與敬，其政之本與"相銜。《家語》之文疑遭竄亂。

⑰ 玉海堂本此下有注："此自天子諸侯言之也。主以長子言，故下曰'萬世之嗣'也。"何孟春注云："此自天子諸侯言之也。爲之主者，以后夫人言之。祭祀宗廟爲外主，后夫人爲内主；天地社稷之祭，后夫人不與，而以宗伯攝獻，是亦爲之主也。愚意以繼先聖之後之言觀之，以爲嗣子而言，亦通。《易》曰'主器者，莫若長子'，又曰'出可以守宗廟社稷，以爲祭主'，即此謂也。故下文繼曰'大昏，萬世之嗣也'，又曰'子者，親之後

也'。"玉海堂本注似截取何注而來。

⑱ "焉",玉海堂本、汲古閣本以及何孟春本作"乎",《禮記·哀公問》、《大戴禮記·哀公問於孔子》亦作"乎"。但孔子下面的回答中,"君何謂已重焉"的"焉",各本則無異文。

⑲ 玉海堂本無此條王注。

⑳ 玉海堂本此注作:"固,猶鄙也。謂以冕而親迎,爲已重也。"與他本大異。

㉑ 玉海堂本"進"下有注:"一下有'教'字。"爲他本所無。何孟春本此句正作"請少進教"。

㉒ "天地之神",《禮記·哀公問》、《大戴禮記·哀公問於孔子》作"天地之神明"。今按:"神明"指天地之精氣;古書中"神"、"明"對稱時,"神"爲天之精氣,"明"爲地之精氣(參看郭店簡《太一生水》2、5號簡、《莊子·天地》、揚雄《太玄·玄攡》等)。此處既冠以"天地",則"神"下"明"字不可少。從王注已言"天地神"來看,"明"字可能是編寫者爲求句式整齊而刪的。

㉓ 玉海堂本、汲古閣本"然"下有"後"字,今據補。寬永本"後"字亦脫去。《群書治要》卷十引作"乃"。

㉔ "救",各本皆作"教"。據以正。

㉕ 玉海堂本"足"上有"則"字,與上句一致。寬永本、汲古閣本皆無"則"字。《禮記·哀公問》、《大戴禮記·哀公問於孔子》連上句也不用"則"。

㉖ 玉海堂本"知"下有"禮"字,《群書治要》卷十所引亦有(但此書引王注"耻事不知"、"耻國不知"之"知"皆錯成"如")。以上注"不知禮足以振教之"例之,此注亦當有"禮"字。今據補。寬永本、汲古閣本皆脫此字。

"興起者也",玉海堂本作"興起之",與上注一致。寬永本、汲古閣本文同明覆宋本。

㉗ "三代明王",《禮記·哀公問》、《大戴禮記·哀公問於孔子》作"三代明王之政"。今按:哀公既以"爲政"問於孔子,此似以有"之政"爲長。

㉘ 玉海堂本此下有注:"冕而親迎。爲親主於內也。"此本於"子也者,親之後也"下有注:"冠於阼階。爲親傳其後也。"皆爲他本所無。何孟春本於"必敬妻子也"下有注:"妻必冕而親迎,子則冠於阼階。"其於"妻也者,親

之主也……"下有注:"爲親代主於内。""子也者,親之後也……"下有注"爲親傳後於下"。上引玉海堂本注似即取何注而併之。

㉙ 本篇與"大"、"本"對言之"支",或本作"枝"。

㉚ 後一"傷其親",不見於玉海堂、寬永、汲古閣諸本。《禮記·哀公問》、《大戴禮記·哀公問於孔子》皆重"傷其親"三字,與明覆宋本合。劉世珩《札記》、孫志祖《疏證》均指出當重。蓋原作"不敬其身是傷=其=親=是傷本也",傳抄誤脱去重文號,其文遂不足。

"是傷本也",玉海堂本作"是傷其本也",《群書治要》卷十所引同;《禮記·哀公問》、《大戴禮記·哀公問於孔子》皆作"是傷其本"。

㉛ "妃",《大戴禮記·哀公問於孔子》作"配"。據《説文》,配偶、婚配之"配"即以"妃"爲本字。

㉜ "氣",寬永本、汲古閣本以及《群書治要》卷十所引皆作"愾",據以正。玉海堂本"愾"下注云:"至也。又及也。"與他本異。

㉝ "出亦姜女"之"亦",玉海堂本、寬永本作"以"。

㉞ 玉海堂本此下有注:"言行雖過,民猶從之也。"爲他本所無。

"行",《群書治要》卷十引作"動",與《禮記·哀公問》、《大戴禮記·哀公問於孔子》一致。今按:從下言"言不過辭,動不過則"看,作"動"較長。

㉟ "百姓恭敬以從命",《禮記·哀公問》、《大戴禮記·哀公問於孔子》作"百姓不命而敬恭",彼此義稍有別。《群書治要》卷十引《家語》,"恭敬"亦作"敬恭"。

㊱ 玉海堂本、寬永本、汲古閣本"可謂能敬其身"下皆重"敬其身";《禮記·哀公問》、《大戴禮記·哀公問於孔子》所重之文皆爲"能敬其身",《群書治要》卷十引《家語》文亦重"能"字,較長。蓋原作"可謂能=敬=其=身=則能成其親矣",明覆宋本(或其所從出之本)誤脱重文號,其文遂不足。今據補。

㊲ 此句,玉海堂本、寬永本、汲古閣本皆作"君子者",《群書治要》卷十所引同,明覆宋本"者"下"也"字或衍。《禮記·哀公問》、《大戴禮記·哀公問於孔子》皆作"君子也者",也有可能此本誤倒"也"、"者"二字。此姑按前

一説處理。

㊳ 玉海堂本此下有注："猶言與之以君子之名也。"爲他本所無。

㊴ 此句意謂百姓給予"君子"之名，這是成就他的雙親爲"君"而自己爲"子"。文義含混牽强。《禮記·哀公問》、《大戴禮記·哀公問於孔子》作"百姓歸之名，謂之君子之子，是使其親爲君子也，是爲成親之名（或'成其親名'）也已"，意謂百姓給予他"君子之子"之名，亦即讓他的雙親成爲"君子"，這是成就雙親的名聲。文義極爲顯豁。疑《家語》此文乃誤改二戴《禮》而成。

㊵ "愛政"之"愛"，玉海堂本、寬永本作"爲"，《群書治要》卷十所引同。《禮記·哀公問》、《大戴禮記·哀公問於孔子》云"古之爲政，愛人爲大"，可證作"爲"爲是。"愛"蓋涉下文"愛人"而誤。汲古閣本同誤。

㊶ 汲古閣本於"不能安其土，則不能樂天"後多出"不能樂天，則不能成其身"，《群書治要》卷十引同。《禮記·哀公問》、《大戴禮記·哀公問於孔子》亦有"不能樂天，不能成身"之句。但上文兩見之"不能成其身"，皆作"不能有其身"。劉世珩《札記》謂"作'有'爲是"，孫志祖《疏證》亦持此説。王文暉《〈群書治要〉對今本〈孔子家語〉的整理價值》指出，從二戴《禮》文看，孔子先言"有其身"，後言"成其身"，哀公接問"何能成身（引者按：二戴《禮》'能'作'謂'）"，文脈貫通。如按多數《家語》本文，則孔子作答的落脚點爲"樂天"，顯不合理。由此可以推斷，今傳《家語》多數本子誤脱末二句，上文兩見"不能成其身"之"成"當爲"有"之訛，"有"訓"保有"。其説可從。今據以正、補。疑"不能有其身"之"有"偶誤爲"成"後，傳抄者嫌前後文句重複而刪落"不能樂天，則不能成其身"。

㊷ 玉海堂本此注作："安土、樂天，易中盡性之事。隨處皆安，而無一息不仁，安土也。既知天命，而又樂天理，樂天也。"與他本異。《群書治要》卷十引此注爲"不能樂天道也"。

㊸ "物"字脱，據玉海堂本、寬永本以及《群書治要》卷十所引補。汲古閣本亦脱去。

㊹ 玉海堂本此下有注："合物理之當然。"爲他本所無。

㊺ 玉海堂本此下有注："無爲，雖若難名，有成功則昭著也。"爲他本所無。

㊻ 此句,玉海堂本、寬永本作"幸煩子志之心也"。據《禮記·哀公問》、《大戴禮記·哀公問於孔子》"子志之心也",可知此本"之"上脱去"志"字。汲古閣本與此本同誤。鄭玄注讀"志"爲"識"。

《禮記·哀公問》、《大戴禮記·哀公問於孔子》之"寡人蠢愚冥煩子志之心也",如何斷句,各家尚存分歧。孫希旦、陳澔、方慤等人認爲,"蠢"、"愚"義近,"冥者,暗於理;煩者,亂於事","冥則不辨于事,煩則不當于物"(方《彙校集解》,上册92～93頁)。所説近是(又疑"煩"爲"頑"之形誤)。然則本當以"寡人蠢愚冥煩"爲句,《家語》"幸煩子……"或係誤讀(參看孫志祖《疏證》)。

㊼ 玉海堂本此字下有注:"不自安貌。"爲他本所無。
㊽ 玉海堂本、寬永本"言"下有"也"字。《禮記·哀公問》此句作"寡人既聞此言也",《大戴禮記·哀公問於孔子》作"寡人既聞是言也",疑《家語》各本衍"如"字。
㊾ 玉海堂本此下有注:"言寡過之難也。"爲他本所無。
㊿ 此句,玉海堂本、汲古閣本作"君之及此言",與《禮記·哀公問》、《大戴禮記·哀公問於孔子》"君之及此言也"相合。從與下句"是臣之福也"對舉來看,此亦當言"君"而不當言"君子"。寬永本"之"亦誤爲"子"。

後　　記

　　本書收入的是我近十年來所寫的研究出土戰國秦漢文字資料與傳世文獻的文章,大抵以 2018 年 9 月之前正式發表(包括發表於網絡,但不包括僅於學術會議宣讀。最末一篇未發表過,情況特殊,詳文首的"説明")者爲斷限。事實上有關文章不止這些,所以選取這三十一篇,主要是重讀之下,自覺這些篇似乎還不至於一無是處,徒亂人意,或者竟於學術討論略有補益罷了。順便説一下,如按原發表時的面貌計,本書所收的文章也可以説只有三十篇:《説古文獻中以"坐"爲"跪(詭)"的現象》本是作爲《馬王堆漢墓帛書〈十大經〉補釋二則》的"外一篇","加塞"發表的。考慮到二者内容上毫無關聯,乾脆讓"外一篇"獨立爲好。此外,我還寫過一些關於甲骨金文和其他方面的學術文章,俟他日另行結集,再供大家批判。

　　本書雖是我的第二本著作,但這本論文集的面世,反而比由博士論文修改而成的第一本專著出版之時,更加讓人感到惶恐。

　　昔年讀周作人的文章,對周氏隔若干年便把已發表的文章自編成集的做法,一直很感歆羨。後來混迹於出土文獻與古文字學界,知道本行内的不少優秀學者,往往是靠單篇論文逐步積累起他們的學術地位的,有些學者甚至終其一生只留下了幾本論文集。大概出土文獻與古文字研究的成果,最適宜於以論文的形式表達,也未可知。所以,古文字學者而能出版論文集,在我看來是一件十分崇高的事情。按説以我的水平和資歷,是斷斷不敢躋身此列的。不過,世人對於歆羨崇敬之事,不免有私下追隨摹仿的心理;又由於"2011 計劃出土文獻與中國古代文明研究協同創新中心"與本人所任職的復旦大學出土文獻與古文字研究中心的資助,使我獲得了一個可以把拙文結集的機會,雖然本當敬謝不敏,却不禁暗自效顰起來。這是我所以感到惶恐的原因之一。

　　本書中最早的一篇文章(就是上面提到過的現已分爲兩篇的),是2009年上半年寫成的。那時我還是鄙中心的在讀博士生,文章之幼稚,見解之淺陋,可想而知。當然現在也不見得比當初長進多少。在此之前,即從2007年9月考入復旦大學出土文獻與古文字研究中心開始,裘錫圭先生已多次幫我修改過文章了。裘先生爲我逐字逐句修改的文章,主要觀點大多靠不住,並無發表的價值;但先生仍不憚其煩地給我講解,指出我思考問題和行文中的疏失。裘師母曾開玩笑地説裘先生這是"幼兒園式的教學",但我覺得這種"幼兒園式的教學",對於初寫文章的學生來説,是最能直接受益的。只因我不够争氣,在裘先生爲我手把手改過幾次文章之後,寫出來的東西現在看仍不能滿意。爲了稍稍彌補缺憾,我盡可能地爲收入本書的文章加了"編按"(有少數篇曾收入其他論集,彼時也加過"編按"。這些"編按",本書一概加以承用。由於那些論集的出版時間去今較近,故不對此類"編按"另作區分),或改正明顯的錯誤,或補充相關的材料,或交代一些有必要交代的情況("編按"一般加在相應文句之後,個別比較複雜的"編按",則加在全文之末)。至於對具體行文所作的不影響文義的修改,爲免繁瑣,就不一一注明了。即使如此,文中一定還存在不少疏誤或不妥之處。這是我所以感到惶恐的原因之二。

　　從前陳劍先生跟我們聊天(實即談學問),不止一次説到過寫文章的"説得死"與"有意思"。所謂"説得死",就是文章的結論需鑿實可信;所謂"有意思",就是討論的問題較爲重要,或能給人以啓迪。陳先生感到有時候"説得死"與"有意思"很難兩全,有些文章雖"有意思",却未必"説得死";有些文章"説得死",但意義不大。"説得死"且"有意思"的文章,可遇而不可求;在二者不可得兼的情況下,如何抉擇,是擺在學人面前的課題。回想我自己寫過的文章,多爲針頭綫腦之屬,"説得死"猶且不及,遑論"有意思"。雖然主觀上也明白應該把"針頭綫腦"編織起來,力求恢復較爲完整的歷史(這裏所説的"歷史"是廣義的,包括語言、思想、文獻等的歷史)

的圖景，或能從"針頭綫腦"之中看出歷史的真相和實質；但此是"心嚮往之"的境界，目前顯然無法達到。既達不到，却還要把"針頭綫腦"拿出來獻醜，這是我所以感到惶恐的原因之三。

我在動念編集之初，曾想過取"掃邊集"作爲書名，以示惶恐不安的心情。過去京劇界有"掃邊"一説，專門指唱三路、四路靠邊站的活兒的演員，如"掃邊老生"。我認爲我所做的工作，大概跟"掃邊"差不多，以此名集，倒也副實。出土文獻與古文字研究雖然近來貌似有熱鬧之趨，其實在整個學術研究的園地裏，總體上仍屬冷門學科，處於"掃邊"的地位（看校樣時按：最近情況已非如此，由此可見我的"短視"）。這種"邊緣化"我却認爲是很可寶貴的，學問因此而得純粹。正如《莊子·逍遥遊》所言"樹之於無何有之鄉，廣莫之野"的大樹，"無所可用"故能"不夭斤斧，物無害者"，"安所困苦哉"。如此説來，以"掃邊"名集，自謙之餘，也含有一些自尊的意味。不過，此名乍一看讓人難知究竟，所以最終還是改成了現在這個比較直截明瞭的書名。不知將來是否有機會能把"掃邊集"之名用上。

本書得以出版，全賴前面提過的"2011計劃"和鄙中心的助力，謹向慨允本書納入資助的中心劉釗主任及各位老師申以謝悃。本書所收《從楚文字"原"的異體談到三晋的原地與原姓》，從立意到屬文，都與郭永秉先生反復討論、互相啟發、再三修改，可稱真正意義上的合作。感謝郭先生同意我將此文收入拙集，令本書生輝。感謝審閲指正過拙文的諸位師友、發表過拙文的各家書刊以及曾經讀過或即將讀拙文的讀者方家。責編姚明輝先生爲本書的出版付出了辛勞，焦磊兄欣然爲拙集題簽，亦深致謝意。

2018年7月31日